lonely planet

Pouilles

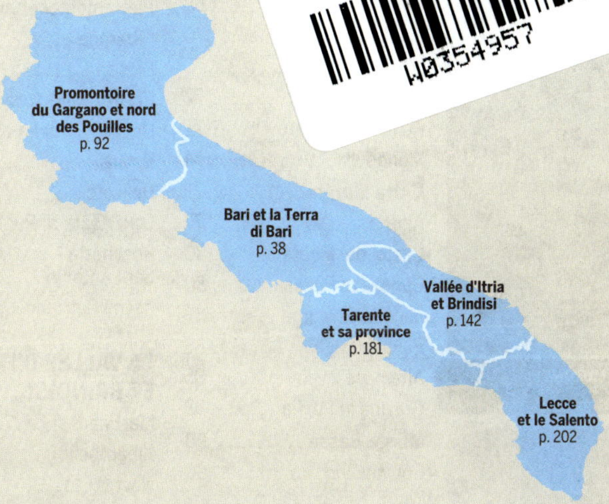

ÉDITION ÉCRITE ET ACTUALISÉE PAR
Francesca Filippi et Sara Fiorillo

PRÉPARER SON VOYAGE

ALTA MURGIA, P. 77

MOLFETTA, P. 68

SUR LA ROUTE

SASKIA
NOORT

DE VER BOUW ING

LITERAIRE THRILLER • ANTHOS

lonely planet

Pouilles

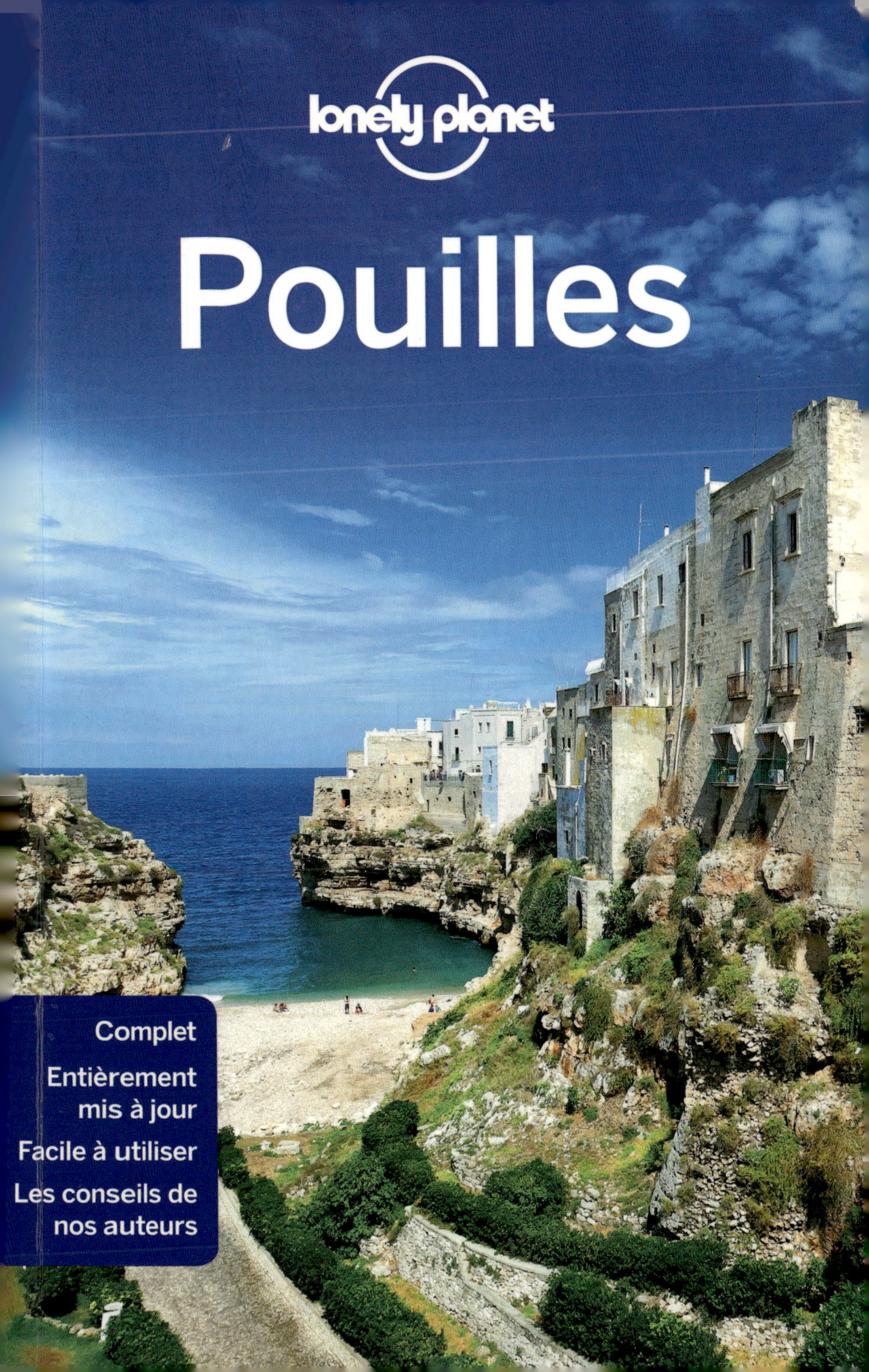

Complet

Entièrement mis à jour

Facile à utiliser

Les conseils de nos auteurs

4 sections

1
PRÉPARER SON VOYAGE
Plein d'idées avant de partir

Photos, suggestions de séjours, agenda, itinéraires.

2
SUR LA ROUTE
Régions, villes, villages.

Visites, activités et bonnes adresses.

3
COMPRENDRE
Culture d'hier et d'aujourd'hui

Les clefs pour mieux saisir ce que vous découvrirez

4
PRATIQUE
Tout pour s'organiser

Location de voiture, lignes de train, organismes à connaître.

Comment utiliser ce guide

Ces symboles vous aideront à identifier les rubriques :

- À voir
- Activités
- Cours
- Circuits organisés
- Fêtes et festivals
- Où se loger
- Où se restaurer
- Où prendre un verre
- Où sortir
- Achats
- Renseignements/ Transports

Les adresses sont présentées par ordre de préférence de l'auteur, en respectant les règles suivantes :

Les sites sont organisés selon une logique géographique et, dans ce cadre, apparaissent selon la préférence de l'auteur.

Hébergements et restaurants sont classés par catégorie de prix et, dans chaque catégorie, selon la préférence de l'auteur.

Les pictos pour se repérer :

- Coup de cœur de l'auteur
- Adresse écoresponsable
- GRATUIT Entrée libre

- Numéro de téléphone
- Horaires d'ouverture
- Parking
- Non-fumeurs
- Air conditionné
- Accès Internet
- Wi-Fi
- Piscine
- Plats végétariens
- Menu en anglais
- Familles bienvenues
- Animaux acceptés
- Bus
- Ferry
- Tramway
- Train

Pour les symboles utilisés sur les cartes, reportez-vous à la légende des cartes p. 335

Sommaire

Bienvenue dans les Pouilles

Le talon de la botte italienne s'avance dans l'Adriatique et la mer Ionienne aux eaux d'une beauté renversante, parfois d'une couleur émeraude translucide, parfois d'un bleu pastel mat.

Un littoral spectaculaire

Ce sont de longues étendues de sable ou de minuscules criques de galets auxquelles on accède en voiture, à pied en suivant une passerelle en bois, ou encore en bateau, moteur éteint. Aménagées ou non, les plages des Pouilles se parent de sable blanc, noir ou doré et sont adossées à des pinèdes, à de hautes dunes tachetées de maquis ou à des falaises d'un blanc éclatant. Qu'elles se nomment "Maldive" (Maldives) ou Caraibi dello Ionio ("Caraïbes de la mer Ionienne"), qu'elles soient entourées de promontoires rocheux, de grottes ou de récifs, toutes sont bordées par des eaux cristallines.

L'empreinte du passé

Ouvertes sur la mer, les Pouilles ont connu de nombreuses occupations successives – grecque, romaine, byzantine, souabe, angevine, ou encore aragonaise – à partir desquelles elles ont forgé leur personnalité. Laissez filer votre imagination au milieu des *trulli,* ces maisons coniques de la vallée d'Itria, ou devant le Castel del Monte, le château octogonal conçu par Frédéric II ; perdez-vous dans le dédale de ruelles du vieux Bari ou de Monopoli ; plongez dans l'exubérance baroque à Lecce ; admirez les cathédrales romanes de Bari, Trani ou Otrante ; arpentez le Salento et la province de Tarente pour leurs églises rupestres ornées de fresques – un patrimoine unique !

Lumières des Pouilles

Devinette : dans une région gorgée de soleil comme les Pouilles, quoi de plus brillant que le scintillement de la mer aux premières heures du jour et quoi de plus éblouissant que les murs chaulés des villes blanches à la lumière de midi ? Réponse : les spectacles pyrotechniques et les illuminations des fêtes patronales, dont le talon de la Botte s'est fait une spécialité. Dans le Salento, Scorrano en est l'exemple le plus impressionnant, mais ce n'est pas le seul endroit où vous pourrez vous émerveiller devant des treillis couverts de millions de petites lumières colorées dessinant des rosaces, des oiseaux, des fleurs et autres motifs...

Délices gastronomiques

La réputation de la cuisine des Pouilles n'est plus à faire. Les oliviers et les champs de blé qui couvrent la campagne donnent les meilleurs huiles, pâtes et pains d'Italie. Chaque ville ou presque a sa spécialité, de la *burrata* (mozzarella au cœur crémeux) d'Andria, au *capocollo* (coppa) de Martina Franca, sans oublier la tradition des *fornelli* (boucheries-rôtisseries au feu de bois). Les fruits de mer sont abondants dans cette région côtière, où de plus en plus de restaurateurs travaillent avec des produits locaux et de saison. Les vins ne sont pas en reste. Les meilleurs viennent du Salento, de la région des *trulli* près de Locorotondo, et des alentours de Cisternino.

Pourquoi j'aime les Pouilles

Sara Fiorillo, auteur

Y a-t-il un autre endroit dans le monde où l'on peut voguer en pleine mer à bord d'un vieux caïque restauré ? Où l'on peut passer la soirée dans un gîte rural en écoutant son hôte chanter en *griko* (un dialecte grec) au rythme du tambourin ? Où l'on peut voir deux mers mêler leurs eaux comme à Santa Maria di Leuca ? Où les fêtes patronales émerveillent ? Où des pêcheurs proposent à des touristes de les accompagner pour leur faire découvrir leurs activités ? Où l'on trouve des zones sauvages entièrement désertes comme l'île Sant'Andrea, au large de Gallipoli ? Pour moi, la réponse est non, et c'est pour toutes ces raisons que j'aime les Pouilles !

Pour en savoir plus sur l'auteur, voir p. 336

Les récifs de Torre Sant'Andrea, dans le Salento (p. 220)

Pouilles

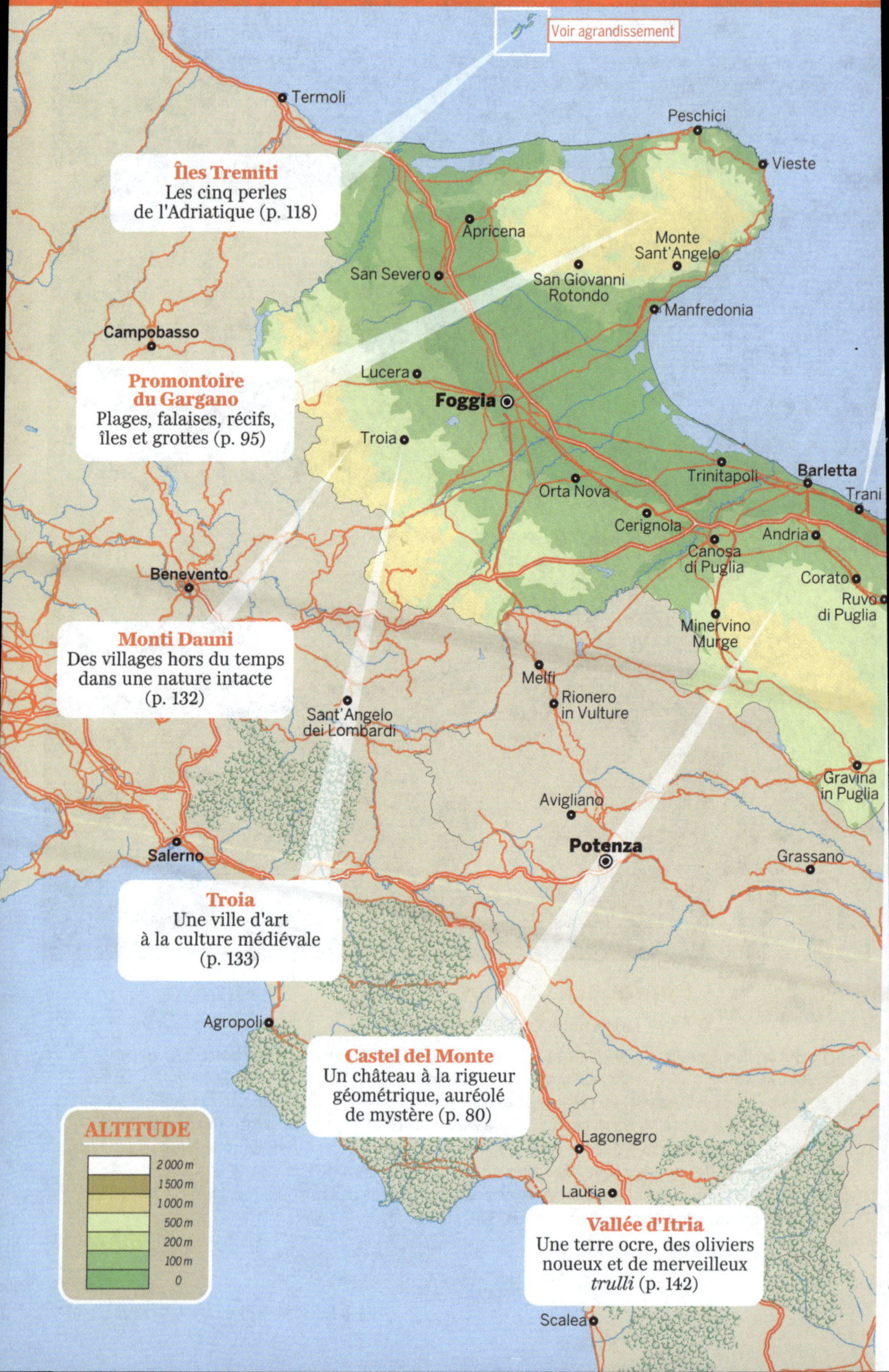
Voir agrandissement
Îles Tremiti
Les cinq perles de l'Adriatique (p. 118)
Promontoire du Gargano
Plages, falaises, récifs, îles et grottes (p. 95)
Monti Dauni
Des villages hors du temps dans une nature intacte (p. 132)
Troia
Une ville d'art à la culture médiévale (p. 133)
Castel del Monte
Un château à la rigueur géométrique, auréolé de mystère (p. 80)
Vallée d'Itria
Une terre ocre, des oliviers noueux et de merveilleux *trulli* (p. 142)
ALTITUDE
2000 m
1500 m
1000 m
500 m
200 m
100 m
0
Termoli
Peschici
Vieste
Apricena
Monte Sant'Angelo
San Severo
San Giovanni Rotondo
Manfredonia
Campobasso
Lucera
Foggia
Troia
Trinitapoli
Barletta
Trani
Orta Nova
Cerignola
Andria
Canosa di Puglia
Corato
Ruvo di Puglia
Benevento
Minervino Murge
Melfi
Rionero in Vulture
Sant'Angelo dei Lombardi
Gravina in Puglia
Avigliano
Potenza
Salerno
Grassano
Agropoli
Lagonegro
Lauria
Scalea

0
50 km
Îles Tremiti
Capraia
Il Cretaccio
San Nicola
Pianosa
San Domino
San Domino
Trani
Sa somptueuse cathédrale mérite bien un instant de contemplation (p. 62)
Molfetta
Agréable petite ville à la vocation portuaire (p. 68)
Bari
Une préférence pour la vieille ville ou le Quartiere Murattiano ? (p. 40)
Polignano a Mare
La ville la plus photogénique de la région (p. 72)
Monopoli
Vous tomberez sous le charme de son centre historique (p. 74)
Otrante
La ville la plus orientale de la péninsule (p. 220)
Lecce
Un exubérant théâtre urbain et baroque (p. 205)
Grecìa Salentina
Le Salento le plus authentique (p. 253)
Salento
Des plages d'est en ouest, de Porto Cesareo à Otrante (p. 202)
Gallipoli
L'un des plus beaux ports et le meilleur poisson de la région (p. 234)
Bisceglie
Molfetta
Bari
Bitonto
Triggiano
Mola di Bari
Polignano a Mare
Monopoli
Casamassima
Conversano
Cassano delle Murge
Altamura
Putignano
Gioia del Colle
Alberobello
Matera
Mottola
Martina Franca
Ostuni
San Vito dei Normanni
Brindisi
Laterza
Massafra
Francavilla Fontana
Mesagne
Grottaglie
Tarente
San Giorgio Ionico
Manduria
San Pancrazio Salentino
Squinzano
Pisticci
Metaponto
Truglione
Lecce
Leverano
Nardò
Maglie
Otrante
Gallipoli
Casarano
Tricase
Ugento

20 façons de voir les Pouilles

1

Bari Vecchia

1 En découvrant l'âme franche et sincère du vieux Bari (p. 44), le visiteur se sent immédiatement chez lui et fait siens les mots d'Italo Calvino dans *Finibusterre* : "Le monde autour de l'antique Saint-Nicolas est une fourmilière ivre de vitalité." Une fourmilière en forme d'arcades, de cours et de ruelles, tantôt droites, tantôt sinueuses et vous ramenant à votre point de départ. Une fourmilière qui, dans le passé, s'est fait labyrinthe pour mieux perdre les envahisseurs étrangers… À votre tour de vous y égarer.

Basilica di San Nicola, Bari

2 Exemple à la fois sobre, imposant et splendide de l'art roman des Pouilles, la basilique (p. 45) de Bari, avec sa façade en calcaire blanc à l'insolite forme triangulaire, fut construite au XIe siècle pour abriter les reliques de saint Nicolas, dérobées en Turquie. Ces dernières attirent encore aujourd'hui dans sa crypte des milliers de pèlerins de confession orthodoxe, venus en particulier de Russie. D'après l'écrivain voyageur Paolo Rumiz, tous les Russes peuvent situer avec exactitude Bari sur une carte.

SARA FIORILLO

SARA FIORILLO

SARA FIORILLO

SARA FIORILLO

Trani

3 Trani (p. 62) est un amphithéâtre de pierres claires aussi ancien que splendide ouvert sur la mer. Il est impensable de lui consacrer moins d'une journée, ne serait-ce que pour pouvoir contempler, au coucher du soleil, la lumière argentée qui s'étend tel un voile sur les eaux sans rides de son port, les mâts des bateaux amarrés entre les jetées et, surtout, sur sa cathédrale. Ce n'est pas un hasard si on la surnomme la "perle des Pouilles".

Polignano a Mare

4 Son centre historique (p. 72) tout blanc tombant à pic sur la mer est l'un des plus photogéniques de la côte avec ses terrasses panoramiques en surplomb de l'Adriatique. La ville du chanteur Domenico Modugno (célèbre pour sa chanson *Nel blu dipinto di blu*, plus connue sous le titre *Volare*), et de l'artiste Pino Pascali lié au mouvement de l'Arte Povera, est une merveille. Passé l'enchantement, il ne faut pas hésiter à lui tourner le dos pour se perdre dans la Terra di Bari, où tout n'est qu'oliviers millénaires, chant des cigales, cyprès et murets en pierres sèches.

Castel del Monte

5 C'est l'un des monuments les plus connus du sud de l'Italie, inscrit au patrimoine mondial de l'Unesco. Son architecture mêle allégrement tous les styles connus au XIIIᵉ siècle, du gothique à l'arabo-normand en passant par le classique, marque de l'humanisme de son commanditaire, l'empereur Frédéric II. Château mystérieux où se mêlent les cultures, mais aussi les disciplines (astrologie, numérologie, symbolique), couronne octogonale de pierre blanche posée au milieu de nulle part, le Castel del Monte apparaît comme un lieu plus métaphysique que royal (voir p. 80).

SARA FIORILLO

FABIO MICHELE CAPELLI / STOCK PHOTO ©

Monopoli

6 Monopoli (p. 74) forme un fascinant dédale dont on aimerait explorer à l'infini les ruelles ombragées par les façades de maisons aux petits balcons en fer forgé, et au détour desquelles s'ouvrent des parvis d'église. Illuminée la nuit, la promenade au pied des remparts conduit au château dit de Charles Quint (XVIe siècle) ou au petit port où mouillent quelques chalutiers. La Porta dell'Antico Porto débouche, elle, directement sur la mer.

Îles Tremiti

7 Désertes ou habitées, sauvages ou façonnées par l'homme, les cinq "perles de l'Adriatique" (p. 118) – San Domino, San Nicola, Cretaccio, Capraia et Pianosa – constituent un patrimoine inestimable en termes de fonds marins, de faune et de flore. Dans ce monde à part, foisonnant de couleurs et de parfums, vous n'aurez aucun mal à trouver un petit coin de paradis.

Peschici

8 Un déjeuner au-dessus de l'eau, entre les piquets d'un *trabucco* (cabane de pêcheur) surplombant la mer. Une succession de plages, parmi les plus belles du Gargano, comme celle de Zaiana (p. 112). Des monuments oubliés, telle l'Abbazia di Santa Maria di Kàlena (p. 112), étape autrefois majeure sur le chemin du pèlerinage à Monte Sant'Angelo. Voilà ce que réserve la jolie station balnéaire de Peschici (p. 111).

9

FRANCESCA FILIPPI

10

11

FRANCESCA FILIPPI

Vieste

9 Entre deux longues plages de sable (San Lorenzo et Castello) se dresse un promontoire rocheux constellé de maisons blanchies à la chaux, d'arcades et de petites places donnant sur la Chiesa di San Francesco et sur la mer : voici Vieste (p. 105). Cette station balnéaire animée évoque par endroits un paisible village sur une île grecque, car Vieste occupe la pointe la plus orientale du promontoire du Gargano. C'est aussi le principal port d'embarquement pour les Tremiti.

Alberobello

10 Cônes, cylindres, pinacles, sphères : les *trulli* d'Alberobello (p. 148), petites maisons blotties les unes contre les autres, exactement comme dans un conte, sont inscrits au patrimoine mondial de l'Unesco depuis 1996. Les taureaux, les croix et autres symboles peints à la chaux qui se rapportent à des croyances lointaines ajoutent à la magie des lieux. Dès le premier coup d'œil, du haut du belvédère (p. 148), la précision de l'architecture, dont la rigueur n'exclut pas une certaine fantaisie, vous enchantera.

Locorotondo

11 Ce bourg qui doit son nom à son centre-ville circulaire juché sur une colline est d'une blancheur éblouissante. Il est entouré d'une mosaïque de vignobles qui produisent le Locorotondo DOC, un vin blanc, frais et léger. Locorotondo (p. 158) est l'endroit idéal pour passer une journée paisible à se promener dans les ruelles étroites, parmi les pots d'hortensias et les bougainvilliers cascadant des balcons, avant de se réfugier le soir sous les voûtes en pierre des *cummerse* (maisons typiques) et se sentir enveloppé par la douce intimité d'une nuit silencieuse.

SARA FIORILLO

SARA FIORILLO

Ostuni

12 La "ville blanche" (p. 161) trône au sommet d'une colline calcaire d'où la vue porte sur la mer et la plaine plantée d'oliviers. C'est un enchevêtrement de maisons serrées les unes contre les autres, de ruelles, de cours, d'escaliers qui, soudain, ménagent une ouverture sur le paysage. De loin, son imposante masse rocheuse se détache sur le bleu azur du ciel ; de près, l'œil cligne devant la lumière éblouissante qui se réfléchit sur les murs chaulés des habitations et se glisse à travers les rosaces de la cathédrale. Quasi déserte en hiver, la ville change d'atmosphère à la belle saison avec l'arrivée des vacanciers.

Dunes de Campomarino

13 Que ce soit à Marina di Lizzano (p. 190) ou dans le Parco delle Dune di Campomarino (p. 191), le littoral de la province de Tarente est modelé par un réseau de dunes. En poursuivant vers le sud-est, vous le traverserez d'abord en voiture sur la SP122, puis à pied sur des passerelles en bois, avec votre serviette de plage, vos claquettes et votre maillot de bain. Genévriers et romarin embaument cette partie de la côte, peu fréquentée, sauvage même.

Massafra

14 Massafra (p. 192) est une terre de ravins, de grottes, d'églises rupestres couvertes de fresques, une terre de *masciari* (magiciens). Plus grande ville de l'arc ionien, elle se compose d'une cité nouvelle et d'une vieille ville séparées par une gorge, la Gravina di San Marco, et reliées par trois ponts qui surplombent le précipice. Une troisième ville, souterraine, a été creusée dans les parois en tuf de la gorge. Ce fascinant patrimoine est à découvrir : ne manquez pas notamment la Chiesa di Sant'Antonio Abate.

15

SARA FIORILLO

16

17

SARA FIORILLO

Lecce

15 *"Ci cammina lecca, ci si ferma sicca"* (littéralement "celui qui marche profite, celui qui s'arrête s'ennuie") : ce dicton est on ne peut plus approprié à Lecce la Baroque parce qu'ici, pas après pas, on observe et l'on s'approprie toutes les splendeurs de la cité. Tous ceux qui sont allés à Lecce en conviennent : chaque cour non visitée, chaque rue non parcourue, chaque balcon, chaque colonne non admirés, sont autant d'incitations à marcher encore, inlassablement, à la découverte de ces trésors (p. 205). Il Duomo (p. 209)

Grecìa Salentina

16 Avec ses palais, ses églises et ses maisons blanches typiques sur les terrasses desquelles sèchent tomates et figues, la Grecìa Salentina (p. 253) offre un visage bien différent du Salento balnéaire vanté par les agences de voyages. Ce territoire fortement marqué par la culture grecque (linguistiquement, en particulier) a su préserver son authenticité et rester à l'écart de la spéculation immobilière : les fêtes populaires y ont la ferveur d'autrefois et le silence règne dès la nuit tombée.
Castello di Corigliano d'Otranto (p. 255)

Otrante

17 Cette ville (p. 220) aux 800 martyrs canonisés par le pape François en 2013 est pleine de charme en toute saison. L'hiver, elle est si calme et silencieuse que l'on entend résonner ses propres pas entre les murs des remparts et que l'on peut passer des heures à déchiffrer les symboles de la mosaïque de la cathédrale. L'été, elle devient un des hauts lieux du tourisme balnéaire de la péninsule.

FRANCESCA FILIPPI

Punta della Suina

18 Du sable clair, une mer cristalline, des promontoires rocheux pourvus de chaises longues et de parasols ainsi qu'une longue passerelle en bois qui s'insinue dans une pinède méditerranéenne luxuriante et parfumée pour accéder à la plage… Au sud et au nord de cette crique, on trouve de nombreuses autres plages enchanteresses, mais pour nous, celle-ci n'a pas d'égale. Son surnom de Caraibi dello Ionio ("Caraïbes de la mer Ionienne", p. 238), laisse supposer qu'au fond, tout le monde partage cet avis.

Gallipoli

19 Dédiée à la pêche autant qu'à la mode, Gallipoli (p. 234) séduit à la fois par son côté élégant (on s'habille pour la *passeggiata* en bord de mer ou pour dîner au restaurant) et par son aspect un peu négligé (qui s'exprime dans les ruelles sinueuses du centre historique cerné par les eaux). Bien avant d'avoir goûté la *scapece* (marinade) et la soupe de poisson, et avant même d'avoir barboté dans les eaux limpides de ses ravissantes plages, votre cœur aura été dérobé par la "perle de la mer Ionienne" dont vous serez tombé éperdument amoureux.

Églises rupestres

20 Une soixantaine d'églises creusées dans la roche de la province de Lecce témoignent du lien étroit existant entre le Salento et le monde hellénique, entre les cultures occidentale et orientale. Elles sont disséminées sur les territoires de plusieurs communes, dont Poggiardo (p. 251), Ugento (p. 254) et Supersano. Renfermant de précieux témoignages picturaux de l'époque byzantine, ces lieux empreints de charme sont peut-être les sites les plus intéressants de l'arrière-pays du Salento. Église rupestre dans le Parco Lama d'Antico (p. 155)

L'essentiel

Pour plus d'informations, reportez-vous au *Carnet pratique* **(p. 300)**

Argent

Distributeurs automatiques de billets (DAB) en ville, dans les aéroports et la plupart des gares. Cartes bancaires souvent acceptées dans les hôtels et les restaurants, moins dans les B&B, les trattorias et les pizzerias.

Hébergement

Campings, hébergement rural, pensions, hôtels, B&B : les Pouilles disposent de catégories d'hébergement pour tous les goûts et tous les budgets (p. 299).

Formalités

Pour un séjour inférieur à trois mois, les ressortissants de l'Union européenne, de la Suisse et du Canada n'ont pas besoin de visa.

Téléphone portable

Utilisez une carte SIM italienne sur un téléphone débloqué pour des communications nationales meilleur marché.

Quand partir

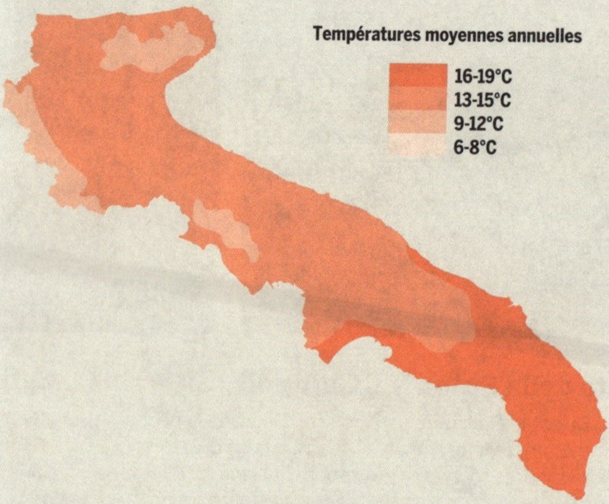

Haute saison
(juil-août)

➡ Augmentation des tarifs des hébergements.

➡ Période idéale pour profiter de la mer mais forte fréquentation touristique.

➡ Grands festivals de musique.

Saison intermédiaire
(avr-juin et sept-oct)

➡ Le calme revient sur les plages et dans les stations balnéaires.

➡ Période idéale pour les activités d'extérieur.

➡ Routes moins embouteillées.

Basse saison
(nov-mars)

➡ Les hôtels coûtent moins cher, mais dans les stations balnéaires tout ferme.

➡ Beaucoup d'offices du tourisme sont fermés.

Sites Web

➡ **Lonely Planet** (www.lonelyplanet.fr). Informations sur le pays, forum de voyageurs....

➡ **Agriturismi** (www.agriturismi.it). Portail sur l'hébergement à la ferme ou en gîte rural.

➡ **Slow Food** (www.slowfood.it). Guide des meilleurs producteurs, restaurants et marchés.

➡ **Puglia Events** (www.pugliaevents.it). Calendrier des événements dans la région.

➡ **Portail touristique de la région des Pouilles** (www.viaggiareinpuglia.it). Excellente source d'informations en tous genres.

Numéros utiles

Pour appeler depuis l'étranger, composez l'indicatif international (00) suivi de l'indicatif italien (39) et du numéro ("0" compris, sauf pour les portables, dont les numéros commencent par un 3).

Ambulance	☎118
Police	☎113
Pompiers	☎115
Numéro unique européen pour les urgences	☎112
Corps forestier d'État (Urgences feux de forêt)	☎1515
Gardes-côtes (Urgences en mer)	☎1530

Budget quotidien

Moins de 70 €

➡ Hébergement bon marché : 30 €/pers

➡ Sandwich : 4 €

➡ Églises et musées gratuits

➡ Trattoria : 20 €

70-200 €

➡ Chambre double dans un hôtel de catégorie moyenne : 70-160 €

➡ Restaurant : 35 €

➡ Apéritif : 8 €

➡ Visite d'un musée : environ 5 €

➡ Visite guidée/randonnée : 10-50 €

Plus de 200 €

➡ Chambre double dans un hôtel de luxe : plus de 160 €

➡ Restaurant haut de gamme : plus de 40 €

➡ Café en terrasse : 4 €

➡ Guide pour 2 heures : 120 €

Arriver dans les Pouilles

Les bus **Pugliairbus** (pugliairbus.aeroportidipuglia.it) relient les aéroports de Bari, de Brindisi et de Foggia à plusieurs villes des Pouilles (voir l'encadré p. 54).

Aéroport de Bari

➡ Depuis l'aéroport, la compagnie **Ferrovie del Nord Barese** dessert le centre-ville (www.ferrovienordbarese.it) toutes les 20-40 minutes, de 5h30 à 23h30 environ.

➡ **Navette** (www.autoservizitempesta.it) entre l'aéroport et la gare centrale : toutes les heures environ, de 5h30 à 0h ; 4 €.

Aéroport de Brindisi

Bus **STP** (www.stpbrindisi.it), ligne A toutes les 30 minutes de 5h45 à 23h45 ; 1 € (1,50 € à bord).

Taxi : 20 € (environ 10 min).

Trenitalia (www.trenitalia.com) Horaires et tarifs de la compagnie de chemin de fer italienne.

Italo (www.italotreno.it)

Comment circuler

La région des Pouilles est traversée par l'autoroute A14 Bologne-Tarente et par l'A16 Naples-Canosa. Les différentes villes sont reliées par un réseau dense de routes nationales et départementales. Pour plus d'informations, reportez-vous p. 310.

Bus Plusieurs compagnies couvrent presque tout le territoire des Pouilles. En basse saison, liaisons souvent moins fréquentes, voire inexistantes les jours fériés.

Train On peut rejoindre la plupart des destinations touristiques en train, parfois remplacé par des bus.

Voiture La meilleure solution pour explorer les plus beaux coins de la région. Feux de croisement allumés obligatoires jour et nuit pour circuler, notamment sur l'autoroute. Certains centres historiques ont une Zone à circulation limitée (ZTL).

Pour en savoir plus sur les **Transports locaux** voir p. 311

Envie de...

Plages

Îles Tremiti Baigné par des eaux cristallines, l'archipel compte une seule plage de sable mais quantité de criques (p. 118).

Peschici Les *trabucchi*, ces cabanes servant à la pêche au carrelet, sont l'une des attractions du lieu à côté des plages de Zaiana, Manaccora et Gusmay (p. 111).

Vieste Une balade sur de hautes falaises blanches conduit à la merveilleuse plage de Vignanotica (p. 106).

Mattinata Entre toutes, optez pour la Baia delle Zagare qui fait face à deux îlots rocheux (p. 99).

Lu Pepe Ces récifs blancs et escarpés jaillissent de la mer au large des plages de Sant'Andrea (petites criques sablonneuses), composant l'une des portions de côte les plus pittoresques de la région (p. 220).

Santa Maria di Leuca Ce n'est pas un hasard si la Marina di Pescoluse est surnommée "les Maldives" (p. 233).

Gallipoli Les "Caraïbes" de la mer Ionienne sont à Gallipoli, à Punta della Suina et aussi, selon nous, à Torre del Pizzo (p. 238).

Parco Naturale Regionale di Porto Selvaggio Un littoral sauvage et préservé, niché derrière des hectares de pinède parfumée, à l'instar de la Baia di Uluzzo (p. 241).

Parcs naturels

Parco Nazionale dell'Alta Murgia Pour un tourisme paisible, entre exploitations agricoles et gîtes ruraux (p. 77). À parcourir à pied ou en VTT.

Parco Nazionale del Gargano Derrière les superbes plages de sable, un paysage de maquis et de forêts aux riches faune et flore que la création de ce parc a permis de soustraire à l'urbanisation (p. 95).

Parco Regionale delle Gravine dell'Arco Ionico Situé dans la province de Tarente, l'"amphithéâtre des Murge" dégage un charme millénaire avec ses profondes gorges, ses églises rupestres et ses grottes (p. 191).

Parco Naturale Regionale delle Dune Costiere Dunes de sable blanc, marais et plages caractérisent ce tronçon sauvage du littoral de Brindisi (p. 157).

Réserve naturelle marine de Torre Guaceto Immergez-vous dans les cannaies marécageuses et l'odorant maquis méditerranéen, admirez les oiseaux migrateurs et les tortues, puis plongez dans les eaux cristallines de la Spiaggia di Punta Penna Grossa (p. 170).

Oasi di Lago Salso En scrutant les cannaies, lacs et autres pâturages, vous repérerez sans mal quelques-unes des innombrables espèces d'oiseaux qui peuplent cette zone humide, hiver comme été (p. 96).

Routes touristiques

Terra di Bari La SP120 entre Polignano a Mare et Castellana Grotte est un doux ruban glissant sur la terre rouge au milieu de robustes oliviers centenaires (p. 41).

Gargano Une suite de promontoires, de falaises blanches, de longues plages de sable et de sculptures naturelles (comme l'Architiello di San Felice) caractérise la SP53 entre Vieste et Mattinata (p. 95).

Vallée d'Itria Tel un ruban de bitume rectiligne, la SP22 entre Ostuni et Ceglie Messapica se déroule au milieu des champs et des oliveraies. Ouvrez grand les fenêtres pour respirer à pleins poumons les parfums des Murge. (p. 166)

Salento D'Otrante à Santa Maria di Leuca par la SP358 et de Santa Maria di Leuca à Gallipoli par la SP91, la SP88 et la SP215, on lon-

SARA FIORILLO

SARA FIORILLO

(En haut) Une petite crique de l'île San Domino (p. 118), dans l'archipel des Tremiti
(En bas) Plages de Sant'Andrea (p. 220), Otrante

l'Adriatique puis la mer Ionienne. Eaux transparentes, maquis méditerranéen, lauriers... le talon de la Botte est un ravissement (p. 233).

Cités de caractère

Ostuni La "ville blanche" qui se détache, lumineuse et compacte, dans le bleu du ciel des Pouilles semble faite d'os de seiches ou de talc mélangé à la chaux, plutôt que de pierre (p. 161).

Trani Églises médiévales, rues pavées et *palazzi* défraîchis composent l'atmosphère de cette charmante cité ou les yachts viennent s'amarrer l'été (p. 62).

Locorotondo Un ravissant centre historique d'une blancheur éclatante sur le plateau des Murge (p. 158).

Martina Franca La partie ancienne de cette ville animée abrite de gracieux édifices baroques et rococo (p. 144).

Cisternino Cette bourgade paisible (p. 160) aux murs chaulés est le haut lieu du *fornello* (boucherie avec gril).

Gallipoli La "belle ville" (en grec) porte bien son nom. Ceint de hauts remparts, le centre médiéval est baigné par la mer (p. 234).

Curiosités architecturales

Art roman apulien Dans toute la province de Bari, suivez le fil rouge qui unit les cathédrales romanes, de Trani (p. 62) à Bisceglie (p. 67), d'Altamura (p. 85) à Bitonto (p. 70).

Castel del Monte L'extravagant château construit par l'empereur souabe Frédéric II est une énigme à ciel ouvert (p. 80).

Le baroque de Lecce La capitale du Salento est au baroque ce que Florence est à la Renaissance (p. 210).

Trulli Les 1 500 petites maisons de conte de fées au toit conique d'Alberobello enchantent petits et grands (p. 148).

Masserie Ces ensembles agricoles comprenaient le logis du maître, les habitations des ouvriers et les dépendances. Aujourd'hui souvent reconvertis en gîtes ruraux, on en compte encore une centaine rien qu'autour de Crispiano (voir p. 191 et p. 197)

Églises rupestres La province de Tarente recèle de nombreux lieux de culte aménagés dans des grottes. Parmi elles, la Chiesa di San Nicola à Mottola, surnommée la chapelle Sixtine des églises rupestres (p. 194).

Art contemporain

Giuseppe De Nittis Passage obligé : la Pinacoteca de Barletta, ville natale du peintre (décédé à Saint-Germain-en-Laye), à laquelle son épouse Léontine a légué sa collection (voir p. 60 et l'encadré p. 59).

Pino Pascali L'espace consacré par Polignano a Mare à son citoyen le plus génial et intransigeant (voir l'encadré p. 68) était devenu trop exigu. Depuis 2012, c'est un musée entier (p. 73) qui est dédié à ce représentant majeur de l'Arte povera (art pauvre).

Doppelgaenger Aux quatre coins de la région, on ressentait le manque d'une galerie d'art contemporain digne de ce nom. La voici, installée dans le centre historique de Bari (p. 46).

Emilio Notte Une collection dédiée aux amoureux du futurisme. L'artiste, co-auteur du manifeste *Fondamento Lineare Geometrico* (1917), en fit don en 1976 à sa ville natale, Ceglie Messapica (p. 167).

Vin et huile

Moscato Les pâtisseries, et les biscuits aux amandes notamment, se doivent d'être accompagnées d'un petit verre de muscat : choisissez le Moscato Reale, distillé à Trani, ou l'Aleatico, produit dans différentes provinces (voir l'encadré p. 64).

Primitivo Unique vin DOCG (appellation d'origine contrôlée garantie) des Pouilles (voir l'encadré p. 200), le Primitivo est produit dans les provinces de Brindisi et Tarente, mais sa véritable capitale est Manduria.

Verdeca Les grappes vertes de ce cépage (d'où son nom) donnent naissance à un vin blanc très frais, à la robe d'ordinaire jaune paille. Produit surtout à Gravina in Puglia. (p. 289)

Malvasia Nera Les variétés les plus notables de ce cépage proviennent de Brindisi et de Lecce (voir l'encadré p. 246).

Negroamaro De ce fameux cépage cultivé dans le Salento naissent des rouges corsés, dont huit DOC (appellation d'origine contrôlée) et d'élégants rosés (voir l'encadré p. 246).

Huile La “cité de l'or vert” est Andria, même si diverses communes de la vallée d'Itria et du Salento possèdent également une longue tradition en la matière, comme en témoignent leurs vieux pressoirs (voir l'encadré p. 227).

Spécialités gastronomiques

Boulangerie Les pains d'Altamura (p. 87) et de Laterza (p. 194) sont réputés dans toute l'Italie, tout comme les *taralli*, les *friselle*, les *pucce* du Salento ou la *focaccia* de Bari.

Pâtes La reine des pâtes s'appelle ici l'*orecchietta*, talonnée par les *strascinati*, les *tapparelle*, les *troccoli* et les *minchiareddi*. Et la liste est encore longue (p. 285).

Poissons et fruits de mer Thon de Colimena, mais aussi moules de Tarente, crevettes rouges de Gallipoli, oursins de Forcatella, anguille de Lesina, etc. (p. 287).

Fromages Si la *burrata* (mozzarella au cœur crémeux) d'Andria (p. 78) est le plus connu des fromages des Pouilles, profitez de votre voyage pour goûter le *caciocavallo podolico*, le *cacioricotta* ou le *canestrato*.

Viande Tarente et la vallée d'Itria mènent la danse. C'est ici que la culture du four à bois attise les braises des rôtisseries (p. 146).

Charcuterie La palme du goût revient au *capocollo* de Martina Franca (p. 146). Les occasions d'en déguster ailleurs ne manqueront pas, aux côtés d'autres charcuteries.

Desserts Souvent à base de produits locaux comme les figues et les amandes, ils peuvent prendre des saveurs d'antan comme la *cotognata* (pâte de coing) de Lecce (p. 288).

Mois par mois

LE TOP 5

Festa di Santa Domenica (p. 251), juillet

La Notte della Taranta (p. 255), juillet-août

Festival della Valle d'Itria (p. 145), juillet-août

Festa della Madonna della Madia (p. 76), décembre

Sant'Antonio Abate (p. 211), janvier

Janvier

Sant'Antonio Abate

Le 16 janvier, un feu de joie mémorable enflamme la Piazza Tito Schipa, à Novoli (p. 211). Son embrasement (voir l'encadré ci-contre) donne lieu à une grande fête alliant théâtre, musique, danse et acrobaties.

Février

Carnaval

Le plus spectaculaire carnaval des Pouilles se déroule à Putignano (p. 153).

Mars

Semaine sainte

Les festivités de la Semaine sainte à Tarente comptent parmi les plus belles de tout le sud de l'Italie (p. 186).

Mai

Festa di San Nicola

Russes, Biélorusses, Ukrainiens ainsi que les habitants de Bari et d'ailleurs se donnent invariablement rendez-vous du 7 au 9 mai à Bari pour voir les reliques de saint Nicolas et surtout leur "manne" (p. 48).

Festa di Sant'Alberto

La procession organisée lors de la fête du saint patron de Pietramontecorvino a encore le parfum ancien d'un rite propitiatoire (p. 135).

Festa della Madonna del Soccorso

À l'occasion de cette fête, la ville de San Severo se transforme en une petite Pampelune sauf qu'au lieu de courir devant des taureaux, on court derrière des "feux". Les *fujenti* défient les pétards, courageusement, et de très près (p. 131).

Festa della Madonna Incoronata

Avis aux intrépides, le même scénario se déroule à Apricena quelques jours après la fête de San Severo.

UN FEU DE JOIE EN MONDOVISION

À l'occasion des célébrations consacrées à Sant'Antonio Abate, la petite ville de Novoli allume un énorme feu de joie (25 m de haut pour 20 m de diamètre). Cette manifestation, retransmise en direct dans le monde entier depuis 2015, donne lieu à trois jours de fête : danses, musiques du monde, projets artistiques et, naturellement, produits gastronomiques à foison. Plus de détails sur le site www.fondazionefocara.com.

Festival Internazionale del Gargano

Entre Rodi Garganico et Vico del Gargano, le Festival international du Gargano propose une excellente programmation de musiques du monde, mais aussi de country, de hip-hop et de folk.

Illuminations dans les rues de Ceglie Messapica (p. 170)

Juin

Daunia Felice

Sous ce nom sont regroupés plusieurs festivals de musique organisés de juin à octobre dans divers lieux entre la plaine du Tavoliere et les Monti Dauni. Au programme : musique classique et lyrique, blues, rock, théâtre musical et cabaret.

Juillet

Festa di Santa Domenica

À Scorrano, illuminations, feux d'artifice et musique font de cette fête tout en sons et lumières un événement qui émerveille les touristes, toujours plus nombreux chaque année (p. 251).

> **LA SEMAINE SAINTE**
>
> Si vous avez programmé un voyage dans les Pouilles à Pâques, consultez le site www.settimanasantainpuglia.it qui vous informera sur les différentes festivités.

Otranto Jazz Festival

Cocktail parfait entre musique world et culture régionale, ce festival de jazz investit de merveilleux sites d'Otrante.

Barletta Jazz Festival

La musique, la mise en valeur des lieux, l'acoustique et la participation du public sont les secrets du succès de ce festival de jazz (p. 61).

Festival della Valle d'Itria

Voilà près de 40 ans que ce festival fait partie des principaux rendez-vous du panorama musical national en matière de musique classique, de jazz et d'opéra. En juillet-août.

Août

Mercatino del Gusto

Maglie (p. 245), en plein cœur de l'été, accueille l'une des fêtes gastronomiques les plus importantes de la région.

Ghironda Summer Festival

Organisé dans cinq communes des Pouilles, ce festival est consacré à la musique exotique et insolite (voir l'encadré p. 275).

Carpino Folk Festival

Un public jeune afflue chaque été à Carpino (voir l'encadré p. 122) à l'occasion de ce festival.

ENTRE SACRÉ ET PROFANE

Lumières époustouflantes et uniques au monde, pèlerinages interminables et processions éclair, mâts de cocagne en pleine mer et cortèges d'embarcations, fanfares et concours musicaux, montures et cavaliers en costumes traditionnels... À l'évidence, les Pouilles ont l'art d'honorer les saints patrons régionaux. D'innombrables célébrations, prisées des croyants comme des laïcs, y sont en effet organisées en l'honneur des protecteurs locaux, comme Santa Domenica à Scorrano (p. 251), San Valentino à Vico del Gargano (p. 115), la Madonna della Madia à Monopoli (p. 76), Santa Cristina à Gallipoli (p. 238), San Cataldo à Tarente (p. 187), les saints Teodoro d'Amasea et Lorenzo à Brindisi, la Madonna del Carmine à Mesagne ou encore Sant'Antonio Abate à Novoli (p. 211). Plus de détails sur le site www.patronidipuglia.it.

Settimana Medievale

Lors de cette "semaine médiévale", Trani organise des reconstitutions historiques et des défilés en costume (p. 64).

Corteo Storico di Federico II

Un somptueux cortège composé de 400 figurants en costume d'époque reconstitue les célébrations autour du mariage de l'empereur Frédéric II et d'Isabelle II de Brienne. Chaque année, à Oria, (p. 180), on se croirait vraiment en 1225.

Festa di San Rocco

Même si historiquement, Torrepaduli aurait été la première ville à honorer saint Roch (voir l'encadré p. 251), Locorotondo (p. 158) n'est pas en reste.

La Notte della Taranta

Ce festival de musique (en juillet-août) itinérant, né à l'origine autour de la *pizzica* (danse régionale) s'est enrichi au fil des ans de nouveaux événements et de nouveaux invités gagnant ainsi en notoriété (voir p. 256 et l'encadré p. 255).

Novembre

Festival dei Fuochi Pirotecnici

Le mélange de sacré et de profane fait bien plus que des étincelles. Il se traduit, à San Severo, par de spectaculaires feux d'artifice de jour comme de nuit.

San Trifone

Adelfia s'illumine de feux d'artifice (voir l'encadré p. 53) à l'occasion de la fête de San Trifone.

Itinéraires

10 JOURS Lecce et le Salento

Afin d'apprécier toute la splendeur baroque de **Lecce**, véritable théâtre à ciel ouvert, il faut lui consacrer plus de deux jours. Vous serez alors prêt à explorer le **Salento**, destination prisées des touristes. Commençons par l'arrière-pays : **Nardò**, sorte de Lecce miniature à l'architecture ciselée, **Galatina** et sa **Basilica di Santa Caterina d'Alessandria**, chef-d'œuvre de la Renaissance, puis les communes de l'étonnante **Grecìa Salentina**. Le circuit se poursuit par les cryptes byzantines de **Poggiardo**. Place ensuite au littoral avec les plages de **Sant'Andrea** et les Lu Pepe - blancs récifs émergeant des flots -, puis la splendide **Baia dei Turchi**, avant de rallier **Otrante**. En descendant la côte adriatique, accordez-vous un bain thermal à **Santa Cesarea Terme**, visitez la Grotta Zinzulusa à **Castro** et le petit port de **Tricase**, et faites un crochet par le charmant centre historique de **Specchia**. Arrivé à **Santa Maria di Leuca**, vous pourrez remonter le talon de la botte le long de la côte Ionienne ; les plages ne manquent pas, que ce soit à **Gallipoli** ou dans le **Parco Naturale Regionale di Porto Selvaggio**. Concluez ce circuit à **Porto Cesareo**.

14 JOURS Le nord des Pouilles

Entre le relief des Monti Dauni et les lacets à pic sur la mer du Gargano, explorer cette contrée des Pouilles est quelque peu ardu, mais les paysages inoubliables récompenseront les plus patients. Première étape : excursions dans les hêtraies et chênaies des sauvages et intacts **Monti Dauni**, ponctuées de haltes à **Pietramontecorvino**, **Alberona**, **Roseto Valfortore**, **Rocchetta et Sant'Antonio** ou encore **Bovino**, petites communes tranquilles où le temps semble s'être arrêté. Ensuite, cap à l'est, où l'altitude baisse et le relief cède le pas à un relief plus doux : les collines annoncent le **Tavoliere**, vaste plaine à l'apaisante palette de couleurs allant du vert brillant au jaune doré. Vous passerez alors par **Orsara di Puglia**, **Troia** et sa remarquable cathédrale, puis **Lucera** et son splendide Duomo. Vous voilà à **Foggia**, ville sans grand attrait mais porte du **Gargano** : ce territoire fascinant est constitué de forêts (dont la célèbre **Foresta Umbra**), d'étendues de maquis méditerranéen, de dolines, mais surtout de plages, de baies cachées, de criques paradisiaques et de hautes falaises blanches. Depuis **San Severo**, traversez la zone des lacs de **Lesina** et de **Varano** avant de prendre le large pour les **îles Tremiti**. Le retour marquera le début de votre périple sur le pourtour de l'éperon : en partant de **Rodi Garganico**, aux teintes bleues et orangées, vous passerez par **Peschici**, d'un blanc immaculé, pour arriver à **Vieste** par une ravissante plage et un pittoresque **trabucco** (cabane à carrelet). Autour de cette ravissante petite ville offrant grottes marines et panoramas spectaculaires gravitent légendes de sirènes et de pêcheurs et histoires de corsaires. C'est là que commence la portion probablement la plus enchanteresse des 140 km de côtes du promontoire : jusqu'à **Mattinata**, ce sont encore des falaises, une végétation touffue qui s'avance jusqu'à la mer, et des sculptures naturelles. À ce stade, que vous soyez croyant ou tout simplement curieux, vous pourrez conclure ces deux semaines de voyage en vous rendant d'abord à **Monte Sant'Angelo**, haut lieu de pèlerinage dominant le golfe de **Manfredonia**, puis à **San Giovanni Rotondo**, où se trouve le sanctuaire de Padre Pio, le plus populaire des saint italiens.

14 JOURS Bari, la vallée d'Itria et la Murgia Tarentina

Après **Barletta** et son imposante forteresse, étape gourmande à **Andria**, dont les *burrate* (mozzarelle au cœur crémeux), les dragées de chez Mucci et l'huile d'olive réjouissent les papilles. Vous voilà parés pour la découverte d'un des joyaux architecturaux de la région : le **Castel del Monte**. Après avoir quitté cette "couronne de pierre", retour sur la côte pour passer au moins une journée à **Trani**, dont le port semi-circulaire semble enserrer la mer. Sa **cathédrale** est de toute beauté, comme celle de **Bisceglie**, un peu plus loin. Vous pourrez ensuite faire une halte un peu plus longue à **Molfetta**. De là, direction **Bitonto**, où se dresse une autre cathédrale splendide, puis sur **Bari**. Ville séduisante en plein essor touristique, elle mérite au moins trois jours pour ne rien manquer : une visite de la **Basilica di San Nicola**, une promenade sur le **Lungomare Nazario Sauro**, dans la **Città Vecchia** et dans la **Strada delle Orecchiette**. Toujours en suivant la côte, allez profiter plus au sud du bord de mer à **Mola di Bari** et **Polignano a Mare**. De là, un détour vous conduira dans l'intérieur des terres jusqu'aux aux **grottes de Castellana**, puis à **Putignano**, célèbre pour son carnaval et ville natale du sculpteur de crèches Antonio da Putignano. En longeant la côte de **Monopoli**, vous atteindrez la blanche **Ostuni**, avec sa **cathédrale** et ses demeures aristocratiques, où il faut rester une nuit minimum. Ensuite, adieu la mer bleue, bonjour la terre rouge de la **vallée d'Itria** : dans la contrée la plus magique des Pouilles, vous découvrirez **Cisternino** et ses *fornelli* (boucheries-rôtisseries), **Martina Franca**, patrie du *capocollo* (variante de la coppa), le ravissant bourg fleuri de **Locorotondo** et, enfin, **Alberobello**, que l'on ne présente plus tant ses *trulli* sont devenus emblématiques (évitez si possible les jours d'affluence). Le voyage se poursuit vers **Tarente**, dont le très intéressant **Museo Archeologico Nazionale (MARTA)** et les moules réputées font oublier l'état désastreux du centre historique. Pour finir, cap sur **Massafra** et **Mottola** dotées d'un étonnant patrimoine troglodytique dans l'arrière-pays de la **Murgia Tarantina**.

Préparer son voyage

Sports et activités

À vos marques...

Planifier les activités que vous aimeriez faire pendant votre voyage est la garantie d'un séjour stimulant, sans mauvaise surprise.

Quand partir

Le printemps et l'automne sont les saisons les plus propices au grand air : le premier pour l'abondance des fleurs sauvages ; le second parce que c'est la saison des vendanges et de la cueillette des olives, mais aussi parce que la chaleur estivale se poursuit jusqu'en plein mois d'octobre, garantissant de nombreuses heures d'ensoleillement ainsi que la possibilité d'aller à la plage. Comme beaucoup de régions de bord de mer, septembre est peut-être le meilleur mois : les couleurs sont plus nettes, les températures sont élevées sans atteindre les insupportables pics estivaux, la circulation se fluidifie et les plages se vident.

La meilleure période

- **Avril-juin** Des journées à la tiédeur appréciable et des collines tapissées d'orchidées et d'autres fleurs des champs. Idéal pour le cyclotourisme.
- **Juillet** Les amateurs de sports aquatiques se ruent sur les plages, un peu moins envahies qu'en août.

Le top des randonnées

- La Marcita (p. 137)
- Spiaggia di Vignanotica (p. 106)
- Foresta Umbra (voir l'encadré p. 110)
- Bosco delle Pianelle (p. 145)
- Oasis WWF Le Cesine (voir p. 219 et l'encadré p. 297)
- Monte Cornacchia (p. 137)

Le top des spots marins

- Îles Tremiti (p. 118)
- Réserve naturelle marine de Torre Guaceto (p. 170)
- Gallipoli et alentours (p. 238)

Les plus beaux vols d'oiseaux

- Réserve naturelle marine des îles Tremiti (p. 118)
- Oasis WWF Lago Salso (p. 98)

Les plus belles grottes marines

- Grotta del Bue Marino (p. 119)
- Grotta Zinzulusa (p. 22)

LES MEILLEURES DESTINATIONS POUR LES PASSIONNÉS DE...

- **Canoë** – Lacs Alimini (p. 220)
- **Équitation** – Lacs Alimini (p. 220)
- **Excursions en bateau** – Îles Tremiti (p. 119), Tarente (p. 183), Otrante (p. 220), Castro (p. 228), Gallipoli (p. 234), Santa Maria di Leuca (p. 231)
- **Gravine (gorges)** – Ginosa (p. 197), Laterza (p. 196)
- **Observation des oiseaux** – Îles Tremiti (p. 119), Lago Salso (voir l'encadré p. 98)
- **Panoramas côtiers**– Gargano (p. 95), Salento (p. 202)
- **Pêche** – Tarente (p. 183)
- **Plongée et snorkeling** – Îles Tremiti (p.119), Otrante (p. 220), Castro (p. 228), Santa Maria di Leuca (p. 231), Porto Cesareo (p. 241), Vieste (p. 105)
- **Sports nautiques (voile, planche à voile, catamaran)** – Vieste (p. 105), Santa Maria di Leuca (p. 231), réserve naturelle marine de Torre Guaceto (p. 170), Otrante (p. 220), Rodi Garganico (p. 117)
- **Vélo** – Monopoli (p. 75), Parco dell'Alta Murgia (voir l'encadré p. 82), vallée d'Itria (p. 145)

- **Septembre-octobre** Les journées, plus fraîches, sont parfaites pour une promenade matinale ou un tour à vélo. En voiture, pas de risque de perdre patience sur les routes côtières ou de chercher pendant des heures un parking dans les villes touristiques.

À éviter

- **Août** Plages, pistes cyclables et routes sont bondées. Dans les villes, la chaleur est étouffante.

Où aller

- **Monopoli** (p. 74) Pour d'excellentes randonnées de 5 à 10 jours dans l'arrière-pays et la campagne environnante.
- **Alta Murgia** (p. 77) Si vous aimez marcher au milieu des chênes communs, pubescents, verts, ou chevelus, voire apercevoir quelques belettes, lièvres ou fouines, les sentiers de ce parc national vous attendent.
- **Monti Dauni** (p. 132) De vieux moulins à eau, quelques piscines au milieu de la verdure où batifoleront vos enfants, et de nombreux sentiers pour s'enfoncer dans une végétation dense et préservée.
- **Gargano** (p. 95) À vous de choisir entre la végétation touffue de la Foresta Umbra, ou celle plus clairsemée et piquetée d'orchidées sauvages parfumées de la côte, comme à Mattinata.
- **Îles Tremiti** (p. 118) Une excursion d'une journée suffira à vous offrir un sentiment d'éternité. Pour une halte un peu plus longue, optez pour une sortie plongée, un tour à vélo de l'île San Domino ou des bains de mer.

Prêt...

Renseignements

Le site touristique de la région des Pouilles (www.turismo.regione.puglia.it) vous fournira des renseignements généraux, des cartes interactives, et des parcours pédestres, cyclistes ou équestres. Vous y trouverez également des informations sur la spéléologie, les centres de bien-être et les sports aquatiques.

Pour tout savoir sur les parcs, réserves et autres zones naturelles protégées de la région, consultez la rubrique consacrée aux Pouilles sur le portail des parcs italiens **Parks.it** (www.parks.it).

Cartes

- Pour profiter au mieux du Parco Nazionale dell'Alta Murgia, consultez la brochure *Itinerari escursionistici* (*Itinéraires d'excursions*, Gianni Pofi ; éditions Mario Adda ; 7 €), en vente au bureau du parc.
- Disponible gratuitement dans plusieurs offices du tourisme, la *Guida alle vie verdi nella provincia di Brindisi* (Guide des pistes vertes dans la province de Brindisi) recense une dizaine de pistes cyclables.
- Pour visiter la Foresta Umbra (p. 110), référez-vous à la *Carta dei Sentieri* (Carte des sentiers ; Cooperatica Ecogargano ; 2,50 €), qui contient 15 itinéraires et présente la faune et la flore locales.

Livres et guides

Tous les offices du tourisme disposent de listes de guides spécialisés.

- *Cycling in Italy* (également en italien sous le titre *Italia in bicicletta*), d'Ellee Thalheimer : conçu pour les amoureux des deux-roues, ce guide thématique Lonely Planet consacre tout un chapitre aux itinéraires cyclistes qu'offrent les Pouilles.
- Publiée par l'APT (agence pour la promotion du tourisme) de la province de Foggia, la brochure *La montagna sul mare – Guida al trekking sul Gargano* (en italien) constitue un excellent outil pour ceux qui souhaitent s'aventurer dans le Gargano à pied ou à VTT.
- *Guida escursionistica della Puglia* (éditions Mario Adda, 2007 ; 10 €). Gianni Pofi, un agronome-randonneur, suggère 40 itinéraires pour explorer à pied les bois, les paysages rocheux, les gorges et les sites rupestres des Pouilles.

Équipement

Dans les Pouilles, un équipement minimal fera souvent l'affaire : pour des randonnées pédestres ou cyclistes peu exigeantes, il suffit d'une paire de baskets confortables et d'un petit sac à dos où mettre sweat-shirt de réserve et vêtement de pluie.

Crème solaire, lunettes de soleil, chapeau (casque pour les cyclistes) et au moins une bouteille d'eau (compter 1,5 l/pers en été) sont indispensables. Quelques denrées nourrissantes, telles que des barres énergétiques ou des fruits secs, peuvent contenir la faim et vous donner un petit coup de fouet en cas de besoin.

Et bien sûr, si vous comptez sortir des sentiers battus, prévoyez carte et boussole.

Partez !

Équitation

Certaines *masserie* offrent la possibilité de pratiquer l'équitation. Sinon, il existe des centres hippiques et différents manèges dans les Murge. On peut aussi monter à cheval dans le Gargano.

Randonnée

Les reliefs restent relativement modestes dans les Pouilles dont le point culminant n'excède pas 1 150 m. Au nord-ouest, le secteur des **Monti Dauni** (p. 133) qui correspond aux contreforts des Appennins, est le plus élevé. Ses collines recouvertes de hêtraies et de chênaies luxuriantes sont très appréciées des randonneurs. La plus grande partie des

PARCS, RÉSERVES ET AIRES PROTÉGÉES

Pour les véritables amoureux de la nature, tout se passe dans les parcs nationaux et régionaux ainsi que dans les réserves naturelles. Créés pour protéger un territoire riche en écosystèmes terrestres, fluviaux, lacustres et marins, tous se prêtent à des sorties stimulantes au grand air (p. 296).

Réserve naturelle marine des îles Tremiti	p. 118
Réserve naturelle marine de Torre Guaceto	p. 170
Réserve naturelle marine de Porto Cesareo	p. 242
Parc naturel régional de Porto Selvaggio	p. 241
Parc national du Gargano	p. 95
Parc national de l'Alta Murgia	p. 77
Parc régional delle Gravine dell'Arco Ionico	p. 191

FRANCESCA FILIPPI

Bosco Quarto, Monte Sant'Angelo (p.101)

sentiers se concentrent autour de Roseto Valfortore (p. 137) et de Bicari.

Le promontoire du Gargano recèle également des itinéraires splendides, notamment dans la **Foresta Umbra** (voir l'encadré p. 110).

La province de Tarente a pour particularité la morphologie particulière de ses **gravine** (gorges ; p. 191), à découvrir grâce à une série de parcours passant par diverses communes, dont Laterza (p. 196). Les amateurs de dunes sauvages modelées par la brise marine opteront eux pour le **Parco Naturale Regionale delle Dune Costiere** (p. 157).

Vélo

Le cyclisme est l'une des activités les plus prisées dans les Pouilles : légèrement vallonnées, côte et campagne se découvrent en deux-roues, sans trop de hâte ni d'efforts. De nombreuses zones du **promontoire du Gargano** se prêtent en outre très bien au VTT, et beaucoup d'hôtels en mettent à disposition de leurs clients (certains adhèrent même au réseau Albergabici, www.albergabici.it).

La vallée d'Itria offre elle aussi d'agréables promenades à vélo, que beaucoup de *masserie* (propriétés rurales reconverties en hébergements de charme) prêtent gracieusement à leurs hôtes. Le VTT est aussi un bon moyen pour parcourir les **gorges autour de Tarente** et le **Parco Nazionale dell'Alta Murgia** (voir l'encadré p. 82).

Dans le Salento, des itinéraires balisés relient les communes de Castro, Marittima di Diso, Spongano, Andrano, Tricase, Specchia et Alessano. C'est dans cette région qu'est née l'idée du "*slow travel*".

S'il n'est pas toujours facile de trouver de bonnes cartes de cyclotourisme, les routes de campagne ont l'avantage d'être peu fréquentées et ne posent pas de problèmes d'orientation.

Parmi les itinéraires en boucle les plus intéressants : Alberobello-Monopoli-Polignano a Mare-Castellana Grotte-Alberobello ; Ostuni-marina d'Ostuni-Torre Canne-Egnazia-Fasano-Locorotondo-Ostuni ; Ostuni-Locorotondo-Martina Franca-Ceglie Messapica-San Vito dei Normanni-Ostuni ; Martina

Franca-Massafra-Noci-Alberobello-Locorotondo-Martina Franca.

Si vous rejoignez les Pouilles en avion et que vous voulez emporter votre vélo, vérifiez auprès de la compagnie aérienne si son transport implique un supplément, et s'il doit être démonté et emballé. En train, vous pouvez emporter votre vélo (en fonction du type de train, il vous sera demandé de le déposer dans un emplacement réservé aux vélos, ou de le transporter démonté dans une housse prévue à cet effet).

Renseignements

Salentino Bici Tour (☎346 086 27 17/329 127 30 10 ; www.salentobicitour.org/it). Une référence pour qui souhaite visiter le Salento à vélo. Excursions d'une demi-journée ou d'une journée, mais aussi voyages de plusieurs jours et à bas prix, comme la formule Bike & Camp.

Puglia in Bici – Southern Visions Travel (☎340 264 41 28 ; www.pugliainbici.com). Location de vélos de bonne qualité et organisation d'itinéraires personnalisés dans toute la région. L'agence principale, **NRG Bike Shop**, à Monopoli, vend et loue des équipements cyclistes et propose toute sorte d'assistance. Sur simple accord avec le très aimable Graziano, vous obtiendrez la livraison des vélos dans n'importe quelle autre ville des Pouilles. À partir de 15 €/jour, livraison et retrait dans l'agence principale inclus (supplément pour une autre ville que Monopoli). Vélos hybrides, vélos pour femme et pour enfant et deux tandems en aluminium.

CicloMurgia.com (www.ciclomurgia.com et www.4cycling.it). Excursions en tout genre sur les douces pentes préservées du Parco dell'Alta Murgia, où nombre de *masserie* authentiques possèdent un atelier de réparation de vélos et tout ce qu'il faut pour les amateurs de cyclotourisme. Voir aussi l'encadré p. 296.

Associazione Ciclofficina (☎393 978 04 08/380 759 70 94 ; www.laciclofficina.it ; Piazza Plebiscito 17, Putignano). Engagée dans la promotion de la mobilité durable, cette association organise des excursions et des circuits de plusieurs jours dans la vallée d'Itria.

Sports aquatiques

Avec ses 865 km de côtes, les Pouilles offrent l'embarras du choix en matière de sports aquatiques. En matière de **voile**, l'école de voile de la Riserva Naturale di Torre Guaceto (www.centrovelicotorreguaceto.it) est l'une des plus appréciées. Elle dispense des cours (de voile, mais aussi de **catamaran** et de **planche à voile**) pour tous les âges et tous les niveaux. Mais même dans les stations balnéaires du Salento, l'occasion de pratiquer ces activités ne manquera pas (notamment à Santa Maria di Leuca). Si vous préférez observer les fonds marins, ou traquer les épaves de vieux navires, nous conseillons les centres de **plongée** du Salento, à Otrante (p. 221), Castro (p. 228), Santa Maria di Leuca (p. 231), Porto Cesareo (p. 242), mais aussi ceux du Gargano, sur les îles Tremiti (p. 118) et à Vieste (p. 105).

Riche en plages de rêve, le promontoire du Gargano ne manque pas non plus d'occasions pour tous ceux sur qui l'eau exerce un attrait particulier : on peut faire de la voile à Rodi Garganico (p. 117) ou encore de la plongée et du **surf** à Vieste (p. 105).

Préparer son voyage

Voyager avec des enfants

Une grotte

Vos enfants se contenteront-ils du circuit court ou seront-ils prêts à marcher 2 heures pour voir la Grotta Bianca d'une blancheur surréaliste ? Quoi qu'il en soit, les **grottes de Castellana** (p. 154) forment un paysage souterrain inoubliable.

Une plage

Sur la plage de **Punta Penna Grossa** (p. 170), dans la Riserva naturale de Torre Guaceto, nulle trace de glaces industrielles, tout juste trouverez-vous des stands vendant du *chinotto* naturel (boisson à base d'orange amère). Cela dit, ça ne devrait pas vraiment vous manquer.

Un parc naturel

Balades à vélo sur les sentiers de la **Riserva Naturale dello Stato Le Cesine**, gérée par le WWF d'Italie, (p. 219), roulades dans le sable d'un littoral sauvage et baignade dans des eaux cristallines divertiront petits et grands.

Une fable !

L'imagination s'emballe dans la petite ville d'**Alberobello** (p. 148) qui semble sortie d'un conte de fées avec ses *trulli*, de curieuses habitations au toit conique.

Quel que soit votre itinéraire, il y a fort à parier que vos enfants s'amuseront de mille façons dans les Pouilles, notamment s'ils aiment la mer. En dehors des plages de sable, les parcs aquatiques remportent toujours un franc succès. La plupart des campings et beaucoup d'*agriturismi* (séjours à la ferme) sont dotés d'aires de jeux. Certains *agriturismi* hébergent en outre des animaux, et proposent des excursions ou des activités telles que les balades à cheval ou à dos d'âne.

L'été, prévoyez toujours des provisions d'eau conséquentes, une crème solaire (à renouveler plusieurs fois par jour), un T-shirt, des lunettes de soleil et un chapeau.

Pour des informations d'ordre général, consultez le guide *Voyager avec ses enfants* publié par Lonely Planet.

Quand est-ce qu'on arrive ?

Les distances ne sont jamais très grandes dans les Pouilles, ce qui évite des déplacements fastidieux.

En voiture, n'oubliez pas que les moins de 12 ans ne peuvent pas s'asseoir à l'avant et que le port de la ceinture de sécurité est aussi obligatoire à l'arrière, ainsi que l'usage du siège auto pour les plus petits (pensez à en réserver un si vous louez une voiture).

Les enfants (jusqu'à 12 ans) bénéficient de tarifs réduits dans les transports.

Où se loger et se restaurer

Avec des enfants en bas âge, la solution la plus simple consiste à louer une maison ou un appartement équipé d'une cuisine. En période estivale, vous aurez le choix parmi des dizaines de résidences hôtelières et de campings avec bungalows. De nombreuses chambres d'hôtes disposent également d'un coin-cuisine indépendant ou d'une cuisine commune.

À savoir : dans certains hôtels, les chambres doubles ne peuvent pas accueillir un lit supplémentaire pour les enfants : renseignez-vous. Si votre enfant est assez petit pour dormir dans votre lit, certains établissements ne vous feront pas payer de supplément.

Si la majorité des restaurants n'ont pas de menu enfant, rien n'empêche de commander une demi-portion ou de demander une légère adaptation du plat. Certains établissements disposent de chaises hautes.

Réductions

Les jeunes ressortissants de l'Union européenne bénéficient généralement de tarifs réduits dans les musées et sites touristiques. En principe, les entrées sont gratuites pour les moins de 4 ans et réduites pour les moins de 12 ans ou les étudiants de moins de 26 ans. Dans les parcs, différents tarifs s'appliquent souvent selon la taille des enfants.

Plages

Les principales stations balnéaires de la région, comme Otrante (p. 220), dans le Salento, ou Vieste (p. 105) et Peschici (p. 111), dans le Gargano, sont de bons points de chute. La côte ionienne du Salento (notamment entre Gallipoli et Santa Maria di Leuca, p. 231), possède de belles étendues de sable ourlées d'eaux peu profondes. Dans l'ensemble, les plages du Gargano (p. 95) conviennent bien aux petits.

À ne pas manquer

Voici quelques idées d'activités ludiques, susceptibles aussi de plaire aussi aux plus grands.

Circuits urbains

➡ **Velo Service** (p. 56 et p. 211) offre la possibilité de découvrir Bari et Lecce à vélo ou en cyclopousse. Les jeunes guides agrémentent la balade d'histoires et d'anecdotes en lien avec les sites.

Tête-à-tête avec les animaux

➡ **Osservatorio di Ecologia Appenninica** (Roseto Valfortore ; p. 137). Qui sont les habitants des Apennins ? Vous le saurez en visitant cet Observatoire d'écologie des Apennins, situé dans le village de Roseto Valfortore, au nord-ouest des Pouilles, ainsi que le centre d'information attenant, consacré aux loups.

➡ **Zoosafari** (☎080 441 30 55/080 441 44 55 ; www.zoosafari.it ; Via dello Zoosafari, Fasano ; tarif plein/réduit/moins de 4 ans et moins de 1 m 22/19,50 €/gratuit ; ⏲fin mars à mi-oct). Bien à l'abri dans l'habitacle de votre voiture, partez à la rencontre des lions, girafes, tigres, ours du Tibet et éléphants. Ce parc animalier compte aussi un delphinarium (possibilité d'acheter un billet unitaire pour cette attraction).

➡ **Promenades avec un âne** (p. 153). Partez découvrir la vallée d'Itria en compagnie d'un âne de Martina Franca, race autochtone menacée de disparition, en passant par de vieilles étables et de pittoresques *masserie* (propriétés agricoles).

PETITS ARRANGEMENTS

Pour convaincre vos enfants de vous accompagner dans un musée ou une église, ou bien pour un trajet en voiture en toute sérénité (ou presque), il n'y a rien de mal à recourir à de petites astuces. Voici quelques idées.

➡ **Agriturismi** Dans ce type d'hébergement, il est généralement facile d'arriver à un compromis avec ses enfants : par exemple, en consacrant la matinée à la visite de monuments et de musées, et l'après-midi à la piscine et au terrain de jeux (de nombreux établissements en sont équipés).

➡ **Glace** N'importe où et à n'importe quelle heure ! Cela marche toujours.

➡ **Pizza** Les pizzerias n'ouvrent souvent qu'en soirée : la perspective d'une pizza au dîner devrait vous garantir une journée tranquille.

➡ **Randonnées à cheval** (p. 199). Excursions d'une *masseria* à l'autre sur des chevaux des Murge à la robe noire brillante.

➡ **Riserva Naturale di Torre Guaceto** (p. 170). Cette réserve naturelle comprend une partie préservée de la mer Adriatique, entre Ostuni et Brindisi. Dans son musée, les enfants se feront une joie de découvrir virtuellement les écosystèmes du parc, mais aussi de percer les secrets de la cannaie ou des fonds marins.

Réserves et parcs naturels

➡ **Parco Naturale Regionale delle Dune Costiere** (p. 157). À pied, à vélo, à cheval ? Peu importe comment, ce qui compte c'est de les voir, ces dunes côtières hautes et blanches situées sur le territoire de Fasano. Et, pourquoi pas, de grimper jusqu'en haut pour ensuite les dévaler.

➡ **Riserva Naturale dello Stato Le Cesine, oasis WWF** (p. 219). Vos enfants ont envie de se dégourdir les jambes ? C'est le moment de marcher, de faire du vélo, ou, pour les plus grands, de tenter une excursion nocturne dans cette réserve naturelle.

➡ **Riserva Naturale di Torre Guaceto** (p. 170). Certaines activités organisées s'adressent tout spécialement aux plus petits : informations auprès de la Cooperativa Thalassia (p. 170).

➡ **Lago Salso** (p. 98). La promenade guidée pour observer la multitude d'oiseaux présents en toute saison donne l'impression d'être dans un documentaire animalier.

Parcs aquatiques

➡ **Ippocampo** (☎0884 57 13 97 ; www.ippocampo.it ; SP141 delle Saline Riviera Sud, Manfredonia ; tarif plein/réduit/moins de 1 m 10-15 €/8-13 €/gratuit ; ⏲juin-sept ; horaires variables mis à jour sur le site). Toboggans divers et variés, mais aussi espace détente, aire de pique-nique, bar et restaurant. Jeux et spectacles en prime.

➡ **Splash** (☎0833.27 34 00/0833 185 55 87 ; www.splashparco.it ; Litoranea Santa Maria al Bagno, Località Rivabella ; tarif plein/réduit 12-15/12-13 € ; ⏲mi-juin à mi-sept ; horaires variables, voir grille horaire mise à jour sur le site). Dans ce parc de Gallipoli, pas de temps à perdre : outre les bassins et les toboggans aquatiques, vous trouverez trampolines, train de la mine, châteaux gonflables et autres jeux "terrestres".

PRÉPARER SON SÉJOUR

Les préparatifs pour vous rendre dans les Pouilles avec vos enfants ne devraient pas vous demander d'efforts particuliers. Le choix le plus décisif : l'hébergement. Pensez aux *masserie* ou aux *agriturismi* : ces établissements vous permettront d'entrer en contact avec la nature à travers des activités variées, telles que la natation, l'équitation, le VTT et des excursions. Nombre d'entre eux disposent également d'un restaurant, lequel peut s'avérer d'un grand secours après une journée de visites fatigante. Les Pouilles ne manquent pas non plus de campings particulièrement agréables, équipés de tout le nécessaire pour de superbes vacances au bord de la mer, et dont la plage est souvent à quelques mètres. Pour de plus amples informations sur l'hébergement, voir p. 303.

Parcs à thème

➡ **Miragica** (www.miragica.com ; tarif plein/réduit/moins de 1 m 21/16 €/gratuit ; ⏲horaires variables mis à jour sur le site). Vos enfants aiment les montagnes russes et autres attractions à sensations fortes ? Emmenez-les dans ce parc à Molfetta.

➡ **Parco Archeologico di Saturo** (p. 187). Ce parc archéologique revisite les jeux des périodes grecque, romaine et médiévale et se compose de 2 sections : l'une est consacrée aux jeux éducatifs, et l'autre aux jeux de stratégie et d'intelligence. Sans oublier l'espace de jeux Olimpo et l'"archéovillage" avec aires de pique-nique et boutiques.

Entre hominidés et dinosaures

➡ **Centro Visite dell'Uomo di Altamura** (p. 86). Voir le squelette entier et intact d'un homme ayant vécu il y a 200-300 000 ans provoque un certain effet.

➡ **Museo Paleontologico e Parco dei Dinosauri** (☎0882 83 38 65 ; www.dinosauriborgocelano.it ; Borgo Celano, Località San Marco in Lamis ; tarif plein/réduit 10/7 € ; ⏲9h-13h lun-ven, 9h-17h sam-dim et jours fériés). Au musée, un parcours interactif (panneaux explicatifs, documentaires, dioramas, reconstitution d'habitats naturels, plantes, plans d'eau, traces et empreintes) recrée le territoire du Parco Nazionale del Gargano tel qu'il était il y a 120 millions d'années. S'y ajoute un parc sur les dinosaures.

La région en un clin d'œil

Bari et la Terra di Bari

Villes
Architecture
Art

Villes

Embellie et rajeunie, Bari ne manque pas de cachet avec son quartier médiéval où les femmes confectionnent des *orecchiette* dans la rue et sa ville moderne au plan en damier pensé par Joachim Murat. Le chef-lieu des Pouilles dispose en outre d'excellents restaurants et d'une vie nocturne animée. D'autres villes de bord de mer méritent l'attention, de l'élégante Trani, disposée en hémicycle autour de son port, à Monopoli au charmant lacis de ruelles anciennes.

Cathédrales et châteaux

Immenses et dépouillées, les cathédrales de la région vous plongeront à l'époque des croisades. Qu'elles se détachent sur le bleu de la mer comme à Trani, ou s'inscrivent au cœur des centres anciens comme à Bari, Bitonto et Bisceglie, toutes relèvent du roman apulien, un style spécifique aux Pouilles caractérisé par un mélange harmonieux d'influences latines et grecques. La région est aussi parsemée de châteaux construits par Frédéric II, dont l'étrange Castel del Monte classé à l'Unesco.

Art moderne et contemporain

Deux enfants du pays ont joué un rôle important dans leurs courants respectifs. La pinacothèque de Barletta rassemble des toiles de Giuseppe de Nittis, peintre proche des impressionnistes. Polignano a Mare accueille elle une fondation dédiée à une grande figure de l'Arte povera, Pino Pascali.

p. 38

Promontoire du Gargano et nord des Pouilles

Plages
Activités de plein air
Villages perchés

Plages

La côte rocheuse du promontoire du Gargano est jalonnée d'une myriade de plages, adossées à d'imposantes falaises ou s'étirant sur de longues bandes de sable. Vieste et Peschici sont de charmantes stations balnéaires.

Activités de plein air

À pied ou à vélo, découvrez le monde enchanteur du Gargano avec ses pins d'Alep, ses orchidées et ses lieux de pèlerinage. Au large du promontoire, les îles Tremiti sont un spot de plongée renommé. Au nord-ouest de la province de Foggia, de nombreux sentiers de randonnée quadrillent les montagnes boisées des Monti Dauni.

Villages perchés

Des bourgs isolés encore pétris de légendes, de vieilles histoires et de traditions populaires se nichent dans les Monti Dauni à l'écart des sentiers battus.

p. 92

La vallée d'Itria et Brindisi

Cités historiques
Trulli
Paysages

Cités historiques

Elles ont pour nom Martina Franca, Ceglie Messapica, Ostuni, Putignano ou Cisternino. Remontant pour certaines à la plus haute Antiquité, ces villes comptent de ravissants centres historiques aux églises baroques, palais rococo et châteaux souabes.

Trulli

La vallée d'Itria est réputée pour ses *trulli*. La plus grande concentration de ces curieuses constructions circulaires au toit conique se trouve à Alberobello. En séjournant dans un *trullo* aménagé, vous aurez vraiment l'impression de vivre un conte de fées.

Paysages

La partie méridionale de l'Alta Murgia est un tapis de terre ocre parsemé d'oliviers, de cyprès et de murets de pierre sèche. La proximité de la côte permet de belles échappées comme à Torre Guaceto.

p. 142

Tarente et sa province

Patrimoine rupestre
Mer Ionienne
Masserie

Patrimoine rupestre

Le nord de la province est modelé par les gorges de l'amphithéâtre des Murge. Massafra et surtout Mottola cachent des églises rupestres recouvertes de fresques. Matera, en Basilicate, offre une stupéfiante vision de cet univers souterrain.

Mer Ionienne

Avec leurs vastes étendues sablonneuses protégées par une barrière naturelle de pins d'Alep et de maquis, les rives de la mer Ionienne, notamment vers Campomarino sont plus sauvages et moins fréquentées qu'ailleurs.

Masserie

Le secteur de Crispiano dénombre une centaine de *masserie,* ces grandes exploitations agricoles typiques de l'Italie du Sud, que des initiatives récentes tentent de protéger des affres du temps. Nombre d'entre elles ont été converties en hôtels de charme.

p. 181

Lecce et le Salento

Baroque
Plages
Fêtes et traditions

Baroque

Portails, fenêtres, balcons, arcades, gargouilles, colonnes et maints autres éléments décoratifs vous feront marcher dans Lecce le nez en l'air. L'exubérance baroque imprègne aussi maintes petites villes du Salento comme Galatina.

Plages

Baigné par les mers Adriatique et Ionienne, le littoral du Salento est l'un des plus appréciés de la péninsule. Globalement bien préservé, il égrène par endroits de magnifiques plages de sable blanc aux eaux cristallines.

Fêtes et traditions

Le Salento est le haut lieu de la tarentelle, une danse endiablée objet chaque été d'un festival. Autre curiosité de la région, le *griko,* dialecte encore parlé dans les communes de la Grèce salentine, enclave culturelle héritée de la colonisation grecque à l'époque antique.

p. 202

Sur la route

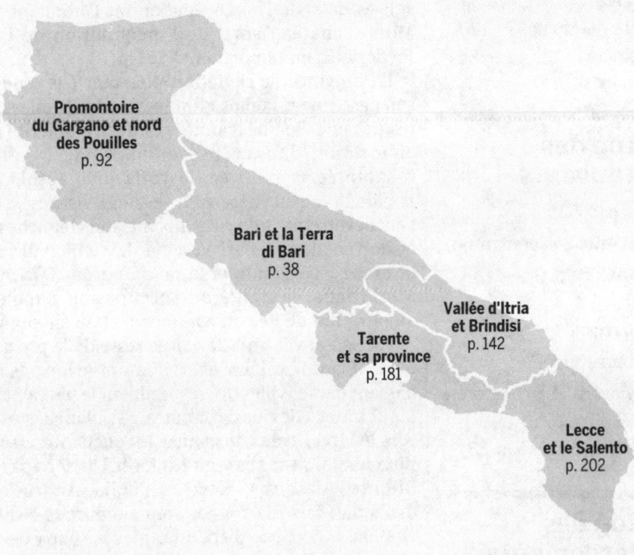

Promontoire du Gargano et nord des Pouilles
p. 92
Bari et la Terra di Bari
p. 38
Vallée d'Itria et Brindisi
p. 142
Tarente et sa province
p. 181
Lecce et le Salento
p. 202

Bari et la Terra di Bari

Dans ce chapitre ➡

Le top des restaurants

- Bacco (p. 52)
- Diavoletto Epicureo (p. 66)
- La Veranda di Giselda (p. 74)
- Il Turacciolo (p. 79)
- Il Guazzetto (p. 76)
- La Vineria di San Domenico (p. 70)
- Masseria Barbera (p. 83)

Le top des hébergements

- Casa Pimpolini (p. 49)
- Al Duomo (p. 69)
- Le Contrade (p. 76)
- Maré Resort (p. 66)
- Il Melograno (p. 66)
- Corte Altavilla (p. 91)

Pourquoi y aller

Berceau historique des Pouilles, la Terra di Bari en est la plus riche partie sur le plan culturel. Châteaux souabes, cathédrales normandes ou angevines, et vestiges aragonais sont autant d'échos des civilisations qui se sont disputé ce territoire au cours des siècles, dont le legs se lit entre autres dans un singulier syncrétisme architectural : les églises de style roman apulien ou l'étonnant Castel del Monte, château sorti de l'imagination de l'empereur Frédéric II, en témoignent.

La province ne se définit pourtant pas seulement par son passé. Bari, la plus grande ville des Pouilles, renvoyait jusqu'à une dizaine d'années l'image d'une cité portuaire, chaotique, dangereuse et malfamée. Aujourd'hui réhabilitée et rénovée, la voilà plus authentique que jamais. À vous de découvrir ses deux visages, si distincts : l'enchevêtrement de rues aux maisons blanches, de cours et de venelles de Bari Vecchia, la vieille ville médiévale et arabe ; l'élégante ville moderne du XIXe siècle, Bari Murattiana, héritage de l'occupation napoléonienne, aujourd'hui dédiée au commerce et au shopping.

Un lien étroit unit Bari et le reste de la province. Cette terre, il faut l'explorer en remontant le long de la côte, en passant par les villes qui ressemblent le plus à Bari, comme Molfetta et Giovinazzo, tout aussi blanches et tournées vers le large, avant de gagner les enchanteresses Trani et Bisceglie. Il faut aussi en explorer l'arrière-pays, surtout Bitonto, Altamura, Ruvo di Puglia, Andria et Canosa di Puglia. Les fils rouges sont nombreux : cathédrales, châteaux, édifices d'époque, places, pans de remparts encore debout donnant sur la mer... Suivez-les et vous ne serez pas déçu du voyage.

Itinéraires

JOUR 1

Depuis le renouveau de **Bari**, il est dommage de ne consacrer qu'une journée à la ville. Si vous ne disposez pas de plus de temps, commencez par flâner dans les ruelles de **Bari Vecchia** où se dresse la **Basilica di San Nicola**. Inscrivez aussi à votre programme le **Borgo Nuovo** et le **Lungomare Nazario Sauro** ainsi qu'un déjeuner chez **Bacco**, une glace chez **Copino** et un dîner sur le port à l'**Hostaria al Gambero**. Ne manquez pas l'animation nocturne du Largo Giordano Bruno, entre le **Speakeasy** et le **Pharos Cafe**, et passez la nuit au **B&B Pimpolini**.

JOUR 2

Le lendemain, longez la côte vers le sud, avec pour première étape **Polignano a Mare** où vous attendent un panorama à couper le souffle, les œuvres de **Pino Pascali** et un repas à l'**Osteria di Chichibio**. Deuxième étape, **Monopoli**, sa cathédrale, son dédale de rues et ses couchers de soleil sur la mer. Dînez chez **Guazzetto** et passez la nuit au **B&B Le Contrade**.

JOUR 3

Le troisième jour, remontez la côte vers le nord pour un café à **Giovinazzo**, une promenade à **Bisceglie** et une orgie de délicieux **sospiri**. Ensuite, rendez-vous à **Trani**, avec son beau **centre historique**, sa vertigineuse **cathédrale**, son **muscat** ; vous flânerez le long de l'hémicycle en pierre blanche au coucher du soleil, pour aller dîner au **Diavoletto Epicureo**, puis passer la nuit au **Portadamare**.

JOUR 4

Réservez la dernière journée pour l'Alta Murgia. Passez la matinée à **Altamura**, à la découverte de sa **cathédrale**, des *claustri* (petites places à entrée unique), des **boulangeries anciennes** et du **molino artigianale dibenedetto**. Consacrez l'après-midi à l'énigmatique **Castel del Monte** et à **Andria** pour faire des provisions d'**huile** et vous régaler de dragées **Mucci**. Ensuite, à **Molfetta**, visitez la **Mostra Etnografica Permanente del Mare** (exposition permanente sur la mer) avant de dîner à **La Vineria di San Domenico**. Pour dormir, optez pour **Al Duomo**.

TRANSPORTS LOCAUX

Le récent développement de l'aéroport de Bari a favorisé le tourisme vers le chef-lieu des Pouilles. Le port de Bari est l'un des principaux points d'embarquement pour la Grèce. Côté train, Bari est au carrefour de nombreuses lignes ferroviaires : Trenitalia relie Bari aux principales villes de la péninsule, la compagnie Ferrovie del Nord Barese dessert des destinations de la Terra di Bari septentrionale, tandis que sa partie sud est couverte par les trains de Ferrovie del Sud Est.

À NE PAS MANQUER

Le **Castel del Monte** (p. 80) est un château à la géométrie parfaite. C'est aussi un lieu magique, énigmatique, un lieu de silence et de recueillement, une symbiose unique entre paysage et architecture.

Préparer son voyage

- Une visite guidée du quartier juif et des synagogues de Trani (p. 64)
- L'Alta Murgia à vélo, avec CicloMurgia.com (voir l'encadré p. 82).
- Une visite guidée de la cathédrale d'Altamura (p. 85).

Spécialités gastronomiques

- Les glaces chez Colino (p. 50), à Bari.
- Les *sospiri* (encadré p. 67) pour soupirer de plaisir.
- Les dragées Mucci (p. 78) qui n'ont rien à voir avec celles que vous connaissez.
- La *burrata*, une mozzarella au cœur crémeux reconnue comme un produit d'excellence.
- L'huile d'olive a sa ville comme l'indiquent les panneaux à l'entrée d'Andria.
- Le pain d'Altamura (p. 87) que l'on grignote en se promenant.

BARI

321 000 HABITANTS

Bari aurait pour certains la forme d'un aigle dont Bari Vecchia serait la tête et les deux quartiers latéraux en bord de mer les ailes déployées. Est-ce dû au fait que ces dernières années la ville a pris son envol ? Le chef-lieu des Pouilles est devenu depuis peu une destination pour les touristes italiens et étrangers. Faut-il aussi y voir le résultat du pragmatisme des habitants, plus portés vers l'action que la contemplation ? Bari est aujourd'hui l'une des villes les plus riches du Mezzogiorno, le sud de l'Italie. Si elle reste principalement une ville-étape pour ceux qui traversent l'Adriatique ou rejoignent le Salento, elle a cependant beaucoup à offrir : des infrastructures culturelles, de bons hôtels pour tous les budgets, de nombreux restaurants et une vie nocturne animée. La vie à Bari se joue aussi sur les places, la ville donne envie de se lancer dans la mêlée, de flâner, d'arpenter les rues en long et en large et… de faire disparaître d'un claquement de doigts toutes ces voitures, au moins pour une heure. Mais Bari, c'est aussi ça : "une corrida urbaine" selon les mots du journaliste italien Raffaele Nigro.

Histoire

Les origines très anciennes de Bari remontent à 3 500 ans avant l'âge du bronze avec l'installation des Illyriens dans quelques fermes construites sur un promontoire en pierre calcaire, à l'emplacement de l'actuelle Bari Vecchia.

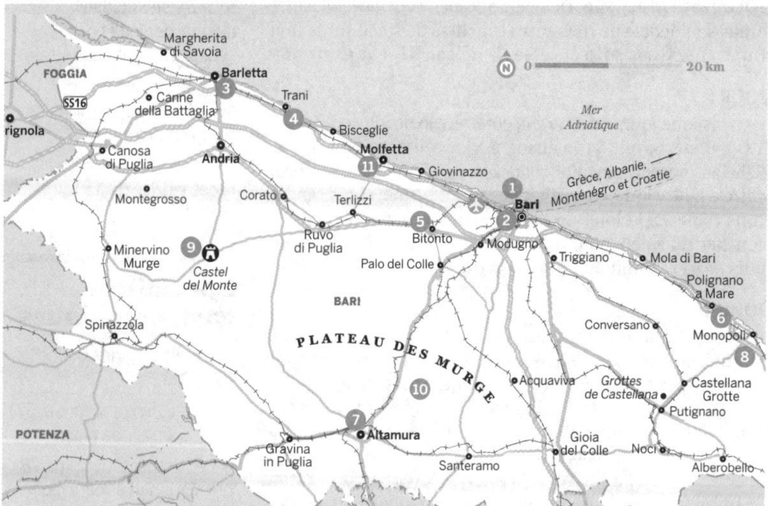

À ne pas manquer

1 Le labyrinthe de ruelles de **Bari Vecchia** (p. 44).

2 La simplicité de l'imposante **Basilica di San Nicola** (p. 45) à Bari.

3 L'hommage rendu à un peintre impressionniste oublié à la **Pinacoteca Giuseppe De Nittis** (p. 60) de Barletta.

4 Une promenade dans l'hémicycle du port de **Trani** face à la mer, au coucher du soleil (p. 62).

5 La splendide **Cattedrale di Bitonto** (p. 70) pour le bestiaire médiéval de son portail.

6 La **Fondazione Pino Pascali** (p. 73), à Polignano a Mare, où découvrir les œuvres originales de l'artiste.

7 Une visite approfondie d'**Altamura** (p. 85), de sa cathédrale à ses petites boulangeries cachées dans les venelles.

8 Une balade dans l'irrésistible dédale de ruelles de **Monopoli** (p. 74).

9 Une pause au pied du magique **Castel del Monte** (p. 80).

10 Une promenade à vélo dans le Parc de l'Alta Murgia avec **CicloMurgia.com** (encadré p. 82)

11 La **Mostra Etnografica Permanente del Mare** (p. 69), à Molfetta, pour tout savoir sur la mer.

Forte de sa situation géographique, Bari entama très tôt des échanges commerciaux avec les Grecs. Il fallut néanmoins attendre l'Empire romain pour que la colonie, stratégiquement située le long de la Via Traiana, commence à se développer. Après la chute de Rome, Bari fut convoitée par les Byzantins, les Lombards puis par les sarrasins. Reconquise par Byzance à la fin du IXe siècle, la ville devint le siège du *catapano*, le gouverneur byzantin En 1025, Bari fut annexée au Saint-Siège avant que le Normand Robert Guiscard ne s'en empare en 1071 au terme d'un long siège. Ce passage de l'orbite byzantine orientale à l'orbite latine occidentale constitue un tournant culturel majeur. Par la suite, l'arrivée des reliques de saint Nicolas de Myre fait de Bari une importante destination de pèlerinage et, en 1096, c'est de là que les troupes de Pierre l'Ermite embarquent pour la première croisade.

Prenant le titre d'empereur du Saint Empire romain et protecteur de la foi, Frédéric II élève Bari au rang de capitale régionale et lui concède de nombreux privilèges favorisant son expansion et sa prospérité. Sa mort en 1250 et la chute des Souabes marquent le début de deux siècles de déclin.Bari connut pourtant une brève renaissance au XVIe siècle, quand Isabelle d'Aragon y installa sa cour. Cependant, après la mort de sa fille, Bona Sforza, en 1558, la ville fut intégrée au royaume de Naples. Elle traversa alors une période de déclin inexorable, marquée par une épidémie de peste dévastatrice en 1657, qui réduisit sa population à 3 000 habitants.

Au XVIIIe siècle, lors de l'arrivée au pouvoir des Bourbons, Bari n'est plus que l'ombre d'elle-même. Pourtant au siècle suivant, grâce au projet de développement ambitieux de Joachim Murat (beau-frère de Napoléon), la ville redeviendra le port principal de la région.

Aujourd'hui, Bari se trouve au centre d'une agglomération urbaine de quelque 1,5 million d'habitants répartis sur 44 communes. Malgré les stigmates de la Seconde Guerre mondiale, elle a réussi à conserver son rôle de pôle commercial méridional.

Quartiers

Point de référence, le Corso Vittorio Emanuele traverse la ville d'est en ouest, c'est-à-dire de la mer et du théâtre Margherita à la Piazza Garibaldi. Au nord de ce boulevard se déploie **Bari Vecchia**, la vieille ville, son château, ses églises et son lacis de ruelles à explorer. Au sud, le **Quartiere Murattiano** englobe la Via Sparano da Bari, rue piétonne haut lieu du shopping et, plus au sud, la Piazza Umberto I sur laquelle donne l'université.

Parallèle à la Via Sparano da Bari, à l'est, le Corso Cavour marque la frontière avec le quartier **Madonnella** qui s'étend au sud-est du théâtre Petruzzelli. Il s'agit du quartier comprenant le vieux port, des palais Art nouveau, de vieilles boutiques anonymes où l'on trouve de tout et le Lungomare Nazario Sauro.

À l'ouest du Quartiere Murattiano, **Libertà**, un quartier ouvrier de la première moitié du XXe siècle a acquis une triste réputation.

Encore plus au sud, la Piazza Aldo Moro jouxte la gare ferroviaire, qui représente aux yeux des habitants, une "blessure" faite à la ville. Au-delà se trouve le quartier **San Pasquale** où vous n'aurez, au même titre qu'à Libertà, aucune bonne raison de vous aventurer.

À voir

La première chose à faire à Bari est de se perdre dans la vieille ville. Cap ensuite sur le

LA TERRA DI BARI

Berceau historique des Pouilles, la Terra di Bari fut créée par Frédéric II au XIIIe siècle lorsqu'il décida de subdiviser le royaume de Sicile en districts chacun gouverné par un *giustiziere* habilité à faire appliquer la volonté du roi à ses feudataires. Bari, le chef-lieu, ne céda ce titre à Trani qu'entre 1586 et 1806. Cette entité avait pour limites au nord la Capitanate (voir p. 123), au sud la Terra d'Otranto (voir p. 220) et à l'est la Basilicate. Elle englobait le territoire de l'actuelle province de Bari, une partie de la province de Barletta-Andria-Trani ainsi que Cisternino et Fasano. Après l'institution des provinces par Joseph Bonaparte en 1806, le terme de Terra di Bari est resté en vigueur pour désigner d'un point de vue culturel et géographique les 53 communes qui constituaient cette "Terre" à l'époque du royaume des Deux-Siciles.

Bari

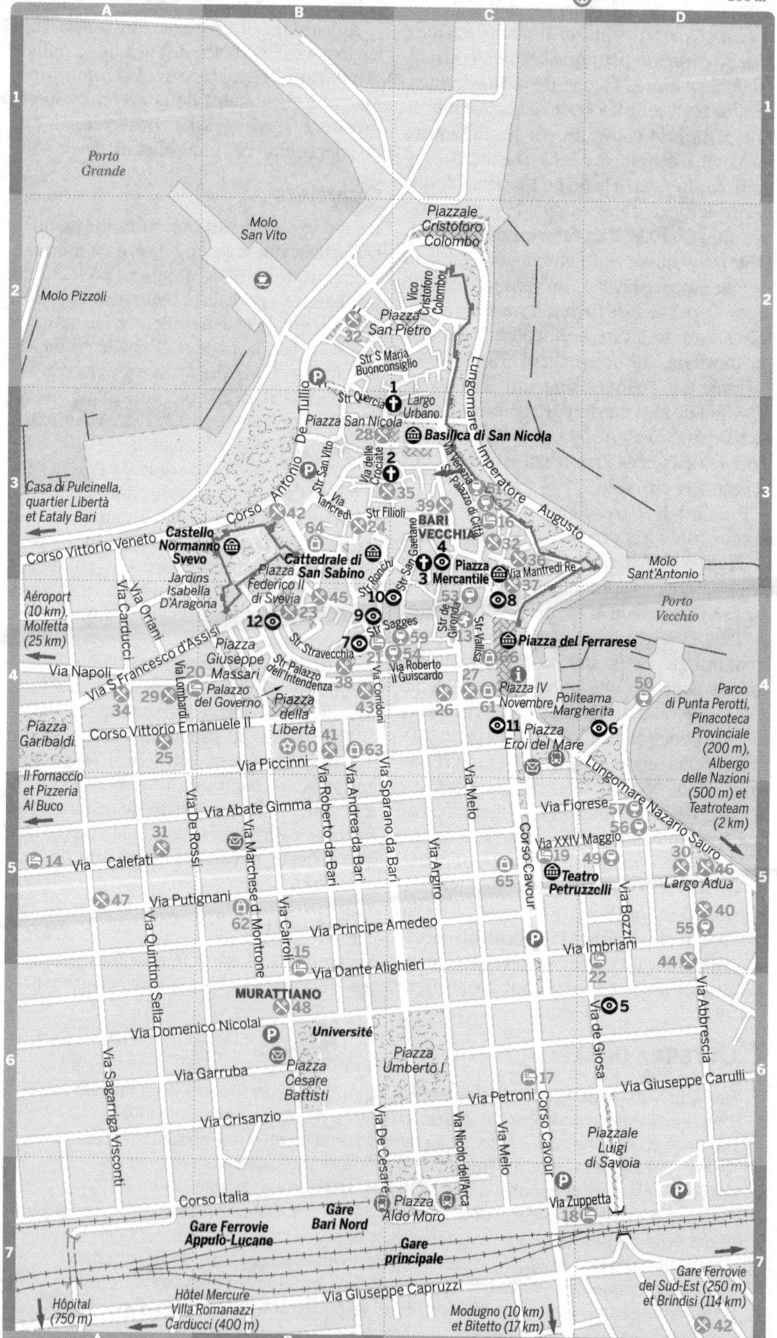
0 — 200 m
Porto Grande
Molo San Vito
Molo Pizzoli
Piazzale Cristoforo Colombo
Vico Cristoforo Colombo
Piazza San Pietro
Str S Maria Buonconsiglio
Str Quercia
Largo Urbano
Piazza San Nicola
Basilica di San Nicola
Corso Antonio De Tullio
Str San Vito
Via delle Crociate
Via Venezia
Str Palazzo di Città
Lungomare Imperatore Augusto
Via Tancredi
Str Filioli
BARI VECCHIA
Casa di Pulcinella, quartier Libertà et Eataly Bari
Corso Vittorio Veneto
Castello Normanno Svevo
Cattedrale di San Sabino
Str Ronchi
Str San Gaetano
Piazza Mercantile
Via Manfredi Re
Molo Sant'Antonio
Porto Vecchio
Jardins Isabella D'Aragona
Piazza Federico II di Svevia
Str de Gironda
Str Vallisa
Str Saggese
Str Stravecchia
Piazza del Ferrarese
Aéroport (10 km), Molfetta (25 km)
Via Oriani
Via Carducci
Via S Francesco d'Assisi
Piazza Giuseppe Massari
Str Palazzo dell'Intendenza
Via Roberto il Guiscardo
Via Napoli
Via Lombardi
Palazzo del Governo
Piazza della Libertà
Piazza IV Novembre
Politeama Margherita
Parco di Punta Perotti, Pinacoteca Provinciale (200 m), Albergo delle Nazioni (500 m) et Teatroteam (2 km)
Piazza Garibaldi
Corso Vittorio Emanuele II
Piazza Eroi del Mare
Via Piccinni
Il Fornaccio et Pizzeria Al Buco
Via De Rossi
Via Abate Gimma
Via Roberto da Bari
Via Andrea da Bari
Via Sparano da Bari
Via Melo
Via Fiorese
Lungomare Nazario Sauro
Via Calefati
Via Marchese di Montrone
Via Argiro
Corso Cavour
Via XXIV Maggio
Teatro Petruzzelli
Largo Adua
Via Putignani
Via Bozzi
Via Quintino Sella
Via Cairoli
Via Principe Amedeo
Via Imbriani
Via Dante Alighieri
MURATTIANO
Via Abbrescia
Via de Giosa
Via Domenico Nicolai
Université
Piazza Umberto I
Via Sagarriga Visconti
Via Garruba
Piazza Cesare Battisti
Via Giuseppe Carulli
Via Petroni
Via Crisanzio
Via De Cesare
Via Nicolo dell'Arca
Piazzale Luigi di Savoia
Corso Italia
Gare Bari Nord
Piazza Aldo Moro
Via Zuppetta
Gare Ferrovie Appulo-Lucane
Gare principale
Gare Ferrovie del Sud-Est (250 m) et Brindisi (114 km)
Hôtel Mercure Villa Romanazzi Carducci (400 m)
Via Giuseppe Capruzzi
Hôpital (750 m)
Modugno (10 km) et Bitetto (17 km)

Bari

Les incontournables

Basilica di San Nicola C3
Castello Normanno Svevo B3
Cattedrale di San Sabino B3
Piazza del Ferrarese C4
Piazza Mercantile C3
Teatro Petruzzelli C5

À voir

1 Chiesa di San Gregorio B3
2 Chiesa di San Marco dei Veneziani B3
3 Chiesa di Santa Teresa dei Maschi C4
4 Doppelgaenger C3
5 Galleria ARTcore D6
6 Molo di San Nicola D4
Museo Diocesano .... (voir Cattedrale di San Sabino)
7 Museo Storico Civico B4
8 Palazzo del Sedile C4
9 Palazzo Sagges B4
10 Palazzo Simi C4
Parco di Punta Perotti .... hors plan
Pinacoteca Provinciale .... hors plan
11 Sala Murat C4
12 Strada delle Orecchiette B4

Activités

13 Velo Service C4

Où se loger

Albergo delle Nazioni .... hors plan
14 Casa Pimpolini A5
15 Kerry Blue B6
16 La Uascézze C3
17 Melo C6
18 Hotel Adria D7
19 Hotel Oriente C5
Mercure Villa Romanazzi Carducci .... hors plan
20 Palace Hotel Bari A4
21 Palazzo Calò B4
22 Pensione Fiorini D5

Où se restaurer

23 Antica Gelateria Gentile B4
24 Arco della Neve B3
25 Bacco A4
26 Biancofiore C4
27 Caffè Mercantile C4
28 Cibò C3
29 Da Giampaolo A4
30 El Focacciaro D5
31 Gelateria Da Colino A5
32 Hostaria al Gambero B2
Il Fornaccio .... hors plan
34 La Bul A4
35 La Locanda di Federico C3
La Uascézze .... (voir 16)
36 Le Arpie C3
37 Martinucci C3
38 Osteria delle Travi - Il Buco B4
39 Panificio Fiore C3
40 Perbacco D5
Pizzeria Al Buco .... hors plan
41 Pizzeria Baresana B4
42 Pizzeria Donato D7
43 Pizzeria Dreher B4
44 Pizzeria Enzo e Ciro D5
45 Pizzeria Largo Albicocca B4
46 Premiata Norcineria D5
47 Terranima A5
48 Vineria Il Pane e Le Rose B6

Où prendre un verre

49 Checkpoint Charlie D5
50 Chiringuito D4
51 Gargà C3
52 Il Caffè Sotto il Mare C3
53 In Bocca Al Luppolo C4
54 La Ciclatera C4
55 La Vineria D5
56 Pharos Cafe D5
57 Speakeasy D5
59 Tavli Book Bar/Art Cafè C4

Où sortir

Casa di Pulcinella .... hors plan
60 Teatro Comunale Niccolò Piccinni B4
Teatroteam .... hors plan

Achats

61 Borsalino C4
Eataly Bari .... hors plan
62 Enoteca Vinarius De Pasquale B5
63 Maglio B4
64 Marnarid Dolciumi B3
65 Martinengo C5
66 Salumeria Nino C4

Quartiere Murattiano aux beaux immeubles du XIXe siècle, un quartier de flânerie, de shopping et de théâtres. Puis, en traversant le quartier Madonnella, on arrive à la mer, au Molo di San Nicola, au Lungomare Nazario Sauro et aux plages Pane e Pomodoro et Torre Quetta (qui valent plus pour la vue qu'elles offrent sur Bari que pour la baignade).

Bari Vecchia

En entrant dans Bari Vecchia, vous aurez la nette impression d'entrer chez les habitants. Au fil des cours et des ruelles, on peut voir des poussettes, des étendoirs sentant bon le linge, des hommes jouant aux cartes ou des familles attablées sur de petites places. Les femmes cuisinent des pâtes, les filles se font coiffer par leur maman et les grands-mères échangent quelques mots, tandis que les enfants transforment les cours en terrains de football et que les vélomoteurs filent à toute allure. C'est un véritable spectacle de rue, avec de minces voilages blancs en fausse dentelle flottant au vent en guise de séparation avec les habitations.

Piazza del Ferrarese PLACE

Élégante porte d'accès à la vieille ville, cette place doit son nom à un marchand, Stefano Fabri, originaire de Ferrare, qui vécut à Bari au XVIIe siècle. Sur la gauche, la **Sala Murat** (horaires variables selon exposition en cours) abrite derrière sa façade à arcades de modestes expositions d'art contemporain. La vieille halle du **marché au poisson** (8h30-11h30) se trouve du côté droit. Le soir, l'animation bat son plein dans les bars et les cafés de la place, au centre de laquelle subsiste un tronçon d'une ancienne voie romaine.

Piazza Mercantile PLACE

Cette place tout aussi pittoresque, jadis centre politique de la vieille ville et important espace public, se trouve au nord de la Piazza del Ferrarese. Elle est bordée par le **Palazzo del Sedile**, érigé à la Renaissance, hormis la tour de l'Horloge et la loggia supérieure, ajoutées plus tard. Cœur de la vie administrative de la ville, il a accueilli le Consiglio dei Nobili e dei Primari, l'ancien conseil municipal et, au début du XIXe siècle, le premier théâtre de Bari. Sur la place se dresse la **Colonna della Giustizia** (colonne de la Justice), où les débiteurs insolvables étaient attachés et fouettés.

Palazzo Simi CENTRE D'ARCHÉOLOGIE

(080 527 54 51 ; Strada Lamberti 1 ; 8h30-18h30). GRATUIT Siège depuis 1999 du centre d'Archéologie de Bari, cet édifice du XVIe siècle conserve un fonds archéologique permanent et présente des expositions temporaires. De dimensions modestes, il n'en demeure pas moins intéressant pour découvrir le mille-feuille archéologique de cultures et de peuples inscrit dans le sous-sol de la vieille ville. On peut aussi bien y admirer une maquette du peuplement d'origine, des fragments de poterie de la préhistoire ou des exemplaires rares de céramiques italo-mycéniennes qui montrent l'ampleur du réseau commercial tissé par la ville dans le bassin méditerranéen. L'édifice en lui-même est une pièce de musée : il abrite les vestiges d'une église du IXe ou du Xe siècle. On distingue clairement les trois absides, les restes de l'autel et quelques fragments d'une fresque.

Palazzo Sagges PALAIS

(Strada Sagges 3). GRATUIT Comme pour le Palazzo Simi, il s'agit d'une demeure haute et étroite datant de la seconde moitié du XVIe siècle. Elle englobe des constructions médiévales antérieures, dont une maison à plusieurs étages et une maison-tour. L'édifice est fermé au public.

Cattedrale di San Sabino CATHÉDRALE

(Piazza dell'Odegitria ; 8h-13h et 16h-20h, parfois horaire continu l'été). Au nord de la Strada Lamberti, une série de ruelles tortueuses mènent au Largo San Sabino où se dresse l'immense ensemble architectural dont fait partie la cathédrale rebaptisée ultérieurement en hommage à l'évêque saint Sabin.

À l'instar de la basilique, sa construction débuta à l'époque byzantine (1034), mais Guillaume Ier dit Guillaume le Mauvais la fit raser quand la population se rebella contre lui. L'édifice fut reconstruit entre 1170 et 1178 dans un style roman apulien simple avec trois nefs, des transepts courts et une coupole haute de 35 mètres. Conformément à l'architecture romane, de profondes arcades courent des deux côtés et la jolie fenêtre orientale s'agrémente d'un baldaquin richement décoré de bas-reliefs animaliers et végétaux.

Des fresques des XIIIe et XIVe siècles ornent l'abside septentrionale. Par ailleurs, des fouilles ont récemment mis au jour dans l'abside méridionale des restes du

HÔTELLERIE HAUT DE GAMME À BARI

Bari possède aussi un choix d'hôtels de luxe qui sont parfois le fruit de la restauration de très beaux palaces historiques. Consultez le site Internet des établissements pour connaître les tarifs.

Palace Hotel Bari

(☎080 521 65 51 ; www.palacehotelbari.it ; Via Lombardi 13 ; ❄📶). Avec ses chambres aux détails raffinés, aux meubles d'époque ou décorées dans un style moderne, il ne fait aucun doute que le Palace Hotel Bari est LA référence hôtelière à Bari, et ce depuis 1956. Le restaurant Murat, au dernier étage (avec terrasse), est l'un des meilleurs en ville.

Mercure Villa Romanazzi Carducci

(☎080 542 74 00 ; www.villaromanazzi.com ; Via Capruzzi 326 ; ❄📶🏊). La Villa Rachele date de 1885, mais les chambres occupent une aile moderne en verre et en béton. Son jardin à l'anglaise s'agrémente de balustrades, de statues et de petites fontaines, et sa piscine offre de précieux moments de détente (il y a aussi un espace de remise en forme avec sauna, hammam et hydromassage). Très bon petit-déjeuner.

Grande Albergo delle Nazioni

(☎080 592 01 11 ; www.grandealbergodellenazioni.com ; Lungomare Nazario Sauro 7 ; ❄📶🏊). Après 30 ans de fermeture, le mythique "hôtel des Nations", un luxueux cinq-étoiles (le seul de la ville) déclaré d'intérêt historique par le ministère de la Culture, a rouvert ses portes en juillet 2012. La façade curviligne de style fasciste a été réalisée en 1930 par l'architecte Alberto Calza Dini, tandis que le 5e étage et la terrasse (accueillant désormais une piscine moderne et un restaurant qui offrent un panorama spectaculaire sur le front de mer et la vieille ville) remontent aux années 1960.

Hotel Oriente

(☎080 525 51 00 ; www.orientehotelbari.com ; Corso Cavour 32 ; ❄📶). Fraîchement rénové, cet hôtel se vante (à juste titre) d'être l'un des plus beaux quatre-étoiles de toute l'Italie du Sud. Installé dans le Palazzo Marroccoli, un édifice Art nouveau de 1928 à quelques pas du théâtre Petruzzelli, il arbore une élégance classique et très aristocratique. Son principal atout est sa terrasse sur le toit.

pavement d'origine en mosaïques. À cinq mètres sous terre, un parcours fléché permet de découvrir trois univers : la crypte de facture baroque tardif où est conservée l'icône de la Madonna dell'Odegitria ("qui montre le chemin"), le **succorpo** (9h30-12h sam-jeu) où l'on peut voir la grande mosaïque dite de Timoteo ainsi qu'une ancienne voie romaine et enfin, une petite église du haut Moyen Âge (IXe-XIe siècle) découverte en 1998.

D'autres objets précieux sont exposés au **Museo Diocesano** (musée diocésain ; ☎080 521 00 64 ; Via Dottula 7 ; participation libre ; 10h-13h30 lun, jeu, sam et dim, 17h-20h sam oct-juin et 20h-23h sam juil-sept), qui a pour trésor l'*Exultet,* un parchemin du XIe siècle subtilement enluminé composé de prières orientales.

Basilica di San Nicola BASILIQUE

(☎080 573 71 11 ; www.basilicasannicola.it ; Largo Abate Elia 13 ; ⏲7h-20h30 lun-sam, 7h-22h dim). En remontant vers le nord la Strada del Carmine, on arrive à cette basilique considérée comme l'un des plus beaux exemples d'art roman. Première grande église normande d'Italie du Sud et prototype du style roman apulien, elle déploie sa silhouette massive à cheval sur quatre places appelées Corti del Catapano, du nom du palais du gouverneur byzantin (*catapano*) qui s'y serait dressé. Cette basilique, probablement construite sur les vestiges du palais byzantin, pourrait symboliser la victoire de l'Église latine sur l'Église orthodoxe orientale.

Dans son ensemble, elle dégage une imposante impression de solidité et de simplicité, avec une façade en calcaire blanc, au style incroyablement dépouillé. Elle présente néanmoins quelques charmants détails décoratifs, comme la **porte des Lions** côté nord, décorée de bas-reliefs de scènes de chevalerie.

À l'intérieur, la nef centrale est traversée par d'énormes arcs ajoutés après le tremblement de terre de 1456, qui partent des chapiteaux finement sculptés, et se termine par un jubé. À droite de l'entrée, on peut admirer le trésor de la basilique, composé d'objets en or, d'icônes et de tableaux, souvent issus de dons faits au fil des siècles par des évêques, des papes et des rois. Le **ciboire** en pierre (1150) surmontant l'autel est un bel exemple de sculpture médiévale, tout comme la **Cattedra di Elia**. Caché derrière l'autel, ce trône épiscopal, soutenu par trois cariatides et par deux lionnes, fut créé pour le Conseil de Bari en 1098. À droite de l'autel, remarquez la **fresque** de la chapelle de Saint-Martin, que l'on doit à San Giovanni di Taranto (1304).

La basilique a été construite à un rythme frénétique dans le but d'accueillir les reliques de saint Nicolas. Celles-ci furent dérobées à Myre (l'actuelle Demre en Turquie) en 1087 par des marins de Bari qui la rapportèrent dans leur ville, jusqu'alors dépourvue de saint patron. Depuis, la ville s'est toujours opposée aux demandes de restitution. Les reliques reposent aujourd'hui dans la crypte, entre de grosses colonnes de marbre et des lampes russes.

La crypte abrite en effet la **chapelle orthodoxe**, fondée ici en 1966 après la diffusion pendant des siècles du culte de saint Nicolas dans tous les pays de confession orthodoxe, faisant de cette basilique la tête de pont de l'œcuménisme entre catholiques et orthodoxes. Si le culte orthodoxe est célébré chaque dimanche à 10h dans la chapelle, c'est surtout à l'occasion de la fête de saint Nicolas (p. 48) que des milliers de pèlerins affluent à Bari. On dit que des reliques du saint sourd une "manne" liquide miraculeuse. Le 9 mai au soir, en présence de l'archevêque de Bari, ce liquide est dilué dans de l'eau bénite, puis distribué aux fidèles. De nombreuses légendes circulent autour de la crypte : y serait caché le saint Graal ou encore la lance du soldat romain Longin avec laquelle il perça le flanc du Christ sur la croix.

Les Russes font partie des fidèles orthodoxes les plus liés à la basilique, et ce depuis le XVe siècle. En 1911, afin de pouvoir accueillir les pèlerins, la Société impériale orthodoxe de Palestine fit construire dans le quartier de Carrassi la **Chiesa Russa** (Corso Benedetto Croce), l'une des plus grandes églises russes du monde hors de Russie. Cette église, qui tranche avec son environnement, a de quoi dépayser le visiteur.

Une soixantaine d'œuvres des collections de la basilique sont conservées au **Museo Nicolaiano** (☎080 523 14 29 ; Strada Vanese ; tarif plein/réduit 3/2 € ; ⌚11h-18h).

Castello Normanno Svevo — CHÂTEAU FORT

(☎080 528 61 11 ; Piazza Federico II di Svevia ; tarif plein/réduit/-18 ans 5/1,50 €/gratuit ; ⌚8h30-19h, fermé mer oct-mar). Ce majestueux château normand-souabe à la lisière occidentale de la vieille ville est l'un des nombreux ouvrages qui dominent Bari et les ports de la région. Érigé à l'époque romaine dans un but défensif, le bâtiment d'origine fut intégré au XIe siècle à un système plus complexe de fortifications byzantines ; il jouxtait l'extérieur de l'ancien mur d'enceinte de la ville afin de parer à d'éventuelles attaques. En 1156, lors de la révolte des habitants contre les Normands, Guillaume Ier, dit Guillaume le Mauvais, le fit raser comme le reste de la ville à l'exception de la basilique San Nicola. C'est au siècle suivant que Frédéric II fit bâtir un nouvel édifice sur les fortifications byzantines. Les bastions trapus, le pont-levis et la cour intérieure quadrangulaire visibles de nos jours datent du début du XVIe siècle, époque à laquelle Isabelle d'Aragon s'installa avec sa cour au château qu'elle remania dans un style Renaissance.

Aujourd'hui, ce château abrite la **Gipsoteca** (gypsothèque ; ⌚mêmes horaires que le château ; visite incluse dans le prix du billet), une collection permanente de moulages de sculptures monumentales (XIIe-XVIe siècles) des plus importants édifices de la région. On peut aussi y voir des panneaux informatifs et des photographies relatant l'histoire du château.

Doppelgaenger — GALERIE D'ART CONTEMPORAIN

(☎392 820 30 06 ; www.doppelgaenger.it ; Via Verrone 8 ; ⌚horaires variables et sur réservation). Malgré le nom, emprunté à l'allemand, qui signifie "sosie" ou "double", ce lieu n'imite personne. Bien que très récente, cette galerie d'art contemporain est sans aucun doute la plus importante de la ville.

Strada delle Orecchiette — RUE

À la sortie du château, de l'autre côté de la Piazza Federico II di Svevia, empruntez la rue Arco Basso. Sur des tables disposées le long de cette rue, des femmes fabriquent et vendent des *orecchiette* (pâtes en forme de

petites oreilles). Si les plus âgées procèdent lentement, les autres vont à toute allure en regardant ailleurs, de préférence les passants curieux.

À VOIR AUSSI

Parmi les nombreuses belles églises de Bari Vecchia, les plus intéressantes sont la **Chiesa di San Gregorio** (Piazzetta 62 Marinai), à l'origine un temple byzantin avec une splendide façade et un intérieur en style roman, et la **Chiesa di San Marco dei Veneziani** (Strada San Marco 7), de style vénitien, avec une rosace ornée d'un lion en son centre (symbole de la Sérénissime). La **Chiesa di Santa Teresa dei Maschi** (Strada Incuria) est quant à elle un des rares monuments baroques de la ville. Enfin, en cas de pluie, vous pouvez visiter le **Museo Storico Civico** (080 577 23 62 ; Strada Sagges 13; horaires variables, mieux vaut téléphoner) GRATUIT, qui expose des souvenirs de la Première Guerre mondiale, de la guerre d'indépendance de l'Érythrée et de la Libye italiennes, mais aussi des curiosités historiques comme un autographe d'un des pères de l'Italie, Giuseppe Mazzini, ou le premier livre imprimé à Bari dans les années 1530.

Borgo nuovo

La ville moderne est appelée aussi Borgo Murattiano, car ses rues tirées au cordeau ont été voulues par Joachim Murat (1767-1815), beau-frère de Napoléon et éphémère roi de Naples. Durant son règne, il n'eut que le temps de promulguer le décret pour la construction de cette "ville nouvelle" dans une zone plane au sud de la vieille ville. Elle ne sortit de terre que quelques années après sa mort, parallèlement au démantèlement de la section du mur d'enceinte qui protégeait au sud la ville médiévale, le long de l'actuel Corso Vittorio Emanuele. La Bari de Murat est une ville typique du XIXe siècle à l'allure vaguement parisienne avec ses balcons ouvragés, ses belles décorations en fer forgé et "ses larges rues à angles droits, qui permettent sans cesse de voir la mer à leur extrémité comme à Turin on voit les Alpes" ainsi que la décrivait l'écrivain français Paul Bourget dans son livre *Sensations d'Italie* paru en 1891.

Parmi les édifices les plus connus de ce quartier figurent le **Palazzo del Governo** et divers théâtres - le **Teatro Petruzzelli** (voir p. 53), le **Politeama Margherita** (qui accueille des expositions temporaires en attente d'une nouvelle affectation), le **Teatro Comunale Niccolò Piccinni** - sans oublier le remarquable **Palazzo Mincuzzi**, construit en 1928 dans la Via Sparano da Bari. D'autres belles demeures jalonnent la Via Imbriani.

Pinacoteca Provinciale Corrado Giacquinto — MUSÉE

(080 541 24 20 ; www.pinacotecabari.it ; Lungomare Nazario Sauro 27 ou entrée latérale Via Spalato 19, Palazzo della Provincia ; tarif plein/réduit 2,58/0,52 € ; 9h-19h mar-sam, 9h-13h dim, fermé lun et jours fériés). Le Palazzo della Provincia est le plus imposant des beaux bâtiments à l'architecture néoclassique du front de mer. Il accueille la Pinacothèque provinciale, principal musée d'art de Bari. Axé essentiellement sur les artistes méridionaux d'époques très variées, ce musée réunit des fragments de statues (XIe siècle) retirés des églises pendant la Seconde Guerre mondiale, des icônes (XIIIe siècle), des retables vénitiens (XVe siècle), d'immenses tableaux de l'école napolitaine (XVIIe et XVIIIe siècles), des toiles (XIXe siècle), des majoliques (faïences) des Pouilles, des crèches napolitaines et des costumes d'époque. Malgré la relative richesse des collections qui couvrent toute l'histoire de l'art régionale, seules quelques pièces retiendront l'attention. Signalons les retables éclatants de Bartolomeo Vivarini (vers 1432-1499) dans la salle 2 ; le *Saint Pierre martyr* de Giovanni Bellini (vers 1430-1516) dans la salle 3 ; *Saint Roch et les pestiférés*, une grande toile du Tintoret (1518-1594) et une *Vierge à l'Enfant* de Véronèse, dans la salle 7 ; une radieuse sainte Catherine d'Alexandrie sur un fond presque noir d'Andrea Vaccaro (1604-1670) qui s'inspire de la peinture du Caravage, dans la salle 10 ; *Saint Pierre d'Alcantara* de Luca Giordano (1634-1705) dans la salle 15 et plusieurs toiles plus frivoles et légères de Francesco Netti (1832-1894) dans la salle 18. La visite se conclut par quelques petits bijoux d'Art moderne signés Morandi, De Chirico (*Cavalli*), Sironi, De Pisis et Casorati.

Galleria Art Core — GALERIE D'ART

(347 657 44 11 ; www.artcore.it ; Via De Giosa 48 ; horaires variables, téléphoner). Installée depuis peu dans un nouvel espace proche du théâtre Petruzzelli, cette galerie mérite le coup d'œil pour ses expositions temporaires consacrées à des artistes (souvent jeunes) confirmés ou en devenir, italiens ou étrangers. Les expositions changent tous les mois.

Lungomare Nazario Sauro FRONT DE MER

Le Lungomare Nazario Sauro est un lieu incontournable de Bari. Depuis le Politeama Margherita (p. 47), cette agréable promenade ornée de lampadaires en fonte, longe la mer vers le sud sur environ 2 kilomètres jusqu'à la plage Pane e Pomodoro (ci-dessous). D'un côté le large et l'horizon s'offrent au regard, de l'autre la ville, belle et accueillante, avec tous ses points de repère : le campanile de la cathédrale, la jetée du Molo San Nicola, la tour du Palazzo della Provincia, le gratte-ciel de la Motta et tous ces imposants édifices de l'ère fasciste alignés face à la mer.

Parco di Punta Perotti PARC

(Lungomare Nazario Sauro). En 1995, des promoteurs obtinrent de la municipalité le permis de construire ce qui allait devenir l'un des pires projets immobiliers de l'histoire italienne : un ensemble d'immeubles de luxe au sud du front de mer. Ce n'est pas un hasard si ces trois tours qui bouchaient la vue furent surnommées "le rideau de fer". Heureusement, en mars 1997, un groupe de magistrats déclara après enquête ces constructions illégales, les mit sous séquestre et fit bloquer les travaux. Au terme de presque dix ans de polémiques, la ville, ses habitants et les amoureux de la région gagnèrent la bataille. En avril 2006, les tours furent dynamitées devant les yeux écarquillés de la population, bien contente de retrouver la vue dégagée et claire de toujours. Voici donc l'histoire de ce parc... à méditer quand vous irez vous y promener.

Plages

(Lungomare Nazario Sauro). **Pane e Pomodoro** ("Pain et Tomate"), tel est le nom de la plage de Bari. On y accède avec le bus n°12 ou en longeant le Lungomare Nazario Sauro, à l'ombre des immeubles de l'époque fasciste. Son emplacement de part et d'autre d'une plateforme en ciment ne mérite pas vraiment de s'y attarder. L'eau n'est pas la plus propre de la région et la baignade y est interdite quand il pleut, car les précipitations entraînent l'ouverture d'un égout collecteur voisin qui pollue l'eau.

L'autre plage publique de la ville, **Torre Quetta**, se trouve à 5 minutes à pied ou à un arrêt de bus (n°12). Pourvue d'une piste cyclable et de parkings, elle permet de pratiquer la planche à voile et le kitesurf ou de s'offrir un bain de mer à quelques minutes de la ville.

Fêtes et festivals

Festa di San Nicola FÊTE PATRONALE

(7-9 mai). La principale fête de Bari commémore l'arrivée des reliques de saint Nicolas en ville, et leur remise aux frères dominicains. Le 8 mai, une flottille de bateaux porte en procession une statue du saint le long de la côte. La soirée se termine par un festival de feux d'artifice. Le dernier jour marque le point d'orgue de la fête. Une foule de pèlerins (majoritairement Russes, Biélorusses et Ukrainiens) se presse alors dans la crypte de la basilique afin de voir la "manne" sourdre et, si possible, récupérer l'un des flacons distribués par l'archevêque. Pendant ce temps, dans le centre fermé à la circulation, c'est aussi l'occasion de festivités gastronomiques.

Notti di Stelle JAZZ

(www.cameratamusicalebarese.it ; juillet). Depuis près de 25 ans, le Cercle musical de Bari organise chaque année en juillet une courte mais intense série de rendez-vous ("Les nuits des étoiles") avec des pointures internationales du jazz, dans des lieux divers (souvent au théâtre Petruzzelli ; p. 53). En 2009, les concerts ont eu lieu sur le parvis de la Basilica di San Nicola ; en 2012, à l'Anfiteatro di Ponente à Molfetta.

Où se loger

Récemment encore, Bari comptait essentiellement des hôtels s'adressant à la clientèle d'affaires. Aujourd'hui, l'offre s'est étoffée et diversifiée pour accompagner sa récente vocation touristique.

Pensione Fiorini PENSION €

(☎080 554 07 88 ; Via Imbriani 69 ; s/d 26/55 €). Au 2e étage d'un immeuble Art nouveau, dans ce qui semble avoir été pensé et décoré il y a un certain temps par une personnalité extravagante adorant mélanger les styles de toutes les époques mais surtout des années 1970, voici une adresse unique en son genre. Possibilité de réductions pour les petits groupes.

Kerry Blu B&B €

(☎335 780 96 81 ; www.kerryblu.it ; Via Dante 97 ; d à usage individuel/d 50/60 € ; ❄📶). Les quatre chambres de ce B&B situé au 1er étage d'un immeuble disposent d'une entrée indépendante. Chacune s'inspire dans les tons et la décoration des pierres "rubis", "saphir", "émeraude" et "opale" qui leur donnent leur nom. Elles sont dotées de tout le confort moderne et deux d'entre elles ont une douche hydromassante.

BIEN MANGER POUR TROIS FOIS RIEN

À Bari, on peut bien manger pour une bouchée de pain ou plutôt de *focaccia pugliese*. Cette fougasse transalpine de forme ronde et cuite au feu de bois est garnie de morceaux de tomates et d'olives (la formation de petits cratères est due à la consistance un peu liquide de la pâte). Pour en déguster dans le quartier Murattiano, direction le très prisé **El Focacciaro** (080 554 09 98 ; Via Cognetti 143 ; 8h-15h et 17h45-21h30 lun-sam), à deux pas de la mer. À Bari Vecchia, cap sur le **Panificio Fiore** (080 523 62 90 ; Strada Palazzo di Città 38 ; 8h30-14h et 16h30-20h30, fermé jeu après-midi et dim), une boulangerie plus que centenaire installée dans une ancienne église médiévale. Si vous n'êtes toujours pas rassasié, commandez un *calzone* ou un *maritozzo* (brioche). Vous pouvez aussi goûter les *panzerotti* (chaussons), qui se mangent traditionnellement le soir, de chez **Il Fornaccio** (080 574 04 93 ; Via Crispi 87 ; à partir de 19h30 lun-sam), à quelques pas du palais de Justice, ou de **Cibò** (339 795 67 36 ; Piazza Mercantile 29 ; 18h30-23h30), entre Vico San Cristoforo et Piazza Mercantile. Enfin, essayez le sandwich au poulpe (5 € avec une bière), un peu plus loin, au port marchand, tout près du marché au poisson.

Melo B&B €/€€

(335 664 37 83/368 379 56 99 ; www.melobari.it ; Via Melo da Bari ; s/d/tr 40-65/50-90/80-110 € ;). Situé à seulement 240 m de la gare centrale, cet accueillant B&B propose six chambres. La gentillesse du personnel, flexible concernant les horaires d'arrivée et de départ, comme le confort du lieu garantissent un séjour agréable.

Casa Pimpolini B&B €/€€

(080 521 99 38 ; www.casa pimpolini.com ; Via Cafelati 249 ; s/d 45-60/70-80 € ;). Baigné de lumière, le très bel appartement de Mme Dyria se trouve au 4e étage (avec ascenseur) d'un immeuble moderne du Quartiere Murattiano. Étagères remplies de livres, balcons fleuris, draps brodés et bain à remous : ici, vous vous sentirez comme chez des amis. La première chambre possède deux lits simples et une sdb attenante à usage privatif, la seconde un lit double et une sdb intérieure dotée d'une baignoire balnéo. Quand elle reçoit des hôtes, Madame Dyria occupe son appartement du 7e étage et cuisine gâteaux et muffins servis au petit-déjeuner dans l'agréable cuisine avec véranda. Un endroit à ne pas manquer. Nombreux parkings gardés aux alentours.

La Uascézze B&B €€

(320 03 18 334/328 82 58 376 ; www.lauascezze.com ; Vico Sant'Agostino 20 ; s/d 60/75 € ;). Cet établissement propose non seulement de bons repas (p. 50) à déguster sous les arcades d'une ancienne cour, mais c'est aussi un B&B simple et moderne, idéal pour une nuit à Bari Vecchia.

Hotel Adria HÔTEL €€

(080 524 66 99 ; www.adriahotelbari.com ; Via Zuppetta 10 ; s/d 60-80/90-120 € ;). Si loger près d'une passerelle ferroviaire ne vous dérange pas, ce trois-étoiles impeccable et bien géré, à tout juste un quart d'heure à pied de la vieille ville, est une bonne adresse. La façade rose abrite un intérieur aux tons crème et un hall décoré d'un grand panneau en céramique évoquant les Pouilles. Les chambres (avec TV câblée), les sdb et les douches ne manquent pas d'espace. Petit plus : les clients ont accès au 5e étage à la salle de sport et à la terrasse arborée sur le toit. Juste en face, parking public gardé (13 €/jour).

Palazzo Calò DEMEURE HISTORIQUE €€/€€€

(080 527 54 48 ; www.palazzocalo.it ; Strada Lamberti 8 ; app pour 2-4 pers à partir de 120 € ;). Équipements domotiques et design moderne sont les maîtres mots de la rénovation de cette noble demeure du XVIe siècle, composée actuellement de 12 appartements avec entrée indépendante. La terrasse commune donne sur la cathédrale de San Sabino. Parfait si vous recherchez une certaine classe, au cœur de Bari Vecchia.

Où se restaurer

Bari possède des restaurants pour tous les goûts et toutes les bourses : on peut se sustenter pour quelques euros d'une part de *focaccia*, faire un repas complet pour 20 € ou tester l'une des meilleures tables des Pouilles. Ne partez pas sans avoir commandé au moins une fois des antipasti qui se composent d'une dizaine de hors-d'œuvre, des moules marinées, gratinées ou farcies aux palourdes en passant par les petits poissons frits, les salades de la mer ou diverses variétés de mozzarella (*nodini, bufaline*). Parmi les spécialités, citons les *orecchiette* (petites pâtes en forme d'oreilles) et la *tiella* (un plat typique à base de riz, de moules et de pommes de terre qui gagne à être dégusté à la sortie du four, car il perd de sa saveur une fois réchauffé) et enfin, en dessert les *sporcamusi* (pâtisserie en pâte feuilletée). Comme dans toutes les Pouilles, on ne passe pas à table avant 21h.

♥ Gelateria da Colino GLACIER €
(Via Calefati 171 ; ⏲ 8h-13h et 16h-20h l'hiver, 7h-22h l'été). Donato s'y connaît en glaces. Il prépare uniquement cinq ou six parfums par jour avec une machine Carpigiani de 1967 et propose toujours de la crème fouettée à ses clients et parfois de la *zuppa inglese* (genoise, crème patissière et fruits). Cadre rétro pour cette petite boutique au carrelage blanc et noir et comptoir à bacs des années 50.

Antica Gelateria Gentile GLACIER €
(☎ 339 131 66 81 ; www.gelateriagentile.it ; Via Federico II di Svevia 33 ; ⏲ 11h-2h30). Les meilleures glaces à Bari se trouvent chez Colino (ci-dessus) et ici, chez Gentile, qui offre en outre une splendide vue sur le Château. En plus des glaces, les crèmes au lait ou au café sont délicieuses, de même que les granités aux fruits frais (mention spéciale pour le *gialletto*, melon blanc).

Martinucci GLACIER/PÂTISSIER €
(☎ 080 521 11 42 ; Piazza Mercantile 3 ; ⏲ 8h-nocturne). Ouvert récemment au cœur du *Borgo antico*, cette sorte d'atelier met à l'honneur des maîtres pâtissiers (pour la plupart originaires de Lecce) depuis 1950. Ici, il faut faire la queue pour commander une glace, une part de gâteau ou pour prendre un petit-déjeuner avec *pasticciotti*. La terrasse animée donne sur la belle Piazza Mercantile.

Premiata Norcineria OSTERIA, SNACK €
(☎ 329 483 18 14/340 614 60 06 ; Largo Adua 16 ; ⏲ 19h30-1h30 lun-jeu, 19h30-2h30 ven-dim). Dans la salle décorée de tonneaux, de tabourets et d'étagères garnies de bouteilles de vin ou sur la terrasse couverte plus dépouillée mais chauffée en hiver, voici le bon endroit pour varier les plaisirs et goûter la cuisine d'Ombrie. Au menu : charcuterie et fromage de Norcia, *piadina* (sorte de tortilla), tartines, salades, sandwichs et soupes aux légumes.

Vineria Il Pane e le Rose BAR À VINS €/€€
(☎ 080 523 91 76 ; Via Cairoli 124 ; ⏲ 12h30-15h et 18h-0h, fermé dim). Quand un habitant de Bari conseille un bar à vins en ville, il suggère invariablement de passer au moins une soirée dans cet établissement au large choix de bons crus et de plats froids (carpaccio d'espadon ou de bœuf, hareng fumé, *crostini* au lard de Colonnata...). Également plat chaud du jour.

♥ La Uascézze CUISINE DES POUILLES €/€€
(☎ 320 03 18 334/328 82 58 376 ; www.lauascezze.com ; Via Sant'Agostino 20 ; repas 20-30 €). Il s'agit d'un des établissements les plus renommés de la vieille ville, toujours très fréquenté. Cette brasserie-bar à vins répond à toutes les exigences, avec son menu gourmand : soupes, *minestroni*, viande, fromage caciocavallo grillé, et de nombreux plats du jour affichés au tableau. Les tables sont installées sous la voûte d'une vieille cour. Voir aussi p. 49.

Osteria delle Travi OSTERIA €€
(☎ 339 157 88 48 ; Largo Chiurlia 12 ; repas 25 € ; ⏲ fermé dim soir et lun). Ce modeste restaurant rustique à l'entrée de la vieille ville (en arrivant de la Via Sparano) existe depuis 1813. En 1980, les frères De Mastro lui ont donné un second souffle. À table, on vous servira (de manière un peu expéditive) des *orecchiette* bolognaises à la viande de cheval, de la *tiella*, des paupiettes de viande ou encore du poisson grillé ou frit. Une véritable institution.

Le Arpie OSTERIA €€
(☎ 080 521 79 88 ; Via del Carmine 2 ; repas 25-30 € ; ⏲ fermé mer). Il ne faut pas être claustrophobe pour s'installer à la terrasse des Arpie, située sous une voûte un peu basse dans les ruelles de Bari Vecchia. Piero est là pour vous conseiller et Hossain pour cuisiner des plats simples. Ce Bangladais qui sait choisir les meilleurs fromages et charcuteries reste fidèle à la recette de la *tiella* aux courgettes et prépare des *orecchiette alle cime di rapa* (pousses de navet) inimitables.

La Locanda di Federico OSTERIA €€
(☎ 080 522 77 05 ; www.lalocandadifederico.com ; Piazza Mercantile 63-64 ; repas 35 € environ ; ⏲ 13h-15h et 20h-0h). Cet établissement est fréquenté aussi bien par les habitants de Bari que par les touristes. Le menu est représentatif de la gastronomie variée des Pouilles : excellent choix de fromages, *capocollo* de Martina Franca (sorte de coppa), moules sautées aux écrevisses et *brasciole* (paupiettes) de cheval. Même si les portions sont généreuses, gardez

un peu de place pour la *cassata* sicilienne à la ricotta et à la pistache.

Terranima RESTAURANT €€

(☎080 521 97 25 ; www.terranima.com ; Via Putignani 213 ; repas 30-40 € ; ⏲fermé dim soir). Grâce à Piero et Vanessa Conte (les patrons) vous plongerez dans l'atmosphère d'antan d'une "cour" typique des Pouilles. Au menu : chicorée sauvage, *capocollo*, pois chiches ou *panzerotti* (chaussons frits), suivies d'*orecchiette* de farine de blé brûlé à la ricotta *pampinella* et aux fleurs de courgette puis de poissons fraîchement pêchés. Mentionnons en dessert, les typiques *sporcamusi* : pâtisserie en pâte feuilletée. La cave propose plus de 100 vins des Pouilles. Ici, on peut aussi prendre un petit-déjeuner avec gâteaux régionaux en lisant le journal, au milieu d'objets anciens et de photographies dédicacées.

Perbacco RESTAURANT, BAR À VINS €€

(☎080 558 85 63 ; www.ristoranteperbaccobari.com ; Via Abbrescia 99 ; repas 35 € ; ⏲fermé sam midi et dim, congés annuels l'été). Dans une belle salle intimiste et feutrée, le patron, Beppe Schino, n'a pas son pareil pour conseiller l'un des nombreux vins de la carte et les plats du chef. Situé à quelques pas de la mer, ce restaurant est une invitation à déguster des *orecchiette* aux moules, crevettes et purée de pois aux beaux jours, ou une tourte aux champignons et flan de pousses de navet et flageolets à l'automne, lorsque les lumières tamisées ne suffisent plus à se réchauffer. Pour plus d'intimité, installez-vous sur la mezzanine.

Hostaria al Gambero OSTERIA €€

(☎080 521 60 18 ; Corso Antonio de Tullio 8 ; repas 35-40 € ; ⏲fermé dim). La trentaine de tables en terrasse, sous des chapiteaux et recouvertes de nappes aux motifs marins blancs sur fond bleu, ne désemplit pas. Habitants et touristes étrangers essaient d'y jongler au mieux avec la dizaine d'assortiments de l'*antipasto* (15 €), du poulpe à la mozzarella locale, des fruits de mer aux moules marinées. Les gros mangeurs feront suivre leur plat de pâtes (à la rascasse, à l'encre de seiche) d'un poisson du jour. Nous vous conseillons la soupe.

Da Giampaolo RESTAURANT/PIZZERIA €€

(☎080 523 88 28 ; www.ristorantegiampaolo.it ; Via Lombardi 18 angle Via Villari ; repas 40 € ; ⏲fermé dim soir). Le cadre de ce restaurant inspirera les âmes d'artistes qui sauront apprécier ce coin de ciel offert à la lumière des chandelles de la terrasse. Cuisine typique des Pouilles, pâtes et de nombreux les plats à base de fruits de mer, assortis d'une carte des vins, le tout dans une ruelle à l'écart derrière le théâtre Piccinni. En attendant votre plat, vous goûterez une part de *ciccio* (variante locale de la pizza). Un menu varié mais toujours de qualité, apprécié d'une clientèle d'affaires de passage à Bari.

Biancofiore RESTAURANT €€/€€€

(☎080 523 54 46 ; www.ristorantebiancofiore.it ; Corso Vittorio Emanuele II 13 ; repas à partir de 40 € ; ⏲fermé mer). Dans une salle lumineuse et pleine de vie, la cuisine simple, surtout des plats à base de poisson, s'accompagne d'une honorable carte des vins. Commencez

LA PIZZA DE BARI

Certes, Bari n'est pas Naples, mais sa pizza, souvent revisitée de façon originale, vaut le détour. Commençons par les deux institutions de la ville : la **Pizzeria Donato** (☎080 554 29 03 ; www.pizzeriadadonato.com ; Via Lattanzio 59 ; ⏲à partir de 19h, fermé dim, parking gratuit pour les clients), selon certains, la meilleure de la ville et la **Pizzeria Enzo e Ciro** (☎080 553 41 96 ; Via Imbriani 79 ; ⏲mar-dim soir), non moins appréciée et renommée, dans le quartier Murattiano.

Viennent ensuite les établissements plus spartiates de Bari Vecchia : l'**Arco della Neve** (☎080 523 43 06 ; Arco della Neve 6 ; ⏲19h-0h30, fermé mar, ouvert tlj l'été), situé juste après l'arc du même nom ; la **Pizzeria Largo Albicocca** (☎080 521 87 40 ; Largo Albicocca 19 ; ⏲mar-dim soir) et la **Pizzeria Dreher** (☎080 55 34 196 ; Via Imbriani 79 ; ⏲à partir de 19h30), que les habitants de Bari appellent "da Giancarlo", du nom du pizzaïolo.

Enfin, deux excellents nouveaux établissements : la **Pizzeria Al Buco** (☎080 574 01 13 ; www.pizzerialbuco.com ; Via Nitto de Rossi 2 ; ⏲tous les soirs) et la **Pizzeria Baresana** (☎320 354 04 03/347 668 81 88 ; Via Roberto da Bari 10 ; ⏲20h-0h mar-dim, le week-end réservation conseillée), dotée d'une très agréable terrasse qui donne sur une rue piétonne.

LE DIMANCHE MATIN À BARI

Deux rendez-vous sont incontournables le dimanche matin à Bari : le **Caffè Pasticceria Mercantile** (☎ 080 521 44 73 ; www.pasticceriamercantile.it ; Corso Vittorio Emanuele 7 ; ⏲ 6h30-21h), pour son atmosphère à l'ancienne, son café à 0,70 € et ses pâtisseries elles aussi à 0,70 € pièce. Ensuite, il faut aller faire un saut au **Molo di San Nicola**, pour observer les pêcheurs alignés sous le toit de bois, occupés à battre énergiquement les poulpes (pour les attendrir avant la cuisson) et à faire l'article de leurs prises d'une voix puissante, et pourquoi pas pour déguster des fruits de mer crus.

par les fruits de mer ou par les filets de poisson, puis goûtez les *paccheri alla pescatrice* (grosses pâtes farcies) ou les gnocchis de pommes de terre à l'encre de seiche. Ne manquez pas en dessert la mousse d'amandes au vin Primitivo.

♥ Bacco RESTAURANT €€€
(☎ 080 527 58 71 ; Corso Vittorio Emanuele II 126 ; repas 50 € ; ⏲ fermé dim soir et lun, fermé en août). Les époux Ricatti et leurs excellents chefs vous invitent à un véritable voyage gustatif à travers les Pouilles : poissons frais du sud de l'Italie, viandes de la vallée d'Itria, sélection des meilleurs légumes et huiles d'olive. On goûte aux recettes d'antan transmises de mère en fille comme la *tiella* et le calamar farci à la ricotta en sauce tomate. Le souci du détail prévaut dans la salle, sobre et élégante, et dans la cave à vins, riche en grands crus italiens et étrangers.

La Bul RESTAURANT €€€
(☎ 080 523 05 76 ; www.ristorantelabul.com ; Via Villari 52 ; repas 50 € ; ⏲ fermé lun et dim soir l'hiver, lun et dim midi l'été). La Bul fait plus penser à une galerie d'art qu'à un restaurant, peut-être parce qu'Antonio Scalera (en cuisine) et Francesca Mosele (en salle) sont eux-mêmes deux artistes de l'art culinaire et œnologique. Ici, le poisson est roi : tartare de brème, spaghettis à la merluche, rougets à la *caponata* aigre-douce... Réservation recommandée.

🍷 Où prendre un verre

Cœur de la vie nocturne de la vieille ville, la Piazza Ferrarese et la Piazza Mercantile ainsi que les rues adjacentes (Via Manfredi Re, Strada Vallisa et Strada Palazzo di Città) font le plein d'une clientèle jeune fréquentant les bars lounge et à cocktails. Si vous pensez ne plus avoir l'âge des soirées trop bruyantes, allez du côté du Largo Giordano Bruno.

El Chiringuito BAR À BIÈRES
(☎ 080 524 02 06 ; Molo San Nicola ; ⏲ 7h-14h, également le soir l'été). Cette baraque en bois sombre de la jetée San Nicola accueille au petit matin les pêcheurs qui viennent vendre leur poisson frais. Ici même, vous pourrez profiter du coucher du soleil face aux bateaux et au théâtre Margherita, tout en dégustant le *panzerotto* (chausson) farci à la viande qui sort des fourneaux à 18h30 (1,50 €), accompagné d'une bière (1 €).

In Bocca al Luppolo BAR À BIÈRES
(☎ 080 521 54 90 ; Vico Dè Gironda 18 ; ⏲ 20h30-2h ou plus tard, fermé en août). Lassé de la bière Peroni ? Venez donc goûter une Peroni grande réserve ou une bière artisanale dans cette institution de la vieille ville. Et si vous avez faim, on y sert aussi à manger.

Pharos Cafe CAFÉ, BAR À COCKTAILS
(☎ 080 975 23 60 ; Largo Giordano Bruno 30 ; ⏲ 20h-2h). Antonio et Leonardo ont choisi un bel emplacement, au rez-de-chaussée d'un immeuble pour leur bar lounge. Que ce soit dehors, près de la haie de palmiers et de lauriers-roses de l'avenue ou dans la salle en pierre apparente... on s'y sent bien partout. Antonio prépare un café frappé remarquable.

Il Caffè Sotto il Mare CAFÉ
(☎ 349 704 37 70 ; Via Venezia 16 ; ⏲ 10h-2h). S'il fut fermé pendant plusieurs années, ce café est revenu au meilleur de sa forme, avec ses vinyles et ses divans de cuir. Son petit balcon offre une vue unique sur Via Manfredi, tandis que la grande terrasse donne sur le front de mer de Via Venezia.

La Ciclatera CAFÉ, BAR À VINS
(☎ 333 373 51 55/320 431 63 18 ; Corte Colagualano 36 ; ⏲ 19h30-3h). *Ciclatera* signifie “cafetière” en dialecte, et de fait, si l'on commande un café, on vous apporte la cafetière à table. Vous y boirez donc du bon café, mais aussi d'excellents vins, bières, rhums, cocktails et chocolats chauds.

Avec de la chance, une fête ou une manifestation se tiendra peut-être sur la petite place attenante. L'endroit n'est pas facile à trouver, mais ce café de la vieille ville mérite bien quelques minutes de marche. C'est aussi le bar de référence des gays de Bari.

Speakeasy BAR À COCKTAILS
(☎340 310 93 62/333 979 98 95 ; Largo Giordano Bruno 34 ; ⏰19h-1h30 lun-sam, fermé dim l'hiver). Ne cherchez pas l'enseigne, il n'y en a pas ! Cet établissement voisin du Pharos Cafe tient à conserver l'anonymat, à l'instar des bars clandestins de New York et de Chicago à l'époque de la Prohibition. Il n'a fallu que quelques mois à Nicola et Vincenzo pour se faire connaître dans toute la ville grâce à leur art des cocktails. Le bar mesurant à peine 16 m^2, tout se passe principalement dehors, été comme hiver, sur le Largo Giordano Bruno, une place idéale pour ce genre d'endroit.

Checkpoint Charlie BAR À COCKTAILS
(☎335 624 05 24 ; Via Bozzi 42 ; ⏰19h30-2h30, fermé lun l'hiver, fermé dim l'été). Vous y dégusterez la même qualité de cocktails qu'au Speakeasy, car les propriétaires ont fréquenté la même école. Les *aperitivi* sont considérés comme les meilleurs de la ville, notamment le jeudi, où l'on peut grignoter pizzas et *panzerotti*.

Gargà BAR À CONCERTS
(☎331 221 18 40 ; Strada Palazzo di Città 58 ; ⏰20h-4h ; ⏰fermé lun). Plafond à caissons, murs en pierre apparente, lumière tamisée et musique d'ambiance, servent de décor pour siroter de bons cocktails, mais aussi pour écouter des DJ ou des groupes, surtout de septembre à mai.

La Vineria BAR À VINS
(☎080 558 34 89 ; www.lavineria.eu ; Via Imbriani 78 ; ⏰ à partir de 20h, mar-dim). Le lieu idéal pour les vrais amateurs de vin. Dans un cadre minimaliste, faites votre choix parmi d'excellents crus locaux et régionaux pour accompagner un repas tout simple à base de fromage, de charcuterie et de viande grillée.

Tavli Book Bar/Art Cafè BAR À VINS
(☎080 524 22 16 ; Via Angiola 23 ; ⏰fermé mar). Le Tavli est un endroit tranquille apprécié par les 20-30 ans pour boire des cocktails, grignoter, prendre le café, lire la presse ou jouer à des jeux de société. Presque une institution.

☆ Où sortir

Casa di Pulcinella MARIONNETTES
(☎080 534 46 60 ; www.casadipulcinella.it ; Arena della Vittoria 4 ; P). Ce sympathique théâtre de marionnettes créé en 1988 par l'association Gianteatrino est à la fois un paradis pour les petits et un laboratoire de recherches pour les écrivains, les musiciens, les metteurs en scène.

Teatro Comunale Niccolò Piccinni ART LYRIQUE
(☎080 558 01 95 ; www.teatropubblicopugliese.it ; siège Via Imbriani 67, salle Via Cardassi 26). Le plus ancien théâtre de Bari (construit en 1854 par Antonio Nicolini) cache derrière sa façade rose un magnifique intérieur tout en moulures dorées et en velours rouge. Il est malheureusement fermé depuis des années.

Teatro Petruzzelli THÉÂTRE
(☎080 975 28 40 ; www.fondazionepetruzzelli.it ; Via Alberto Sordi ; ⏰guichets : 11h-19h). À l'affiche du Petruzzelli : opéra, concerts symphoniques, musique de chambre, chorales et danse. Si vous n'arrivez pas à assister à un spectacle, tentez au moins de suivre une visite guidée de ce théâtre qui fut inauguré en 1903. Au début du XXe siècle, Bari, pourtant petite ville secondaire, pouvait s'enorgueillir de son magnifique théâtre, à la façade rose, doté d'équipements avant-gardistes (électricité et chauffage), orné de décors à l'or et de

VAUT LE DÉTOUR

LES FEUX D'ARTIFICE D'ADELFIA

La **fête de San Trifone**, qui se tient à Adelfia du 1er au 11 novembre, compte parmi les plus spectaculaires fêtes des Pouilles. À 4 heures du matin, un coup de canon retentit pour appeler les fidèles à participer à la première messe ; suivent ensuite des fanfares et des processions et une mise en lumière (qui tout impressionnante qu'elle soit n'est pas une rareté dans la région) ; des feux d'artifice qui dessinent dans le ciel des croix, des parapluies, des fleurs, des confettis et des étoiles filantes avant de retomber à terre presque encore incandescents constituent le clou des festivités.

PUGLIAIRBUS

Depuis 2014, le service Pugliairbus relie en bus, de mai à mi-octobre, l'aéroport de Bari à ceux de Brindisi et de Foggia, et aux villes de Tarente, Vieste, Rodi-Peschici et Matera. Pour plus de renseignements et pour acheter les tickets en ligne (vente à bord également), voir pugliairbus.aeroportidipuglia.it.

fresques de Raffaele Armenise. Au cours du siècle, de nombreux artistes internationaux s'y produisirent : Pavarotti, Noureïev, Frank Sinatra ou Freddie Mercury... Pourtant, c'est la *Norma* de Bellini jouée le 26 octobre 1991 qui passa à la postérité. Cet opéra se termine par un bûcher, qui fut bien réel : un incendie criminel détruisit presque complètement le théâtre ce soir-là. Heureusement, depuis décembre 2009, le Petruzzelli restauré à l'identique peut à nouveau accueillir une programmation de qualité.

Teatroteam THÉÂTRE
(☎080 521 08 77 / 080 524 15 04 ; www.teatroteam.it ; Via Prezzolini ; billetterie : Piazza Umberto 37). Ce grand complexe à la périphérie de Bari accueille de grosses productions. La programmation, éclectique, va du théâtre aux comédies musicales, en passant par la danse et les spectacles comiques. Consultez le site ou rendez-vous à la billetterie, Piazza Umberto.

Achats

L'épicentre du shopping à Bari, où comme un peu partout les grandes enseignes internationales se sont installées, est la Via Sparano da Bari (piétonne) et les rues perpendiculaires. La Via Argiro se prête aux emplettes de luxe, tandis que le Corso Cavour est jalonné de grandes chaînes bon marché. Bien que s'apparentant parfois à de simples *salumerie* (charcuteries), les commerces de bouche offrent un excellent choix de spécialités locales.

Borsalino CHAPEAUX
(☎080 523 25 23 ; www.borsalino.com ; Corso Vittorio Emanuele II 5 ; ⏲9h-13h et 16h-20h30 lun-ven, sam matin). Ouverte en 1857, cette chapellerie à l'ancienne est l'une des rares boutiques historiques de la ville. Les héritières de Stefano Gaudioso, qui avait l'exclusivité Borsalino à Bari, proposent aujourd'hui de nombreuses autres marques (et à des prix plus accessibles). Si vous ne jurez que par Borsalino, rendez-vous donc à la Cappelleria Borsalino (Via Pitignani 43 ; ⏲mêmes horaires) uniquement dédiée à la célèbre marque.

Martinengo Boutique VÊTEMENTS
(☎080 698 76 84 ; Via Putignani 9 ; ⏲10h-13h et 17h-20h30 mar-sam, 17h-20h30 lun). Raffaela, qui sait associer avec bon goût vêtements et accessoires, vous aidera à trouver la tenue que vous cherchez. Sinon, jetez un œil au portant correspondant à votre taille. Vous trouverez forcément quelque chose à votre goût.

Maglio CHOCOLAT
(☎080 573 97 22 ; www.cioccolatomaglio.it ; Via Piccinni 87 ; ⏲9h30-13h et 16h30-20h30 mar-sam, 16h-20h30 lun). Maglio a fait bien du chemin depuis ses premiers pas en 1875 dans la ville de Maglie au cœur du Salento voisin. Une adresse mythique à ne pas rater.

Enoteca Vinarius De Pasquale VIN
(☎080 521 31 92 ; Via Marchese di Montrone 87 ; ⏲8h-14h et 16h-20h30 mar-sam, 16h-20h30 lun). Auprès de ce caviste centenaire et très bien fourni, vous pourrez vous procurer, entre autres, des vins de la région (Primitivo, Nero di Troia). Un nouveau point de vente a ouvert Viale Europa 16/c (⏲8h30-13h30 et 15h30-20h30 lun-sam).

Salumeria Nino CHARCUTERIE
(☎080 521 98 51 ; Via Vallisa 30 ; ⏲7h30-15h et 16h45-22h lun-sam, 8h30-14h et 19h-22h dim). Dans cette charcuterie, vous trouverez des produits de qualité et les saveurs d'autrefois. Emportez donc avec vous un petit morceau de Bari Vecchia.

Marnarid Dolciumi BONBONS
(☎080 521 38 03 ; Piazza dell'Odegitria 16 ; ⏲8h-13h et 16h-20h, en été sam uniquement 16h-20h). Du haut de ses 150 ans (fêtés en 2015), cette boutique qui a gardé son charme d'antan regorge de toutes sortes de bonbons et autres sucreries

Eataly Bari GASTRONOMIE
(☎080 618 04 01 ; www.eataly.it ; Lungomare Starita ; ⏲10h-23h dim-jeu, 10h-0h ven-sam). Eataly Bari a été inauguré en juillet 2013. Il s'agit de quinze points de restauration, comprenant des petits restaurants informels à thème. Vous y trouverez non seulement des pizzas, du pain, de la viande, du poisson, des desserts, de la charcuterie et des fromages, mais aussi le parfum de la mer qui envahit les terrasses panoramiques.

Renseignements

AGENCES DE VOYAGES

Des agences de voyages où réserver des billets de train ou de bateau se trouvent dans toute la ville. Vous pouvez notamment vous adresser à :

Morfimare (☎080 578 98 11 ; Corso De Tullio 36-40 ; ⏲9h-13h et 15h30-19h30 lun-ven, 9h-13h sam)

OFFICES DU TOURISME

Le bureau d'information de l'**IAT di Puglia Promozione** (☎080 524 22 44 ; www.viaggiareinpugmia.it ; Piazza del Ferrarese ; ⏲10h-13h et 16h-17h l'hiver, 9h-14h et 15h-20h l'été) se situe juste à l'entrée de Bari Vecchia.

Le personnel, particulièrement disponible, vous fournira tous les renseignements nécessaires. Il existe aussi un **point d'accueil touristique** dans le hall des arrivées de l'aéroport (☎080 536 13 50 ; ⏲8h-21h).

SERVICES MÉDICAUX

Les pharmacies assurent par rotation un service de garde.

Hôpital-polyclinique (☎080 559 11 11 ; Piazza Giulio Cesare 11)

URGENCES

Pronto Soccorso (SAMU, ☎118)

Commissariat de police (☎080 529 11 11 ; Via Palatucci 4)

Depuis/vers Bari

AVION

L'**aéroport de Bari Palese-Karol Wojtyla** (BRI ; ☎080 580 02 00/080 58 00 346 ; www.aeroportidipuglia.it) se trouve à 10 km à l'ouest du centre-ville. Il dessert de nombreuses destinations nationales et internationales parmi lesquelles Paris (Easyjet ou Ryan Air) et Bruxelles (Ryan Air).

Pour plus d'informations sur les billets et les vols intérieurs et internationaux, voir p. 308.

BATEAU

Faites attention aux horaires d'enregistrement de votre embarquement (en principe indiqués sur le billet), car il n'est pas rare qu'il faille se présenter jusqu'à cinq ou six heures avant le départ.

Du **port** de Bari (Autorità Portuale : ☎080 57 88 511 ; www.aplevante.org ; Piazzale Colombo 1), le plus important port de l'Adriatique, des ferries partent pour la Grèce (Corfou-Igoumenitsa-Patras), l'Albanie (Durrës), la Croatie (Dubrovnik) et le Monténégro (Bar). Le port est aussi une étape habituelle pour les bateaux de croisières dans l'est du bassin méditerranéen.

Toutes les compagnies disposent d'une billetterie au port maritime, mais les billets peuvent aussi s'acheter dans une agence de voyages en ville ou sur Internet. Le bus AMTAB n°20/ circule entre la gare ferroviaire (Piazza Aldo Moro) et le terminal des ferries. Assurez-vous bien qu'il s'agit du bus n°20/, car le n°20 dessert, quant à lui, un quartier excentré.

Après avoir acheté votre billet et payé les taxes portuaires (environ 4 €/pers ou voiture), vous recevrez une carte d'embarquement que la police du port doit tamponner. Par rapport à la haute saison (mi-juillet à fin août), les prix peuvent baisser dans l'année jusqu'à 30%. Le transport de vélo est généralement gratuit.

BUS

Le principal point de départ se situe Via Capruzzi (Largo Sorrentino), sur le côté sud de la gare ferroviaire. C'est de là que partent les bus locaux **SITA** (www.sitasudtrasporti.it) notamment pour Canosa (6,30 € ; 2/jour lun-sam, départs 12h30 et 13h45), les bus **Ferrovie Appulo Lucane** (www.fal-srl.it) pour Matera (4,90 €, 1 heure 30, en semaine) et les bus **Marozzi** (www.marozzivt.it) à destination de Rome (34 € aller, 5 heures 30, départs en journée ; bus de nuit au départ de la Piazza Aldo Moro). Vous pouvez acheter vos billets à **ATS Viaggi** (www.atsviaggi.com ; Via Capruzzi 224-226), en face des arrêts de bus.

Les terminus des bus **STP** (www.stpspa.it) se trouvent Piazza Eroi del Mare et Piazza Gramsci. Ces bus se rendent à Andria (4,20 €, 1 heure 30, départs fréquents), Trani (3,10 €, environ 1 heure 20, départs fréquents), Canosa (6,30 €, 2 heures 15, 1/heure) ou Bisceglie (2,80 €, 1 heure 50). Les billets sont en vente chez le marchand de journaux Scatolino (Corso Cavour 21 ; ⏲6h-21h lun-sam). Les bus de la compagnie **Ferrovie del Nord Barese** (☎080 529 93 42 ; www.ferrovienordbarese.it) relient Bari à Andria (4,20 €, environ 2 heures, départs fréquents) et à Ruvo di Puglia (2,80 €, 1 heure, départs fréquents). Le dimanche, les bus partent de la Piazza Aldo Moro, devant la gare centrale.

La plupart des bus gérés par **Ferrovie del Sud Est** (FSE ; ☎800 07 90 90 ; www.fseonline.it) partent du Largo Ciaia, au sud de la Piazza Aldo Moro (le dimanche du Largo Sorrentino), à destination par exemple de Brindisi (8,40 €, 2 heures 40, 4/jour) et de Tarente (6,30 €, environ 2 heures).

VOITURE ET MOTO

Bari se trouve sur l'autoroute A14 qui arrive de Foggia (nord-est) et descend vers Tarente (au sud). Elle est reliée à l'A16 pour Naples à hauteur de Canosa di Puglia. Pour le centre-ville, il faut sortir à Bari-Nord.

Si vous ne voulez pas prendre l'autoroute, l'axe principal est la SS16, une route nationale en bon état reliant Bari à Brindisi (au sud) et à Foggia (au nord). Pour rejoindre Tarente et Matera, prenez la SS100.

TRAIN

Il n'est pas évident de se repérer entre les nombreuses compagnies privées et publiques desservant Bari et sa région.

De la **gare principale** (www.trenitalia.com), située Piazza Aldo Moro, des trains relient Bari aux principales villes d'Italie du Nord. Les départs sont aussi fréquents vers les autres chefs-lieux des Pouilles : Foggia (9-12,40 €, 1 heure 30), Brindisi (8,30-12 €, 1 heure 15), Lecce (9-10,40 €, 1 heure 30-2 heures) et Tarente (8,30-12 €, 1 heure-1 heure 30).

La compagnie privée **Ferrovie del Nord Barese** (☎ 080 52 99 342 ; www.ferrovienordbarese.it) dessert plusieurs villes au nord de Bari, dont Ruvo di Puglia (2,80 €, 45 min), Andria (4,20 €, 1 heure) et Barletta (4,59 €, 1 heure 15) environ toutes les heures, du lundi au samedi (horaires à jour sur le site Internet).

Les trains des **Ferrovie Appulo Lucane** (☎ 080 572 52 29 ; www.fal-srl.it) relient Bari à Altamura (3,10 €, 1 heure, 1/heure) et à des villes de la région voisine de la Basilicate comme Matera (4,90 €, 1 heure 20, 10/jour), Gravina (4,20 €, 1 heure 10, 1/heure) et Potenza (10,50 €, 3 heures 30, 4/jour). Ils ne circulent que du lundi au samedi. Un service de bus de remplacement est prévu le dimanche au départ de la Via Capruzzi.

Les trains de la compagnie privée **Ferrovie del Sud Est** (FSE ; ☎ 800 07 90 90 ; www.fseonline.it) couvrent le sud des Pouilles. Toutes les heures, ils rejoignent certaines des destinations les plus touristiques de la région comme les grottes de Castellana (3,10 €, 1 heure environ), Alberobello (4,50 €, 1 heure 30 environ) et Martina Franca (5,20 €, 2 heures environ). La compagnie dessert aussi Tarente (8,40 €, 2 heures 30, 6/jour). Les trains partent tous du quai n°10, où se trouve aussi la billetterie.

La gare d'où partent ces trains se situe de l'autre côté des quais de la gare principale (Via Oberdan). On y accède soit par le passage souterrain au sud de Piazza Luigi di Savoia, soit par le passage souterrain de la gare principale, puis en longeant vers l'est la Via Capruzzi sur environ 500 m.

Comment circuler

Le centre de Bari est assez ramassé. Comptez 20 minutes de marche de la gare (Piazza Aldo Moro) à la vieille ville. Pour rejoindre la gare maritime, prenez le bus n°20/ (barré) sur la Piazza Aldo Moro.

DEPUIS/VERS L'AÉROPORT

Le **bus d'Autoservizi Tempesta** (5,10 € ; 30 min ; www.autoservizitempesta.it) fait la navette entre la gare centrale et l'aéroport toutes les heures. Le ticket s'achète à bord. Plus économique, le **bus municipal AMTAB** n°16 (1 €), qui part de la Piazza Aldo Moro, dessert aussi l'aéroport (45 min environ), avec des arrêts intermédiaires, de 5h à 23h environ, toutes les 40 à 45 minutes. Cependant le service n'est pas très fiable les jours de grande circulation. Vous pouvez aussi prendre le **train des Ferrovie del Nord Barese** qui assure la liaison entre l'aéroport et la gare centrale en un quart d'heure environ (5 €).

De nombreux taxis stationnent à l'aéroport. La course jusqu'au centre-ville coûte environ 25 €. Les principales agences de location de voiture (Hertz, Europe, Car...) ont un comptoir à l'aéroport.

BUS

Le réseau urbain fonctionne bien avec des bus fréquents. Les sites touristiques étant cependant facilement accessibles à pied, vous n'y aurez pas souvent recours. Le billet simple (valable 1 heure 15) coûte 1 € (1,50 € à bord) et le billet journalier 2 €.

VOITURE ET MOTO

Se garer à Bari n'est pas une sinécure. Mais le système Park & Ride de l'AMTAB (www.amtab.it) est assez pratique. Pour 1 € par jour, vous pouvez garer votre voiture sur une des trois zones de parking situées en périphérie de la ville (au niveau de la plage Pane e Pomodoro, au Largo Due Giugno et sur le Corso Vittorio Emanuele) puis utiliser un service de navette (gratuit pour le conducteur, 0,30 € pour les passagers) pour rejoindre le centre-ville.

En ville, de nombreux parkings privés coûtent de 12 € à 17 € la journée.

TAXI

Pour appeler un taxi, contactez **Radiotaxi** (☎ 080 554 33 33/080 534 66 66).

VÉLO

Velo Service (☎ 080 237 40 39 ; rdv pour les circuits Strada Vallisa 81 ; adresse location de vélo : Varo 6 et 7 au port de Bari ; www.veloservice.org) propose des visites commentées à vélo ou en pousse-pousse dans Bari Vecchia.

LA CÔTE ADRIATIQUE DE MARGHERITA DI SAVOIA À MONOPOLI

Cette partie du littoral s'étendant au nord et au sud de Bari abrite certains des bijoux de la côte Adriatique des Pouilles : Trani, Bisceglie, Polignano a Mare, Monopoli... Et aussi Barletta, Molfetta et Mola di Bari. Que ce soit pour leurs ports, leurs centres historiques immaculés donnant

sur la mer, leur ambiance de vacances ou encore la splendeur d'une cathédrale ou d'un château, ces villes méritent toutes une visite, voire pour certaines un petit séjour. En revanche, ne misez pas trop sur les bains de mer, à ne pratiquer qu'autour de Polignano a Mare et Monopoli.

Margherita di Savoia

12 400 HABITANTS

Il y a deux raisons de se rendre à Margherita di Savoia : ses marais salants et ses thermes. Cette **zone humide** est la plus vaste d'Italie du Sud et les **salines**, avec leur superficie de 20 km de long sur 5 km de large et une production moyenne de 550 000 tonnes de sel, sont les plus grands marais salants d'Europe. Les infrastructures occupent une lagune côtière, le Lago Salpi, qui suscita probablement l'intérêt dès l'Antiquité (les salines furent exploitées dès le IIIe siècle av. J.-C.) en raison des incrustations de sel qui s'y formaient périodiquement après les inondations. L'extension des salines a créé des écosystèmes idéaux pour quantité d'oiseaux aquatiques qui trouvent refuge sur le site en hiver. Les passionnés d'ornithologie pourront passer une journée à essayer d'apercevoir aux jumelles les nombreuses espèces d'oiseaux – canards, foulques, aigrettes, airons, pluviers, bécasses de mer, mouettes – et la plus importante colonie italienne de flamants roses qui trouvent, dans les bassins, crustacés, vers et mollusques. Citons aussi le courlis à bec grêle, menacé d'extinction. On peut participer à des **visites guidées** (☎0883 65 75 19/339 712 23 69 ; www.museosalina.it ; 20 €/heure ; véhicule indispensable) sur réservation et autorisation sur un parcours entre 10 et 20 km.

Avec leur eau à haute teneur en brome et en iode, ces marais salants alimentent les **thermes** (☎0883 65 54 02 ; www.termemargherita.it ; Piazza Libertà 1 ; ⌚fermé sam après-midi et dim) du Grand Hotel Terme, accessibles également si on ne loge pas à l'hôtel. Pour s'octroyer quelques heures de détente, il suffit de s'adresser au **Centro Benessere Spa Club** (☎0883 65 54 02 ; www.termemargherita.it ; Piazza Libertà 1) et réserver un massage, un soin ou une thalasso.

Où se loger

Margherita di Savoia n'est pas vraiment l'endroit le plus amusant de la côte Adriatique. Si vous deviez y passer la nuit, plutôt que de chercher un B&B ou une pension (aux napperons de grand-mère), mieux vaut descendre au **Grand Hotel Terme** (☎0883 65 68 88; www.termemargherita.it ; Piazza Libertà 1 ; s/d 68-96/116-172 € ; ❄) aux tarifs certes un peu élevés, mais justifiés.

Où se restaurer

Al Terrazzo RESTAURANT €€
(☎0883 65 45 25 ; Via Garibaldi 10 ; repas 30 € ; ⌚mars à mi-déc). Pour vous revigorer après les thermes, rien de tel qu'un repas copieux et sain dans le cadre familial de ce restaurant de cuisine traditionnelle. Sa terrasse est parfaite pour un dîner romantique.

Renseignements

L'**office du tourisme** (IAT ; ☎0883 65 40 12 ; Via Principe Amedeo 4, côté Piazza delle Terme ; ⌚8h-13h et 14h45-19h lun-ven l'hiver, 8h-13h15 et 16h45-20h l'été, parfois ouvert le week-end en été) dispose de documentation sur les salines et sur les autres activités qu'offre la ville.

Barletta

95 000 HABITANTS

Au Moyen Âge, Barletta devait déjà être une jolie ville. C'est de cette époque que datent son centre historique, sa cathédrale (voulue semble-t-il par Richard Cœur de Lion en route vers la Terre sainte) et son château, fortifié par Frédéric II, qui avant de partir pour la troisième croisade, nomma son fils Henri roi en ces lieux. Les origines de cette petite ville côtière au nord de Bari sont néanmoins bien plus anciennes que l'époque des croisades, comme en témoigne le site archéologique de Canne della Battaglia, où Hannibal mit en déroute les légions romaines lors de la deuxième guerre punique. Siège de l'archevêché de Nazareth du XIIIe au XIXe siècle, c'est à Barletta que Ferdinand Ier d'Aragon fut couronné roi de Naples, en 1459, et il ne choisit pas ce lieu au hasard. Dans la seconde moitié du XVe siècle, la beauté de Barletta incita en effet la population aisée des villes alentour à s'y installer. La ville conserva son cachet durant les siècles suivants. Aujourd'hui, en revanche, la ville a perdu de son attrait, l'industrie et le commerce ayant un peu trop pris le pas sur les beaux

Barletta

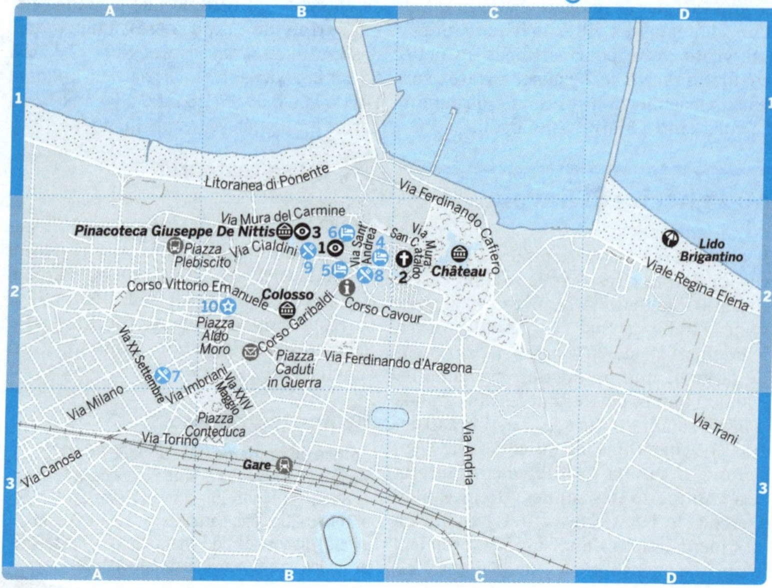

Barletta

Les incontournables

À voir

Où se loger

Où se restaurer

Où sortir

témoignages du passé. En se promenant, on ne peut que constater que beaucoup de quartiers ont été négligés.

À voir

Au départ de l'office du tourisme de Barletta (p. 61), situé à proximité du centre historique, rejoignez la Via Duomo. La ville compte quatre sites dignes d'intérêt : la cathédrale donnant sur la magnifique Piazzetta del Duomo, l'imposant château, l'intéressante Pinacoteca De Nittis et le Colosse géant. Ses plages ne méritent pas, selon nous, qu'on s'y attarde.

Castello CHÂTEAU

(☎0883 57 86 21 ; Piazza Corvi ; tarif plein/réduit 6/3 € avec la Cantina della Sfida et le Museo Civico ; ⊙9h-19h mar-ven et 10h-20h sam et dim l'hiver, 10h-20h mar-dim l'été). Ce château, flanqué d'imposantes tours-bastions, date du XIe siècle (comme le montre la principale tour intégrée au côté sud), ce qui ne l'empêche pas d'être considéré comme l'un des plus beaux châteaux de la Renaissance en Italie du Sud. On doit en effet son aspect actuel à Charles Quint qui l'a voulu ainsi en 1532. Depuis 2010, le château abrite l'intéressante collection éclectique du **Museo Civico**. Elle comprend trois sections : la Galleria Antica, la Galleria dell'Ottocento et la Galleria di Fernando Cafiero. La galerie ancienne présente 50 œuvres du XIVe au XVIIIe siècle (dont un petit Tiepolo) ; la galerie du XIXe siècle comprend 40 tableaux, tandis que la galerie de Fernando Cafiero, sans doute la plus curieuse et amusante, réunit pêle-mêle des jeux anciens, des invitations à des fêtes ducales du XVIIIe siècle, des cartes de visite, des jetons décorés en nacre.

Cattedrale di Santa Maria Maggiore CATHÉDRALE

(☎0883 34 55 22 ; Via Duomo 52 ; ⏲8h30-12h et 16h-20h). Commencée au XIIe siècle, la cathédrale Sainte-Marie-Majeure occupe un bel emplacement, dans le plus ancien quartier de la ville. Elle a été bâtie dans le style roman apulien classique à l'endroit d'une nécropole de l'époque romaine et sur les fondations de deux basiliques des VIe et Xe-XIe siècles. Sa forme actuelle est le résultat composite de différents remaniements conduits du XIIe à la fin du XVIIe siècle. La façade que des pilastres divisent en trois parties se caractérise par de petits arcs rampants et des consoles. La décoration des deux portails latéraux est d'origine, tandis que le portail central remplace un ouvrage antérieur dont les fragments ont été murés à l'entrée de la sacristie. Comme dans nombre d'églises de la région de Bari, la base du campanile est percée d'un arc.

Palazzo della Marra MUSÉE

(Via Cialdini 75). Ce superbe palais à l'extérieur du centre-ville tire son nom de la famille Della Marra, propriétaire des lieux de 1633 à 1743 et à qui l'on doit une grande partie de l'architecture actuelle du bâtiment, dont les nombreuses décorations en relief (motifs végétaux, angelots, masques, animaux) ou peintes. Prêtez attention au bossage rustique au niveau du rez-de-chaussée et à la multitude d'éléments décoratifs en tuf (malheureusement abîmés par le temps). Contournez ensuite le bâtiment pour admirer la vue sur la mer et la remarquable loggia ornée de figures fantastiques et mythologiques (dommage qu'un filet noir recouvre la façade pour la protéger des pigeons). Entrez ensuite dans l'atrium richement peint, où l'on

DE NITTIS, UN AUTRE IMPRESSIONNISTE

Excès, indiscipline, rébellion... Bien des histoires que l'on brode autour des artistes sont souvent créées de toutes pièces pour pimenter des biographies un peu insipides. Mais dans le cas du peintre italien Giuseppe De Nittis (1846-1884), tout est vrai. Expulsé de l'Institut des beaux arts de Naples pour indiscipline, il mena une vie de patachon d'une ville à l'autre. Arrivé à Paris à 21 ans, il eut rapidement ses entrées dans tous les salons et se lia avec les écrivains et les artistes de la capitale. S'il fut exposé avec Degas, Gauguin ou Pissarro en son temps, la Ville Lumière l'oublia rapidement et il fallut attendre 2011 pour qu'une rétrospective lui soit consacrée au Petit Palais.

À Barletta, sa ville natale, la **Pinacoteca Giuseppe De Nittis** rassemble un très beau fonds sur l'artiste avec en tout 171 œuvres (pas toutes exposées). Citons la *Primavera* (Printemps ; 1883) avec ses fleurs d'amandier aux subtiles nuances rosées sur un ciel bleu pommelé ou encore *Passa il treno* (Passage du train ; 1869), paysage rural herbeux et boueux traversé par un nuage de vapeur qui s'échappe d'une locomotive. Les toiles dédiées à sa femme, Léontine Gruville, figurent parmi les plus réussies. De Nittis, comme d'autres impressionnistes, se passionna pour l'exploration de l'idéal féminin. Toutefois, ses sujets féminins sont représentés de manière étonnamment réaliste, fixant directement l'observateur pour accrocher son regard. Notez avec quelle intensité dramatique ils occupent des toiles comme la *Passeggiata invernale* (Promenade hivernale ; 1879) ou la *Signora De Nittis e figlio* (Madame De Nittis et son fils ; 1876). Loin des canons féminins bourgeois, ces femmes affichent une personnalité exacerbée, pleine d'esprit et de grâce, qu'on croirait sortie des romans de Flaubert et de Balzac. Elles reflètent surtout le talent pictural de l'artiste, sensible à l'intelligence, à la couleur et à l'intensité de la vie et de ses acteurs. Ce n'est donc pas un hasard si le tableau le plus célèbre et le plus évocateur de la collection est *Figura di donna* (Figure de dame, 1880), un portrait de Léontine sur fond doré, portant une jupe au gracieux plissé, un imposant chapeau et un petit bouquet de fleurs épinglé sur la poitrine.

LE DÉFI DE BARLETTA

Au début du XVIe siècle, alors que Barletta est occupée par les troupes espagnoles de Gonzalve de Cordoue, les escarmouches avec les Français vont bon train (Ferdinand le Catholique et Louis XII se disputent à l'époque l'Italie du Sud). L'un de ces petits affrontements se solde par la capture par les Espagnols, sous le commandement de Don Diego de Mendoza, d'un groupe de Français, dont le noble capitaine Charles de Torgues, dit Guy de La Motte. Il s'agit d'une prise non négligeable à tel point que Gonzalve de Cordoue, afin d'honorer selon les règles de la chevalerie les Français capturés, décide d'organiser un banquet dans une cave vide. À peine Don Diego de Mendoza commence-t-il à provoquer les Français en faisant l'éloge de la qualité des chevaliers italiens à la solde des Espagnols, que La Motte lui répond durement en accusant les Italiens de lâcheté. La tension monte et La Motte, piqué au vif, promet de trouver 13 chevaliers français prêts à affronter autant de chevaliers italiens, sous la conduite bien sûr de La Motte et du condottiere italien Fieramosca. La rencontre (signalée par une épitaphe) se tient le 13 février 1503 dans une plaine entre Corato et Andria.

Le défi n'aurait pas eu un tel retentissement en Italie si Fieramosca et ses troupes ne l'avaient emporté et n'avaient triomphalement défilé dans la ville de Barletta portant en procession la Madone du Défi (Madonna della Sfida), une icône toujours conservée dans la cathédrale.

Le mythe a gagné en notoriété au fil des siècles. En 1833, il a fait l'objet d'un roman de Massimo d'Azeglio qui a inspiré par la suite trois films dont une très libre adaptation, *La Grande Bagarre* (1976) de Pasquale Festa Campanile avec Bud Spencer. Même Disney a mis en scène les aventures de Fieramosca dans une sympathique parodie parue dans le *Journal de Mickey* italien !

peut voir au centre les armoiries de la famille Fraggianni (propriétaire après les Della Marra). Puis visitez la **Pinacoteca Giuseppe De Nittis** (☎0883 53 83 73 ; www.barlettamusei.it ; tarif plein/réduit 5/2,5 € ; ⏲10h-20h, fermeture de la billetterie à 19h15, fermé lun), la riche collection d'œuvres de Giuseppe De Nittis, léguée à la ville par son épouse Léontine Gruville (voir l'encadré p. 59). Des expositions temporaires intéressantes complètent souvent la collection permanente.

Colosso MONUMENT

(Corso Vittorio Emanuele). Cette imposante statue (IVe et Ve siècles) mesure, c'est une certitude, plus de 5 m de haut. En revanche, l'incertitude demeure sur l'identité de l'empereur romain qu'elle représente (Théodose Ier le Grand, Marcien, Honorius, Valentinien III ?) et sur les dessous de l'arrivée du "Colosse" à Barletta. S'échoua-t-il sur la plage de Barletta après le naufrage du bateau sur lequel les Vénitiens le ramenaient de Constantinople lors de la IVe croisade, ou fut-il retrouvé à Ravenne suite à une campagne de fouilles lancée en 1231 par Frédéric II ? On sait, en revanche, qu'un édit de Charles II d'Anjou en 1309 autorisa les frères dominicains à fondre une partie de la statue pour fabriquer les cloches de la nouvelle église de Siponto. Le Colosse ne retrouva ses bras et ses jambes qu'au XVe siècle lorsqu'on décida d'installer la statue Piazza del Sedile del Popolo pour la décorer. Après la destruction en 1923 du Sedile del Popolo (Siège du peuple), on déplaça le Colosse le long de la façade latérale de la **Basilica del Santo Sepolcro** (⏲horaires des messes), où il est encore aujourd'hui.

Cantina della Sfida MUSÉE

(Via Cialdini 1 ; tarif plein/réduit 6/3 € avec le château et le Museo Civico ; ⏲10h-14h et 16h-20h mar-dim, fermeture de la billetterie à 19h15). Cette "cave" de forme trapézoïdale aux voûtes en croisée d'ogives soutenues par de gros piliers remonte au XIVe siècle. Son mobilier et les écus des 13 champions italiens accrochés aux murs évoquent néanmoins le XVIe siècle, époque à laquelle la cave aurait été le théâtre d'une célèbre passe d'armes connue sous le nom de Défi de Barletta (voir p. 60). Elle donne sur la **Piazza della Sfida** (place du Défi) où se dresse un monument érigé en 1930 en l'honneur de ces valeureux chevaliers.

Fêtes et festivals

Disfida di Barletta RECONSTITUTION HISTORIQUE
Chaque année, en février et en juillet, l'une des plus importantes fêtes italiennes du genre commémore le célèbre Défi de Barletta. On y rejoue le tournoi qui eut lieu entre 13 chevaliers italiens en garnison à Barletta et autant de Français, le 13 février 1503, à l'époque où la France et l'Espagne se disputaient le royaume de Naples. Voir l'encadré p. 60.

Barletta Jazz Festival JAZZ
(www.barlettajazzfestival.it ; juillet). Les passionnés de musique jazz se donnent rendez-vous à l'Arena del Castello et dans les clubs de jazz Ipanema et Saint-Patrick pour acclamer de grands noms de la scène internationale. Voir p. 275.

Où se loger

La Disfida di Barletta B&B €/€€
(0883 88 64 52 ; www.ladisfidadibarletta.it ; Via del Duomo 1 angle Via Sant'Andrea ; chambres 55-80 € ;). Le nom fait référence aux peintures et blasons décorant le lieu qui rappellent le fameux Défi de Barletta. Avec ses poutres aux plafonds et ses murs en pierres, cet édifice confortable savamment rénové se situe à quelques pas de la cathédrale. Le petit-déjeuner est servi dans un bar.

VinsLounge B&B €/€€
(0883 39 07 88 ; www.vinslounge.it ; Via Duomo 5 et Corso Cavour 45 ; s/d 45-70/65-90 € ;). Le VinsLounge se compose de 5 suites pour 2, 3 ou 4 personnes situées Via Duomo, au cœur de la vieille ville, et de quelques chambres distantes d'une cinquantaine de mètres. Elles ont en commun une décoration raffinée et glamour où prime le souci du détail. Parmi les services proposés : informations touristiques, garage, laverie etc.

Saint Patrick B&B €/€€
(0883 88 07 48 ; www.saint-patrick.it ; Corso Garibaldi 145 ; s/d 30-50/50-100 € ;). Non content d'avoir été désigné meilleur pub-restaurant d'Italie, ce dynamique **club de jazz-pub irlandais** de Barletta (0883 34 71 57 ; Via Cialdini 15 ; 11h-1h, plus tard le week-end) a ouvert en 2009 un B&B. Les chambres, à la décoration à la fois anglaise, maison de famille et design, rendent hommage par leur nom aux grands écrivains irlandais (Yeats, Beckett, Wilde, Joyce et O'Casey). La jeune direction se montre parfois un peu brusque, mais cela semble faire partie de son style.

Où se restaurer

Veleno Fish RestorArt RESTAURANT €€
(0883 53 28 80 ; www.originalitaly.it ; Via Cialdini 21/23 ; repas 35-40 € ; fermé mer). Si vous avez une envie de poisson bien frais, venez vous asseoir dans cette jolie salle et laissez-vous guider par le professionnalisme d'Enzo. Vous vous régalerez du début à la fin : *impepata di cozze* (moules au poivre), calamars farcis, grand choix de poisson cru, et l'addition est une agréable surprise.

Antica Cucina RESTAURANT €€
(0883 52 17 18 ; www.anticacucina1983.it ; Piazza Marina 4/5 ; menu 25/40 €, repas 40€ ; fermé dim-lun et jours fériés). Depuis 1983, Lello et Pino s'emploient à faire découvrir leur cuisine régionale créative. Ils ont emménagé en 2012 à côté du port dans une belle salle pleine de cachet où vous attendent de la musique jazz d'ambiance, des verres en cristal, un service impeccable et une carte concoctée comme un poème romantique.

BaccOsteria OSTERIA €€
(0883 53 40 00 ; Via San Giorgio 5 ; repas 40 € ; fermé dim soir et lun). Le poisson est à l'honneur sous le plafond voûté de ce vénérable petit restaurant authentique et très connu. Au menu lors de notre passage : paupiettes d'aubergines et de lotte de mer, *troccoli* (pâtes) au homard et turbot mariné sur un lit de pommes de terre et de purée de pois chiches (ou à la sauce aux poivrons). Le sol en verre laisse entrevoir d'anciennes tranchées et la cave bien fournie.

Où sortir

Teatro Comunale Curci THÉÂTRE
(0883 33 24 56 ; www.teatropubblicopugliese.it ; Corso Vittorio Emanuele 71). Bel exemple de l'architecture néoclassique apulienne, ce théâtre au centre de la vie culturelle de la ville a été plusieurs fois reconstruit depuis le XIXe siècle. Il est dédié au musicien Giuseppe Curci, né à Barletta. Prêtez attention à l'aile sur la gauche, ajoutée au début du XXe siècle. Elle permettait aux spectateurs arrivant en fiacre d'accéder au théâtre via une galerie.

Renseignements

À l'**office du tourisme** (0883 33 13 31 ; Corso Garibaldi 204-206 ; 8h-14h et 16h-19h mar-ven l'hiver, horaires prolongés l'été), vous trouverez des informations utiles sur Barletta et ses environs.

Depuis/vers Barletta

Barletta est un important nœud de communications, desservi par les trains de Trenitalia et les bus grandes lignes. De la gare routière, située Via Manfredi, les bus de la compagnie **Ferrovie del Gargano** (www.ferroviedelgargano.com) relient Barletta à Foggia (5,60 €, 1 heure 45) et à Margherita di Savoia (1 €, 20 min). Au départ de la Piazza Manfredi (parallèle au front de mer), des bus **STP** (www.stpspa.it) se rendent fréquemment à Trani (1 €, 25 min) et à Bari (4,20 €, 1 heure 50).

Barletta se trouve sur la ligne ferroviaire desservie par **Trenitalia** (www.trenitalia .com) qui longe la côte entre Bari et Foggia et sur la ligne Bari-Nord. Elle est bien reliée en train à Trani et à d'autres villes de la côte et de l'arrière-pays. La billetterie se situe entre les voies 6 et 7.

Environs de Barletta

À 9 km de Barletta, au bout d'une série de routes de campagne en lacets, le site archéologique de **Canne della Battaglia** (0883 51 09 93 ; entrée gratuite ; 8h30-19h30 mar-dim, 8h30-13h30 lun) s'étend sur les hauteurs face à une plaine que traverse le fleuve Ofanto (l'ancien Aufidus). C'est dans cette plaine, sur les berges du fleuve, qu'en 216 av. J.-C., Hannibal, venu d'Afrique avec son impressionnante armée et ses éléphants, infligea une cuisante défaite aux troupes romaines. Le site ne conserve aucune trace de la bataille de Cannes. Cependant, des fouilles entreprises sur une partie des ruines de la cité antique de Cannae ont mis au jour les vestiges du village médiéval et une grande nécropole. L'**Antiquarium** (0883 51 09 92 ; mêmes horaires que le site archéologique) présente des objets provenant de la nécropole, dont certaines des plus anciennes céramiques peintes des Pouilles. À la sortie de l'Antiquarium, un sentier panoramique conduit au **Sepolcreto**, une nécropole médiévale. Le site est bien indiqué sur la SS93 en direction de Canosa di Puglia. Après avoir quitté la route nationale, il faut encore parcourir 5 km avant d'arriver à la citadelle. Une autre solution consiste à emprunter la SS16bis pour Foggia et à sortir à Canne della Battaglia. Le site est aussi accessible en train, sur la ligne Barletta-Spinazzola.

Trani

56 000 HABITANTS

Située à 43 km de Bari, Trani est un bel amphithéâtre ancien en pierre blanche donnant sur le port. Au coucher du soleil, la "ville de pierre" apparaît sous son meilleur jour quand la lumière argentée descend sur l'hémicycle du petit port, sur les barques, sur une mer d'huile et surtout sur la cathédrale. Ce n'est donc pas un hasard si Trani est surnommée la "Perle des Pouilles" et si Lady Diana, de passage à Trani lors de son voyage de noces avec le prince Charles déclara que l'arrivée dans le port sur cette "mer de soie" resterait l'image qui l'avait le plus marquée de la péninsule.

Trani a toujours été une cité florissante. Devenue au Moyen Âge un port important pour les allées et venues des marchands voyageant au Proche-Orient, elle rivalisa même avec Bari. Les intérêts commerciaux de la ville prirent une telle ampleur que c'est ici, au grand dam des Vénitiens, que furent promulgués les *Ordinamenta Maris* (1063), des lois maritimes considérées parmi les plus anciennes.

À voir

À Trani, nombreux sont les sites à visiter, cependant profitez aussi d'agréables promenades sur le bord de mer. N'hésitez pas non plus à vous perdre dans les pittoresques ruelles de la vieille ville qui rayonnent autour du petit port en hémicycle. Étroites, pavées de *chianche* (la pierre régionale) polies et très glissantes, elles sont bordées d'édifices majestueux pour la plupart d'époque Renaissance.

Cattedrale CATHÉDRALE

(Piazza Duomo ; www.cattedraletrani.it ; 9h30-12h30 et 15h30-18h30 lun-sam, à partir de 16h dim). La visite de Trani commence en général par celle de sa merveilleuse cathédrale isolée. Dédiée à saint Nicolas le Pèlerin, dite aussi Duomo di Trani, elle se détache sur le bleu de la mer, flanquée de son immense campanile. Elle a pour principale particularité (que vous pourrez amplement apprécier à l'intérieur) d'être beaucoup plus haute que la moyenne des cathédrales des Pouilles, car elle fut construite au-dessus d'une église antérieure byzantine, la Chiesa di Santa Maria della Scala, elle-même bâtie sur l'Ipogèo di San Leucio, une chambre souterraine datant du VIe ou du VIIe siècle. Érigée entre le XIe et le XIIIe siècle, la cathédrale possède toutes les caractéristiques de l'art roman apulien : tympan à versants très inclinés, arcs aveugles, portails et fenêtres richement sculptés. L'intérieur, qui a retrouvé sa sobriété grâce à des

Trani

Trani

Les incontournables

Cathédrale B1
Quartiere ebraico .... B2 (voir 3, 6, 7)

À voir

1 Castello Svevo A1
2 Chiesa di Ognissanti B2
Chiesa di Santa Maria Colonna .... hors plan
3 Ex Chiesa di Sant'Anna B2
4 Museo Diocesano B1
5 Piazza Teatro C3
Sezione d'Arte Ebraica .... (voir 3)
6 Sinagoga Scolanova B2
7 Villa Comunale D2

Où se loger

8 Albergo Lucy C2
9 Centro Storico B2
Corteinfiore .... (voir 13)
10 Hotel San Paolo al Convento C2
11 Maré Resort C3
12 Portadàmare C2

Où se restaurer

13 Corteinfiore B2
14 Diavoletto Epicureo A1
15 Il Melograno C3
16 Locanda Quattro Ducati C3
17 Pizzeria Le Arcate B3
18 Taverna Portanova B2

PRÉFEREZ-VOUS LE MUSCAT DE TRANI OU L'ALEATICO ?

Caractérisé par une robe dorée lumineuse, des reflets ambrés et un intense parfum d'abricot, le Moscato di Trani (muscat de Trani) prend aussi le nom de **Moscato Reale** (muscat royal) en référence au cépage dont il est tiré. On laisse en effet royalement murir les raisins sur les pieds de vigne pendant environ un mois jusqu'à la mi-octobre. Son agréable goût sucré et persistant en fait un excellent vin à dessert qui se marie aussi très bien avec les fromages piquants et affinés.

Autre excellent vin à dessert DOC, l'**Aleatico** est produit dans différentes provinces des Pouilles et accompagne depuis des temps immémoriaux, entre autres, les desserts en pâte sablée et à la crème, la pâte d'amande et le chocolat. Il en existe deux types, le "doux naturel" et le "liquoreux doux naturel" issus des vendanges tardives des raisins du cépage éponyme propre à la région. L'Aleatico se caractérise par des notes prononcées d'églantine et une saveur pleine, modérément sucrée et veloutée.

travaux de restauration réalisés dans les années 1950-1960, renferme les portes en bronze d'origine (1175), célèbre création de Barisano da Trani, à qui l'on doit aussi les portes des cathédrales de Ravello (près de Naples) et de Monreale (près de Palerme). Une copie du portail d'époque conçu pour résister aux éléments a pris place au niveau de l'entrée principale de la basilique supérieure.

À côté du maître-autel, on peut voir des fragments de l'ancien pavement en mosaïques représentant Adam et Ève et Alexandre le Grand. Comme dans la cathédrale d'Otrante (p. 221), tout le sol était jadis recouvert de mosaïques aux riches motifs décoratifs typiques de l'iconographie du Moyen Âge.

La crypte de Santa Maria della Scala (par laquelle on entre dans l'édifice, côté sud) conserve des fresques du XVe siècle aux couleurs vives. La crypte San Nicola, quant à elle accessible derrière l'autel, abrite les reliques de saint Nicolas le Pèlerin.

Pour voir des sculptures de style roman apulien, jetez un œil au **Museo Diocesano** (musée diocésain ; ☎0883 58 24 70 ; Palazzo Ladispoto, Piazza Duomo 8/9 ; tarif plein/réduit 5/3 € ; ⏱9h30-12h30 et 16h-19h juin-sept, 9h30-12h30 nov-avr, fermé lun) réunissant une collection de frises, de linteaux, de pierres tombales, de chapiteaux ainsi que diverses sections sur l'archéologie et les objets sacrés.

Castello Svevo — CHÂTEAU

(☎0883 50 66 03/0883 38 08 94 ; Piazza Re Manfredi 16 ; tarif plein/réduit 5/3,50 € ; ⏱8h30-19h30). Deuxième plus grand monument de Trani, ce château se trouve à environ 200 m à l'ouest de la cathédrale. Construit par Frédéric II au XIIIe siècle, il devint rapidement la résidence préférée de Manfred. C'est ici que le 2 juin 1259 le fils préféré de Frédéric II jura un amour éternel à Hélène, fille du despote d'Épire, Michel II. À la mort de son époux en 1266, elle fut trahie par le châtelain de Trani, alors qu'elle tentait de fuir. Elle fut alors emprisonnée au château avec ses jeunes enfants. Hormis pour son histoire, celui-ci ne présente pas d'intérêt particulier. De la construction souabe d'origine, il ne reste plus que le donjon flanqué de trois tours angulaires et la courtine côté mer. Dans la cour intérieure, admirez les éléments sculptés représentant l'Annonciation et Adam et Ève, faisant respectivement référence au Nouveau et à l'Ancien Testament : ils illustrent la politique de conciliation de Frédéric II, qui aspirait à un équilibre entre les deux communautés chrétienne et juive.

Quartiere ebraico — QUARTIER JUIF

Tout de suite après la Diaspora, une petite communauté juive arriva à Trani, et s'installa dans une partie du castrum romain, rejointe au XIe siècle par un autre groupe. C'est ainsi que naquit le quartier juif, doté au XIIIe siècle de quatre synagogues, dont deux ont survécu. L'une est la **Sinagoga Scolanova**, transformée en église après l'expulsion des juifs au XVIe siècle. Redevenue synagogue en 2005, elle reste un point de référence pour la communauté juive de la ville. L'autre est l'**ex-Chiesa di Sant'Anna**, restaurée en 2009, et qui accueille aujourd'hui le **département d'art hébraïque** (☎0883 58 24 70 ; Via La Giudea ; 3 € sur visite guidée à réserver au minimum la veille ; ⏱9h30-12h30 et 15h30-18h30 mars-oct, 9h30-12h30 nov-fév, fermé lun) du Museo Diocesano (p. 64) où sont conservés divers pièces et objets témoignant de l'histoire juive de la ville du XIIIe au XVe siècle. Ne repartez pas sans être descendu dans la crypte aux pierres tombales datant de la période aragonaise. En parcourant la Via Prologo en direction du port, on débouche sur la Via Ognissanti où on peut admirer une autre curiosité de Trani, la **Chiesa di Ognissanti**, une petite église au charme peu commun. Érigée dans la première moitié du XIIe siècle par des Templiers, elle est constellée de symboles alchimiques et astrologiques telle la statue à côté du portail évoquant Baphomet (idole à tête de bouc).

Villa Comunale JARDIN PUBLIC

En traversant la Piazza Quercia, on arrive à ce jardin sur la mer (Piazza Plebiscito ; 8h-20h l'hiver, 8h-21h l'été), qui occupe un terre-plein des anciens remparts. C'est l'endroit idéal pour déjeuner d'un sandwich à l'ombre des chênes verts, des palmiers et des pins maritimes ou profiter du coucher du soleil. Vous aurez une vue splendide sur tout le port depuis la cathédrale jusqu'à la Penisola di Colonna au sud. Sur ce promontoire à environ 1,6 km se dressent, côte à côte, la **Chiesa di Santa Maria Colonna** et le **monastère** éponyme à l'architecture romane typique, bâti à cheval entre le XIe et le XIIe siècle.

Fêtes et festivals

Settimana Medievale FESTIVAL

La "semaine médiévale" se tient la première semaine d'août. Des reconstitutions historiques, des défilés en costume ainsi que des numéros de jongleurs, de chansonniers, de danseurs, de cracheurs de feu et de musiciens ont lieu dans les rues de Trani.

I Dialoghi di Trani FESTIVAL

(www.idialoghiditrani.com ; septembre). Chaque année, de grands noms de la scène culturelle italienne dialoguent avec le public autour d'un thème choisi. Musique, projections de films et dégustations agrémentent ces rencontres qui se tiennent dans divers lieux en ville, dont le château.

Où se loger

Si Trani mérite d'y passer au moins une nuit, elle peut aussi servir de base pour visiter Barletta, Minervino, Ruvo et Castel del Monte. La ville compte quantité d'hôtels et surtout de B&B de bonne qualité, mais étant donné la forte fréquentation touristique, il vaut mieux réserver tôt.

Albergo Lucy HÔTEL €

(0883 48 10 22 ; www.albergolucy.com ; Piazza Plebiscito 11 ; d/tr/qua 65/85/105 € ;). Rien ne permet de déceler la présence d'un hôtel deux-étoiles dans ce bel édifice idéalement situé, à proximité immédiate du port et de la Villa Comunale (ci-dessus). Il faut sonner la cloche pour que Luca (le sympathique propriétaire qui habite au 1er étage) vienne vous accueillir. Chambres sobres et soignées côté place ou côté cour (essayez d'éviter la n°8, la plus spartiate) ; pas de petit-déjeuner.

Centro Storico B&B €

(0883 50 61 76 ; www.bbtrani.it ; Via Leopardi 28-29 ; s/d/tr 40/50/70 €). Ce B&B géré par un formidable couple âgé tient presque du monument historique. Il occupe une immense bâtisse (tour à tour synagogue, église puis demeure bourgeoise) au cœur de la vieille ville, et il s'agrémente d'un escalier monumental, d'un jardin suspendu (où l'on petit-déjeune par beau temps) et de trois petits bas-reliefs suscitant l'intérêt des spécialistes. Une adresse aussi simple que charmante dont les murs ont une histoire.

Portadàmare B&B €/€€

(0883 48 19 76 ; www.portadamare.it ; Via Fabiano 9 ; ch 40-85 €). Le propriétaire Mimmo, a choisi une décoration simple et soignée ponctuée d'évocations marines pour ce B&B aménagé dans d'anciennes maisons de pêcheurs rénovées. Murs blancs et lumière caractérisent les chambres tout à fait charmantes comme les trois appartements de 40 m² avec coin-cuisine. En haut, l'agréable toit-terrasse donne sur la mer et sur le port.

Hotel San Paolo al Convento HÔTEL €€

(0883 48 29 49 ; www.hotelsanpaoloalconventotrani.it ; Via Statuti Marittimi 111 ; s/d 120/140 €, avec vue sur mer 130/150 € ;). Le meilleur hôtel de Trani se situe de l'autre côté du port par rapport à la cathédrale, entre le bassin, le parc de la Villa Comunale et la Chiesa dei Barnabiti. Les 33 chambres occupent l'ancien monastère des frères barnabites (le bar, l'ancienne chapelle où est servi le petit-déjeuner et le kiosque en ont conservé l'atmosphère). Les dimensions généreuses du bâtiment ont permis d'aménager des suites luxueuses et de belles salles à manger. Également sur place, un auditorium et un espace bien-être (avec salle de sport, coin massages, sauna...).

Corteinfiore RÉSIDENCE DE CHARME €€

(345 903 10 03 ; www.corteinfiore.it ; Via Ognissanti 18 ; ch 120-130 € ;). Les six chambres

de ce palais du XVIe siècle, le Palazzo Laghezza (au rez-de-chaussée duquel se trouve le restaurant Corteinfiore, p. 66) avec leur mobilier réalisé par les artisans de la région, affichent un style moderne. Elles donnent sur une paisible cour intérieure. Une résidence de charme, sans aucun doute.

Maré Resort COMPLEXE HÔTELIER €€/€€€
(☎ 0883 48 64 11 ; www.mareresort.it ; Piazza Quercia 8 ; s/d 120-140/160-180 € ; ❄ 📶). Les trois carrosses visibles à l'entrée juste derrière la porte en bois sont les derniers parmi les 33 qui circulaient dans les rues de Trani avant 1950. Ils participent au charme de cet élégant hôtel dont les belles chambres sont situées dans l'historique Palazzo Telesio. L'utilisation harmonieuse du fer, du bois et du verre respecte au mieux la beauté de l'architecture ancienne et noble. Bar lounge, restaurant et terrasse panoramique avec petit solarium.

Où se restaurer

À Trani, ville touristique de bord de mer, vous ne trouverez pas de trattoria économique. Difficile de dépenser moins de 35 €, sauf à se contenter d'une *focaccia* ou d'une pizza. Les menus sont pour la plupart à base de poisson, ce qui justifie les prix.

Pizzeria Le Arcate PIZZERIA €
(☎ 0883 50 75 20 ; Via Badoglio 47, mais en été, Via San Giorgio, près de Piazza Quercia ; ⏲ fermé mar). C'est la dernière pizzeria ouverte à Trani par Alessandro, petit-fils de Mauro Amoruso qui y avait ouvert la première. La dernière mais non des moindres avec de délicieuses pizzas et un choix de primi et de viandes grillées.

Taverna Portanova OSTERIA €€
(☎ 0883 50 83 86 ; Piazza Lambert 7 ; repas 25-30 € ; ⏲ fermé dim soir). Un des lieux les plus accueillants de Trani, où le sourire est de mise. Peu fréquenté des touristes, il affiche pourtant un rapport qualité/prix imbattable grâce à des plats copieux, à base de poisson frais. Goûtez les moules et les palourdes, et si vous préférez des pâtes, optez pour de gros raviolis farcis au poisson ou les *spaghetti allo scoglio* (spaghettis aux fruits de mer).

Locanda Quattro Ducati OSTERIA €€
(☎ 373 518 94 59 ; Via Elena Comneno 17 ; repas 30 € ; ⏲ mar-sam soir, dim midi, fermé lun). Entre lambris et plantes vertes, à l'intérieur comme en terrasse, laissez-vous inspirer par les nombreux plats à base de poisson : *moscardini* (petits poulpes) rôtis sur lit de lentilles, pâtes fraîches au pesto de pistaches et crevettes, thon rouge pané aux pistaches et crème de courgette. Terminez par un mille-feuille chaud aux fruits des bois, et accompagnez le tout d'un bon vin, pour un prix abordable.

Diavoletto Epicureo RESTAURANT €€
(☎ 0883 49 31 93 ; www.diavolettoepicureo.it ; Via D. Alvarese 17 ; repas 35 € ; ⏲ tlj). Près du Castello Svevo, ce nouveau restaurant, où les habitants de Trani fêtent les occasions spéciales, cuisine le poisson de façon incroyable et originale. Les *scialatielli* (pâtes du sud de l'Italie) aux palourdes, haricots verts et citron sont exceptionnels. Sans parler de la viande de cheval au thym et tomates séchées, et du baba au limoncello en soupe de pastèque.

Il Melograno RESTAURANT €€€
(☎ 0883 48 69 66 ; www.ilmelogranotrani.it ; Via Bovio 189, repas 50 € ; ⏲ fermé mer). Tel un “aquarium” ce restaurant est plongé au milieu du verger et des nombreux grenadiers (*melograno* en italien) de la famille Torelli. La grande salle, avec son plafond à caissons, ses spots lumineux et la présentation des poissons frais, semblerait l'endroit idéal pour les réunions formelles, pourtant vous vous sentirez vite porté par l'ambiance douce et intimiste, et par la cuisine raffinée aux plats élaborés avec savoir-faire.

Corteinfiore OSTERIA €€€
(☎ 0883 50 84 02 ; www.corteinfiore.it ; Via Ognissanti 18 ; repas 50-60 € ; ⏲ fermé lun et soirs jours fériés). Juste quelques mots sur cet endroit royal : crevettes de Gallipoli au citron (8 €), *crudo di mare* (poisson et fruits de mer crus, 15 €), sans oublier les cinq antipasti de la mer (associant poissons, crustacés, fruits de mer et légumes de saison) placés au centre de la table, et cuisinés par la jeune équipe de Michele Matera. Une véritable symphonie pour un prix plutôt accessible.

Renseignements

OFFICE DU TOURISME

Pour obtenir des renseignements, s'adresser au bureau administratif de **Puglia Promozione** situé Piazza Trieste 10 (☎ 0883 58 88 30).

URGENCES

Commissariat de police
(☎ 0883 58 80 00 ; Corso Imbriani 119)
Hôpital San Nicola Pellegrino
(☎ 0883 48 31 11 ; Viale Padre Pio 3)
Pronto soccorso (Urgences hospitalières ; ☎ 0883 48 32 25 ; Viale Padre Pio 1)

D'OÙ VIENT LE NOM DE "SOSPIRO" ?

Selon la légende, les *sospiri* ont été confectionnés pour la première fois le 21 juillet 1498 par des sœurs clarisses pour le banquet du mariage d'Alphonse d'Aragon, duc de Bisceglie, et de Lucrèce Borgia. Toujours selon la légende, la future épouse n'arriva jamais en ville, si bien que des centaines de ces petites génoises moelleuses, en forme de demi-sphère, farcies de crème pâtissière et recouvertes de glaçage blanc, furent distribuées aux indigents de la ville. Les nobles, quant à eux, ne pouvaient que se contenter de "soupirer" faute de voir arriver la gente dame.

Depuis/vers Trani

Les bus gérés par **Bari STP** (www.stpspa.it) relient Trani à plusieurs villes de la côte et de l'arrière-pays, dont Andria (1 €, 20 min, départs très fréquents), Barletta (1,20 €, 25 min, départs très fréquents), Canosa (2,80 €, 55 min) et Ruvo di Puglia (2,10 €, 1 heure via Molfetta). Les départs se font devant la gare et vous pourrez vous procurer les billets au **Bar Desiré** (Piazza XX Settembre 23a) juste en face. Également, liaisons fréquentes depuis/vers Bari (3,10 €, 1 heure 20 environ).

D'avril à octobre, le bus qui part de Trani à 8h30 assure la correspondance à Andria avec le bus n°9 à destination du Castel del Monte. Pour revenir du château, le premier départ pour Andria est à 15h. Les jours ouvrables, les liaisons entre Andria et Castel del Monte sont fréquentes. En revanche, les jours fériés, il n'y en a que deux pour l'aller et deux pour le retour. (Les horaires peuvent varier légèrement d'une année sur l'autre : renseignez-vous à l'office du tourisme).

Située sur la principale ligne ferroviaire entre Bari (3,10 €, 45 min, 1/heure) et Foggia (6,30 €, 1 heure, 1/heure), Trani est facilement accessible en train depuis les autres villes de la côte.

La SS16 bis, la route nationale allant de Bari à Foggia, traverse Trani. La ville est aussi accessible par l'A14 Bologne-Bari. Pour aller de Bari à Trani, ou vice-versa, il est agréable de suivre la côte.

Bisceglie

55 000 HABITANTS

Cette petite ville distinguée joliment tournée vers l'Adriatique s'enorgueillit de son passé millénaire. La préhistoire est représentée par des dolmens mégalithiques mis au jour dans les environs, l'Antiquité à travers les traces de la Via Traiana, le Moyen Âge avec les vestiges des murailles angevines et aragonaises. Et puis, il y a aussi la cathédrale San Pietro Apostolo et les autres églises normandes disséminées en ville. En revanche, les monuments et les *palazzi* bordant la promenade menant au centre historique sont plus récents.

À voir

Museo Civico del Mare MUSÉE

(☎ 335 815 33 00 ; Via Frisari ; ⏲ lun-ven sur réservation). GRATUIT Aménagées dans les trois salles de l'ancien couvent de Santa Croce, les neuf sections de ce musée dédié à la mer présentent des maquettes de bateaux, de l'*Amerigo Vespucci* au *Victory* de l'amiral Nelson, et divers instruments liés à la navigation et à l'archéologie marine.

Teatro Garibaldi THÉÂTRE

(☎ 080 395 78 03 ; Piazza Regina Margherita). Bel exemple d'architecture du XIXe siècle, ce théâtre fut inauguré en 1872 avec *Rigoletto* de Verdi. Il porte le nom de Giuseppe Garibaldi qui, faute de pouvoir assister à l'inauguration, envoya un mot pour remercier les organisateurs de ce si grand honneur.

Palazzo Tupputi ÉDIFICE HISTORIQUE

(Via Cardinale dell'Olio 34). C'est dans ce bel édifice typique de l'architecture des Pouilles à la Renaissance (XVIe-XVIIIe siècle) que le 5 juillet 1820, les membres régionaux de la Carboneria (société politique secrète partisane de l'unification de l'Italie) se réunirent pour restaurer la République parthénopéenne. Le bâtiment est reconnaissable à son bossage imposant au rez-de-chaussée et en pointe de diamant aux étages supérieurs. Notez les beaux petits balcons de style rococo.

Cattedrale CATHÉDRALE

(Largo San Donato). Cette cathédrale de style roman apulien ne donne pas, comme dans d'autres villes de la côte, sur le littoral mais sur le centre historique. Inutile d'y chercher une rosace : elle a été remplacée au XVIIIe siècle par des fenêtres au style composite. À l'intérieur, un magnifique chœur en bois (XVIIe siècle) provient de l'abbaye bénédictine de S. Maria dei Miracoli, à Andria. La cathédrale fait partie d'un ensemble monumental comprenant le Palazzo Vescovile (palais épiscopal) et le

PINO PASCALI ET L'ARTE POVERA

Mort à seulement 33 ans, Pino Pascali (Bari 1935-Rome 1968) n'en est pas moins l'une des figures majeures de l'Arte povera (art pauvre) aux côtés de Jannis Kounellis, Michelangelo Pistoletto ou Mario Merz. Dans ses œuvres, l'emploi des matériaux "pauvres" (bidons vides, brosses en plastique, fausse fourrure, laine d'acier) ne doit rien au hasard. Il reflète les origines rurales de l'artiste, dont la région natale transparaît à travers des thématiques comme la mer, les champs, les animaux et la terre. Installé à Rome à partir de 1956, Pino Pascali suivit les cours du peintre abstrait Toti Scialoja. Parallèlement à une carrière de chef décorateur à la RAI et à la réalisation de spots télévisés, il se mit en quête de nouvelles formes d'expression artistiques. Son travail suscita très vite un grand intérêt, mais l'artiste mourut brutalement des suites d'un accident de moto, alors que ses œuvres étaient exposées à la Biennale de Venise. Aujourd'hui, on peut les admirer dans des musées aussi prestigieux que le MACRO (musée d'Art contemporain) de Rome, le Centre Pompidou à Paris, ou le Museum Moderner Kunst Stiftung Ludwig de Vienne, mais également à la **Pinacoteca Provinciale** de Bari et, bien entendu, à la **Fondazione Museo Pino Pascali** (p. 73) de Polignano a Mare, ville natale de ses parents où il est enterré.

Museo Diocesano (musée diocésain ; ☎ 360 98 44 85/347 77 14 582 ; 5 € ; sur rdv).

Museo Archeologico Saverio Maiellaro MUSÉE
(☎ 080 395 75 76 ; Via Frisari ; 8h45-12h30 lun-ven l'été, 15h45-17h30 mar et jeu l'hiver). GRATUIT Aménagé dans l'ancien monastère Santa Croce au-dessus de la bibliothèque municipale, ce musée d'archéologie présente des objets du paléolithique provenant des grottes de Santa Croce ou encore du dolmen La Chianca (à 5 km de Bisceglie) et des amphores récupérées au fond de l'eau à Salsello. La pièce maîtresse est une urne funéraire du Ier siècle.

Où se restaurer

Bar Cattedrale CAFÉ, PÂTISSERIE, GLACIER €
(☎ 080 395 78 90 ; Via Cardinale dell'Olio 25 ; fermé lun). Étape obligatoire lors de la promenade jusqu'au centre historique, cet établissement prépare le meilleur *sospiro* de toutes les Pouilles. En plus de la version classique de cette pâtisserie au nom inspiré de l'histoire (voir l'encadré p. 67), il propose des variantes au citron et au café.

Osteria del Seminario RESTAURANT €€
(☎ 080 399 1519 ; www.osteriadelseminario.it ; Corso Umberto I 165 ; 35 € ; fermé dim soir et mar). Cet établissement célèbre a obtenu beaucoup de louanges pour sa cuisine "terre et mer". Mention spéciale pour le poisson, testé et approuvé, notamment le filet de daurade en croûte de pommes de terre, mais nous ne doutons pas que Pietro Antonino cuisine tout aussi bien la viande.

Renseignements

Outre l'office du tourisme (Pro Loco ; ☎ 080 396 80 84 ; www.prolocobisceglie.it ; Via Frisari 5 ; 8h30-12h30 lun-ven et 15h30-17h mar et jeu l'hiver, 16h-18h jeu l'été), on trouve aussi en ville un bureau IAT (☎ 080 396 85 54 ; www.visitbisceglie.it ; Via Tupputi 1 ; 10h-12h30 mar, jeu et sam et 17h30-20h30 mar-dim).

Depuis/vers Bisceglie

En voiture, Bisceglie est accessible par l'autoroute A14 (sortie Trani en arrivant du nord ou Molfetta en arrivant du sud) ou par la route nationale SS16 bis (sorties Bisceglie nord/centre/sud/ouest). La ville est à 35 km au nord de Bari. Des trains **Trenitalia** (www.trenitalia.com) régionaux (2,40 €) ou Intercity (8,50 €) relient fréquemment Bisceglie à Bari en 30 minutes environ. Les bus de la compagnie **STP** (www.stpspa.it) sont également fréquents.

Molfetta

60 338 HABITANTS

Le mieux serait d'arriver à Molfetta en bateau, pour apprécier la blancheur de la ville posée entre le bleu du ciel et celui de la mer. D'ailleurs, dans cet important port de pêche de l'Adriatique, tout rappelle la mer : l'air chargé d'embruns, les superbes couchers de soleil, les ventes nocturnes à la criée, les plats traditionnels, mais aussi l'implantation en arête de poisson du centre historique ou la rosace de l'église de Sant'Andrea, semblable au gouvernail d'un bateau.

Si le territoire est déjà peuplé à l'époque néolithique, Molfetta s'est développée au Moyen Âge, époque de la construction de la cathédrale et du centre historique. Elle doit sa prospérité au commerce maritime et à ses chantiers navals, que les historiens font remonter au XIVe siècle.

À voir

C'est en flânant dans les ruelles parmi les petits balcons romantiques en fer forgé ornés de bas-reliefs, les loggias majestueuses, les puits et les fontaines que vous apprécierez le mieux cette charmante ville. Admirez l'Arco di San Nicola décoré de fresques, la *palazziata a mare* (alignement de palais donnant sur la mer, qui avait autrefois une fonction défensive) de la Via Sant'Orsola, le Torrione Passari (1512), tour panoramique à laquelle on accède par le Palazzo Galante Gadaleta.

Piazza Municipio PLACE
(Piazza Municipio). Sur cette belle place se dresse le Palazzo Giovene, de style Renaissance, qui abrite la Galleria di Arte Contemporanea et la Civica Siloteca (musée dédié au bois sous toutes ses formes). À gauche après la petite entrée, vous aurez accès à la Sala dei Templari (vestiges d'une ancienne église).

Duomo di San Corrado ÉGLISE
(Via della Chiesa Vecchia). Dans le ciel du centre médiéval de Molfetta, se dessinent les deux hautes tours (l'une servait de campanile, l'autre de tour de guet) et les trois coupoles pyramidales du Duomo (dit aussi Duomo Vecchio), une des plus importantes églises de style roman apulien construite face à la mer. En pénétrant dans ce vaste édifice aux influences orientale et byzantine, admirez, à droite de l'entrée latérale, le bénitier soutenu par un homme aux traits africains (XIIe siècle).

Mostra Etnografica Permanente del Mare EXPOSITION
(380 365 60 04 ; visites guidées sur réservation 9h-13h lun-ven ;). Situé sous le cloître de l'ancien couvent de San Domenico, ce musée ethnographique retrace la vie maritime de Molfetta, de l'Antiquité à nos jours, en mettant l'accent sur les métiers artisanaux en lien avec la mer (fabricant de filets et de cordes, charpentiers, forgerons). De nombreux objets, documents, outils, maquettes de bateaux, etc. sont exposés et commentés, lors de visites guidées en italien, par de vrais "loups des mers" qui savent transmettre leur passion. Un véritable voyage en mer.

Museo Civico Archeologico del Pulo MUSÉE
(080 885 30 40 ; Casina Cappelluti, Via Mayer ; gratuit sam, visites libres/avec guide 2,50 €/3,50 € ; 9h-12h mar-ven, 20h-23h sam et 18h-21h l'été). *Pulo* signifie doline (dépression du terrain circulaire). Celle de Molfetta abrite des grottes (déjà habitées il y a 7 000 ans), une faune et une flore très riches, un couvent de Capucins construit en 1536 et les vestiges de la nitrière royale des Bourbons datant de la fin du XVIIIe siècle. Inauguré en 2012, ce musée archéologique expose des objets mis au jour dans la doline.

Où se loger

Al Duomo B&B €€
(373 809 32 89 ; www.alduomomolfetta.it ; Via Chiesa Vecchia 15 ; s/d 60-80/80-90 € ;). Situées à côté du Duomo, les deux vastes chambres immaculées de ce B&B à la décoration moderne et minimaliste, sont lumineuses et très bien équipées. Leurs grandes fenêtres donnent sur le front de mer.

MoMa B&B €€
(080 334 45 28 ; www.molfettamare.com ; Via San Girolamo 38 ; chambres 85 € ;). Ce B&B récemment rénové respire la fraîcheur : lumineux, bien aménagé, il est géré avec enthousiasme par Clara, une jeune Espagnole. Situé sur le front de mer du centre historique, il donne sur la Cala Sant'Andrea, où petits et grands pourront profiter des bains de mer.

Où se restaurer

La *ciambotta*, une soupe de poisson, et le moins connu *calzone*, une tourte elle aussi à base de poisson, sont les deux spécialités de Molfetta.

San Marco GLACIER €
(080 964 80 51 ; Piazza Giovene ; 9h-0h environ l'hiver, 9h-2h l'été). Face au jardin public, un kiosque à glaces où il faut faire la queue (aux heures d'affluence avec un coupon numéroté) pour un cornet deux parfums et crème fouettée ou un esquimau.

Panificio Centrale BOULANGERIE €
(☎080 397 17 68 ; Via Respa 40/a ; ⊙16h45-21h lun-sam). Cette boulangerie qui ne paie pas de mine fabrique la meilleure *focaccia* de la ville, pour ne pas dire de la région. Allez-y en milieu de matinée : elle sera encore chaude. Les pommes de terre au four ou les aubergines farcies sont parfaites pour un pique-nique.

♥ **La Vineria di San Domenico** GASTRONOMIQUE €€
(☎080 334 45 10 ; Via San Domenico 35 ; repas 30-35 € ; ⊙fermé lun midi et mar). Situé dans le *Quartiere Catacombe*, cet établissement compte une belle carte de grands crus (pas moins de 250 vins des Pouilles et d'ailleurs). Mais on vient ici aussi pour la cuisine des plus gourmandes. Si le tartare et le pâté de maquereau (de la région) sont les points forts, ne manquez pas non plus les excellentes pâtes, les sardines à la parmesane exceptionnelles parfois au menu et le choix de *sfizi* (petites portions façon antipasti) : boulettes et pommes de terre, ricotta et pistaches, polenta frite, *crostini* en tous genres, et chips bien croustillantes.

La Claque RESTAURANT €€/€€€
(☎080 397 15 97 ; www.ristorantelaclaque.com ; Via Vittorio Emanuele 15/17 ; repas à partir de 40 €, menu dégustation terre/mer 40/45 € ; ⊙fermé lun). Les tables de bois brut sans nappes, les couverts design, la géométrie, la rigueur, et la cuisine impeccablement ordonnée visible depuis de la salle donnent le ton de ce restaurant à l'atmosphère glamour. Chaque plat associe des touches occidentales ou orientales aux ingrédients typiques des Pouilles : parmi les mets sophistiqués, joue de veau braisée au vin Nero di Troia et risotto aux truffes et prairies.

Renseignements

Office du tourisme (IAT-Pro Loco ; ☎080 885 04 02 ; Piazza Municipio 30 ; ⊙8h-14h lun-ven et 15h-18h mar et jeu l'hiver, 7h30-13h lun-ven + 15h30-19h jeu l'été). Au moment de la rédaction de ce guide, un autre bureau devait ouvrir dans la Via Piazza.

Depuis/vers Molfetta

Molfetta se trouve à 25 km au nord de Bari. Vous la rejoindrez par l'autoroute A14 ou la SS16 bis, sortie Molfetta. **Trenitalia** (www.trenitalia.com ; 1,70 €, 15 min) assure de fréquentes liaisons en train avec Bari, tandis que les bus sont gérés par **STP** (ww.stpspa.it ; 2,10 €, 1 heure 30).

Giovinazzo

21 450 HABITANTS

Située à 18 km de Bari, la charmante Giovinazzo possède un petit port et un centre historique bâti sur un promontoire fortifié où se nichent des maisons en calcaire blanc, le **Palazzo Ducale** (du XVIIe siècle) et la **Cattedrale di Santa Maria Assunta**. L'église fut construite sur le modèle de San Nicola de Bari et terminée en 1180, mais seules la crypte et la façade sud rappellent le style roman apulien. Profitez d'une promenade en bord de mer avant de rejoindre la grande Piazza Vittorio Emanuele II. Vous y trouverez le kiosque d'informations touristiques **IAT** (⊙11h-13h et 17h-20h30 lun-sam, jusqu'à 21h30 dim juin-sept) et la terrasse du **Gran Bar Pugliese** (☎080 394 20 56 ; www.granbarpugliese.com ; Piazza Vittorio Emanuele II 62 ; ⊙7h-nocturne), où vous sustenter d'excellentes glaces, de pâtisseries ou d'une assiette de mozzarella-jambon et goûter de délicieux jus de fruits et légumes pressés.

Depuis/vers Giovinazzo

Giovinazzo se trouve à 18 km au nord de Bari (autoroute A14 ou SS16 bis). De Bari, liaisons fréquentes en train avec **Trenitalia** (1,40 €, 20 min) ou en bus avec **STP** (1,40 €, 50 min).

Bitonto

56 600 HABITANTS

Comme presque toutes les villes autour de Bari, Bitonto était jadis une colonie peucétienne (peuple d'origine illyrienne qui habitait les montagnes du sud de l'Apulie) devenue par la suite une cité romaine sous le nom de Butuntum. Aujourd'hui, c'est à son huile d'olive de qualité et à sa magnifique cathédrale qu'elle doit sa réputation.

À voir

Cattedrale CATHÉDRALE
(Piazza Cattedrale ; ⊙8h-12h et 17h-20h). Les travaux de construction de cette cathédrale normande et souabe débutèrent en 1085 à l'initiative de Guillaume Ier. Interrompus lorsque les reliques de saint Nicolas arrivèrent à Bari, ils s'achevèrent au XIIIe siècle. Dédié à saint Valentin, l'édifice présente diverses particularités remarquables : une élégante façade dotée d'un portail central richement sculpté (lions, griffons et pélican), un magnifique ambon (pupitre) réalisé en 1229 par Nicolaus Sacerdos,

mais aussi, la superposition de plusieurs édifices cultuels d'époques différentes (assez courante dans les Pouilles).

En effet, au sous-sol accessible par un passage reliant l'église supérieure à la crypte située 3 mètres plus bas, un parcours de visite vous permet de découvrir les vestiges d'une **basilique paléochrétienne** du haut Moyen Âge (agrandie et rénovée entre le VIIe et le XIe siècle), antérieure à la cathédrale romane. Dans cette basilique divisée en trois nefs (en parfaite correspondance avec les trois nefs de l'église supérieure) par de nombreux piliers, on peut voir des traces de fresques, des murs d'enceinte, des citernes romaines, des pavés de l'ancienne Via Traiana et surtout un superbe pavement de mosaïques polychromes. Des témoignages de l'époque lombarde et byzantine subsistent aussi entre les vestiges paléochrétiens du Ve siècle et normands plus récents.

La **crypte** renferme des colonnes romaines d'un temple dédié à la déesse Minerve, des fresques de 1300 et un crucifix en bois de la fin du XIVe siècle.

Museo Civico Eustachio Rogadeo MUSÉE

(☎080 375 18 77 ; Via Rogadeo 52 ; ⊙9h30-13h30 lun-ven, 9h30-13h30 et 15h30-18h jeu). GRATUIT Ce musée municipal conserve une petite collcction de tableaux et d'objets issus de fouilles archéologiques. On retiendra surtout l'édifice du XVIe siècle où il se trouve, exemple typique de la majestueuse architecture Renaissance et baroque qui embellissait jadis le centre de Bitonto.

Fondazione Museale De Palo Ungaro MUSÉE

(☎080 371 54 02 ; Via Mazzini 44 ; ⊙9h-12h30 lun-ven + 15h30-18h30 mar). GRATUIT Cette fondation présente d'autres objets (VIe-IIIe siècle av. J.-C.) mis au jour dans la nécropole de la Via Traiana ainsi que des trousseaux funéraires de la même époque retrouvés à Bitonto.

Galleria Nazionale della Puglia Girolamo e Rosaria Devanna MUSÉE

(☎080 09 97 08 ; www.gallerianazionalepuglia.beniculturali.it ; Via Rogadeo 14 ; ⊙9h-20h, jusqu'à 23h sam l'été, fermé mer). GRATUIT La collection de 229 tableaux et 108 dessins (XVIe-XXe siècle) de la galerie nationale des Pouilles, don des frères Davanna en 2004, occupe le Palazzo Sylos Calò à l'architecture Renaissance. Même si aucun grand nom n'y figure, les lieux méritent le coup d'œil.

UNE ROUTE PARADISIAQUE

La route SP120 qui relie Polignano a Mare à Castellana Grotte (p. 154) ressemble à l'entrée d'une luxueuse propriété. Où trouve-t-on encore une route où, derrière les rambardes de sécurité en bois, pins et cyprès s'alignent en bon ordre entre des oliviers centenaires, des étendues de terres rouges et des petits murets en pierre ? Et quand, au coucher du soleil, la lumière douce vient se poser sur cette terre rouge, on se dit qu'on est vraiment sur la route du Paradis.

Oleificio Cooperativo Cima di Bitonto HUILERIE

(☎080 375 17 03 ; www.oleificiocimadibitonto.it ; Via Modugno ; ⊙8h30-13h et 16h-18h lun-ven, 8h30-13h sam). Pour faire des provisions de bonne huile d'olive. Possibilité de visite guidée gratuite sur demande.

Fêtes et festivals

L'Intorciata FÊTE RELIGIEUSE

Le troisième dimanche d'octobre, la principale fête de Bitonto rend hommage aux saints Côme et Damien, des frères médecins qui soignaient les indigents. Ils furent décapités par Dioclétien à la fin du IIIe siècle.

Activités

Excursions

Composé de pins d'Alep, de cyprès communs et de cyprès de l'Arizona, le **bois de Bitonto** est une des zones les plus sauvages et les moins peuplées de la Murgia. Profitez d'une promenade à vélo parmi les masserie (fermes fortifiées), les trulli et les jazzi (refuge pour le bétail) avec CicloMurgia.com (voir l'encadré p. 82).

Où se loger et se restaurer

Il Basilisco B&B €

(☎080 990 31 17 ; www.ilbasilisco.com ; Piazza Cattedrale 5 ; s/d 35-55 € ; ❄📶). Tout près de la cathédrale, 3 belles chambres avec des lits à baldaquin en fer forgé, de beaux coussins, rideaux et dessus-de-lit et des photos anciennes aux murs. Petit-déjeuner buffet au **Ristocafè Il Plancheto** (☎080 990 31 17 ; ⊙fermé lun) juste en dessous où vous attend une agréable terrasse qui se prête aussi idéalement à une pause déjeuner.

Porta Baresana B&B €

(☎080 374 35 71 ; www.portabaresana.it ; Via Sedile 5 ; s/d 50/70 € ; ❄📶). Au premier étage d'un immeuble cossu se trouvent de belles chambres avec quelques pierres apparentes et hauts plafonds voûtés. Pour 10 € de plus, demandez celle avec vue sur la place centrale.

Il Patriarca PIZZERIA €

(☎080 374 08 40 ; Via Beccherie Lisi 15 ; ⏲fermé mar). Les meilleures pizzas de Bitonto se dégustent ici, en terrasse de préférence. Il y en a pour tous les goûts et toutes les exigences, notamment pour les allergiques et intolérants alimentaires. Bonne pizza à la farine de kamut.

Renseignements

L'**office du tourisme** (IAT ; ☎080 225 45 81 ; Via Rogadeo 52 ; ⏲variables l'hiver, 11h-21h lun-mer, 11h-23h30 ven-sam, 10h-13h dim l'été) occupe le même bâtiment que la bibliothèque (☎080 375 18 77) à laquelle vous pouvez vous adresser si vous trouvez porte close.

Depuis/vers Bitonto

Les trains des **Ferrovie del Nord Barese** (www.ferrovienordbarese.it) assurent des liaisons régulières entre Bitonto et Bari (1,40 €, 20 min, et il existe aussi des trains qui passent toutes les 15 min, tlj, avec arrêt à l'aéroport), Ruvo (1,40 €, 10 min) et Andria (2,80 €, 35 min). Le dimanche le trajet se fait en bus. Il y a deux gares à Bitonto : Medici au centre-ville et Stazione Centrale, à cinq minutes à pied du centre historique. En voiture, prenez la SS98 à Ruvo ou remontez vers le nord la SS16 en quittant Bari, puis bifurquez vers le sud à hauteur de Santo Spirito.

Mola di Bari

25 901 HABITANTS

À 22 km au sud-est de Bari, cette ville dotée d'un centre historique typique, d'un château angevin et d'un port fourmillant de bateaux est constellée de maisons blanchies à la chaux. On y mange bien. À deux pas de la plage, dans le décor sans prétention de l'*osteria* **Da Tommy** (☎349 893 23 66 ; Via Santa Caterina 69/f ; repas 15-25 € ; ⏲12h-15h30 et 19h-2h mars-sept, fermé lun oct-fév), vous pourrez vous régaler de lotte marinée cuite à la braise, de spaghettis aux moules ou de friture de calamars et morue.

Polignano a Mare

17 900 HABITANTS

Perle de l'Adriatique, Polignano est la ville natale de Domenico Modugno, le chanteur mythique de *Volare* qui a ici une statue et une rue (sur le front de mer) à son nom. Son centre historique superbement conservé, à pic sur la mer, est l'un des plus photogéniques de toute la côte.

Colonie grecque dès le VIe siècle av. J.-C., Polignano devint un important carrefour commercial à l'époque romaine en raison de sa situation le long de la Via Traiana qui reliait Rome à Brindisi. Au VIe siècle, elle passa dans le giron de l'Empire byzantin avant de tomber aux mains des Normands jusqu'en 1194. Par la suite, sous les règnes angevins et aragonais, cette ville côtière noua un tel réseau d'accords commerciaux que de nombreux hommes d'affaires et marchands, y compris vénitiens, s'y établirent. C'est de cette époque que datent de nombreux ouvrages défensifs, dont une imposante muraille qui demeura intacte jusqu'en 1800, époque à laquelle ne répondant plus à sa fonction première, elle fut vendue à des particuliers qui l'abattirent pour y construire les habitations du nouveau bourg.

À voir

Avant toute chose, traversez le **Ponte Lama Monachile** (où passait la Via Traiana), un pont qui donne sur la petite plage de l'anse de Polignano, **Cala Porto**, au lieu-dit San Vito. Dirigez-vous ensuite vers le centre historique.

Arco Marchesale MONUMENT

Il faut passer sous cet arc sobre en pierre de la région datant de la seconde moitié du XVIIe siècle pour accéder à la vieille ville. Notez de chaque côté les deux petits locaux des commis de la gabelle et les fentes où coulissaient les chaînes du pont-levis (tout autour se trouvait le fossé, comblé au début du XIXe siècle).

Balconata di Santo Stefano POINT DE VUE

Les belvédères offrant un point de vue panoramique à pic sur l'eau ne manquent pas, mais ne sortez pas votre appareil-photo avant d'avoir trouvé la Balconata di Santo Stefano, aménagée à la base d'un ancien bastion qui faisait partie jusqu'au début du XIXe siècle du mur d'enceinte. Jouxtant la muraille, la petite Cappella di Santo Stefano (XIIe et XIIIe siècles) est la seule des nombreuses chapelles disséminées jadis entre les habitations encore debout. Désormais désacralisée, elle accueille les expositions temporaires de la **Galleria d'Arte Pino Pascali-Santo Stefano**.

Chiesa Matrice ÉGLISE
(Piazza San Benedetto). À la sortie ouest de la vieille ville, la Piazza San Benedetto est bordée de divers cafés à l'ombre du beffroi massif (XVe siècle) de l'ancienne cathédrale. L'église abrite une *Pietà*, une Vierge de l'Assomption et une crèche de Stefano da Putignano.

Fondazione Museo Pino Pascali MUSÉE
(☎080 424 95 34 ; www.museopinopascali.it ; Via Parco del Lauro 119 ; 2 € ; ⏲11h-13h et 17h-22h mar-dim). À l'est du centre historique, la fondation-musée Pino Pascali a emménagé dans les anciens locaux des abattoirs municipaux. Ce bâtiment du début du XXe siècle en pierre et en tuf, avec ses 3 000 m² sur deux niveaux, offre ainsi un cadre plus adapté à des expositions temporaires et à la collection permanente des œuvres de Pino Pascali, l'un des principaux représentants du courant artistique italien Arte povera (voir l'encadré p. 68).

Grotta Palazzese GROTTE
(Via Narciso 59). De la Piazza San Benedetto, une promenade le long de la Via Tritone mène à cette vaste grotte au bord de l'eau où a été aménagé le restaurant de l'Hotel Grotta Palazzese. La seule solution pour y pénétrer consiste à réserver une table (entre mai et octobre) dans ce restaurant coûteux.

Plages

Polignano obtient chaque année le Pavillon Bleu pour ses belles plages, forcément très fréquentées. À quelques pas du centre, vous trouverez **Cala Porto** (ou Spiaggia Lama Monachile), une toute petite plage gratuite au cadre enchanteur ; plus au nord, **Cala Paura** avec ses parasols et ses chaises longues sur les galets et à environ 2 km du centre, la plage de sable **Porto Cavallo**, pratique mais non équipée. Encore plus nord, vous parviendrez à notre plage préférée, **San Vito**, une série de petites anses qui rejoignent celles de **San Giovanni**, et qui s'étirent sous l'Abbazia di San Vito, une pittoresque abbaye. Ce petit port est tout aussi charmant en fin d'après-midi pour un bain de mer puis un dîner à la Veranda di Giselda (p. 74). Enfin, vous atteindrez **Cala Fetente**, la dernière plage du littoral de Polignano, en continuant en voiture à travers des champs semés de *trulli* et d'oliviers vers Mola di Bari.

Où se loger

Polignano a beaucoup de succès l'été, aussi il n'est pas rare de se voir répondre début juillet, qu'il n'y a pas de chambres disponibles avant... octobre. Pensez à vous y prendre tôt.

♥ **B&B Casa Dorsi** B&B **€/€€**
(☎328 151 15 61 ; www.casadorsi.com ; Via Porto 58 ; d 60-110 ; ❄📶). Vous souhaitez un appartement doté d'une cuisine ou d'une kitchenette ou un simple studio ? Vous aimez dormir sous des voûtes en pierre ? Vous pensez (à juste titre) que dans ce genre d'endroit il faut une vue sur la mer ? Vous êtes prêt à payer un petit supplément pour pouvoir bronzer en journée et admirer les lumières du soir depuis une terrasse privative ? Alors réservez très longtemps à l'avance et posez vos valises ici.

Santo Stefano B&B **€/€€**
(☎080 424 95 63 ; www.santostefano.info ; Vico Santo Stefano 9/11 ; d 69-129 € ; ❄📶). Après avoir soigné dans les moindres détails la restauration de cette maison ancienne en tuf du centre historique, Rosa y a aménagé quatre chambres, avec accès indépendant et sdb, qu'elle gère avec sa fille Monica. Toutes les deux vous diront que la terrasse où est servi le petit-déjeuner est la plus haute de Polignano. Nous n'avons pas mesuré, mais l'on s'y sent au septième ciel...

Hotel Covo dei Saraceni HÔTEL **€€/€€€**
(☎080 424 11 77 ; www.covodeisaraceni.com ; Via Conversano 1 ; s/d 80-125/130-175 € ; ❄📶). Les terrasses de cet hôtel luxueux au bon rapport qualité/prix sont à couper le souffle. Aux terrasses avec Jacuzzi un peu tape-à-l'œil, on préférera celles plus discrètes où il est bien agréable de prendre un dernier verre avant d'aller se coucher. Espace bien-être sur place.

Où se restaurer

Si vous êtes en ville un jeudi, faites un tour au **marché** (Viale San Francesco d'Assisi ; ⏲8h-13h jeu) notamment alimentaire qui réunit des commerçants de toute la province. Après avoir satisfait votre curiosité, vous satisferez votre gourmandise dans les nombreux restaurants qui proposent de bons plats à base de produits de la mer à des prix plutôt abordables.

Il Super Mago del Gelo GLACIER €
(☎080 424 00 25 ; www.mariocampanellailsupermagodelgelo.it ; Piazza Garibaldi 22 ; ⊙5h30-2h30 dim-ven, jusqu'à 4h sam). Goûtez à délicieuse glace café-noisette ou l'excellent granité au café du "magicien de la glace".

♥ **La Veranda di Giselda** CAFÉ/TRATTORIA €/€€
(☎080 424 08 63 ; San Vito ; repas 25 € ; ⊙bar : 7h-1h, trattoria : midi et soir tlj). Le cadre - une véranda entre la belle Abbazia di San Vito et la petite plage romantique du même nom – comme la carte vous charmeront. Choisissez parmi les excellents antipasti : saumon aux pommes de terre et yaourt, salade de sèches et pois chiches, aubergines à la parmesane, salade de poulpe et les primi : spaghettis aux moules et *troccoli* (sortes de spaghettis carrés) aux fruits de mer, avant de goûter au poisson en croûte de sel ou à la braise. Une adresse incontournable, à 3 km de Polignano.

Mint RESTAURANT €€
(☎080 424 13 73 ; www.mintcucinafresca.com ; Via San Benedetto 32 ; repas 25 € ; ⊙13h30-23h mar-dim Pâques-oct). Essentiellement végétarienne, avec quelques variations aux fromages et aux produits de la mer, la cuisine de Liu et Fabrizio, qui marient avec savoir-faire les saveurs, s'inspire de leurs cultures et de lieux lointains. Excellents cocktails et fruits pressés.

Il Cuccundeo RESTAURANT €€
(☎080 425 10 85 ; www.cuccundeo.it ; Piazza Aldo Moro 14 ; menu à partir de 25 € ; ⊙fermé lun l'hiver, lun midi l'été). Les amandes, traitées jadis dans cet ancien entrepôt du XIXe siècle au plafond voûté bas, font partie des ingrédients de la cuisine classique créative de Mario Pellegrini. On adore les *tagliolini* (pâtes) à l'orange, aux langoustines, au safran et aux amandes grillées.

Osteria di Chichibio OSTERIA €€€
(☎080 424 04 88 ; www.osteriadichichibio.it ; Largo Gelso 12 ; repas 60 € ; ⊙fermé lun). Ici, vous vous sentirez bien avant même de passer à table, car Giacomo (dont le frère Vito officie en cuisine) vous accueillera avec gentillesse dans une salle lumineuse au plafond voûté en pierre de la région, et aux murs tapissés de tableaux et de photos de célébrités passées par là. Une Vespa d'époque trône par ailleurs à côté des vins bien en vue. Le repas confirmera cette bonne impression avec du poisson cru accompagné de pâtes ou cuit au four à bois.

Tuccino RESTAURANT €€€
(☎080 424 15 60 ; www.tuccino.it ; Via Santa Caterina 69/f ; repas 70 € ; ⊙fermé lun midi). À la fin des années 1950, Pasquale Centrone proposait des moules dans une baraque en bois ; aujourd'hui c'est son jeune fils Vito qui a pris la relève en ouvrant ce restaurant, une des étapes les plus réputées de la région pour sa cuisine à base de produits de la mer fraîchement pêchés. Du plateau de crustacés et fruits de mer aux carpaccios, les plats sont de véritables œuvres d'art, mais sans artifices.

Achats

Oggetti di Luce ARTISANAT D'ART
(☎080 425 10 18/335 672 62 57 ; www.peppinocampanella.it ; Via Conversano 9 ; ⊙horaires variables). Artiste né à Polignano, Peppino Campanella a ses amateurs comme ses détracteurs. Son atelier en plein air (véritable zoo de sculptures en cuivre composé de coqs, d'insectes, de chats et d'autres animaux non identifiés) se situe en face de la terrasse de l'Hotel Covo dei Saraceni. Peppino est aussi connu pour ses précieux objets lumineux (lampes-sculptures, miroirs, etc.) qui ne sont, eux, pas exposés aux intempéries ni aux mauvaises langues.

Renseignements

Office du tourisme (IAT ; ☎080 425 23 36 ; Via Dogali 2 ; ⊙horaires variables).

Depuis/vers Polignano a Mare

Polignano est desservie par les trains de **Trenitalia** (www.trenitalia.com) provenant de Bari (2,40 €, 30 min) et de Brindisi (5,60 €, 45 min-1 heure). En voiture, il faut prendre la SS16 bis.

Monopoli

49 300 HABITANTS

Monopoli se compose d'un dédale fascinant de ruelles tortueuses, que l'on aimerait explorer à l'infini, avec leurs petits balcons en fer forgé, leurs charmantes terrasses et leurs églises. À la tombée du jour, des spots éclairent la promenade sous l'imposant mur d'enceinte jusqu'à la grosse tour du château souabe qui donne sur la mer et sur les bateaux de pêche amarrés dans le petit port. En passant sous la Porta dell'Antico Porto, on se retrouve à l'improviste face à la mer que l'on avait presque oubliée dans le centre historique compact, où il faut lever les yeux pour apercevoir le bleu du ciel. À l'époque, en effet, on cherchait plutôt à oublier la mer et ses dangers (la menace turque par exemple), dans des constructions serrées les unes contre les autres derrière le mur d'enceinte.

Monopoli est la ville la plus importante de cette portion de la côte, mais pas la plus touristique, ce qui lui donne peut-être un aspect moins propret, mais plus authentique que d'autres.

À voir

Basilica Cattedrale Santuario CATHÉDRALE
(☎080 74 22 53 ; www.cattedralemonopoli.net ; Piazzetta Cattedrale ; ⏲8h-12h30 et 17h-20h). Construite au XIIe siècle, la cathédrale de Monopoli n'a gardé de cette époque que quelques éléments conservés dans la **crypte** (☎334 263 19 98 ; www.pietrevivemonopoli.it ; billets 2 € ; ⏲18h-20h sam-dim). Elle fut en effet totalement remaniée au XVIIIe siècle à la dernière mode baroque, avec une profusion fastueuse de marbres polychromes. L'édifice abrite, outre quelques tableaux de grands maîtres dont Palma le Jeune, Pietro Bardellino et Véronèse (dans l'évêché), une icône byzantine, conservée dans le Santuario della Madonna della Madia, une chapelle supérieure à environ 6 mètres du sol dédiée à la Vierge protectrice de la ville. Le vertigineux campanile du XVIIe siècle se termine lui par une curieuse pyramide et une pointe de cône.

Museo Diocesano MUSÉE
(☎080 74 80 02 ; www.museodiocesanomonopoli.it ; Via Cattedrale 26 ; 2 € ; ⏲10h30-12h30 et 17h-19h30 sept-mai, 10h30-12h30 et 17h-19h30 juin-sept, fermé lun). En face de la cathédrale, le musée diocésain réunit divers trésors, dont un rare reliquaire de Constantinople du XIe siècle et une croix miraculeuse napolitaine.

Castello CHÂTEAU
(☎080 930 30 14 ; Largo Castello ; ⏲10h-12h et 17h-20h oct-mars, 10h-12h et 18h-21h avr-juin, 10h-12h et 19h-22h juil-sept). GRATUIT Ce château pentagonal situé sur le petit promontoire de Punta Penna accueille souvent des expositions temporaires.

Piazza Garibaldi PLACE
À proximité de la verdoyante Piazza Garibaldi, et ses lauriers-roses parfumés, s'élèvent deux églises : la **Chiesa di San Francesco d'Assisi** du XVIIIe siècle et la **Chiesa di Santa Maria degli Almalfitani** (Largo Amalfitana ; ⏲10h-12h et 18h-20h jeu-sept) du XIIe siècle. Cette dernière a été bâtie par des marins originaires d'Amalfi au-dessus d'une église rupestre basilienne antérieure dont on peut encore voir des traces de fresques très décolorées.

Non loin, la **Chiesa di Santa Teresa** et le merveilleux **Palazzo Palmieri** donnent sur le **Largo Palmieri**, une jolie place avec une fontaine au centre. Juste derrière, la **Chiesa dei SS Pietro e Paolo** est accessible par une volée de marches. Ne manquez pas non plus la façade Renaissance de la **Chiesa di San Domenico** où se trouve le *Miracolo di Soriano*, œuvre de Palma le Jeune.

Activités

Vélo

Pour une balade à vélo électrique (ou en scooter) afin de découvrir le centre historique, explorer la côte et ses plages (ci-dessous) ou rejoindre les grottes de Castellana, adressez-vous à **Emotion** (☎392 395 96 78 ; www.pugliainbici.it ; Piazza Sant'Antonio 7 ; 15 € par jour ; ⏲9h-20h) juste derrière Piazza Garibaldi. L'agence **Puglia in Bici** (☎340 264 41 28 ; www.pugliainbici.com ; Via Beccaria 42, Traversa I) spécialiste des séjours à vélo dans toute la région, a aussi son siège à Monopoli.

Circuit In treno tra ulivi e mare

(☎080 237 75 45 ; comingpuglia.it ; Via Porto 8 ; tarif plein 28 € + entrées musées, - de 12 ans 23€ musées gratuits, - de 2 ans gratuit ; ⏲départ 10h15 lun et jeu). À bord de ce **petit train touristique** "entre oliviers et mer" de l'association Apulia-La Finestra sul Mare, vous partirez à la découverte de plages, d'oliveraies, du site rupestre de Lama d'Antico (p. 155) et du musée archéologique d'Egnazia (p. 157). Retour vers 17h30, après une journée bien remplie (à un prix abordable). Pour tout renseignement, adressez-vous à l'association ou à l'office du tourisme (p. 77).

Plages

Parmi les petites anses rapidement accessibles à pied depuis le centre, citons les plages de sable **Porto Bianco** et **Porto Rosso** (gratuites), près de la Grotta delle Mura, un des plus importants sites paléolithiques de la région, puis à quelques kilomètres plus au sud, **Porto Ghiacciolo** pour un bain rafraîchissant (des courants froids se croisent dans ses eaux). Enfin, à environ 10 km au sud de Monopoli, **Capitolo**, une longue plage de sable, offre deux visages : d'un côté la plage publique adaptée aux familles, de l'autre celle des établissements balnéaires ouverts 24 heures sur 24, des plages privées à l'ambiance décontractée (mention spéciale pour **Sabbiadoro**) et des discothèques qui en font l'un des hauts lieux de la fête pour la clientèle mondaine et noctambule du sud-est de Bari.

Fêtes et festivals

Monopoli Jazz Festival JAZZ
(www.palmierijazzfestival.it ; août-septembre). Ce jeune festival (qui en était à sa 4e édition en 2015) dédié à la musique jazz italienne méritait déjà beaucoup de compliments tant pour son emplacement Largo Palmieri (la plus ancienne place de la ville) que pour la programmation. En juillet, de nombreux événements sont organisés dans le cadre d'Aspettando il Festival (en attendant le festival).

Madonna della Madia FÊTE RELIGIEUSE
(16 décembre). On raconte que la nuit du 16 décembre 1117, l'icône de la *Madonna della Madia*, visible dans la cathédrale (p. 75), échoua à Monopoli sur un radeau en bois, précisément à 5h du matin. C'est à cette heure que débutent encore aujourd'hui les festivités dans le quartier du port, près du quai de la Cala Batteria. La même fête a lieu en plein été, le 14 août.

Où se loger

La Porta Vecchia B&B €
(080 80 26 90 ; www.laportavecchia.it ; Via Peroscia 21 ; s/d/tr 30-40/50-70/80-100 € ;). Près de la Chiesa di San Leonardo et de la mer, un petit immeuble agréable abrite ce B&B aux chambres spacieuses. Le petit-déjeuner avec gâteaux et confitures faits maison par la jeune Mina est servi en terrasse. Location de vélos.

B&B Le Caravelle B&B €/€€
(334 2589110 ; www.bblecaravelle.it ; Via Cavaliere 14 ; s/d 50-65/60-80 € ;). À 50 mètres du cœur du centre historique (Piazza Garibaldi), les cinq chambres, au plafond voûté, de ce bel établissement s'agrémentent de lits en fer forgé et de petits secrétaires d'époque en bois sombre.

Le Contrade B&B €/€€
(338 216 63 39 ; www.lecontrade.net ; Via Vico Alba 22 ; ch 60-100 € ;). Ce superbe B&B géré par l'aimable Mirangela comprend quatre chambres tout confort, spacieuses et aérées, décorées dans des tons crème et blancs. Elles portent les noms des principales *contrade* (quartiers) de la ville. Le bâtiment possède une terrasse donnant sur la mer et sur les toits. La petite cuisine commune dispose de boissons et d'en-cas pour les petites faims.

Palazzo Indelli HÔTEL €€/€€€
(080 930 30 50 ; www.palazzoindelli.it ; Piazza Garibaldi 27 ; s/d 89-105/125-150 € ;). Par chance, ce noble édifice du XVIe siècle a été sauvé de l'abandon en devenant, en octobre 2012, un très bel hôtel. La rénovation a conservé la structure originale, notamment les plafonds des grandes chambres, qui s'élèvent à 6 m. Les chambres standards sont très agréables, tandis que les balcons des suites donnent sur la Piazza Garibaldi.

Il Melograno HÔTEL €€€
(080 690 90 30 ; www.melograno.com ; Contrada Torricella 345 ; d 200-330 € ;). Cet hôtel au milieu des oliviers possède, entre autres luxes, un accès à la plage **Le Tamerici**, dont le nom ("les tamaris") permet de deviner la végétation alentour, mais pas le calme qui y règne à tout juste 2 km de Monopoli. Si à la luxuriante campagne des Pouilles vous préférez la vue sur la mer, optez pour l'une des dix chambres du petit complexe hôtelier **La Peschiera**, aménagé dans une pêcherie de l'époque des Bourbons.

Où se restaurer

À Monopoli le poisson est bien sûr à l'honneur. Les pâtisseries typiques sont les *bettole* ou *pastelle* (petits beignets au miel et au sucre).

Vini e Panini SANDWICHERIE/BAR À VINS €
(338 184 78 43 ; Piazza Garibaldi 34 ; toute la journée). Sur la place Garibaldi, le cœur de Monopoli, profitez d'une pause gourmande, tout en observant les allées et venues, tranquillement installé sur un tabouret en bois. Notre sandwich préféré : tapenade et *stracciatella*.

Il Guazzetto RESTAURANT €€
(080 410 71 75 ; www.ristoranteilguazzetto.it ; Via dell'Erba 39/41 ; repas 25-30 € ; fermé mer). "Un petit restaurant pour de la grande cuisine, simple et saine, à base de poisson et d'épices méditerranéennes. Francesco et Mario, les jeunes chefs talentueux, concoctent carpaccios, gratins de la mer, mais aussi de nombreux *primi* aux noms locaux. En dessert, le parfait à la menthe

et éclats de chocolat est une sublimation de l'After Eight. Accompagnez le tout d'un vin de Locorotondo, et n'oubliez pas de complimenter les cuisiniers.

Lo Zi Ottavio PIZZERIA, TRATTORIA €
(080 937 64 47 ; www.trattoriadaziottavio.it ; Via Barbacana 79 ; repas 25-30 € ; 12h-15h et 19h-0h). Service souriant assuré par Arianna et cuisine maison dans cet établissement simple et raffiné. Au menu entre terre et mer : spécialités marinées, charcuterie et fromages typiques de la Murgia en entrées, *tubettini* (pâtes) aux moules pois chiches, et lotte aux coques et safran, grillades de viande et de poisson de la région parmi les plats principaux. De la terrasse sur la Via San Leonardo, joli vue du centre historique.

Ristorante Angelo Sabatelli RESTAURANT €€€
(080 80 23 96 ; www.angelosabatelliristorante.com ; Viale Aldo Moro 27 ; repas 50 €, menu traditionnel/poisson/10 plats 45/50/100 € ; fermé dim soir et lun l'hiver, fermé lun en juill et août). Certains pensent que la cuisine d'Angelo Sabatelli, un des grands chefs des Pouilles, est traditionaliste, voire puriste (sa version de la *tiella* s'en tient au riz, pommes de terre et moules) ; mais d'autres la voient plutôt créative. Jugez-en par vous-même en profitant du cadre fort agréable de cette *masseria* du XVIIIe siècle, à la périphérie nord de Monopoli.

Où prendre un verre

Nuovo Premiato Caffè Venezia BAR
(080 849 49 93 ; www.premiatocaffevenezia.it ; Piazza Garibaldi 16/18 ; 6h-nocturne). La terrasse de cet établissement (qui a célébré son centenaire en 2014) sur la Piazza Garibaldi est l'endroit parfait pour un doux farniente. On serait tenté d'y passer ses journées, du petit-déjeuner en feuilletant un journal à l'apéritif du soir entre amis.

Renseignements

L'**office du tourisme** est situé à côté de la mairie (080 414 02 64 ; Via Garibaldi 12 ; 10h-12h30 et 17h-20h juin, 9h-13h et 15h-22h juill et août, 10h-13h et 17h-21h sept, 10h-12h et 17h-19h mar-dim oct, 10h-12h et 17h-19h ven-dim nov-mars, 10h30-12h30 et 17h-19h30 mar-dim avr).

Depuis/vers Monopoli

Tout comme Polignano, Monopoli se trouve sur la ligne ferroviaire Bari-Brindisi et sur la SS16 bis si vous arrivez en voiture.

L'ALTA MURGIA

Contrairement au sud des Pouilles, influencé par la culture grecque, Bari et sa province constituent le cœur de la domination normande et souabe. Ce sont ces dynasties qui érigèrent des remparts physiques et spirituels contre les "hérésies" provenant d'Orient. Ces châteaux massifs et ces imposantes cathédrales sont devenus les principaux points d'intérêt de la région de l'Alta Murgia (plateau des Murge). Le Castel del Monte mérite une mention toute particulière. Haut perché au sommet d'une colline solitaire, il témoigne pour l'éternité du pouvoir absolu de Frédéric II, roi de Sicile et souverain du Saint Empire romain germanique, un homme à l'esprit et à l'imagination si développés qu'il reste encore entouré d'énigmes et de mystères.

Le **Parco Nazionale dell'Alta Murgia** (080 326 22 68 ; www.parcoaltamurgia.it ; Via Firenze 10, Gravina in Puglia) s'étend sur les provinces administratives de Bari et de Barletta-Andria-Trani. Ce parc a été créé en 2004 dans le but de protéger le nord-ouest du plateau des Murge : ses beautés naturelles (un paysage rural aux étendues arides et caillouteuses) et les nombreuses traces de la culture agraire et pastorale (les constructions typiques comme les *jazzi*, bassins et *masserie*). Vous pourrez vous faire une idée de cet espace sauvage et préservé à perte de vue en empruntant la SP238, et surtout en l'explorant à pied ou à vélo. Si vous lisez l'italien, le topoguide *Itinerari Escursionistici* (Adda Editore ; 7 € ; vendu au bureau du parc) propose de nombreux itinéraires pédestres à travers la rare végétation boisée. Mais nous vous suggérons de vous laisser guider par les jeunes de l'association **CicloMurgia.com** (voir l'encadré p. 82) qui connaissent le territoire comme leurs poches. De la promenade à vélo à la randonnée, ils proposent des itinéraires pour tous les goûts.

Andria

100 400 HABITANTS

Malgré son importance régionale et sa longue histoire, la ville aux trois campaniles (cathédrale de Santa Maria Assunta, églises San Francesco et San Domenico) présente peu de curiosités touristiques. Il s'agit pourtant d'une ville dynamique où il est agréable de se promener dans le centre historique.

QUELLE EST LA SPÉCIALITÉ D'ANDRIA ?

En arrivant à Andria, un panneau vous invite à entrer dans la *città dell'olio* ("ville de l'**huile**"). Cet *oro verde* ("or vert") est obtenu à partir de la *coratina*, une variété d'olives typique du terroir, qui pousse à l'ombre du Castel del Monte.

Pourtant, en vous promenant dans les rues de la ville, un délicieux arôme de chocolat et de vanille vous conduira immanquablement vers la Confetteria Museo Mucci Giovanni (ci-dessous) : Andria ne serait-elle pas plutôt la ville de la **dragée** ? Mais vous ne serez pas au bout de vos surprises quand vous découvrirez la **burrata**, la spécialité fromagère d'Andria (voir Caseificio Asseliti De Fato, (p. 79) et de l'arrière-pays de la Murgia, créée au début du XXe siècle. Constitué d'un cœur fondant de mozzarella et de crème fraîche placé dans une enveloppe de pâte filée fermée par un nœud, ce fromage dont la fabrication nécessite un tour de main quasi artistique a conquis les gourmets. Maintenant, il ne vous reste plus qu'à choisir votre spécialité préférée...

À voir

Remontant à 1046, le **borgo antico** (vieux bourg) d'Andria est un vrai trésor architectural avec ses niches votives, ses masques apotropaïques (qui conjurent le mauvais sort) et les rues étroites du quartier Casalino (où se trouve la rue la plus étroite d'Europe). Sans parler du sous-sol de la ville, encore à explorer. Il serait même traversé, selon la légende populaire, par un tunnel reliant Andria à Castel del Monte et utilisé après la défaite de Manfred à Bénévent en 1266, quand les fils de Conrad IV furent emmenés à Andria puis emprisonnés au château, un geste symbolique visant à démontrer clairement la défaite totale de la monarchie souabe.

Piazza Vittorio Emanuele II — PLACE

La place la plus emblématique de la ville a toujours accueilli sur ses 6 070 m² des foires aux bestiaux, des marchés, des réunions de la société civile ou à caractère politique ainsi que des spectacles et des manifestations. Jetez un coup d'œil au **Palazzo Ducale** (palais ducal ; fermé pour restauration lors de notre passage), un édifice de style Renaissance construit là où se dressait jadis le château de la ville. C'est par cette place que l'on accède généralement au centre historique.

Chiesa di Sant'Agostino — ÉGLISE

(Piazza Sant'Agostino ; l'intérieur ne se visite pas). Cette église a été construite au XIIIe siècle, selon la volonté du grand maître de l'Ordre teutonique Hermann Von Salza. Remarquez le superbe portail en ogive richement décorée sur la façade, ainsi que les portes latérales.

Porta Sant'Andrea — PORTE MONUMENTALE

(Via Federico II di Svevia). Selon certains historiens, cette porte du mur d'enceinte, également appelée Arco di Federico II (la seule des quatre portes de l'ancien mur encore debout), date de peu de temps après le retour de Frédéric II de la sixième croisade, en 1229, qui lui avaient valu d'être excommunié par le pape. En rentrant, l'empereur est confronté à la rébellion sur ses terres. De toutes les villes des Pouilles en proie à la révolte, seule Andria lui ouvre les portes. La ville vit sa fidélité inébranlable récompensée par l'édification de cette porte.

Cattedrale — CATHÉDRALE

(Piazza Duomo 25 ; mar-dim). Cette cathédrale gothique qui a retrouvé toute sa splendeur d'antan en 2009 témoigne aussi des liens étroits entre Frédéric II et Andria. Fondée par les Normands et dédiée à Sainte-Marie de l'Assomption, elle fut détruite en 1350 puis reconstruite au XVe siècle et au milieu du XIXe siècle. La crypte renferme les tombes de la deuxième et de la troisième épouse de Frédéric II, Yolande de Brienne (morte en couches après avoir donné naissance à son second enfant Conrad) et Isabelle d'Angleterre.

Confetteria e Museo Mucci Giovanni — CONFISERIE

(0883 59 18 71 ; www.confettimucci.it ; Via Gammarrota 12 ; 8h30-13h et 17h-21h lun-sam). Le parfum du chocolat et de la vanille guideront les amateurs de douceurs jusqu'à cette délicieuse et vénérable confiserie. Elle occupe un petit immeuble de style Art nouveau aux voûtes en pierre et en tuf où se trouvait jadis la fabrique de la maison Mucci, productrice depuis 1894 de dragées, de chocolats, de bonbons et surtout des célèbres *tenerelli*, aux amandes des Pouilles et aux noisettes du Piémont enrobées d'une double couche de chocolat. Attenant à la confiserie, le **Museo del Confetto** (musée des Dragées ; www.museodelconfetto.it ; tarif plein/réduit 2/1 € ; visites guidées 30-45 min avec dégustation) présente des documents et de nombreux objets ainsi qu'une vidéo illustrant les différentes étapes de fabrication des dragées.

Où se loger

Artè B&B €/€€
(366 343 43 34 ; www.arteandria.it ; Via Mura San Francesco 16 ; s/d 50-60/70-80 € ;). Voici le B&B idéal. Francesco vient vous attendre sur la petite place en face (à toute heure du jour ou de la nuit) pour vous remettre la clé magnétique et vous accompagner à votre chambre digne d'un musée d'art contemporain. Il vous faudra peu de temps pour vous rendre compte que l'ensemble est le fruit de l'imagination d'un architecte et que loger ici est une chance. Vous pourrez sortir et rentrer comme bon vous semble et prendre le petit-déjeuner dans la salle du bas (machine à café à dosettes, petits gâteaux et viennoiseries variés) en toute autonomie.

Foresteria Pellegrino B&B €/€€
(0883 56 77 68 ; www.foresteriapellegrino.it ; Via Monti 4 ; s/d/tr/qua 50 65/70-90/90-115/115-140 € ;). Situées dans les anciennes étables du Palazzo Pellegrino, six chambres (ou même mini-appartements) meublées dans un goût moderne et raffiné. Mariella et Elia, les propriétaires, sont aux petits soins et proposent un délicieux petit-déjeuner sucré-salé.

Où se restaurer

Soip Amaur PIZZERIA/ANTIPASTI €
(339 722 75 51 ; Piazza Balilla 17 angle Via Massaro ; 20h30-1h, fermé mar). Situé en haut d'une rue qui mène sur la Piazza Vittorio Emanuele, cet établissement propose des pizzas au feu de bois et des antipasti. Une valeur sûre.

Il Turacciolo BAR À VINS/OSTERIA €/€€
(388 199 88 89 ; www.ilturacciolo.it ; Piazza Vittorio Emanuele 4 ; menu 13 €, repas 15-35 € ; soir, fermé mer l'hiver et dim l'été). Derrière un rideau fait en bouchons de liège, ce temple du vin offre un choix de 350 bouteilles. Mais la gastronomie n'est pas en reste : *tielle* et hamburgers originaux, à moins que vous ne préfériez une plus classique viande grillée ou une bonne morue en papillote. Sans oublier le tiramisu revisité au *vincotto* de figue. Un lieu inoubliable, en somme.

Antichi Sapori RESTAURANT SLOW FOOD €€
(0883 56 95 29 ; www.antichisapori.biz ; Piazza San'Isidoro 10, Montegrosso ; repas 35 € ; fermé sam soir et dim). Pietro Zito rêvait de proposer une cuisine authentique et saine, de revaloriser le système agricole local, d'ouvrir un lieu axé sur le développement durable. C'est ainsi qu'est né en 1992 ce restaurant de campagne aux chaises en treillis de vigne, fonctionnant à l'énergie solaire et utilisant des produits issus de l'exploitation familiale (qui s'achètent aussi au potager pédagogique) : chicorée ou roquette sauvage, *senapelli* et quantité d'autres herbes. Le restaurant, l'un des plus réputés dans la région, se trouve à quelques kilomètres d'Andria.

Achats

Caseificio Asseliti De Fato FROMAGERIE
(0883 54 15 13 ; Via Bisceglie 13 ; 8h-14h et 16h30-21h lun-sam, fermé jeu après-midi). Depuis 1966, on fabrique ici, dans des locaux comportant une partie fabrique et une partie boutique, la célèbre *burrata* : c'est une délicieuse variante de la mozzarella, d'un blanc brillant, tendre et crémeuse. Il faut au moins en goûter une.

Renseignements

Office du tourisme (IAT ; 0883 26 16 05 ; Piazza Vittorio Emanuele II ; 8h-13h30 lun-ven et 15h-17h45 mar et jeu, seulement jeudi en août).

Depuis/vers Andria

STP (www.stpspa.it) assure une liaison en bus pour Trani au départ du Piazzale della Stazione (1 €, 20 min, départs très fréquents). **ASA** (www.autolineeandriesi.it) dessert Castel del Monte. assez fréquemment en semaine, mais les dimanches et jours fériés départs seulement à 8h30 et à 13h30, et retours à 14h et à 19h45. Les bus partent devant le supermarché Ipercoop. Billets (0,60 €) en vente chez les marchands de journaux ou dans les tabacs.

Pour rejoindre Barletta (1,10 €), mieux vaut prendre un train **Ferrovie del Nord Barese** (www.ferrovienordbarese.it).

En voiture, Andria est reliée au tronçon Foggia-Bari de l'A14 ainsi qu'à Ruvo et à Bitonto par la SS98.

UN MONUMENT ÉSOTERIQUE

Nul ne connaît vraiment les raisons qui ont présidé à la construction du Castel del Monte.

Parmi les nombreuses hypothèses émises, celles d'une université où Frédéric II aurait pu rencontrer les lettrés et les savants du monde entier : elle est étayée par la présence à l'étage d'un banc qui court tout le long des pièces, semblables à des salles de cours. D'autres lui attribuent la fonction de pavillon de chasse en se référant à la tour dite "du fauconnier" au-dessus de laquelle nicherait un nid artificiel de faucons (que le souverain affectionnait).

S'appuyant sur les croyances du milieu du XIIIe siècle en matière de symbolisme, d'aucuns considèrent que la forme octogonale représente le droit divin du souverain à gouverner. Le chiffre 8, évoqué également par le nombre de pièces (8 par étage), était le symbole de l'infini et un numéro sacré pour les Templiers (qui ont peut-être participé à la construction).

Mais, plus probablement, le château était un instrument de propagande : avec cette véritable couronne de pierre, Frédéric II aurait exprimé la suprématie du pouvoir impérial sur la papauté.

Castel del Monte

Isolée au milieu de nulle part, la silhouette géométrique du **Castel del Monte** (☎0883 56 99 97 ; www.casteldelmonte.beniculturali.it ; tarif plein/réduit 5/2,50 € ; ⏲10h15-19h45 avr-sept, 9h-18h30 oct-mars, fermeture de la billetterie 30 min avant) se repère à des kilomètres, apparaissant et disparaissant au gré du relief. Chef-d'œuvre d'architecture médiévale classé au patrimoine de l'Unesco, cet étrange château octogonal a été édifié en 1240 pour le souverain souabe Frédéric II.

Personne ne vécut jamais dans ce château (notez l'absence de cuisines ou d'écuries) situé loin de toute ville ou de tout carrefour stratégique. Ne comportant ni douves, ni pont-levis, ni mâchicoulis, il ne jouait aucun rôle défensif.

Après la période souabe, le château fut aménagé en prison par les Angevins. Acquis par les Carafa en 1552, il devint un refuge pour les familles cherchant à se protéger de la peste de 1656. Laissé à l'abandon à partir du XVIIIe siècle, les saccages et les dévastations le transformèrent en une sorte de carrière à ciel ouvert. En 1876, l'État italien le racheta et entreprit des travaux de restauration qui s'étalèrent jusqu'en 1980.

Au cours de la visite, ne manquez pas d'observer la variété des styles architecturaux qui reflètent la culture de son fondateur : murs et tours octogonales de facture gothique, fenêtres italiennes, pavement en mosaïques arabo-normandes, portail d'entrée aux allures d'arc de triomphe romain et riche décoration végétale des chapiteaux rappelant les cathédrales.

Pendant les périodes de forte affluence, des barrières bloquent l'accès à la colline autour de l'édifice et il faut laisser sa voiture dans un parking (1,50 €/heure) à environ 1 km de l'entrée. De là, on peut prendre la navette gratuite ou faire une belle promenade d'un quart d'heure.

Si vous n'avez pas de voiture, la meilleure façon d'accéder à Castel del Monte consiste à s'y rendre en bus au départ d'Andria (p. 79).

Canosa di Puglia

30 500 HABITANTS

Surnommée la "Piccola Roma", en raison des sept collines qui l'environnent, cette ancienne ville daunienne fondée au VIIe siècle av. J.-C. possède un riche patrimoine. On la considère d'ailleurs comme la principale ville des Pouilles d'un point de vue archéologique.

L'antique Canusium était une ville riche et puissante. Fidèle alliée de Rome durant la deuxième guerre punique, elle servit même de refuge aux survivants de la bataille de Cannes. L'économie locale devint encore plus florissante au IIe siècle, parallèlement à l'ouverture de la Via Traiana et au choix de faire de Canusium la capitale de la région. L'imposant **Arco Traiano** (arc de Trajan) et le **pont romain** figurent parmi les rares témoignages de cette époque de splendeur. Par la suite, Canosa devint le premier diocèse des Pouilles en 343 si bien que son temple romain (le plus grand d'Italie du Sud) fut transformé en basilique, la Basilica di San Leucio, entre le IVe et le Ve siècle.

À voir

Cattedrale San Sabino CATHÉDRALE
(Piazza Vittorio Veneto ; 9h-12h et 17h-19h). Coiffée de cinq coupoles, cette cathédrale majestueuse peut se targuer, comme celle de Bitonto, de posséder un ambon (pupitre) réalisé au XIe siècle par le grand artisan Acceptus. Parmi les autres trésors de la cathédrale figurent les gants (!) du pape Pascal II (pont. 1099-1118), la porte en bronze de la tombe de Bohémond Ier, œuvre de Ruggero da Melfi, et un trône épiscopal en marbre blanc sculpté par Romualdo qui repose sur deux éléphants. Une porte au niveau du transept sud mène au **tombeau de Bohémond Ier**, aux parois en marbre blanc et au style orientalisant.

Ipogei Lagrasta SITE ARCHÉOLOGIQUE
(Via Luigi Cadorna ; visites guidées, contacter la coopérative Dromos). GRATUIT Cet ensemble de trois hypogées creusés dans le tuf (fin IVe-Ier siècles) est un des plus importants complexes funéraires de la région. On accède au plus grand des trois hypogées par un couloir (dromos) desservant neuf pièces (le tout forme une croix latine) décorées de colonnes aux chapiteaux ioniques, et autrefois de fresques.

Museo Civico Archeologico MUSÉE
(0883 66 36 85 ; Via Trento ; visites guidées, contacter la coopérative Dromos). GRATUIT Aménagé dans le Palazzo Iliceto, le musée municipal d'Archéologie regroupe une collection de trousseaux funéraires remontant au IVe siècle av. J.-C. Le musée a pour point d'orgue des *askoi* (vases) polychromes ornés d'une profusion de figurines et de têtes, surtout féminines, aux coiffures imposantes et aux yeux écarquillés.

Parco Archeologico di San Leucio SITE ARCHÉOLOGIQUE
(visites guidées, contacter la coopérative Dromos). GRATUIT La vedette de ce parc archéologique au milieu des oliviers est la **Basilica di San Leucio**, une basilique érigée sur un temple italique dédié à la déesse Minerve. Aujourd'hui, du grand édifice à plan central il ne reste plus que le pavement de 50 m² (avec des fragments de mosaïques et de sculptures) qui donne une idée des dimensions et de la magnificence de la construction d'origine.

Où se loger et se restaurer

Cefalicchio Country House B&B DE CHARME €€/€€€
(0883 197 86 71 ; www.cefalicchio.it ; Contrada Cefalicchio, SP 143 km 3 ; d à partir de 90 € ;). Si vous devez passer une nuit à Canosa di Puglia, optez pour le cadre champêtre de cette villa du XIXe siècle située à 5 km du centre-ville, au milieu d'une exploitation agricole de 150 hectares qui produit de l'huile d'olive et du vin (p. 78). Les chambres raffinées et intimistes vous garantissent un séjour authentique d'un rapport qualité/prix imbattable. VTT, cours de cuisine, vinothérapie et d'autres activités sont proposés, sans oublier la piscine creusée dans le tuf.

Locanda di Nunno RESTAURANT €€
(0883 61 50 96 ; Via Balilla 2 ; repas 35 € ; fermé dim soir et lun). Après plusieurs années passées en cuisine par monts et par vaux, Antonio a répondu à l'appel de ses racines et exprime son talent déjà bien affirmé dans ce temple de la gastronomie des Pouilles. Sa capacité à innover valorise les plats traditionnels à base de produits locaux : grosses pâtes aux pousses de navet et langoustines grillées, *caserecci* au poulpe, haricots noirs, purée de fèves à la chicorée et autres légumes biologiques.

Renseignements

Office du tourisme (Pro Loco ; 0883 61 24 23 ; Piazza Vittorio Veneto ; horaires variables).

La **Cooperativa Dromos** (333 885 63 00 ; www.canusium.it ; tarif spécial pour les groupes d'au moins 10 pers, contribution libre pour les individuels ; 9h-13h et 15h-19h) organise des visites guidées de nombreux musées, sites (parfois dissimulés sous les bâtiments modernes) et parcs archéologiques : hypogée Lagrasta, Parco Archeologico di San Leucio, Museo Civico Archeologico, Parco Archeologico del Battistero di San Giovanni, etc. Ces sites ne se visitent qu'avec un guide.

Depuis/vers Canosa di Puglia

Les bus **STP** (www.stpspa.it) relient Canosa à Barletta (1,70 €, 30 min) et à Bari (6,30 €, 2 heures) ; le principal arrêt de bus se situe sur la Piazza Terme, en centre-ville. Billets et horaires sont disponibles à l'**Edicola Sinesi** (0883 664761 ; Via Kennedy 28 ; 6h30-13h30 et 17h-21h30 lun-sam, 6h30-1h30 dim).

En voiture, Canosa est reliée à l'autoroute Foggia-Bari.

PROMENADES DANS L'ALTA MURGIA

Que vous soyez à Trani, Andria, Altamura ou Minervino Murge, non loin de là vous attendent les richesses du Parco de l'Alta Murgia : ses douces collines qui reverdissent au printemps et se couvrent de l'or des blés en été, ses steppes couvertes d'herbes folles, ses anciennes *masserie*, ses châteaux de Frédéric II, ses bois de chênes et de conifères. Pour découvrir ce parc et l'apprécier, rien de tel qu'un circuit à vélo organisé par **CicloMurgia.com** (www.ciclomurgia.com, www.4cycling.it ; coût variable suivant le nombre de participants, en moyenne 25 €/jour ; avr-oct). Ce groupe de guides naturalistes a conçu des itinéraires en boucle (10 depuis 2008) et a sélectionné des fermes – qui proposent des produits sains et respectueux de l'environnement, valorisant la filière courte – où vous pourrez aussi passer une nuit avant ou après votre excursion. De plus, vous disposerez d'un parking gardé pour laisser votre voiture et de points d'assistance gratuits le long des circuits pour vous aider en cas de problème. Consultez le programme sur le site Internet ou soumettez vos exigences (difficulté, nombres de jours, enfants, excursion à pied ou à vélo...) pour trouver le parcours qui vous conviendra.

Minervino Murge

9 600 HABITANTS / ALTITUDE 429 M

Ce bourg médiéval est perché sur la ligne de crête du Parco Nazionale dell'Alta Murgia, au milieu d'un paysage semé de constructions typiques : *masserie*, *jazzi* (refuges pour les ovins) et *poste* (abris de bergers le long des sentiers de transhumance). À l'automne, y règne un parfum d'huile nouvelle, de champignons et de cardons. Minervo Murge se découvre idéalement en partant de Piazza Bovio, située à l'extrémité du Corso Matteotti (où l'on peut garer sa voiture) et au début du Corso de Gasperi, la rue piétonne menant au cœur du centre historique.

À voir

Piazza Bovio PLACE

Sur cette grande place populaire à l'élégance rustique, les voitures slaloment entre les étals du marché aux fruits et aux légumes et les barrières des travaux en cours, tandis que le bruit des klaxons couvre les discussions des anciens assis en terrasse des bars. La façade austère et altière de la **Chiesa dell'Immacolata**, une église du XVIIIe siècle aux deux campaniles, semble, elle, inviter la place au silence et à la retenue.

Torre Gialla TOUR

(Corso de Gasperi). La famille Orsini Del Balzo (ses armoiries sont visibles côté sud) fit construire cette tour dans la seconde moitié du XVe siècle dans un but bien précis : afficher son pouvoir. Les cloches dateraient elles du XVIIIe siècle et l'horloge du XIXe siècle.

Chiesa Madre dell'Assunta ÉGLISE

(0883 69 25 97 ; Via Dante ; 9h-13h et 16h-20h30). Fruit du remaniement d'une cathédrale normande, dont il ne reste qu'un bas-relief encastré dans le tympan du portail latéral et quelques autres fragments, cette église doit sa physionomie actuelle aux interventions qui se sont succédé au fil des siècles jusqu'en 1827. L'escalier à double rampe menant au parvis date de cette époque.

Palazzo Municipale HÔTEL DE VILLE, MUSÉE

Une montée longue et raide conduit à la mairie. Doté d'une fonction défensive et militaire au Moyen Âge, le bâtiment fut reconverti à l'époque moderne en résidence patricienne puis en hôtel de ville. Pendant que vous reprenez votre souffle, jetez donc un œil au **Museo Archeologico** (Piazza Aldo Moro 9 ; 0883 69 59 00 ; gratuit) ou admirez la vue depuis la terrasse (Minervino est surnommé le "balcon des Pouilles").

Borgo Scesciola QUARTIER

(entre la cathédrale et le château). En arabe, "scesciola" signifie "labyrinthe" et ce quartier présente en effet un enchevêtrement de ruelles tortueuses, de petites arcades et d'escaliers. Les maisons, composées généralement d'une seule pièce rectangulaire, sont construites en pierre locale. À gauche du Corso de Gasperi.

Où se loger et se restaurer

Osteria Cantina Brandi RESTAURANT €€

(0883 69 36 24 ; Via Fratelli Cairoli 19 ; repas 30 € environ ; fermé dim soir et mar). Dans cette ancienne cave, réhabilitée il y a une dizaine d'années, les frères Carlone n'ont pas leur pareil pour mettre en valeur la cuisine (viande crue de poulain, saucisses, escargots, ricotta et *burrata* variées) et le cadre (une terrasse qui surplombe les lumières du bourg). Et les caves sont encore là, sous vos pieds.

Masseria Barbera MASSERIA €€
(☎0883 69 20 95 ; www.masseriabarbera.it ; SS97, km 5,8505 ; menu fixe 35 € sans boissons, repas 30 € ; ⊙fermé dim soir et lun). Riccardo Barbera n'aurait pas pu rêver mieux que de transformer l'ancienne propriété familiale en établissement touristique où depuis plus de 10 ans il continue à cuisiner des gâteaux, mais aussi une grande variété de plats : *strascinati* (sortes d'*orecchiette*), *troccoli alla campagnola* (spaghettis carrés sauce courgettes et poivrons), ou encore soupes de blé et d'orge, parfaites en hiver, fines tranches de porc à la sauge, agneau braisé. Au milieu des oliviers et des animaux de la basse-cour, la Masseria Barbera, décorée de paniers d'osier et de poêles en cuivre, vous plongera dans la vie paysanne des Pouilles. Depuis 2014, l'établissement propose aussi des logements.

Renseignements

Le petit **office du tourisme** (☎0883 69 12 91 ; Via Dante Alighieri 69 ; ⊙9h-12h et 17h20h) fournit des informations sur la ville, mais mieux vaut téléphoner avant. Vous avez plus de chances de le trouver ouvert l'après-midi.

Depuis/vers Minervino Murge

Minervino est desservie par des **bus STP** (www.stpspa.it) qui la relient à des villes côtières voisines et à Bari (6,30 €, 2 heures 20), et par les **trains de Trenitalia** (www.trenitalia.com ; 3,10 € depuis Barletta, 6,30-12 € depuis Bari, environ 50 min) sur la ligne Spinazzola-Barletta.

Ruvo di Puglia

25 650 HABITANTS

Un simple coup d'œil sur une carte permet de comprendre la particularité de cette petite ville rurale entourée de vignes, d'oliviers et de terrains cultivables sur les versants orientaux du plateau des Murge : son centre-ville médiéval se caractérise par un lacis irrégulier de venelles et de ruelles qui partent d'un axe principal (la Via Vittorio Veneto), tandis que les zones tout autour datant du XIXe siècle présentent un plan en damier.

À voir

Piazza Matteotti PLACE
Située à l'extrémité nord-ouest du quartier médiéval, où subsiste un bastion de l'ancien château, cette place dégagée est bordée par le **Palazzo Avitaja**, l'hôtel de ville actuel, exemple raffiné d'architecture du XVIIe siècle. L'édifice à la façade sobre en pierre calcaire, orné d'une longue inscription (1654) courant sur la première corniche, jouxte le côté droit de la Chiesa di San Rocco.

Piazza Bovio PLACE
Cette place, quant à elle, se trouve l'extrémité sud du centre historique (vous la rejoindrez en suivant le Corso Gramsci puis le Corso Carafa). Les deux grosses tours aragonaises à proximité sont les derniers témoignages des anciens remparts ainsi que quelques portions de mur sur lesquelles donnent les **portelle**. Ces petites portes du château restaient ouvertes pour permettre aux paysans de rentrer des champs après la fermeture des portes principales.

Museo Archeologico Nazionale Jatta MUSÉE
(☎080 361 28 48 ; www.palazzojatta.org ; Piazza Bovio 35 ; ⊙8h30-13h mer-ven et dim-lun, 8h30-13h et 15h-20h mar et sam). GRATUIT Au XIXe siècle, les antiquaires avaient pris l'habitude de pratiquer la *specolazione de' scavamenti* c'est-à-dire de sillonner l'Italie du Sud en quête de trésors découverts par des paysans dans leurs champs. Très préoccupée par cette mise à sac, la famille Jatta de Ruvo décida de récupérer le patrimoine historique du secteur en faisant l'acquisition de nombre de ces objets, accumulant ainsi une immense collection de vases, de cratères, de monnaies et de coupes présentée dans ce musée. Aménagé dans une aile de l'immense demeure familiale (encore habitée), il réunit dans quatre salles une des plus riches collections de céramiques des Pouilles (plus de 2 000 objets). Le cratère de Talos en est le trésor : un vase du Ve siècle av. J.-C. attribué à un artiste anonyme d'Athènes et représentant la mort de Talos entre les Dioscures Castor et Pollux sous les yeux des Argonautes (salle 4).

Palazzo Caputi MUSÉE
(☎080 361 25 39 ; Via De Gasperi 26 ; ⊙ouvert sur demande auprès de l'office du tourisme). Ce bel édifice du XVe siècle abrite les œuvres de Michele Chieco et de Domenico Cantatore (1906-1998). Considéré comme l'un

LES STRICTULE ET LES CLAUSTRI D'ALTAMURA

En vous promenant dans le magnifique centre historique, vous ne manquerez pas de remarquer la configuration très particulière de la vieille ville. Elle est caractérisée par ses nombreux *strictule*, passages très étroits qui relient des rues parallèles, et surtout par ses *claustri*, petites impasses de type arabe ou courettes de type grec (autour desquelles se regroupaient les diverses communautés qui jadis peuplaient la ville). De pittoresques petits autels votifs y sont aménagés, qui deviennent parfois de véritables jardins luxuriants, entretenus par les habitants du quartier.

La plupart des *claustri* (presque 200 en tout) sont répertoriés sur les cartes distribuées au bureau d'Alturismo (p. 87), qui pourra vous indiquer les plus beaux.

des plus illustres artistes des Pouilles au XXe siècle, ce dernier a aussi fait don de quelques-unes de ses œuvres à la ville. Influencées par la peinture française (surtout Daumier et Cézanne) puis par Picasso, les toiles de Cantatore frappent par leur rigueur géométrique, leurs couleurs vives et leurs coups de pinceau francs qui rappellent Van Gogh. Lors de la rédaction de ce guide, une pinacothèque abritant des œuvres que l'artiste avait léguées à la ville devait ouvrir.

Cattedrale CATHÉDRALE
(Largo Cattedrale ; 9h-12h et 16h-20h lun-sam). Construite au XIIIe siècle dans le style roman apulien, la cathédrale présente une façade à double pente dotée d'une énorme rosace et de trois portails. Le portail central est surveillé par deux griffons au bec pointu, posés en équilibre précaire sur de fines colonnes, soutenues par des lions désormais rongés par le temps. L'intérieur de la cathédrale a retrouvé son aspect d'origine à la faveur d'une restauration récente. Après élimination des ajouts baroques, on peut ainsi voir certains fragments des fresques (XVIe siècle) qui recouvraient les murs. En sous-sol, au niveau de l'**hypogée** (2 € ; s'adresser au sacristain le matin), un parcours sur des passerelles permet de découvrir que le site fut peuplé du néolithique (comme en témoignent les citernes creusées dans la roche) aux époques romaine et paléochrétienne (dont il reste des fresques et les vestiges d'une église). Les nombreuses chambres funèbres font penser que l'endroit a servi de nécropole. Les visiteurs ont aussi accès au **campanile**, érigé au XIe siècle dans un but défensif.

Chiesa del Purgatorio ÉGLISE
(Largo Cattedrale 120). D'aucuns pensent que cette église était jusqu'au XIIIe siècle l'ancienne cathédrale orthodoxe grecque. Au sous-sol, des fresques ornent la **Grotta di San Cleto**, une grotte qui servit de citerne à une installation thermale d'époque impériale (première moitié du IIe siècle).

Fêtes et festivals

Settimana Santa FÊTE RELIGIEUSE
(mars-avril). Plusieurs processions se succèdent pendant toute la Semaine sainte jusqu'à celle de "Gesù risorto" (Jésus ressuscité) du dimanche de Pâques. Sur le parcours, on fait exploser les *quarantane* : des pantins féminins vêtus de noir qui ont été suspendus aux carrefours le premier jour du Carême pour symboliser la pénitence. Leur explosion célèbre la victoire de la vie sur la mort et du printemps sur l'hiver

Talos Jazz Festival MUSIQUE
(septembre ; www.talosfestival.it). Après 5 ans d'absence, ce festival est revenu sur le devant de la scène en 2012 sous la direction artistique du trompettiste Pino Minafra. La programmation mêle jazz contemporain et musique du monde, avec des groupes locaux et internationaux.

Où se restaurer

Si vous n'êtes que de passage à Ruvo di Puglia et amateur de chocolat, faites au moins une halte chez **Berardi** (080 361 24 98 ; www.berardi.it ; Corso Jatta 35-37 ; fermé lun, sauf en août) pour découvrir l'univers du maître-pâtissier Giuseppe Berardi.

Hostaria Pomponio OSTERIA €€
(342 022 34 44 ; Vico Pomponio 3 ; menus 25 et 30 € ; fermé mar). La rusticité est ici le maître mot : cuisson au feu de bois (même pour les *primi*) et des fromages des Murge, des soupes de légumes, de la viande et d'autres spécialités du terroir à déguster dans une salle au coin du feu.

Convivio RESTAURANT €€
(☎080 360 00 36 ; Corso Gramsci 11-13 ; repas 25 € boissons incluses ; ⏲fermé lun). Luca Cappelluti s'est vu remettre le titre d'ambassadeur de l'art contemporain du goût par l'Académie italienne de gastronomie historique pour avoir eu le coup de génie de marier les cuisines paysanne et aristocratique. De la première, on peut citer le *calzone* au four de Ruvo à la pâte au vin non levée farcie aux *sponsali* (oignons), aux olives, aux anchois et aux spaghettis ; de la seconde le gibier, autrefois emblème des banquets de la noblesse.

U.P.E.P.I.D.D.E. RESTAURANT €€
(☎080 361 38 79 ; www.upepidde.it ; Vico Sant'Agnese 2 angle Corso Cavour ; repas 35 € ; ⏲fermé lun non fériés, fermé de mi-juill au 23 août). On est séduit par le cadre comme par la cuisine de ce restaurant situé au niveau des remparts aragonais bordant une ruelle parallèle au Corso Cavour, tout près des *portelle* (que nous vous conseillons d'aller voir). Maria cuisine bio, locale et de saison : choix d'antipasti (olives cuites sous la cendre, ricotta et céleri confit, fondue de fromages à la truffe noire), de pâtes (*orecchiette*, sauce tomate et ricotta, *tagliolini* aux petits oignons, *cavatelli* aux pleurotes) et de grillades, traditionnel *caciocavallo* (fromage) au four, et pour finir un dessert, si vous avez encore faim…

L'Angolo Divino OSTERIA/BAR À VINS €€
(☎080 362 85 44 ; Corso Giovanni Jatta 11 ; repas 30 € ; ⏲uniquement le soir, fermé dim-lun). Cet établissement est dirigé par un couple chaleureux, Giulio Cantatore et Caterina De Paolo, aujourd'hui épaulé par leurs deux enfants. Durant leur temps libre, ils sillonnent l'Italie en quête de délices, pour créer des plats mêlant cuisine traditionnelle et originalité : tourte aux pommes de terre aux parfums des bois et à la truffe noire, velouté de pois chiches à la tomate et au basilic, ou encore bœuf en sauce aux légumes printaniers.

ℹ Renseignements

Pour tout renseignement touristique, rendez-vous du lundi au vendredi au bureau de la **Pro Loco** (☎080 361 54 19 ; www.prolocoruvodipuglia.it ; Via Vittorio Veneto 48 ; ⏲9h30-12h30 et 17h-21h lun-ven toute l'année) ; le samedi et le dimanche, à celui de l'**IAT** (☎080 362 84 28 ; Via Vittorio Emanuele 44 ; ⏲9h-13h l'hiver, 8h30-12h30 sam-dim l'été).

ℹ Depuis/vers Ruvo di Puglia

Ruvo se situe sur la ligne ferroviaire desservie par **Ferrovie del Nord Barese** (www.ferrovienordbarese.it), avec des trains fréquents pour Bari (2,90 €, 44 min) du lundi au samedi. Le dimanche, les bus de remplacement se prennent devant la gare. Des **bus STP** desservent aussi Trani mais il faut d'abord rejoindre Corato avec la *ferrotranviaria* (1 €). Les billets s'achètent au Bar Michel (Piazza Cavallotti 4) ou directement à bord.

À l'extérieur de la vieille ville, il existe des parkings, gratuits ou payants (0,60 €/heure).

Altamura

70 700 HABITANTS / ALTITUDE 480 M

Quand on l'aperçoit de loin, par-delà les étendues arides de la steppe du plateau des Murge, on peut facilement imaginer que cette région était peuplée de dinosaures au Crétacé supérieur. Cependant, on peut se demander comment Altamura, un lieu si isolé, a pu être le centre d'un tel passé à la fois seigneurial, agricole et décadent.

Son nom vient du latin *altus murus* (hauts murs). Il fait référence aux remparts mégalithiques érigés au VIe siècle av. J.-C. pour défendre la ville contre Tarente, avide des richesses agricoles (vignes, oliviers, blé) de son arrière-pays. Abandonnée au moment de la crise de l'Empire romain, la ville connut un nouvel essor en 1232, sous l'impulsion de Frédéric II qui voulait renforcer le pouvoir impérial dans la région dotée de trois évêchés (Gravina, Bitonto et Matera). Les remparts qui entourent aujourd'hui le centre historique datent de cette époque.

À voir

Cattedrale di Santa Maria Assunta CATHÉDRALE
(Piazza Duomo ; ⏲7h-12h et 16h-20h). La cathédrale d'Altamura est aujourd'hui bien différente du projet initié par Frédéric II, en 1232, et dont il ne reste que la façade avec son toit à deux versants visible de l'arrière du bâtiment. Grand et austère, l'édifice est flanqué de deux campaniles identiques et de deux lions soutenant les colonnes qui encadrent un magnifique portail. Admirez les scènes de la vie du Christ qui y sont sculptées et, en particulier, le linteau représentant la Cène, avant de pénétrer à l'intérieur, dont les trois nefs ont été redécorées dans un style baroque et rococo (ornements en stuc, dorures, marbres polychromes).

La première chapelle de la nef de gauche abrite une **crèche** du sculpteur napolitain Altobello Persio (1507-1593). Remarquez le chien saisissant une brebis par le cou, les escargots et les lézards : autant de détails insolites avec lesquels l'artiste a su rendre la richesse du monde rural. Passez ensuite devant la Vierge de Stefano da Putignano puis avancez vers l'abside, dotée d'un chœur en bois (XVIe siècle) composé de 64 stalles richement sculptées. Mais la partie la plus belle de l'église (et telle que l'a voulu Frédéric II), les hautes tribunes, est accessible uniquement sur visite guidée (renseignements à l'office du tourisme).

Corso Federico II AVENUE

Le principal axe de la vieille ville se déploie au nord et au sud de la cathédrale. Remontez dans un premier temps la partie supérieure de l'avenue. À son extrémité sur la droite, une **plaque** rend hommage à la résistance héroïque des habitants face aux troupes du général Ruffo qui envahirent la ville en 1799.

Dans la partie inférieure de l'avenue, faites une halte devant deux petites églises toutes proches l'une de l'autre. La première, la **Chiesa San Nicola dei Greci** (horaire des messes), construite à l'initiative de Frédéric II puis remaniée au XVIe siècle, arbore une façade à double pente percée d'une rosace centrale. On y célébrait jadis le culte orthodoxe grec. Arrêtez-vous sur les étonnantes décorations du portail, représentant des scènes de l'Ancien et du Nouveau Testament, notamment celle du pécheur qui bout dans un chaudron, entouré de diables ricanants. La seconde, la **Cappella di San Biagio**, en retrait de la rue, possède une fresque dans les tons rouges et haute de plus de 5 mètres représentant saint Christophe portant Jésus sur ses épaules.

Quelques dizaines de mètres plus loin, le **Palazzo De Angelis-Viti** au superbe portail ferme cet axe piétonnier.

Molino artigianale Dibenedetto MOULIN

(080 311 59 84/333 939 75 94 ; www.molinoartigianaledibenedetto.it ; Via Aquileia 1 ; 15h30-20h). Un véritable "musée" des cinq sens que vous visiterez en compagnie de Mario Dibenedetto et sa famille qui gèrent ce moulin artisanal des années 1950. Vous pourrez alors voir les différentes étapes du meulage des grains, respirer leur parfum enivrant, écouter la musique des machines (qui n'ont pratiquement pas changé), toucher les grains de blé et les fines semoules et enfin goûter les pâtes artisanales qui n'ont pas leurs pareilles.

L'Uomo di Altamura MUSÉE ET SITE

Le 7 octobre 1993, un squelette humain du paléolithique fut découvert dans un puits de 30 m dans l'ancienne grotte de Lamalunga. Très bien conservé grâce aux concrétions calcaires formées par l'eau qui recouvraient le squelette, l'"homme d'Altamura", bien qu'il ne soit visible qu'en vidéo, fait impression et procure une certaine émotion.

Au **Centro Visite dell'Uomo di Altamura** (339 614 41 64 ; Via Madonna Buoncammino, sur les routes du Pulo di Altamura ; visite guidée tarif plein/réduit 2,50/1 € ; 9h-13h et 14h30-18h l'hiver mar-dim, 9h-13h et 15h30-20h l'été, toujours ouvert les jours fériés), vous pourrez visionner, entre autres, une vidéo en 3D de la découverte. Une section lui est aussi dédiée au **Museo Archeologico** (080 314 64 09 ; Via Santeramo 88 ; 8h30-19h30 lun-ven, 8h30-13h30 sam, dim et jours fériés) GRATUIT, qui présente en outre du mobilier funéraire (VIIIe-Ve siècle av. J.-C.) et une sélection de céramiques peintes (VIe-Ve siècle av. J.-C.) provenant de la région. Le musée se situe à environ 3 km du centre-ville. Au moment de la rédaction de ce guide, un troisième espace était prévu, dans le Palazzo Baldassarre (dans le centre historique).

Où se loger

Federico di Svevia B&B €

(080 321 56 42 ; www.federicodisvevia.net ; Corso Federico II di Svevia 74 ; s/d 35/60 €). Nous doutons que Frédéric II ait aménagé ainsi sa demeure à Altamura, néanmoins cet établissement est tout de même agréable. À deux pas de la cathédrale, en plein centre historique.

Masseria La Calcara MASSERIA €

(080 314 53 65/340 102 23 42 ; www.masserialacalcara.it ; SP151, km 6,5 pour Ruvo ; s/d 40/70 € ; restaurant : ouvert dim midi avec menu 30 € ; ouvert tlj pour les clients de la Masseria ; P). Un petit bois, des sols anciens, des lits en fer forgé ; ajoutez à cela les fromages produits et vendus sur place ou encore le *cutturidde* (plat typique rustique à base d'agneau) servi au repas pour passer un séjour des plus authentiques.

BOULANGERIES D'ALTAMURA

Trois boulangeries du centre historique fabriquent encore le traditionnel pain d'Altamura à la saveur exquise renommée dans toute l'Italie. Le **Forno Santa Chiara** (☎080 967 13 49 ; Via Martucci ; ⌚7h-15h et 17h-23h lun-sam) dont l'existence remonte au XVe siècle, est la plus ancienne. Le **Panificio Fratelli di Gesù** (☎080 314 12 13 ; www.digesu.it ; Via Pimentel 17 ; ⌚24h/24 plus ou moins) prépare son pain au levain (et non à la levure), et utilise du bois de chêne de la région pour la cuisson. Enfin, le **Forno Antico Santa Caterina dal 1724** (Via Ambrogio del Giudice 2) qui existe donc depuis 1724, se trouve dans une petite rue perpendiculaire au Corso Federico II (autre boutique Via Santa Caterina). Voir aussi p. 289.

Hotel San Nicola HÔTEL-RESTAURANT €€
(☎080 310 51 99/080 314 40 03 ; www.hotelsannicola.com ; Via L. de Samuele Cagnazzi 29 ; s/d 80-90/120-140 € ; ❄P). Aménagé dans un *palazzo* de 1741 savamment restauré, ce bel hôtel compte 27 chambres tout confort sur deux étages : classiques au premier et modernes au second. Un beau restaurant-pizzeria, l'**Artusi** (repas environ 30 € ; ⌚fermé dim soir et lun), une terrasse sur le toit où prendre le petit-déjeuner et un bar à vins complètent le tableau.

Où se restaurer

Pane di Nunzio BOULANGERIE €
(☎080 311 58 52 ; www.ilpanedinunzio.com ; Via Torino 36 ; ⌚7h-13h30 et 16h-18h lun-sam). Nunzio Niniviaggi descend d'une famille de boulangers qui, depuis quatre générations, connaît tous les secrets du pain d'Altamura. Il veut bien en dévoiler deux : la pâte à pain sert aussi à faire *u peccelatidde* (préparés et consommés traditionnellement en attendant la cuisson du pain, ce qui permettait de satisfaire "*u peccelatidde*" c'est-à-dire les caprices des enfants) et la fougasse (cuite sur une plaque ou directement sur la pierre et garnie d'olives, de tomates et d'huile).

Pein Assutt OSTERIA €
(☎080 311 83 13 ; Corso Umberto I 56/58 ; 15-20 € ; ⌚fermé dim). Dans ce minuscule restaurant modeste et rustique (on partage parfois la même table que d'autres clients), on déguste une bonne cuisine traditionnelle toute simple à l'excellent rapport qualité/prix. À ne pas manquer : la brebis *alla cuturidde*.

Cenzino TRATTORIA, TRAITEUR €
(☎080 311 70 49 ; Via Sant'Ambrogio 15 ; www.rosticceriacenzino.it ; ⌚tous les soirs, midi uniquement sur réservation). Renouez avec la tradition dans cet établissement ouvert en 1958 qui fait aussi boucherie. Derrière la cathédrale.

Achats

Caffè Striccoli-Ronchi CAFÉ/LIQUEUR
(☎080 311 70 01 ; Corso Federico II 73 ; 13/17 €/la bouteille de 500/750 ml ; ⌚8h-13h30 et 15h-22h l'hiver, 8h-13h30 et 16h-0h l'été, fermé mar). Nicola Ronchi était le frère de Padre Peppe. Ce dernier, lors d'un séjour entre la fin du XVIIIe siècle et le début du XIXe siècle dans un couvent d'Altamura s'amusa à décliner une ancienne recette de liqueur d'un moine du XVIIe siècle. Nicola baptisa cette liqueur de noix "Padre Peppe" et se mit à la servir dans son café. Luigi Striccoli, le gendre de Nicola, en déposa le nom et l'étiquette en 1832. Telle est l'histoire du plus ancien café d'Altamura et du non moins vénérable digestif Padre Peppe, fabriqué encore aujourd'hui par la famille Striccoli d'après une recette gardée secrète, mélange de noix, d'épices et d'herbes locales.

Renseignements

Le petit **office du tourisme** (Pro Loco ☎080 314 39 30 ; Piazza Repubblica 11 ; ⌚officiellement 9h-13h et 18h-21h lun-sam) est presque toujours fermé. D'autres services sont disponibles : le **GAL Terre di Murgia** (☎080 310 62 52 ; www.galterredimurgia.it ; Piazza Resistenza 5 ; ⌚10h-12h lun-ven) qui pourra vous renseigner le matin, l'**Associazione Alturismo** (☎345 691 39 44/349 630 77 19 ; www.turismoaltamura.it ; Corso Federico II ; ⌚9h-14h juin-oct), située près de la cathédrale, qui organise des visites guidées des monuments, des musées et du centre historique et enfin **enjoyaltamura.com** (☎329 452 13 31/339 596 87 04 ; www.enjoyaltamura.com ; Piazza Repubblica 5).

Depuis/vers Altamura

Les **trains Ferrovie Appulo Lucane** (www.fal-srl.it) relient (départs réguliers lun-sam) Altamura à Matera (1,70 €, 30 min), Gravina (1 €, 10 min) et Bari (3,10 €, 1 heure environ). Le dimanche, il existe un service de bus de remplacement. Un bus fait la navette entre la gare et le centre-ville.

Environs d'Altamura

À environ 6 km au nord de la ville, l'impressionnant **Pulo** d'Altamura est la plus grande doline karstique de l'Alta Murgia. Elle forme une dépression d'environ 500 m de diamètre et d'une profondeur maximale de 92 m. Pour une visite guidée, renseignez-vous auprès de l'office du tourisme ou de CicloMurgia.com qui propose un circuit intitulé *Sulle tracce della Preistoria* (Sur les traces de la préhistoire) passant par le *Pulo*.

Gravina in Puglia

44 200 HABITANTS / ALTITUDE 338 M

Gravina in Puglia est le prélude en Alta Murgia de la ville troglodytique de Matera dans la région voisine de la Basilicate (voir l'encadré p. 192). Traversée par le torrent Gravina, cette ville est elle aussi constellée de grottes creusées dans le tuf par une civilisation rupestre qui habita pendant des milliers d'années dans la profonde gorge (*gravina* voulant dire *gola*, soit gorge) lui ayant donné son nom. Cet habitat commença à être utilisé durant les invasions du Ve siècle lorsque les habitants se réfugièrent dans les grottes et jusqu'à bien après. C'est à cette époque que la nouvelle ville (désormais ancienne) de Fondovico commença à se développer. Elle forme avec Piaggio les deux quartiers donnant sur la gorge. De 1420 à 1807, Gravina fut un fief des Orsini, originaires de Rome, et bénéficia de la richesse et de la protection de la famille. Le pape Benoît XIII, né sous le nom de Pietro Francesco Orsini (1649-1730) y vit le jour.

À voir

Chiesa del Purgatorio ÉGLISE

(Piazza Notar Domenico ; visites guidées). L'imposante église du Purgatoire servait de mausolée à la famille Orsini dont le nom est évoqué par les ours ("*orsi*" en italien) qui décorent les colonnes à l'intérieur. Mais ce sont surtout les deux squelettes surmontant la façade que l'on remarque le plus. L'église possède, entre autres trésors, un ciboire en forme de petit temple en marbre polychrome (avec de nombreux lapis-lazulis), des corniches de Cosimo Fanzago (1663) et un orgue immense, sans doute le plus beau de la région.

Biblioteca Finya BIBLIOTHÈQUE

(Piazza Notar Domenico ; actuellement fermée au public). Avec ses pilastres et son campanile dans l'axe, le bâtiment abritant la plus ancienne bibliothèque des Pouilles (XVIe-XVIIIe siècles) ressemble à une église. La façade comporte une horloge dont les personnages (qui représenteraient Garibaldi et le roi Victor-Emmanuel II) ouvriraient la bouche de temps en temps pour parler d'un vieux contentieux entre Altamura et Gravina in Puglia...

Cattedrale CATHÉDRALE

(Piazza Benedetto XIII ; 8h15-12h30 et 15h30-20h ; pour des visites guidées, s'adresser à l'Associazione Culturale Benedetto XIII, p. 90). Cette église dédiée à saint Jean-Baptiste a pour particularité sa rosace sur un mur latéral et son campanile érigé à l'emplacement du château médiéval. À l'intérieur, le plafond baroque, les bancs de chœur en noyer et la profusion de marbres polychromes méritent le coup d'œil.

Chiesa di San Michele delle Grotte ÉGLISE RUPESTRE

(Rione Fondovico ; visites guidées). L'église la plus connue de la ville occupe un emplacement spectaculaire, dans la gorge. On y accède en descendant une volée de marches en face de la Chiesa del Purgatorio. Entièrement creusée dans la roche, cette église rupestre à cinq nefs (VIIIe-IXe siècles) conserve peu de traces de ses fresques d'origine. La toute première cathédrale de Gravina est surtout connue pour son ossuaire des martyrs tués par les Sarrasins.

Parco Archeologico di Padre Eterno SITE ARCHÉOLOGIQUE

(SS96, km 86,4). Ce parc archéologique situé de l'autre côté de la gorge est fermé mais il est toutefois possible d'y jeter un œil. En voiture, empruntez l'ancienne route pour Irsina et tournez immédiatement à droite après le cimetière ; à pied, du centre-ville, prenez la Via Madonna della Stella jusqu'à un pont piétonnier en tuf qu'il faut traverser pour rejoindre le site, où vous pourrez visiter la nécropole monumentale creusée dans la roche. Sur la même colline et du même côté de la gorge, le **Parco Archeologico di Botromagno** connaît une situation identique. Sa visite est à réserver aux plus intrépides et aux plus curieux en toute autonomie, car la zone n'est pas entretenue ni protégée et donc pas non plus sécurisée. C'est bien dommage, car le parc abrite notamment les **Sette Camere**, un ensemble de grottes communicantes peut-être habitées par les premiers chrétiens. Les objets mis au jour sur place sont conservés au **Museo Civico** (fermé pour travaux lors de notre passage) sur la Piazza Benedetto XIII.

Palazzo Pomarici Santomasi MUSÉE
(☎080 325 10 21 ; www.fondazionesantomasi.it ; Via Museo 20 ; tarif plein/réduit 3/2 € ; ⏲9h-13h et 16h-19h lun-ven, 9h-12h30 sam, 10h-13h dim). Outre des tableaux napolitains des XVIIe et XVIIIe siècles et les 30 000 volumes de la bibliothèque du baron Ettore, ancien propriétaire des lieux, on peut y voir des collections archéologiques, des pièces de monnaie, des vêtements d'époque, des armes, des majoliques ainsi que les appartements d'apparat de la famille. Le chef-d'œuvre reste la reconstruction de la crypte byzantine de San Vito Vecchio. Décorée de fresques du XIIIe siècle, elle donne une idée de l'aspect d'origine de la Chiesa di San Michele delle Grotte.

Ponte Viadotto AQUEDUC
Avant de partir, allez voir ce pont enjambant le torrent Gravina. La famille Orsini fit ériger cet aqueduc à double arcade au XVIIIe siècle pour acheminer en ville l'eau provenant d'une source à 3 km.

Où se loger

Le stanze del Console HÔTEL €
(☎080 326 69 92 ; www.lestanzedelconsole.it ; Via Vittorio Veneto 5 ; s/d/suite 40/60/100 € ; ❄). Aux portes de la vieille ville, ce confortable B&B ressemblant davantage à un hôtel occupe un édifice du XVIIIe siècle réaménagé. Le petit-déjeuner se prend dans un bar à proximité, dont la petite terrasse est idéale pour planifier la journée.

Où se restaurer

Osteria La Murgiana RESTAURANT €€
(☎080 325 03 42 ; www.osterialamurgiana.it ; Via XXIV Maggio 25 ; 25 € ; ⏲fermé dim soir et lun). Francesco Capozzo accueille ses clients dans une salle au cadre chaleureux et raffiné (buffets d'époque, cheminées, bouteilles de vin) et propose des saveurs des Murge : antipasti maison (courgettes à la menthe, mozzarella avec confiture), pâtes (*taglioline*, *orecchiette*), viande d'agneau, pleurotes, et bien d'autres délices. Vous ne regretterez pas de vous être éloigné de la *gravina* (située à 10 minutes à pied) pour goûter à cette cuisine traditionnelle savamment ficelée.

Cucco RESTAURANT €€
(☎080 326 84 32 ; www.osteriacucco.it ; Piazza Pellicciari 4 ; repas 25-30 € ; ⏲12h-23h30 mar-dim). Cette *osteria* réputée du centre de Gravina profite d'une nouvelle gestion familiale : Filippo et son petit-fils Francesco (en salle), Donato (père de Francesco) tout jeune et excellent chef. L'accueil est sympathique et les plats s'inspirent de recettes traditionnelles revisitées avec créativité. Rapport qualité/prix imbattable.

Osteria Grano e Vino OSTERIA €/€€
(☎080 237 74 84 ; Via Fontana La Stella 39 ; repas 30 € ; ⏲fermé lun). Ce beau restaurant, sobre et recherché, aux murs et aux voûtes en tuf est aménagé dans une série de caves à découvrir (vous pouvez demander d'y jeter un coup d'œil). Pour le repas, commencez par une assiette de charcuterie et fromages locaux, suivie d'une *tagliata* (émincé de viande) aux pleurotes. Demandez conseil pour le vin provenant de la Cantine Botromagno (ci-dessous) appartenant à une légendaire famille de viticulteurs.

Achats

Cantine Botromagno VINS
(☎080 326 58 65 ; www.botromagno.it ; Via Archimede 24 ; ⏲8h15-13h et 15h30-19h30 lun-ven, 8h15-13h sam). Pour rejoindre cette adresse, empruntez la route pour Altamura, et au deuxième rond-point prenez la route qui descend vers le passage souterrain, puis suivez les indications. Beau choix de bouteilles, dont le Salice Salentino DOP.

Colli della Murgia VINS
(☎080 326 12 71 ; www.collidellamurgia.it ; Contrada Zingariello Gravina in Puglia ; ⏲8h-13h et 14h-17h lun-ven, 8h-13h sam). Les amateurs de produits bio ne pourront pas passer à côté de cette cave spécialisée en production de vins bio de très bonne qualité.

Amari & Rosoli LIQUEURS ARTISANALES
(☎080 325 41 38/333 410 14 25 ; www.amarierosoli.it ; Vico II Marconi 3 ; ⏲horaires variables). Les produits de cette distillerie s'exportent dans toute l'Italie, notamment son produit phare, l'Amaro Gariga di Murgia, un digestif doux-amer à base de 43 herbes.

Renseignements

L'**office du tourisme** (IAT ; ☎080 326 90 65 ; Piazza Plebiscito angle Via Matteotti ; ⏲9h-13h et 16h-20h l'hiver, 9h-13h et 16h-21h l'été) vous fournira de la documentation.

L'**Associazione Culturale Benedetto XIII** (☎ 080 325 11 46/338 567 80 17 ; www.benedetto13.it ; Sacrestia Chiesa del Purgatorio, Piazza Benedetto XIII ; participation libre ; ⏲ 9h-12h30 et 15h-coucher du soleil) propose des visites guidées de la ville et de toutes ses églises rupestres.

Pour visiter les parties souterraines de la ville, contactez **Gravina Sotterranea** (☎ 368 57 77 26/328 541 53 79 ; www.gravinasotterranea.it ; Via Meucci 10 ; 2,50-10 € selon durée).

ℹ Depuis/vers Gravina in Puglia

Tout comme Altamura, Gravina est reliée à Bari (4,20 €, 75 min) et à Matera (4,20 €, 40 min) par les **trains Ferrovie Appulo Lucane** (www.fal-srl.it).

MURGE BASSE

Conversano

26 000 HABITANTS

Pour les splendides édifices de son centre historique, mais aussi pour son atmosphère tranquille et simple, Conversano est l'occasion d'un petit séjour bien agréable.

Les comtes de Conversano provenaient de cette incroyable lignée normande à laquelle appartenaient Guillaume de Hauteville (dit Guillaume Bras-de-Fer, vers 1009-1046) et Robert Guiscard (vers 1015-1085), conquérant et duc d'Apulie et de Calabre (p. 263). Au Moyen Âge, la ville passa sous le contrôle des Acquaviva d'Aragon et ce jusqu'en 1806. La famille embellit la ville en faisant construire des demeures aristocratiques, des églises et des monastères, encore intacts et ayant conservé tout leur charme. La dynastie des Acquaviva avait en effet du goût pour l'art, en particulier Andrea Matteo (1458-1529), traducteur de grec et auteur de pamphlets.

À voir

Le centre historique de Conversano se divise en trois parties : Casal Nuovo, édifié au XVIe siècle sur un plan à angle droit, Casal Vecchio, construit entre le XIVe et le XVIe siècle selon un plan en "arêtes de poisson", et une partie encore plus ancienne le long de deux axes nord-sud et est-ouest comprenant la cathédrale, le château ainsi que l'église et le monastère San Benedetto. Chacune de ces parties comportait un mur d'enceinte fortifié, dont on aperçoit encore quelques pans et grosses tours ainsi que des portes d'accès. Ainsi, on peut entrer par la **Porta Tarantina**, érigée au XVe siècle en pierre calcaire. Elle jouxte des vestiges d'imposants remparts, près de la rampe conduisant au monastère de San Benedetto.

Castello CHÂTEAU, MUSÉE

(Piazza della Conciliazione). GRATUIT Ce château dresse sa silhouette élégante flanquée de grosses tours rondes à l'extrémité sud de la ville. Il offre une vue magnifique qui s'étend des plaines côtières jusqu'à Bari. Geoffroy de Hauteville le fit construire à l'emplacement d'anciens remparts imposants du XIe siècle, alors qu'il combattait son frère Robert. Au XIIIe siècle, les comtes d'Acquaviva s'emparèrent du château et le transformèrent en une résidence privée plus élégante. Le château abrite la **Pinacoteca Comunale** (pinacothèque municipale ; ☎ 080 495 95 10 ; Piazza della Conciliazione ; billet combiné avec le musée archéologique tarif plein/réduit 2,50/1 € ; s'adresser à la Cooperativa Armida pour des visites guidées, voir ci-contre) ; ⏲ 9h-13h et 16h-20h mar-dim l'hiver, 9h-12h30 et 18h-22h mar-dim l'été), où l'on peut voir une partie des 400 tableaux de la collection Acquaviva, dont les 10 toiles de Paolo Finoglio intitulées *La Jérusalem délivrée* en référence au poème épique consacré par Le Tasse à la première croisade. Clairement inspirés par le Caravage, il s'agit des tableaux italiens à la thématique non religieuse les plus importants du XVIIe siècle. Une section est aussi consacrée à l'art moderne et contemporain.

Museo Archeologico MUSÉE, ÉGLISE

(☎ 080 495 95 10 ; Via San Benedetto 18 ; billet combiné avec la pinacothèque tarif plein/réduit 2,50/1 € ; s'adresser à la Cooperativa Armida pour des visites guidées ; ⏲ 9h-13h et 16h-20h mar-ven l'hiver, 9h-12h30 et 18h-22h mar-dim l'été). Ce modeste musée d'archéologie réunissant des objets mis au jour dans les environs de Conversano occupe le rez-de-chaussée du **Monastero di San Benedetto**. Construit au Xe siècle, l'énorme monastère et la **Chiesa di San Benedetto** (⏲ fermée pour restauration lors de la rédaction de ce guide), une église coiffée d'une coupole en majolique (céramique), donnent la mesure du pouvoir des ordres monastiques dans les Pouilles au Moyen Âge. Le monastère est réputé pour ses parchemins depuis le Xe siècle.

Cattedrale CATHÉDRALE

(Largo Cattedrale ; ⏲ horaire des messes). Érigée entre le IXe et le XIVe siècle, elle constitue une sorte de contrepoint épiscopal au monastère. Caractérisée par un portail sculpté typique, une grande rosace et un toit à double pente, elle abrite une icône byzantine du XIIIe siècle de la Madonna della Fonte. À l'opposé de l'escalier décoratif, citons la **Chiesa dei SS Cosma e Damiano** (Largo San Cosma ; ⌚ s'adresser à la Cooperativa Armida pour les visites) ; une église que l'on doit à l'artiste baroque Paolo Finoglio et dotée d'un plafond richement décoré de fresques.

Où se loger

Dimora delle Badesse B&B €

(☎339 611 58 48/334 880 75 48 ; www.dimoradellebadesse.it ; Calata Signorella angle Vico III San Gaetano 4 ; d/tr 50/75 € ; ❄📶). Les chambres accueillantes offrent tout le confort moderne dans un cadre à l'ancienne (murs de pierre, lits en fer forgé, mezzanines en bois) pour un séjour de charme.

Agriturismo Montepaolo AGRITURISMO €€

(☎080 495 50 87 ; www.montepaolo.it ; Contrada Montepaolo 2 ; d avec occupation simple/d 63-109/95-146 € ; ❄📶🅿). Cet établissement donnant sur la doline se compose d'une demeure principale et d'une tour, la tour du Brigand (XIVe siècle). Sur place vélos, piscine où s'attarder jusqu'à l'heure de l'apéritif et aire de jeux pour les enfants.

♥ **Corte Altavilla** HÔTEL-RESTAURANT €€

(☎080 495 96 68 ; www.cortealtavilla.it ; Vico Goffredo Altavilla 8 ; d/qua/suite junior 89-119/149-169/129-159 € ; ❄📶🅿). Ce charmant quatre-étoiles se niche dans la vieille ville au fond d'une ruelle fleurie. Les maisons anciennes accueillant les chambres ont été rénovées et agencées avec goût. **Terrazza Goffredo** (www.terrazzagoffredo.it), un restaurant sur le toit, permet de dîner sous les étoiles et le spa de se détendre comme il se doit.

Où se restaurer

Bien que proche de la mer, Conversano était par le passé une importante terre de chasse qui s'exprime toujours dans sa cuisine.

Savì OSTERIA €

(☎080 495 71 40 ; www.savicreperia.it ; Via San Giacomo 26-30 ; repas 15 € ; ⌚19h30-1h, à midi sur réservation, fermé lun mais toujours ouvert en août). Savino propose quelque 40 crêpes salées et pas moins de 30 crêpes sucrées. Sinon, laissez-vous tenter par les *pappardelle* aux cèpes ou par le remarquable pain de pommes de terre fait maison, à la stracciatella, à la sauce tomate et au jambon cru. L'établissement est toujours plein, été comme hiver, dedans comme dehors, mais il serait dommage d'y renoncer.

♥ **I Pasticcioni** RESTAURANT, CRÊPERIE €/€€

(☎080 495 91 02 ; www.ipasticcioni.it ; Via Palmiro Togliatti 39 ; repas 25 € ; ⌚fermé mer soir). Voici un lieu hors du commun en dépit d'un emplacement en périphérie pas très encourageant. La salle se veut aussi moderne que les plats (crêpes, gaufres et pâtes), et il faut absolument goûter les pâtes maison. Faites votre choix au comptoir et observez Frank ou Piero à l'œuvre. Bonne carte des vins.

♥ **Pashà** BAR À VINS/RESTAURANT €€€

(☎080 495 10 79 ; www.pashaconversano.it ; Piazza Castello 5/7 ; menus dégustation 55, 65 et 85 €, repas 50 € ; ⌚fermé mar toute l'année et dim soir l'hiver). Ce restaurant, élégant et raffiné, est l'un des plus renommés des Pouilles. Du premier étage d'un bel édifice, la salle avec vue panoramique sur la splendide place principale de Conversano sert d'écrin à la cuisine de Maria Cicorella, tout en finesse : soupe froide d'amandes et tartare de seiche, écrevisses blanches, et cuisse de lapin rôtie à la *pancetta*, pommes de terre à la truffe noire. N'hésitez pas si votre budget vous le permet. Sinon, prenez place à la terrasse du café au rez-de-chaussée, pour un petit plat (*tiella*, carpaccio de saumon, *crostini*) au bon rapport qualité/prix .

Renseignements

Offices du tourisme : **IAT** (☎080 495 65 17 ; www.turismoinconversano.it ; Corso Morea ; ⌚9h-13h mar-dim) et **Pro Loco** (☎080 495 12 28 ; Piazza Castello ; ⌚9h-14h et 16h30-21h lun-sam), qui organise, pour 3 € par personne, des visites guidées du château, de la basilique, des lacs et de la cathédrale (en été, de nuit également). Vous pouvez aussi vous adresser à l'agence privée **Cooperativa Armida** (☎080 495 95 10 ; www.cooparmida.org ; Piazza Conciliazione 5 ; ⌚9h-13h et 16h-20h en hiver, 9h-12h30 et 18h-22h en été). Le site Internet www.conversano.com est bien utile.

Depuis/vers Conversano

Conversano est desservie fréquemment par des trains des **Ferrovie Sud Est** (FSE ; www.fseonline.it) en provenance de Bari (2,10 €, 40 min) et à destination des grottes de Castellana (1 €, 10 min), d'Alberobello (2,80 €, 45 min) et de Martina Franca (3,50 €, 1 heure). Pour rejoindre Polignano a Mare (1,10 €, 30 min), sur la côte, il vaut mieux prendre un des bus qui partent de Viale dei Paolotti ou de Piazza Aldo Moro (1 €, 15 min). Les billets de train sont en vente à la gare (au guichet ou aux distributeurs automatiques) ou dans les bureaux de tabac et les tickets de bus uniquement dans les bureaux de tabac.

Promontoire du Gargano et nord des Pouilles

Dans ce chapitre ➡

Le top des restaurants

- Porta di Basso (p. 114)
- La Fossa del Grano (p. 131)
- Peppe Zullo (p. 138)
- Le Antiche Sere (p. 121)
- D'Avalos (p. 134)
- Al Trabucco da Mimì (p. 113)
- Il Capriccio (p. 109)

Le top des hébergements

- Villa Uva (p. 130)
- Gli Orti di Malva (p. 113)
- Residenza Ducale (p. 139)
- Rocca sul Mare (p. 108)

Pourquoi y aller

Il n'est guère courant qu'une portion de territoire de taille réduite concentre une telle richesse de milieux, de paysages, de cultures et de possibilités touristiques. C'est pourtant bien le cas du nord des Pouilles, qui correspond à la province de Foggia.

Le promontoire du Gargano, "éperon" de la botte italienne, est sa principale carte de visite. Il y a des millions d'années, un bras de mer séparait le "rocher" de la terre ferme, d'où le sentiment d'insularité qui y subsiste. Ses parois qui tombent à pic dans la mer, ses forêts épaisses, ses ports de pêche et, bien sûr, ses innombrables plages composent un tableau particulièrement attrayant. Les touristes, principalement italiens et allemands, ne s'y trompent pas et affluent l'été. Aussi faut-il bien choisir son moment pour profiter à plein de ses charmes : un dîner dans un *trabucco* (cabane de pêche proche du carrelet), la découverte d'une crique secrète, une balade dans le maquis méditerranéen. Pour découvrir de véritables îles, vous n'aurez qu'à mettre le cap sur l'archipel des Tremiti, à quelques encablures du promontoire.

En retrait de la côte s'étend la plaine du Tavoliere, "grenier à blé de l'Italie", qui présente l'aspect d'une immense mosaïque de champs dorés. Vous aurez sans doute à passer par la moderne et dynamique Foggia, chef-lieu de la province, mais ne négligez pas des cités historiques comme Lucera.

Si votre temps n'est pas compté, pourquoi ne pas pousser plus à l'ouest, vers la région sauvage et hors des radars touristiques des Monti Dauni ? Votre chemin passera par un paysage de douces collines parsemées de petits bourgs bien conservés où le temps semble suspendu, comme Bovino, Pietramontecorvino, Rocchetta Sant'Antonio ou Roseto Valfortore.

Itinéraires

JOUR 1

Après un petit-déjeuner chez **Moffa**, consacrez la matinée à **Foggia**. Ne manquez pas la **Piazza XX Settembre**, la **Piazza Nigri** et les **Ipogei di San Domenico e di Sant'Agostino**. Déjeuner à la **Trattoria Giordano**, puis promenade digestive dans la **Via Arpi** avant de rejoindre la côte en traversant la plaine du Tavoliere, direction l'**Oasi di Lago Salso**. Le soir, faites étape à **Mattinata** : dîner au **Giardino Monsignore**, en bord de mer, et nuit à l'*agriturismo* **Madonna Incoronata**, au milieu des oliviers.

JOUR 2

Dans le centre historique de Mattinata, vous pourrez visiter la pharmacie **Sansone** et faire le plein de calories à la pâtisserie **Ciangularie**. Ensuite, passez la matinée entre mer et nature avec une randonnée jusqu'à la **Spiaggia di Vignanotica**. Après un en-cas dans un petit bar de la côte, piquez une dernière tête à la plage de **Porto Greco**. Changement d'ambiance pour la soirée avec un dîner à **Vieste**, à l'**Enoteca Vesta**, et une nuit romantique à la **Rocca sul Mare**.

JOUR 3

Levez-vous tôt pour une excursion aux **îles Tremiti**. Au retour, si vos moyens vous le permettent, filez à **Peschici** pour un dîner chic au restaurant **Porta di Basso** et une nuit aux **Orti di Malva**, bercé par le clapotis de la mer.

JOUR 4

Après un café à **Rodi Garganico**, repartez vers **Lesina**, où il vous faudra dire adieu aux paysages maritimes du Gargano. Faites une pause-déjeuner à **Lucera** et consacrez l'après-midi à la découverte des trésors de **Troia**, en particulier la cathédrale et les rouleaux de l'**Exultet** exposés dans son musée. Si le temps vous manque pour pousser jusqu'aux Monti Dauni, consolez-vous avec un copieux dîner au **D'Avalos** et une nuit réparatrice au **B&B Bora**.

Où se loger

Une pente boisée avec un torrent en arrière-plan, un champ de blé doré ondulant ou un bout d'azur aperçu d'une fenêtre donnant sur la haute mer depuis une demeure nichée dans la venelle d'un centre historique : nous avons choisi les hôtels, B&B et gîtes ruraux de ce chapitre en fonction de leur vue.

TRANSPORTS LOCAUX

Les bus des compagnies SITA et Ferrovie del Gargano ne couvrent que les trajets dans la province de Foggia. Les trains, en revanche, relient Foggia à Bari, Brindisi et d'autres villes des Pouilles, mais ne passent pas par le promontoire du Gargano. Pour explorer ce secteur ainsi que la Foresta Umbra et les Monti Dauni, mieux vaut disposer d'un véhicule.

À NE PAS MANQUER

Si les îles envoûtent souvent, c'est toujours le cas des Tremiti. Le célèbre chanteur italien Lucio Dalla (1943-2012), amoureux de l'Isola San Domino où il prenait ses quartiers d'été, parlait à ce propos d'"effet Tremiti".

Préparer son voyage

- La visite guidée des hypogées de Sant'Agostimo et de San Domenico à Foggia (p. 124).
- La visite de l'Oasi di Lago Salso (p. 98).
- Une excursion dans la Foresta Umbra (p. 110).

Spécialités gastronomiques

- Le jambon de Faeto (p. 135).
- Le cochon noir des Monti Dauni (p. 132), une race autochtone.
- La truffe et le miel de Roseto Valfortore (p. 137).
- Un verre de Nero di Troia.
- Les pâtisseries des Pouilles de chez Ciangularie (p. 100).
- Le fromage *caciocavallo podolico*.

À ne pas manquer

❶ **Foggia** (p. 122) et ses vieux palais à restaurer.

❷ L'excursion jusqu'à **Monte Sant'Angelo** (p. 101) pour voir le Santuario di San Michele et, un peu plus loin **San Giovanni Rotondo** (p. 104), lieu de pèlerinage consacré à **Padre Pio**.

❸ Les **îles Tremiti**, perles de l'Adriatique (p. 118).

❹ Un dîner dans le centre historique animé de **Peschici** (p. 111) après une journée à la mer.

❺ Une pause balnéaire à **Vieste** (p. 105), suivie d'un déjeuner dans un **trabucco** (p. 113).

❻ Une randonnée à la **Spiaggia di Vignanotica** (p. 106).

❼ À pied ou en VTT, une promenade dans la **Foresta Umbra** (p. 110).

❽ Si vous avez du temps, la nature sauvage, luxuriante et préservée des **Monti Dauni** (p. 132).

PROMONTOIRE DU GARGANO

Territoire isolé et sauvage, le promontoire du Gargano offre certains des plus beaux paysages des Pouilles. Avec ses 140 km de côte, l'éperon de la botte italienne est une destination prisée par les vacanciers qui affluent l'été dans ses stations balnéaires aux maisons chaulées. Il faut dire qu'avec ses criques isolées, ses plages gravillonneuses et ses longs rubans de sable, le littoral répond à toutes les envies – sans parler des grottes marines qui le ponctuent et des hautes falaises blanches qui, par endroit, plongent à pic dans les eaux bleu azur.

Mais si le Gargano se distingue du reste de la région, c'est pour une autre raison, son couvert végétal : près de 39 000 hectares tapissés de bois et de maquis méditerranéen. Des forêts très anciennes comme le Bosco Quarto et le Monte Spigno, ainsi que la Foresta Umbra, avec ses bosquets de hêtres, de chênes verts et de chênes chevelus, recèlent une faune et une flore d'une grande richesse. La création en 1991 du **Parco Nazionale del Gargano** (0884 56 89 11 ; www.parcogargano.it ; Via Sant'Antonio Abate 121, Monte Sant'Angelo) a permis de stopper l'urbanisation galopante et de protéger une vaste zone, qui englobe l'ensemble du promontoire et les îles Tremiti. En dehors de la saison touristique estivale, le Gargano est un havre naturel de paix.

Le Gargano renferme enfin deux grands lieux de pèlerinage : San Giovanni Rotondo, lié au culte de Padre Pio, et Monte Sant'Angelo.

Renseignements

Pour connaître les lieux d'intérêt, les itinéraires et les activités du parc national, consultez www.viaggiareinpuglia.it ou www.parcogargano.It. Vous pouvez soit contacter un guide (**Agenzia Sinergie** 0884 70 66 35/338 840 62 15 ; Via Saragat 3 ; sur réservation), soit vous aventurer en solo, les directions figurant sur de petits panneaux en tôle zinguée. Méfiez-vous des vipères !

Comment circuler

Les **trains** en provenance de San Severo desservent San Nicandro Garganico, Carpino, Rodi Garganico, San Menaio et Peschici-Calenella. Bien que des bus relient les villes côtières en été, il reste difficile d'explorer la Foresta Umbra, ainsi que les baies et criques du Gargano, sans un véhicule privé. Le **vélo** est une alternative intéressante à la voiture si vous êtes en bonne condition physique. Le système **Parkinbici** (800 65 42 14 ; 7h-23h lun-sam, tlj l'été) permet d'acheter une carte à la semaine (20 €, 4 heures/jour), ou au week-end (12 €, 4 heures/jour) ; stations de retrait à Peschici, Calenella, San Menaio, Foce Varano, Rodi Garganico, Lido del Sole, Rignano Garganico, San Marco in Lamis, Manfredonia et Mattinata.

Manfredonia

56 350 HABITANTS

Manfredonia fut fondée en 1256 par le roi de Sicile Manfred (1231-1266), fils de l'empereur Frédéric II, à quelques kilomètres au nord de l'ancien port de Siponto, victime de fréquents séismes et infesté par le paludisme. "Porte du Gargano", la ville résonne encore de l'écho de toutes les populations que la mer a fait débarquer ici au fil de son histoire séculaire. Ce pôle industriel possède une périphérie que peu de vacanciers souhaiteraient traverser. Pourtant, elle est assortie d'un agréable centre historique donnant sur le port, d'un musée archéologique et de quelques activités culturelles. Elle attire d'ailleurs les habitants de Foggia et du reste des Pouilles, dont beaucoup possèdent une résidence secondaire sur la côte de Siponto. Trêve de raffinements et de restaurants distingués en ces lieux, et vive la circulation, la musique de piano-bar, le chahut, les stands à *panzerotti* (ces chaussons frits incontournables) et les kiosques à glaces victimes de leur succès.

À voir

Castello CHÂTEAU, MUSÉE

(0884 58 78 38 ; Corso Manfredi ; tarif plein/réduit/-18 ans et +66 ans 2,50/1,25 €/gratuit ; 8h30-13h30 et 15h30-19h30, clôture de la billetterie 30 min avant la fermeture, souvent ouvert aussi 20h-23h l'été, fermé 1er et dernier lundi du mois). Au bout de la rue principale de Manfredonia, cet édifice construit par Manfred, achevé par Charles d'Anjou et remanié par les Aragonais, présente une construction complexe au style composite. Montez l'escalier pour profiter de la vue panoramique sur le port et visiter le **Museo Archeologico Nazionale di Manfredonia**, l'un des musées les plus dynamiques de la région. Ses collections comprennent des pièces issues de fouilles locales, en particulier des stèles dauniennes (VIIe-VIe siècles av. J.-C.), mystérieuses sculptures funéraires anthropomorphes représentant le défunt (guerrier, chasseur...), rehaussées de scènes de la vie quotidienne. Ces pierres, qui témoignent des contacts entre la plaine sipontine et la région illyrienne, ont une forme différente selon le sexe du défunt : tête ronde et épaules carrées pour

Promontoire du Gargano

les hommes, tête en pointe et échancrure carrée à la base du cou pour les femmes.

Cattedrale CATHÉDRALE
(☎0884 53 26 33 ; Piazza Papa Giovanni XXIII ; ⊙8h-13h et 16h-20h). Conçue par Manfred selon ses goûts et son inspiration, il semble qu'elle jouxtait initialement le château, avant d'être édifiée sur son site actuel entre 1270 et 1274. Détruite par les Turcs en 1620, puis par des tremblements de terre en 1688 et 1702, elle a été rouverte au culte en 1709. L'intérieur abrite une statue en bois de cèdre représentant la *Vierge de Siponto*, un crucifix du XIIe siècle découvert par hasard sous un tas de débris dans l'abbaye San Leonardo, et le *Sacro Tavolo della Madonna di Siponto*, une peinture byzantine de la même époque.

Chiesa di San Domenico ÉGLISE
(☎0884 872 14 02 ; Piazza del Popolo ; ⊙8h-13h et 16h-20h). Cette église et la loggia adjacente sont ce qui reste d'un couvent fondé au XIIIe siècle. La façade (plus haut portail gothique des Pouilles) a été restaurée dans les années 1960, mais l'intérêt de l'église réside avant tout dans les ruines de son abside, la Cappella della Maddalena, mises au jour en 1895 : elle arbore de précieuses fresques du XIVe siècle. Enfin, ne manquez pas le cloître, avec ses arcades et son puits central du XVIIIe siècle.

Activités

Observation des oiseaux

À proximité de Manfredonia, les ornithologues amateurs apprécieront l'**Oasi di Lago Salso** (www.oasilagosalso.it ; voir l'encadré p. 98), une zone humide d'étangs et de cannaies sur 550 hectares.

Plages

La ville s'étire le long de la côte, englobant les longues plages de sable blanc de **Siponto**, une ancienne colonie daunienne devenue une florissante station balnéaire.

Fêtes et festivals

Manfredonia Blues Festival MUSIQUE
(www.manfredoniabluesfestival.it). Trois jours de musique et de spectacles en août au rythme du blues.

Où se loger

Manfredonia compte peu d'hôtels, en outre impersonnels et coûteux. Les hébergements de Siponto donnent sur la plage.

Hotel Gabbiano HÔTEL €/€€
(☎0884 54 25 54 ; www.albergogabbiano.it ; Viale Eunostides 20, Siponto ; tarifs variables, consulter le site Internet ; ❄ 📶 P). Ce trois-étoiles moderne, propre et accueillant se cache dans une rue

tranquille à 150 m de la plage et à 2 km du port. Son restaurant-pizzeria offre une ambiance animée et son bar un cadre propice pour boire un café le matin ou lire un livre.

Où se restaurer

Parmi les spécialités traditionnelles de Manfredonia, citons la *ciambotta*, une soupe de poisson et de mollusques à la sauce tomate servie avec des croûtons de pain, et la *farrata*, une tourte feuilletée garnie d'un mélange d'épeautre (ou de blé), de ricotta, de marjolaine, de sel, de poivre et de cannelle, qu'on trouve toute l'année dans les pâtisseries et les boulangeries, mais surtout au moment du carnaval.

Pizzeria Grasso PIZZERIA €
(☎333 545 08 60 ; Corso Roma 97). Si le cadre n'a rien de séduisant, vous trouverez ici la meilleure pizza (légère et croustillante) de la ville.

Panzerotto d'oro CAFÉ €
(Piazzale degli Angioini). Difficile de manquer la file d'attente de ce café, où l'on se presse pour le fameux *panzerotto* frit, avec mozzarella fondante, tomates et câpres. À savourer bien chaud.

Ristorante Il Porto RESTAURANT €€
(☎0884 58 18 00 ; www.ristoranteilporto.it ; Via del Porto 8/10 ; repas 30-35 € ; ⏲fermé lun sauf en août). Très bien placée devant le château et non loin du port, la table de Nicola Cirillo sert des spécialités de poisson, ainsi qu'un buffet d'*antipasti*. La terrasse extérieure évoque le pont d'un navire.

Ristorante Coppolarossa RESTAURANT €€
(☎0884 58 25 22 ; www.coppolarossa.com ; Via Maddalena 28 ; repas 35 € ; ⏲fermé dim soir et lun sauf en août). Le joyeux restaurant tenu par Tonino et Lucia, assistés de leurs fils Marco et Matteo, mérite une halte pour son succulent poisson frais et ses viandes grillées.

Ai Due Dottori RESTAURANT €€€
(☎0884 51 25 61 ; ⏲fermé mer). Cuisine locale dans ce restaurant géré par les mêmes propriétaires que l'hôtel Gabbiano, dans le nouveau port de plaisance Marina del Gargano.

Où prendre un verre ou une glace

Aulisa BAR/GLACIER
(☎0884 58 18 32 ; Corso Manfredi 158). Les points forts de ce bar fondé en 1932 sont les glaces et les granités.

Tommasino GLACIER
(☎0884 58 84 27 ; www.gelatidatommasino.eu ; Viale Dell'Arcangelo). La spécialité de ce glacier, littéralement pris d'assaut les soirs d'été ? La *cassatina*, un cœur de génoise recouvert de glace et garni de griottes.

Serendipity CAFÉ
(☎0884 66 16 83 ; Corso Manfredi 199). Un petit coin bio, équitable et solidaire au cœur de la ville, imaginé de concert par un professeur, une agronome et un musicien.

Achats

Nella PÂTISSERIE
(☎0884 58 14 47 ; Via Della Croce 47). Beaucoup pensent que cet établissement propose les meilleurs *taralli* et *scaldatelli* (anneaux friables de pâtes salés) de la ville. Nous ne les contredirons pas.

Ceramiche Robustella ARTISANAT D'ART
(☎0884 58 86 28 ; www.ceramicherobustella.it ; Corso Manfredi 56). Cette échoppe donnant sur le Cortile Marasco est l'adresse idéale pour trouver des poteries colorées : sculptures et masques, ou encore plats, bols et vases arborant paysages du Gargano, natures mortes, figures féminines et fleurs.

Renseignements

L'**office du tourisme** (☎0884 58 19 98 ; Piazza della Libertà 1 ; ⏲8h-14h lun-ven et 15h-18h mar et jeu l'hiver, 8h30-14h30 et 15h30-21h lun-sam et 9h30-14h et 17h-21h dim l'été) constitue une excellente source d'informations.

Depuis/vers Manfredonia

BUS

Les compagnies **SITA** (www.sitasudtrasporti.it) et **Ferrovie del Gargano** (www.ferroviedelgargano.com) desservent régulièrement Foggia (2,80 €, 45 minutes) ; la première assure aussi des liaisons quotidiennes avec Vieste (4,10 €, 1 heure 45), San Giovani Rotondo (2,10 €, 50 min) et Monte Sant'Angelo (2,10 €, 45 min). Les trajets sont aussi fréquents depuis/vers Monte Sant'Angelo (1,90 €, 30 min) et San Giovanni Rotondo (1,90 €, 30 min). Billets et horaires disponibles au Bar Impero, sur la Piazza Marconi, où se trouve le terminus.

TRAIN

Une ligne ferroviaire relie Manfredonia à Foggia (2 €, 30 min). Les trains en provenance de Foggia arrivent à la gare située sur la Piazza della Libertà. Pour rejoindre le terminus des bus, tournez à droite et empruntez le Viale Aldo Moro jusqu'à la Piazza Marconi.

L'OASI DI LAGO SALSO

Jusqu'à la fin du XIXe siècle, cette plaine s'étirant vers la mer abritait des marécages peuplés de nombreux mammifères, amphibiens et oiseaux. Puis vint le temps de l'assainissement, achevé dans les années 1950. Dès lors, il ne resta plus grand-chose de ces anciens marécages, hormis l'eau conservée dans les bassins de retenue et les bassins tampons, dans le secteur entre le canal Roncone et la rivière Candelaro. Cette zone servit de réservoir à des fins d'irrigation, ainsi que de réserve de chasse et de valliculture jusqu'en 1992. La délimitation du Parco Nazionale del Gargano permit alors d'imaginer une façon de rétablir l'écosystème d'origine. Le retour des animaux témoigne du succès de cette opération : canards, hérons, rapaces ou cigognes blanches (de mars à août), mais aussi amphibiens (rainette verte, crapaud vert), vipères, et la rare cistude d'Europe (tortue des marais). Les sentiers qui sillonnent les 1 040 hectares de Lago Salso, composé de cannaies, d'étangs et de pâturages, peuvent se parcourir à pied, à cheval ou à vélo ; des spécialistes pourront également vous guider à travers les prés inondés et les pâturages pour observer les animaux dans leur habitat.

Au **centre d'informations**, petits et grands auront accès à tous les renseignements permettant de profiter pleinement de cette expérience (☎0884 57 10 09 ; www.oasilagosalso.it ; SP141 km 7,2 ; tarif plein/réduit 5/3,50 € ; ⏲9h-12h lun-ven, 8h30-12h30 et 15h-19h jours fériés, fermé sam non férié 25 avr-31 mai et sept ; 8h30-12h30 lun-ven, 8h30-12h30 et 16h-20h jours fériés, fermé sam non férié juin-août).

Environs de Manfredonia

Marais et salines SITE NATUREL

La route côtière au sud de Manfredonia longe une plaine intensément cultivée. Après Siponto, celle-ci laisse place à des zones marécageuses parmi les plus importantes d'Italie méridionale. Faisant partie du Parco Nazionale del Gargano, elles sont formées par les eaux saumâtres de la Riserva Naturale di **Frattarolo**, ainsi que par les étangs et cannaies de l'**Oasi di Lago Salso** (voir l'encadré ci-dessus). Peu après Zapponeta, les plus vastes salines d'Italie s'étirent le long de la côte sur 20 km, jusqu'à Margherita di Savoia (p. 57).

Basilica di Santa Maria Maggiore di Siponto ÉGLISE

(☎0884 54 14 70 ; SS89 km 3). À 3 km au sud de la ville, ce joyau architectural, élevé sur le site d'un temple païen probablement dédié à Diane, est tout ce qu'il reste de l'ancienne Siponto. Il s'agit d'un des exemples les plus remarquables du style roman apulien dans la région, teinté d'influences arabes et arméniennes. De plan carré, la basilique se compose d'une église inférieure de la fin du Xe siècle-début XIe siècle et d'une église supérieure, sans doute construite au XIIe siècle. Le magnifique portail du XIIIe siècle et l'autel réalisé à partir d'un sarcophage paléochrétien retiennent particulièrement l'attention. À noter aussi la crypte (basilique inférieure, accès par la gauche), couverte de 25 voûtes d'arêtes soutenues par 20 colonnes aux chapiteaux tous différents.

Abbazia di San Leonardo ABBAYE

(☎0884 54 94 39 ; www.sanleonardodisiponto.it ; SS89 km 10). Sept kilomètres plus loin sur la SS89 en direction de Foggia, cette abbaye de style roman apulien fut bâtie au XIe siècle par les templiers. En 1261, le pape Alexandre IV l'attribua aux chevaliers teutoniques, qui créèrent un hôpital pour les croisés de retour de Terre sainte. Seul vestige de l'ensemble architectural d'origine, la petite chapelle est une étape importante du pèlerinage à Monte Sant'Angelo. L'église possède l'un des portails romans les plus imposants des Pouilles.

Mattinata

6 500 HABITANTS

Mattinata la Blanche selon les dires du poète Horace, occupe une cuvette à deux pas de la mer. Centrée traditionnellement sur la pêche et la culture des olives, des amandes et des figues, l'antique Matinum attire aujourd'hui de nombreux estivants tant italiens qu'étrangers.

À voir

Après une promenade dans le centre et une journée à la mer, on s'offrira volontiers une excursion aux alentours de Mattinata. C'est un vrai paradis pour les amoureux de la nature qui viennent parcourir les sentiers tapissés d'orchidées sauvages au printemps. Autres sources d'intérêt : les témoignages d'une histoire séculaire qui ressurgissent çà et là, telles les ruines médiévales du Monte Sacro, le site archéologique du Monte Saraceno, ou celui de la Villa Agnuli (Ier siècle av. J.-C.), à Porto di Mattinata, encore en attente d'une mise en valeur adéquate.

Museo Civico Archeologico MUSÉE
(☎0884 55 10 01/0884 55 24 45 ; Via di Vittorio, Località Giorgi ; ⏲fermé lors de la rédaction de ce guide). Ce musée d'Archéologie est particulièrement important à double titre : d'abord, pour la province de Foggia, parce qu'il renferme de nombreuses pièces exhumées lors des campagnes de fouilles du Monte Saraceno ; ensuite, pour les spécialistes de paléontologie, en raison de grands blocs de calcaire d'Apricena portant des empreintes de dinosaures. Découverts dans le port de plaisance au début des années 2000, ils trônent aujourd'hui devant l'entrée du musée.

Farmacia Sansone PHARMACIE, MUSÉE
(☎0884 55 95 37 ; Corso Matino 114 ; ⏲8h-12h30 et 16h30-20h l'hiver, 8h-12h30 et 17h-20h30 l'été, 8h-12h30 dim et jours fériés). GRATUIT Outre des médicaments et des produits solaires, cette pharmacie conserve une partie de la collection privée de Matteo Sansone (1916-1992). Pharmacien passionné d'archéologie et de traditions locales, il participa à de nombreuses fouilles dans la région et s'appliqua à collecter les objets les plus divers. On peut aujourd'hui voir près de 5 000 pièces qui vont des objets antiques de la civilisation daunienne aux vieux grimoires de médecine, sans oublier les instruments pour arracher les dents fabriqués par un forgeron du cru.

Activités

Randonnée

Parmi les multiples itinéraires de randonnée du secteur, nous vous en conseillons trois. Le premier conduit au **Monte Sacro** (872 m) où, au-delà des ruines d'une abbaye bénédictine de 1138, poussent de nombreuses espèces d'orchidées sauvages dont la floraison culmine en avril et mai. Le deuxième, en venant de la SS89, rejoint la nécropole daunienne du **Monte Saraceno**, comprenant quelque 500 tombes creusées dans la roche calcaire. Le troisième permet de rallier les **cutini**, à Tagliata, de petits lacs qui se forment dans les dépressions karstiques en hiver.

Vélo

Qui aime le parfum des pins d'Alep et les falaises blanches descendant vers la mer peut suivre le sentier reliant Mattinata à Vieste puis pousser jusqu'à la Foresta Umbra (p. 110). Qui préfère les châteaux du temps de Frédéric II choisira plutôt celui qui va de Mattinata à Monte Sant'Angelo et Manfredonia. Les rives des lacs de Lesina et de Varano se prêtent aussi au cyclotourisme. Pour admirer des *trabucchi* (p. 113), il faut en revanche prendre la direction de Peschici. En un mot, les cyclistes entraînés ont l'embarras du choix. Renseignements et cartes auprès des offices du tourisme.

Plages

La côte de Mattinata est creusée de nombreuses criques gravillonneuses, cachées entre les falaises calcaires. Elles ont pour nom Baia del Leone, Cala dell'Aquila, Cala dei Morti, Cala della Pipa, Grottone del Pescatore ou Cala della Cattedrale. Paradisiaques mais difficiles d'accès, nombre d'entre elles doivent être rejointes par la mer. Pour les plages de la côte entre Mattinata et Vieste, voir aussi p. 106.

Baia delle Zagare SITE BALNÉAIRE
Nettement plus étendue, la **Baia delle Zagare** (dite aussi Baia dei Mergoli) est l'un des sites balnéaires les plus réputés du Gargano, avec ses parois rocheuses immaculées et ses eaux vert émeraude sur fond de végétation luxuriante. Elle se compose de trois plages, du sud au nord : la première, desservie par un escalier privé, nécessite un pass journalier (la distribution était suspendue lors de notre passage) ; la deuxième s'atteint assez péniblement par un ravin escarpé ; la dernière est accessible uniquement par bateau. Des écueils caractéristiques, l'Arco di Diomede ("arc de Diomède") et Le Forbici ("les ciseaux"), émergent non loin du rivage.

Mattinatella PLAGES DE SABLE
Deux splendides étendues de sable contiguës. Seule la plage sud, aménagée, est accessible par voie terrestre. On l'appelle aussi la "Fontana delle Rose" ("fontaine des roses"), car sa plage nord dissimule une source appelée l'Acqua delle Rose. En continuant vers le sud, on débouche sur les plages aménagées de **Tor di Lupo** et de **Piana di Mattinata**, la seconde située au pied du Monte Saraceno.

Où se loger

À une quinzaine de kilomètres au nord de Mattinata, à proximité de la splendide Baia delle Zagare (p. 99), plusieurs hôtels se succèdent en bord de mer, dont le spectaculaire **Baia dei Faraglioni**, un cinq-étoiles. Mattinatella et Vignanotica constituent d'autres carrefours touristiques importants. Mais si vous souhaitez explorer les alentours, privilégiez l'un des établissements suivants.

Agriturismo Madonna Incoronata GÎTE, CAMPING RURAL **€/€€**
(☎0884 55 02 28 ; www.agriturismogargano.it ; Località Madonna Incoronata ; app pour 2/3 pers 65-120/75-150 € ; ⏱toute l'année). Situé à 1 km de Mattinata et à 3 km de la mer, le gîte est une base pratique pour explorer la côte du Gargano. De vieux bâtiments agricoles nichés dans une paisible oliveraie de 60 hectares ont été convertis en appartements confortables équipés d'une cuisine. Le pressoir abrite un petit musée. Le banc dans le parc à l'ombre d'un caroubier vieux de 500 ans invite à la méditation, mais les hôtes plus orientés vers l'action peuvent aussi participer à des cours de cuisine et à des excursions à pied ou à VTT. Il y a aussi dix emplacements aménagés pour garer son camping-car ou planter sa tente.

Casa Matino B&B **€/€€**
(réservations au ☎0884 55 25 00 ; Via Vittorio Emanuele II 2 ; s/d 40-80 €/60-120 € ; ⏱mi-mars à déc). Certes, il vous faudra accepter les cris des enfants jouant dans les ruelles le soir et, pour les plus matinaux, patienter un peu pour le bon petit-déjeuner copieux (le propriétaire tient aussi un bar à vins, ouvert jusque tard le soir ; voir ci-contre), mais cet établissement se situe au cœur de la bourgade.

Trattoria dalla Nonna B&B **€/€€**
(☎0884 55 92 05 ; www.dallanonna.it ; Contrada Funni, Mattinata Mare ; 33-58 €/pers, demi-pension 48-83 € ; ⏱toute l'année ; ❄📶🅿). À l'arrière de la trattoria éponyme, soit à 50 m de la mer, se nichent ces chambres d'hôtes immaculées et fonctionnelles. Quelques bicyclettes et jeux pour enfants dans la cour.

Où se restaurer

Masseria Liberatore RESTAURANT **€€**
(☎347 571 85 32 ; www.masserialiberatore.it ; Contrada da Liberatore, Funni ; repas 30 € ; ⏱ven-dim l'hiver, tlj juin-août, mar-dim le reste de l'été). Une table au cadre fort pittoresque, aménagée dans une vieille *masseria* (domaine rural), dont la cuisine repose sur des produits locaux saisonniers de qualité. L'établissement se double d'un B&B (30-55 €/pers ; adhérent au circuit Albergabici www.albergabici.it).

Trattoria dalla Nonna RESTAURANT **€€**
(☎0884 55 92 05 ; www.dallanonna.it ; Contrada Funni, Mattinata Mare ; repas 35-40 € ; ⏱fermé mar sauf l'été). L'été, on dîne dehors au clair de lune face à la mer, visible aussi à travers les baies vitrées de la salle accueillante et lumineuse quoique un peu datée. Le poisson est toujours d'une fraîcheur irréprochable et le service très attentif.

Giardino Monsignore RESTAURANT **€€€**
(☎0884 55 99 34 ; www.monsignore.it ; Contrada Torre del Porto ; repas 45-50 €). Dans ce restaurant au bord d'une plage très fréquentée en journée, le poisson occupe une place de choix. Autres points forts : les antipasti et les fritures, ainsi que les pâtes (dont les *troccoli*) aux fruits de mer. L'addition est un peu salée, mais l'endroit est indéniablement le plus raffiné des environs.

Où prendre un verre ou une glace

Gabrielino BAR/CAFÉ/GLACIER
(☎0884 55 94 44 ; www.gabrielino.it ; Via Garibaldi 3 ; ⏱7h30-0h). Avec sa terrasse surélevée, petite mais agréable, ce bar est l'endroit idéal pour accompagner votre café d'une pâtisserie de chez Ciangularie, voire d'une glace aux ingrédients de qualité.

Ciangularie BOULANGERIE-PÂTISSERIE
(☎0884 55 99 66 ; www.ciangularie.it ; Corso Matino 133 ; ⏱9h-13h et 16h-21h lun-sam, ouvert tlj l'été). Ciangularie, ou la gourmandise incarnée, avec ses pâtisseries typiques des Pouilles (parmi les plus succulentes qu'il nous ait été donné de goûter dans la région) aux ingrédients authentiques et à la préparation artisanale.Les amateurs de salé se rabattront sur les pizzas et les scaldatelli (anneaux friables de pâte salée).

La Vineria BAR À VINS
(☎366 930 59 25 ; Via Vittorio Emanuele II 2 ; ⏱juin-oct). Niché dans une ruelle du centre historique, un endroit parfait pour prendre l'apéritif ou le petit-déjeuner en observant les passants.

Achats

Enoteca Bisceglia – I Sapori del Parco GASTRONOMIE

(☎0884 55 94 13 ; Piazza Moro 5 ; ⏲9h-13h et 17h-20h l'hiver, jusqu'à 22h l'été). Lorenzo Bisceglia affirmait dans les années 1990 que dans les Pouilles, une même huile d'olive sert à cuisiner, frire et assaisonner (contrairement à ce qui se fait dans d'autres régions de la Péninsule). Vous trouverez cette huile dans son magasin de produits du terroir, situé dans la maison la plus belle et la plus ancienne du bourg, ainsi que du vin, des amandes, des câpres, et une belle sélection de spécialités du Gargano.

Renseignements

Office du tourisme (☎0884 55 24 30 ; Corso Matino 68 ; ⏲9h-13h et 17h-21h juin-sept)

Depuis/vers Mattinata

Mattinata se trouve à 18 km au nord de Manfredonia. Des bus **SITA** (www.sitasudtrasporti.it) la relient à Manfredonia (1,40 €, 30 min) et à Vieste (2,80 €, 1 heure 55)

Monte Sant'Angelo

13 200 HABITANTS / ALTITUDE 796 M

Ville la plus haute du Gargano, Monte Sant'Angelo est l'un des principaux lieux de pèlerinage de la Péninsule. Le bourg a grandi autour du Santuario di San Michele, édifié dans la grotte où, en 490, l'archange saint Michel serait apparu à l'évêque de Siponto. D'accès ardu – il faut emprunter une longue route tortueuse en pente raide – Monte Sant'Angelo vous gratifie d'une vue splendide sur le golfe de Manfredonia. Outre pour son sanctuaire, la ville mérite le détour pour son quartier médiéval aux ruelles sinueuses et aux maisons serrées, le **Rione Junno**.

À voir

Santuario di San Michele GROTTE SACRÉE

(☎0884 56 11 50 ; www.santuariosanmichele.it ; Via Reale Basilica ; ⏲7h30-12h30 et 14h30-17h jours ouvrables et 7h-13h jours fériés l'hiver ; 7h30-19h jours ouvrables et 7h-20h jours fériés l'été). À l'entrée de ce sanctuaire inscrit au patrimoine mondial de l'Unesco depuis 2011 se dresse un campanile octogonal du XIIIe siècle. Au fond de la cour, deux portails donnent sur un escalier voûté ; les inscriptions sur les pierres, œuvres de pèlerins, remontent pour certaines au XVIIe siècle. En bas, la Porta del Toro ouvre sur un petit palier fermé par un magnifique portail byzantin en bronze et argent (coulé à Constantinople en 1076) qui donne accès à la grotte où saint Michel serait apparu pour la première fois. À l'intérieur, une statue en marbre blanc de l'archange (XVIe siècle) occupe l'emplacement où il aurait laissé l'empreinte de ses pieds dans la pierre (ce qui explique pourquoi les fidèles laissent derrière eux le contour de leurs pieds et de leurs mains, accompagné d'un message). Le sanctuaire renferme également le **Museo Devozionale** et le **Museo Lapidario** (billet groupé donnant accès à la Tomba di Rotari, au Castello et au Museo di Arti e Tradizioni Popolari 6 €). Ce dernier, installé dans les cryptes des Lombards (VIIe et VIIIe siècles), recèle les pièces mises au jour lors de fouilles effectuées dans le sanctuaire et près de l'Abbazia di Pulsano (p. 104).

Tomba di Rotari BAPTISTÈRE

(⏲10h-13h et 14h30-19h30 avr-oct ; billet groupé, voir ci-dessus). Devant le sanctuaire, un petit escalier mène à la **Chiesa di San Pietro**. Sa façade à la rose élaborée – seul vestige de cette église détruite par un séisme au XIXe siècle – cache un baptistère du XIIe siècle. Il fut longtemps considéré comme la sépulture de Rothari, roi des Lombards au VIIe siècle, mais le bassin profond encastré dans le sol servait sans doute au baptême par immersion.

Chiesa di Santa Maria Maggiore ÉGLISE

(☎0884 56 10 53 ; Largo Tomba di Rotari). Construite au XIe siècle, elle présente un portail roman décoré de beaux bas-reliefs et de quelques fresques bien conservées.

Castello CHÂTEAU

(S'adresser à la coopérative Ecogargano au ☎0884 56 54 44 ; Largo Roberto il Guiscardo 1 ; billet groupé, voir ci-dessus ; ⏲9h30-13h et 14h30-18h l'hiver, jusqu'à 19h l'été). Cette forteresse normande aux ajouts souabes et aragonais trône au-dessus du bourg médiéval, dominant les vallées et villages alentour. L'imposante Torre dei Giganti ("tour des Géants") date de 837-838.

Museo di Arti e Tradizioni Popolari MUSÉE

(☎0884 56 20 98 ; Piazza San Francesco 15 ; 1,50 €, billet groupé, voir ci-dessus ; ⏲9h-13h et 15h-19h mar-dim). Également appelé Museo Tancredi, du nom de son fondateur Giovanni Tancredi, ce musée rassemble dans l'ancien monastère San Francesco des objets d'art et de traditions populaires illustrant la vie quotidienne dans le Gargano, de même que de nombreuses photographies de pélerins.

Activités

Randonnée

Sur les pentes de Monte Sant'Angelo, une belle promenade conduit sur les traces des pèlerins qui ralliaient jadis la ville depuis Siponto, via le vallon de **Scannamugliera**. En chemin se dressent les vestiges de l'église rupestre d'Ognissanti, décorée de fresques du XIIIe siècle. Toutefois, la véritable curiosité naturelle locale reste le **Bosco Quarto**, un bois planté de gigantesques chênes chevelus qui dominent les érables avoisinants, pourtant loin d'être minuscules.

Où se loger

Lieu de pèlerinage réputé, Monte Sant'Angelo possède une offre hôtelière plutôt orientée vers les fidèles et les groupes.

Hotel Michael HÔTEL €€
(☎0884 56 55 19 ; www.hotelmichael.com ; Via Reale Basilica 86 ; s/d 50/70 € ; 📶). Dans la rue principale qui mène du sanctuaire à la vieille ville, ce petit hôtel loue des chambres spacieuses au couvre-lit rose vif pourvues d'une jolie terrasse. Demandez-en une avec vue.

Casa Li Jalantuùmene HÔTEL €€
(☎0884 56 54 84/348 797 63 21 ; www.li-jalantuumene.it ; Piazza De Galganis 9 ; d 80-130 €). Quatre chambres de charme aux tons clairs et aux meubles anciens, dotées d'une entrée indépendante, juste à côté du restaurant du même nom.

Palace Hotel San Michele HÔTEL €€/€€€
(☎0884 56 56 53 ; www.sanmichelepalace.it ; Via Madonna degli Angeli ; tarifs variables, consulter le site Internet ; ❄📶🅿🏊). Installé dans une bâtisse du XXe siècle, à deux pas du château, ce quatre-étoiles tout en moquette, marbres et fer forgé compte deux suites, cinq "suites junior", un grand restaurant sous de belles voûtes, une superbe piscine et un spa.

Où se restaurer

À Monte Sant'Angelo, c'est toujours l'heure de grignoter, la faute à ces irrésistibles *ruote di pane* ("roues de pain") vendues dans la rue – d'énormes et succulentes miches qui se conservent pendant des jours. Rendez-vous aussi au **Forno Frisoli** (☎0884 56 50 08 ; Viale Manfredi 86 ; ⏲14h-21h) pour une part de focaccia.

Da Costanza TRATTORIA €€
(☎0884 56 13 13 ; Corso Garibaldi 67 ; repas 25 € ; ⏲fermé le ven midi l'hiver, ouvert tlj l'été). Une ancienne cave à vins reconvertie en trattoria où déguster les grands classiques – *orecchiette*, *fusilli*, agneau, roulés de veau, grillades, etc.

Monte Sant'Angelo

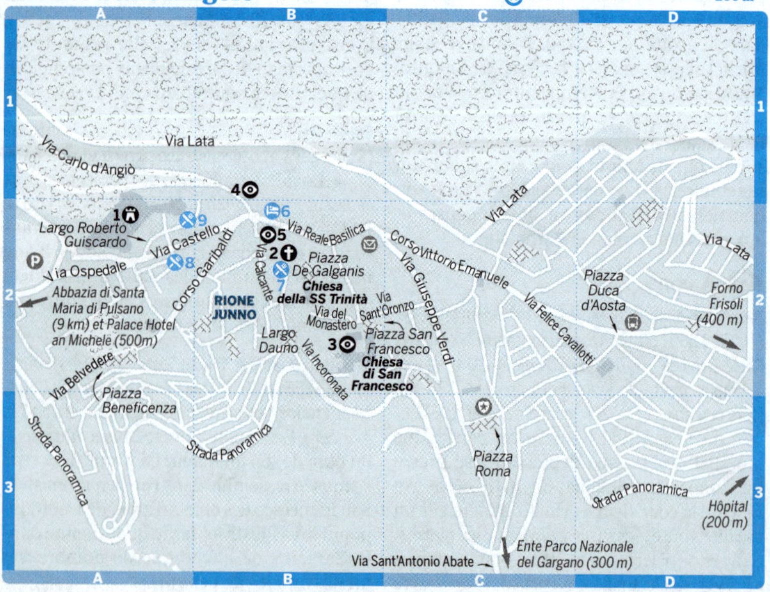

Medioevo RESTAURANT €€
(☎0884 56 53 56 ; www.ristorantemedioevo.it ; Via Castello 21 ; repas 25 € ; ⏲fermé lun sauf l'été). Le respect et l'amour des produits du terroir, telle est la philosophie de Pasquale Mazzone et Tonino Palumbo. Cela donne des plats savoureux à l'image de la charcuterie maison, des *orecchiette* aux pousses de navet ou *alla Medioevo* (roquette, pecorino et sauce à la viande d'agneau) et du *pancotto* (soupe à la tomate et au pain) campagnard parfumé au fenouil sauvage. Excellents fromages et belle carte des vins essentiellement régionale.

Casa Li Jalantuùmene RESTAURANT €€/€€€
(☎0884 56 54 84/348 797 63 21 ; www.li-jalantuumene.it ; Piazza De Galganis 9 ; menu dégustation/végétarien 40/35 €, à la carte 50 € ; ⏲fermé mar l'hiver, ouvert tlj l'été). Niche au cœur du paisible Rione Junno, ce restaurant de haut vol est piloté avec maîtrise et imagination par Gegè Mangano et son épouse Nini. Outre le petit balcon romantique pour deux, une partie de la place accueille avec bonheur de petites tables en été. Ici, on se régale de chicorée sauvage, de ricotta fraîche, de pâtes maison, de poisson et de bœuf (race podolica), avant de terminer par un fruit, une glace ou une panacée de ricotta parfumée aux agrumes et à l'Aleatico.

Monte Sant'Angelo

À voir

- Abbazia di Santa Maria di Pulsano ....hors plan
- 1 Château....A2
- Chiesa di San Pietro ....(voir 5)
- 2 Chiesa di Santa Maria Maggiore B2
- 3 Museo di Arti e Tradizioni Popolari B2
- 4 Santuario di San Michele....B1
- 5 Tomba di Rotari B2

Où se loger

- Casa Li Jalantuùmene ....(voir 7)
- 6 Hotel Michael B2
- Palace Hotel San Michele ....hors plan

Où se restaurer

- 7 Casa Li Jalantuùmene B2
- 8 Da Costanza A2
- 9 Medioevo A2

Renseignements

OFFICES DU TOURISME

Pro Loco (☎0884 56 55 20 ; Via Reale Basilica 40 ; ⏲8h30-13h30 et 14h30-19h30). Dans la vieille ville.

L'été, on trouvera également un **Point Info** sur l'esplanade du château (9h-19h lun-dim mai-oct). On y vend la Card Monte Sant'Angelo (6 €) donnant accès au château, au baptistère et à trois musées (www.turismomontesantangelo.it).

Ecogargano (☎0884 56 54 44 ; www.ecogargano.it ; siège de la Cooperativa Ecogargano : Vico Orto Cappuccini 6, Monte Sant'Angelo ; ⏲9h30-13h et 14h30-19h). Cette coopérative au personnel serviable met en avant des itinéraires culturels et nature dans le parc national du Gargano. Autre antenne près du château (☎0884 56 20 62 ; Largo Roberto il Guiscardo 1).

Ente Parco Nazionale del Gargano (☎0884 56 89 11 ; www.parcogargano.it ; Via Sant'Antonio Abate 121 ; ⏲8h-14h lun-ven, 15h-18h mar et jeu). Fournit des informations très complètes.

POSTE

Bureau de poste (☎0884 56 13 31 ; Via Reale Basilica 10)

URGENCES

Guardia medica (médecins de garde ; ☎0884 56 59 29)

Hôpital (☎0884 56 12 10 ; Via Cimitero 1)

Police municipale (☎0884 56 10 08 ; Piazza Roma 2)

Depuis/vers Monte Sant'Angelo

BUS

La compagnie **SITA** (☎0881 35 20 11 ; www.sitasudtrasporti.it) dessert Monte Sant'Angelo depuis Foggia (4,80 €, 1 heure 30, 2/jour), Manfredonia (2,10 €, 35 min, départs fréquents) et Vieste (6,30 €, 2 heures 30, changement à Bivio Macchia).

VOITURE

De Foggia, empruntez la SS89 en direction de Manfredonia et Vieste, puis prenez la sortie indiquée pour Monte Sant'Angelo. De Vieste, suivez la SS89 vers le sud et sortez à Monte Sant'Angelo, après Mattinata.

Environs de Monte Sant'Angelo

Abbazia di Santa Mariadi Pulsano MONASTÈRE

(☎0884 56 10 47 ; www.abbaziadipulsano.org ; Località Pulsano ; ⏲9h-19h). À environ 9 km au sud-ouest de la ville, sur un massif rocheux proche de la gorge de Pulsano, cette abbaye isolée semble garder le golfe de Manfredonia. Fondée à la fin du VIe siècle, elle fut détruite par les sarrasins en 952 et reconstruite en 1129 par les Bénédictins. Sa chapelle rupestre renferme de beaux exemples de l'art apulien du XIIe siècle.

San Giovanni Rotondo

27 423 HABITANTS / ALTITUDE 566 M

Si vous ne venez pas ici pour Padre Pio (1887-1968), canonisé en 2002 et vénéré dans tout le sud de l'Italie, passez votre chemin. Cet ancien village médiéval perdu au cœur du Gargano s'est en effet "miraculeusement" transformé depuis le séjour du prêtre capucin qui aurait reçu les stigmates et le don de guérir les malades. En 1916, Padre Pio arriva à San Giovanni Rotondo, qui n'était alors qu'un village isolé. À mesure que sa réputation grandissait, le bourg se transforma. Une multitude d'hôtels fonctionnels et de restaurants accueillent désormais les huit millions de pèlerins qui s'y pressent chaque année. Un conseil : fuyez la cohue du sanctuaire et des marchands de souvenirs religieux hors de prix au profit d'une agréable promenade sur le Corso Umberto I.

À voir

Santuario di Santa Maria delle Grazie SANCTUAIRE

(☎0882 41 75 00 ; www.conventosantuariopadrepio.it ; Piazza Santa Maria delle Grazie). Ce vaste ensemble comprend l'**église Santa Maria delle Grazie** (⏲6h-21h15 l'hiver, 6h-20h l'été), construite en 1959, l'**ancienne église** (1540) et le **couvent des frères capucins mineurs**. Si vous ne savez par où commencer, faites la queue avec les pèlerins. La **cellule du Padre Pio** (une chambre spartiate renfermant un lit simple et des pièces d'étoffe tachées du sang des stigmates), la **crypte** où il repose et le **crucifix** devant lequel il reçut les stigmates sont les lieux les plus visités.

Nuova Chiesa di San Pio da Pietra Elcina ÉGLISE

(☎0882 41 75 00 ; ⏲7h-19h en hiver, 7h-20h en été). Ce lieu de culte controversé s'élève derrière l'**Ufficio Accoglienza Pellegrini** (bureau d'accueil des pèlerins ; ☎0882 41 75 00 ; Piazza Santa Maria delle Grazie ; ⏲8h-20h). Œuvre controversée de l'architecte génois Renzo Piano (concepteur du Centre Pompidou à Paris), inaugurée en 2004, cette spectaculaire église ressemble à un énorme coquillage futuriste. Elle a été construite pour contenir dans des conditions décentes les milliers de pèlerins qui investissent la ville chaque année, d'où son statut de deuxième église d'Italie par la taille. Des oliviers, des petits cours d'eau, une chaire et des aigles en marbre embellissent le **parvis** (⏲6h-22h).

Casa Sollievo della Sofferenza HÔPITAL

(☎0882 41 02 02 ; Viale Cappuccini). À l'est de la Chiesa di Santa Maria delle Grazie se tient l'hôpital fondé par Padre Pio en 1947. À côté, le tortueux **Chemin de Croix** (Chemin de Croix ; Viale Padre Pio ; ⏲6h-16h45 l'hiver, 6h-18h45 l'été) jalonné de 14 stations en bronze (1971) du sculpteur Francesco Messina serpente dans un jardin à l'anglaise. Notez en particulier la cinquième station, qui montre Padre Pio aidant Jésus à porter la Croix, et le grand nombre de troncs pour les dons le long du parcours.

LA CHIANCA AMARA

Dans la première moitié du XVIe siècle, incursions et attaques sarrasines semaient la terreur sur les côtes du Gargano, pourtant protégées par des ouvrages défensifs. L'une des plus sanglantes fut certainement la prise de Vieste, le 15 juillet 1554, par le corsaire turc Dragut, à la tête de 70 galères. Au terme de sept jours de siège, il mit la ville à sac et emprisonna plus de 7 000 personnes, femmes et enfants compris, qui furent vendus comme esclaves ou décapitées sur la pierre qui porte aujourd'hui le nom de Chianca Amara ("roche amère"). Pour finir, il incendia la cité.

Depuis/vers San Giovanni Rotondo

De Foggia, prenez la SS89 en direction de Manfredonia, puis la SS273 pour San Giovanni Rotondo. De Monte Sant'Angelo, suivez la SS272 vers l'ouest. De Vieste, empruntez la SS89 en direction du sud et la sortie San Giovanni Rotondo, avant Manfredonia.

Des bus **SITA** (0881 35 20 11 ; www.sitasudtrasporti.it) fréquents couvrent le trajet entre Foggia (2,90 €, 1 heure) et Vieste (3,50 €, 2 heures) via Manfredonia (1,90 €, 50 min).

Vieste

13 600 HABITANTS

Entre la Spiaggia di San Lorenzo au nord et la Spiaggia di Castello (ou Spiaggia di Pizzomunno) au sud, deux vastes et longues plages, s'étend une pointe rocheuse garnie de maisons blanchies à la chaux, d'arcades et de petites places tournées vers la Chiesa di San Francesco et la mer. L'ensemble dégage une atmosphère qui, à certains moments, évoque une agréable station balnéaire italienne à la mode, à d'autres, une charmante et discrète île grecque – même si nous sommes ici sur la terre ferme, à l'extrémité la plus orientale du promontoire du Gargano.

À voir

Ne vous limitez pas au cœur de la ville : n'hésitez pas à traverser la Piazza Garibaldi et la Piazza Kennedy, puis à tourner à gauche pour gagner le front de mer et la Marina Piccola. À l'écart des magasins et du flot des touristes, parcourez aussi la Via Tripoli et les rues limitrophes qui donnent un peu l'impression d'être à Tanger ou en Grèce. Avant de partir, rendez-vous au croisement de la Via Cimaglia et de la Via Boncompagni, pour voir la **Chianca Amara** (voir l'encadré ci-contre).

Scoglio di Pizzomunno RÉCIF

(Spiaggia di Castello). Lorsqu'on aborde Vieste par le sud surgit des flots un récif blanc, auréolé de légende. On raconte que sous sa dure enveloppe gît le cœur du romantique Pizzomunno, un humble pêcheur qui prenait chaque jour la mer à bord de son bateau. Les sirènes tentèrent en vain de l'envoûter par leur chant, mais il était fidèle à la belle Cristalda qu'elles entraînèrent, par dépit, dans les abysses. Fou de douleur et de désespoir, l'amoureux se métamorphosa en pierre. Toujours selon la légende, tous les 100 ans, les deux amants se retrouveraient brièvement pour une nuit passionnée.

Cattedrale CATHÉDRALE

(0884 70 80 78 ; Via Duomo). Cet édifice du XIe siècle, plusieurs fois remanié au cours des siècles, arbore un campanile baroque. À l'interieur, notez le plafond en bois peint à tempera (XVIIIe siècle). La cathédrale renferme en outre une statue en bois de Santa Maria di Merino, de style gothique tardif, patronne de Vieste avec saint Georges.

Castello CHÂTEAU

(Piazza Castello). La première forteresse érigée ici, au point culminant de la ville, fut rasée en 1239 par les Vénitiens, à l'instar de celle de Peschici. Les vestiges actuels appartiennent au château bâti par Frédéric II peu après, mais les bastions datent du XVIe siècle. L'ensemble abrite une caserne de la marine fermée au public. Il n'y a donc guère de raison d'effectuer l'ascension, si ce n'est pour admirer le panorama.

Museo Malacologico MUSÉE

(0884 70 76 88 ; Via Pola 8 ; entrée libre ; 9h30-12h30 et 14h-20h l'été). GRATUIT Une collection de 14 550 coquillages du monde entier, dont l'*Epitonium scalare* constitue la pièce maîtresse.

Necropoli della Salata SITE ARCHÉOLOGIQUE

(Strada Provinciale Vieste-Peschici km 8 ; renseignements à l'Agenzia Sinergie : 0884 70 66 35/338 840 62 15 ; Via Saragat 3). À 9 km au nord de la ville, aux abords de la SP52, une formation rocheuse s'inscrit dans un terrain marécageux proche de la mer, au sein d'un épais maquis. Là se cache une nécropole paléochrétienne de plus de 300 tombes des IIIe et IVe siècles creusées dans les parois de grottes. Le site est géré par l'Agenzia Sinergie qui organise des visites guidées (parcours facile de 45 min environ).

Activités

Visite des grottes marines

Les magnifiques **grottes marines** du littoral se découvrent lors d'une excursion en bateau. Les billets sont en vente dans les kiosques du port. L'itinéraire longe la côte découpée du promontoire vers le sud en direction de Mattinata, permettant au passage d'admirer certaines des plus belles plages du Gargano. Avant de réserver, sachez toutefois que les embarcations rapides peuvent endommager le fragile environnement des grottes calcaires.

Plongée

De mai à septembre, un bateau effectue un aller-retour par jour aux **îles Tremiti**, où des cours de plongée sont proposés.

VTT, quad et randonnée

Vieste constitue un bon point de départ pour le **Parco del Gargano** et la **Foresta Umbra**, qui offrent de nombreuses possibilités d'excursions à pied et à vélo (p. 110).

Sports de glisse

La plage de **Punta Lunga** a la faveur des amateurs de glisse, qui louent généralement leur matériel au **Gargano Surf & Kite Centre 'Cala Azzurra'** (☎ 347 888 71 44 ; www.garganosurf.com ; Spiaggia Santa Maria, Cala Azzurra et Isola la Chianca ; route côtière Vieste-Peschici km 4 ; ⏲ mai-sept), dans la Baia di Santa Maria (Spiaggia Lunga), à 5-6 km au nord de Vieste.

Randonnée

L'un des plus beaux itinéraires nature du Gargano va de Mergoli à la splendide **Spiaggia di Vignanotica** (dite aussi Baia dei Gabbiani, "baie des Mouettes", en raison de l'importante colonie de goélands leucophées et de mouettes rieuses qui y nichaient autrefois). Long de 3 km et sans difficultés, il se parcourt en une heure et demie, dévoilant des falaises d'une blancheur exceptionnelle qui surplombent la mer ou des plages de petits galets. En haute saison, on peut également rallier la plage en cinq minutes depuis un parking payant, grâce à une navette fort pratique (7 €/jour, ttes les 10-15 min) ce qui explique la popularité de cette plage l'été.

Plages

C'est probablement dans ce secteur que l'éperon de la botte italienne livre ses plus belles plages. Baies de sable et criques de gravier se succèdent dans un environnement de toute beauté.

Vieste

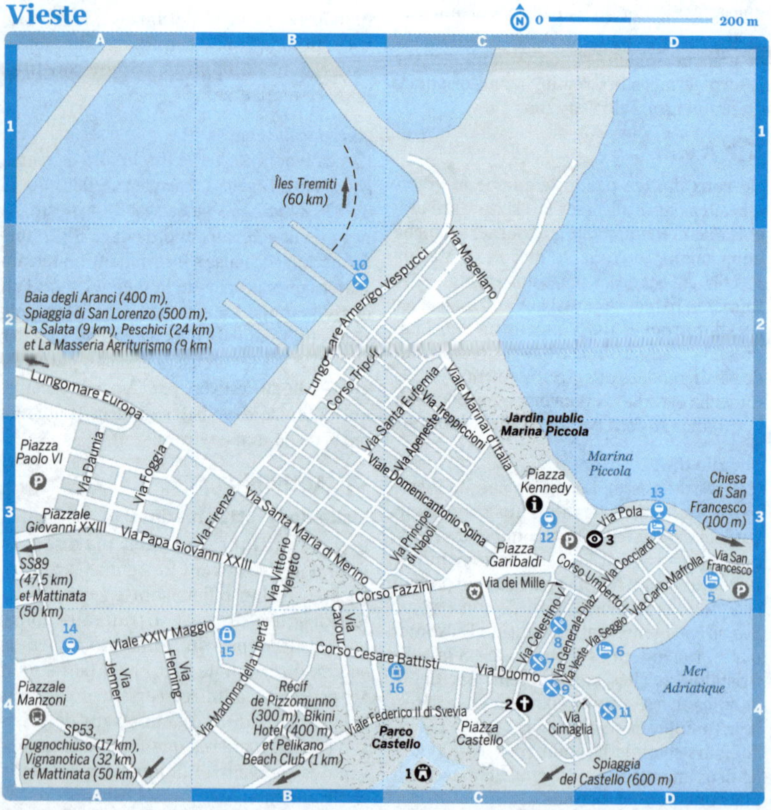

Autour de Vieste

Vieste est encadrée par deux vastes plages sablonneuses : au nord, la **Spiaggia di San Lorenzo** (ou "Spiaggia del convento") ; au sud, la magnifique **Spiaggia di Castello** (ou Scialara) aux reflets dorés, qui s'étire sur près de 3 km, avec en toile de fond des falaises blanches à pic et le Scoglio di Pizzomunno (p. 105), impressionnant récif calcaire de plus de 20 m de haut. De là part un chemin, seul accès à la jolie **Spiaggia dei Pipistrelli** ("plage des Chauves-Souris"), nichée entre les parois immaculées de la grotte éponyme.

De Vieste À Peschici

Au-delà de la **Spiaggia di San Lorenzo** s'étendent les plages de sable de **Punta Lunga** et **Colombi**, peu pratiques d'accès car cachées derrières des pinèdes mais pourvues d'installations. Plus loin, la **Spiaggia di Scialmarino**, au fond marin de faible profondeur, convient bien aux familles. Proche de la Necropoli della Salata (p. 105), elle dispose d'un parking, de bars, de restaurants, d'écoles de voile et de kitesurf et même d'un parc de jeux. D'un accès difficile à travers la pinède qui borde la route, la **Spiaggia di Crovatico** bénéficie aussi d'équipements divers. Au-delà d'un promontoire à l'est, se cache la **Spiaggia Stretta**, un petit bijou encadré de deux masses rocheuses et adossé à une pinède. À la limite entre Peschici et Vieste s'étend la sablonneuse **Spiaggia di Sfinalicchio**, qui accueille nombre d'écoles de surf et de voile, de bars et de restaurants.

De Vieste À Mattinata

Au sud de Vieste, la longue **Spiaggia di Portonuovo** aux dunes de sable fin, protégée par l'îlot du même nom, ne pose aucun problème d'accessibilité : elle comprend une partie aménagée avec des jeux pour les enfants. Après la **Spiaggia di San Felice** équipée, à l'abri d'une anse profonde, d'où l'on profite d'une belle vue sur Vieste, on arrive à la superbe **Baia di Campi** (galets), dont les eaux cristallines attirent de nombreux touristes ; les grottes toutes proches peuvent être explorées en canoë. Suivent de petites plages gravillonneuses comme la **Cala della Sanguinara**, au bout d'un long sentier traversant une pinède touffue. Pour terminer, gagnez l'incontournable **Spiaggia di Vignanotica**. Vous y découvrirez une haute falaise verticale, avec des grottes et des rochers poissonneux à sa base, qui masque rapidement le soleil dans l'après-midi.

Où se loger

Le secteur le plus agréable pour se loger est le centre historique, même si l'on peut aussi trouver des hôtels de tourisme et des pensions sur le front de mer et au sud de la ville. Les villages de vacances, très répandus et bon marché, constituent une autre alternative.

Baia degli Aranci VILLAGE DE VACANCES, CAMPING € (☎été/hiver : 0884 70 65 91/0884 70 80 25 ; www.baiadegliaranci.it ; Lungomare Europa 48 ;

Vieste

À voir

1 Castello ... C4
2 Cattedrale ... C4
3 Museo Malacologico ... D3
Necropoli della Salata ... hors plan
Pizzomunno ... hors plan

Où se loger

Baia degli Aranci ... hors plan
Bikini Hotel ... hors plan
4 Casa Giulia ... D3
5 Hotel Seggio ... D3
6 Rocca sul Mare ... D4

Où se restaurer

7 Al Dragone ... C4
8 Al Duomo ... C4
9 Enoteca Vesta ... C4
10 Il Capriccio ... B2
La Masseria Agriturismo ... hors plan
11 La Ripa ... D4
Pelikano Beach Club ... hors plan

Où prendre un verre

12 Gelateria Sottozero ... C3
13 Grottino ... D3
14 L'Incontro ... A4

Achats

15 La Massaia ... B4
16 Lithos ... C4

LES PLUS BELLES RANDONNÉES DANS LE GARGANO

- La Dolina Pozzatina et Santa Maria Monte d'Elio (voir l'encadré p. 117)
- L'Abbazia di Santa Maria di Pulsano (p. 104)
- L'Oasi di Lago Salso (voir l'encadré p. 98)
- Le Bosco Quarto (p. 102)
- Le Monte Sacro et le Monte Saraceno (p. 99)
- La Foresta Umbra (voir l'encadré p. 110)

adulte/enfant 4,50-13/0-8 €, empl 10,50-19 €, bungalows 2/3 pers 310-995 €/semaine ; avr-oct ;). Des prestations de premier ordre garantissent un séjour agréable, que vous logiez dans un bungalow ou sous votre propre tente. Plage privée avec complexe balnéaire et jeux, supérette, bar, vélos gratuits, excursions, etc.

♥ Rocca sul Mare HÔTEL €€
(0884 70 27 19 ; www.roccasulmare.it ; Via Carlo Mafrolla 32 ; 30-65 €/pers, demi-pension 48-85 €/pers ; toute l'année ;). Gérée par une charmante famille, cette belle adresse à l'élégance simple et austère a élu domicile dans un vaste couvent jouxtant une église. Ses chambres spacieuses, hautes de plafond, sont dotées d'huisseries et de carrelage superbes ainsi que d'une terrasse donnant sur la mer et la cour intérieure. La vue depuis le solarium est spectaculaire. Pour ceux qui veulent apprendre le secret des pâtes maison, Raffaella dispense un petit cours de cuisine les après-midi en été. Agrémenté d'une terrasse romantique regardant les flots, le restaurant ne démérite pas. Wi-Fi dans les parties communes et certaines chambres.

Bikini Hotel HÔTEL €/€€
(0884 70 15 45 ; www.bikinihotelvieste.it ; Via Massimo D'Azeglio 13a ; 30-65 €/pers, demi-pension 48-90 €/pers ; avr-oct ;). Cet hôtel moderne de 28 chambres constitue un excellent choix à deux pas du centre-ville et du Scoglio di Pizzomunno (p. 105). Sa plage privée, le Lido Bikini, se trouve à 200 m, sur la Spiaggia di Castello. Les œuvres d'un artiste local embellissent les chambres.

Casa Giulia B&B €/€€
(0884 70 70 33 ; www.casagiuliavieste.it ; Via Alarcon 7/9 ; s/d 40-65/70-140 € ; juin-nov ;). Ce petit B&B de la vieille ville offre cinq chambres aux murs immaculés, récemment réaménagées. Sur la terrasse avec vue, le petit-déjeuner estival se révèlera particulièrement agréable, avec le blanc de la chaux se détachant sur le bleu de la mer.

Hotel Seggio HÔTEL €€
(0884 70 81 23 ; www.hotelseggio.it ; Via Veste 7 ; d/tr 90-160/110-185 € ; avr-oct ;). L'établissement occupe l'ancien hôtel de ville, un édifice du XVIIIe siècle couleur jaune citron, qui borde une ravissante placette du centre historique donnant sur la mer. On accède directement par un ascenseur à sa plage privée avec piscine. Préférez les chambres côté mer, un peu plus chères.

Où se restaurer

Si le choix de restaurants est vaste dans la vieille ville et autour de la Piazza Kennedy, vous ne trouverez qu'une adresse sur le port (*Il Capriccio*) – mais la meilleure de la ville ! À Vieste, comme dans tant d'autres localités touristiques de bord de mer, il est difficile de se restaurer pour un tarif abordable, à moins d'opter pour les *calzoni*, la focaccia ou la pizza.

La Masseria AGRITURISMO €€
(388 355 15 27 ; SP52 Vieste-Peschici km 9 ; menu 25 €). Un choix relativement abordable (et d'un bon rapport qualité/prix) pour le secteur. Sans prétentions excessives, il conviendra aux voyageurs capables pour une fois de se priver de poisson au profit d'antipasti, de fromage et de viande grillée, à déguster sous les oliviers.

Al Duomo AUBERGE €€
(0884 70 82 43 ; www.osteriaalduomo.it ; Via Alessandro III 23 ; repas 30 € ; 12h-0h en été). Lové dans étroite ruelle au cœur de la vieille ville, une salle accueillante taillée dans la roche se prolongé par une terrasse en plein air sous une pergola. Après avoir dépassé la Locanda La Macina, descendez encore quelques marches pour déguster les pâtes maison mitonnées par Anna. Pour la *frittura di pesce* (friture de poisson), il faut réserver.

Enoteca Vesta RESTAURANT €€
(0884 70 64 11 ; www.enotecavesta.it ; Via Duomo 14 ; repas 30-35 € ; horaires variables).

On commence à compter les distinctions gastronomiques sur la porte et puis, rapidement, on se laisse distraire par le fumet du filet de maquereau aux légumes et des *bruschette* surmontées d'anchois marinés aux agrumes. Dans cet établissement géré en famille, le repas s'achèvera certainement par une tarte aux oranges et un verre de limoncello maison.

La Ripa RESTAURANT €€
(☎0884 70 80 48 ; www.laripa.net ; Via Cimaglia 16 ; repas 35-40 € ; ⊙mars-oct). Les tables à l'extérieur s'alignent le long d'une charmante placette, à deux pas de la Chianca. La famille propriétaire produit elle-même nombre d'ingrédients (viande, légumes et fromage). Si vous ne succombez pas devant la sériole crue au poivre rose ou les anchois au safran, optez pour l'agneau, accompagné d'anis étoilé et de ricotta.

Pelikano Beach Club PIZZERIA, RESTAURANT €€
(☎0884 70 24 89 ; www.pelikanobeach.it/home.html ; Lungomare Mattei 9b ; repas 35-40 € ; ⊙tlj Pâques-oct). Le top du chic de la restauration balnéaire, au bord de la principale plage de Vieste. Si les chaises en bambou, les tables en bois et les palmiers créent un décor exotique, la cuisine composée de poisson frais et de pâtes maison reste typique des Pouilles. Large choix de pizzas (7-8 €) également. On peut se contenter d'y boire un verre.

Al Dragone RESTAURANT TROGLODYTIQUE €€
(☎0884 70 12 12 ; Via Duomo 8 ; www.aldragone.it ; repas 40 € ; ⊙avr à mi-oct, fermé mar sauf juin-août). Quelle intimité sous les voûtes basses et la lumière tamisée de ce charmant restaurant troglodytique où l'on s'installe dans d'élégants fauteuils en cuir. Côté cuisine, le chef n'emploie que des produits locaux de saison ; nous vous conseillons les *orecchiette* aux pousses de navet et anchois rouges, à arroser d'une bouteille de vin des Pouilles. Dans le fumoir à l'étage inférieur, les fumeurs peuvent s'adonner à leur vice devant un verre d'alcool.

♥ **Il Capriccio** RESTAURANT, BAR À VINS €€€
(☎0884 70 78 99 ; Porto Turistico ; www.ilcapricciodivieste.it ; repas à partir de 45-50 € ; ⊙fermé lun-jeu l'hiver, tlj en été). Si le bar à vins, riche de quelque 500 crus, est considéré comme l'un des plus raffinés du Gargano, le restaurant figure, lui, parmi les meilleurs des Pouilles. En été, une plate-forme au milieu des bateaux amarrés permet de manger au-dessus de l'eau. En hiver, les immenses baies vitrées de la salle dévoilent le cadre magique du port. Derrière les fourneaux, le maestro Leonardo Vescera marie subtilité française, techniques japonaises et créativité italienne. Laissez-vous tenter par la pêche du jour ou choisissez à la carte une brème, une rascasse ou une queue de lotte.

Où prendre un verre ou une glace

L'Incontro BAR/PÂTISSERIE
(☎0884 70 26 64 ; Viale XXIV Maggio 82 ; ⊙6h-0h, fermé mar, ouvert tlj l'été). Une excellente adresse pour prendre le petit-déjeuner ou l'apéritif, avec des amuse-bouche pour tromper l'appétit.

Grottino BAR À COCKTAILS/PIZZERIA
(☎346 968 97 58 ; Via Pola 40 ; ⊙19h-1h, fermé jeu l'hiver, ouvert tlj mai-sept). Décidément, on est bien dans ces fauteuils en osier, un cocktail à la main, le regard embrassant l'îlot, le phare et la mer. Pour trouver le Grottino, demandez le chemin de l'Antico Borgo San Francesco.

Gelateria Sottozero GLACIER
(☎0884 70 14 44 ; Piazza Kennedy 9 ; ⊙8h30-13h30 et 15h30-2h juil-août, fermé mar). Malgré ses néons tapageurs, cette *gelateria* bien placée vend des glaces à tomber.

Achats

Promenez-vous dans la Via Carlo Mafrolla, où d'élégants magasins proposant céramiques et autres produits de l'artisanat local ont remplacé les étals improvisés du marché.

Lithos DÉCO
(☎0884 70 22 41 ; Via Battisti 37 ; ⊙8h-13h et 15h-20h l'hiver, 9h-13h et 15h-0h l'été). Pour une lampe en pierre calcaire de Lecce, une sculpture en calcarénite du Gargano et du Salento, un bronze ou un bijou en albâtre raffiné.

LES PLUS BELLES PLAGES DU GARGANO

- Spiaggia del Sospetto (p. 117)
- Spiaggia di Calenelle (p. 117)
- Spiaggia di Zaiana (p. 112)
- Cala Lunga (p. 112)
- Spiaggia di Vignanotica (p. 106)
- Baia delle Zagare (p. 99)
- Baia di Campi (p. 107)

LA FORESTA UMBRA

Si le parc national du Gargano occupe la majeure partie de l'éperon, seule une petite portion, la Foresta Umbra (baptisée ainsi en raison de ses nombreuses zones ombragées), demeure véritablement sauvage. Vestige des forêts anciennes des Pouilles, elle tapisse les cimes montagneuses du promontoire sur 15 000 hectares, formant une mosaïque d'espèces végétales dominée par les pins d'Alep, les chênes, les sapins, les châtaigniers et, surtout, les hêtres. Au printemps, le sous-bois se colore d'anémones, de cyclamens et de violettes, sans oublier de nombreuses espèces rares. En automne, les fleurs cèdent la place à des champignons. D'une grande richesse, la faune endémique comprend chevreuils, sangliers, blaireaux et chats sauvages ainsi qu'une multitude d'oiseaux, dont le faucon pèlerin et la sittelle torchepot. Aux sentiers praticables à pied et à VTT s'ajoutent des aires de pique-nique. Informations et exposition de photos de la faune et de la flore endémiques au **Centro visite Villaggio Umbra** (☎0884 56 54 44 ; 1,20 € ; ⏲9h-19h dimanche des Rameaux-4 oct, sur réservation le reste de l'année). Pour des excursions à vélo ou à pied avec un guide accrédité, s'adresser à **Ecogargano** (☎0884 56 54 44/0884 56 20 62 ; www.ecogargano.it ; siège : Vico Orto Cappuccini 6, Monte Sant'Angelo ; ⏲9h30-13h et 14h30-19h) ; pour louer des VTT, à **Gargano Bike Holidays** (☎331 615 23 73 ; www.garganobike.com) ; pour une une promenade à cheval, à **Posta Ruggiano** (☎0884 53 04 00 ; www.cepostaruggiano.org ; Località Ruggiano, Manfredonia) et pour des parcours en quad et en 4×4 à **Explora Gargano** (☎348 192 75 20/340 713 68 64 ; www.exploragargano.it).

La Massaia GASTRONOMIE
(☎0884 70 73 33 ; www.lamassaia.it ; Viale XXIV Maggio 9 ; ⏲9h-12h30 ven-mer l'hiver, 9h-13h et 18h-23h l'été). Ne vous laissez pas abuser par les soi-disant "produits typiques" proposés par les échoppes du centre historique. Quelques centaines de mètres plus loin, là où Vieste se fait davantage ville, vous trouverez ici des pâtes, fraîches ou sèches, du vin, de l'huile et quantité d'autres délices véritablement authentiques.

ℹ Renseignements

OFFICE DU TOURISME

Ufficio informazioni e accoglienza turistica (☎0884 70 88 06/0884 70 74 95 ; Piazza Kennedy ; ⏲horaires variables l'hiver, 8h30-14h30 et 16h-0h lun-sam, 16h-0h dim l'été). À l'extrémité sud du port de plaisance, dans le bâtiment rose d'une ancienne poissonnerie, reconnaissable à sa grande enseigne sous une horloge.

POSTE

Bureau de poste (☎0884 70 28 49 ; Via Veneto)

URGENCES

Guardia medica (médecins de garde ; ☎0884 70 65 30 ; Località Coppitella)

Police municipale (☎0884 70 80 14 ; Viale Marinai d'Italia 2)

Carabiniers (☎0884 70 50 10 ; Via Giuseppe Verdi 18)

ℹ Depuis/vers Vieste

BATEAU

En été, plusieurs compagnies de ferries disposant de kiosques sur le port rallient les **îles Tremiti**. Renseignez-vous sur place car tout change d'une année sur l'autre, voire de semaine en semaine (les informations sont affichées à l'extérieur quand les kiosques sont fermés). L'**Agenzia SOL** (☎été : 0884 70 15 58, hiver : 0884 51 43 71 ; www.solvieste.it ; Via Treppiccioni 5 ; ⏲9h-13h et 17h-21h mars-nov, jusque tard le soir l'été) fournit également des informations à ce sujet.

BUS

La compagnie **SITA** (www.sitasudtrasporti.it) relie Vieste aux villes situées au sud du Gargano. De Foggia (7 €, 2 heures 45), des bus fréquents parcourent la côte méridionale du promontoire en passant par Manfredonia (4,20 €, 2 heures). **Ferrovie del Gargano** (www.ferroviedelgargano.com) dessert des communes au nord du Gargano et Foggia (7 € ; 2h20). L'été, des bus partent régulièrement pour Peschici (1,70 €, 35 min) depuis la Piazza Manzoni ; les horaires sont affichés à l'extérieur de l'agence **Ragno Viaggi** (☎0884 70 15 28), sur la place.

La consultation du site de la **Co.tr.a.p** (Consorzio Trasporti Aziende Pugliesi ; www.cotrap.it) pourra vous être utile.

TRANSPORTS URBAINS

L'été, les bus jaunes de la municipalité (1,50 €) parcourent régulièrement la route côtière ;

l'itinéraire débute à 11 km au nord de Vieste et s'achève à 11 km au sud. En hiver, le service est très réduit et sert principalement aux habitants de l'arrière-pays.

VOITURE ET MOTO

De Foggia, prenez la SS89 à destination de Manfredonia et la route côtière méridionale qui mène à Vieste. Sinon, vous pouvez emprunter la SS16 pour San Severo, puis la SS89 afin de suivre la route côtière septentrionale qui longe le promontoire.

Peschici

4 400 HABITANTS

Un déjeuner sur l'eau, entre les mâts d'un *trabucco*, une de ces cabanes de pêcheurs sur pilotis typiques de la région ; quelques-unes des plus belles plages du Gargano, dont celle de Zaiana ; un monument hélas oublié, l'Abbazia di Santa Maria di Kàlena, jadis étape essentielle pour les pèlerins en chemin vers Monte Sant'Angelo ; une foule de maisons blanches et de coupoles byzantines... Voilà les atouts de cette petite ville de bord de mer, dont le nom dérive des mots slaves *pesek* (sable) et *cist* (pur). De là, vous rallierez aussi les îles Tremiti pour une excursion d'une journée, un séjour prolongé, une plongée à la découverte des superbes fonds marins ou une petite séance d'observation des oiseaux.

À voir

Castello CHÂTEAU

(0884 96 22 89 ; Via Castello Recinto Baronale 1 ; tarif plein/réduit 3/2 € ; visite sur réservation oct-mai 9h30-13h30 et 16h30-22h30, juin et sept 9h30-13h30 et 16h30-0h, juil 9h30-13h30 et août 16h30-0h30, en cas de mauvais temps l'été horaire continu). Trônant de façon spectaculaire au sommet d'un rocher à pic, ce château fut édifié en 970, époque à laquelle les Byzantins fondèrent plusieurs établissements sur le territoire de la Capitanate. En 1239, les Vénitiens à la solde du pape Grégoire IX lui firent subir le même sort que les châteaux de Vieste et de Termoli, le rasant entièrement. L'empereur Frédéric II se serait alors rendu sur place en personne pour superviser sa reconstruction. Propriété privée, il ne se visite pas, à l'exception des cachots et de l'armurerie inclus dans le billet du **Museo delle Torture**. Ce musée possède 60 instruments de torture datant du Moyen Âge et de la Renaissance. Après ces visions glaçantes, le jardin-terrasse avec vue imprenable sur la mer vous changera les idées.

Chiesa di Sant'Elia ÉGLISE

(0884 96 40 64 ; Largo Chiesa Madre ; 10h-12h30 et 15h30-20h). Cette église du centre renferme d'intéressantes peintures du Chemin de Croix réalisées par Alfredo Bortoluzzi (1905-1995). Formé à l'école du Bauhaus, l'artiste fit souffler dans la ville le vent nouveau de l'art contemporain après s'y être installé en 1958.

Chiesa della Madonna di Loreto ÉGLISE

(0884 96 40 64 ; sur réservation). À 2 km de Peschici, sur la route côtière conduisant à Vieste, cette petite chapelle blanchie à la chaux se dresse à l'endroit où la Vierge serait apparue à un groupe de pêcheurs pour sauver leur navire de la tempête. Bâtie entre le XVIe et le XVIIe siècle, elle présente les mêmes dimensions que l'embarcation miraculée et des maquettes de bateaux sont accrochées à l'intérieur en guise d'ex-voto.

Activités

Agrifoglio Tour (0884 96 27 21 ; www.agrifogliotour.it ; Piazza Sant'Antonio 3 ; 9h30-12h30 et 16h30-19h30 lun-ven et 9h30-12h30 sam l'hiver, 9h-13h et 17h30-23h l'été) propose des circuits culturels, des excursions aux îles Tremiti et des safaris en jeep dans le parc national du Gargano.

Plages

La portion de littoral entre Peschici et la Cala del Turco se compose d'un paysage de roche blanche, ponctué de maquis méditerranéen, qui s'ouvre par endroits sur de larges baies sablonneuses et de vastes plages équipées. Entre la Cala del Turco et Vieste, en revanche, on n'aperçoit quasiment plus la mer depuis la route côtière, laquelle s'enfonce dans la pinède. Se succèdent alors de manière ininterrompue campings, résidences hôtelières et villages de vacances. En parcourant la route qui relie Peschici à Vieste, admirez les *trabucchi* (voir l'encadré p. 113) tournés vers la mer.

L'une des plus grandes plages de Peschici, la **Spiaggia di Marina** (plus communément appelée "A Marejn"), se déploie à l'ouest de la ville. Exposée aux vents du nord, elle attire les amateurs de sports de glisse. Ses équipements font aussi d'elle une plage familiale. Quant aux plus romantiques, ils viennent y admirer

L'ABBAYE OUBLIÉE

Sise dans le bourg de Piana di Peschici, l'**Abbazia di Santa Maria di Kàlena** est aujourd'hui tristement abandonnée à son sort. Fondée au IXe siècle, elle vit jadis défiler les pèlerins débarquant sur le littoral du Gargano pour rejoindre la grotte de l'archange saint Michel. En échange d'une obole, elle leur offrait gîte, couvert et même soins grâce aux plantes médicinales cultivées par les moines. Successivement aux mains des bénédictins, des cisterciens puis de l'ordre des chanoines réguliers du Latran, l'ensemble ecclésiastique comprend une église inachevée d'une grande valeur historique. On peut en effet identifier sur ses murs les marques utilisées par les tailleurs de pierre pour indiquer la destination des blocs sur le chantier. Autre point d'intérêt, un graffiti en forme de quadrilatère renfermant deux autres quadrilatères plus petits. Il s'agit d'une représentation symbolique de la *Jérusalem céleste*, que l'on retrouve sur plusieurs étapes du chemin de pèlerinage menant au Monte dell'Angelo (en particulier à l'Abbazia di Santa Maria di Pulsano, p. 104), mais également dans certains pays du nord de l'Europe. Malgré son intérêt historique et plusieurs campagnes de mobilisation, l'abbaye ne suscite qu'indifférence de la part des pouvoirs publics et tombe en ruine.

le lever et le coucher du soleil. À son extrémité ouest, cachée par un gros rocher, une passerelle mène à la **Spiaggia di Jalillo**, à l'abri du vent et ombragée l'après-midi, qui offre davantage d'intimité.

La côte qui s'étend à l'est de Peschici comprend également de très belles plages où étendre sa serviette sur du sable fin. Pour rejoindre la ravissante **Spiaggia di Zaiana**, il faut emprunter une route blanche, puis traverser le maquis et descendre une volée de marches naturelles. La **Spiaggia di Manaccora**, accessible par une route goudronnée, est l'une des baies les plus fréquentées de Peschici, avec sable poudreux, fonds marins en pente douce et beau *trabucco* sur la falaise de la Grotta dei Dei. La **Spiaggia di Cala Lunga**, entourée de plusieurs *trabucchi*, est facile à atteindre par une route qui s'achève tout près de la pointe rocheuse et un sentier pratique. Plus loin, d'autres plages ont été privatisées par les hôtels du secteur.

Où se loger

Ces dernières années, les environs de Peschici ont vu fleurir de nombreux B&B de charme aux tarifs assez intéressants. La côte, vers l'est comme vers l'ouest, est en revanche parsemée de campings. Sinon, n'hésitez pas à séjourner en plein centre : attention toutefois à l'emplacement de votre hébergement en haute saison si vous désirez profiter d'une bonne nuit de sommeil.

Campeggio Centro Turistico San Nicola – Residence Gemini CAMPING **€**
(☎0884 96 40 24 ; www.baiasannicola.it ; SS 693 ; 7-12 €/pers, empl 6-11,50 € ; studios pour 2 pers 300-720 €/sem). Dans une pinède de 12 hectares, tout près du Trabucco da Mimì (voir ci-contre), cet excellent camping propose des emplacements pour tentes et camping-cars, ainsi que quelques bungalows aux abords de la plage.

Le Antiche Porte B&B **€/€€**
(☎0884 96 21 25 ; www.leanticheporte.it ; Via Roma 34 ; 25-65 €/pers ; ❄). Les chambres sans chichis de cette adresse donnant sur une jolie placette à l'écart du bruit s'agrémentent de petits balcons panoramiques, mais la vue depuis la terrasse du petit-déjeuner vous séduira bien davantage.

Peschiciano B&B **€/€€**
(☎0884 96 47 88 ; www.bebilpeschiciano.it ; Via Gioielli 1 ; 25-60 €/pers ; ⌚juin-sept). Bien qu'exiguës, les chambres de ce B&B jouissent pour certaines d'une vue splendide sur la mer. En plein cœur du centre historique, à deux pas du restaurant Porta di Basso. Parfois très bruyant les soirs d'été.

Hotel Elisa HÔTEL **€€**
(☎0884 96 40 12 ; www.hotelelisa.it ; Borgo Marina 20 ; s/d 55-70/80-120 € ; ⌚avr-oct ; ❄P≋). Dans cet établissement au pied du bourg, c'est surtout le bruit et l'odeur de la mer qui comptent, mais il y a aussi un Jacuzzi et une plage privée aménagée. Possibilité de demi-pension ou de pension complète.

Orchidea
HÔTEL €€

(☎0884 96 24 10 ; www.hotelorchidea.biz ; Località Pozzo ; s/d 40-70/80-140 €). Légèrement excentré et proche de la plage (accessible à pied ou en navette), ce trois-étoiles n'a guère de cachet mais conviendra à ceux qui cherchent un endroit propre, fonctionnel et d'un bon rapport qualité/prix.

Parco dei Limoni
HÔTEL €€

(☎0884 96 25 42 ; www.parcodeilimoni.it ; Località Contrada Matrotonno ; 50-85 €/pers ; Pâques-oct ;). Une magnifique petite villa nichée dans la verdure, avec une piscine, un beau jardin et une grande terrasse. Un charme indéniable, malgré l'éloignement de la mer (2,5 km).

♥ Gli Orti di Malva
SUITES €€€

(☎0884 91 53 64 ; www.gliortidimalva.it ; Via Le Ripe 122 et 128 ; ste 70-120 €/pers ; toute l'année ;). Mobilier en bois, tissus naturels, petites terrasses avec vue sur la mer, entre autres touches raffinées, caractérisent les deux élégantes suites de cet établissement de charme. Après une nuit bercée par le clapotis des vagues, vous vous sentirez au paradis en savourant votre petit-déjeuner sur la terrasse à pic sur la mer, où les nappes immaculées réfléchissent la lumière du soleil.

Où se restaurer

À Peschici, les bars et restaurants sont légion. Dans ces derniers, vous ne risquez guère de vous tromper en commandant du poisson. Plusieurs sont regroupés sous la bannière de l'association Gusta Peschici (www.gustapeschici.it), qui a pour but de promouvoir la gastronomie locale. Enfin, vous pourrez vivre ici une expérience unique : prendre un repas dans un *trabucco*.

Golosa Passione
PÂTISSERIE €

(☎346 394 83 82 ; Via Cimitero 22). À proximité de l'ancien terrain de sports (aujourd'hui un marché où les agriculteurs des environs vendent leurs délicieux produits), cherchez cette pâtisserie artisanale où Miriam s'inspire de recettes anciennes. Dans sa boutique-atelier, elle vous recevra en personne et vous fera goûter ses tartes aux saveurs délicates, ainsi que ses biscuits typiques aux figues et aux amandes ou ceux au Primitivo di Manduria, couverts de grains de sucre.

Panini di mare
SANDWICHS €

(☎0884 96 27 08 ; www.paninidimare.it ; Via Castello 40 ; sandwich à partir de 6 € ; 10h-14h et 17h-0h mai-oct). Dans l'un des recoins les plus charmants du centre historique, régalez-vous d'un sandwich original aux saveurs de la mer : thon cru, poulpe grillé et oignons, ou encore crevettes rouges de Gallipoli et roquette. La toute dernière nouveauté ? Le kebab de poisson. Boissons de qualité.

♥ Al Trabucco da Mimì
RESTAURANT €€

(☎0884 96 25 56 ; www.altrabucco.it ; Località Punta San Nicola ; repas 30-35 € ; 12h15-14h et 18h30-21h30 Pâques à mi-oct, week-end seulement seconde moitié d'oct). Bienvenue chez Carlo, son épouse Rossella et leurs deux fils, Vincenzo et Domenico, *trabucchisti* depuis des générations. Le cadre spartiate mais au charme fou se prête à un déjeuner sur fond de mer azurée, un apéritif au crépuscule

LE TRABUCCO OU L'ART DE LA PÊCHE ACROBATIQUE

En arpentant le Gargano, vous tomberez sans doute sur des cabanes de pêcheurs juchées sur pilotis, semblables aux carrelets de l'estuaire de la Gironde. Le mot italien *trabucco* désigne d'abord une sorte de catapulte qu'on employait lors des sièges (le trébuchet), mais il évoque aussi un antique système de pêche, fait de cordes et de poulies. Le dispositif se compose d'une plateforme accrochée à la roche et de deux mâts de plusieurs mètres, généralement des troncs de pins d'Alep, soutenant un filet (ou *trabocchetto*) au-dessus des flots. Ce dernier est descendu et remonté au passage des bancs de poissons. Les *trabucchi* rendaient la pêche possible même par gros temps, mais dans de rudes conditions. Aussi furent-ils peu à peu abandonnés avec l'arrivée des chalutiers dans les années 1940.

Ces dernières années, la nouvelle génération, prenant conscience de l'intérêt touristique des *trabucchi*, en a remis bon nombre en état, les transformant parfois en petits restaurants. Un repas de poisson sur un *trabucco* surplombant la mer constitue une expérience parmi les plus typiques du Gargano (ci-dessus et p. 114).

ou un dîner en amoureux. La cuisine, de premier ordre, s'appuie sur des produits de la mer variés et d'une extrême fraîcheur préparés avec simplicité mais une touche de créativité. Bières excellentes et musique agréable, parfois jouée sur place l'été. Enfin, les chambres invitent à prolonger l'expérience et à se réveiller au milieu des flots.

Il Trabucco RESTAURANT €€
(☎0884 91 10 08 ; Punta Manacore ; repas à partir de 30 € ; ⏲Pâques-oct). À 6 km de Peschici, ce *trabucco* bénéficie d'un cadre unique. Un escalier raide descend jusqu'à ce restaurant rustique aménagé dans une cabane de pêche. La carte dépend de la prise du jour ; s'il y en a, choisissez les sèches farcies.

Trabucco Monte Pucci RESTAURANT €€
(☎345 893 31 51 ; www.trabuccodimontepucci.com ; Località Montepucci ; repas à partir de 35-40 € ; ⏲Pâques-oct). Dans les années 1970, ce *trabucco* exhalait déjà un bon fumet de poisson grillé, lorsque le grand-père des tenanciers actuels y pêchait et cuisinait. Aujourd'hui, l'endroit a gagné en raffinement (notez la salle intérieure, orientée vers le coucher du soleil et Rodi), mais n'a rien renié de sa philosophie : le poisson frais cru, grillé ou frit occupe toujours le devant de la scène. L'établissement loue aussi quelques maisonnettes donnant sur la mer, à flanc de colline et en léger surplomb du *trabucco*.

♥ **Ristorante Eden** RESTAURANT €€
(☎0884 96 48 14 ; www.ristoranteedenpeschici.it ; Località Marina ; repas 30 € ; ⏲Pâques-sept). Sur la minuscule plage du port, les moules farcies et les *troccoli* à la ricotta de Katia, ou encore le poisson grillé de Rocco offrent d'authentiques émotions gustatives, sans oublier les plats traditionnels qui varient en fonction des ingrédients de saison. Au-dessus : le château et la vieille ville ; en face : les petits bateaux amarrés ; et sur le sable : des petits canapés qui raviront les enfants.

Taverna di Peschici RESTAURANT €€
(☎0884 96 24 06 ; www.latavernaeschici.it ; Via Malconsiglio 6 ; repas 40 € ; ⏲sur réservation l'hiver, tlj l'été mais réservation recommandée). C'est un vrai plaisir de s'attarder dans cette salle troglodytique devant une myriade d'antipasti. À l'ordre du jour : produits frais, poisson exceptionnel, pâtes maison et délices en tout genre. Les tables pour deux, à l'extérieur, sont peu nombreuses, mais bénéficient d'un cadre de rêve, au milieu des fleurs et des plantes qui tombent des balcons.

♥ **Porta di Basso** RESTAURANT €€€
(☎0884 35 51 67 ; www.portadibasso.it ; Via Colombo 38 ; menu dégustation 50-60 €, repas 45-50 € ; ⏲mars-déc, réservation conseillée). Pour ne pas renoncer à l'une des meilleures étapes gastronomiques de Peschici, il importe de réserver. Ce restaurant intimiste et raffiné compte 30 couverts et l'on s'y bouscule pour goûter la cuisine de Domenico Cilenti. Les hautes fenêtres près des tables dévoilent une vue à pic sur la mer. La carte des poissons est renouvelée quotidiennement et le moindre plat (soupe de fèves aux seiches, spaghettis au gingembre et aux crustacés) ravira votre palais.

Où prendre un verre

Enoteca De Nittis BAR À VINS
(☎339 100 85 27 ; Via Forno 32). Le bar rond de ce petit lieu attrayant se prête aux conversations de comptoir. Les vins que l'on déguste sur place sont à vendre ainsi que les autres alcools.

Giarrone BAR/CONCERTS
(☎349 351 31 14 ; Via Papa Teodoro 10 ; ⏲21h-3h l'été). Si vous souhaitez siroter un verre en plein cœur du centre historique, vous pouvez faire étape ici, commander un cocktail et écouter quelques morceaux de musique (souvent en *live*).

La Petite GLACIER
(☎342 808 28 36 ; Via Forno 4 ; ⏲tlj). Les mots clés de ce glacier ? Artisanal, biologique, naturel et authentique. Ne manquez pas les parfums aux fruits, simples et savoureux.

Angolo Antico CRÊPERIE/GLACIER
(☎346 320 93 88 ; Corso Garibaldi 4 ; ⏲ouvert 24h/24 l'été). Il est 5h du matin et vous avez une petite faim ? Vous trouverez ici glaces, cornets et crêpes.

Achats

I fatti a mano ARTISANAT
(☎340 381 43 81 ; ifattiamano.wordpress.com ; Piazza del Popolo 1 ; ⏲9h30-13h et 17h-1h l'été). Connaissez-vous les *pupe* (ou *massaie*) de Peschici, ces poupées traditionnelles peintes à la main, confectionnées en papier mâché ou en terre cuite ? Si vous êtes adepte des souvenirs de vacances, achetez-en une ici.

Ceramiche Frammichele POTERIES
(☎0884 96 46 14/16 ; www.ceramicheframmichele.it ; Via Forno 22 ; ⏲17h-0h l'été). Impossible de ne pas gravir la poignée de marches hautes qui

mène à cette boutique-atelier. Vous voici en plein cœur du centre historique, mais aussi de l'univers artistique des frères Biscotti, qui racontent avec leurs mains traditions et innovations en matière de terre cuite.

Renseignements

Office du tourisme (☎0884 91 53 62 ; Via Magenta ; horaires variables l'hiver, 8h-14h et 17h-22h l'été)

Depuis/vers Peschici

BATEAU

D'avril à octobre, la compagnie **Linee Marittime Adriatico S.r.l.** (☎Peschici centre : 0884 96 40 23, port : 0884 96 27 32 ; www.collegamentiisoletremiti.com) assure une traversée quotidienne à destination des îles Tremiti. Le bateau lève l'ancre à 9h pour arriver à 10h30. En sens inverse, il part à 16h30 et atteint Peschici à 18h. Les tarifs varient au cours de l'année : l'aller-retour coûte 24/12 € par adulte/enfant en basse saison, 27/14 € en haute saison (8 juil-8 sept). En basse saison, le billet peut être acheté au moment du départ. Autrement, mieux vaut se rendre à la billetterie (Corso Garibaldi 32, Peschici ; 9h-13h et 17h-23h30) au moins un jour avant. L'achat en ligne constitue une solution pratique.

BUS/TRAIN

Ferrovie del Gargano (www.ferroviedelgargano.com) dessert par bus toutes les localités au nord du Gargano, de Peschici à San Severo (6,15 €, 2 heures 30). Il existe aussi des liaisons fréquentes entre Peschici et Vieste (1,70 €, 35 min). En train, il est possible de circuler entre Peschici Calenella (gare à environ 5 km du centre) et San Severo (5,60 €, 1 heure 45). Le transport des vélos est gratuit (jusqu'à 4 par voiture) mais il faut réserver au ☎0884 56 10 20. Plus d'informations sur le site du Co.tr.a.p (Consorzio Trasporti Aziende Pugliesi, www.cotrap.it).

Vico del Gargano

7 800 HABITANTS / ALTITUDE 445 M

Surnommé le "village de l'amour" ou encore le "village du doux muscat", cette bourgade fortifiée dans les collines, qui constitue un refuge enchanteur à l'écart des plages, figure à juste titre parmi les "plus beaux villages d'Italie". Son centre historique, qui a conservé son plan médiéval en damier, forme un lacis de ruelles étroites passant sous de gracieuses arcades. Des plantations d'agrumes et des oliveraies se déploient alentour.

À voir

Le quartier **Civita**, qui entoure le Castello et la Chiesa Madre Santa Maria Assunta, constitue la partie la plus ancienne de la ville. Celui de **Terra**, tout comme les nouveaux remparts et les tours rondes, datent en revanche du XVIe siècle ; quant au quartier de **Casale** et au **Borgo Nuovo**, ils remontent respectivement aux XVIIe et XVIIIe siècles.

Castello Normanno Svevo — CHÂTEAU

(Piazza Castello Normanno Svevo). Offert comme dot par Frédéric II à sa troisième épouse Isabelle d'Angleterre en 1234, cette villégiature de la cour ne conserve aujourd'hui que son donjon carré et quelques pièces voûtées d'ogives.

Museo Trappeto Maratea — MUSÉE

(☎327 015 62 45 ; Piazza Castello Normanno Svevo 9 ; renseignements à la bibliothèque : ☎0884 99 46 66 ; Via Sbrasile 11). À l'intérieur d'un pressoir du XIVe siècle entièrement creusé dans la roche, ce musée présente les différentes phases de production de l'huile d'olive : mouture, pressage et filtrage.

Vicolo del Bacio — RUELLE

Ne quittez pas la ville sans avoir fait un tour dans la "ruelle du Baiser", devant la Chiesa di San Giuseppe, Via San Giuseppe. On dit qu'ici les baisers volés portent bonheur, raison pour laquelle les amoureux y déposent des messages et des serments d'amour, comme près du balcon de Roméo et Juliette à Vérone.

Palazzo della Bella — CHÂTEAU

(Salita della Bella). Bâti entre 1908 et 1929, ce château sobre et imposant fut la propriété d'une riche famille noble florentine, d'où sa vague ressemblance avec le Palazzo Vecchio. Il se distingue par une tour à créneaux ornée d'écus, des fenêtres géminées en ogive et un imposant porche trapézoïdal.

Convento dei Cappuccini — COUVENT

(☎0884 99 10 49 ; Viale Cappuccini 47 ; sonnez à la porte). Sis au nord-est de la ville, il fut édifié en 1556, puis reconstruit à la suite du tremblement de terre de 1646. La Chiesa di Santa Maria degli Angeli renferme des œuvres du peintre baroque napolitain Andrea Vaccaro (1604-1670), ainsi que *La Madonna del latte* d'Ippolito Borghese (mort en 1627). Sur le parvis, n'oubliez pas d'admirer le majestueux chêne vert planté en 1646.

Activités

Randonnée

Pour ceux qui souhaitent explorer les trésors naturels de la Foresta Umbra, Vico del Gargano peut être un point de départ pratique, car situé à seulement 13,5 km du siège de l'Office des forêts.

Plages

La plage la plus proche est celle de **San Menaio**, un hameau situé à 7 km de Vico del Gargano. Mais la plus belle est sans conteste **Calenella**, longue bande de sable doré ourlant une anse profonde entourée de champs de blé. Cet endroit pittoresque, toujours tranquille, est baigné par des eaux propices à une baignade rafraîchissante.

Où se loger

Villaggio Calenella BUNGALOWS, CAMPING €

(0884 96 81 05 ; www.calenella.it ; Località Calenella, SS89 km 78,5, San Menaio ; camping : empl adulte/enfant 6,50-10/5-7 €, tente 6-9 €, voiture 3-3,50 € ; bungalow 4-6 pers 380-900 €/sem ; juin à mi-sept ;). Base très pratique pour explorer le parc du Gargano et la Foresta Umbra (p. 110) ou pour rejoindre Peschici en un éclair, ce village de vacances occupe un cadre enchanteur, à l'ombre de pins verts et à proximité de criques et de plages cachées aux eaux bleues.

Pizzicato Eco B&B €/€€

(338 483 45 67 ; www.pizzicatobeb.com ; Via Bucci 13 ; 25-45 €/pers). La philosophie de ce B&B, composé de six petites chambres avec coin cuisine, s'affiche dès le petit-déjeuner – bio – servi au Bar Pasticceria Pizzicato (ci-contre).

Villa Maria HÔTEL €/€€

(0884 96 87 00 ; www.parkhotelvillamaria.it ; Via del Carbonaro, San Menaio ; 32-75 €/pers, demi-pension 58-100 € ; toute l'année ;). Noyée au milieu des pins de la Pineta Marzini, cette splendide villa Art nouveau du début du XIXe siècle comporte 15 chambres également de toute beauté. Celle dotée d'un balcon panoramique coûte un peu plus cher.

Où se restaurer

Biscottificio Nonna Maria PÂTISSERIE €

(0884 99 12 17 ; www.biscottificiononnamaria.it ; Via Resistenza 70). Légèrement excentrée, cette vénérable biscuiterie continue de surprendre par la qualité et la variété de ses produits sucrés et salés. Typiques du Gargano et de fêtes encore largement célébrées, ils ravissent les palais. Outre les *pasticcini di mandorla* (pâtisseries à base d'amande), faites provision de *taralli* au *vinocotto* (moût de figue qui fait penser au final à un gâteau au chocolat), à l'anis ou au citron. Des amateurs de salé ? Les *taralli* aux graines de fenouil et les *rustici alle olive* (bouchées fourrées aux olives) ne déçoivent jamais.

Da Willy EN-CAS €

(338 314 03 51 ; Via Sbrasile ; paposcie 4-6 € ; 11h30-14h et 16h30-nocturne). Cette adresse rudimentaire, assortie d'une minuscule terrasse, jouxte la bibliothèque municipale. À en croire l'enseigne colorée, Willy est le "magicien de la *paposcia*" (pain à l'huile d'olive long et applati, servi sous forme de sandwich), véritable spécialité de Vico qui lui consacre une *sagra* (fête gastronomique) au mois d'août. Sous ses airs un peu frustes, le patron connaît son affaire.

Pizzicato PÂTISSERIE/BAR/B&B €

(338 483 45 67/345 244 94 04 ; www.pizzicatomandorla.com ; Via Risorgimento 14 ; 4h-0h l'hiver, 24h/24 l'été). L'enseigne est réputée à des kilomètres à la ronde depuis 1960 pour son choix de délicieuses douceurs. Optez pour un *cannolo* sicilien, à arroser d'un verre de lait d'amande, une brioche au levain naturel, le buffet apéritif pantagruélique ou une glace (les fruits proviennent du verger du patron). Dans une grande artère fréquentée un peu en dehors du centre historique, mais on peut se garer sur un parking devant.

Il Trappeto Cantina Ristorante BAR À VINS, RESTAURANT €€

(347 915 33 63 ; www.cantinailtrappeto.it ; Via Casale 168 ; repas 25-30 € ; 18h30-2h ven-sam et 12h15h dim et jours fériés l'hiver, 19h-0h tlj l'été). Cet ancien pressoir du XIVe siècle rénové avec goût affiche un décor composé de meubles en bois, de tonneaux et de bouteilles sous des poutres apparentes et des arcades en pierre. La carte met l'accent sur les plats typiques du Gargano préparés à base de légumes du potager, notamment la chicorée et les fèves. Pizzas et *bruschette* complètent l'offre. En été, on peut manger dans un merveilleux jardin à l'ombre des grenadiers, L'Orto del Conte ; l'endroit fait aussi bar, glacier et *stuzzicheria* (bar à "tapas").

Renseignements

L'**office du tourisme** (☎0884 99 83 11 ; www.comune.vicodelgargano.fg.it et www.prolocovicoesanmenaio.it ; Vico San Menaio), dans le quartier de Civita del Castello, est souvent fermé. Si tel est le cas, adressez-vous à la **Biblioteca Comunale** (bibliothèque municipale ; ☎0884 99 46 66 ; Via Sbrasile 11).

Depuis/vers Vico del Gargano

Les bus de la société **Ferrovie del Gargano** (☎0881 72 51 88 ; www.ferroviedelgargano.com) relient Vico et Rodi Garganico (1,40 €, 35 min, liaisons fréquentes), où vous pourrez prendre un train pour San Severo et Peschici.

Rodi Garganico

3 700 HABITANTS

Ici, trois couleurs dominent : le blanc lumineux des maisons qui se détachent sur fond de mer, l'orange des vergers d'agrumes, célèbres depuis près de mille ans, et le jaune des citrons Femminiello (IGP), qui côtoient oliviers, figuiers, pins et caroubiers.

Fondé par les Grecs, Rodi Garganico fut pendant des siècles un port de commerce et de pêche actif. Aujourd'hui, c'est avant tout une station balnéaire dont les plages sablonneuses (plusieurs fois distinguées par le Pavillon Bleu italien) n'ont peut-être pas le charme de certaines de leurs voisines mais offrent des services bien moins chers.

NATURE ET ARCHITECTURE À SAN NICANDRO GARGANICO

La commune de San Nicandro Garganico est l'occasion de deux belles escapades. D'abord, l'excursion à destination de la **Dolina Pozzatina**. Cette cuvette de plus de 100 m de profondeur (pour un périmètre de 1 850 m) offre l'un des plus impressionnants exemples d'érosion karstique du sud de l'Italie. On peut atteindre son sommet en voiture puis descendre au fil d'un étroit sentier muletier bordé de chênes et de chênes verts. Ensuite, vous pourrez rejoindre la petite église romane de **Santa Maria Monte d'Elio**, l'une des principales constructions du village médiéval de Devia, pour admirer son cycle de fresques bien conservé des XIIe-XVe siècles.

À voir

Hormis le petit centre historique juché sur les hauteurs, qui conserve quelques vestiges du XVIIe siècle, ce bourg de pêcheurs vaut le coup d'œil pour ses quartiers typiques dont les ruelles se déploient vers le port, le **Vucculo** et le **Chepabbash**. Ce dernier permet de rejoindre des placettes discrètes et de jouir de splendides panoramas au détour de rues et d'escaliers abrupts.

Activités

Le **Circolo Nautico Rodi Garganico** (☎Giulio Giovannelli : 339 423 68 35, Franco d'Andria : 331 276 70 05 ; Via Colombo 4, zone portuaire) dispense des cours de voile.

Plages

Les amateurs de plages auront le choix entre la **Spiaggia di Ponente**, à l'ouest de la ville, et la **Spiaggia di Levante**, à l'est. La première, formée de dunes en pente douce vers la mer et de galets, est balayée sans cesse par les vents du nord et donc propice aux sports de glisse. La seconde, tapissée de sable doré, embaume le parfum des orangeraies voisines. Les équipements y sont parfaits pour qui voyage avec des enfants. Plus loin, la **Spiaggia di San Menaio** est aussi une plage familiale aux équipements adaptés. Pour une plage vierge et isolée, poussez jusqu'à la **Spiaggia del Sospetto**, gravillonneuse, qui s'étend au pied de la grotte éponyme et d'une forêt de hauts pins d'Alep, où la **Spiaggia di Calenelle** au sable fin, reconnaissable de la route à la vaste plaine cultivée en arrière-plan.

Où se loger et se restaurer

Villaggio Ripa HÔTEL/VILLAGE DE VACANCES/CAMPING **€**
(☎0884 96 53 67/0884 96 65 36 ; www.villaggioripa.it ; Contrada Ripa ; d 59-69 €, bungalows 2-5 pers 339-1390 €/sem., empl 5 € + 8-10 €/pers par jour ; ⏲juin-sept). Ce grand complexe niché au milieu des oliviers et des bougainvillées borde un long ruban de sable. Il comprend une supérette, un DAB, des restaurants, des bars, une plage privée et un centre nautique et sportif (voile, tennis, planche à voile). La résidence compte aussi des appartements.

Giardino HÔTEL/RESTAURANT **€/€€**
(☎0884 91 70 33 ; www.albergoilgiardino.com ; Contrada Scopparone Lido del Sole ; voir le site

TERMOLI-TREMITI

Le principal port d'embarquement pour les îles Tremiti est celui deTermoli, où la **Tirrenia** (www.tirrenia.it) effectue des liaisons quotidiennes (fréquences variables selon la saison). Un billet revient à 23 € et le trajet dure 1 heure.

Internet pour les tarifs variables ; offres pour les doubles à partir de 29 €). Choisissez un bungalow ou un mobile-home, tous équipés d'un coin cuisine, ou une chambre dans le petit hôtel inauguré en 2011. Dans tous les cas, vous pourrez profiter de la piscine, de la navette pour la plage (le Lido del Sole, à quelques minutes de là), de jeux pour les enfants, d'un parking, d'une petite salle de gym et d'un agréable restaurant où dîner en terrasse l'été venu.

Edificio 15 HÔTEL DE CHARME €€
(☎0884 96 62 69 ; www.edificio15.org ; Via Fini 3 ; 40-85 €/pers, demi-pension 60-105 € ; ⏲juin-oct ; ❄📶P). Les six chambres splendides de cette enseigne flambant neuve, aménagées dans un hôtel particulier du centre, atteignent le summum du chic et du raffinement. En bas, sur le port, les hôtes en demi-pension fréquentent le restaurant du même nom.

Où prendre un verre

Cala Paracuru BAR/RESTAURANT
(☎347 924 4892 ; Lungomare Trieste, Località Mascarizzo ; ⏲juin-sept). Il faut parfois faire de nécessité vertu. Avec l'érosion du littoral, les tables en terrasse de ce petit kiosque-restaurant sur la plage se sont quasiment retrouvées les pieds dans l'eau. Bien que l'horizon urbain de Rodi ne soit pas toujours des plus agréables, l'endroit fournit un refuge romantique pour apprécier un coucher de soleil estival ou un déjeuner avec vue sur la mer.

Renseignements

Office du tourisme (☎0884 96 55 76 ; Piazza Luigi Rovelli 12 ; ⏲horaires variables)

Depuis/vers Rodi Garganico

BUS/TRAIN

Ferrovie del Gargano (www.ferroviedelgargano.com ; depuis Foggia 7,70 €, minimum 1 heure 50, avec changement à San Severo).

BATEAU

La compagnie **Navigazione Libera del Golfo** (☎081 552 07 63 ; www.navlib.it) dessert les îles Tremiti (tarif plein/réduit 10/8 € ; ⏲aller 9h15 et retour 17h10, juin-22 sept) depuis Rodi.

Îles Tremiti

486 HABITANTS

À 36 km et une heure de bateau du continent, l'archipel, qui appartient à l'**Area Marina Protetta delle Isole Tremiti** (incluse dans le parc national du Gargano), établie en 1989 afin de préserver la flore et la faune des fonds marins, se prête à une excursion d'une journée, mais mérite un séjour de plus longue durée. Les perles de l'Adriatique sont au nombre de cinq : San Domino, San Nicola, il Cretaccio, Capraia et Pianosa.

Ce que vous ne trouverez pas sur les Tremiti, c'est un office du tourisme. Ce que vous trouverez en revanche, sur ce chapelet d'îles qui s'égrènent à quelques encablures l'une de l'autre, ce sont des visages bronzés et souriants, des maillots de bain en train de sécher, un fumet de crevettes grésillant sur la braise, des terrasses ensoleillées, de l'air presque en excès, d'intenses effluves de pin et un ciel strié de rose au crépuscule. Si ici l'ennui n'existe pas, le risque de ne plus jamais vouloir quitter tant de beauté est bien réel.

L'été, les Tremiti sont envahies par la foule, mais en basse saison, lorsque la grande majorité des infrastructures touristiques ont fermé leurs portes et que les rares habitants permanents (une quarantaine à San Nicola, une soixantaine à San Domino) ont repris le cours de leur vie, l'atmosphère redevient paisible et quasi surréaliste.

Inhabitée, si ce n'est par d'imposantes colonies de mouettes, **Capraia** possède une superbe arche naturelle, l'Architiello (à ne pas confondre avec l'Architiello San Felice, près de Mattinata). Il n'existe aucune ligne de transport pour s'y rendre, mais on peut négocier la traversée avec un pêcheur local.

La sauvage **Pianosa**, à environ 14 miles des îles principales, est interdite d'accès, et le **Cretaccio**, un îlot rocheux de 3 hectares et demi, disparaît peu à peu, rongé par les éléments.

Île de San Domino

Comme sur les îles grecques les plus séduisantes, on se dirige dès le débarquement vers le centre de l'île pour rejoindre le bourg. Un centre qui n'a rien d'historique en l'occurrence, puisque les premières constructions datent de la création du Touring Club Italiano, en 1959. C'est ici, en effet, sur l'île la plus grande et la plus fertile de l'archipel, que se trouvent les divers hébergements et services. San Domino est largement couverte de pins d'Alep, de fleurs multicolores, de maquis méditerranéen, et, dans sa partie nord, de chênes verts. Autant de couleurs et de parfums que vous apprécierez en rejoignant les baies, grottes, rochers et falaises de l'île. La plus spectaculaire est peut-être la Ripa dei Falconi, haute de 80 m par endroits, dont les lézardes accueillent les nids du faucon pèlerin.

Plages et grottes

Haut perchée et rocheuse, l'île de San Domino offre une côte magnifique et préservée, dotée de nombreuses criques charmantes et facilement accessibles à pied par des sentiers bien indiqués. Si la baignade n'y est pas toujours très pratique, elle sera inoubliable dans les eaux cristallines de la **Cala delle Roselle**, de la **Cala del Sale** (où même les pins s'inclinent devant la beauté de cette portion de côte), de la **Cala Matano**, de la **Cala dei Benedettini** (équipée de parasols en paille et de petits matelas couchés sur les rochers), ou encore de la **Cala dello Spido** (face aux bateaux amarrés, avec l'île de San Nicola en toile de fond). Enfin, la **Cala delle Arene**, l'unique plage de sable de l'archipel, est aussi la plus accessible.

Activités

Observation des oiseaux

Postées au milieu de l'Adriatique, les îles Tremiti, en particulier Capraia, constituent une halte pour les oiseaux migrateurs, dont le puffin cendré (*Calonectris diomedea*), qui pêche de nuit et dont le cri ressemble aux vagissements d'un nouveau-né. La légende fait de ces volatiles endémiques les compagnons de voyage du héros grec Diomède. Aphrodite les aurait transformés ainsi pour pleurer éternellement sur la tombe du héros, mort sur une plage de l'île de San Nicola après son retour de la guerre de Troie.

Plongée

L'archipel compte une quarantaine de sites de plongée en tout genre (parois, bas-fonds, épaves, grottes...) et pour tous les niveaux, entre 5 m et 60 m de profondeur. Les fonds marins de toute beauté révèlent poissons, crustacés, mollusques, éponges, crinoïdes, spirographes, gorgones et coraux (dont le faux corail noir). Entre autres centres, vous pouvez vous adresser à **Blue Tremiti** (☎349 731 92 60/334 364 69 79 ; www.tremitidiving.com et www.bluetremiti.it ; Via Tramontana 2a ; ⏲toute l'année sur réservation)

Sorties en bateau

Cela vaut la peine de faire le tour de l'île en bateau afin d'explorer les diverses grottes. La plus grande, la **Grotta del Bue Marino**, tient son nom d'un mystérieux animal qui, dit-on, nicherait sur la petite plage cachée au fond de la grotte. Plus connus, les phoques moines de Méditerranée ont fréquenté les environs jusqu'en 1958. Au port, sur le quai d'embarquement, on trouve sans mal des bateaux à moteur qui, pour moins de 10 € par personne, emmènent des groupes en périple autour de l'île, visite des grottes comprise.

À noter aussi les mini-croisières à la journée, à bord de bateaux à moteur où l'on sert même à déjeuner : adressez-vous à la **Motonave Squalo** (☎348 008 02 82/348 008 02 83). Enfin, les occasions de naviguer plusieurs jours à bord d'un merveilleux caïque ne manquent pas : contactez **Caicco Freedom** (Matteo : ☎338 469 19 38/366 266 24 54 ; www.caiccofreedom.it), qui vous accueillera sur un voilier de 30 m comportant dix cabines avec salle de bains privative, ainsi que des coussins sur le pont pour prendre le soleil et se détendre.

Où se loger

L'été, sachez qu'il faut réserver longtemps à l'avance et que de nombreux hébergements proposent uniquement la demi-pension.

L'Altro Faro B&B **€€**

(☎0882 46 33 90 ; www.isolehoteltremitialtrofaro.it ; Via Murat 18 ; 30-60 €/pers, 25 €/lit supp ; ⏲toute l'année). Là-haut, au bout de l'une des trois petites routes du village, vous attendent deux chambres au décor fleuri, accueillantes et calmes, dotées d'une véranda. On s'y sent merveilleusement bien.

TCI VILLAGE DE VACANCES **€€**

(☎840 88 88 02 ; www.villaggi.touringclub.it/isole-tremiti ; Via 4 Marzo 1943 ; bungalows 427-924 €/sem ; ⏲fin mai à mi-sept). Le complexe du Touring Club Italiano, sur la côte ouest de l'île, comprend une crique rocheuse pourvue de plates-formes pour prendre le soleil, une plage sablonneuse desservie par une navette, un mini-club, des installations sportives, un restaurant, et propose diverses activités (ateliers divers, pilates). Lucio Dalla, grande figure de la chanson italienne disparue en 2012, séjournait ici chaque été.

Hotel Gabbiano HÔTEL/RESTAURANT €€
(0882 46 34 10 ; www.hotel-gabbiano.com ; Piazza Belvedere ; 45-110 €, demi-pension 69-129 € ; avr-déc ;). Une ambiance à la japonaise se dégage du décor – tons crème et orangés, lignes épurées, osier et bois clair à profusion –, renforcée par le panorama serein qu'offrent les balcons des chambres avec vue : l'île de San Nicola se détachant sur le bleu de la mer. À cinq minutes à pied des eaux cristallines de la Cala Matana, accessible par un escalier au milieu des pins. Autres atouts : l'accueil exquis et la cuisine succulente (ci-dessous) des maîtres des lieux, la famille Napolitano. Pour finir de décompresser, rendez-vous au **Coco Mama SPA** (0882 46 34 10 ; 9h-13h et 16h-20h), juste en dessous de l'hôtel, pour un massage ou un traitement anti-stress.

Où se restaurer

L'Altro Faro RESTAURANT €€
(0882 46 33 90 ; Via Murat 18 ; repas 35 € ; tlj le midi l'été, variable l'hiver). La formidable cuisinière Annalisa concocte le menu, renouvelé quotidiennement suivant la pêche du jour et les légumes du potager voisin : poulpes au tzatziki, carbonara aux fruits de mer, pâtes farcies au poisson ou encore soupe exquise. Après avoir arrosé le tout d'un excellent vin blanc, on conclura l'affaire par un petit verre de *finocchietto* (liqueur au fenouil sauvage) de la maison. À ce stade, vous aurez déjà réservé pour le lendemain soir.

Hotel Gabbiano HÔTEL/RESTAURANT €€
(0882 46 34 10 ; Piazza Belvedere ; repas 40 € ; avr-déc ;). À deux pas de la bien-nommée Piazza Belvedere. La cuisine est aussi splendide que le panorama : carpaccio de sériole (aussi délicat que des pétales de rose), denti à peine sorti des flots et parfumé aux câpres de l'île, *troccoli* généreusement garnis de fruits de mer, etc. Pour le vin, demandez conseil au très cordial Marco.

Île de San Nicola

Bastion facile à défendre, la petite île de **San Nicola** a toujours été le centre administratif de l'archipel. Elle possède encore un petit bureau de renseignements, installé dans la mairie (www.isoletremiti.it). Un petit groupe d'édifices médiévaux s'accroche à la falaise. Le pittoresque centre historique, à l'extrême ouest de l'île, est haut perché et escarpé. De son incontournable belvédère (surnommé le *Cannone*), le regard embrasse l'ensemble des îles, à l'exception de Pianosa. À l'est en revanche, une zone inhabitée, peu élevée et couverte par le maquis s'étend jusqu'à la Punta del Cimitero. Là reposent côte à côte les Libyens opposés à la colonisation italienne qui y furent déportés en 1911, et les habitants de l'archipel.

À voir

Abbazia e Chiesa di Santa Maria ÉGLISE
Après la fondation de ce complexe par des moines bénédictins en 1010, divers abbés gouvernèrent l'archipel durant les sept siècles suivants, accumulant au passage de grandes richesses. Une fois passés le portail Renaissance et la façade en pierre d'Apricena, vous pénétrez dans un magnifique cloître. Sur le puits au centre est sculpté un albatros tenant un brin de myrte (plante d'Aphrodyte, allusion à l'épisode de Diomède). L'entrée latérale de l'église permet d'accéder à ses trésors : un pavement en mosaïque du XIe siècle (qui, autrefois, couvrait l'intégralité du sol). La représentation d'une fleur de lys stylisée encadrée par un griffon et divers animaux issus des bestiaires médiévaux pourrait témoigner du passage des Templiers. À noter encore : un retable offert par Venise à la fin du XVe siècle en remerciement du droit de naviguer dans la zone ; un crucifix byzantin en bois peint sur les deux faces, arrivé sur l'île en 747 ; et, enfin, une Vierge noire, probablement rapportée de Constantinople au Moyen Âge, et qui fait l'objet tous les 15 août d'une procession en pleine mer. Le deuxième cloître, celui des chanoines de Latran, s'agrémente d'une élégante colonnade.

Où se loger

Il Chiostro B&B €/€€
(333 930 67 75 ; Piazza Lateranensi 7 ; d 60-120 € ;). La délicieuse Debora a récemment transformé en B&B les deux grandes chambres de sa maison, autrefois l'école élémentaire de l'île. Quant au jardin planté de lavandes, lauriers et pins, dans lequel le petit-déjeuner est servi, il est bordé par les arcades de l'ancien cloître des chanoines de Latran.

La Casa di Gino B&B €€/€€€
(0882 46 34 10 ; Traversa dei Forni ; d 100-180 € ; juin-sept ;). Dans ce B&B accueillant aux tons clairs, les sept chambres arborent chacune une vieille photo de San Nicola. De la terrasse-solarium où l'on prend le petit-déjeuner, le panorama vous adresse un "buongiorno" plein de promesses.

Où se restaurer

Ristorante Architiello RESTAURANT €€
(☎0882 46 30 54 ; Salita delle Mura 5 ; repas 30 € env ; ⏲tlj). À San Nicola, on se restaure chez la sympathique Carolina tout en admirant la mer. De cette dernière proviennent naturellement les délices maison : *frittura di paranza* (petits poissons frits et panés), avec pois chiches et palourdes, *pepata di* cozze (moules au vin blanc), "*ciambotta del pescatore*" (soupe de poisson) et autres plats appétissants.

Renseignements

Sur San Domino, une carte de l'île vous sera fournie par votre lieu d'hébergement, avec les criques à visiter. Pour découvrir San Nicola, si vous parlez l'italien, adressez-vous à **Rachele** (☎333 635 32 10 ; 17,50 € /pers, bateau inclus ; ⏲toute l'année), pour une visite de 2 heures.

Depuis/vers les îles Tremiti

BATEAU

Les principaux ports qui desservent les îles Tremiti sont Termoli (voir l'encadré p. 118), Peschici (p. 111) et Vieste (p. 105). On peut également embarquer à Rodi Garganico (p. 117).

HÉLICOPTÈRE

Alidaunia (☎0881 61 79 61 ; www.alidaunia.it ; ⏲2 vols/jour toute l'année, jours fériés compris ; 20 min) assure la liaison aérienne depuis Foggia.

TRANSPORTS LOCAUX

Les liaisons sont fréquentes entre San Domino et San Nicola (2,50 €). Sinon, vous trouverez facilement un hors-bord disposé à vous emmener d'une île à l'autre à tout moment.

Les véhicules sont interdits sur San Domino, hormis ceux des hôtels qui vont chercher et raccompagnent leurs hôtes au port. L'île se découvre à pied, en VTT, en vélo électrique, en scooter ou en quad. Location auprès de **Jimmy Bike** (☎338 897 09 09/389 960 46 90 ; www.jimmybike.com ; VTT 1 heure/2 heures/8 heures/2 jours 4/6,50/18/20 €, vélo électrique 1 heure/2 heures/8 heures/2 jours 7/10/23/60 €, scooter et quad 1 heure/2 heures/8 heures/2 jours 7/10/23/60 € ; ⏲mai-sept), sur la Piazzetta San Domino.

À San Nicola, les seuls véhicules autorisés sont les charrettes servant au transport des marchandises.

Lesina

6 400 HABITANTS

La cité lacustre de Lesina est la porte d'entrée nord du promontoire du Gargano. Les rives de son lac (voir l'encadré p. 122) se prêtent à une jolie balade, occasion d'observer les barques de pêcheur amarrées et les piquets en bois au milieu de l'eau où l'on accroche les filets à anguilles. Vous pourrez aussi louer un pédalo ou un canoë auprès de **Noleggio Pedalò 'Sanificazione Ambientale'** (☎0882 99 24 94 ; canoë sans limite de temps 5 €, pédalo 5/3,50 € heure/demi-heure).

À voir

Avant de vous offrir une escapade à la plage, vous pouvez faire étape au **Museo Naturalistico del Lago di Lesina**, consacré à l'écosytème lagunaire et géré par l'association culturelle Amici della Laguna di Lesina (☎0882 70 74 55 ; Via Banchina Vollaro 14 ; 3 € ; ⏲visite guidée sur réservation).

Plages

À une poignée de kilomètres à l'ouest du lac de Lesina, Capoiale marque le début d'une ancienne bande de terre couverte d'un épais bois d'eucalyptus et séparant le lac de Varano de la mer. La **Spiaggia Isola Varano** s'étire sur 10 km jusqu'à Foce di Varano. Cette plage de sable fait partie de la Riserva Statale Isola di Varano, d'où l'absence presque totale d'infrastructures. Très facile d'accès depuis la SP41, l'endroit est idéal pour les familles avec des enfants. En poursuivant vers l'ouest, à la hauteur d'Ischitella, vous atteindrez la **Spiaggia Foce Varano**, caractérisée par des dunes de sable enjambées par des passerelles

LA SOUPE D'ANGUILLES

On ne badine pas avec la soupe d'anguilles à Lesina, où des restaurateurs ont créé une association pour sauvegarder la recette ancestrale. Ce mets constituait autrefois la principale nourriture des pêcheurs qui, travaillant sur la lagune de septembre à février, cuisinaient le poisson invendu avec les légumes qui poussaient sur place (pommes de terre, chicorée, navets). Il s'agissait le plus souvent d'anguilles mâles, bien plus petites que les anguilles femelles (*capitoni*), lesquelles étaient expédiées sur les marchés.

Si vous séjournez à Lesina, ne manquez pas de goûter une copieuse assiette de cette spécialité aux Antiche Sere (p. 122).

LES LACS DE LESINA ET DE VARANO

À l'ouest de Rodi Garganico, le long de la route côtière, s'étendent le **Lago di Varano** (10 km de long) et le **Lago di Lesina** (20 km de long), qualifiés à tort de "lacs", car il s'agit en réalité de lagunes saumâtres. Le premier est séparé de la mer par une bande de terre, dite **Isola**, qu'une route traverse de bout en bout, le second par un cordon de dunes, **Bosco Isola**, planté d'arbustes du maquis méditerranéen (chênes verts, genévriers, bruyères et autres). Dans cette réserve naturelle, les poissons abondent, surtout les anguilles, et les ornithologues amateurs peuvent observer à la jumelle courlis, fauvettes des marais, cormorans, canards, hérons et flamants ainsi que des espèces migratrices de passage entre l'Europe et l'Afrique.

Au bord du Lago di Varano, le village de **Carpino** accueille durant les dix premiers jours d'août le **Carpino Folk Festival** (www.carpinofolkfestival.com), qui honore les traditions populaires du Mezzogiorno à travers concerts, spectacles et projections de films. Cette manifestation vous offrira peut être l'occasion d'écouter l'un des derniers *cantori* de Carpino, interprètes d'une forme de tarentelle spécifique au Gargano que le festival a contribué à faire connaître.

en bois, une mer peu profonde et des hébergements. De Capoiale, on peut embarquer pour les îles Tremiti (p 118).

Où se loger

Liù Palazzo Ducale B&B €

(0882 99 02 58 ; www.liupalazzoducale.it ; Via Dante 19 ; s/d 40/60 € ;). Dans cette petite résidence en plein centre historique, tout respire l'élégance : noms des chambres, plafonds en bois, sols en terre cuite et couleurs chaudes.

Où se restaurer

Le Antiche Sere RESTAURANT €€

(0882 99 19 42 ; www.leantichesere.it ; Via Pietro Micca 22 ; repas 30-35 € ; fermé lun sauf en août). Difficile de choisir entre la salle au mobilier ancien et murs de pierre et la splendide terrasse à deux pas du lac. Même dilemme avec les plats : le mulet cru aux agrumes et à la ricotta aux herbes, l'anguille au four ou la *frittura di mare* (friture de poisson) ?

Renseignements

Centro Visite (0882 70 74 55 ; centrovisitelesina.wordpress.com ; Via Banchina Vollaro 147 ; 9h30-12h30 lun-sam l'hiver, 9h-13h et 15h-19h l'été)

Depuis/vers Lesina

De Foggia (58 km), Lesina est accessible en voiture par l'A14. Sinon, l'**Acapt** (www.acapt.it ; de Foggia 4,50 € – tarifs en cours de révision au moment de la rédaction, 1 heure 10) assure des liaisons en bus.

FOGGIA ET LE TAVOLIERE

Vaste plaine céréalière entre le promontoire du Gargano et les Monti Dauni, le Tavoliere revêt l'aspect d'un échiquier de champs bien ordonnés aux couleurs changeantes, du vert vif printanier au jaune d'or estival. Une part importante du blé de la péninsule est cultivé ici, dont sont issus des pâtes et des pains de première qualité, de même que les olives et la vigne, dont on tire des huiles et des vins excellents.

À l'époque romaine, ces terres étaient inscrites au cadastre antique défini par les *Tabulae censuariae*, d'où le nom "Tavoliere". Elles furent ensuite divisées en parcelles et données aux centurions à la retraite. Longtemps, la région, infestée par le paludisme et couverte de marécages, de forêts et de pâturages, accueillit les troupeaux en transhumance. Ce n'est qu'au début du XXe siècle, avec la mise en place d'un système d'irrigation, qu'elle prit sa dimension agricole.

Au cœur du Tavoliere surgit Foggia, agglomération à l'histoire ancienne mais d'allure moderne, qui donne son nom à la province, et d'où rayonne un réseau routier qui traverse la "ceinture du blé". Côté vieilles pierres, le territoire ne manque pas d'attraits avec la ville baroque de San Severo et Lucera, où se dresse le château de Frédéric II.

Foggia

152 000 HABITANTS

D'après un dicton local ("*Fuggi da Foggia non per Foggia, ma per i foggiani*"), on ne fuit pas Foggia à cause de la ville elle-même, mais de ses habitants. Si nous confirmons le fait que l'endroit n'est pas désagréable, nous avons personnellement apprécié sa population.

Plaisante mais sans attraits remarquables, Foggia fut fondée vers l'an 1000 et fleurit sous le règne de Frédéric II (1194-1250). Il l'aima au point d'y laisser littéralement son cœur, conservé dans un coffret jusqu'au tremblement de terre dévastateur de 1731. Bien plus tard, pendant la Seconde Guerre mondiale, Foggia devint une base aérienne d'une grande importance stratégique, ce qui valut à nombre de ses bâtiments anciens d'être anéantis sous les bombardements.

Aujourd'hui, la ville est un centre agricole et commercial ainsi qu'un nœud de transports majeur, principale porte d'accès au nord des Pouilles et au Gargano. Boutiques, restaurants et promenade sur le Corso Vittorio Emanuele II sont les principales sources de distractions dans sa partie la plus récente. Nombre d'édifices historiques – surtout dans la Via Arpi, où se distingue le Palazzo De Vita De Luca, du XVIe siècle, au n° 90 – n'ont pas été restaurés, une bonne part d'entre eux frisant même la ruine. D'autres bâtiments, récents mais désaffectés, tel le pôle plurifonctionnel de la Piazza del Mercato, dont la destruction a enfin été votée, dégagent une triste impression d'abandon

À voir

Piazza Cavour PLACE

À parcourir en priorité, le Viale XXIV Maggio rejoint vers le sud la Piazza Cavour et sa majestueuse **Fontana del Sele**. Construit en 1924 pour l'inauguration de l'aqueduc des Pouilles, ce symbole de la ville aurait dû être remplacé peu après par une fontaine monumentale en bronze, jamais réalisée. De là, la Via Lanza mène au Corso Vittorio Emanuele II, l'artère piétonnière du centre, propice à la flânerie.

Cattedrale CATHÉDRALE

(☎0881 77 34 82 ; Piazza de Santis). Édifiée au XIIe siècle, elle conserve dans sa partie inférieure un aspect roman, tandis que sa partie supérieure, au somptueux style baroque, fut élevée après le terrible tremblement de terre de 1731. Si ce dernier détruisit pratiquement tous les trésors du lieu, une chapelle recèle encore une icône byzantine de la Vierge. D'après une légende du XIe siècle, des bergers l'auraient découverte dans un étang au-dessus duquel brûlaient trois flammes, devenues depuis l'emblème de la ville. Après l'avoir enveloppée d'un drap, ils la portèrent dans une auberge, et elle ne tarda pas être connue sous le nom de *Madonna delle sette vele* ("Madone aux sept voiles").

Piazza del Lago PLACE

Entre la cathédrale et la Chiesa di San Francesco Saverio, la Piazza del Lago accueille en son centre une fontaine à trois vasques portant gravés les mots Super Aquas Flammae. Surnommée la fontaine "aux trois petites flammes", elle fut conçue (1928) par l'architecte Pietro Lombardi.

Piazza XX Settembre PLACE

Parmi les plus belles de Foggia, cette place possède également une fontaine, en face de la blanche **Chiesa di San Francesco-Saverio,** édifice du début du XVIIe siècle remanié au XIXe siècle. Le monument le plus marquant reste toutefois le **Nuovo Palazzo della Dogana** (1734-1762) qui joua un rôle crucial dans l'histoire économique et culturelle de la ville. Après avoir été le nouveau siège de la Regia Dogana delle Pecore (autorité chargée de la gestion des terres pastorales du domaine royal), à l'origine sur la Piazza Federico II, le palais abrite aujourd'hui l'administration de la province et la **Galleria Provinciale d'Arte Moderna e Contemporanea** (☎0881 79 12 09 ; tarif plein/réduit 4/2 € ; ⏲9h-13h30 et 15h30-19h30 lun-ven, 9h30-13h30-13h30 sam). Cet édifice, emblématique de l'architecture civile du XVIIIe siècle, fut construit entre 1734 et 1762, après la destruction du siège originel de la douane par le tremblement de terre de 1731. D'importants architectes de l'époque collaborèrent à ce projet, dont Luigi Vanvitelli.

LA CAPITANATE

Correspondant à l'actuelle province de Foggia, la Capitanate est l'une des trois grandes sous-régions des Pouilles avec la Terra di Bari et la Terra d'Otranto. Son nom vient du mot "catépan" (*catapano* en italien), qui désignait le dignitaire en charge de l'administration du territoire sous l'Empire byzantin. Pour en apprendre davantage sur l'histoire du territoire, direction le **Museo Provinciale del Territorio** (☎0881 71 11 34 ; Via Fuiani 16 ; tarif plein/réduit 2/1,50 € ; ⏲9h-13h et 16h-20h lun-sam) de Foggia.

Foggia

Pozzo Rotondo di Federico
PUITS

(Piazza Federico II). En sortant de la cathédrale, tournez à droite dans la Via Arpi, la vieille artère urbaine, bordée d'élégants palais. Sur la Piazza Federico II, en allant vers le musée, on peut admirer une fontaine de 1931 érigée sur le site d'un ancien puits.

Chiesa di San Tommaso
ÉGLISE

(☎0881 74 59 29 ; Via Ricciardi ; ⏲fermée en attendant une restauration). Ce lieu de culte, le plus ancien de Foggia, fut érigé sur le site d'une auberge fréquentée par les pèlerins. C'est là que les bergers déposèrent l'effigie de la Madone aux sept voiles après l'avoir retrouvée.

Piazza Nigri
PLACE

Cette place est la plus attrayante de Foggia pour trois raisons. D'abord, on y accède par les **Tre Archi** (Trois Arcs), dits aussi Porta Arpana, Porta Grande ou Porta Reale, qui à l'époque de Frédéric II marquaient l'entrée de la ville. Ensuite, le **Palazzo Arpi** (siège du Museo Civico ; voir plus loin) qui lui fait face conserve dans l'un de ses murs l'**Arco di Federico II**, unique vestige du palais érigé par l'empereur en 1223 et entièrement détruit par les bombardements de la Seconde Guerre mondiale. Enfin, on peut y admirer le **Conservatorio di Musica U. Giordano**, dont l'un des côtés enserre un magnifique portail médiéval.

Museo Civico
MUSÉE

(☎0881 172 62 45 ; Piazza Nigri 1 ; tarif plein/réduit 5 €/gratuit ; ⏲9h-13h mar-sam, 9h-13h et 16h-19h mar et jeu, fermé dim et lun). Le musée municipal occupe le Palazzo Arpi, face aux Tre Archi. Sa section archéologique regroupe des pièces découvertes aux environs de Foggia, en particulier les objets exhumés lors des fouilles effectuées à Arpi et au village néolithique daunien, puis romain, d'Herdoniae, découvert en 1962. Parmi les productions les plus notables de la civilisation daunienne figurent des stèles sculptées entre le VIe et le IVe siècle av. J.-C., des vases, des céramiques,

Foggia

À voir

Arco di Federico II (voir 13)
1 Cathédrale A2
Chiesa delle Croci (voir 6)
Chiesa di San Francesco Saverio (voir 10)
2 Chiesa di San Giovanni Battista B2
3 Chiesa di San Tommaso A2
4 Chiesa di Sant'Anna A2
5 Chiesa di Santa Maria della Misericordia B2
6 Complesso del Calvario A1
Conservatorio di Musica U. Giordano (voir 13)
Fontana del Sele (voir 11)
Galleria Provinciale d'Arte Moderna e Contemporanea (voir 10)
7 Ipogeo di San Domenico B2
8 Ipogeo di Sant'Agostino A3
Museo Civico (voir 13)
9 Museo Provinciale del Territorio A2
Nuovo Palazzo della Dogana (voir 10)
Palazzo Arpi (voir 13)
Piano delle Fosse (voir 2)
10 Piazza XX Settembre B3
11 Piazza Cavour D3
12 Piazza del Lago B3
13 Piazza Nigri B3
14 Pozzo Rotondo di Federico A2
Tre Archi (voir 13)

Où se loger

15 Albergo del Cacciatore B2
15a La Civetta C3
16 Muro Torto B2
17 Muro Torto Cairoli B3
18 Palazzo Sant'Elena C3
19 White House Hotel D2

Où se restaurer

20 Ambasciata Orsarese C4
21 Da Nino al Grottino B2
22 Osteria Numero Dieci C3
23 Trattoria del Cacciatore B2
24 Trattoria Giordano da Pompeo D2

Où prendre un verre

25 Moffa B2
26 Nessun Dorma B2

Où sortir

27 Teatro Comunale Umberto Giordano B2

des ornements en fer et en bronze et une rue décorée d'une mosaïque en forme de serpent. La pinacothèque donne à voir des tableaux peints entre le XVIIIe et le XXe siècle. Le département ethnographique reconstitue le cadre de la vie rurale, et une section lapidaire renferme écus, bas-reliefs et inscriptions du Moyen Âge au XIXe siècle.

Ipogeo di Sant'Agostino et ipogeo di San Domenico — SOUTERRAINS

(0881 75 63 00 ; www.foggiaipogei.altervista.org ; tarif plein/réduit 3/1 € ; Via Arpi 151 et Piazza Purgatorio ; visites guidées sur réservation). Avant de quitter la vieille ville, peut-être aurez-vous la curiosité d'explorer quelques-unes des cavités souterraines qui reliaient jadis de nombreuses parties de la cité. Celles de Sant'Agostino et de San Domenico se situent respectivement dans la Via Arpi et sur la Piazza Purgatorio, où les dernières fouilles en date ont mis au jour les vestiges du palais impérial de Frédéric II.

Chiesa di San Giovanni Battista — ÉGLISE

(0881 72 27 81 ; Piazza Piano delle Croci). Cet édifice à la façade d'inspiration baroque remonte au XVIIIe siècle. Il renferme une statue de la Madonna dell'Addolorata, censée avoir accompli un miracle. On raconte qu'en 1837, la Vierge aurait versé des larmes pour mettre un terme à une épidémie de choléra. Devant l'église se trouve le **Piano delle Fosse**, grande citerne souterraine un temps utilisée pour stocker du froment.

Complesso del Calvario — ÉGLISE

(339 823 52 31 ; Piazza Sant'Eligio, à proximité du Convento di Sant'Anna ; 9h-12h lun-sam l'hiver, 9h-12h lun-sam et 18h-20h mar et jeu l'été, 9h-12h dim toute l'année ; visite guidée). GRATUIT Cet ensemble de monuments doit sa construction à un événement "miraculeux". Durant la procession organisée par un capucin pour conjurer la sécheresse, il se mit à pleuvoir. Le frère planta alors sept croix en bois pour marquer le parcours pénitentiel. En leur lieu et place se dressent aujourd'hui un imposant arc de triomphe, cinq petites chapelles et la **Chiesa delle Croci** (église des Croix), édifiée entre 1693 et 1742. Dans cette dernière est conservé un crucifix en bois qui contiendrait un fragment de la Vraie Croix. Le complexe est géré par les capucins, et plus précisément par le Circolo Contaldo Ferrini, dont les guides vous

LE PIANO DELLE FOSSE

La conservation du blé dans des puits (les *fosse*, pouvant contenir jusqu'à 500 quintaux) creusés dans un vaste espace (*piano*) était une pratique fort répandue dans la province de Foggia, au point qu'on en trouve encore des vestiges à San Severo, Torremaggiore, San Paolo Civitate, Cerignola (p. 131) et Manfredonia. Ces fosses perdurèrent jusqu'à la fin des années 1930, où elles furent remplacées par de grands silos en béton armé.

feront volontiers visiter la cellule de Padre Pio au couvent de Sant'Anna et le Museo delle Confraternite dans la Chiesa di Sant'Eligio.

Chiesa di Sant'Anna ÉGLISE
(Piazza Sant'Eligio 34 ; 17h30-19h). Reliée au couvent des capucins du Palazzo Sannicandro, elle se dresse devant le Complesso del Calvario. Padre Pio, mort en 1968 et canonisé en 2002, vécut ici avant de s'installer à San Giovanni Rotondo (p. 104). On peut voir dans la chambre spartiate du saint, meublée d'un étroit lit de camp et d'un bureau, des gants maculés du sang de ses stigmates et un flacon contenant ses larmes.

Chiesa di Santa Maria della Misericordia ÉGLISE
(0881 76 61 11 ; Piazza del Purgatorio 1). Plus connue sous le nom de "Chiesa dei Morti" (église des Morts), ce petit joyau baroque a rouvert ses portes après une restauration début 2014. Sa construction, en 1643, est due à la volonté des grandes familles nobles de Foggia de consacrer une église à l'âme des défunts. À l'intérieur, sous le somptueux plafond à caissons, admirez l'autel en marbre polychrome exécuté par les Fontana, originaires de Lucques, les statues de saint Michel et de l'ange gardien, et l'*Ecce Homo* attribué à Guido Reni sur l'arc triomphal.

Où se loger

Foggia compte peu d'hôtels. Vous trouverez néanmoins un hébergement sans trop de difficultés, sauf pendant la Fiera Internazionale dell'Agricoltura, début mai. Hélas, comme dans nombre de villes commerçantes, rares sont ceux présentant un bon rapport qualité/prix.

Albergo del Cacciatore HÔTEL €
(0881 58 06 61 ; www.albergodelcacciatore.it ; Via Arrigotti 4 ; s/d 45-50/60-70 €). Cette petite adresse familiale sans fioritures a élu domicile dans un hôtel particulier du XIXe siècle à l'intérieur de la vieille ville, près du théâtre. Elle n'affiche qu'une seule étoile, mais en mériterait au moins deux, malgré le bruit dû à sa situation centrale. Offres spéciales du week-end sur le site Internet.

Muro Torto B&B €€
(0881 70 84 75 ; www.murotorto.it ; Via Altamura 20 ; s/d 52/72 €). Idéalement situé, tout près du Corso Vittorio et à 200 m de la Trattoria Giordano da Pompeo, ce B&B plus assimilable à un hôtel propose deux simples et quatre doubles récentes, meublées avec goût et équipées de tout le confort. Le prix inclut l'accès au parking surveillé tout proche. Sinon, non loin de là, les chambres du B&B **Muro Torto Cairoli** (0881 77 35 22 ; www.murotortocairoli.it ; Via Cairoli 25 ; s/d 52/72 €) offrent un mobilier, un style et des prestations similaires ; petit-déjeuner servi dans la chambre.

La Civetta B&B €€
(0881 77 77 17 ; www.lacivetta.net ; Piazza Umberto Giordano 77 ; s/d à partir de 69-79/79-89 €). Dans cet édifice du XVIIIe siècle aux hautes voûtes en berceau, les petits balcons donnent sur la Piazza Umberto Giordano. Réservez l'une des six chambres portant un titre de film (Casablanca, Diamants sur canapé, Out of Africa, etc.) et détendez-vous en profitant de l'atmosphère raffinée ou d'un bain bouillonnant.

Palazzo Sant'Elena HÔTEL €€
(0881 72 60 73/0881 188 52 43 ; www.hotelpalazzosantelena.it ; Via Della Rocca 4 ; s/d 55-85/75-100 €). Accueillant, propre, calme et chaleureux, cet établissement familial occupe un ancien couvent de capucins récemment réaménagé, assez près du centre. Excellent rapport qualité/prix, bon petit-déjeuner et douche hydromassante idéale pour se détendre.

White House Hotel HÔTEL €€
(0881 72 16 44 ; www.hotelwhitehouse.it ; Via Sabotino 24 ; s/d 80/120 €). Comptant parmi les meilleurs hôtels de la ville, ce quatre-étoiles proche de la gare ferroviaire est assurément le plus raffiné de la ville. Personnel charmant et efficace. Réductions le week-end.

Où se restaurer

On mange très bien à Foggia : ne craignez donc pas de faire des expériences. Pour les moins téméraires, sachez que la pizza locale s'inspire du modèle napolitain, c'est-à-dire qu'elle est excellente à peu près partout.

Da Nino al Grottino PIZZERIA €
(☎0881 77 13 31 ; Vico Teatro 13 ; ⏲fermé lun). L'une des meilleures pizzas de la ville depuis 1918, notamment la quatre fromages à la saucisse piquante ! Tout en mangeant, amusez-vous à reconnaître les grands acteurs italiens sur le photomontage au mur, une petite sélection des illustres clients passés par ici.

Osteria Numero Dieci RESTAURANT €
(☎320 113 76 55 ; Via Della Rocca 8 ; menu le midi 10 €, repas le soir 20 € env ; ⏲fermé dim). Si vous avez faim et n'êtes pas trop regardant sur le service ou la variété des plats, poussez la porte de cette institution locale. Le menu est renouvelé quotidiennement, les ingrédients provenant du marché Rosati, à deux pas. Tarifs imbattables le midi.

Trattoria del Cacciatore PIZZERIA €€
(☎0881 77 18 39 ; www.trattoriadelcacciatorefoggia.it ; Via Mascagni 12 ; repas 25 € ; ⏲fermé dim). Une adresse sans prétention dont les petites tables colonisent le Vico Arrigotti à la belle saison. On y sert de copieuses assiettes de pâtes faites maison, telles les *orecchiette* et les *cicatelli*.

Ambasciata Orsarese TRATTORIA €€
(☎0881 74 02 04 ; Via Tenente Iorio 53 ; repas 25-35 € ; ⏲fermé dim soir et lun en théorie, en fait ouvert tlj). Un petit établissement simple et chaleureux, au décor original : vieux vélo accroché au mur, paniers et nappes au plafond, ou encore vieilles photos et un poêle. Goûtez au *pancotto* (soupe) à la saucisse et aux légumes, aux *orecchiette* maison et au muscari à toupet. Les amateurs de café verront arriver sur la table la cafetière Moka, comme dans toute maison italienne qui se respecte.

Trattoria Giordano da Pompeo RESTAURANT €€
(☎0881 72 46 40 ; www.trattoriagiordano.com ; Vico al Piano 14 ; repas 30 € ; ⏲fermé dim). L'une des meilleures tables gastronomiques de la ville : nappes blanches, service attentif et patron plein d'ironie. On traverse la cuisine pour rejoindre la salle, immaculée. La carte met l'accent sur les produits du terroir, de qualité supérieure : charcuterie, viandes, tarte aux anchois gratinée, friture de poisson, *orecchiette* à la tomate et au *cacioricotta* (fromage de brebis des Pouilles).

Où prendre un verre ou une douceur

L'activité nocturne se concentre dans les nombreux bars avec terrasse de la Piazza Duomo et de la Piazza de Santis (ou Piazzetta), près de la cathédrale.

Moffa PÂTISSERIE/SALON DE THÉ
(☎0881 33 18 31 ; www.pasticceriamoffa.it ; Via Mandara 103 ; ⏲6h-20h30). Si vous rêvez d'une douceur, rendez-vous chez ces maîtres pâtissiers. Leur spécialité est la tarte, qu'elle soit sacrée, comme la "Sette Veli", avec ses sept couches de chocolat, véritable cantique à la Madone de Foggia, ou profane, telle la "Peccati di Gola", avec ses deux disques de meringue à l'amande renfermant une crème au caramel et au beurre.

Nessun Dorma PUB
(☎389 965 58 45 ; Via Duomo 20 ; ⏲fermé mar, ouvert tlj l'été). Ce pub adossé à la cathédrale, où prendre un rafraîchissement, siroter un cocktail ou grignoter un sandwich, existait avant que la Piazzetta ne devienne le lieu de rendez-vous nocturne de la jeunesse locale. L'été, il fait bon s'y asseoir en terrasse.

Où sortir

Teatro Comunale Umberto Giordano THÉÂTRE
(☎0881 77 46 40 ; Piazza Battisti 21). Ce théâtre, parmi les plus importants de la ville, doit son nom au compositeur Umberto Giordano (connu pour son succès, *André Chénier*, ou son opéra comique *Madame Sans-Gêne*), natif de Foggia. Fermé pendant de longues années dans l'attente d'une rénovation, il a finalement rouvert ses portes en décembre 2014, avec un concert inaugural de l'Orchestra Cherubini, dirigé par Riccardo Muti.

Achats

Le secteur de la Via Arpi affiche une vocation commerciale depuis l'Antiquité romaine. Autrefois, les artisans vendaient leurs produits sous les arcades des anciens palais, là-même où les magasins de vêtements, de bijoux et de souvenirs s'alignent aujourd'hui. Poursuivez vos achats dans le Corso Vittorio Emanuele II, la principale artère de Foggia. Pour une bouteille du cru, faites un saut à l'**Enoteca Boccadama** (☎0881 77 35 51 ; Corso Vittorio Emanuele II 110).

Renseignements

OFFICE DU TOURISME

APT (☎ 0881 72 31 41 ; www.viaggiareinpuglia.it ; Via Perrone 17)

POSTE

Bureau de poste (☎ 0881 70 83 24 ; Viale XXIV Maggio 26)

URGENCES

Commissariat de police (☎ 0881 66 81 11 ; Via Gramsci 1)
Guardia medica (médecins de garde ; ☎ 0881 73 31 00)
Ospedale Riuniti (☎ 0881 73 11 11 ; Via Pinto 1). Hôpital.
Pronto soccorso (☎ 0881 73 36 17 ; Via Pinto 1). Urgences hospitalières.

Depuis/vers Foggia

BUS

Les bus à destination de la province de Foggia partent du Piazzale Vittorio Veneto, devant la gare ferroviaire.

SITA (www.sitasudtrasporti.it) relie Foggia à Vieste (6,90 €, 2 heures 45, 5/jour) via Manfredonia, Monte Sant'Angelo, San Giovanni Rotondo et Lucera.

Ferrovie del Gargano (www.ferroviedelgargano.com) dessert Manfredonia (2,80 €, 45 min), Mattinata (3,10 €, 1h15 min) et Troia (1,70 €, 45 min).

Les billets des deux compagnies peuvent s'acheter au tabac de la gare ferroviaire ou au bar en face, sous l'enseigne du Cinema Ariston.

CLP (à Naples ☎ 081 531 17 06/081 251 41 57) assure des services directs entre Foggia et Naples (11 €, 2 heures) plus rapides que le train. Billets en vente à bord du bus.

HÉLICOPTÈRE

Alidaunia (☎ 0881 61 79 61 ; www.alidaunia.it) couvre les îles Tremiti (⏲ 2 vols/jours toute l'année) et Vieste (⏲ 2 vols/semaine, 28,60/57,20 € basse/haute saison).

TRAIN

De Foggia, **Trenitalia** (www.trenitalia.com) rallie régulièrement Potenza (6 €, 2 heures environ), Bari (9,10-22 €, 1 heure-1 heure 40) et Brindisi (13,80-29 €, 2 heures-2 heures 45). En direction du nord, il existe au moins 10 trains quotidiens pour Ancône (17,50-43 €, 2 heures 45) et Bologne (45,50-62,50 €, 4 heure 30-6 heures 10 ; 46 €, 5 heures 40), ainsi que des liaisons moins fréquentes avec Milan (57-105 €, 6 heures-9 heures ; train de nuit 45,60 €, 9 heures).

TRANSPORTS LOCAUX

Les gares ferroviaire et routière se trouvent sur le Piazzale Vittorio Veneto. Repérez le logo **ATAF** (☎ 800 36 27 72 ; www.ataf.fg.it). Valables 1 heure, les billets de bus coûtent 0,90 € (1,50 € à bord).

Service de taxis 24h/24 au ☎ 0881 721 60 00.

VOITURE ET MOTO

Prenez la SS16 en direction du sud pour Bari, vers le nord pour la côte adriatique, Termoli et Pescara. L'A14 Bologne-Bari passe aussi par Foggia. La SS655, reliée à l'A16, rejoint Naples, d'où l'on peut ensuite gagner Rome.

Lucera

34 250 HABITANTS

Lucera est une ville au riche passé que la population fait revivre chaque année à travers fêtes et représentations historiques. Aventurez-vous donc jusqu'à l'amphithéâtre romain, promenez-vous entre les remparts de la forteresse impériale, cherchez les vestiges du patrimoine sarrasin, entrez dans les églises, jetez un coup d'œil derrière les portes des édifices aristocratiques ou flânez dans la Villa Comunale.

Conquise par les Romains au IVe siècle av. J.-C., la cité ne fit guère parler d'elle avant le XIIIe siècle. Son destin changea radicalement avec l'avènement du souverain du Saint Empire romain germanique Frédéric II. Désireux de renforcer son assise dans les Pouilles, face aux menées des partisans du pape Grégoire IX qui contestaient son pouvoir sur le sud de l'Italie, ce dernier fit ériger une forteresse à Lucera et y ordonna l'installation de près de 20 000 Arabes siciliens, atténuant par là même le tort que lui causaient les bandits sarrasins en Sicile.

L'empereur permit aux nouveaux habitants de pratiquer librement leur religion et d'ériger des mosquées ; à 260 km à peine de Rome, cet acte de libéralisme sans précédent fit enrager la papauté. Le souverain passa beaucoup de temps à Lucera, où il recruta ses fameux gardes du corps sarrasins. Réputés pour leur loyauté, ces derniers l'accompagnèrent jusque dans la croisade en Terre sainte qu'il entreprit en 1228. Par la suite, l'histoire se montra moins clémente : lors de la prise de la ville par la maison d'Anjou en 1269, tous les musulmans qui refusèrent de se convertir furent massacrés et des églises remplacèrent leurs lieux de culte abattus.

À voir

Fortezza Svevo-Angioina CHÂTEAU FORT
(Piazza Matteotti ; 3 €, gratuit mardi après-midi non fériés ; 9h30-13h30 et 15h15-19h mar-dim). Du château de Frédéric II, le plus grand d'Italie méridionale après celui de Lagopesole, ne subsistent que de maigres vestiges, à 500 m du centre-ville. Édifié en 1233, il se dresse sur un promontoire rocheux, gardé par 24 tours et entouré par des remparts d'époque angevine qui le ceinturent sur près de 1 km. Depuis la Torre della Regina (ou Torre della Leonessa), la vue spectaculaire embrasse toute la plaine du Tavoliere et permet d'apercevoir le Gargano à l'est et les Apennins à l'ouest. Une des plus grosses tours accueille des expositions. Contrairement à l'idée répandue, l'empereur ne mourut pas ici mais au château de Castelfiorentino di Puglia, à 14 km de Lucera, désormais en ruine.

Cattedrale CATHÉDRALE
(0881 52 08 80 ; Piazza Duomo). Ce témoignage monumental de l'architecture gothico-byzantine des Pouilles porte l'empreinte de la domination angevine dans la région. La cathédrale fut érigée au XIIIe siècle à l'instigation de Charles II d'Anjou sur les fondations d'une mosquée sarrasine, afin de célébrer le retour de la ville dans le giron chrétien. Notez l'autel formé de la table de banquet en pierre de Frédéric II provenant de la forteresse de Fiorentino.

Piazza Duomo PLACE
Outre la cathédrale, la Piazza Duomo recèle plusieurs palais aristocratiques : le **Palazzo Vescovile**, du XVIIIe siècle, siège du **Museo Diocesano** (musée diocésain ; 0881 52 08 82 ; entrée Via Lombardi 3 ; 10h-12h30 mer, sam et dim), le splendide **Palazzo Cavalli**, avec sa cour du XVIIe siècle et son portail en bois flanqué de deux paires de colonnes (la façade date du XIXe siècle), et le **Palazzo Nocelli**, érigé durant la seconde moitié du XIXe siècle.

Anfiteatro Augusteo SITE ARCHÉOLOGIQUE
(Au bout du Viale Augusto ; 3 € ; 9h-14h mar-dim l'hiver, visites guidées gratuites 9h30-13h30 et 15h15-19h mar-dim l'été). Construit à l'époque d'Auguste, cet amphithéâtre de vastes dimensions pouvait accueillir près de 18 000 spectacteurs à l'occasion de jeux du cirque. Situé à la limite ouest de la ville, il fut reconstruit après la Seconde Guerre mondiale à l'aide des matériaux retrouvés *in situ*, d'où son état remarquable. Deux portes identiques y donnent accès.

Museo Civico Fiorelli MUSÉE
(0881 54 70 41 ; Via dei Nicastri 74 ; 3 €, gratuit mar après-midi non fériés ; 9h-13h et 15h30-19h mar-sam, 9h-13h dim). Comptant parmi les mieux dotés de la province de Foggia, ce musée archéologique hébergé dans un vieux palais rassemble des pièces allant du néolithique au Moyen Âge, dont un superbe buste romain de Vénus, des terres cuites du IIIe siècle av. J.-C. et un pavement en mosaïque du Ier siècle av. J.-C. Il comprend aussi une section consacrée aux monnaies anciennes, une collection de bronzes, un département ethnographique et une pinacothèque.

Fêtes et festivals

Carnaval SPECTACLE DE RUE
(www.comune.lucera.fg.it ; mars-avr). Le Carême donne lieu à des manifestations de rue tous les dimanches. Cette période voit aussi l'apparition des *quarantane* aux balcons du centre historique. Ces poupées de chiffon typiques comportent une orange en guise de postérieur sur laquelle sont piquées des plumes noires pour chaque dimanche de Carême, une blanche pour celui de Pâques. On en retire une par semaine jusqu'à Pâques où, dans un rite purificateur, on brûle toutes les poupées dans un grand feu de joie.

Festa patronale SPECTACLE DE RUE
Du 14 au 16 août, la ville est le théâtre d'une reconstitution historique qui culmine avec un défilé en costume d'époque et un spectacle pyrotechnique.

Où se loger

B&B Mimosa B&B / GÎTE €
(0881 54 60 66 ; Via De Nicastri 36-38-40 ; s/d/tr 40-50 €/65-70 €/80-90 € ;). Ces deux agréables appartements, avec entrée par la rue et vue sur la cour du musée municipal, peuvent être loués en B&B ou gîte. S'ils manquent un peu de lumière, l'adresse est centrale.

Residenza di Federico II HÔTEL €€
(0881 20 14 21 ; www.residenzadifedericosecondo.it ; Piazza del Popolo 28, Via Rampa alle Mura 1 ; s/d 60/85 €, "suite historique" 120 € ;). Au-dessus de l'Arco di Troia, la "suite historique", meublée d'un lit rond, donne l'impression d'être au temps de Frédéric II !

Villa Uva B&B €€
(☎ 329 633 57 55 ; www.villauva.it ; Contrada Cruste, SP130 Lucera-Biccari km 0,65 ; s/d 60/100 € ; Wi-Fi). Plus qu'un lit et un petit-déjeuner, le propriétaire de ce B&B met à votre disposition toute une villa (pour 1 à 3 pers) entourée d'oliviers centenaires, à l'origine d'une excellente huile bio. D'autres savoureux produits du terroir vous attendent en cuisine pour une collation ou un véritable repas.

Où se restaurer

La Taverna del Lupus RESTAURANT/PIZZERIA €/€€
(☎ 0881 53 05 93 ; Via Schiavone 7/9 ; repas 10-25 € ; ⏲ tlj). Un endroit agréable et sans prétention. Installez-vous sur la terrasse, à proximité de la cathédrale, et commandez à boire pour tromper l'attente : belle variété de bières artisanales.

Il Cortiletto RESTAURANT €€
(☎ 0881 54 25 54 ; www.ristoranteilcortiletto.it ; Via De Nicastri 26 ; repas 35 € ; ⏲ fermé dim soir). Carpaccio de morue à la ricotta, aux carottes caramélisées et aux amandes, *troccoli* (pâtes) à l'oie et aux pleurotes : voici quelques-unes des créations de Paolo Laskavj, aussi fidèle au terroir (en cuisine comme en cave) qu'il est à cheval sur les horaires (n'arrivez pas après 21h30 sans quoi vous risquez de repartir le ventre vide !).

Où prendre un verre

N8 Caffè Nocelli BAR
(☎ 0881 52 94 18 ; Piazza Nocelli 8 ; ⏲ 7h-2h). Sur la place attenante à celle de la cathédrale, les tables, fauteuils et canapés de ce bar lounge raffiné sont parfaits pour prendre un café. L'après-midi, en été, c'est le seul établissement ouvert.

Achats

Chaque premier dimanche du mois, la Piazza Duomo accueille un petit marché d'antiquités.

Alberto Longo EXPLOITATION AGRICOLE
(☎ 0881 53 90 57 ; www.albertolongo.it ; Strada Provinciale 5, Lucera-Pietramontecorvino km 4 ; ⏲ 8h30-13h et 14h30-18h lun-ven ; dégustation sur réservation avec prix à débattre). Alberto Longo est l'un des meilleurs producteurs de vin de la région ; il vend même le fameux Cacc'e Mmitte, un rouge d'appelation d'origine contrôlée (DOC) produit uniquement par ici. Son nom vient de *cacce* (vider) et *mitte* (remplir), allusion au fait que les petits exploitants, qui louaient autrefois les cuves aux grands domaines pour le foulage du raisin, devaient s'empresser de les vider afin qu'elles puissent être au plus vite remplies par l'utilisateur suivant.

Renseignements

URGENCES

Guardia medica (Médecins de garde ; ☎ 0881 54 33 78 ; Viale Lastaria)
Hôpital (☎ 0881 54 31 11 ; Viale Lastaria)

OFFICE DU TOURISME

Ufficio turistico (☎ 0881 52 27 62/800 76 76 06 ; Piazza Nocelli 6 ; ⏲ 9h30-13h30 et 15h-19h mar-dim)

Depuis/vers Lucera

Depuis Foggia (18 km), des bus **SITA** (www.sitasudtrasporti.it) fréquents desservent Lucera. La gare routière se situe sur la Piazza del Popolo devant l'Arco di Troia, la porte médiévale. **Ferrovie del Gargano** assure la liaison en train depuis/vers Foggia (1,40 € ; 20 min). En **voiture**, on rejoint Lucera depuis Foggia par la SS16 (18 km).

San Severo

54 900 HABITANTS

À une trentaine de kilomètres au nord de Foggia, cet ancien chef-lieu de la Capitanate et du comté de Molise a connu son âge d'or au XVIe siècle. Mais plusieurs catastrophes se sont ensuite abattues sur la cité : un tremblement de terre la dévasta en 1627 et les troupes révolutionnaires françaises la pillèrent en 1799. Entre ces deux événements, San Severo avait été reconstruite dans le style baroque et rococo. De cette époque, elle conserve quelques beaux édifices religieux. La ville s'enorgueillit également d'une intéressante tradition pyrotechnique et de l'un des plus remarquables théâtres à l'italienne des Pouilles (ci-dessous).

À voir

Seules deux églises témoignent du passé médiéval de la ville : la **Cattedrale di Santa Maria Assunta**, avec ses deux baies sur le flanc gauche et ses fonts baptismaux en pierre, et la **Chiesa di San Severino**, avec la baie géminée de son clocher de 50 m (les deux niveaux supérieurs datant du XIXe siècle), son portail dont l'archivolte repose sur des lions, sa rose à six pétales et ses bas-reliefs.

Les autres édifices religieux sont autant de témoignages du style baroque. **Santa Maria del Carmine**, édifiée au XIIe siècle puis reconstruite au XVIIIe siècle, possède une façade sobre et un dôme couvert de faïence ; la **Chiesa Santa Trinità dei Celestini** abrite de grandes orgues de 1701 et des autels en marbre polychrome, typiques de l'école napolitaine ; la **Chiesa di San Lorenzo** offre un festival d'éléments baroques – frises et volutes, surfaces concaves et convexes, corniches dentelées, etc. ; la **Chiesa di San Lorenzo delle Benedettine** comporte encore une façade rococo en marbre d'Apricena et un élégant clocher doté d'un petit dôme couvert de faïence ; la **Chiesa di San Nicola** invite à admirer le plafond peint de Nicola Menzele, un maître-autel en marbre polychrome et les grandes orgues d'Innocenzo Gallo (XVIIIe siècle). Pour terminer, le **Palazzo di Città** (XVIIIe siècle) produit un formidable effet scénographique, avec, de part et d'autre de l'entrée, deux colonnes qui encadrent un fronton triangulaire arborant l'écu des Célestins (dont il occupe l'ancien couvent).

MAT – Museo dell'Alto Tavoliere MUSÉE
(☎ 0882 33 44 09 ; Piazza San Francesco 48 ; entrée libre ; 9h-13h30 et 17h30-20h30 lun-ven, 18h-21h sam et 18h-21h dim). GRATUIT Installé dans un couvent franciscain du XIIIe siècle reconstruit en 1627, le MAT retrace l'histoire des alentours au moyen de photos aériennes, de cartes et d'objets.

Teatro Comunale Giuseppe Verdi THÉÂTRE
(☎ 0882 24 13 23 ; www.teatrocomunalesansevero.it ; Corso Garibaldi). Construit par Cesare Bazzani entre 1929 et 1936, voici le plus beau théâtre à l'italienne des Pouilles, après ceux de Bari et de Lecce.

Fêtes et festivals

Festa della Madonna del Soccorso FÊTE RELIGIEUSE
(www.terradeifuochisansevero.it). En mai, la grandiose fête patronale de la Vierge du Secours donne lieu à une procession religieuse et, surtout, à la folle course des *fujenti del fuoco*. Celle-ci se déroule au milieu de batteries de pétards et de feux d'artifice, dont les longues mèches sont tendues à travers la ville. À la fin de l'épreuve, le courage des participants se mesure au nombre de trous dans leurs vêtements.

Où se loger et se restaurer

B&B Romano B&B €
(☎ 0882 22 34 98 ; www.bbromanosansevero.com ; Viale Matteotti 85 ; s/d 30-35/50-55 € ;). On s'y sent comme à la maison. Gentillesse et sens de l'accueil dans un cadre confortable et fonctionnel.

La Fossa del Grano RESTAURANT €€€
(☎ 0882 24 11 22 ; www.lafossadelgrano.it ; Via Minuziano 63 ; repas 35-40 € ; fermé lun et dim soir). Lauréats de l'"escargot" Slow Food en 2015, Carla, Gino et Tonia règnent sur ce mouchoir de poche d'où se dégagent des effluves alléchants. Issus de la terre ou de la mer, les produits cuisinés sont frais du marché. Au menu : beignets d'anchois, timbale à la ricotta ou *orecchiette* à la saucisse et au fenouil et, en dessert, *zeppoline* (beignets).

Achats

Cantina d'Araprì CAVE VINICOLE
(☎ 0882 22 76 43 ; www.darapri.it ; Via Zannotti 30 ; 8h-13h et 16h-19h lun-ven, 8h-13h sam ; visite gratuite sur réservation quelques jours à l'avance). Le sous-sol du centre historique recèle un labyrinthe de galeries karstiques, dont la température et le taux d'humidité sont depuis toujours propices à l'aménagement de petites caves vinicoles artisanales. L'entreprise d'Arapri, qui produit un vin mousseux, propose un parcours sous des voûtes millénaires débouchant sur une cave insoupçonnable. Là se tiennent à l'occasion concerts et autres événements.

Renseignements

Office du tourisme (☎ 0882 60 45 58 ; www.prolocosansevero.it ; Via San Giuseppe 29 ; horaires variables)

Depuis/vers San Severo

De Foggia (29 km), suivez en voiture la SS16 ou prenez un bus **Ferrovie del Gargano** (www.ferroviedelgargano.com ; 50 min, 2,40 €).

Cerignola

57 000 HABITANTS / ALTITUDE 120 M

Nichée dans la Valle dell'Ofanto, au milieu des collines délimitant le Basso Tavoliere, voici la patrie de la "bella di Cerignola". Cette grosse olive verte, charnue et consistante bénéficie depuis 2004 du label DOP (appellation d'origine protégée). Ce produit ne représente toutefois qu'un aspect de la vocation agricole de la ville, cernée aussi par des vignobles et

APRICENA : ENTRE CARRIÈRES ET VESTIGES

Une partie du Tavoliere, tournée vers le Gargano, est sillonnée de profondes carrières creusées dans la roche calcaire. C'est là qu'a vu le jour **Apricena**, l'une des grandes capitales marbrières d'Italie. Sa pierre aux tons beige rosé fut choisie par Frédéric II pour le Castel del Monte, mais aussi par Vanvitelli pour la Reggia di Caserta et, bien plus tard, par le célèbre architecte Renzo Piano pour la Chiesa di Padre Pio à San Giovanni Rotondo. Si l'action constante de l'homme sur le paysage n'a pas toujours été très heureuse, elle a permis d'importantes découvertes archéologiques (selon des études récentes, la carrière de Pirro nord conserverait les plus anciennes traces de la présence de l'homme en Europe). Et s'il y a bien longtemps que Frédéric II ne chasse plus le sanglier dans des bois aujourd'hui disparus (le nom de la ville dériverait d'Apri Coena, ou "festin de sanglier"), il reste néanmoins quelques bonnes raisons de s'aventurer jusqu'ici. Arpentez le centre historique, avec la Chiesa Madre (reconstruite après le tremblement de terre de 1628), le Palazzo Baronale (ou Torriolo) et la Torre dell'Orologio. Visitez le Museo Civico et la Mediateca Federiciana (dans le Palazzo della Cultura d'Apricena, sur la Piazza Federico II), ou encore le site archéologique de Castel Pagano (www.parcocastelpagano.it), à environ 24 km de la ville. Enfin, il convient de mentionner le beau festival de jazz qui se déroule chaque été dans les carrières (www.suonincava.com), même si les dernières éditions ont pâti du manque de financements publics et privés.

d'immenses étendues de blé (son nom dérive d'ailleurs de Cérès, déesse romaine des moissons). Ses quelques édifices anciens sont noyés au cœur d'une agglomération construite pour l'essentiel aux XIXe et XXe siècles.

À voir

Si vous passez à Cerignola, faites un détour par la **Terra Vecchia**, le quartier le plus ancien, et amusez-vous à repérer les détails médiévaux de la Chiesa Madre, largement remaniée en 1819. Puis dirigez-vous vers les **fosses à grain** d'époque romaine, sur le Piano San Rocco, presque au centre de la ville. Ces 750 "silos souterrains" comportent chacun une stèle gravée d'un numéro et du nom de leur propriétaire (voir l'encadré p. 126). Ce site fait partie du **Polo Museale Civico**, inauguré en octobre 2014 à l'intérieur du Palazzo Monte Fornari ; il comprend le **Museo Multimediale del Piano delle Fosse**, la **Galleria dei Cerignolani Illustri** et le **Museo del Grano** (☎ 0885 42 00 36 ; www.polomusealecerignola.it ; visite guidée sur réservation), un musée consacré à la culture céréalière.

Où prendre un verre ou une glace

Bar Roma BAR/PÂTISSERIE/GLACIER
(☎ 0885 42 11 42 ; Via Don Minzoni 130 ; 6h30-23h). Indiqué pour le petit-déjeuner, mais surtout pour un *zuccotto* (bombe glacée) ou un cornet de glace au parfum original.

Renseignements

Pour toute information, adressez-vous au personnel charmant, compétent et passionné de la **Pro Loco** (☎ 0885 42 00 36 ; Corso Garibaldi 3 ou Piano Tarocco au sein du Polo Museale ; 11h-13h et 17h-20h lun-sam) ou au **service culturel municipal** (☎ 0885 41 03 25 ; Palazzo di Città, 1er étage, bibliothèque)

MONTI DAUNI

À l'extrémité ouest des Pouilles, à la lisière de la Campanie et du Molise, la région des monts Dauni attire peu de visiteurs. Et pourtant ! Loin des foules du littoral, ce territoire confidentiel chargé d'histoire et de légendes est d'une grande beauté.

Des champs d'éoliennes y ont récemment fait leur apparition, mais sans porter atteinte à l'atmosphère médiévale de ses bourgs, disséminés sur les hauteurs. Ils se rejoignent par de petites routes longeant des cultures de blé, puis des forêts de chênes et de hêtres lorsque l'altitude s'élève. Il faut certes davantage de temps pour les rejoindre depuis Foggia ou Lucera que pour les visiter, mais de belles découvertes vous y attendent. Bovino, Alberona ou Pietramontecorvino, pour ne citer qu'eux, sont classés parmi les plus beaux villages d'Italie, sans parler de Castelluccio Valmaggiore, lieu de la célèbre bataille de Cannes entre Hannibal et Rome, ou de Celle di San Vito, ancienne colonie angevine où l'on parle encore un dialecte franco-provençal.

Avec près de 200 km de sentiers faciles ou plus exigeants, les monts Dauni offrent enfin de multiples possibilités de randonnée.

Troia

7 400 HABITANTS / ALTITUDE 439 M

Les maisons de Troia s'étirent sur le sommet d'une colline battue par les vents, de part et d'autre de la Via Regina Margherita, piétonne. Si la ville est de taille modeste, il en va autrement du rôle qu'elle a jadis tenu. En témoignent le nombre de ses saints patrons (Urbano, Secondino, Anastasio, Ponziano et Eleuterio), dont les bustes en argent sont portés en procession dans les rues chaque 18 juillet, sa cathédrale, joyau de l'art roman apulien, et les objets inestimables que renferment ses musées.

Située sur l'antique Via Traiana, Troia fut refondée au XIe siècle par les Byzantins pour garder la frontière nord des Pouilles. Dès 1030, la population abandonne le rite grec au profit de la papauté, et la ville, devenue évêché, accueille quatre conciles entre 1093 et 1127. Jusqu'en 1855, le pouvoir ecclésiastique et le lien étroit avec Rome lui assurent une existence prospère. Puis, avec l'Unité italienne, elle est victime de violences populaires (*brigantaggio*), bien éloignées de son calme actuel.

À voir

Concattedrale ÉGLISE

(☎0881 97 00 64 ; Piazza Cattedrale ; ⌚ 9h-13h et 16h-20h). Construite entre 1098 et 1120, la cathédrale de Troia est un chef-d'œuvre de l'art roman apulien, conjuguant avec un raffinement extrême des motifs arabo-byzantins et pisans. Les portes en bronze, signées par Oderisio da Benevento, arborent la date de 1119. Quant à sa rosace, unique au monde avec ses onze rayons, elle est percée d'une véritable dentelle de pierre. Les ornements sculptés sont omniprésents, donnant à voir des scènes profanes autant que religieuses. À l'intérieur, la peinture de *La Dormition de la Vierge* où, dans la partie haute, Marie est représentée telle une enfant sur les genoux de Jésus, et le Christ en croix de l'abside, d'une intense expressivité, valent le coup d'œil.

Chiesa di San Benedetto ÉGLISE

(Piazza Papa Giovanni XXIII ; ⌚10h30-13h et 18h-20h30 l'hiver, 10h30-13h et 17h30-20h l'été). L'église du couvent de San Benedetto, juste en face de la cathédrale, illustre admirablement la façon dont l'architecture baroque a su conjuguer sobriété et richesse dans cette région d'Italie. Outre les autels en pierre polychrome et le tabernacle en argent, admirez les grilles du *matroneum*, qui permettaient aux moniales cloîtrées d'assister aux offices religieux.

Museo del Tesoro della Cattedrale MUSÉE

(☎0881 97 00 15 ; Piazza Episcopio ; ⌚ mar et jeu 17h30-20h30, sam 10h-13h ; visites hors horaires, s'adresser à l'office du tourisme). Les salles de l'ancien séminaire épiscopal servent d'écrin à une collection d'objets sacrés, dont de remarquables rouleaux de l'Exultet (voir l'encadré p. 134) et de précieuses pièces d'orfèvrerie. La visite est en outre l'occasion d'admirer de près le **Palazzo Vescovile** du XVIIe siècle.

Museo Ecclesiastico Diocesano MUSÉE

(Piazza Papa Giovanni XXIII ; ⌚10h30-13h et 18h-20h30 l'hiver, 10h30-13h et 17h30-20h l'été). Occupant les salles de l'ancien monastère des bénédictines (XVIIe siècle), ce musée abrite des curiosités, à l'instar des *flabella*, sortes d'éventails utilisés par les évêques de Troia durant les célébrations, ainsi que des peintures et des sculptures.

Activités

Randonnée

Troia est l'une des étapes sur le parcours de la **Via Francigena del Sud** (www.viefrancigene.org). D'ici, vous pourrez rallier Lucera ou Ordona, ou rejoindre le chemin menant à Monte Sant'Angelo, à quelque 100 km de là. Il existe sur le trajet une auberge accueillant randonneurs et pèlerins.

LA "PIZZA SETTE SFOGLIE", UN GÂTEAU FORT EN CALORIES

À Cerignola, durant les fêtes de fin d'année, on se délecte de pizza *sette sfoglie*, surnommée "pizza de la Toussaint" car elle est préparée début novembre afin de gagner en saveur avant Noël. Il s'agit d'un gâteau très calorique, composé de fines feuilles de pâte et d'un fourrage à base de raisins secs, amandes grillées et broyées, huile d'olive extra vierge, moutarde au moût de raisin, pignons de pin, cannelle, sucre, zestes d'agrumes et vanille (comme si tout cela ne suffisait pas, certains y ajoutent même du chocolat au lait).

LES ROULEAUX DE L'EXULTET

Exultet... ("Qu'exulte"). Ainsi commence le chant liturgique des célébrations de la nuit de Pâques. Du haut de sa chaire, le diacre déroulait alors un long parchemin. Tandis qu''il chantait le texte inscrit au recto, les fidèles suivaient les images enluminées au verso (Troia fait exception, puisque texte et illustrations figurent en parallèle). On dénombre 31 de ces rouleaux dans le monde, dont trois à Troia. Datés des XIe-XIIe siècles, d'une longueur d'environ 11 m (268 + 190 + 651 cm), ils proposent une illustration colorée du Nouveau et de l'Ancien Testament, de la Résurrection à la traversée de la mer Rouge en passant par le jardin d'Éden.

Fêtes et festivals

Passione vivente FÊTE RELIGIEUSE

(Semaine sainte). Cette manifestation débute le matin du Vendredi saint avec la procession des Chaînes, pour s'achever l'après-midi du dimanche de Pâques avec la procession du Baiser, la statue de la Vierge, portée depuis la Chiesa di San Domenico, embrassant devant la cathédrale celle du Sauveur, venue de la Chiesa di San Francesco.

Troia Music Fest MUSIQUE

(www.troiamusicfest.it ; premier week-end d'août). Depuis 2009, ce festival met en valeur l'offre musicale et artistique des Pouilles. Aux spectacles proposés par les artistes locaux s'ajoutent des concerts de musiciens et de groupes confirmés à l'échelle nationale.

Où se loger

Hospital del Cammino AUBERGE €

(☎393 891 77 25 ; www.camminacammini.com ; Corso Regina Margherita 4 ; ⏲réception ouverte toute l'année 14h-22h). Si vous parcourez à pied la Via Francigena (ci-contre), vous pourrez faire étape ici avec votre duvet ; 28 places sont disponibles dans des locaux tout neufs.

Bora B&B €

(☎328 313 17 36 ; www.bora-troia.it ; Via Sant'Antonio 72 ; s/d 25-30/45-50 €). Le goût du propriétaire, architecte de profession, imprègne les espaces nouvellement aménagés de cette belle maison moderne qui donne sur la vallée. Chambres vastes et soignées, avec vue.

Svegliarsi nei borghi B&B, GÎTE €

(☎349 830 54 77/389 179 29 08 ; www.svegliarsineiborghi.it ; Via Pasqualicchio 30 ; s/d 35/50-56 €). "Svegliarsi nei borghi" est un label regroupant des B&B situés en plein centre des bourgs médiévaux des monts Dauni. À Troia, les chambres, simples et propres, sont assorties d'un coin cuisine et bénéficient pour certaines d'une vue ou d'une terrasse panoramique. Si vous séjournez à Troia au moment des festivals, assurez-vous qu'on vous a réservé un hébergement au calme.

Où se restaurer

Pirro AGRITURISMO €€

(☎349 172 38 91 ; Contrada Cuparoni, SS160 Troia-Lucera ; repas 20-25 €). Dans cet *agriturismo* tout proche de l'agglomération, les saveurs du terroir s'invitent à table dès les antipasti, innombrables et succulents. Si vous avez encore de la place, poursuivez avec un plat de viande ou de poisson, voire une pizza. Trop repu pour repartir ? Les chambres, avec vue sur le jardin, sont grandes et propres.

♥ **D'Avalos** PIZZERIA/RESTAURANT €€

(☎0881 97 00 67 ; www.ristorantedavalos.it ; Piazza della Vittoria 9 ; repas 25-30 € ; ⏲fermé lun soir). En plein centre historique, face à la demeure aristocratique d'Avalos (XVIe siècle), Elena Mottola ravira les végétariens avec ses *cicatelli* (pâtes) aux navets et ses tourtes aux fèves et à la chicorée, entre autres délices. Viandes et poissons font aussi partie de la carte, en particulier avec les *straccetti* (viande émincée). Ne manquez pas non plus les antipasti "surprise".

DiVino BAR À VINS/RESTAURANT €

(☎0881 97 01 71 ; www.divinosteria.it ; Via Regina Margherita 91/93 ; ⏲fermé dim soir et lun). Quoi de mieux qu'un verre de Nero di Troia accompagné de *taralli* et de fromage ? Peut-être un plat d'*orecchiette* à la roquette et aux tomates ? Bref, arrêtez-vous ici pour un apéritif ou un repas digne de ce nom.

Renseignements

À l'**office du tourisme** (IAT, ☎0881 97 00 20 ; www.prolocotroia.it ; Piazza Papa Giovanni XXIII ; ⏲9h-13h30 et 15h30-19h 20 juin-mar), vous pourrez réserver une visite guidée de la ville.

Depuis/vers Troia

De Foggia (23 km), les automobilistes emprunteront la SS546. Sinon, la compagnie **Ferrovie del Gargano** (www.ferroviedelgargano.com ; depuis Foggia 1,70 €, 45 min) relie Troia à Foggia en bus.

Pietramontecorvino

2 800 HABITANTS / ALTITUDE 456 M

Cette belle petite cité doit la première partie de son nom (*pietra* signifie pierre) à l'éperon calcaire sur lequelle elle est juchée, au-dessus de bois touffus encore habités par les loups. Ses maisons, dépourvues de fondations, reposent directement sur le tuf. Dans le centre historique, beaucoup possèdent en sous-sol des caves et celliers aménagés dans les grottes où vécurent sans doute les habitants du bourg de Montecorvino après sa destruction par Roger II de Sicile en 1137. Pietramontecorvino se développa initialement autour d'une tour carrée et fut protégé par une enceinte fortifiée à trois entrées, dont il ne reste que la Port'Alta.

À voir

Terra Vecchia QUARTIER

Le quartier le plus ancien de la ville a conservé son tissu médiéval, avec des maisons agrippées à la roche autour du palais ducal, de la tour normano-angevine et de la Chiesa Madre.

Chiesa del Rosario ÉGLISE

(visite sur réservation auprès de l'office du tourisme). Construite hors des remparts de l'ancien bourg médiéval, cette église du XVIe siècle est un véritable écrin. Elle arbore un splendide plafond à caissons en marqueterie et un orgue à soufflet en étain en mal de restauration. Sa *cantoria* (tribune des chanteurs), contrairement à celle des autres églises du secteur, n'a pas été démolie.

Chiesa Madre ÉGLISE

(visite sur réservation auprès de l'office du tourisme). Dédiée à Santa Maria Assunta, cette église est la plus ancienne de la ville : son portail ouest, dont le fronton est orné d'un bas-relief de l'*agnus dei*, daterait en effet de la fin du XIIe siècle. Le portail oriental en revanche a été percé au XVIIIe siècle.

Palazzo Ducale CHÂTEAU

(visite sur réservation auprès de l'office du tourisme). Ce splendide palais ducal aurait été édifié par les Angevins. Sur trois niveaux, les visiteurs peuvent découvrir le salon d'honneur (Salone di Rappresentanza), deux cours, un superbe jardin suspendu et diverses dépendances. Les anciens entrepôts hébergent le **Museo Archeologico** (0881 51 90 28/0881 55 57 93 ; visite sur réservation), qui renferme de nombreux objets dauniens, tandis que les anciennes étables servent pour différentes activités et des congrès. La **Torre Normanna**, du XIIe siècle, possède un bel escalier en chêne séculaire, en partie fermé pour des raisons de sécurité. De sa terrasse crénelée à quelque 30 m de hauteur, la vue embrasse les toits et la vallée tout entière, y compris la Sedia del Diavolo (voir ci-dessous).

Fêtes et festivals

Festa di Sant'Alberto FÊTE RELIGIEUSE

(16 mai). La fête patronale, la plus chère au cœur des habitants, célèbre saint Albert. À cette occasion, une grande procession va de la ville jusqu'à la **Sedia del Diavolo**, ("chaise du Diable"), sur le Monte Corvino, où une tour en ruine marque le site du village médiéval abandonné de Montecorvino. Le long du parcours, le cortège brandit des perches enrubannées pouvant atteindre 15 m de haut.

Terra Vecchia in Folk MUSIQUE

(388 409 20 19/340 283 12 56). Le dernier week-end d'août, le bourg médiéval sert de cadre à une programmation mêlant musiques d'inspiration traditionnelle, du monde et moderne.

SUR LES FLANCS DU MONTE CHILONE

Une longue route tortueuse et cabossée conduit à l'îlot linguistique de **Faeto**, le plus haut village des collines dauniennes. Au XIIIe siècle, une garnison de soldats français, cantonnée dans une abbaye bénédictine voisine, fut à l'origine d'un dialecte franco-provençal très particulier encore parlé ici aujourd'hui. Le tour des étroites ruelles de ce bourg de 627 habitants se fait vite. Cependant, ne manquez pas d'admirer la baie géminée de la Casa del Capitano, une demeure aristocratique du XVe siècle, dans la Via Vittorio Emanuele. Cette même rue abrite le **Museo Civico del Territorio** (0881 97 32 90 ; Via Vittorio Emanuele 5 ; entrée libre ; 10h30-12h30 et 16h30-18h30 août, horaires variables le reste de l'année, fermé mar), qui renferme une collection relative à la culture campagnarde, pastorale et artisanale. Enfin, ne partez pas avant d'avoir goûté le fameux jambon local, un "produit régional typique" qui fait l'objet d'une foire au mois d'août, à peu près à la même époque que la Giornata del Maiale Nero (voir p. 140).

Où se loger et se restaurer

B&B Domus B&B €
(340 231 95 10 ; Piazza De Gasperi 2 ; s/d 35/50 € ;). Trois chambres modernes et lumineuses.

Casa Salcone PIZZERIA/RESTAURANT €
(0881 55 57 43 ; www.casasalcone.it ; Via Canalicchio 28 ; repas 15-20 € ; fermé mar). Il y en a pour tous les goûts : bonnes pizzas, mais aussi *orecchiette* aux pousses de navet, *salsiccia in umido* (saucisse mijotée au vin et à l'eau) et diverses spécialités locales.

La Locanda del Borgo AUBERGE €
(0881 55 59 41 ; Via Antonelli 14 ; 30-40 € ; fermé lun). L'occasion de passer la nuit dans l'une des maisons-tours qui jalonnaient les remparts au Moyen Âge et de goûter une cuisine du terroir simple et authentique. Vue magnifique depuis la terrasse.

Depuis/vers Pietramontecorvino

Avec beaucoup de patience (de 1 heure 25 à 3 heures environ avec un changement, 4,50 €), la formule train+bus de **Ferrovie del Gargano** (www.ferroviedelgargano.com) permet de rallier Pietramontecorvino depuis Foggia.

En voiture, empruntez la SS17 jusqu'à Lucera, puis la SP5.

Alberona

1 080 HABITANTS / ALTITUDE 732 M

À Alberona, l'eau est un élément dominant. On ne compte plus en effet les vieilles fontaines jalonnant les rues, ni les sources qui coulent dans les bois environnants, à Tuoro, Argaria et Mezzana.

À voir

Classé parmi les plus beaux villages d'Italie, cet ancien fief des templiers, puis des chevaliers de Malte durant près de cinq siècles, conserve des traces visibles de ces deux ordres : la **Torre del Gran Priore** (tour du Grand Prieur) et les éléments décoratifs sur la façade de la **Chiesa Madre** (des passages souterrains relient les deux édifices).

Les porches et les écus sculptés des bâtisses qui bordent les *strascionele* (venelles avec leur pavement d'origine en galets de rivière) attirent le regard, tandis que la végétation dense des alentours apporte un air pur et vivifiant. Si les traditions populaires vous intéressent, faites un saut à l'**Antiquarium Comunale** (0881 59 20 22 ; entrée libre ; sam et dim l'hiver, tlj l'été), un musée ethnographique rassemblant vaisselle, meubles, jouets, outils agricoles, objets en vannerie et autres pièces du début du XXe siècle.

Enfin, une promenade s'impose le long du **Muraglione**, splendide belvédère d'où les habitants contemplent la plaine du Tavoliere et, par temps clair, les îles Tremiti au-delà du Gargano.

Renseignements

Office du tourisme (Pro Loco ; 0881 59 23 34 ; www.prolocoalberona.it ; Piazza Umberto I 10 ; horaires variables)

Depuis/vers Alberona

La voiture est le meilleur moyen pour rejoindre Alberona, par la SS17 jusqu'à Lucera, puis la SP130 en direction d'Alberona-Roseto Valfortore.

Biccari

Les origines de ce bourg remontent au XIIe siècle, époque à laquelle fut érigée la **tour** qui domine l'agglomération. Pour le reste, la commune conserve encore quelques traces de la seigneurie des Caracciolo (XVIe-XVIIIe siècle), notamment l'édifice seigneurial qui abrite aujourd'hui la **mairie**. En 2014, lors de travaux pour l'installation d'un parc d'éoliennes, on y a découvert les traces d'un établissement néoltithique, en particulier la tombe d'une femme de 30-40 ans, désormais connue sous le nom de **Signora di Biccari**, enterrée là il y a environ 7 000 ans.

Activités

Daunia avventura
(342 370 20 28/342 37 22 08 82 ; www.dauniavventura.it ; 10h-18h sam, dim et jours fériés l'hiver ; 10h-20h tlj l'été ; 12/14 € à partir de 1 m 30/1 m 40). À proximité du Lago Pescara, ce parc propose des parcours acrobatiques, de la randonnée et des activités en pleine nature pour les enfants.

Promenades
Les bois qui entourent Biccari, sillonnés par une multitude de sentiers, constituent son véritable atout. En quelques minutes de marche, vous atteindrez le **Lago Pescara**, d'origine volcanique, d'où on aperçoit le Gargano et la mer par temps clair. Ensuite, vous pourrez rejoindre le lieu-dit **Boschetto**, qui recèle des traces de l'implantation néolithique la plus élevée des Pouilles (700 m environ), grimper

jusqu'au sommet du **Monte Cornacchia**, ou encore traverser le **Bosco della Cerasa**, qui se couvre de myosotis et de primevères au printemps, de cyclamens en automne.

Depuis/vers Biccari

Depuis l'A14, prenez la sortie Foggia, empruntez la SS16 vers Bari, la SS17 vers Lucera-Campobasso puis la SP jusqu'à Biccari. Depuis l'A16, prenez la sortie Candela, empruntez la voie rapide vers Foggia, sortez à Troia, prenez la SS17 vers Lucera puis la SP jusqu'à Biccari.

Roseto Valfortore

1 336 HABITANTS / ALTITUDE 658 M

Malgré la distance, ce village perché dans la haute vallée du fleuve Fortore justifie le détour. Il figure lui aussi sur la liste des plus beaux villages d'Italie, une distinction qui doit beaucoup à l'habileté des tailleurs de pierre œuvrant dans les carrières au sud du village, dont les ruelles affichent nombre de créations. Entre Biccari et Roseto, la route traverse un bois enchanteur planté de chênes, de chênes chevelus et de chênes pubescents.

À voir et à faire

Bourg PROMENADE

Débutant par la **Piazza Umberto I**, l'itinéraire rejoint la Piazza Bartolomeo III di Capua (plus connue sous le nom de **Piazza Vecchia**), via l'**Arco della Terra**, qui marque l'entrée du centre historique. Là, le **Rione Sottosanti** présente une succession de ruelles pentues plus ou moins étroites, bordées de maisonnettes. De ce quartier, on peut gagner la **Chiesa Madre** (☎0881 59 46 15), remaniée en 1507, comme une grande partie du bourg. Sa balustrade externe (initialement à l'intérieur) et son portail furent réalisés par des artisans locaux. Sur le parapet du parvis, une plaque porte la fleur d'églantier à cinq pétales, symbole du vieux Roseto et marque de fabrique de ses tailleurs de pierre. Dans la Via Coste, l'**Anfiteatro** moderne de 800 places accueille divers spectacles et manifestations. On y jouit d'un merveilleux panorama sur le **Bosco Vetruscelli**, un bois coloré au printemps de multiples variétés de fleurs, en particulier des orchidées sauvages. Enfin, surtout si vous voyagez en famille, passez à l'**Osservatorio di Ecologia Appenninica** (Vico Donatelli 7 ; Cooperativa Egialea ; ☎0885 65 31 99) ; le centre d'information attenant se consacre au loup, présent sur le territoire.

Mulini ad acqua PATRIMOINE INDUSTRIEL

(⌚l'été, quand la piscine – voir ci-après – est ouverte ; l'hiver, visites aléatoires, s'adresser à l'office du tourisme). Comme tant d'autres à partir du XIVe siècle, ce moulin fut l'un des moteurs économiques d'une vallée généreusement pourvue en eau. En fait, il est composé de deux moulins récemment restaurés reliés par un grand canal. Il est assorti d'un minuscule **Museo di Arte Antica**.

Activités

Piscine

L'été, à quelques kilomètres du village, cet agréable espace de loisirs vous attend en pleine verdure, avec son bain à remous et son bassin pour les enfants. **I Mulini** (☎331 412 57 97/347 360 82 19 ; Largo Donatelli 25 ; demi-journée/journée 5/8 € ; ⌚9h30-18h30 20 juin-août) doit son nom à sa proximité avec les vieux moulins à eau.

Sentiers

Autour de Roseto, d'agréables sentiers sillonnent les berges du Fortore, les pâturages au sommet du Monte Cornacchia et la Marcita, zone humide du Bosco di Iscatare.

Fêtes et festivals

Sagra del Tartufo Bianco e Nero FÊTE GASTRONOMIQUE

(Septembre). Le miel issu des multiples espèces de fleurs du Bosco Vetruscelli et la truffe, noire ou blanche, sont les deux produits vedettes du terroir. Bien que la seconde soit présente dans tout l'Apennin du Sud, Roseto se vante d'en avoir la primeur. Elle fait d'ailleurs l'objet d'une foire le temps d'un week-end.

Où se loger et se restaurer

Di Tuleje E Mmaleje HÔTEL-RESTAURANT €

(☎0881 59 40 85; Via Sottostanti 7 ; tarifs en fonction de la durée du séjour). Ce complexe hôtelier assorti d'un restaurant loue quelques appartements au décor sommaire mais à l'emplacement enchanteur, à proximité de l'Anfiteatro. Pour les appétits voraces, les quelques tables avec vue seront l'occasion rêvée de goûter la typique *scardella* (saucisse et polenta).

Four à paille BOULANGERIE, PATRIMOINE INDUSTRIEL €

(Via Faeto 1, ven-dim). Des sept vénérables fours à paille de Roseto en activité jusqu'aux années 1970, le dernier se trouve ici. Une ouverture centrale relie la partie du dessous, où brûle la paille, à celle du dessus, ou cuisent pains et pizzas. N'hésitez pas à demander votre chemin afin d'aller savourer un repas parfumé aux hydrates de carbone !

Miravalle HÔTEL-RESTAURANT €
(☎0881 59 44 15 ; Contrada Ciampoli 1 ; repas 15-20 €). Le restaurant de ce petit hôtel sans façons jouit d'un emplacement enviable sur la colline. Admirez le panorama en commandant une pizza ou un plat traditionnel.

Renseignements

Office du tourisme (☎0881 59 47 16 ; Vico Donatelli 25 ; 9h-12h et 14h-16h sam et dim l'hiver, tlj l'été)

Depuis/vers Roseto Valfortore

La formule train+bus (3,90 €, 1 heure 30 environ, avec changement à Lucera) de **Ferrovie del Gargano** (www.ferroviedelgargano.com) couvre le trajet entre Foggia et Roseto Valfortore.

Orsara di Puglia

2 813 HABITANTS / ALTITUDE 635 M

Cette bourgade accrochée au sommet d'une colline invite à l'exploration, avec ses escaliers en pente raide, ses fontaines et son labyrinthe de ruelles parfois à peine assez larges pour passer. Bien que la légende évoque une fondation par Diomède en personne, Orsara doit plus probablement sa création à un groupe de moines venus d'Orient au VIIIe siècle, lorsque la région était encore aux mains des Byzantins. Ici, oubliez le temps, laissez-vous étourdir par le soleil qui se réfléchit sur les murs blancs, et, le soir, laissez-vous bercer par la musique durant un concert de jazz sur le Largo San Michele.

À voir

Complesso Abbaziale dell'Angelo ENSEMBLE RELIGIEUX
(visite sur réservation auprès de l'office du tourisme). Lieu de pèlerinage depuis le Moyen Âge, ce complexe abbatial constitue le noyau originel d'Orsara. Il comprend la **Grotta di San Michele**, antérieure à 1125, la **Chiesa del Pellegrino**, l'**Abbazia di Sant'Angelo**, devenue **Palazzo Baronale** en 1524, et la **Chiesa dell'Annunziata**. Cette dernière, qui domine Orsara, manifeste toute la sobriété de l'architecture romane. Passez sous les deux petites coupoles (une ovale, une circulaire) pour admirer la chaire soutenue par un lion stylophore.

Piazza Mazzini – Largo San Michele PLACE
Derrière l'ensemble abbatial, on observe quelques-uns des édifices les plus intéressants de la ville : le **Palazzo della principessa Solofra**, du XVIIe siècle, et le **Palazzo Varo**, du XVIe siècle, dont la structure d'origine est encore visible au niveau des caves. Enfin, admirez la **Fontana Nuova**, une fontaine construite en 1457 puis agrandie en 1663 par Francesco Guevara.

Fêtes et festivals

Orsara Musica Jazz Festival MUSIQUE
(www.orsaramusica.it ; juil). Depuis plus de dix ans, les grands noms du jazz international se succèdent à l'affiche de ce festival, parmi les plus importants de la province de Foggia.

Où se loger et se restaurer

Camere con vista B&B, GÎTES €
(☎0881 96 47 87 ; Corso della Vittoria 11 ; s/d 30/60 €). Quatre appartements avec coin cuisine, en plein cœur du centre historique, tout près de la pâtisserie De Angelis. Propre, pratique et fonctionnel.

Pane e Salute BOULANGERIE, RESTAURANT €/€€
(☎0881 96 48 26 ; www.paneesalute.com ; Via Caracciolo 13 ; ven-dim ou sur réservation). Véritable académie du pain, l'association Pane et Salute encourage les gens à faire eux-mêmes leur pain, puis à venir le cuire dans le plus ancien four à paille (1526) de la ville. Étonnant spectacle que l'énorme ouverture de cet appareil en parfait état de marche et le pain qui repose en hauteur sur les poutres, à l'abri de l'humidité. Elle propose aussi de goûter au pain au levain traditionnel, mais également aux recettes locales dans le restaurant attenant (pensez à réserver), où des dégustations sont régulièrement organisées.

♥ **Peppe Zullo** RESTAURANT/B&B €€
(☎0881 96 47 63 ; www.peppezullo.it ; Via Piano Paradiso ; repas 35 € ; d 90 € ; 13h-15h30, fermé mar et en nov). Privilégiant l'authenticité, la qualité et les produits de saison (sans oublier un souci du vivre sain devenu très à la mode), Peppe Zullo a construit un petit empire qui comporte désormais une exploitation agricole, une cave, un B&B et deux restaurants (le premier Via Paradiso, le second dans la Villa Jamele, avec un espace pour cuisiner au milieu des champs). En été, réservez longtemps à l'avance.

Donna Cecilia RESTAURANT €€
(☎0881 96 43 88 ; www.donnacecilia.it ; Via XXVI Maggio ; repas 35 € ; fermé mar, déj sur réservation). La famille qui gère ce restaurant possède également l'une des boucheries les plus réputées du pays. Rien d'étonnant donc

si la carte propose de la charcuterie maison et pléthore de viandes. Les légumes sont aussi au rendez-vous, avec les savoureux *cavatelli* (pâtes) aux haricots d'Orsara et aux courgettes, entre autres. N'oublions pas les fromages, la tarte à la ricotta et les pâtisseries à la confiture.

Achats

Pasticceria dei F.lli De Angelis PÂTISSERIE
(0881 96 41 96 ; Corso della Vittoria 10 ; 6h-13h et 16h-21h, fermé mar non fériés). Aventurez-vous jusqu'au n 10 du Corso della Vittoria, où vous attendent pralines, glaces et biscuits typiques au moût de raisin.

Architettura e vino CAVISTE
(347 901 99 86 ; Piazza Municipio 4 ; 10h-13h et 17h-19h30). Leonardo a réussi à conjuguer ses deux passions, le vin et l'architecture, dans cette boutique du centre bourg, où il dessine ses projets et vend l'excellent Tuccanese, qu'il produit depuis vingt ans.

Renseignements

Comme il n'y a presque jamais personne à l'**office du tourisme** (0881 96 49 04 ; Via XX Settembre 1), mieux vaut joindre l'association **Pro Loco** (mail : prolocoorsara@libero.it).

Depuis/vers Orsara di Puglia

En voiture, de Foggia (37 km), on peut emprunter la SS546 jusqu'à Troia, puis la SP123. Autrement, **Ferrovie del Gargano** (www.ferroviedelgargano.com ; 2,80 €, 1 heure 15) assure la liaison en bus entre les deux villes.

Bovino

3 624 HABITANTS / ALTITUDE 620 M

Au nombre des plus beaux villages d'Italie, cette bourgade donnant sur le Vallo di Bovino était connue au XIXe siècle pour les bandes de brigands qui se cachaient dans ses bois. Elle est accessible par une route panoramique qui traverse un paysage de douces collines, de cultures et de forêts.

À voir

Aujourd'hui, l'intérêt de Bovino réside dans son imposant **château ducal**, dont on apprécie mieux l'architecture de loin. Bâti en 1045 par Drogone, comte des Pouilles, il fut plusieurs fois remanié au fil des siècles, avant de devenir en 1600 la résidence des Guevara. De sa structure normande d'origine ne subsiste qu'une tour ronde massive. Une visite au **Museo Diocesano** (328 842 74 33/333 225 16 92 ; www.museodiocesanobovino.it ; 16h-19h mar, jeu, sam, 10h-12h30 et 15h30-19h jours fériés) abrité en ses murs permet d'admirer des objets sacrés et des peintures allant du XVe au XVIIe siècle, mais aussi les salles du château. À voir également la **cathédrale** (0881 96 62 36 ; Piazza Duomo) du Xe siècle, presque entièrement reconstruite à l'identique après le tremblement de terre de 1930.

Fêtes et festivals

Maria Santissima di Valleverde FÊTE DE RUE
(28-30 août). En 1266, la Vierge Marie serait apparue à un bûcheron dans le bois de Mengaga, à 3 km de Bovino. Depuis le XVe siècle, le village lui consacre une journée de célébrations mêlant illuminations, feux d'artifice, concerts et fanfares. Une cavalcade historique a lieu le 29 août au matin, avec force musiciens, jongleurs de drapeaux et danseurs.

Où se loger et se restaurer

Residenza Ducale CHAMBRES €€
(0881 91 20 15 ; www.residenzaducale.it ; Castello di Bovino ; s/d 40/75 € ;). Pour une "nuit de château" à prix raisonnable, réservez l'une des chambres spacieuses et lumineuses de cette résidence ducale. Elle partage la même entrée que le musée et offre depuis ses fenêtres une vue sur la cour intérieure du palais et les toits du bourg.

La Cantina RESTAURANT €€
(0881 96 18 49, Via Barone 1 ; repas 25 € ; week-end l'hiver, ouvert tlj l'été). À deux pas de la cathédrale. La petite salle accueillante du rez-de-chaussée et la grotte en dessous se prêtent à la dégustation du *caciocavallo* (un fromage de production maison, tout comme la mozzarella, produite le jour même), entre autres délices. Le menu change quotidiennement.

Renseignements

Office du tourisme (0881 96 64 75 ; www.prolocobovino.it ; Corso Vittorio Emanuele 1 ; horaires variables)

Depuis/vers Bovino

Les bus **ACAPT** (www.acapt.it) assurent la liaison entre Foggia et Bovino (1 heure, 3,10 €).

Deliceto

3 850 HABITANTS/ ALTITUDE 611 M

Deliceto est dominé par son sombre et impressionnant **château normand** du XIe siècle (entrée libre ; visite guidée sur réservation), site majeur de ce village haut perché.

À environ 5 km au sud, le **Convento della Consolazione** (Comunità Mariana Oasi della Pace ☎0881 96 34 64 ; ouvert tlj, visite guidée sur rendez-vous) du XVe siècle peut s'enorgueillir d'avoir hébergé deux saints, dont l'évêque et compositeur italien Alphonse de Liguori (1696-1787).

Tout autour, le **Bosco della Consolazione** invite à une promenade, qui vous permettra peut-être d'apercevoir l'un des rapaces (chouette, hulotte, buse variable, Milan royal, etc.) qui le peuplent.

Fêtes et festivals

Giornata del Maiale Nero FÊTE GASTRONOMIQUE
(2e dimanche d'août). Au programme : jeux, danses, musique et artisanat local, mais surtout dégustations de plats typiques à base de "cochon noir", une variété autochtone.

Renseignements

Office du tourisme (☎0881 96 34 33 ; www.prolocodeliceto.it ; Corso Regina Margherita ; horaires variables)

Depuis/vers Deliceto

En voiture, la SS90, la SS106 et la SS161 relient Foggia et Deliceto (38 km). On peut aussi effectuer le trajet en bus avec **Ferrovie del Gargano** (☎0881 725188 ; www.ferroviedelgargano.com ; de Foggia 1 heure environ, 2,90 €).

Sant'Agata di Puglia

2 324 HABITANTS/ ALTITUDE 795 M

La route qui conduit à la "loggia" (balcon) des Pouilles serpente à travers des collines piquées d'éoliennes et parées, suivant la saison, de l'or des blés ou du brun des terres labourées. À près de 800 m d'altitude, après une série de virages en épingle à cheveux, elle débouche sur son point culminant, le **Castello Imperiale** (☎0881 98 40 07 ; 16h30-19h30 sam, 10h30-13h et 16h30-19h30 dim et fêtes ; visite guidée sur réservation téléphonique), l'un des 40 châteaux qui, à l'époque souabe, se trouvaient sous le contrôle direct de Frédéric II. La bourgade consiste en un ensemble de petites maisons blotties à ses pieds, aux façades ornées de symboles héraldiques. Il y a peu de risques de s'y perdre, car toutes les rues et les escaliers convergent vers la place principale. La **Chiesa di Sant'Andrea** (visite sur rdv auprès de l'office du tourisme), construite à l'époque byzantine et remaniée au XVIe siècle, et la **Chiesa di San Nicola** (visite sur rdv auprès de l'office du tourisme), construite entre le XIVe et le XVe siècle, méritent le coup d'œil. Cette dernière renferme des stalles en bois et une crèche en pierre peinte du XVIe siècle.

Où se loger et se restaurer

Cantina della Canonica RESTAURANT €
(☎0881 98 40 26 ; Via Volpe e Nova ; repas 20 € ; fermé mer, ouvert tlj l'été). Un restaurant typique, avec des salles voûtées (vestiges d'une ancienne grotte), à quelques mètres de la place principale. Antipasti (légumes, charcuterie et fromage) et cuisine du terroir.

Renseignements

Office du tourisme (Pro Loco ☎0881 98 44 33 ; www.comune.santagatadipuglia.fg.it ; Vico Farmacia 8 ; horaires variables)

Depuis/vers Sant'Agata di Puglia

En voiture, de Foggia (48 km), prenez la SP105 Foggia-Ascoli Satriano jusqu'à l'embranchement de Candela, la SP99 jusqu'à celui de Sant'Agata, puis la SP101. **Ferrovie del Gargano** (www.ferroviedelgargano.com ; de Foggia 3,50 €, 1 heure 10) assure la liaison en bus.

Rocchetta Sant'Antonio

1 976 HABITANTS / ALTITUDE 633 M

Tout a commencé en 984, quand les Normands érigèrent ici une forteresse dont subsistent encore les vestiges. Le toponyme vient cependant d'une autre place forte normande, la Rocca di Sant'Antimo (Xe siècle). Le village est formé d'une poignée de maisons au milieu desquelles émergent le **Castello d'Aquino**, et la **Chiesa Madre** (☎0885 65 46 98), du milieu du XVIIIe siècle, dédiée à l'Assomption de la Vierge. Le premier fut édifié en 1507, alors que le fief, qui connut plusieurs seigneurs successifs, fut donné par Frédéric d'Aragon à Ladislao II d'Aquino ; celui-ci fit bâtir un château plus esthétique que défensif, dont le charme singulier émane en partie de la forme de l'une de ses trois tours, qui rappelle une proue de navire. La seconde, de style baroquisant, renferme des stucs polychromes, des stalles en bois, des autels richement décorés et des tableaux, dont la *Madonna del Cardellino* de Corrado Giaquinto (1703-1765).

Les environs de Rocchetta sont couverts d'une riche végétation. Entre les chênes blancs, aurez-vous la chance de voir un rapace ou, plus rare, un loup des Apennins?

Renseignements

Offices du tourisme

Adressez-vous à la **Pro Loco** (349 559 18 14 ; Corso Piccolo ; horaires variables, mais personnel toujours disponible) ou à l'**Associazione Liberamente** (347 251 83 00 ; www.liberamentoline.com, via Mancini 32).

Depuis/vers Rocchetta Sant'Antonio

Les bus de la compagnie **Ferrovie del Gargano** (www.ferroviedelgargano.com) desservent Rocchetta Sant'Antonio depuis Foggia (ligne Lacedonia-Foggia, 4,20 €, environ 1 heure 10). Toujours depuis Foggia, **Trenitalia** dessert la gare de Rocchetta Sant'Antonio-Lacedonia, située toutefois à 15 km du village (40-50 min, 3,50 €).

Ascoli Satriano

6 400 HABITANTS/ ALTITUDE 442 M

Les bois autour d'Ascoli Satriano furent le théâtre de deux batailles sanglantes : Pyrrhus, roi d'Épire, y vainquit les Romains en 279 av. J.-C., et les Normands y mirent en déroute les Byzantins en 1041, assurant ainsi leur domination sur les Pouilles. Mais ce sont les traces d'un passé plus ancien qui attireront ici les passionnés d'archéologie avec les "marbres d'Ascoli Satriano", un ensemble exceptionnel d'objets du IVe siècle av. J.-C. issus d'une tombe daunienne.

RITES CARNAVALESQUES

Jadis, à l'occasion du carnaval, les femmes des monts Dauni pouvaient s'exprimer librement, sans distinction de classe. Se balançant sur des escarpolettes sommaires construites par les hommes et fixées aux linteaux des portes ou des fenêtres, dans les cours des maisons, sur les placettes, dans les caves ou les étables, elles chantaient en vers leurs sentiments – espoirs, amours, colère, difficultés de la vie quotidienne... – devant les membres de la famille, les voisins ou les simples passants assemblés. Cette pratique culturelle dite des *sciamboli* ("balançoires", en dialecte des Pouilles), entre poésie et licence, s'était perdue après la Seconde Guerre mondiale, mais des chercheurs ont recueilli depuis quelques années quantité de témoignages à son sujet. Ces chants constituent un patrimoine ethnographique et musical d'une grande richesse. De nombreuses associations s'emploient aujourd'hui à le faire revivre, souvent à l'occasion de fêtes et autres manifestations.

À voir

Parco Archeologico dei Dauni SITE ARCHÉOLOGIQUE
(0885 66 21 86 ; Largo Maria Teresa di Lascia 1 ; 8h-13h et 14h-15h30 mar-ven, 8h-14h dim et jours fériés, fermé sam et lun). GRATUIT Y subsistent des ruines du VIe au IVe siècle av. J.-C. : la colline du Serpent, la maison daunienne, le sanctuaire et la voie processionnelle.

Polo Museale MUSÉES
(0885 65 17 56, Via Santa Maria del Popolo 68 ; 10h-12h et 16h-19h mar-dim l'hiver, 9h-12h et 18h-20h mar-dim l'été, fermé lun non férié). GRATUIT Ce pôle comprend le **Museo Diocesano** et le **Museo Civico**, où sont conservés les merveilleux objets en marbre de Paros trouvés à Ascoli Satriano vers 1970. Vendus illégalement et exposés pour certains au Getty Museum de Malibu, ils ont été rendus à la ville en 2007. La pièce maîtresse est un élément qui servait à soutenir une table d'offrandes et qui représente deux griffons s'apprêtant à dévorer un cerf.

Villa Faragola SITE ARCHÉOLOGIQUE
(0881 58 85 31/0881 58 85 29 ; www.archeologicasrl.com ; sur réservation ; payant). Bien que les fouilles soient encore en cours, le site est en grande partie accessible. Les thermes de 500 m2 font partie des principaux vestiges romains de la région. Autres parties visibles : la salle à manger de la villa et le **Ponte Romano** (IIe siècle), un pont en pierre à trois arches.

Renseignements

Office du tourisme (IAT ; 0885 65 17 56 ; au Polo Museale ; Via Santa Maria del Popolo 68 ; 10h-12h et 16h-19h mar-dim l'hiver, 9h-12h et 18h-20h mar-dim l'été, fermé lun non férié)

Depuis/vers Ascoli Satriano

De Foggia (33 km), empruntez la SP105 Foggia-Ascoli ou la voie rapide Candela-Foggia. Des bus **Ferrovie del Gargano** (www.ferroviedelgargano.com ; de Foggia 50 min, 2,40 €) desservent la ville.

La vallée d'Itria et Brindisi

Dans ce chapitre ➡

Le top des restaurants

- Il Cortiletto (p. 130)
- L'Aratro (p. 151)
- Casale Ferrovia (p. 169)
- A' Cr'janz (p. 154)
- Al Fornello da Ricci (p. 168)

Le top des hébergements

- Casa d'Autore (p. 165)
- Masseria Aprile (p. 159)
- Sotto le Cummerse (p. 159)
- Sant'Anna (p. 167)
- Masseria Brancati (p. 168)

Pourquoi y aller

À cheval sur les provinces de Bari, de Tarente et de Brindisi, cette vallée du centre des Pouilles se déploie sur le plateau calcaire de la Murgia (qu'on appelle aussi les Murge) à l'étrange géologie karstique. Constellé de brèches et de ravins où s'écoulent des ruisseaux, ce plateau ressemble à une gigantesque éponge.

Le cœur de la vallée est le pays des *trulli*, ces curieuses maisons circulaires en pierre sèche coiffées d'un toit conique, que l'on dirait sorties d'un conte de fées. Classée au patrimoine mondial de l'Unesco, Alberobello est le fleuron de cette architecture unique dont nul ne connaît vraiment l'origine.

Autre vision féerique, celle de ces villes perchées au blanc éclatant qui surgissent comme des mirages au détour des routes de campagne. Avec ses hauts murs chaulés, son labyrinthe de ruelles et ses palais anciens, Ostuni en est le plus majestueux exemple, même si l'intense activité touristique de la période estivale en atténue quelque peu le charme. Ne négligez pas les centres historiques de cités comme Martina Franca, Locorotondo, Cisternino ou Ceglie Messapica. Toutes ont derrière elles une histoire plusieurs fois millénaire et leurs restaurants honorent les traditions gastronomiques locales.

Verdoyante et vallonnée, la vallée d'Itria est parsemée de vignobles, d'oliveraies et de cyprès. Vous n'aurez qu'à vous laisser porter le long des routes, entre le bleu du ciel et le rouge de la terre, pour jouir des nuances de la lumière et vous laisser définitivement gagner par les attraits de cette vallée au charme puissant.

Plus au sud, Brindisi est trop souvent réduite à sa fonction de ville de transit, que l'on atterrisse à l'aéroport de Casale ou que l'on prenne un ferry pour rallier la Grèce. C'est oublier que cette vieille cité portuaire compte un patrimoine peu connu mais intéressant et que ses environs, des plages de Torre Guaceto à l'intrigante Oria, promettent de belles échappées.

Itinéraires

JOUR 1

Spéléologue d'un jour, visitez les **grottes de Castellana** puis la **Grotta del Trullo** à **Putignano**, dont le centre historique et la **Chiesa Madre** méritent également le détour. Faites une pause gourmande à l'**Osteria A'Cr'Janz** puis passez un merveilleux après-midi à **Alberobello** parmi les *trulli*, avant de profiter d'un dîner romantique à la **Favola in Tavola** et d'une nuit dans un *trullo*.

JOUR 2

Découvrez **Cisternino** le matin, pour éviter la cohue du soir : une promenade, un café avec vue panoramique à la **Cremeria Vignola** puis un déjeuner léger en terrasse au **Mezzofanti**, sur la Piazza Pellegrino Rossi. L'après-midi, découvrez **Locorotondo**, ses ruelles fleuries et ses places qui offrent de jolis points de vue. Après quoi, prenez l'apéritif au **Barba Baffi e Pellicce**, dînez à la **Taverna del Duca** avant de passer une nuit reposante à la tranquille **Masseria Aprile**.

JOUR 3

Ostuni vous ravira, avec son dédale de rues étroites et ses bâtiments ornés de blasons évoquant les histoires des nobles qui les peuplaient. Visitez le centre historique le matin, passez l'après-midi à la **plage** et, au coucher du soleil, faites une promenade au **Parco delle Dune Costiere**, avant de gagner **Ceglie Messapica**, pour dîner chez **Cibus** et dormir au B&B **Sant'Anna**.

JOUR 4

Le dernier jour, direction **Brindisi**, arpentez la longue promenade entre terre et mer, dînez au **Pantagruele** et offrez-vous une nuit de rêve dans une chambre avec vue du **Grande Albergo Internazionale**.

TRANSPORTS LOCAUX

La vallée d'Itria est à égale distance des aéroports de Bari et de Brindisi. Ces derniers sont bien reliés aux villes principales grâce aux navettes de Pugliairbus. En revanche, pour se déplacer d'une ville à l'autre, la voiture reste le moyen le plus pratique. Vous pouvez toutefois compter sur le réseau ferré géré par Trenitalia et par les Ferrovie del Sud Est, ainsi que sur les bus locaux STP.

Où se loger

Secteur des Pouilles le plus visité par les touristes étrangers, c'est l'un des mieux pourvus en adresses en pleine nature. Vous pouvez aussi loger dans le centre historique des villes offrant un bon choix d'hôtels et de chambres d'hôtes, comme Ostuni, Alberobello, Locorotondo ou Brindisi, et opter pour la campagne lorsque vous êtes à proximité d'une ville à l'offre limitée, comme Carovigno ou Ceglie Messapica.

À NE PAS MANQUER

Au cœur de la Piana degli Ulivi (plateau des Oliviers), à Ostuni, la **Masseria Brancati** abrite des oliviers vieux de 3 000 ans, qui ont beaucoup d'histoires à raconter. Offrez-vous une visite guidée de l'oliveraie et du pressoir souterrain (voir l'encadré p. 168).

Spécialités gastronomiques

- L'omniprésent *capocollo* (coppa) de Martina Franca (p. 146).
- La bonne odeur des côtelettes d'agneau, saucisses, *gnummareddi* (roulés aux abats d'agneau) et *bombette* (paupiettes de viande) en provenance des *fornelli* (p. 146).
- Dans les pâtisseries, les bars ou les trattorias, l'*u'piscquett'l*, un délicieux biscuit aux amandes.
- Les grappes de *pomodori da serbo*, tomates à longue conservation (p. 155).
- Les oursins du Principe del Mare (p. 157), à Forcatella.

Préparer son voyage

- Une promenade parmi les églises rupestres du Parco Lama d'Antico (p. 155)
- Un tour à vélo sur la Via Traiana, et une visite au Parco delle Dune Costiere (p. 155)
- La visite guidée de l'Area Marina Protetta di Torre Guaceto (p. 170).

À ne pas manquer

1. Une balade à **Martina Franca** parmi les petites maisons blanches du quartier Lama (ci-dessous).
2. Une baignade dans les eaux limpides de l'**Area Marina Protetta di Torre Guaceto** (p. 170).
3. Les *trulli* d'**Alberobello** et leurs symboles sur les toits (p. 148).
4. La **Grotta Bianca**, la plus impressionnante des grottes de Castellana (p. 154).
5. La visite de la **Chiesa Madre** (p. 153) de Putignano.
6. Une promenade à **Locorotondo** (p. 158) parmi les jasmins grimpant sur les murs blanchis à la chaux.
7. La "ville blanche" d'**Ostuni** (p. 161) au coucher du soleil pour admirer la cathédrale et se promener dans les ruelles.
8. Le panorama sur le port intérieur de Brindisi depuis la **colonne romaine** (p. 172).

Martina Franca

49 300 HABITANTS

Aussi agréable que vivante, cette ville possède un centre historique de toute beauté. Les ruelles sinueuses, les maisons d'un blanc éclatant offrent un tableau pittoresque que complètent de gracieux édifices baroque et rococo, des places aérées et des balcons décoratifs en fer forgé. Fondée au Xe siècle par des réfugiés ayant fui l'invasion arabe de Tarente, Martina Franca ne commença à prospérer qu'au XIVe siècle, lorsque Philippe d'Anjou accorda des exonérations d'impôt appelées *franchigie* (franchises), qui donnèrent le nom de Franca. Elle fut ensuite le fief de la famille Caracciolo, de 1506 à 1827, à qui l'on doit sa transformation baroque et son air sophistiqué. Centre viticole prospère, la ville moderne est tout aussi plaisante que la cité historique.

À voir

Piazza XX Settembre PLACE

La place centrale de la ville est délimitée d'un côté par les jardins municipaux et de l'autre par l'**Arco di Sant'Antonio**, une porte baroque monumentale.

Piazza Roma PLACE

L'imposante Piazza Roma est bordée par le **Palazzo Ducale** (☎ 080 480 57 02 ; ⌚ 9h-13h lun et mer, 9h-13h et 16h-19h mar, jeu et ven, 9h30-12h30 et 16h-19h sam-dim, horaires variables) GRATUIT, du XVIIe siècle, voulu par la famille Caracciolo et attribué à l'architecte Giovanni Andrea

Carducci. Le palais, bâti sur le site jadis occupé par le Castello Orsini (XIVe siècle), devait être un édifice grandiose contenant 300 salles, mais seule une partie fut réalisée. Les appartements de l'étage principal, ornés des fresques de Domenico Carella réalisées entre 1771 et 1776, attendent une restauration "imminente". Des expositions temporaires sont présentées dans le cadre du Festival della Valle d'Itria, notamment dans la somptueuse cour du palais. De l'autre côté de la place se dresse le **Palazzo Martucci**.

Basilica di San Martino ÉGLISE
(Via Masaniello 1). Cette basilique remonte au XVIIIe siècle, période de grande prospérité pour Martina Franca. Au centre de sa façade richement décorée, remarquez la statue de saint Martin brandissant une épée pour partager son manteau avec un mendiant. A l'intérieur, notez aussi à l'extrémité du transept le Christ à la colonne, sculpté en 1622 par Vespasiano Genuino, artiste de Gallipoli, bien que son réalisme soit typique des statues napolitaines.

Piazza Plebiscito PLACE
Cœur du centre historique, cette place dominée par l'exubérante façade baroque de la **Basilica di San Martino** se prolonge par la Piazza Maria Immacolata, entourée d'arcades qui accueillent restaurants et cafés. De là, vous pouvez pénétrer dans le dédale de ruelles pour admirer les minuscules cours des maisons et les balcons ornés de géraniums.

Chiesa di San Domenico ÉGLISE
(Via Principe Umberto). Cette église (1753), construite pour l'ordre dominicain, remplace un édifice religieux gothique, dont il ne reste que quelques traces dans le cloître. La façade exubérante est typique du style de Lecce avec ses chapiteaux ornés de nymphes parmi les feuilles d'acanthe et les grenades, tandis que des chérubins soutiennent les volutes et les festons. L'intérieur rococo, plus léger, renferme des tableaux comme la *Madonna del Rosario* de Domenico Carella.

Lama QUARTIER ANCIEN
En suivant la Via Cavour, puis la Via Micca, vous découvrirez de petites demeures blanches au toit incliné : ce sont les plus anciennes de la ville. Considéré aujourd'hui comme le quartier le plus pittoresque, Lama était jadis le plus pauvre : le terrain sur lequel s'élèvent ses maisons se trouve en aval du reste de la cité, par conséquent il était facilement inondé à la saison des pluies, ce qui rendait les conditions de salubrité très précaires. D'ici, vous pouvez sortir du centre historique et vous balader vers le nord, jusqu'au **belvédère** de Via Pergolesi, qui donne sur la vallée.

Activités

Excursions à pied et à vélo
Avec 15 km de sentiers piétons et cyclables, le **Bosco delle Pianelle** (riservaboscopianelle.it), composé de chênes de Troie, de chênes pubescents, de grands chênes verts et de charmes-houblons, se prête à une balade à pied ou à vélo parmi les orchidées sauvages et les pivoines. Le bois abrite un petit gîte et des aires de pique-nique.

Fêtes et festivals

Festival della Valle d'Itria MUSIQUE
(juillet-août ; www.festivaldellavalleditria.it). Chaque été depuis bientôt 40 ans, les mélomanes se pressent aux spectacles d'opéra, de musique classique et de jazz pour écouter de grands artistes internationaux. Renseignements au **Centro Artistico Musicale Paolo Grassi** (☎ 080 480 51 00 ; www.fondazionepaolograssi.it ; Palazzo Ducale ; 10h-13h lun-ven).

LA NOUVELLE VIE DES ÂNES DE MARTINA FRANCA

Espèce à la belle robe sombre, les ânes de Martina Franca ont longtemps servi les hommes sur les terres âpres et pentues de cette partie des Pouilles avant que leur abandon ne finisse par les menacer d'extinction. Après une forte mobilisation locale, la région prit la situation en main. Elle créa un centre de préservation du patrimoine génétique dans le but de protéger la race. Par ailleurs, des ânes furent confiés aux éleveurs locaux, qui devenaient propriétaires des nouveau-nés. La stratégie se révéla payante et l'espèce est aujourd'hui hors de danger.

Si vous voulez les rencontrer, adressez-vous à **Tipica Tour**, à Putignano (p. 153), qui organise des visites auprès des éleveurs de ces animaux appréciés dans le monde entier pour leur disposition au travail.

Ghironda Summer Festival FESTIVAL
(www.laghironda.it ; août/déc). Musique, danse, théâtre, gastronomie et culture populaire sont les maîtres mots de ce festival itinérant organisé chaque année depuis 1995 par l'association **Ghironda di Martina Franca** (☎080 430 11 50 ; Via Oronzo de Mita 15). C'est donc en divers endroits des Pouilles, carrefour de la Méditerranée, que se rencontrent des artistes émergents de tous les pays, pour explorer les traditions des cinq continents.

Où se loger

De nombreux hôtels, *masserie* et *agriturismi* se trouvent hors du centre historique, bien pourvu en revanche en chambres d'hôtes et en appartements à louer.

Rococò APPARTEMENTS €
(☎080 483 47 54 ; www.albergodiffusorococo.it ; Via Ciaia 18 ; d/tr 60/75 €). Si le Villaggio In affiche complet et que vous ne voulez pas renoncer aux soirées jazz ni aux nuits dans les ruelles du centre historique, cette agence propose 40 appartements. Tous sont bien restaurés et disposent d'une kitchenette.

La Casa di Filomena B&B €/€€
(☎346 864 61 87/333 783 48 07 ; www.lacasadifilomena.it ; Via Bellini 81 ; 30-55 €/pers ; 🛜). Ce petit B&B légèrement excentré compte deux appartements offrant une belle vue. Pour un petit-déjeuner en terrasse avec vue sur les toits et la vallée d'Itria, demandez l'appartement de Filomena.

Villaggio In APPARTEMENTS €€
(☎080 480 59 11 ; www.villaggioincasesparse.it ; Via Arco Grassi 8 ; app 2 pers 75 €/jour et 335-420 €/sem, app 4 pers 100 €/jour et 525-655 €/sem ; ❄). Ces hébergements agréables (du studio à l'appartement pour 6), disséminés dans la vieille ville, conviendront pour une nuit comme pour quelques jours. Les édifices, quoique légèrement étroits et aux escaliers raides, sont de véritables bijoux d'époque, pourvus de voûtes en berceau et d'intérieurs blancs et frais. Ces appartements affichent vite complet pour la période du festival musical (voir p. 145), mieux vaut donc réserver bien à l'avance.

Casa degli Uccellini AGRITURISMO €€
(☎335 583 86 37 ; www.lacasadegliuccellini.it ; strada Lamia Nuova, zona D ; d/qua 90/150 € ; 🛜). Si vous aimez la campagne, cette exploitation agricole biologique, qui a récemment aménagé trois chambres dans l'ancienne *masseria*, est idéale. Au petit-déjeuner : pain fait maison, yaourt bio, fruits et fromages régionaux. Après quoi, vous pourrez vagabonder dans les champs ou participer à l'une des activités (promenades, cours de cuisine, visites guidées et soirées) organisées par Marilù.

Park Hotel San Michele HÔTEL €€
(☎080 480 70 53 ; www.parkhotelsanmichele.it ; Viale Carella 9 ; s/d à partir de 60/75 € ; 🛜 ❄ 🏊 🅿). Un bon hôtel en ville (réception ouverte 24h/24), mais où il vous faudra renoncer au charme rustique de la tradition.

> **À NE PAS MANQUER**
>
> ### FORNELLI ET BRACERIE
>
> Ils s'appellent *bracerie* à Martina Franca, *fornelli* de Cisternino et Alberello : le nom dialectal change, mais il s'agit toujours de boucheries équipées d'un four à bois, où l'on peut non seulement acheter de la viande mais aussi en déguster sur place. Jadis, ces échoppes dotées d'un fourneau (*fornello*) étaient rares et réservées aux occasions spéciales : le peuple mangeait rarement de la viande, et se contentait des parties les moins raffinées. Aujourd'hui on en trouve partout, elles sont très fréquentées, mais les saveurs n'ont pas changé. On choisit entre par exemple des côtelettes d'agneau, des brochettes de saucisses, des *gnummareddi* (roulés aux abats d'agneau), des abats, on s'assied à une table ou sur un banc, et avec un verre de Negroamaro ou de Primitivo, on attend l'arrivée du plat brûlant, savoureux et bon marché.

Où se restaurer

Le produit typique le plus renommé de Martina Franca, le *capocollo*, variante de la coppa, correspond en fait au muscle du porc situé entre la tête (*capo*) et le cou (*collo*). Il se présente en deux versions : à cuire (la plus répandue) et en charcuterie. Le *capocollo* de Martina Franca est aujourd'hui une Sentinelle Slow Food (www.presidiocapocollodimartinafranca.it). Parmi les autres spécialités gastronomiques, ne manquez pas la viande rôtie et les fromages régionaux comme le *cacioricotta* et le *caciocavallo*. Les végétariens ne seront pas en reste : les *orecchiette* (pâtes) aux pousses de navet figurent toujours au menu, de même que les légumes marinés à l'huile d'olive et les fèves aux légumes sauvages.

Vito Serio U Salvasudde FORNELLO €

(Via Francesco Ferrucci 15 ; mar et sam soir). Ce *fornello* est très réputé à Martina Franca : tout le monde connaît son propriétaire, Vito. Le principe est le suivant : on mange debout, sans couverts, et en apportant de quoi boire (pas de carte des boissons). La viande qu'on y déguste est excellente, et normalement, il faut réserver au moins trois mois à l'avance, ou bien dîner vers 18h pour avoir une chance de trouver de la place.

La Tavernetta TAVERNE €

(080 430 63 23 ; Corso Vittorio Emanuele 30 ; repas 25 € ; mar-dim). Vous dégusterez ici une cuisine rustique et simple : *orecchiette con cime di rapa* (pousses de navet), gnocchis de pommes de terre au *cacio e pepe* (fromage et poivre) ou encore *arrosticini* (viande grillée) et *polpette* (boulettes de viande). Enfin, pour digérer, faites-vous servir un *nocino* (liqueur aux noix).

Trattoria delle Ruote RESTAURANT €€

(080 483 74 73 ; Via Monticello 1 ; repas 25 € ; mar-dim, midi et soir l'été, midi et soir sur réservation l'hiver). Sur la route nationale pour Ceglie Messapica, Peppino prépare depuis plus de 40 ans des plats typiquement régionaux aux portions généreuses. Dans un cadre rustique, le menu, immuable, qu'il propose est une valeur sûre : charcuterie, légumes marinés à l'huile d'olive, *orecchiette*, rôtis, desserts et vin de la maison. Mieux vaut réserver sachant que ce restaurant est très fréquenté.

Trattoria La Tana RESTAURANT €€

(080 480 53 20 ; www.ristorantelatana.it ; Via Mascagni 2-4-6 ; repas 25-35 € ; fermé jeu sauf l'été). Aménagée dans les anciens greniers du Palazzo Ducale, La Tana sert une cuisine traditionnelle des Pouilles, et de Martina Franca en particulier. Le menu est sophistiqué mais sans excès : *antipasti*, *capocollo* compris bien sûr, mais aussi purée de fèves et chicorée, *tiella di riso patate e cozze* (gratin de de riz, pommes de terre et moules), et chevreau au four. Desserts maison.

Garibaldi Bistrot RESTAURANT €€

(080 483 79 87 ; Piazza Plebiscito 13 ; repas 30 € ; fermé mar, ouvert tlj en août). L'été, on s'installe aux tables blanches de la terrasse donnant sur la place principale du centre historique devant des spécialités traditionnelles, parfois revisitées. Les antipasti mixtes, copieux, feront facilement office de déjeuner : *capocollo* et fromages, légumes grillés, salade de blé et *stracciatella*, aubergines à la fondue de *caciocavallo* et tomates cerises, fèves et chicorée.

♥ **Coco Pazzo da Stefano** OSTERIA €€

(080 483 82 99 ; www.cocopazzo.it ; Via Arco Mastrovito 18-19 ; repas 35 € ; fermé lun, mar, mer midi, et dim soir). Un des grands atouts de ce restaurant réside dans son emplacement : l'ancien pittoresque quartier Lama où, les soirs d'été, il fait bon s'asseoir en terrasse. Le chef Stefano Colucci propose une cuisine de saison qui jongle habilement avec la morue, le porc, les palourdes et les champignons.

Où prendre un verre

Caffè Tripoli PÂTISSERIE

(080 480 52 60 ; Via Garibaldi 35 ; 7h-14h et 15h30-20h30, plus tard l'été, fermé le jeu après-midi). Le lieu où goûter les classiques *bocconotti*, sucreries typiques fourrées à la crème et aux griottes, ou leur version revisitée, avec ricotta et poire par exemple. Profitez des tables en terrasse pour siroter un café tout en observant les passants autour de la cathédrale.

Achats

Martina Franca se trouvant en plein cœur de la vallée d'Itria, c'est l'endroit idéal pour faire quelques emplettes. Le **marché hebdomadaire** du mercredi matin est le plus grand du secteur : il s'étend de la Via Giulio Recupero à Piazza d'Angiò. Le troisième dimanche du mois, sur le Viale della Libertà, vous pourrez chiner au **marché d'antiquités**, présent toute la journée.

Pizzi e Merletti ARTISANAT

(080 480 00 18 ; Piazza Roma 17 ; 10h-13h et 18h-20h30 l'hiver, 18h-21h l'été). Les dentelles de cette boutique à l'atmosphère désuète sont fabriquées à la main, dans le respect de la tradition.

Macelleria Romanelli BOUCHERIE, ÉPICERIE

(080 48 05 385 ; Via Valle d'Itria 8-12 ; 8h-13h et 16h-21h lun-sam). Vaste assortiment de fromages, charcuterie, huiles et autres produits du terroir que l'on peut emporter dans sa valise.

Renseignements

OFFICE DU TOURISME

Ufficio turistico (080 480 57 02 ; Piazza XX Settembre 3 ; horaires variables).

POSTE

Bureau de poste (080 480 28 11 ; Via Valle d'Itria ; 8h20-19h).

URGENCES

Police municipale (080 483 62 21 ; Piazza Roma).

Pronto Soccorso (Urgences hospitalières ; 080 483 52 27 ; Via San Francesco da Paola).

Depuis/vers Martina Franca

Pour aller à Martina Franca, prenez un **train Ferrovie del Sud Est** (FSE ; www.fseonline.it) à Bari (5,60 €, 1 heure 50, fréquents) ou à Tarente (2,40 €, 40 min). Des trains relient également Martina Franca à Alberobello (1 €, 14 min). Le dimanche, le service est assuré en bus.

Les **bus** III et IV, de la compagnie **Miccolis** (www.miccolis-spa.it ; 0,90 €) circulent entre la gare ferroviaire Ferrovie del Sud Est et le centre (arrêts via Bellini et Via Pergolesi).

Alberobello

11 150 HABITANTS

Avec ses maisonnettes en forme de ruche coiffées d'un toit conique, Alberobello ressemble à quelque cité pour lutins. Inscrite au patrimoine mondial de l'Unesco, le cœur de la Zona dei Trulli regroupe un tissu urbain très dense de près de 1 500 habitations. Bâties en pierre sèche, ces constructions modestes au plan circulaire remontent pour les plus anciennes au XVe siècle.

La ville doit son nom à la forêt primaire (*Silva arboris belli,* forêt du bel arbre) de chênes qui s'y trouvait jadis. Cet endroit exceptionnel est aussi devenu très touristique. De mai à octobre, les bus déversent leur flot de touristes qui envahissent les *trulli* parfois transformés en hôtels, en bars ou en boutiques.

À voir

Le **belvédère** de la Piazza del Popolo est l'endroit le plus fabuleux d'Alberobello. Il offre une vue sur tout le sud-est de la ville : en face se trouvent les 1 030 *trulli* du Rione (quartier) Monti, et sur la gauche, les 400 *trulli* du Rione Aia Piccola.

Commencez votre visite par le **Rione Aia Piccola**. La Piazza XXVII Maggio et la Piazza Mario Pagano contiguë sont deux places où les paysans battaient jadis les céréales sous l'œil attentif des gardes du comte, qui surveillaient que rien ne soit volé et que tous s'acquittent de l'impôt requis. Aujourd'hui, on voit encore les grands porches qui servaient à entreposer le grain issu des dîmes. Le **Museo del Territorio** (380 411 12 73 ; www.alberobellocultura.it ; Piazza 27 Maggio ; tarif plein/réduit 4 €/gratuit combiné avec le Museo dell'Olio ; 10h-13h et 15h30-19h mar-dim oct-juin, 10h-20h tlj juil-sept) illustre bien l'histoire de la ville. Il est aménagé dans la **Casa Pezzolla**, demeure aristocratique du XVIIIe siècle, composée d'un regroupement de *trulli*. Cette maison accueille aussi le **Museo dell'Olio** (Via Verdi 26 ; tarif plein/réduit 4 €/gratuit combiné avec le Museo del Territorio), musée de l'Huile, lié à la production de l'"or vert". Non loin, le **Museo del Vino** (0880 432 35 48/340 808 77 23 ; Via Due Macelli 8 ; tarif plein/réduit 2 €/gratuit, visites guidées avec dégustation ; 10h-13h et 16h-19h) est installé dans l'ancienne et prestigieuse Cantina Albea.

Rendez-vous ensuite dans le **Rione Monti** pour flâner entre les *trulli* et monter au sommet de la colline pour visiter la **Chiesa di Sant'Antonio** (Via Monte San Michele). Surmontée d'une coupole de 19,8 m, l'église fut édifiée grâce aux dons des habitants des Pouilles émigrés en Amérique.

Enfin, retournez sur vos pas jusqu'à la Piazza del Popolo et repérez la **Casa d'Amore**, première maison d'Arberobello construite à la chaux, et actuellement siège de l'office du tourisme.

À présent, gagnez au nord d'Alberobello le **Trullo Sovrano** (080 432 60 30 ; Piazza Sacramento 10-11 ; adulte/-12 ans 1,50/1 € ; 10h-13h30 et 15h30-18h30 l'hiver, 10h13h30 et 15h30-19h30 l'été) édifié au milieu du XVIIIe siècle. Son mobilier d'époque permet au public de comprendre la vie d'autrefois dans un *trullo*.

Où se loger

Si vous séjournez à Alberobello, sachez que les *trulli* et les habitations du centre historique sont très pittoresques mais un peu sombres, et qu'il n'y a pas toujours de parking dans les environs. Il faudra donc voyager léger.

Camping dei Trulli CAMPING €
(080 432 36 99/080 432 21 45 ; www.campingdeitrulli.com ; Via Castellana Grotte, SP Monopoli-Alberobello km 17 ; adultes 6-8 €, caravanes 5-7 €, voitures 2,50-3,50 €, tentes 5-7 € ; P). Grand camping bien équipé, situé à 1,5 km de la ville, le long de la route de Castellana Grotte (p. 154). Il propose tous les services, notamment un restaurant, un supermarché, deux piscines, des courts de tennis et la location de vélos. Possibilité de location de bungalows ou de *trulli* (15 à 40 €/nuit selon la saison et le confort).

Hotel Lanzillotta HÔTEL-RESTAURANT €€
(☎080 432 15 11 ; www.hotellanzillotta.it ; Piazza Ferdinando IV 31 ; s/d 60/75-90 € ; ❄ 📶 P). Dans la ville nouvelle, cette bâtisse de 1876 (remarquez la plaque sur la façade) propose des chambres où tables de chevet et armoires en bois sombre sont restées fidèles à l'époque. Si possible, demandez la 56, la 58 ou la 60, car elles partagent une superbe terrasse qui donne sur le Rione Monti et sur l'Aia Piccola. Cet hôtel étant le plus beau de la ville, il est très fréquenté ; mieux vaut donc réserver. Restaurant adjacent.

Palazzo Agrusti B&B €€
(☎348 932 02 10/347 314 56 12 ; Via Tenente Agrusti 5 ; s/d 60/85 € ; ❄). Le rez-de-chaussée de cet édifice du XIXe siècle est occupé par une banque, alors que le dernier étage accueille des chambres spacieuses et bien aménagées, dotées d'un petit coin cuisine. Pour y accéder, montez les quelques marches et sortez sur le petit balcon, qui offre une belle vue sur la ville et sur les *trulli* à l'horizon. Petit-déjeuner (compris dans le tarif) servi au bar en dessous.

Où se restaurer

Les pizzerias et les restaurants ne manquent pas dans cette ville touristique.

Arte Fredda GLACIER €
(☎080 432 42 34 ; www.artefredda.com ; Largo Martellotta 47 ; ⏲horaires variables selon saison, consulter le site). Chez ce glacier artisanal, les goûts changent avec les saisons. Au choix l'été : amande, pistache, melon, pastèque et figue de Barbarie, ou encore mûre sauvage et datte. En automne-hiver : châtaignes, kaki, nèfles, mandarine et raisin framboise.

Pozzo Contino PIZZERIA/RESTAURANT €
(☎080 432 37 40 ; Via Brigata Regina 26 ; repas 10-20 € ; ⏲mar-dim soir l'hiver, tlj midi et soir l'été). Une adresse sans prétention où commander pour une bouchée de pain par exemple un *panzerotto* (sorte de *calzone*), à grignoter sur la terrasse donnant sur les *trulli*.

Il Fornello BOUCHERIE/FORNELLO €
(Largo Trevisani 6 ; ⏲9h-13h et 17h-20h30). L'endroit idéal pour goûter la *bombetta* (paupiette de viande), éventuellement accompagnée d'une bière. Mais sachez qu'ici, on mange debout et dehors.

Terra Madre TRATTORIA €/€€
(☎080 432 38 29 ; www.trattoriaterramadre.it ; Piazza Sacramento 17 ; menu aratura ("labour")/semina ("semis")/raccolta ("récolte") 14,50/18,50/23,50 € ; ⏲fermé dim soir et ven ; l'hiver horaires variables, téléphoner avant). La carte

DORMIR DANS UN TRULLO

Vous allez finir par vous habituer à en voir partout. En levant les yeux vers le ciel de la Murgia, vous verrez les pointes de leurs toits s'élever parmi les arbres et les murets de pierres sèches, et vous aurez sans doute du mal à résister à la tentation de passer une nuit sous la coupole en pierre de ces constructions dignes des contes de fées. Alberobello compte de nombreuses adresses. **Tipico Resort** (☎080 432 41 08 ; www.tipicoresort.it ; Via Brigata Regina 47 ; à partir de 35 €/pers) et **Trullidea** (☎080 432 38 60 ; www.trullidea.it ; Via Monte San Gabriele 1 ; d à partir de 99 € ; 📶) proposent une formule de type appartement avec coin-cuisine dans des *trulli* du centre historique. Si vous préférez le confort d'un hôtel de catégorie supérieure (avec baignoire balnéo et TV), optez pour **Pietradimora** (☎080 432 43 70 ; www.pietradimora.it ; Via Monte Sabotino 24 ; prix variables ; ❄ 📶), un ensemble de *trulli* meublés avec raffinement, en plein cœur du quartier Monti. Le voyagiste **Charming trulli** (☎080 432 38 29 ; www.charmingtrulli.com ; Piazza Sacramento 17 , s/d à partir de 100/120 €) propose la formule B&B et organise également des randonnées à vélo, des visites chez les producteurs de la région et des cours de cuisine. Vous logerez près du Trullo Sovrano et vous profiterez de petits-déjeuners inoubliables au restaurant Terra Madre (ci-dessus), à base de fruits et légumes du potager bio, d'œufs et de yaourts faits maison. Si vous aimez l'air de la campagne, à quelques centaines de mètres du centre historique se trouve l'ensemble de *trulli* **Fascino Antico** (☎080 432 50 89 ; www.fascinoantico.eu ; SS172 pour Locorotondo, km 0,5 ; s/d 49-89/59-119 €) gérés en famille. Les chambres, avec sol en terre cuite et coin-cuisine, s'organisent autour d'un charmant jardin pourvu d'une jolie piscine.

Alberobello

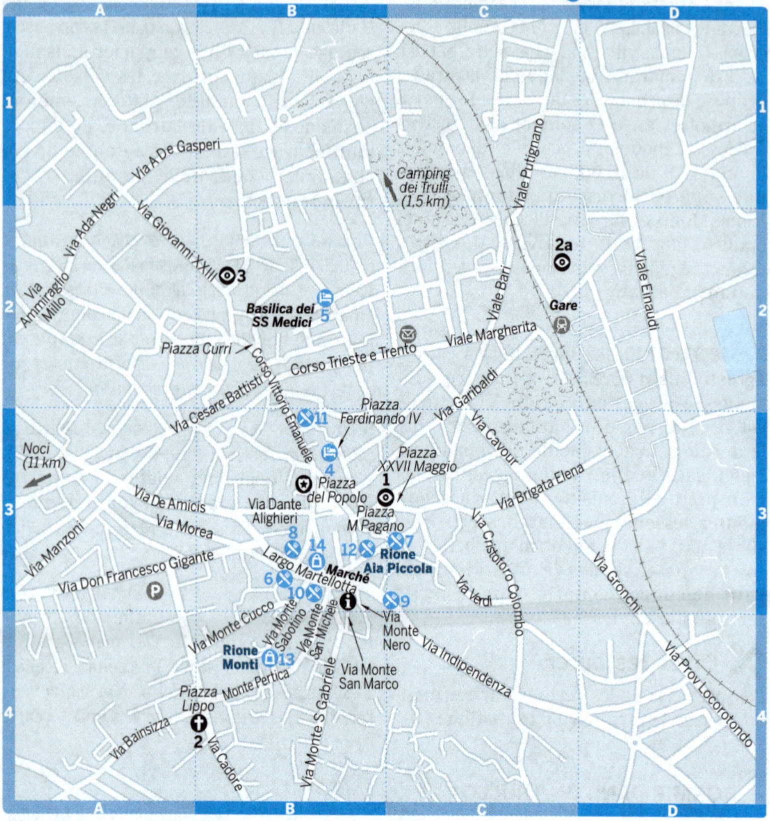

Alberobello

À voir

1	Casa Pezzolla	B3
2	Chiesa di Sant'Antonio	B4
	Museo del Territorio	(voir 1)
2a	Museo del Vino	C2
	Museo dell'Olio	(voir 1)
3	Trullo Sovrano	B2

Où se loger

	Camping dei Trulli	hors plan
4	Hotel Lanzillotta	B3
5	Palazzo Agrusti	B2

Où se restaurer

6	Arte Fredda	B3
7	Favola in tavola	C3
8	Il Fornello	B3
9	Il Poeta Contadino	C3
10	L'Aratro	B3
11	La Cantina	B3
12	Pozzo Contino	B3
	Terra Madre	(voir 3)

Achats

13	Intini	B4
14	Tholos	B3

végétarienne de ce restaurant offre un peu de répit en cas d'abus de viande. Les plats de ce menu fixe, peu nombreux et économiques, se composent de légumes qui proviennent du potager biologique situé juste à côté.

Favola in Tavola RESTAURANT €€
(☎080 432 45 26 ; Via Brigata Regina 37 ; repas 25-30 € ; ⏲mar fermé, ouvert tlj en août). Situé un peu à l'écart, ce restaurant n'a pas de table en terrasse, mais sa salle vraiment accueillante

s'avère parfaite pour un repas en toute intimité. La carte alléchante est idéale pour un dîner gourmand mais léger : burratina sur crème de pastèque, pommes de terre à la menthe, purée de fèves et chicoré, flan aux courgettes et stracciatella... Le tout arrosé d'un bon verre de vin Primitivo et, en dessert, une belle salade de fruits colorée.

L'Aratro RESTAURANT SLOW FOOD €€
(080 432 27 89 ; www.ristorantearatro.it ; Via Monte San Michele 25-29 ; repas 30 € ; tlj). Qu'importe si ce restaurant se trouve au milieu du va-et-vient des touristes du Rione Monti, puisque c'est le restaurant d'Alberobello au meilleur rapport qualité/prix, que son cadre rustique et accueillant a été aménagé dans une série de *trulli* du XVe siècle, et que l'on peut y savourer une bonne cuisine du terroir récompensée par le label Slow Food en 2013. Au menu : charcuterie de Martina Franca, viandes braisées, fromages de la Murgia, fèves et pousses de navets ainsi qu'un petit choix de poisson.

La Cantina CUISINE TRADITIONNELLE €€
(080 432 34 73 ; www.ilristorantelacantina.it ; Vico Lippolis 9 angle Corso Vittorio Emanuele ; repas 30-35 € ; fermé mar). Dans la cuisine ouverte, on prépare ici des plats traditionnels : *burrata*, charcuterie artisanale, *orecchiette* aux pousses de navets, viande grillée, *bombette* (paupiettes de viande farcies au fromage), etc. Réservation conseillée.

Il Poeta Contadino RESTAURANT €€€
(080 432 19 17 ; www.ilpoetacontadino.it ; Via Indipendenza 21 ; repas 50-60 € ; fermé lun, ouvert tlj juil-sept). L'atmosphère de ce restaurant est un peu sombre et son élégance excessive, mais sa cuisine primée au Michelin et sa cave à vins se démarquent. Vous aurez le choix parmi de nombreux plats iodés, ou bien des mariages réussis entre légumes, légumes secs et poisson : crème de courge au homard et riz sauvage, purée de fèves avec *cavatelli* aux fruits de mer, dorade accompagnée de raviolis de pommes de terre et de tapenade d'olives de Bari. À côté, l'**Osteria Del Poeta** (080 432 19 17 ; www.osteriadelpoeta.it ; Via Indipendenza 23 ; 25-35 € ; mar-dim, ouvert tlj juill-sept) constitue une alternative moins créative mais de bonne qualité et plus abordable.

Achats

Tous les jeudis, sur le Largo Martellotta, l'artère principale, se tient un beau marché maraîcher.

L'artisanat local peut être de bonne qualité, mais attention aux souvenirs made in China, très fréquents sur les parcours touristiques. Les bonnes adresses ne manquent cependant pas, surtout en ce qui concerne la gastronomie et les vins.

Intini HUILE
(080 432 19 92 ; oliointini.it ; Via Monte Sabotino 119 ; ouvert seulement l'été 9h30-13h30 et 15h-20h ; l'hiver le pressoir est toujours ouvert : 0804 32 59 83 ; Contrada Popoleto). Dans son point de vente, ce producteur propose des dégustations d'huiles d'olive de la vallée d'Itria (qualités *olivastra*, *cima di Mola*, *Picholine*, *Coratina* et *Leccino*). Certaines sont aromatisées au citron et au piment.

Tholos ŒNOGASTRONOMIE
(328 322 89 80 ; www.trullodelgusto.it ; Via Monte San Michele 20 ; 9h-20h30). Cette boutique vend des produits régionaux DOP et IGP (appellation/indication d'origine protégée), mais vous pourrez aussi participer à une dégustation didactique.

Renseignements

OFFICES DU TOURISME

Ufficio turistico (080 432 20 60 ; Monte Nero 3 ; horaires variables).

Pro Loco (080 432 28 22 ; www.prolocoalberobello.it ; Monte Nero 1 ; horaires variables)

POSTE

Bureau de poste (080 432 03 11 ; Viale Trieste e Trento 104).

URGENCES

Guardia medica (médecins de garde ; 080 432 81 11 jours ouvrables et en journée ; Viale Bari ; 080 432 82 30 de nuit et jours fériés).

Pronto soccorso (SAMU ; 118 ou 080 40 50 855 ; Viale Bari).

Police (080 432 53 40 ; Piazza del Popolo 32). Dans le centre de la ville nouvelle.

Depuis/vers Alberobello

Facilement accessible de Bari (4,90 €, 1 heure 30, liaisons fréquentes) et Martina Franca (1 €, 15 min), Alberobello se trouve sur la ligne **Ferrovie del Sud Est** (FSE ; www.fseonline.it) Bari-Tarente. Les trains circulent du lundi au samedi. Le dimanche, des bus de remplacement partent de Viale Bari, près de l'Albergo Astoria.
Si vous voyagez le dimanche, il faut acheter votre billet de bus la veille, à la **billetterie** de la gare (7h-13h30 lun-sam).

Vous pouvez vous garer dans la Via Indipendenza, mais également sur les places payantes, délimitées par des bandes bleues. Dans la zone centrale (zone A), le stationnement coûte 2 €/heure de 9h à 22h et 4,50/6 € par jour pour une voiture ou un camping-car ; les tickets de stationnement obligatoires s'achètent dans les bars ou dans les boutiques du Largo Martellotta ou bien directement aux parcmètres.

Noci

19 500 HABITANTS

Bien qu'étant la ville la moins fréquentée de la vallée d'Itria, Noci mérite une halte de quelques heures, pour son centre historique d'origine médiévale, avec ses rues sinueuses et ses *gnostre* (cours communes, cœur autrefois de la vie sociale). Visitez-la aussi pour ses champs bordés d'églises et ses *masserie* entourées de bosquets : autrefois, le territoire était constellé de noyers et de chênes de Troie. Sans oublier les restaurants et les événements gastronomiques annuels, comme la *Sagra dei Funghi* (fête des champignons) et *Bacco nelle Gnostre* (fête du vin nouveau et des marrons chauds), respectivement en octobre et novembre.

À voir

Le quartier le plus ancien entoure la Chiesa di Santa Maria de Nucibus, plus connue sous le nom de **Chiesa Madre** : on raconte que, surpris par un violent orage alors qu'il était à la chasse, Philippe Ier d'Anjou se réfugia sous un noyer, et que c'est à cet endroit qu'il fit construire l'église en 1316. Après avoir admiré la *Vierge à l'Enfant* attribuée à Stefano di Putignano, flânez dans les ruelles et les *gnostre*, au gré des panneaux touristiques.

Fêtes et festivals

Notte di Serenate TRADITION

(23 juin). Chaque année, la nuit précédant la Saint-Jean, Noci fait revivre la tradition des sérénades chantées sous les balcons des demoiselles à marier et des personnes portant le nom du saint. De 22h à minuit passé, des groupes de musiciens s'engouffrent dans les ruelles et petites places. Le lendemain, on grimpe à un mât de cocagne.

Où se loger

Les nombreuses *masserie* sont parfaites pour qui voyage en voiture et apprécie l'air de la campagne. Le centre historique offre de toute façon peu de possibilités.

Trulli Gallo Rosso AGRITURISMO/B&B €/€€

(334 209 75 23/328 454 26 55 ; www.trulligallo-rosso.it ; SP56 km 14 ; s/d 40-50/70-130 € ; mars-oct et déc ; P). À mi-chemin entre Noci et Martina Franca, cet ensemble de *trulli* vous conviendra si vous savez vous contenter de l'essentiel pour vous détendre. Chambres soignées et confortables, au calme ; cuisine authentique. Location de vélos possible.

Santarosa Relais HÔTEL €€

(080 494 92 20 ; www.santarosarelais.it ; Via Santa Rosa 5 ; s/d 50-80/80-110 € ; P). En ville, cet hôtel pratique dispose de neuf chambres aménagées dans une résidence d'époque, de parties communes accueillantes et d'une terrasse où il fait bon prendre le petit-déjeuner en été.

Abate Masseria MASSERIA €€

(080 497 82 88/080 497 33 52 ; www.abatemasseria.it ; SP de Massafra, km 0,3 ; s/d 70-144/89-159 € ; avr-oct ; P). Envie de loger dans un *trullo*, de saluer l'arrivée du jour pieds nus sur l'herbe fraîche tout juste tondue, et d'admirer des oliviers centenaires ? Optez pour l'un des 8 hébergements de l'Abate Masseria. Restaurant (mar-sam et dim midi) ouvert à tous.

Où se restaurer

Le Specialità da Marino SANDWICHS €

(080 497 77 75 ; www.specialitadamarino.com ; Via Cavour 140 ; 7h-14h30 et 16h-nocturne). Dans la boutique ouverte par son grand-père dans les années 1940, Marino Notarnicola cultive avec passion l'art du sandwich. Le pain est cuit chaque jour au feu de bois. Les garnitures vont du fromage à la charcuterie en passant par les fruits et légumes du potager familial. Vente de produits typiques.

L'Antica Locanda RESTAURANT €€

(080 497 24 60 ; www.pasqualefatalino.it ; Via Santo Spirito 49 ; menu 30-35 € ; fermé dim soir et mar). Enseignes en bois, portail en fer forgé, voûtes d'arêtes en pierre, tables en terrasse sur la petite place et assiettes rustiques en terre cuite : ce restaurant très accueillant est un véritable nid douillet pour s'offrir une pause gourmande. La cave comprend environ 80 vins, et les plats sont de saison : chicorée, chardon, champignons, *lampascioni* (oignons sauvages), pousses de navets, pâtes maison ou encore viande aux herbes aromatiques locales.

Achats

Cantine Barsento CAVISTE/BAR À VINS
(☎080 497 96 57 ; www.cantinebarsento.it ; Contrada San Giacomo ; visites guidées 7-15 €/pers selon le nombre de participants ; ⏲8h-13h et 15h-18h lun-sam). Après la visite de la cave à vins aménagée dans la roche, vous pourrez acheter du vin et même prendre un repas dans le grand restaurant-pizzeria (⏲lun et mer-sam soir, dim midi et soir, fermé mar).

Depuis/vers Noci

Noci est à 55 km en voiture de Bari par la SS100 et la SS604. Les **Ferrovie del Sud Est** (www.fseonline ; depuis Bari 1 heure 10, 4,20 €) assurent la liaison en bus.

Putignano

27 400 HABITANTS

Putignano s'enorgueillit du long carnaval qui s'y déroule chaque année depuis plus de 600 ans. Quand les défilés de chars et de géants en papier mâché n'investissent pas ses rues, le centre historique offre un visage bien plus paisible. La ville a vu naître vers 1470 le sculpteur Stefano da Putignano, spécialiste de représentations de Vierge à l'Enfant et des crèches.

À voir

Le centre historique est entouré d'un mur d'enceinte construit au XVe siècle par Balì Carafa, représentant du grand conseil des chevaliers de Malte, les seigneurs de la ville. Vous y entrerez certainement par la **Porta Barsento**, à l'est, construite au XVIIIe siècle.

On peut faire le tour du mur d'enceinte en parcourant l'*estramurale*, voie circulaire qui encercle le cœur urbain médiéval, lui-même ceint d'une route circulaire appelée *Chiancata*.

Chiesa Madre ÉGLISE
(Piazza Plebiscito). Au cœur du centre historique, la Chiesa Madre dominée par un campanile conserve une précieuse **crèche** de Stefano da Putignano, dont la grotte a été réalisée dans une pierre calcaire creusée par des mollusques (car elle date de l'époque où Putignano était recouverte par la mer). Mais ce n'est pas tout : autour du maître-autel se dressent les statues des saints Jean et Étienne, tandis que la grande chapelle de style baroque tardif abrite un crucifix en bois, datant du XIIIe siècle, probablement réalisé par un atelier espagnol. Enfin, une anecdote : l'église est dédiée à saint Pierre car, selon la légende, c'est lui qui, en 45 av. J.C., aurait évangélisé Putignano en chemin vers Rome.

Palazzo del Balì PALAIS
(Piazza Plebiscito). Ce palais, symbole du pouvoir féodal, fut la demeure des baillis jusqu'à la première moitié du XIXe siècle, puis il devint la propriété de la famille princière Romanazzi-Carducci. Un siècle après, en 1967, il fut donné à la ville, avec les meubles et collections qu'il contenait, dans le but d'en faire un musée municipal encore en gestation. L'édifice était en cours de rénovation lors de notre visite.

Activités

Promenade avec des ânes
Pour faire une balade avec un âne de Martina Franca, adressez-vous à **Tipica Tour** (☎080 237 10 85 ; www.tipicatour.it ; Piazza Plebiscito 15 ; ⏲9h-13h et 16h-20h lun-ven).

Fêtes et festivals

Carnevale CARNAVAL
(www.carnevalediputignano.it). Le carnaval de Putignano, avec son célèbre défilé de chars allégoriques aux personnages en papier mâché est l'un des plus longs et des plus anciens au monde. Contrairement à la majorité des carnavals, qui durent une semaine ou deux, celui de Putignano s'étale sur deux mois, du lendemain de Noël au Mardi gras. Il débute le 26 décembre par la procession de Saint-Étienne et la **Festa delle Propaggini**, au cours de laquelle les *propagginanti*, installés sur une scène de la Piazza Plebiscito, brocardent en dialecte et en rimes les puissants et les politiciens sans oublier de railler les sujets d'actualité.

Où se loger

Casa Riccardi B&B €
(☎334 367 83 72/334 367 83 60 ; www.casariccardi.com ; Via Santa Lucia 8 ; s/d 25-55/25-40 € ; 📶). Si vous aimez l'idée de vous réveiller en plein centre historique et d'observer par votre balcon la foule de passants, réservez une des deux grandes chambres aménagées avec soin de cette résidence d'époque.

B&B San domenico B&B €
(☎333 228 47 69 ; www.bebsandomenico.com ; Via Estramurale a Levante 4 ; s/d 35-40/60-70 € ; ❄📶). Cet établissement comprend trois chambres avec entrée indépendante. Leurs différents aménagements répondront aux diverses exigences : coin cuisine, climatisation, place pour un berceau, etc.

Où se restaurer

A' Cr'janz' RESTAURANT €€

(☎ 080 405 57 45 ; Porta Barsento 8 ; repas 25-30 € ; ⏲ 12h-15h et 20h-23h lun-mar et jeu-sam , 12h-15h dim, fermé mer). Pour accéder à ce restaurant, descendez les marches qui se trouvent sous le B&B San Domenico (p. 154). Vous trouverez alors cet endroit silencieux, un peu en retrait, avec quelques tables en terrasse donnant sur l'arrière de l'église San Nicola. Dans un festival de parfums et de couleurs, la cuisine de Stefano d'Onghia est, comme l'ameublement, simple, enlevée et authentique : commandez une soupe ou de la viande (lapin, poulet ou âne) cuite en casserole.

Scinuà RESTAURANT €€

(☎ 080 405 84 30 ; Via Santa Lucia 18 ; 25-30 € ; ⏲ mar-sam midi et soir, dim midi seulement l'hiver, lun-sam midi et soir l'été). Il fait bon s'asseoir sous les voûtes en pierre de ce restaurant du centre historique. Dans une atmosphère rustique, on déguste des plats traditionnels de saison : *farinella* (plat à base de farine de légumes secs), *capocollo*, pâtes aux pommes de terre ou trippes.

Où prendre un verre

Il Simposio BAR À TAPAS

(☎ 349 185 74 30 ; Piazza Principe di Piemonte 4 ; ⏲ 18h-1h). Une bonne adresse pour boire un verre tout en grignotant charcuterie, fromage et *bruschette*. Bon choix de bières artisanales.

Renseignements

OFFICES DU TOURISME

Actuellement géré par l'Associazione Chiancata (☎ 348 320 42 51 ; www.lachiancata.it), l'**office du tourisme** n'est ouvert que le samedi en été. En face, la **Pro Loco** (Piazza Plebiscito 1) n'est pas non plus souvent ouverte. Si tout est fermé, adressez-vous aux jeunes responsables de **Tipica Tour** (p. 153), face à la cathédrale. Ils se feront une joie de vous renseigner, voire de vous proposer leurs excursions.

Depuis/vers Putignano

Putignano est à 42 km en voiture de Bari par la SS100 et la SS172. Les **Ferrovie del Sud Est** (www.fseonline ; depuis Bari 1 heure ; 3,10 €) assurent les liaisons en bus.

Environs de Putignano

À 500 m au nord-ouest de la ville, la **Grotta del Trullo** (☎ 080 491 21 13 ; www.grottadeltrullo.com ; SS172 direction Turi ; tarif plein/réduit 5/2,50 € ; ⏲ 10h-12h30 et 14h30-17h oct-mai, 9h-12h30 et 14h30-18h30 juin-sept) découverte en 1931 et inaugurée en 1935 est l'une des premières de la péninsule à avoir été ouverte au public. Caractérisée par sa verticalité (contrairement aux grottes de Castellana au développement horizontal), elle possède un escalier en colimaçon sécurisé qui permet aux visiteurs d'apprécier les nuances rouges de l'albâtre et blanches du calcaire.

Grottes de Castellana

À 40 km au sud-est de Bari, les spectaculaires **grottes calcaires de Castellana** (☎ 800 21 39 76/080 499 82 21 ; www.grottedicastellana.it ; Piazzale Anelli ; itinéraire complet tarif plein/réduit 15/12 €, itinéraire partiel 10/8 € ; ⏲ toute l'année, horaires variables selon le mois, consulter le site) forment le réseau le plus long de grottes naturelles souterraines d'Italie. Même sans être passionné de spéléologie, il serait dommage de faire l'impasse sur l'exporation de ces grottes, où la température moyenne ne dépasse pas 15°C (pensez à emporter une petite laine). Découvertes en 1938 par le spéléologue Franco Anelli, ces galeries communicantes forment un paysage incroyablement diversifié, ponctué de remarquables stalactites et stalagmites. Temps fort de la visite, la Grotta Bianca (que vous ne verrez qu'en choisissant le circuit le plus long) est une caverne d'une blancheur immaculée dans laquelle pendent des stalactites effilées.

Le **Museo Speleologico Franco Anelli** (☎ 080 499 82 30 ; entrée libre avec le billet des grottes, ou 3 € ; ⏲ 10h-13h nov-mars, 9h30-13h et 15h-18h30 avr-oct) peut constituer une étape introductive à la visite des grottes ou une bonne conclusion.

Où se loger et se restaurer

Osteria del Caroseno OSTERIA/B&B €/€€

(☎ 080 496 13 81 ; www.osteriadelcarosenobeb.com ; Via Santomagno 18 ; repas 25-35 € ; d 50-70 € ; ⏲ B&B toute l'année sauf en nov, restaurant fermé mar). Dans le petit centre historique de Castellana, cet établissement compte quatre chambres très confortables et récentes, accessibles par un escalier très raide. L'*osteria*, aménagée dans un ancien pressoir à huile, propose des plats rustiques : *orecchiette*, agneau et *focaccia* au fromage de chèvre.

Agriturismo Biologico Serra Gambetta AGRITURISMO €€
(☎080 496 21 81 ; www.serragambetta.it ; Via Conversano 204 ; 42-48 €/pers, 60-76 €/pers avec demi-pension ; ❄ P 🏊). Atmosphère simple et authentique pour cette *masseria* située sur la route de Conversano, à environ 1,5 km des grottes. Vous pourrez vous baigner dans la piscine, vous détendre dans la cour, apprendre à faire les *orecchiette* ou vous balader à vélo au milieu des oliviers grâce aux deux-roues mis à disposition. Le dîner se fait dans une atmosphère de partage : au menu, pizzas et produits biologiques du potager et du verger.

Depuis/vers les grottes de Castellana

En train, vous pourrez rejoindre les grottes par la ligne Bari-Tarente des **Ferrovie del Sud Est** (FSE ; www.fseonline.it) depuis Bari (2,70 €, 50 min, 1/heure), Conversano (1 €, 10 min) et Alberobello (1,70 €, 30 min). Attention, il y a deux arrêts (Grotte di Castellana pour les grottes, et Castellana Grotte pour la ville voisine) et tous les trains ne desservent pas les grottes. Achetez un billet aller-retour avant de vous rendre sur place car vous ne pourrez pas le faire aux grottes de Castellana.

En voiture, empruntez la SP240 depuis Conversano, ou la SP237 depuis Putignano. Le parking coûte 2/3 € voiture/camping.

Fasano

38 700 HABITANTS

Fasano est une petite ville bordée de maisons blanchies à la chaux, fondée probablement au début du XIe siècle par la population qui fuyait Egnazia. Elle devint ensuite un fief des chevaliers de Malte et un bastion dans la lutte contre les Turcs, qui y furent vaincus le 2 juin 1678. Fasano se compose d'un ensemble de hameaux qui s'étendent entre la colline et la mer, aux pieds des Murge du sud-est, parmi les oliviers, les bois et les vignes. Citons ainsi Montalbano, Speziale et Pezze di Greco, dans la plaine et ponctués de *masserie*, ainsi que les petites villes côtières de Savelletri et Torre Canne (p. 157). La Selva di Fasano domine, elle, la colline. Une grande partie du **Parco Naturale Regionale delle Dune Costiere** (www.parcodunecostiere.org ; p. 157) et le **Parco Rupestre Lama d'Antico** s'étendent aussi sur le territoire de Fasano.

À voir

Partez de la **Chiesa Matrice** dédiée à saint Jean-Baptiste, construite à la fin du XVIe siècle, comme en témoigne la façade ornée de niches et de colonnes. Empruntez ensuite les ruelles pour gagner la **Piazza Ciaia**, afin d'admirer le **Palazzo del Balì** (aujourd'hui siège de la mairie) et allez flâner aux **Portici delle Teresiane** (un ancien couvent du XVIe siècle devenu lieu de rencontre et galerie commerciale). Cherchez le **Torrione delle Fogge**, vestige des anciens remparts, qui prend le nom des puits creusés dans la vallée vers lequel il est tourné.

En voiture, partez à la découverte du remarquable **Parco Rupestre Lama d'Antico** (☎328 359 75 17/338 817 51 23 ; www.lamadantico.it ; SP Fasano-Savelletri – Contrada Sarzano ; ⌚sur réservation oct-juin, 9h30-13h30 et 16h-20h et ouvertures exceptionnelles sur réservation l'été ; tarif plein/réduit 6/4 €), inauguré en août 2013 pour conserver et mettre en valeur un village rupestre qui se développa entre le Xe et le XIVe siècle le long d'une vallée sculptée par les eaux. Ne manquez pas l'église rupestre, dont les deux nefs creusées dans la roche sont ornées de fresques bien conservées. Le parc est planté d'oliviers centenaires, de caroubiers aux troncs ciselés, de câpriers, d'arbres à mastic et de sauge de Jérusalem. En été, au coucher du soleil, des soirées musicales et des activités culturelles sont organisées (voir la section "événements" du site Internet).

DU COTON ET DES TOMATES

La zone de Fasano était connue pour la culture du coton jusqu'aux années 1850, lorsque la production de tomates "Regina" prit le dessus. La tradition n'a toutefois pas disparu totalement : on plante encore du coton parmi les rangées de plants de tomates, et on l'utilise ensuite pour réaliser les cordelettes qui serviront à tresser les grappes de tomates à sécher (*pomodori da serbo*). Au début du mois de septembre, quand le coton est prêt à être filé, on prépare ces grappes, les *ramasole*. Jadis, leur détention était un signe de richesse et de prestige social : les filles à marier qui en possédaient beaucoup étaient plus demandées.

Non loin de là, la **Selva di Fasano** est un secteur vallonné recouvert de chênes, de chênes verts, de pins, de châtaigniers, de cyprès, de sapins, mais aussi d'oliviers, de figuiers et de caroubiers. Montez jusqu'au petit bourg peuplé de villas et de résidences de luxe, juste pour le plaisir de la descente qui permet de contempler l'étendue d'oliviers aux reflets argentés sur fond de mer azur. Dans les environs, se trouve aussi le parc zoologique **Zoosafari** (www.zoosafari.it ; ; p. 33), très apprécié des enfants.

Fêtes et festivals

Crèches vivantes TRADITION

(www.presepeviventepezzedigreco.it ; Lama del Trappeto, Pezzi di Greco ; déc-jan). Les grottes de cet ancien village rupestre accueillent des crèches vivantes. C'est l'occasion de faire revivre les traditions et les vieux métiers. Vous pourrez notamment assister à la fabrication du coton, découvrir la recette des cartellate (gâteaux typiques) ou les secrets de la conservation des tomates "da serbo" (voir l'encadré p. 155).

Fasano Jazz MUSIQUE

(www.fasanojazz.it ; renseignements en mairie : 080 439 41 23 ; mai-juin). Ce festival se déroule depuis 1998 dans les théâtres et dans le centre historique, notamment aux Portici delle Teresiane. Des musiciens régionaux et internationaux y jouent du jazz et du rock.

Où se loger

Masseria Mozzone MASSERIA €/€€

(338 964 54 54 ; www.masseriamozzone.it ; Contrada Mozzone ; s/d 45-70/70-80 € ; avr-oct ;). Les 90 ha d'oliviers qui entourent cette bâtisse du XVIIIe siècle garantissent une tranquillité qui peut cependant ne pas plaire à tout le monde. Les chambres sont meublées de façon élégante et simple, et le petit-déjeuner, préparé avec les produits sains de l'exploitation agricole, est copieux. Ajoutez à cela un superbe panorama qui s'étend jusqu'à la mer. Seules quelques chambres sont climatisées, mais les autres restent naturellement fraîches.

Masseria Salamina MASSERIA €€

(080 489 73 07 ; www.masseriasalamina.it ; Via Case Sparse 4, Pezze di Greco ; d à partir de 105 € ;). Dans cette majestueuse *masseria* du XVIIe siècle, vous profiterez de tout le confort d'un hôtel de luxe, notamment d'une piscine d'eau salée où nager en contemplant la mer à l'horizon. L'exploitation agricole produit de l'huile biologique et propose des activités en partenariat avec le Parco delle Dune Costiere.

Où se restaurer

Crovace FROMAGERIE/GASTRONOMIE €

(080 481 01 24 ; Via Lecce 22, Speziale di Fasano ; 4h-21h30). Située dans le hameau de Speziale, carrefour entre la mer et la campagne, cette épicerie se trouve sur une route nationale. Elle a un air de station-service à l'américaine, mais les saveurs sont bel et bien typiques des Pouilles : la mozzarella, la *burrata* et les autres fromages ne vous décevront pas.

Il Cortiletto RESTAURANT €€

(080 481 07 58 ; Via Lecce 91, Speziale di Fasano ; repas 25 € ; nov-fév mar-sam midi et soir, dim midi seulement, ouvert tlj l'été). À la belle saison, vous pourrez vous installer dans cette cour encadrée d'arcades où des tables en bois ont été installées. Il fait bon y attendre un bon plat de viande grillée aux herbes, les pâtes maison et les délicieux assortiments de légumes.

Anticalama RESTAURANT €€

(388 753 87 17 ; Contrada Torre Spaccata 27/SP6 ; repas 35 € ; lun et mer-sam soir seulement, dim et jours fériés midi et soir, fermé mar). Installez-vous dans le jardin, au clair de lune, sous la treille ou sous la voûte en pierres, pour déguster les plats raffinés du chef, à base de produits du terroir. Et si vous voulez vous arrêter pour la nuit, 6 chambres ont été aménagées dans la *masseria* du XVIIe siècle (d 90-150 €) qui possède également un pressoir souterrain.

Renseignements

URGENCES

Hôpital Umberto I (080 439 01 11/080 439 02 82, Urgences : 080 442 72 43 ; Via Nazionale Dei Trulli 95/a).

Depuis/vers Fasano

Il existe une liaison ferroviaire entre Fasano et Bari, assurée par **Trenitalia** (4,20 €, 40 min, départs toutes les 45 min environ), et entre Fasano et Brindisi (4,20 €, 30 min, départs toutes les 45 min environ). La gare se trouve à 3 km du centre, auquel elle est reliée par un service de navette (www.sitasudtrasporti.it). Des bus **Ferrovie del Sud Est** (FSE ; www.fseonline.it) desservent le centre-ville, au départ de Bari (4,20 €, 1 heure 20) et de Brindisi (4,20 €, 1 heure 15). Le moyen le plus pratique pour rejoindre Fasano et se déplacer aux alentours reste néanmoins la voiture : vous arriverez par la E55 si vous venez de Bari et par la SS379 si vous venez de Brindisi.

Egnazia

Nul besoin d'être féru d'archéologie pour apprécier les **ruines d'Egnazia** (080 482 90 56 ; www.egnaziaonline.it ; SS379 Fasano-Savelletri ; musée et site/site ou musée seul 3/2 €, gratuit -18 ans et +65 ans, demi-tarif 18-25 ans ; musée 8h30-19h30 ; parc archéologique 8h30-16h30 l'hiver, 8h30-19h15 l'été), rendues agréables par la proximité de la mer. Gisant à 18 km au sud de Monopoli, les restes de cette cité gréco-messapienne sont difficiles à repérer de la route car il ne reste que des fondations, des rues et des tombes.

La première implantation, un village de cabanes, date de l'âge du bronze (XVIe siècle av. J.-C.). Le site fut ensuite occupé à l'âge du fer (XIe siècle av. J.-C.) par les Iapyges originaires des Balkans, puis au VIIIe siècle av. J.-C. par les Messapiens. Au IIIe siècle av. J.-C., Rome s'imposa ici comme dans tout le Salento. De cette époque date la prospérité d'Egnatia, dont le sort se confondit alors avec celui de l'Empire. Les Romains firent d'elle un carrefour le long de la voie Appienne ralliant Rome. Si le site ne couvrait à l'origine que 3 ha sur une petite avancée dans la mer, laquelle devint plus tard l'acropole de la cité romaine, il finit par s'étendre sur près de 40 ha.

Sur place, des panneaux explicatifs aident à distinguer les vestiges d'époque messapienne (remparts et nécropole) de ceux de la période romaine (voie Trajane, basilique, amphithéâtre, thermes publics...). On peut compléter la visiter par le **musée** (voir plus haut, visites guidées sur réservation), rénové en 2013. Ce musée parmi les plus intéressants du sud de l'Italie comprend onze pavillons baignés de lumière, situés dans le secteur de la nécropole. Leurs trois sections vont de la préhistoire au Moyen Âge.

La côte adriatique de Savelletri à Torre Pozzella

Après Egnazia, on rencontre des plages et des stations balnéaires très appréciables en été. La côte de Fasano a reçu le Pavillon Bleu en 2014 pour ses plages, gage de qualité. C'est notamment le cas de la plage de **Savelletri** au niveau de laquelle se trouve le village marin de **Forcatella**, destination incontournable pour les amateurs d'oursins : pendant la saison, vous pourrez en déguster à foison, sans dépenser trop, à la paillote **Il Principe del Mare** (339 639 63 04 ; repas 20 € ; fermé nov-jan le soir) dans un cadre spartiate au bord de l'eau.

La grande et belle plage de **Torre Canne** est très fréquentée l'été. Pour une pause détente, vous pouvez aussi passer une demi-journée aux **thermes** (080 482 51/085 836 97 77 ; www.termeditorrecanne.it ; Via Appia 2 ; mai-oct) ; ouverts à tous et pas seulement aux clients de l'hôtel qui les gère. Au programme : soins et centre de bien-être.

Si vous décidez de séjourner dans ce coin, tout près, à Forcatella (tout juste quelques maisons sur la plage), se trouve **Il Borgo dei Pescatori** (366 420 38 59/335 754 39 24 ; www.ilborgodeipescatori.it ; d 100-130 € ; 20 mars-sept), un B&B qui loue aussi des appartements. Dans l'arrière-pays de Savelletri, la **Masseria Torre Coccaro** (080 482 93 10 ; www.masseriatorrecoccaro.com) nichée parmi les oliviers et les murets de pierres sèches offre, elle, une atmosphère familiale malgré les cinq étoiles et le luxe affichés (piscine, spa, restaurant, vélos à disposition). Cette authentique *masseria* rénovée dans le respect du style des Pouilles comprend aussi un club de golf et un Beach Club (www.coccarobeachclub.it).

Le **Parco Naturale Regionale delle Dune Costiere** (348 163 82 28 ; www.parcodunecostiere.org/newsite/ita ;) s'étend entre **Torre San Leonardo** et **Torre Canne**. Il faut prendre son temps pour arpenter les hautes dunes blanches de ce parc naturel régional de 1 000 ha, pour suivre les sentiers et les passerelles qui vous mèneront aux élevages de mulets et d'anguilles. Afin de permettre aux visiteurs d'admirer ce territoire naturel composé de plages, de dunes et de zones humides tout en réduisant la circulation automobile le long de la côte, les autorités ont instauré des lignes de bus STP. Elles relient le littoral du parc aux bourgs de l'arrière-pays (1 €) et de la côte (0,90 €). Il existe aussi un service de location de vélos électriques à prix intéressants, pour rejoindre le parc au départ d'Ostuni (réserver auprès de A Ruota Libera : 0831 33 81 65 ; www.ostuniaruotalibera.it ; Corso Mazzini 6).

Le parc organise également de nombreuses activités telles que des dégustations et cours de cuisine dans les *masserie*, des cours d'équitation pour les enfants et des **excursions guidées gratuites** (à pied : 347 004 29 61, à vélo : 328 632 39 13).

Autour de Torre Pozzella aussi la côte est très belle : rocheuse, très sauvage et tranquille, avec des promontoires et des petites criques où la mer s'engouffre en formant de petits puits cristallins. Les petites plages entourées de maquis sont libres d'accès. Des bars y sont souvent aménagés et louent parasols et chaises longues. C'est le cas du bar du **Torre Pozzelle Camping Village** (☎0831 30 85 05 ; www.torrepozzelle.com), une véritable oasis de paix située à 100 m de la plage (et à quelques kilomètres d'Ostuni), où, les jours de canicule, vous trouverez toujours un peu d'air frais.

Locorotondo

14 253 HABITANTS

Comme il serait agréable de la survoler ! Cette ville au plan circulaire, perchée à 410 m au sommet d'une colline et entourée de vignobles, apparaîtrait alors dans toute sa blancheur éclatante, avec ça et là des taches colorées. D'un peu moins haut, on commencerait à distinguer un harmonieux dédale de portes monumentales, de rues circulaires et de ruelles, tous ornées de géraniums rouges, de bougainvilliers aux balcons et de luxuriants hortensias dans leurs pots. De plus près, on pourrait écouter l'écho des pas lents des touristes parcourant les rues pavées de pierres lisses couleur ivoire et l'on pourrait sentir le parfum du jasmin grimpant sur les murs.

À voir

À Locorotondo, la visite commence par une halte sur un banc du parc de la **Villa Comunale**, pour apprécier le panorama sur la vallée ponctuée de *trulli*. On entre ensuite dans le centre historique par la **Porta Napoli** et l'on commence la balade (après avoir pris un plan à l'office du tourisme, situé sur la droite). Principales étapes : la **Chiesa Madre**, érigée entre 1790 et 1825 dans le style baroque ; l'église gothique de **Santa Maria della Greca**, dont la rosace s'apparente à une œuvre d'orfèvrerie et dont l'intérieur en pierre est surmonté de voûtes d'ogives ; mais aussi la façade et la tour de l'horloge du **Municipio**, qui abrite aujourd'hui la bibliothèque municipale. Direction ensuite la **Chiesa di San Nicola di Mira**, véritable petit joyau du XVIIe siècle, et le **Palazzo Morelli**, dont le portail baroque est orné de masques, de feuilles d'acanthe et de volutes. Puis, installez-vous pour boire un café sur la Piazza Vittorio Emanuele et sortez par la Via Nardelli, d'où vous pourrez apercevoir la mer par temps dégagé (les habitants surnomment d'ailleurs cette artère "lungomare", le front de mer).

Fêtes et festivals

Balconi Fioriti TRADITION

(www.comune.locorotondo.ba.it ; juin-août). Locorotondo organise un concours de balcons fleuris, et ce sont les touristes qui jouent le rôle du jury. Procurez-vous un bulletin de vote !

Locus Festival MUSIQUE

(www.locusfestival.it ; juillet-août). Ce festival de musique déniche des talents cachés mais valorise aussi la musique pop de qualité. C'est l'occasion de découvrir aussi un petit marché vintage et des ateliers de cuisine méditerranéenne.

Festa di San Rocco FÊTE PATRONALE

(16 août). À l'occasion de la fête dédiée à saint Roch, la petite ville se pare d'illuminations et organise le soir, une compétition de feux d'artifice.

Où se loger

Avec toutes ses petites ruelles fleuries et isolées, le centre historique de Locorotondo se prête bien à un séjour romantique. Le silence est garanti car les quelques bars et restaurants ne troublent pas le sommeil.

SE MARIER DANS LES POUILLES

Avec leurs petites églises, leurs oliveraies aux reflets argentés, leurs champs bordés de murs en pierres sèches, mais aussi parfois le bleu de la mer au loin et des saveurs authentiques de la cuisine du Sud, les *masserie* créent un cadre à la fois noble et rural prisé des Italiens, mais surtout des étrangers pour célébrer leurs noces. De nombreuses agences de voyages et d'événementiel de la région profitent de ce nouveau business. C'est à Fasano que s'est mariée en 2014 la troisième fille du magnat du fer indien Pramod Agarwal. Trois jours de fête et un attirail digne d'un plateau de Bollywood : éléphants, scènes, décors et artistes, tout y était, pour divertir les 800 invités.

Masseria Aprile MASSERIA €€

(080 431 12 05 ; www.masseriaaprile.it ; Contrada Grofoleo 25 ; s/d 65-90/90-140 € ;). En quête de calme ? Laissez-vous séduire par l'atmosphère magique de cette merveilleuse *masseria* familiale. Vous vous endormirez sous la voûte d'un *trullo* au cœur d'une oliveraie. Le petit-déjeuner se prend sur la terrasse tout en contemplant Locorotondo, avec les ânes pour compagnie. Enfin, vous pourrez ramener des souvenirs gourmands (huile, confiture, vin...) afin de prolonger les bienfaits de votre séjour.

Sotto le Cummerse APPARTEMENTS €€

(080 431 32 98 ; www.sottolecummerse.it ; Via Vittorio Veneto 138 ; s/d 80-90/98-160 € ;). Ici, votre séjour sera en harmonie avec l'atmosphère tranquille et détendue du bourg. Les appartements aux toits pentus en pierre grise (*cummerse*), possèdent un coin cuisine. Vous pourrez choisir entre la version standard et les logements plus luxueux, en duplex, équipés d'une baignoire balnéo et de petits balcons avec vue. Le bar où vous prendrez votre petit-déjeuner est doté d'une connexion Wi-Fi.

Où se restaurer

U'Curdunn RESTAURANT €€

(080 431 14 33 ; Via Dura 19 ; repas 25-30 € ; fermé mar). Que vous soyez assis à l'intérieur ou à l'extérieur, vous apprécierez l'expérience. Peppino revisite les vieilles recettes de la région et utilise seulement des produits locaux (dont certains de son potager), accomodés par les mains savantes de Margherita.

La Taverna del Duca RESTAURANT €€

(080 431 30 07 ; www.tavernadelducascatigna.it ; Via Papadotero 3 ; repas 30 € ; mar-sam midi et soir, dim et lun midi, ouvert tlj l'été). Ce petit restaurant aménagé avec simplicité associe tradition et modernité, sans excentricités. Au menu : bons et copieux antipasti, soupes de légumes, *orecchiette* ou encore viande cuite à la casserole. Vin servi en carafe.

Bina RESTAURANT €€

(080 431 17 84 ; www.binaristorante.it ; Via Dottor Recchia 44-50 ; repas 30-35 € ; fermé lun). Les nappes et les pierres sont blanches, la carte est rustique : fromages, viandes et charcuterie, mais aussi un menu végétarien de 4 plats. Gardez une place pour le dessert comme la tarte à la ricotta.

Où prendre un verre

Pour l'animation nocturne, mieux vaut se rendre à Cisternino. À Locorotondo, on vient plutôt pour une promenade contemplative après dîner, ou pour siroter un cocktail en terrasse, sous le ciel étoilé.

Docks101 BAR LOUNGE

(334 318 53 33 ; www.docks101.it ; Via Nardelli 101 ; 19h-4h). Bar fort agréable, avec tables extérieures sur une terrasse panoramique d'où l'on aperçoit Martina Franca. À l'intérieur, on découvre une cuisine ouverte sur la salle et un sol en mosaïque, mais aussi un coin conçu pour les concerts organisés en hiver.

Barba Baffi e Pellicce BAR/SANDWICHS

(328 617 73 34 ; www.bbep.it ; Via Vittorio Veneto 1 ; 19h-1h, fermé mar). Deux frères gèrent ce bar à la vaste sélection de bières artisanales et de cocktails créatifs, comme celui qui marie Vermouth, ginger ale, gingembre et pomme verte. Également choix de sandwichs.

Achats

Le vendredi, la petite ville s'anime à l'occasion du marché hebdomadaire.

Cantina del Locorotondo CAVISTE

(080 431 16 44 ; www.locorotondodoc.com ; Via Madonna della Catena 99 ; 8h-13h et 14h30-19h30 lun-sam). Pour goûter ou acheter le *spumante* local, la Verdeca et le *passito* à la couleur jaune paille caractéristique.

Tempo Ritrovato ARTISANAT

(080 431 32 01 ; www.il-temporitrovato.net ; Piazza Vittorio Emanuele 20 ; 9h30-13h et 16h-21h l'hiver, 17h-23h l'été). Des artisanes perpétuent la tradition en tissant à la main des dentelles certes un peu chères, mais de bonne qualité.

Renseignements

L'**office du tourisme** (080 431 30 99 ; 9h-12h30 et 15h-18h l'hiver, 9h-13h et 15h30-19h30 l'été, plus tard certains jours) se trouve sur la Piazza Vittorio Emanuele, tout de suite à droite après la Porta Napoli. Très accueillant, le personnel se montre prêt à recevoir le public sur rendez-vous en dehors des heures d'ouverture.

Depuis/vers Locorotondo

Locorotondo est facilement accessible depuis Bari (5,60 €, 1 heure 40) sur la ligne ferroviaire Bari-Tarente des **Ferrovie del Sud Est** (FSE ; www.fseonline.it).

LE SANCTUAIRE BHOLE BABA

Saviez-vous que c'est dans la vallée d'Itria que fut fondé, en 1979, le premier ashram d'Occident ? Depuis plus de quarante ans, les adeptes de Haidakhan Badaji pratiquent ici la méditation et le yoga, la culture potagère et les travaux domestiques. Vous pouvez visiter le **Centre** (☎080 444 87 35 ; www.bholebaba.org ; Contrada Portarino 10 ; ⏲16h30-19h) ou vous renseigner sur les activités organisées l'été. Il est possible également de séjourner quelques jours dans l'*ashram*. Mais sachez qu'il est interdit d'y fumer et de boire de l'alcool. La chasteté est également conseillée.

Cisternino

11 696 HABITANTS

Cisternino présente au moins deux facettes : une réservée, illustrée par ses ruelles pendant la journée, surtout l'été quand il fait très chaud, et l'autre un peu plus effrontée, qui se réveille le soir quand le centre propose bière et viande braisée, musique et divertissements.

Quoi qu'il en soit, une halte dans cette bourgade juchée sur la colline et entourée de bosquets s'impose. Arpentez les cinq quartiers du centre : la partie la plus ancienne, avec Bere vecchie et Scheledd, puis l'Isule, bien délimité par quatre rues, U Pantene, plus en aval, et U burie avec ses bâtiments construits par les familles les plus prestigieuses. Mais, avant de vous engouffrer dans les ruelles, gagnez le belvédère et essayez de deviner les villes se profilant au loin.

À voir

Cette ville aux airs de casbah blanchie à la chaux possède des origines très anciennes. Hannibal rasa la ville romaine de Sturnium lors de sa campagne en Italie, et ce furent des moines basiliens qui la reconstruirent un millénaire plus tard, au VIIIe siècle, et y fondèrent une abbaye qu'ils dédièrent à saint Nicolas. À l'emplacement de celle-ci se dresse aujourd'hui la **Chiesa Madre**, plusieurs fois remaniée (sa façade remonte au XIXe siècle), qui conserve une précieuse sculpture de Stefano de Putignano, La Madonna del Cardellino. Vous pouvez commencer votre balade depuis l'église. Après avoir levé la tête pour admirer la **Torre Civica** (également appelée *torre grande* en raison de son imposante forme de parallélépipède), d'époque médiévale, prenez la Via Basiliani. En vous promenant dans le centre historique, vous croiserez de minuscules cours et des escaliers sinueux, et atteindrez la place centrale, **Piazza Vittorio Emanuele**, cœur du centre historique. Le **Bar Fod** de 1951 (www.barfod.it) et le **Plaza Cafè** y occupent la moitié de l'espace avec leurs tables et leurs parasols. On y trouve aussi de petites boutiques, et surtout, la coquette **Torre dell'Orologio** (1850), symbole de la ville, dont le pinacle accentue la verticalité.

Activités

Vélo

Le projet de transformer les 244 km du **canal principal** (www.cicloamici.it/acquedotto_pugliese.htm) de l'aqueduc du Sele Calore en l'une des plus belles "voies vertes" d'Europe est encore en cours, mais pour avoir un aperçu du futur résultat, parcourez les 10 km qui séparent Cistercino de Ceglie Messapica. Le trajet venait d'être inauguré lors de notre visite.

Où se loger

En ville, les soirs d'été sont très animés ou bruyants, selon les points de vue.

Il Ponte APPARTEMENTS **€/€€**

(☎080 444 80 42 ; www.inpugliatour.it ; Via San Quirico 47 ; app à partir de 60 €/nuit). Envie de vous réveiller dans l'un des plus beaux villages d'Italie et de siroter un café sur une petite terrasse qui donne sur la vallée d'Itria ? Tout près de la Torre Civica, les bureaux d'InPuglia Tour gèrent quelques apartements comme s'il s'agissait d'hôtels (c'est le concept de l'*albergo diffuso*). Attention : demandez à voir les chambres avant de choisir.

Où se restaurer

Le soir, Cisternino est littéralement envahi par le parfum de la viande des rôtisseries, *osterie* et autres *fornelli*. Difficile de donner une fourchette de prix pour un repas complet. Comptez tout de même 10-20 €, boissons comprises, pour manger dans un *fornello* (voir l'encadré p. 146). Quelques établissements proposent des alternatives à la viande.

Al Vecchio Fornello FORNELLO €

(☎080 444 11 13 ; Via Basiliani 18 ; ⏲19h-0h, mar-dim). Le propriétaire, Santino, élève les animaux qu'il sert ensuite ici : traçabilité assurée !

Arrosteria del Vicoletto FORNELLO €

(☎333 898 46 55 ; Via Giulio II 6 ; ⏲ven-dim midi l'hiver, ouvert tlj le soir l'été). Commencez par une assiette de charcuterie, avant de passer aux côtes de veau et aux saucisses. Privilégiez la terrasse.

Da Zio Pietro FORNELLO €

(☎080 444 83 00 ; www.ziopietro.info ; Via Duca d'Aosta 3 ; ⏲soir mer, ven et sam l'hiver, ouvert tlj l'été). Cette boucherie est l'une des plus fréquentées de toute la vallée d'Itria. Parmi les spécialités carnées : *bombette*, travers de porc panés, escalopes de veau, saucisses et, bien sûr, agneau.

Mezzofanti BAR/RESTAURANT €€

(☎080 444 84 07 ; Piazza Pellegrino Rossi 20 ; repas 20-25 € ; ⏲10h-14h30 et 18h30-2h lun-mar et jeu-dim, fermé mer). La coquette salle, aménagée dans une ancienne boulangerie, manque un peu de clarté. Elle donne néanmoins sur une place ensoleillée, très silencieuse vers midi (surtout l'été), alors que le soir vous aurez du mal à la traverser. Les propriétaires sont jeunes et l'ambiance est écolo (l'adresse fait aussi office de boutique bio). Le soir, l'établissement devient un bar lounge, tout en continuant à servir des amuse-bouche à base de légumes et des salades.

Giardini 36 RESTAURANT €€

(☎080 247 18 29 ; www.dfood.it ; Via Giardini 36 ; repas 20-30 € ; ⏲lun, mar et jeu soir, ven-dim midi sur réservation, fermé mer). Cet établissement se présente comme un bar à tapas des Pouilles. Il se caractérise par des meubles en matériaux recyclés, des couleurs claires et une "table d'hôtes", à partager avec d'autres clients. Carte méditerranéenne : poulpe à la mozzarella, grand choix de légumes et de jus mais aussi d'autres boissons avec ou sans alcool.

Où prendre un verre

110 Cavalli Mozzarellabar BAR LOUNGE

(☎348 853 48 11 ; Via San Quirico 24 ; ⏲17h30-1h lun-mar et jeu-dim l'hiver, 10h30-15h et 17h30-nocturne l'été). Idéal pour un repas rapide ou un apéritif, éventuellement sur la terrasse donnant sur la vallée d'Itria. Dans un décor vintage, derrière des grappes de tomates du coin, Gianni prépare de bons mojitos. Les *frise* (biscottes rondes garnies), la charcuterie et les fromages, les salades, les jus de fruits, sans oublier les mozzarellas se savourent au son du jazz ou du rock. En lisière du centre historique.

Cremeria History di Vignola BAR/PÂTISSERIE

(☎080 444 10 55 ; San Quirico 28 ; ⏲7h-2h, fermé mer l'hiver). Pour le petit-déjeuner ou pour une collation sucrée, cédez à la gourmandise et goûtez le gâteau à la ricotta et pépites de chocolat, tout en contemplant la vallée du belvédère.

Renseignements

IAT (☎329 147 36 14/347 483 81 97 ; Via Castello 22 ; ⏲10h-13h et 15h30-18h ven-dim l'hiver, 10h-13h et 17h-22h lun-dim l'été).

Depuis/vers Cisternino

Cisternino se trouve sur la ligne Bari-Brindisi. De la gare de Bari Centrale (4,80 €, 45 min, départs fréquents), le trajet est direct avec **Trenitalia**. Les trains s'arrêtent à la gare de Pozzo Faceto (hameau de la commune de Fasano), à 16 km de Cisternino, ou en gare de Fasano, qu'un bus TPL intercommunal relie à Cisternino. Les **Ferrovie del Sud Est** assurent des liaisons avec le centre de Cisternino (2 heures, 6,20 €).

En voiture, vous rejoindrez la ville par la SP134 en venant de Locorotondo ou d'Ostuni.

Ostuni

32 200 HABITANTS

Tel un diadème d'un blanc nacré dont la cathédrale constitue le joyau central, Ostuni se détache, lumineuse et compacte, dans le bleu du ciel des Pouilles. Perchée sur trois collines calcaires, elle domine la plaine qui descend jusqu'à Bari.

Des siècles durant, la ville a vécu sous la menace des navires turcs qui écumaient la mer Adriatique – la côte n'est qu'à 6 ou 7 km. Pour conjurer ce danger, les habitants se sont retranchés derrière les très hautes enceintes, ne s'autorisant la construction que de rares et hautes fenêtres, de rares balcons presque inaccessibles, et de passerelles et d'arcades qui reliaient les différents quartiers entre eux.

Aujourd'hui, la ville est ouverte au tourisme international. De plus en plus nombreux, les visiteurs affluent dans le labyrinthe des ruelles serpentant autour de la cathédrale. Ces dernières années, la ville est montée en gamme avec des hébergements de haut vol. Elle est également devenue le cœur de la vie nocturne de la région. Trouver des zones encore silencieuses, dans le centre

Ostuni

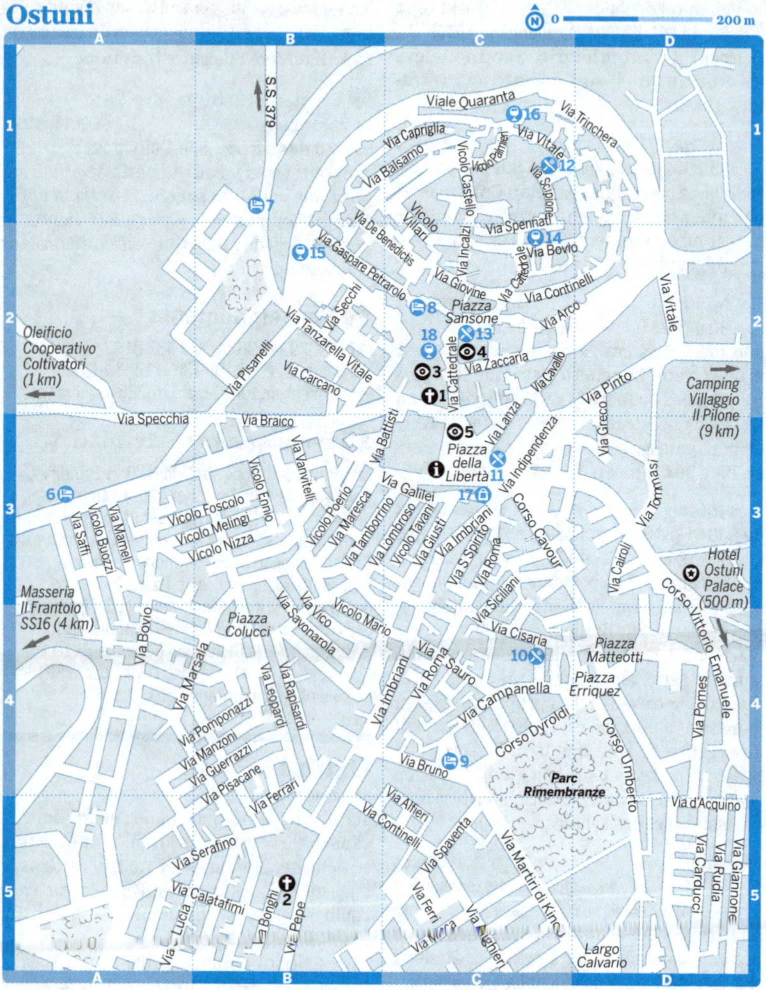

historique pour une promenade nocturne semble dès lors tenir du miracle. C'est pourtant possible. Il suffit de s'éloigner des places les plus fréquentées et des boutiques de souvenirs pour entendre ses propres pas retentir entre les maisons adossées les unes aux autres et les murs aveugles.

À voir

Piazza della Libertà PLACE

La visite d'Ostuni peut commencer sur cette place, convergence des parties nouvelle et ancienne de la ville : d'élégants palais sont répartis autour d'une imposante **flèche** de style napolitain (1771), haute d'une vingtaine de mètres, surmontée de la statue du saint patron Oronzo. La statue domine le **Palazzo Municipale**, à la façade néoclassique, qui abritait autrefois un couvent franciscain.

Cattedrale CATHÉDRALE

(☎0831 30 11 77 ; Via Cattedrale). La Via Cattedrale, qui serpente dans le centre historique, conduit devant ce joyau qui semble tenir davantage de l'orfèvrerie que de l'architecture. Construit entre 1437 et 1495, l'édifice arbore une façade de style romano-gothique richement ornée, dominée par la rosace centrale. Sur le contour se tiennent les douze apôtres, au centre domine le Christ Salvator

Ostuni

À voir

1 Cathédrale ... C2
2 Chiesa dell'Annunziata ... B5
3 Museo di Civiltà Preclassiche della Murgia ... C2
4 Palazzo Vescovile ... C2
5 Piazza della Libertà ... C3

Où se loger

Camping Villaggio Il Pilone ... hors plan
6 Casa d'Autore ... A3
7 Hotel La Terra ... B1
Hotel Ostuni Palace ... hors plan
8 La Sommità Relais Culti ... C2
Masseria Il Frantoio ... hors plan
9 Nonna Isa ... C4

Où se restaurer

10 Casa San Giacomo ... C4
11 Mozzarella & Co ... C3
12 Osteria del Tempo Perso ... C1
13 Osteria Piazzetta Cattedrale ... C2
Ristorante Cielo ... (voir 8)

Où prendre un verre et sortir

14 Gipas 111 ... C2
15 Mela Bacata ... B2
16 Riccardo Caffè ... C1

Achats

17 Made in carcere ... C3
Oleificio Cooperativa Coltivatori ... hors plan

Mundi (Sauveur du monde), et le cercle est formé par une sorte de rayonnement de colonnes couronnées de chapiteaux. L'intérieur, du XVIIIe siècle, rappelle en revanche beaucoup les églises espagnoles, avec ses nombreuses chapelles, ses marbres polychromes et son plafond peint.

Palazzo Vescovile PALAIS ÉPISCOPAL
(Piazza Cattedrale). Une fois que l'on réussit à détourner le regard de la cathédrale, on peut apprécier la sobriété de la façade de ce palais édifié autour de 1560 et partiellement reconstruit vers 1750. Il renferme les restes d'un château normand détruit en 1559. L'édifice est relié au **Palazzo del Seminario** par une élégante loggia à arcades. Passez dessous, prenez à droite le Vico Castello et découvrez le panorama à couper le souffle sur la côte.

Museo di Civiltà Preclassiche della Murgia MUSÉE
(☎0831 33 63 83 ; Via Cattedrale 15 ; tarif plein/réduit 5/3 € ; 10h-13h mar-dim, également 15h-18h sam-dim, fermé lun). Le seul musée d'Ostuni est aménagé dans l'ensemble architectural formé par l'ancien couvent des carmélites cloîtrées (XVIIIe siècle) et la Chiesa di San Vito Martire, édifiée entre 1750 et 1753. L'intérieur renferme l'étonnant squelette d'une jeune femme enceinte datant du haut paléolithique (il y a entre 25 000 à 20 000 ans) retrouvé dans les environs d'Ostuni.

Chiesa dell'Annunziata ÉGLISE
(☎0831 52 30 53 ; Via Pepe 43). Cette église située non loin de la Villa Comunale recèle une œuvre de Véronèse, la *Descente de Croix* (1570), dérobée en octobre 1975, puis récupérée en mars 1977.

Activités

Vélo

Ostuni propose différentes solutions pour louer un vélo, et de nombreuses pistes à parcourir aux environs dont la Via Traiana, qui longe la côte à travers la campagne, les *masserie* et le Parco delle Dune Costiere. Pour louer un vélo, adressez-vous à **Longo Bikes** (☎0831 30 45 51 ; www.longobikes.it ; Via Stazione ; 10 €/jour ; 8h-13h et 16h30-20h lun-sam). Si vous préférez un vélo électrique ou si vous avez des exigences particulières, la coopérative **Ostuni a Ruota Libera** (☎0831 33 81 65 ; www.ostuniaruotalibera.it ; Corso Mazzini 6) propose un service d'assistance le long des itinéraires. Pour une promenade accompagnée, adaptée aux enfants et propice à la découverte de la nature et la culture régionales, contactez **Madera Bike Tour** (☎327 578 51 85 ; www.maderabike.com/bike), qui propose aussi des forfaits train + vélo, pour monter en selle dès votre arrivée en gare d'Ostuni ou de Cisternino.

Promenades

Pour découvrir le **Parco delle Dune Costiere** (p. 157), allez au **Lido Morelli** d'où partent des visites guidées organisées par la coopérative **Gaia** (Gaia Environmental Tours, Education & Events ; coopgaiatours.it ☎347 004 29 61/320 625 11 07). Vous y verrez un vivier qui respecte les principes de l'aquaculture biologique (deux poissons pour 1 m3 d'eau) : les anguilles reviennent chaque année et les seuls ennemis des poissons sont les prédateurs naturels qu'ils rencontrent, notamment la grue cendrée, l'échasse blanche et le martin-pêcheur, qui arrivent ici en décembre. Vous apprécierez aussi la zone plantée de genévriers qui

LES TYRANS D'OSTUNI

L'un des plus remarquables édifices d'Ostuni, sis au n°28 de la Via Cattedrale, est le **Palazzo Zevallos**, du nom d'une famille de banquiers napolitains auxquels les Bourbons cédèrent cette ville en 1639 pour solder leurs dettes. Avant cette date, Ostuni traversait une période florissante sous la domination lointaine des rois de Naples. La situation se dégrada brutalement avec l'arrivée du nouveau duc. Aussi avide que corrompu, Giovanni Zevallos fit main basse sur les richesses de la ville. Poursuivant son œuvre, ses héritiers précipitèrent Ostuni dans le déclin. Face aux brimades dont elles étaient l'objet, nombre de familles aristocratiques prirent le chemin de l'exil. Endettés à leur tour, les Zevallos parvinrent pourtant à garder leur emprise sur la ville jusqu'en 1804, date à laquelle ils furent privés de leur titre nobiliaire. Échaudée par ces deux siècles de tyrannie, Ostuni fut l'une des premières villes des Pouilles à se rallier à l'Unité italienne en 1860. Construit au début du XVIIIe siècle dans le style néoclassique, le Palazzo Zevallos comporte encore le blason de la famille sur le tympan du portail.

stabilisent les dunes. Enfin, vous ferez une promenade sur la plage piquetée de minuscules grains noirs provenant du mont Vulture.

Parcours aventure

Le parc **Ciuchino Birichino** (☎ 328 848 51 57 ; www.ciuchinobirichino.it ; SP17 Ostuni-Cisternino ; 6 € pour la carte annuelle 6-10 € pour les activités ; ⏲ 18h-21h) propose des parcours suspendus dans les arbres, des stages de survie et des activités sportives, pour le plus grand plaisir des enfants. Possibilité également de randonnée ou de leçons de yoga dans la nature.

Plages

Ostuni jouit d'une position enviable : on rejoint à seulement 6 km par la SS20 la côte entre l'ancien port de **Villanova** (aujourd'hui petit port touristique), dominé par une tour fortifiée (XVIe siècle) et Torre Canne (p. 157). Des petites criques et des plages équipées s'y succèdent. On respire une atmosphère plus sauvage (malheureusement parfois gênée par les voitures car le parking donne sur la mer) sur les rochers de **Gorgognolo**. Plus au nord, vous trouverez **Diana Marina** et **Monticelli**, avec leurs petites criques de sable, et **Pilone** (doté d'un camping), caractérisé par une longue plage bordée de dunes et par la tour aragonaise de San Leonardo. Au **Lido Boscoverde** (☎ 0831 187 12 08 ; www.lidoboscoverde.it) se trouvent un parking payant gardé ainsi qu'un club de plage et un restaurant (plats à base de poissons et d'ingrédients bio) derrière la plage de sable blanc envahie de parasols et de chaises longues.

Pour accéder aux plages en voiture, empruntez la *complanare*, c'est-à-dire la route parallèle à la SS379 (qui n'offre quant à elle pas de sorties vers les plages).

Fêtes et festivals

Sagra dei Vecchi Tempi TRADITION
(15 août). Métiers, traditions et saveurs d'antan revivent grâce aux habitants. On peut voir des artisans qui tressent la paille, des fabricants de parasols, et ceux qui créent les cordes des scourtins utilisés pour la pression de l'huile.

Festa di Sant'Oronzo PROCESSION
(26 août). Le temps fort de la fête d'Ostuni est **La Calvalcata**, une procession d'hommes à cheval en somptueux costumes, suivant la statue de sant'Oronzo (protecteur d'Ostuni et de Lecce) portée par des fidèles. Les participants représentent les cavaliers espagnols qui défilèrent en 1656 pour implorer la fin d'une épidémie. L'événement s'accompagne de musique, de défilés et de divers concours.

Festival Internazionale degli Artisti di Strada FESTIVAL
(www.borgostuni.it/event/festival-internazionale-degli-artisti-di-strada ; septembre). Le festival commence par une parade, puis les artistes de rue envahissent le centre historique pour deux jours de spectacles et d'ateliers créatifs.

Où se loger

L'été, nombre de vacanciers motorisés préfèrent loger directement en bord de mer ou à la campagne plutôt qu'affronter la circulation automobile et les difficultés de stationnement en ville. Entre la ville et la côte se nichent de charmantes *masserie*, mais les prix ne sont pas toujours bas. La zone de Fasano (à tout juste 20 km, p. 155) est plus abordable.

Camping Villaggio Il Pilone CAMPING €
(☎0831 35 01 35 ; www.villaggiostuni.it ; SS379 Bari-Brindisi, km 14, Località Pilone ; empl pour 2 pers 20-34 €, bungalow 4 pers 380-1 200 € ; ⏲avr-sept ; ❄P🏊). Une option à retenir pour ses prix modérés et son superbe emplacement au bord de la plage. Mais l'été, il y a foule de jour comme de nuit. Le camping dispose de 350 emplacements, 62 logements et tous les services (piscine, courts de tennis, terrains de football, restaurants, pizzerias, bars et jeux pour enfants).

Nonna Isa B&B €
(☎0831 33 25 15 ; www.nonnaisa.it ; Vico Alfieri 9 ; s/d 39-59/49-79 € ; ❄). Dans le quartier du XIXe siècle, près de la poste centrale, un B&B confortable offrant trois chambres donnant sur les toits de la ville. Une seule a la climatisation. L'établissement est accessible en voiture.

♥ **Casa d'Autore** B&B €€
(☎349 127 66 29 ; www.casadautore.it ; Corso Mazzini 134 ; s/d 70-90/100-140 € ; 📶❄). Cet édifice du XIXe siècle proche du centre concilie la formule B&B avec un accueil digne d'un cinq-étoiles : le personnel est gentil, les meubles élégants, l'atmosphère raffinée. Il fait bon profiter du coucher du soleil au jardin, dans l'un des petits canapés.

Hotel Ostuni Palace HÔTEL €€/€€€
(☎0831 33 88 85 ; 0831 33 31 43 ; www.ostunipalace.com ; Corso Vittorio Emanuele II 218 ; s/d 95-150/160-300 € ; 📶❄P). De bel hôtel avec vue, une courte balade à pied conduit en plein centre-ville. Pensez à consulter le site ou à téléphoner avant de réserver : les réductions sont fréquentes, même en haute saison.

Hotel La Terra HÔTEL €€€
(☎0831 33 66 51 ; www.laterrahotel.it ; Via Petrarolo 20 ; tarifs variables, consulter le site Internet ; 📶❄). Ce charmant petit hôtel occupe un édifice du XIIIe siècle dans une rue étroite du centre historique. Les 17 chambres blanchies à la chaux sont ornées de tissus aux couleurs vives. Deux terrasses avec jolie vue et bar accueillant aux airs de grotte.

La Sommità Relais Culti HÔTEL SPA €€€
(☎0831 30 59 25 ; www.lasommita.it ; Via Scipione Petrarolo 7 ; s/d 160-310/180-310 € ; ❄P🏊). Dissimulé près de la cathédrale, cet hôtel jouit d'un panorama époustouflant. Son centre de bien-être dispensant de nombreux traitements en fait le refuge idéal pour qui cherche à se relaxer dans la plus grande intimité. Le **Ristorante Cielo** (dîner 55-60 € ; ⏲ouvert aux non-résidents de l'hôtel, réservation recommandée), dirigé par le chef Sebastiano Lombardi, a reçu une étoile Michelin.

Masseria Il Frantoio MASSERIA €€€
(☎0831 33 02 76/380 432 93 01 ; www.masseriailfrantoio.it ; SS16, km 874 route Ostuni-Fasano ; s/d 88-110/176-220 € ; 📶❄P). Certaines de ces chambres luxueuses sont équipées d'une cheminée. Vous trouverez aussi une bibliothèque de volumes anciens et un restaurant qui cuisine les produits biologiques de l'exploitation agricole.

✕ Où se restaurer

Les meilleurs établissements d'Ostuni se concentrent dans le dédale des ruelles de la vieille ville, les moins chers autour de Corso Garibaldi, dans la partie plus moderne.

Mozzarella & Co GASTRONOMIE/RESTAURANT €
(☎392 392 33 02 ; Piazza della Liberta 11 ; repas 10-15 € ; ⏲10h-15h30 et 17h30-23h lun-sam l'hiver, 10h-16h et 18h-1h tlj l'été et les jours de fête). Si vous voulez quelque chose de simple mais qui reflète les goûts régionaux, installez-vous à une des tables avec vue sur la mairie et l'église de San Francesco, et commandez une assiette de charcuterie et fromages.

Casa San Giacomo TRATTORIA €€
(☎0831 198 72 69 ; Via Continelli 4 ; 25-30 € ; ⏲soir sauf mer, ouvert tlj l'été). Cet établissement présente des qualités indiscutables : le cadre pittoresque aménagé sur deux niveaux, la cuisine ouverte sur la salle et la cuisinière, mamie Rosetta, qui prépare les *orecchiette* en sauce d'aubergines, espadon et menthe fraîche, ou bien la viande à la braise. Ses défauts : il y fait chaud - en été, demandez une table en terrasse - et le service est parfois un peu lent.

♥ **Osteria del Tempo Perso** OSTERIA €€
(☎0831 30 48 19 ; www.osteriadeltempoperso.com ; Via Tanzarella Vitale 47 ; repas à partir de 35 € ; ⏲mar-dim, ouvert tlj juil-août). Un restaurant plaisant – il est aménagé dans une ancienne boulangerie du XVIe siècle aux allures de grotte – bien situé en face de la cathédrale, et au menu intéréssant. Le pain d'Altamura est servi avec du lard de Colonnata. À quelques pas, les propriétaires tiennent aussi la pizzeria-bistrot **Il Bellavista** (☎0831 30 58 69 ; Via Tanzarella Vitale 43 ; ⏲mar-dim, ouvert tlj l'été), installée dans un pressoir du XVIe siècle et dotée d'une agréable terrasse.

Osteria Piazzetta Cattedrale RESTAURANT €€
(☎0831 33 50 26 ; www.piazzettacattedrale.it ; Via Arcidiacono Teodoro Trinchera 7 ; repas 30-40 € ; ⏲fermé mar, ouvert tlj l'été, réservation conseillée). Roberto et Marilea proposent une cuisine traditionnelle revisitée. Ils aiment marier les couleurs et les saveurs des ingrédients simples de la région avec d'autres plus recherchés de la Méditerranée. Poissons et viandes de la région sont à l'honneur, mais vous pouvez aussi vous laisser tenter par les pâtes fraîches et la *burrata*, éventuellement servie avec du *capocollo* (coppa) et de la grenade. Desserts à base d'amandes, chocolat, figues et ricotta.

Où prendre un verre et sortir

Riccardo Caffè BAR À COCKTAILS
(☎0831 30 60 46 ; www.riccardocaffe.com ; Via Tanzarella Vitale 61/63 ; ⏲18h-4h, fermé mar l'hiver). La salle de ce bar tendance, éclairé par des lumières colorées se trouve en sous-sol. Musique lounge et ambiance un branchée.

Gipas 111 BAR LOUNGE
(☎333 981 77 17 ; Largo Spennati 4 ; ⏲18h-2h jeu-mar l'hiver, 18h-4h l'été). Arrêtez-vous pour boire un apéritif ou un cocktail dans ce bar aux lumières tamisées et poufs violet et noir si vous cherchez une ambiance décontractée. Situation idéale, un peu à l'écart mais dans le centre historique.

Mela Bacata BAR LOUNGE AVEC CUISINE
(Via Petrarolo 15). Dans une ambiance de lumières bleues fluo, des canapés verts confortables invitent à la détente, dans une ruelle très étroite qui offre une belle vue.

Achats

Le **marché hebdomadaire du samedi** (Via degli Emigranti ; ⏲8h-13h) se tient au sud du centre historique, près de l'église Madonna del Pozzo. Les chineurs viendront eux le deuxième dimanche du mois pour le **Mercatino Zacaredde**, petit marché d'antiquités (le long de la Via Martiri di Kindu et du Corso Maggiore Ayroldi ; ⏲8h-20h).

Oleificio Cooperativa Coltivatori HUILE
(☎0831 30 16 98 ; www.oliodiostuni.it ; Corso Mazzini 210 ; ⏲9h30-13h et 17h30-20h lun-sam). Ostuni étant entourée d'oliviers, c'est l'endroit idéal pour acheter l'huile DOC (appellation d'origine contrôlée) "Collina di Brindisi". Visites guidées, presque toujours gratuites, organisées sur demande.

Made in Carcere BOUTIQUE ÉPHÉMÈRE
(☎0832 31 84 98 ; Piazza della Libertà 35 ; www.madeincarcere.it ; ⏲10h-2h juin-août, 10h-13h et 17h-20h sept, 10h-13h et 17h-20h mi-nov à mi-jan). Ouverte en été et pendant les fêtes de fin d'année, cette boutique vend des produits de la marque Made in Carcere, née en 2007 pour commercialiser les fabrications de détenues de la prison de Lecce. Sacs, accessoires ou encore étuis modernes, très colorés, souvent créés à partir de matériaux recyclés.

Renseignements

OFFICE DU TOURISME

L'**office du tourisme** (☎0831 33 96 27 ; Corso Mazzini 8 ; ⏲8h-20 lun-sam) se trouve tout près de la Piazza della Libertà.

POSTE

Bureau de poste (☎0831 30 57 41 ; Corso Mazzini 18)

URGENCES

Hôpital (☎0831 30 91 11 ; Via Villafranca)
Police municipale (☎0831 33 19 94 ; Corso Vittorio Emanuele II 93)
Pronto Soccorso (SAMU ; ☎0831 30 25 90).

Depuis/vers Ostuni

Des **bus STP** (☎800 232 042 ; www.stpspa.it) relient Ostuni et Brindisi (3,10 €, 45 min) environ toutes les 2 heures, et arrivent Piazza Italia, dans la partie la plus récente d'Ostuni. Ces bus conduisent également à Martina Franca (2,10 €, 30 min, lun-sam 3/jour). En juillet et août, la même compagnie assure des liaisons en autobus entre Ostuni, la côte Merlata et Villanova (les trajets continuent ensuite le long de la côte, au Nord, jusqu'à Torre Canne). De 5h à 14h, départs toutes les 2 heures environ (dernier retour en partance de Torre Canne à 18h, tickets de 1 € à 1,40 €). L'arrêt de bus est situé sur la Piazza Italia.

La gare ferroviaire, peu commode d'accès, se trouve à environ 5 km au nord du centre-ville. Il existe des liaisons **Trenitalia** fréquentes depuis/vers Brindisi (8,60/9 €, 25 min) et Bari (5,60/10,50 €, 50 min).

Ceglie Messapica

19 990 HABITANTS

Pour apprécier toute la beauté de Ceglie Messapica, il convient de s'en approcher lentement, comme par la route qui la relie à San Vito dei Normanni (à 5 km environ), en laissant les vitres ouvertes pour respirer le parfum des eucalyptus et des cyprès et écouter le chant des cigales cachées dans les oliviers millénaires. Plus authentique qu'Ostuni selon certains, le centre historique de Ceglie Messapica, juché à 305 m, est dominé par les silhouettes d'un imposant château crénelé et de l'église, en contrebas desquels s'épanouissent des ruelles médiévales et les 100 marches, d'époque antique, qui menaient à l'acropole. Les vestiges des trois remparts qui entouraient ce centre témoignent de son importance dans l'Antiquité : un mur encerclait la ville haute, lui-même entouré à distance par deux autres enceintes (la deuxième se trouvant à environ 4 km des habitations), plus vastes et concentriques. On peut encore voir des traces de la première enceinte, englobées dans les bastions médiévaux, ainsi que de la deuxième qui prend le nom de "Paretone".

À voir

Le plus bel accès au cœur urbain médiéval est la **Porta del Monterrone**, située à proximité de l'une des tours de défense de l'enceinte. Approchez-vous du **Castello ducale** (fermé au public, ouvert uniquement à certaines occasions comme les visites guidées Open Days sam 20h-23h l'été ; en dehors de ces périodes, s'adresser à la mairie) pour admirer le donjon de 34 m, couronné de créneaux, construit au XVe siècle selon la volonté du duc de Ceglie San Severino, sur un ancien édifice d'époque normande. Le château fut ensuite doté de bastions et de tours circulaires, puis transformé en demeure seigneuriale au début du XVIe siècle, avec la construction de l'aile droite. Entrez ensuite dans la **Chiesa della Collegiata** (XVIe siècle) célébrant l'Assomption de la Vierge. Notez les fresques de Domenico Carella, peintre régional du XVIIIe siècle, notamment la Cène avec un panorama de la ville (il s'agit de la plus ancienne représentation de Ceglie). Le reste de la ville se découvre au gré d'une promenade en passant sous les petits balcons en fer forgé et sous les arcades, avant de gagner la **Piazza del Plebiscito**, place animée dont le point de repère est la tour de l'horloge de 1893. Les amateurs d'art du XXe siècle ne manqueront pas de visiter la **Pinacoteca Emilio Notte** (0831 37 61 23 ; Via Paolo Chirulli 2 ; horaires variables l'hiver, 8h30-13h30 et 17h-20h lun-ven l'été) GRATUIT qui occupe trois salles décorées de fresques du Palazzo Allegretti datant du XIXe siècle. Notte, co-auteur du manifeste futuriste *Fondamento Lineare Geometrico* fit don en 1976 de dix de ses œuvres à sa ville natale.

Fêtes et festivals

Festa di San Rocco FÊTE RELIGIEUSE

(7-17 août). Saint Roch n'est pas le saint patron, mais, selon la tradition remontant à au moins 500 ans, il protège la petite ville de Ceglie. Les festivités culminent avec la procession du 16 août et se terminent par un feu d'artifice le 17. Le 15 août, la ville organise également la Fiera dell'Assunta.

Où se loger

Sant'Anna B&B **€/€€**

(0831 198 53 07 ; www.bbsantannaceglie.it ; Via Caracciolo 61 - Via Enrico Toti 49 ; s/d 50-70/60-130 € ;). Chaque chambre de ce B&B aménagé dans un édifice du XIXe siècle est décorée d'objets vintage que la propriétaire, Pamela, collectionne depuis son plus jeune âge. Le petit-déjeuner, copieux et sain, est en harmonie avec la philosophie écolo de l'exploitation agricole, qui produit de l'huile bio depuis plus de 15 ans. Jus de fruits et biscuits typiques se dégustent l'été sur la terrasse, avec vue sur les toits de Ceglie.

Où se restaurer

Arrosteria Borgo Antico FORNELLO/RESTAURANT **€€**

(333 115 48 88/339 175 88 52 ; Via Mele 11 ; repas 20-25 € ; fermé dim soir et mar, sauf l'été). Les antipasti sont tellement copieux qu'il est parfois difficile de commander ensuite un plat de viande au *fornello*, la spécialité du coin. Le choix est vaste : légumes grillés ou marinés à l'huile d'olive, fromages régionaux et charcuteries, saucisses, *pancetta*, côte de bœuf, *scottona* (viande de génisse) et foie d'agneau. En fin de repas, le digestif à la rose sera le bienvenu.

LE BISCUIT DE CEGLIE

Il y a un autre symbole de Ceglie que la tour carrée normande. Il est un plus petit et plus moelleux, et vous le trouverez dans tous les bars, pâtisseries et restaurants : il s'agit de l'**u'piscquett'l**, un biscuit à base d'amandes grillées régionales (à la coque semi-dure), fourré à la confiture de cerise ou de raisin, légèrement parfumé au citron et recouvert d'un glaçage au sucre.

VAUT LE DÉTOUR

UN VOYAGE DANS LE TEMPS PARMI LES OLIVIERS MILLENAIRES

Les oliviers qui poussent dans ce coin des Pouilles sont réputés pour leur beauté. Ils ne laissent jamais indifférents, mais ils ne racontent leur histoire qu'à ceux qui savent les écouter. Les interprètes sont donc précieux, surtout quand ils sont passionnés comme Corrado Rodio. Dans sa *masseria* fortifiée entourée de 30 ha d'oliviers, il accueille chaque jour les curieux qui souhaitent connaître ces arbres qu'il a l'honneur de protéger. Après avoir apprécié la topographie qui a gardé une structure romaine, vous pourrez observer le peu qu'il reste de l'oliveraie antique, un carré de 15 m sur 15. Vous entrerez dans le tronc creusé d'un olivier avanr d'admirer des arbres s'élevant majestueusement vers le ciel, tandis que d'autres, plus tortueux, semblant ployer sous le poids des siècles. Le doyen des oliviers a plus de 3 000 ans. La visite au pressoir souterrain (déjà en fonction à l'époque des Messapiens) vous permettra de vous familiariser avec la production de l'huile. Après quoi, rendez-vous à l'huilerie médiévale pour déguster l'huile d'olive vierge extra biologique qu'elle produit. Envie de prolonger l'expérience ? Quatre chambres avec coin cuisine, simples et authentiques, sont à disposition à la **Masseria Brancati** (330 82 29 10 ; www.masseriabrancati.com ; Contrada Brancati ; visites guidées solo/couples/familles 10/15/20 € ; d 60-100 €), qui défend depuis des années le tourisme durable et se bat aux côtés des autorités pour préserver ce remarquable patrimoine agricole, l'un des plus anciens au monde.

Cibus RESTAURANT €€
(0831 38 89 80 ; www.ristorantecibus.it ; Via Chianche di Scarano 7 ; repas 35-40 € ; fermé mar). Cibus propose une cuisine de qualité, qui raconte l'histoire de la profonde culture œnogastronomique de ce territoire, à travers les aubergines farcies aux pâtes fraîches et sauce bolognaise, les fromages de la Murgia, la Sagna Penta (lasagnes sans viande), la purée de fèves aux légumes ou de la viande. Desserts faits maison.

Casina Terramora - Ristorante Antimo RESTAURANT €€/€€€
(0831 37 95 32 ; www.terramora.com ; Località Casina Terramora ; repas 35 € ; juin-août, soir uniquement). En sortant de Ceglie, prendre la direction de San Vito, tourner à droite au panneau, parcourir environ 1,8 km, avant de se garer au bord d'une belle oliveraie. Après avoir traversé une passerelle en pierre au milieu du pré vert, on arrive dans la cour : pas plus de dix tables au milieu de la végétation constituent le paradis où l'on dîne en été. L'hiver, on mange dans la salle intérieure dotée de voûtes et d'une cheminée. C'est aussi un B&B de 3 chambres. Le même propriétaire possède l'**Osteria Annunziata**, en plein centre historique de Ceglie (0831 198 75 75 ; Via Paolo Chirulli 9/a).

Botrus Divinoristorante RESTAURANT €€€
(0831 37 78 17 ; www.botrus.it ; Via Muri 26 ; repas 45 € ; fermé dim soir et lun l'hiver, ouvert tlj l'été). Le cadre est accueillant, avec son décor blanc et ses étagères ornées de pots, et les plats font venir l'eau à la bouche : non seulement ils sont bons, mais ils sont aussi beaux, colorés et gais. Goûtez les pâtes cuites comme un risotto et agrémentées de seiche, crevettes et zestes de citron.

Al Fornello da Ricci RESTAURANT €€€
(0831 37 71 04 ; Contrada Montevicoli ; repas 50-60 € ; fermé lun soir et mar midi, fermé dim en hiver). Cet immense restaurant au cœur de la campagne est géré par Antonella Ricci qui, non contente de son don pour la cuisine, a fréquenté des cours dans le monde entier, avant de rencontrer sur l'île Maurice Vinod Sookar, devenu par la suite son mari et collaborateur. Chaque recette du menu porte une date de naissance et les viandes, charcuteries et fromages de saison sont souvent agrémentés d'une note exotique qui célèbre le mariage des cultures.

Où sortir

Il Santino BAR LOUNGE
(0831 198 26 22 ; Largo Ognissanti ; 9h-15h et 18h-3h). Pour un cocktail avant d'aller se coucher, faites un tour dans ce très bel endroit à la terrasse de rêve.

Masseria Lo Jazzo BAR LOUNGE/ESPACE CULTUREL
(339 843 29 81 ; www.masserialojazzo.it ; Contrada Ferruzzo SP Ceglie Messapica – Villa Castelli km 1). Si vous séjournez à Ceglie ou dans les alentours, consultez le programme des initiatives de la Masseria Lo Jazzo, pour

ne pas rater un pique-nique au clair de lune, un film avec dégustation de produits régionaux ou une soirée DJ.

Renseignements

OFFICE DU TOURISME

L'**office du tourisme** (0831 37 10 03 ; www.comune.ceglie-messapica.br.it ; Via Elia 16 ; 8h-14h et 15h-20h lun-sam et 10h-13h et 15h-20h dim et jours fériés l'hiver, 10h-13h30 et 15h-20h lun-sam et 17h-22h dim et jours fériés l'été) vous renseignera notamment sur les visites guidées gratuites organisées en été.

URGENCES

Hôpital (0831 37 71 90 Largo Cappuccini 1)

Depuis/vers Ceglie Messapica

De Brindisi (48 km), Ceglie Messapica est accessible en voiture par la SS7 et la SP26 ou en bus avec **STP** (www.stpbrindisi.it ; 1 heure 10, 3,50 €).

Carovigno

16 307 HABITANTS

Construite sur un des derniers plateaux des Murge orientales, Carovigno se trouve à 5 km de la mer mais son territoire s'étend jusqu'à la côte. Elle a un style un peu désuet et authentique, comme ses plats traditionnels : l'*acqua sale* (eau salée aux tomates, oignons et concombres, où l'on trempe des morceaux de pain fait maison) ou encore les boulettes de pain et la soupe campagnarde, que l'on mangeait autrefois pour Noël. L'été, la ville profite du tourisme balnéaire (elle accueille sur son territoire les stations balnéaires de Lamaforca, Santa Sabina, Specchiolla et Apani, ainsi qu'une partie de la réserve naturelle marine de Torre Guaceto). L'hiver, les habitants des villages voisins se rendent au bourg dans l'arrière-pays pour se promener, mais surtout pour dîner dans les trattorias. Carovigno, qui ne connaît donc pas de période creuse, avance à son rythme, au fil des chantiers en cours, certaine de sa renaissance prochaine.

À voir

L'histoire de la ville, entourée d'oliviers centenaires, remonte à l'époque des Messapiens. Le bourg médiéval de Carovigno se dresse sur une colline fortifiée grâce à d'imposants murs mégalithiques, que domine le **Castello Dentice di Frasso** (0831 99 72 13 ; Via Sant'Anna 2 ; visites guidées mar-dim, informations sur les horaires au 328 839 91 96/328 361 76 61, réservation conseillée). Ce château d'origine normande fut rénové au XXe siècle par les nobles dont il porte le nom, et qui y ajoutèrent des créneaux, des mâchicoulis, une loggia et un portique qui donne sur la cour intérieure, le tout dans un style médiéval aux nuances éclectiques. La **Chiesa Madre** du XIVe siècle est ornée d'une magnifique rosace médiévale. Dédiée à l'Assomption de Marie, l'église est accessible par l'étroite ruelle (actuelle Via Sanzio) qui borde l'ancienne façade, témoignage des nombreuses transformations urbaines qui ont eu lieu au fil du temps.

Où se loger

Dimora dell'Osanna B&B €€/€€€

(0831 99 03 87 ; www.dimoradellosanna.it ; Via Vittorio Veneto 12 ; d à partir de 89 €, tarifs variables voir le site Internet). Cette ancienne demeure située à quelques centaines de mètres du cœur historique de la ville propose des chambres avec mezzanine, sobres dans leur décoration et leur ameublement. Détente assurée et petit-déjeuner copieux.

Où se restaurer

Casale Ferrovia RESTAURANT €€

(0831 99 00 25 ; www.casaleferrovia.it ; Via Stazione 1, SP34 ; repas 30-35 € ; fermé lun, ouvert tlj l'été). Dans un ancien pressoir à quelques pas de la gare (le bruit des trains fait partie de l'atmosphère), vous pourrez commencer le repas en grignotant du pain et des gressins (faits maison, évidemment), à faire suivre d'une salade d'anchois, de gnocchis d'aubergines accompagnés de ricotta aux herbes aromatiques ou d'*orecchiette* vertes aux chardons, tomates et ricotta. La carte propose aussi d'excellentes viandes régionales (lapin et sanglier notamment) et du fromage des *masserie* voisines. En dessert, ne manquez pas le *bauletto* au chocolat noir ou les *sporcamusi* (gâteaux fourrés de crème pâtissière). Ingrédients locaux et souvent labellisés Sentinelles Slow Food.

Osteria Già Sotto l'Arco RESTAURANT €€€

(0831 99 62 86 ; www.giasottolarco.it ; Corso Vittorio Emanuele II 71 ; repas 50-70 € ; fermé lun et dim soir, ouvert tlj en août). Dans ce restaurant étoilé, la beauté est le maître mot, du goût des détails architecturaux du bâtiment du XVIIIe siècle qui donne sur la place, à la cuisine recherchée, riche et délicate. À la fois raffiné et rustique, le menu affiche entre autres salade de morue aux zestes de citron et poutargue de carangue ou gros spaghettis à la sauce bolognaise d'agneau et ricotta.

Renseignements

Vous pouvez compter sur deux **offices du tourisme** (☎0831 99 72 13 ; Via Verdi 1 et ☎0831 99 09 58 ; Corso Vittorio Emanuele 25 ; ⌚horaires variables).

Depuis/vers Carovigno

De Brindisi (48 km), Carovigno est accessible en voiture par la SS7 et la SP26 ou en **bus** avec **STP** (www.stpbrindisi.it ; 2,40 €/45 min).

Area Marina Protetta di Torre Guaceto

À 15 km au nord-ouest de Brindisi, cette **zone protégée** (www. riservaditorreguaceto. it ; centre d'accueil Al Gaswit à Serranova di Carovigno : ☎0831 98 98 85 ; SS379, sortie Serranova ; ⌚visites guidées en réservant par téléphone au ☎331 927 75 79 ou auprès des points Info sur la plage) attire de nombreux oiseaux migrateurs ainsi que des tortues. L'intérieur de la baie est une lagune marécageuse envahie de roseaux, tandis que la partie nord abrite une végétation méditerranéenne, avec des plantes comme le pistachier lentisque, le fragon faux houx (*Ruscus aculeatus*), le myrte et le genévrier. À chaque extrémité de la zone humide s'élèvent des dunes mesurant jusqu'à 8-10 m de haut.

Gérée par la **Cooperativa Thalassia**, la réserve organise une série d'activités encadrées telles que randonnées à pied ou à vélo, de même que des sorties plongée et snorkeling avec l'**Acquademia Dive Center** (☎338 353 72 86 ; www.aquademiaweb.it ; Via Dardanelli, Marina di Brindisi).

Au niveau du centre d'accueil Al Gaswit, vous trouverez le **Museo della Riserva** (3,50 €), qui illustre les différents écosystèmes et **L'Oro del Parco** un bar-épicerie qui permet de goûter et d'acheter les produits bio du parc, en particulier de l'huile d'olive et des tomates Fiaschetto. Avec le **Trenino del Mare** (⌚départ à 10h30 et 16h), on peut rallier la zone humide pour se baigner sur la **Spiaggia delle Conchiglie** (plage des coquillages), visiter la tour espagnole du XVIe siècle et la source, puis refaire le chemin en sens inverse à bord de ce même petit train.

Toujours dans le périmètre de la réserve, les amateurs de voile, de planche à voile et de catamaran ont la possibilité de pratiquer ces disciplines au **Centro Velico Torre Guaceto** (☎011 238 63 12 ; www.centrovelicotorreguaceto.it ; Monterosso ; ⌚15h30-19h30 lun, mer et ven sept-mai, 9h-12h et 15h-19h lun-ven juin-juil). Le principal attrait de Torre Guaceto reste néanmoins ses eaux cristallines propices à la baignade. Pour en profiter, laissez la voiture sur le parking, payez au kiosque d'information (⌚9h-19h juin-sept) et prenez le petit train qui fait la navette avec la **Spiaggia di Punta Penna Grossa** équipée de chaises longues et de parasols à louer ainsi que d'un stand de boissons fraîches avec des toilettes (gratuites).

BRINDISI ET SES ENVIRONS

89 150 HABITANTS

Le destin semble toujours avoir condamné Brindisi, pourtant l'un des plus vieux ports naturels au monde et parmi les plus sûrs de Méditerranée, à n'être qu'un lieu de passage et d'embarquement. Depuis quelque temps toutefois, les choses changent : l'activité de l'aéroport augmente, les installations portuaires sont en réfection et de nombreux B&B ouvrent leurs portes. Brindisi montre un nouveau visage.

Cette ville à la topographie singulière interpelle tous les visiteurs. Vous prendrez sans aucun doute plaisir à explorer son port intérieur, à profiter de ses plages et à flâner le long des rues à la rencontre de ses monuments romans.

L'arrière-pays de Brindisi recèle des villes intéressantes sur le plan historique comme Mesagne ou distillant un parfum de mystère comme Oria, dont la cathédrale abrite une crypte de moines momifiés.

Histoire

D'après le géographe et historien grec Strabon, le nom de Brindisi dériverait du mot *brunda*, “corne de cerf” en messapien, en référence à la forme de son port naturel. La ville est en effet construite sur un promontoire au bord de l'Adriatique, avec deux bras de mer internes appelés Seno di Ponente et Seno di Levante ainsi que deux cornes de terre séparant le port du large, le protégeant des tempêtes et des attaques extérieures. On comprend donc pourquoi les Romains choisirent ce site comme base navale et commerciale. Afin de pouvoir gagner la cité depuis Rome dans les plus brefs délais, ils entreprirent la construction de la voie Appienne, puis de la voie Trajane. Légionnaires, marchands, pèlerins et croisés, tous les voyageurs en route vers la Grèce et le Proche-Orient empruntèrent cet itinéraire.

En 674, Brindisi fut détruite par les Lombards, puis rapidement reconstruite avant sa conquête, en 1071, par les Normands. Elle servit ensuite de principal port d'embarquement vers l'Orient, notamment à l'époque des croisades (1096-1228), et de lieu de dialogue et d'union entre dynasties. Après la mort de Frédéric II en 1250, elle passa successivement aux mains des Angevins, des Aragonais, des Espagnols et des Bourbons. Des épidémies de peste, en 1348 et 1456, et un terrible tremblement de terre en 1456 contribuèrent à son déclin.

À la suite de l'ouverture du canal de Suez en 1869, Brindisi devint la principale gare de la *Malle des Indes*, le train postal reliant Londres à Bombay via l'Égypte. C'est ce train que Jules Verne fait prendre à Phileas Fogg dans le *Tour du monde en 80 jours*. En 1900, elle fut un temps le port le plus fréquenté par les touristes à destination de la Grèce, renouant avec sa vocation de pont entre l'Europe et l'Orient, avant d'être supplantée par les ports mieux équipés d'Ancône et de Bari.

Durant la Seconde Guerre mondiale, le centre historique fut copieusement pilonné jusqu'à l'occupation alliée en septembre 1943. Brindisi fut alors pendant cinq mois la capitale provisoire de l'Italie. En 1991, le maire Giuseppe Marchionna et ses concitoyens firent face avec générosité au débarquement de 25 000 réfugiés albanais fuyant la dictature communiste de leur pays.

À voir

Pour partir à la découverte des monuments du centre historique, commencez par la vaste **Piazza Vittoria** arborée, où se dresse une fontaine centrale du XVIIe siècle.

De la gare ferroviaire, le Corso Roma puis le Corso Garibaldi conduisent à la Piazza Vittorio Emanuele, qui donne sur le port intérieur où se trouvait jadis le vieux port. Droit devant, impossible de manquer le monument mussolinien au Marin d'Italie et, en toile de fond, les vestiges du Castello Alfonsino. Vers l'est, la zone industrielle désolante de Costa Morena abrite le nouveau port (Stazione Marittima), tandis qu'à droite le Viale Regina Margherita longe le périmètre de la péninsule jusqu'au Castello Svevo.

Tempio di San Giovanni al Sepolcro — TEMPLE

(Via San Giovanni ; 8h-21h, fermé lun). GRATUIT Parmi les édifices construits par les chevaliers teutoniques, les templiers et les chevaliers de Malte pour héberger et soigner les nombreux soldats et pèlerins qui transitaient par Brindisi, cette église romane du XIe siècle, conçue sur le modèle du Saint-Sépulcre de Jérusalem (plan circulaire avec deux cercles de colonnes concentriques surmontées de chapiteaux différents, certains d'origine antique), fait partie des rares encore debout. Elle s'élève sur les fondations d'une demeure romaine du Ier siècle, dont on aperçoit les mosaïques du pavement à travers une ouverture. De précieuses fresques, la plupart sur fond bleu, réalisées entre la seconde moitié du XIIIe siècle et la première moitié du XIVe siècle, subsistent à l'état de fragments. Les deux lions stylophores (qui portent des colonnes) de part et d'autre du porche rappellent ceux de la basilique Saint-Nicolas de Bari (p. 45)

Duomo — CATHÉDRALE

(Piazza Duomo ; 9h-12h et 18h-20h). Achevée au XIIe siècle et remaniée à la suite du séisme de 1743 (d'où l'intérieur presque dépourvu de décoration), la cathédrale fut témoin de divers événements historiques. C'est ici qu'en 1191, Roger III fut couronné roi de Sicile et que, l'année suivante, il épousa la princesse byzantine Irène. En 1225 furent célébrées au même endroit les noces de Frédéric II et de Yolande de Brienne, alias Isabelle II de Jérusalem. La chapelle au fond à droite renferme une châsse contenant les reliques de saint Théodore d'Amasée, soldat romain originaire de l'actuelle Turquie, martyrisé au début du IVe siècle. À noter aussi le chœur en bois du XVIe siècle derrière l'autel. À côté du Duomo se tient le **Portico dei Cavalieri Templari**, sorte de loggia aux arcs gothiques. Attribué à tort aux templiers, d'où son nom, il appartenait en réalité à une église des hospitaliers disparue depuis.

De l'autre côté de la Piazza Duomo, dont la colonne centrale soutient une statue de

Brindisi

la Vierge, le **Palazzo Arcivescovile** (palais de l'archevêché) conserve une part de son architecture médiévale, notamment des arcs en ogives, des mâchicoulis et une façade crénelée sur le Vico Guerrieri. Il jouxte le splendide balcon de la **Loggia Balsamo** (XIVe siècle).

Museo Archeologico MUSÉE

(☎0831 56 55 01 ; Piazza Duomo 6 ; tarif plein/réduit 5/3 € ; ⏲9h30-13h30 mar-sam et 15h30-18h30 mar + dim l'été). Adossé au flanc nord de la cathédrale, le Musée archéologique expose les bronzes de Punta del Serrone, soit quelque 3 000 fragments et sculptures dont deux statues de la période hellénistique, découverts dans le secteur de Brindisi. À noter aussi la reconstitution d'une proue de navire et des trouvailles archéologiques sous-marines en relation avec le commerce et la pêche. L'ensemble n'a rien de mémorable, mais la présentation est soignée.

Palazzo Granafei-Nervegna PALAIS

(Via Duomo ; ⏲7h40-21h). Un peu au sud de la cathédrale, cet important édifice de style Renaissance et baroque doit son nom aux deux illustres familles qui en furent les propriétaires. Il appartient aujourd'hui à la municipalité et accueille des expositions temporaires. Au-dessus du portail, le blason des Granafei, qui se réfugièrent à Brindisi après la prise de Constantinople par les Ottomans, arbore un lion, une croix et des épis. À l'intérieur, vous pourrez voir le chapiteau corinthien d'origine de la grande **colonne romaine**, accessible en revenant sur vos pas jusqu'à la Piazza Duomo et en suivant la Via Colonne vers la mer. Cette colonne, l'une des deux qui marquèrent pendant des siècles la fin de la voie Appienne (et le point d'accostage pour les marins), se dresse désormais au sommet d'un magnifique escalier d'où la vue embrasse le port intérieur et le

Brindisi

Les incontournables

	Chiesa di Santa Maria del Casale	hors plan
	Tempio di San Giovanni al Sepolcro	C2

À voir

	Area Archeologica di San Pietro degli Schiavoni	(voir 30)
	Castello Alfonsino	hors plan
1	Castello Normanno Svevo	A2
2	Chiesa di San Benedetto	B3
3	Colonna Romana	C2
	Convento di Santa Teresa	(voir 9)
4	Duomo	C2
	Jardins publics	hors plan
5	Monumento al Marinaio d'Italia	D1
6	Museo Archeologico	C2
7	Palazzo Granafei-Nervegna	C2
8	Piazza della Vittoria	C3
9	Piazza Santa Teresa	B2
10	Piazza Vittorio Emanuele II	D2
	Portico dei Cavalieri Templari	(voir 4)
11	Villaggio pescatori	B1

Activités

12	Excursions en bateau	C1

Où se loger

	B&B Federico II	hors plan
13	B&B I Templari	B3
14	B&B Manzoni Resort	B3
15	Grande Albergo Internazionale	C1
16	Hotel Orientale	C3

Où se restaurer

17	Antica Osteria La Sciabica	B2
18	Escosazio	C3
19	Iaccato	B2
20	Pantagruele	C2
21	Ristorante da Penny	D2
22	Semeraro	C3

Où prendre un verre

23	Big Ben	B3
24	Gruit	A3
25	Numero Primo	C1
26	Orabeffa	B3

Où sortir

28	Dopolavoro	A4
29	Ottavio Wine Bar	D3
30	Teatro Giuseppe Verdi	C3

Achats

31	Enoteca Gastronomia di Fedele Spinelli	C4
	Tenute Rubino	hors plan

paysage au-delà. La base en pierre à côté correspond à sa jumelle, qui s'écroula au XVIe siècle (la population y vit un mauvais présage). En 1659, les fragments encore intacts de cette dernière furent donnés à la ville de Lecce pour ériger la Colonna di Sant'Oronzo (p. 208) en remerciement de l'intervention du saint lors de l'épidémie de peste à Brindisi. D'après la légende, le poète romain Virgile de retour d'un voyage en Grèce serait mort dans les environs en l'an 19 ; une plaque commémore l'événement.

Monumento al Marinaio d'Italia — MONUMENT

(9h-13h et 15h-16h30 l'hiver, 9h-13h et 15h-20h l'été, fermé lun). GRATUIT Érigé en 1933 par Mussolini en hommage aux quelque 6 000 marins italiens tombés durant la Première Guerre mondiale, ce mémorial en forme de gouvernail a été signé par Luigi Brunati et Amerigo Bartoli dans le style grandiloquent cher aux fascistes. En dépit de son esthétique douteuse, il offre grâce à son emplacement dans la baie, une vue splendide sur le front de mer depuis sa terrasse.

Village de pêcheurs — QUARTIER

(Viale Regina Margherita). Dans la zone d'embarquement pour l'exploration du port intérieur (p. 174), une centaine de mètres plus loin le long du quai, les pêcheurs continuent de venir étendre et réparer leurs filets.

Piazza Santa Teresa — PLACE

En retournant vers le centre depuis le village de pêcheurs, vous tomberez sur cette immense place surélevée, face au Seno di Ponente, à laquelle on accède par un long escalier montant du Piazzale Flacco (reconnaissable à sa fontaine monumentale de style fasciste à mi-hauteur). Sur un des côtés se détache la silhouette sobre et élégante du **Convento di Santa Teresa** (siège des Archives nationales depuis 1990), construit en même temps que l'église attenante dans la seconde moitié du XVIIe siècle ; entrez pour jeter un œil au cloître.

Piazza Vittorio Emanuele PLACE

De cette place donnant sur le port intérieur, empruntez le **Corso Garibaldi**, l'une des grandes artères du centre fréquentée de jour comme de nuit par les habitants et par les touristes occupés à faire des achats ou à manger une glace tout en discutant sous les palmiers. Il s'agissait autrefois d'un canal débouchant sur la mer, qui fut comblé par les Bourbons afin d'éviter la présence d'eaux stagnantes au cœur de la ville. L'avenue relie aujourd'hui le port à la **Piazza del Popolo** et continue jusqu'à la gare principale sous le nom Corso Roma.

Chiesa di San Benedetto ÉGLISE

(☎0831 59 74 74 ; Via Marconi 2 ; ⌚fermée au public). À un quart d'heure de marche du centre historique, cette église constitue l'une des surprises de Brindisi. Fondée en 1080, son architecture extérieure alternant calcaire blanc et *carparo* (pierre locale) est scandée par une suite ininterrompue d'arcatures aveugles sur pilastres. À l'est, son robuste clocher carré arbore d'élégantes fenêtres trilobées. Le fleuron du monument reste toutefois son portail sud (sur la Via Marconi) pourvu d'une frise sculptée de croisillons à motif de vannerie et d'un linteau en bas-relief représentant des hommes armés de lances et des animaux fantastiques. Le cloître du couvent des bénédictines contigu est également de grand intérêt.

Chiesa di Santa Maria del Casale ÉGLISE

(www.santamariadelcasale.net ; Via De Simone ; ⌚8h-20h). Cette église bicolore sise à 4 km au nord-ouest du centre est considérée par certains comme le fleuron de Brindisi. Construite à la fin du XIIIe siècle à la demande de Charles Ier d'Anjou, elle possède une architecture atypique, mêlant les styles romans apulien, roman pisan, gothique et byzantin, qui la rendent unique en son genre, du moins dans les Pouilles. Ses fresques, remarquablement conservées, appartiennent en revanche clairement à la tradition byzantine. Le *Jugement dernier* du mur d'entrée, œuvre de Rinaldo di Taranto, éclipse toutes les autres ; remarquez les anges et les apôtres, le fleuve de feu, les démons à tête de cochon et les monstres dont les gueules vomissent littéralement les pécheurs. Admirez aussi l'*Albero della croce* et l'insolite *Madonna con i cavalieri*, référence évidente au passé d'une ville d'où partaient les croisades. Pour rejoindre l'église, empruntez la Via Provinciale San Vito, aux abords de la baie du Seno di Ponente. Sinon, prenez le bus qui va à l'aéroport, en effet l'église est toute proche de l'aérogare. Vous pourrez vous y rendre à pied.

Castello Alfonsino-Aragonese CHÂTEAU

(⌚9h-13h lundi, sur autorisation préalable de la Marina Militare). Juché sur l'îlot San Andrea, ce château fut érigé en 1481 par Ferdinand Ier d'Aragon pour défendre le port contre les Turcs, puis subit des ajouts au début du XVIIe siècle. On distingue deux parties distinctes : le Castello Rosso (Château rouge), appelé ainsi à cause de la couleur de la pierre, et le fort qui hébergeait les garnisons. Le premier logea le roi d'Italie Victor-Emmanuel III et la reine Hélène de septembre 1943 à février 1944, période à laquelle Brindisi eut le statut de capitale. Prenez le bus n°5 qui va jusqu'au petit port touristique.

Activités

Excursions en bateau

Pour appréhender la configuration très particulière du port intérieur de Brindisi et rallier le mémorial aux marins italiens (p. 173), empruntez la **navette** (1/2 € aller simple/aller-retour ; 10 min) de la STP qui relie le quai Montenegro et le quai Casale du Seno di Ponente. Chaque heure, elle effectue aussi un trajet plus long (1/2 € aller simple/aller-retour ; ⌚15 min) qui passe par les **jardins publics** du Seno di Levante et la berge nord du Seno di Ponente avant de revenir à son point de départ.

Pour rejoindre la navette, tournez le dos à l'office du tourisme et longez les docks du **port intérieur** sur la gauche jusqu'à la station-service des bateaux, reconnaissable à ses grilles bleues.

Plages

Le littoral de Brindisi, hors du port intérieur, forme une longue étendue sablonneuse d'une dizaine de kilomètres comportant des plages privées et d'autres en accès libre.

Fêtes et festivals

Negroamaro Wine Festival FESTIVAL
(www.negroamarowinefestival.org ; juin). Les stands, les bars à vins, les rencontres et dégustations font de ce festival un des rendez-vous les plus agréables de Brindisi. Ce voyage dans le monde du vin se fait au son des instruments de musiciens qui viennent du monde entier pour l'animer.

Processione a Mare dei Santi Protettori PROCESSION
(fin août-début septembre). Une procession en mer, du Castello Alfonsino aux quais du centre, célèbre les saints patrons de la ville, saint Théodore d'Amasée et saint Laurent de Brindisi. Les festivités débutent le dernier dimanche d'août et se poursuivent la première semaine de septembre.

Où se loger

Jusqu'à récemment, l'image qu'on avait de l'hôtel moyen de Brindisi - démodé, sombre et lugubre – n'invitait guère à s'attarder en ville. Mais aujourd'hui, elle recèle de nombreux B&B agréables.

B&B Manzoni Resort B&B €
(☎0831 52 96 82 ; Via Manzoni 13-17 s/d occupation simple/d 30/40/50 € ; ❄📶). Six chambres au deuxième étage d'un vieil hôtel particulier bien rénové, où Amedeo vous accueille avec gentillesse et plein de bons conseils concernant la ville.

B&B Federico II B&B €
(☎328 927 77 35 ; www.bbfederico2.it ; Via Federico II di Svevia 27 ; s/d 40/70 € ; 📶). Mina, la propriétaire, pratique des prix vraiment honnêtes pour ses deux appartements très spacieux, dotés d'une entrée indépendante ouvrant sur une agréable courette verdoyante. Un excellent point de chute dans un secteur la fois tranquille et pratique, à 5 minutes à pied de la Piazza Vittoria. Petit-déjeuner en self-service : les hôtes font leur café et se servent dans le frigo et les placards bien fournis.

B&B I Templari B&B €€
(☎338 595 85 57 ; www.bbtemplari.com ; Via San Benedetto 13 ; s/d 40-45/75-80 € ; ❄📶). Dans une demeure historique du début du XIIIe siècle joliment rénovée, deux chambres, élégantes et raffinées, se partagent une sdb. Solarium très agréable. À 5 minutes de la gare.

Hotel Orientale HÔTEL €€
(☎0831 56 84 51 ; www.hotelorientale.it ; Corso Garibaldi 40 ; s/d 75/100-130 € ; ❄📶P). Le meilleur des hôtels modernes de Brindisi, en plein milieu du Corso Garibaldi, n'a guère de cachet mais ses chambres allient confort et fonctionnalité, le buffet du petit-déjeuner est copieux et le personnel se montre efficace. Clientèle d'affaires essentiellement : les tarifs baissent le week-end.

♥ **Grande Albergo Internazionale** HÔTEL €€€
(☎0831 52 34 73 ; www.albergointernazionale.it ; Lungomare Regina Margherita 23 ; s/d 90-160/115-160 € ; ❄📶P). L'Hotel East Indies, inauguré en grande pompe en 1870, fut jadis l'un des plus beaux de la Méditerranée. Il conserve sous un nouveau nom une grande partie de son décor Liberty (Art nouveau) d'origine. La perspective marine depuis les fenêtres embrasse le point de rencontre entre le Seno di Ponente et le Seno di Levante ainsi que le canal Pigonati et le Castello Alfonsino. Fréquentes offres spéciales sur le site Internet.

Où se restaurer

Pour dépenser peu, rendez-vous sur le Lungomare Regina Margherita, où des baraques vendent friture, *pucce* (petits pains typiques des Pouilles), sandwichs et bières.

Escosazio GRIL €
(☎340 116 25 85 ; Piazza Mercato 15 ; ⌚à partir de 19h, fermé dim). Sur la place populaire et fréquentée du marché (tous les matins sauf dimanche), ce restaurant de grillades connaît un franc succès. Choisissez une viande dans la vitrine à droite de l'entrée et allez vous asseoir pour attendre votre commande. Ambiance sympathique et bruyante, parfaite en groupe.

Semeraro GRIL €
(☎0831 52 15 24 ; Piazza Mercato). De nombreux habitants de Brindisi sont infidèles à Escosazio depuis quelques années, pour les *turcineddi* (abats d'agneau), les paupiettes et les *bombette* du Semeraro, mais surtout ses délicieuses côtelettes cuites à la braise. La carte des vins n'est pas en reste.

Iaccato PIZZERIA/RESTAURANT €€
(☎0831 52 40 84 ; www.iaccato.it ; Piazzale Flacco, Banchina Montenegro ; repas 30-35 € ; ⌚fermé mer l'hiver, ouvert tlj l'été). Le restaurant de port typique, à quelques mètres des canots

pneumatiques et des chalutiers amarrés le long du quai de Montenegro, avec des tables en plastique dehors et une salle vitrée spartiate. Beaucoup d'habitants le classent en tête des restaurants de poisson de la ville. "Iaccato" était le surnom du fondateur, expert dans la technique de pêche nocturne appelée *iacca,* consistant à immobiliser le poisson à l'aide de lampes pour le harponner. Situé sur le Piazzale Flacco (en bas de la Piazza Santa Teresa, p. 173), près des sandwicheries ambulantes, cet établissement propose également d'excellentes pizzas cuites au feu de bois.

Ristorante da Penny RESTAURANT/BAR À VINS **€€**
(☎0831 56 30 13 ; www.enotecaristorantepenny.it ; Via San Francesco 5 ; repas 35-40 € ; ⌚fermé lun, midi uniquement le dim). Mario gère avec professionnalisme cet établissement proche de la capitainerie du port (par beau temps, profitez de la terrasse), qui prépare des fruits de mer crus ou cuits en entrée, des plats de poisson, des sushis et des desserts maison. Cave bien fournie.

Antica Osteria La Sciabica PIZZERIA/RESTAURANT **€€/€€€**
(☎0831 56 28 70 ; Via Thaon di Revel Paolo 29 ; repas 30-50 € ; ⌚fermé lun). Bien que le nom de cet établissement se réfère au filet traditionnel utilisé par les pêcheurs, sa carte n'affiche pas que du poisson : les *linguine* aux anchois et les spaghettis aux trois œufs sont certes excellents, mais les pizzas au levain naturel n'ont rien à leur envier. La salle est parfaite l'hiver, la terrasse (qui donne sur le port) l'été.

♥ **Pantagruele** TRATTORIA **€€**
(☎0831 56 06 05 ; Via Salita di Ripalta 1 ; repas 45 € ; ⌚fermé sam midi et dim). Située à quelques pas du port, cette trattoria est l'une des meilleures de Brindisi. Le poisson, fraîchement pêché, est récupéré par Armando Brenda et confié à Ada Romano : ces deux responsables travaillent ensemble depuis plus de 20 ans pour créer des plats originaux qui expriment leur parfaite harmonie. *Buon appetito* !

Où prendre un verre

Gruit BAR À BIERES
(☎0831 56 27 80 ; www.gruit.it ; Via Carmine 120 ; ⌚12h-15h et 18h-2h). C'est l'un des pubs préférés des habitants, qui boivent le plus souvent à l'extérieur, même en hiver. La bière artisanale (blonde, rousse, brune, blanche, ambrée, filtrée...) est fabriquée sur place, dans l'ancien monastère des Augustins qui abrite le bar.

Orabeffa PUB
(☎340 260 83 01 ; Via Marconi 31 ; ⌚20h-2h environ, fermé lun et mar). Des horloges aux murs indiquent les heures de tous les pays du monde, mais on ne voit pas le temps passer. Quelle que soit la saison, tout le monde se retrouve dehors à la mode du Sud. Bière servie dans des chopes en terre et personnel avenant.

Numero Primo BAR À VINS
(☎0831 179 55 37 ; www.numero-primo.it ; Lungomare Regina Margherita 46 ; ⌚10h-15h30 et 17h30-0h mer-lun). Les Tenute Rubino (ci-contre) ont fait un beau cadeau aux habitants de Brindisi et aux touristes, en ouvrant récemment ce bar à vins en bord de mer. Construit en bois et en pierres régionales, il propose de croustillantes *friselle*, des *bruschette* au bon pain, mais vous pourrez aussi y déguster *burrata*, *cacioricotta*, (fromage de brebis ou de chèvre), aubergines et autres gourmandises, tout en sirotant un des bons vins de la maison.

Big Ben PUB
(Via Carmine 4 ; ⌚20h-2h30). Ce pub rappelle la Grande-Bretagne par sa décoration. Le prix des bières oscille entre 3 € et 7 € (pour les plus renommées). Concerts tous les jeudis.

☆ Où sortir

Teatro Giuseppe Verdi THÉÂTRE
(☎théâtre : 0831 22 92 30, billetterie : 0831 56 25 54 ; www.fondazionenuovoteatroverdi.it ; Via Santi 1). Si cette salle n'a été inaugurée qu'en 2006, le projet remonte aux années 1960. Programmation variée allant de l'opéra à la pop. Grâce à la structure surélevée du théâtre, surnommé pour cela le "*teatro sospeso*", les ruines romaines de l'**Area Archeologica di San Pietro degli Schiavoni** demeurent visibles en dessous.

Dopolavoro CENTRE CULTUREL POLYVALENT
(☎388 995 33 61 ; consulter le profil Facebook pour les événements ; Piazza Crispi 38, gare ferroviaire ; ⌚tlj). Ce projet a uni différentes forces et énergies créatives de la ville, pour converger dans un complexe qui fait office de galerie d'art, de centre social, de bar à cocktails, de salle de projection, mais surtout de lieu de concerts de bonne qualité. Aménagé dans unt ancien cinéma

rénové, il apporte une ambiance un peu new-yorkaise à Brindisi.

Ottavio Wine Bar CONCERTS
(Corso Garibaldi 76; ⏲horaires variables). Ici on écoute des concerts aussi confortablement installé que dans son salon. Programmation consultable sur le profil Facebook.

Achats

Tenute Rubino CAVE VINICOLE
(☎0831 57 19 55 ; www.tenuterubino.com ; Via Fermi 50 ; ⏲9h-13h et 15h-17h lun-ven). Cette entreprise vinicole moderne située dans la zone industrielle vend également au détail. Parmi ses vins DOC (appellation d'origine protégée) et IGT (indication géographique protégée), les rouges se distinguent, mais les blancs et les rosés ne déméritent pas.

Enoteca Fedele Spinelli VIN, GASTRONOMIE
(☎0831 52 18 34 ; Via Porta Lecce 6 ; ⏲8h-13h30 et 16h30-20h30 lun-sam). Vins, spiritueux, douceurs et autres produits gastronomique de premier ordre.

Renseignements

OFFICE DU TOURISME

IAT (☎0831 52 30 72 ; www.viaggiareinpuglia.it ; Lungomare Regina Margherita 3 ; ⏲8h-14h et 16h-22h l'été, horaires variables l'hiver)

POSTE

Poste centrale (☎0831 22 55 95 ; Piazza della Vittoria 8/10 ; ⏲8h25-19h05 lun-ven, 8h25-12h35 sam)

URGENCES

Guardia medica (médecins de garde ; (☎0831 52 00 89 ; Piazza di Summa 1)

Hôpital (☎0831 51 98 49 ; Ospedale Perrino ; SS7 en direction de Mesagne). Au sud-ouest du centre-ville.

Police municipale (☎0831 22 95 22 ; Via Torretta)

Pronto Soccorso (SAMU ; ☎118 ; Ospedale Perrino, SS7 en direction Mesagne). Au sud-ouest du centre-ville.

Depuis/vers Brindisi

AVION

L'**aéroport de Brindisi Casale** (BDS ; www.aeroportipuglia .it), appelé aussi aéroport du Salento, accueille principalement les compagnies Alitalia et AirOne, mais aussi Ryanair (vols depuis/vers Paris-Beauvais, Bruxelles...) et Helvetic Airways (Zurich).

UN HAMEAU MYSTÉRIEUX

Si vous aimez les villages-fantômes, vous devez visiter **Monteruga**, qui se trouve à cheval entre les provinces de Brindisi et de Lecce, à quelques kilomètres de la côte. Né dans les années 1920, densément peuplé dans les années 1950 et abandonné dans les années 1980, il accueille parfois des événements particuliers, mais nous vous conseillons de rejoindre seul ce mystérieux village et de le visiter dans le silence et la solitude.

Les grandes agences de location de voitures sont présentes à l'aéroport, d'où partent en outre des navettes **COTRAP** régulières (www.cotrap.it ; 30 min, 9/jour) vers Lecce.

BATEAU

Des car-ferries lèvent l'ancre pour différentes destinations en Grèce, dont Corfou, Igoumenitsa, Patras et les îles Ioniennes (seulement l'été). Il existe aussi des traversées quotidiennes vers l'Albanie. De juin à septembre, mieux vaut réserver largement à l'avance et toujours auprès des billetteries officielles ou aux agences agréées.

La majeure partie des compagnies ne naviguent que l'été. Toutes disposent d'un bureau à Costa Morena (le nouveau port) et les plus importantes en possèdent également un en ville. Chaque passager doit payer 10 € de frais d'agence. Présentez-vous à l'embarquement au moins deux heures avant le départ pour ne pas prendre le risque de perdre votre réservation. La ligne 3 relie la gare maritime à la Costa Morena.

BUS

La **STP** (www.stpbrindisi.it ; informations et billets Via Capellini 18, rue perpendiculaire à la Piazza Cairoli ; ⏲7h30-14h et 16h-20h) relie Brindisi à Ostuni (3,10 €, à bord 4 €, 45 min, départs fréquents sam et fêtes, réduits dim), Cisternino (4,20 €, à bord 5 €, 1 heure 10), Oria (2,40 €, à bord 3,45 €, 50 min, départs fréquents) et Lecce (2,80 €, à bord 4 €, 1 heure) ainsi qu'aux autres localités du Salento. La plupart des bus partent de l'hôpital Perrino et traversent toute la ville, y compris la Via Cristoforo Colombo, qui se trouve tout près de la gare. Certains bus partent de la zone industrielle et ne traversent le centre qu'en partie. Au retour, ils transitent par la Via Bastioni Carlo V, pratiquement parallèle à la Via Cristoforo Colombo. De là démarrent aussi les **bus Ferrovie del Sud Est** (FSE ; www.fseonline.it) pour les destinations autour de Brindisi, telles que Monopoli (5,60 €, 1 heure 40) et Ostuni (2,40 €, 45 min).

TRAIN

Brindisi se trouve sur la ligne ferroviaire principale gérée par **Trenitalia** (www.trenitalia.com). De la gare centrale (Piazza Crispi 1 ; ☎0831 56 83 74), des trains desservent régulièrement Bari (régional 8,40 €, 1 heure 25 ; train grande vitesse 15,50 €, 1 heure), Lecce (2,80 €, 35 min ; TAV 14 €, 22 min) et Tarente (4,90 €, 57 min).

TRANSPORTS LOCAUX

Pour l'aéroport, prenez le bus de la ligne A gérée par la STP (www.stpbrindisi.it ; 1€, 1,50 € à bord), qui part toutes les 30 minutes de la Via Bastioni San Giorgio, aux abords de la gare ferroviaire, et s'arrête aussi sur le Viale Regina Margherita. Le trajet dure de 10 à 15 minutes.

À l'aéroport, les taxis sont nombreux (20 € ; réservations ☎0831 59 79 01).

VOITURE ET MOTO

La voie Appienne (actuelle SS7) dessert la ville et reste le principal axe reliant Brindisi à Tarente. L'été, la SS379 qui longe la côte vers le nord jusqu'à Bari connaît une circulation intense.

Une alternative consiste à prendre la SS16, qui s'éloigne du littoral et traverse la zone des *trulli*. Pour aller à Lecce, il faut emprunter la SS613.

Mesagne

28 000 HABITANTS

À 14 km de Brindisi, Mesagne s'inscrit dans un plan urbain médiéval où s'élèvent de délicieux palais et églises baroques. Son histoire est cependant beaucoup plus ancienne ainsi que l'ont prouvé d'importantes trouvailles archéologiques. En 2007 en effet, les travaux de rénovation d'un immeuble du centre historique de Mesagne ont abouti à la découverte fortuite d'une tombe monumentale. Le chantier a permis de mettre au jour des implantations du VIe siècle av. J.-C., époque durant laquelle la ville fut un centre majeur des Messapiens, ce peuple italique qui occupa la péninsule du Salento avant la conquête romaine.

À voir

Complesso Archeologico di Vico Quercia — SITE ARCHÉOLOGIQUE

Protégé par un toit en bois, ce site archéologique s'intercale entre le Vico Quercia, la Via Castello, le Vico Cantelmo et la Piazza IV Novembre. Vous y découvrirez le résultat des fouilles entreprises par les archéologues dans le centre historique, qui ont notamment exhumé six sépultures recouvertes de plaques en *carparo* (pierre locale) du VIe au IIe siècle av. J.-C. où reposaient des familles de haut rang, ainsi qu'une grande quantité d'objets funéraires et d'épitaphes indiquant le nom des défunts.

Chiesa Madre — ÉGLISE

(www.chiesamadredimesagne.it ; Piazza IV Novembre ; ⏲8h-12h et 16h-20h). Cette église doit son aspect actuel à des remaniements des XVIIe et XVIIIe siècles, après une phase angevine au XIVe siècle. Elle remonterait toutefois au Xe siècle, comme l'atteste sa crypte.

Castello — CHÂTEAU

(☎0831 77 60 65 ; Via Castello ; tarif plein/réduit 3/2 € ; ⏲9h30-12h30 et 16h30-19h30 oct-mars, 9h-12h et 17h30-20h30 avr-mars, 10h-12h et 18h-21h30 juin-sept, fermé lun). Non loin de la Chiesa Madre, ce château héberge depuis 1999 la vaste collection d'objets messapiens du **Museo Archeologico Ugo Granafei**. Sa loggia Renaissance et ses fenêtres aux ornements baroques évoquent davantage une demeure seigneuriale qu'une forteresse, l'édifice de fondation normande ayant été modifié au fil des siècles par les familles qui y résidèrent.

Piazza Orsini del Balzo — PLACE

Repérez le portail surmonté d'une loggia et d'une balustrade du **Palazzo Cavaliere** (fermé au public) en pierre locale érodée riche de nuances. À côté se dresse la splendide **Chiesa di Sant'Anna**, l'un des plus beaux exemples d'église de style baroque des Pouilles, dont le médaillon indique la date d'achèvement (1699).

Piazza Garibaldi — PLACE

Pour finir en apothéose, venez contempler ici la merveilleuse façade rococo, hélas noircie par le temps, de la **Chiesa di Santa Maria di Betlemme** (XVIIIe siècle). La place abrite aussi la **Porta Piccola**, une des deux entrées du centre historique avec la **Porta Grande** située sur la Piazza Vittorio Emanuele.

Où se loger

B&B Pietre Antiche — B&B €

(☎320 015 18 51 ; Vico dei Caragli 1 ; 50-70 €/pers ; ❄). En plein centre historique, à 200 m de la cathédrale, cet appartement en duplex compte au premier niveau un petit salon avec coin cuisine, au second une chambre mansardée sous une toiture traditionnelle en roseau, dite à *cannizzo*, et une sdb. Une belle terrasse spacieuse sur le toit complète l'ensemble. Réservez longtemps à l'avance pour juillet-août.

Grand Hotel Tenuta Moreno HÔTEL €€/€€€
(☎0831 72 14 57 ; www.tenutamoreno.it ; Contrada Moreno ; tarifs variables, consulter le site Internet ;). Si l'idée de loger au milieu de chênes verts et d'oliviers séculaire puis de plonger au réveil dans une piscine creusée dans la roche vous séduit, suivez la SS7 jusqu'à la sortie Latiano Est à Contrada Moreno. Construit autour d'une *masseria* du XVIIIe siècle, cet hôtel haut de gamme allie calme rural et confort moderne.

Où se restaurer

Panificio Lu Furnu BOULANGERIE €
(☎0831 84 04 44 ; Viale Regina Margherita 39). Pain, *pucce* (petits pains) aux olives, *taralli* (biscuits salés) : cette boulangerie propose tous les produits et les saveurs d'antan.

La Locanda dei Messapi RESTAURANT €€
(☎0831 73 49 01 ; Via Castello 14 ; 25 € ; fermé lun, sauf en août). Le meilleur de la cuisine régionale, dans le décor plaisant des ruelles qui entourent le château, sous les parasols de la terrasse ou les voûtes en pierre de la salle.

Achats

Bottega dei Sapori e dei Saperi della Legalità ŒNOGASTRONOMIE
(☎0831 77 59 81 ; www.libera.it ; Vico dei Cantelmo 1 ; 9h-13h et 15h-17h30 lun-ven). Cette *masseria* située dans le quartier Canali appartenait à un patron de la Sacra Corona Unita (la mafia des Pouilles) ; confisquée, elle a été rendue à la communauté et inaugurée en 2013. Elle affiche le label "Libera Terra" pour ses produits biologiques provenant de terrains confisqués aux mafieux.

Renseignements

À quelques mètres du château, vous trouverez l'**IAT** (☎0831 73 88 98, au château ; 9h-13h et 18h-22h, sam et dim jusqu'à 23h, fermé lun). S'il n'y a personne, adressez-vous à l'**office du tourisme** (Palazzo Guarini ; Via Santacesarea ; 8h-14h lun-ven et aussi 15h30-18h jeu).

Depuis/vers Mesagne

En voiture, de Brindisi, vous atteindrez Mesagne par la SS7 (16 km). Les liaisons en bus sont effectuées par **STP.** Leur fréquence est variable et les arrêts le sont aussi (www.stpbrindisi.it ; 1 €, 9-20 min). En été, le service n'est pas assuré le dimanche.

Oria

15 401 HABITANTS

"Oria fume, Francavilla regarde et Manduria monte la garde". Ainsi dit-on dans le coin, car la ville semble perpétuellement enveloppée d'une brume étrange. Mais on raconte ici tant de légendes… Selon l'une d'elles, un nouveau-né de sexe féminin aurait été sacrifié pour conjurer une sinistre prophétie prédisant l'effondrement du château. Une autre histoire prétend qu'à une époque indéterminée, des magiciens se produisant sur la grand-place auraient créé une illusion d'optique de la mer si convaincante que trois habitants en seraient morts d'effroi.

Une telle aura de mystère ne manquera pas de pimenter votre promenade dans cette bourgade très particulière, nichée en pleine campagne à environ 6 km de Manduria. Elle correspond à l'antique Hyria, capitale de la Messapie antique, qui dominait les cités alentour, notamment Ceglie Messapica et Manduria. À l'instar de Sienne, Oria reste aujourd'hui encore divisée en *contrade* (quartiers) d'origine préromaine.

À voir

Trois portes donnent accès au centre historique : celle de la **Piazza Lama**, la **Porta degli Ebrei** et la **Porta Manfredi**. Cette dernière débouche immédiatement sur la jolie **Piazza del Sedile**. La seconde conduit, quant à elle, aux ruelles droites ou tortueuses du vieux quartier médiéval où vivait jadis une communauté juive prospère.

Castello Svevo CHÂTEAU
(fermé pour travaux lors de la rédaction du guide). Au-dessus du vieux quartier juif trône l'imposant château souabe bâti par Frédéric II entre 1227 et 1233. Désormais propriété privée, il surprend par sa forme triangulaire insolite.

Cattedrale CATHÉDRALE
(Piazza Cattedrale ; 9h-12h et 16h-18h l'hiver, 9h-12h et 17h-19h l'été). Perchée sur le Colle del Vaglio, site de l'acropole antique, elle fut érigée en 1743 à la place de la cathédrale antérieure détruite par un séisme. Elle se distingue par sa coupole décorée d'une mosaïque au style arabisant et son intérieur entièrement rococo. Ce sont cependant les onze moines momifiés reposant dans

la **Cripta delle Mummie** qui retiennent l'attention. De l'autre côté de la place se tient le **Museo Diocesano** (musée diocésain ; ☎0831 84 50 93 ; Piazza Cattedrale 9 ; contribution libre ; ⊙lun, mer et ven 9h-12h et 16h-19h).

Fêtes et festivals

Corteo Storico di Federico II RECONSTITUTION HISTORIQUE

(www.torneodeirionioria.it). Le second week-end d'août, un fastueux défilé de 400 figurants en costumes d'époque et un tournoi opposant les quatre *contrade* de la ville reconstituent les festivités ayant eu lieu avant les noces de Frédéric II avec Yolande de Brienne en 1225.

Où se restaurer

Vincenzo Corrado Ristorante RESTAURANT €€

(☎0831 198 69 32 ; Piazza Manfredi 22 angle Via Russo ; repas 30-35 € ; ⊙fermé mar). Avant de devenir un élégant restaurant décoré de blanc et de dentelles en macramé, les lieux furent notamment un pressoir, puis un théâtre et une menuiserie. Sur les étagères, des documents illustrent le vaste savoir-faire culinaire du chef, Vincenzo Corrado, qui concocte par exemple un menu à base de tomates farcies à la napolitaine, de fricassée de bœuf et de tourte aux pommes de terre.

Renseignements

Adressez-vous à l'**office du tourisme** (Pro Loco ☎0831 84 65 39, Mairie : ☎0831 84 65 11).

Depuis/vers Oria

Oria se trouve sur la principale ligne ferroviaire de **Trenitalia** avec des trains fréquents depuis/vers Brindisi (2,40 €, 25-50 min) et Tarente (2,80 €, 30-50 min). De Brindisi, correspondance pour Ostuni. Pour aller dans la direction opposée, changez à Francavilla Fontana pour poursuivre jusqu'à Martina Franca. Les bus pour la gare, située à 1,5 km du centre, partent de la Piazza San Domenico.

Tarente et sa province

Le top des restaurants

➡ Trattoria Al Gatto Rosso (p. 189)
➡ Falsopepe (p. 194)
➡ La Strega (p. 195)
➡ Masseria Petrino (p. 195)
➡ La Cuccagna (p. 198)

Le top des hébergements

➡ Hotel Akropolis (p. 188)
➡ Antica Masseria Jorche (p. 190)
➡ Masseria Quis Ut Deus (p. 191)

Pourquoi y aller

Des dunes tapissées d'un épais maquis méditerranéen parfumé, des plages de sable fin bordant des eaux bleues cristallines, telle est la beauté intense qu'offre le littoral de la mer Ionienne. Dans l'arrière-pays, changement de décor. Le paysage est modelé par d'impressionnantes gorges calcaires, les *gravine*, plantées de câpriers et de figuiers de Barbarie. Ces escarpements constellés de grottes ont été investis par l'homme dans des temps anciens. Une civilisation rupestre originale s'est développée sur les flancs des ravins, dont on peut encore admirer les surprenantes habitations et les églises ornées de fresques. Des réserves et des parcs protègent une bonne partie de ce territoire, le plus important étant le Parco Regionale delle Gravine dell'Arco Ionico.

Plus au sud, place au plateau de la Murgia Tarentina : sa sérénité et l'accueil de ses *masserie* (exploitations agricoles souvent reconverties en gîtes) en font un refuge parfait pour qui cherche paix et tranquillité. Une terre qui perpétue son passé, principalement lié à la production vinicole et à la céramique, sans pour autant renoncer à croire en l'avenir : en témoignent les différents projets et les nombreuses initiatives de valorisation du patrimoine historique et culturel.

Tarente, enfin, est la *città dei due mari* ("ville entre deux mers"), à cheval entre le "Mar piccolo" – la rade –, au nord, et le "Mar Grande" – le large –, au sud. Cité portuaire essentiellement vouée à l'industrie, elle possède peu d'atouts pour retenir les voyageurs, hormis son centre historique en mal de restauration, mais poétiquement cerné par la mer, et un remarquable musée archéologique qui rappelle le temps de sa splendeur passée.

À NE PAS MANQUER

La rivalité entre **Ginosa** et **Matera** (en Basilicate) ne doit rien au hasard. Toutes deux se sont d'abord développées dans des grottes, sur les flancs d'une gorge. Bien moins touristique que Matera, Ginosa, avec sa gorge en forme de fer à cheval, constitue pourtant l'un des sites les plus impressionnants de l'arrière-pays de Tarente.

Préparer son voyage

- Un séjour à l'Antica Masseria Jorche (p. 190)
- Une visite des églises troglodytiques de Massafra (p. 192) et de Mottola (p. 194).
- Une promenade guidée dans la gorge de Ginosa (p. 197).
- Une sortie à bord du catamaran *Taras* pour apercevoir les dauphins (p. 107)

Spécialités gastronomiques

- Les moules de Tarente, élevées sur les fonds marins du Mar Piccolo (p. 188)
- Les spécialités au feu de bois de Laterza (p. 196) et de Ginosa (p. 197)
- La délicieuse cuisine des tables de Crispiano (p. 198)
- Un verre de Primitivo, servi par les producteurs de Manduria en personne (p. 200 et p. 290)

Itinéraires

JOUR 1

Si vous commencez par **Tarente**, une heure ou deux suffiront, le temps de visiter le **Museo Archeologico Nazionale**. Cap ensuite vers le ciel dégagé et l'air pur de la **côte ionienne** : les dunes qui s'étendent entre **Marina di Pulsano** et **Marina di Lizzano** sont incontournables. Terminez la journée au milieu des oliviers, dans le cadre magique de l'**Antica Masseria Jorche**.

JOUR 2

Direction **Manduria**, au sud. Consacrez la matinée aux **murailles messapiennes** et au **Museo della Civiltà del Vino Primitivo** où vous pourrez profiter d'une dégustation. Après un après-midi de shopping dans les ateliers de céramique de **Grottaglie**, pressez le pas pour rejoindre Crispiano. Vous pourrez par exemple loger à la **Masseria Quis Ut Deus** - admirez la lumière du soir dans le jardin - après un savoureux dîner à **La Cuccagna** (voir l'encadré p. 198).

JOUR 3

Pourquoi ne pas faire un crochet par l'insolite **Museo della Civiltà Contadina** (voir l'encadré p. 197), du charmant Luigi Perrone ? Le programme se poursuit à **Massafra**, où vous attendent ravins, églises troglodytiques et fresques médiévales. Parachevez la journée par un dîner inoubliable chez **Falsopepe**, puis une nuit à la **Masseria La Brunetta**, tout aussi mémorable.

JOUR 4

Le dernier jour, direction le nord-ouest, à la découverte des **Grotte di Dio**, à Motolla. Puis, après une brève portion de route, rejoignez **Palagianello**, qui compte l'une des meilleures tables de la région, la **Masseria Petrino**. Enfin, faites route vers la gorge de **Ginosa**, la plus belle de l'"amphithéâtre des Murge". Un dîner dans une boucherie-rôtisserie typique, comme celle de **Franco Dragone**, marquera la fin de votre périple.

TRANSPORTS LOCAUX

Fréquents, les bus et trains des Ferrovie del Sud Est relient Tarente à Bari, Lecce et Brindisi. Si vous voyagez en voiture, vous devrez prendre la SS7 et la SS100 pour vous diriger vers les villes du Nord-Ouest, mais pour rejoindre celles du Sud-Est en longeant la côte, il vous faudra emprunter la SS106, presque toujours embouteillée.

À ne pas manquer

1. À Tarente, le **Museo Archeologico Nazionale** (p. 186) et une escapade sur les plages des **îles Cheradi** (p. 187).
2. À **Marina di Lizzano** (p. 191), une descente des dunes avant une baignade dans la mer cristalline.
3. Un séjour à l'**Antica Masseria Jorche** (p. 190)
4. Un voyage dans le temps en visitant les églises troglodytiques, les ravins et les grottes entre **Massafra** (p. 192) et **Mottola** (p. 194).
5. Une descente dans la gorge de **Ginosa**.
6. Une promenade à cheval à la découverte des *masserie* sur le dos d'un **Murgese** (voir l'encadré p. 199).
7. Une excursion à **Matera** (voir l'encadré p. 192), en Basilicate, pour découvrir ses célèbres *sassi* (habitations troglodytiques) classés au patrimoine de l'Unesco.
8. Une dégustation de la cuisine des Pouilles revisitée dans l'un des excellents restaurants de **Crispiano** (voir l'encadré p. 198)

TARENTE (TARANTO)

203 000 HABITANTS

Riche de plusieurs millénaires d'histoire, Tarente fait rarement bonne impression. Son centre historique, circonscrit sur une petite île, semble tomber en ruine et ce sont les cheminées des industries qui dominent le paysage, sur le continent. Coincée entre le ciment et l'acier, entre une atmosphère irrespirable et une mer polluée, la ville ne sait plus vraiment où trouver son salut. Plusieurs décennies d'incurie et de mauvaise gestion n'ont rien arrangé… Si Tarente n'a pas la partie facile, elle reste la deuxième base navale du pays. Sur le plan du patrimoine, celle qui fut le joyau de la Grande-Grèce offre l'occasion d'admirer des trésors de l'Antiquité dans l'un des plus riches musées archéologiques du Mezzogiorno.

Histoire

Les légendes concernant l'origine de Tarente divergent. Certaines attribuent la fondation de la ville au fils de Poséidon, Taras, d'où le nom de Tarente. Pour d'autres, c'est Phalantos, héros spartiate devenu chef militaire des Parthéniens (enfants illégitimes nés à Sparte pendant la guerre de Messénie), qui fonda la ville de Saturium (aujourd'hui Saturo, important site archéologique à 10 km de Tarente) au VIIIe siècle av. J.-C. L'historien romain Eusèbe de Césarée relate pour sa

Tarente

part que certains Spartiates auraient colonisé la région par besoin d'expansion ou pour des raisons commerciales.

Quoi qu'il en soit, la cité s'affirma comme l'une des colonies les plus importantes de la Grande-Grèce (fondations hélleniques sur les côtes italiennes) et prospéra en faisant commerce du vin, de la laine, des figues et des coquilles de murex, dont on extrayait la pourpre pour teindre les vêtements. Sa population atteignit le chiffre considérable (pour l'époque) de 300 000 habitants. Tarente vit naître nombre d'intellectuels, dont le mathématicien Archytas ou le musicien Aristoxène, et Platon, Horace et Virgile y séjournèrent.

Cet âge d'or dura jusqu'au IIIe siècle av. J.-C. Menacée par la progression de Rome en Italie du Sud, la cité se tourna vers le général grec Pyrrhus mais finit par être prise par les légions romaines en 272. Durant la deuxième guerre punique, elle conspira avec le Carthaginois Hannibal et fut durement punie par les Romains lorsqu'ils réussirent à s'en emparer de nouveau. Elle entama alors un déclin de plusieurs siècles. Au Moyen Âge, la domination des Normands puis des Souabes marqua une période de renouveau avant qu'entre le XVe et le XVIe siècle, plusieurs nobles italiens et espagnols ne se disputent la ville dans un bras de fer. La ville tomba en 1734 dans l'escarcelle des Bourbons qui la délaissèrent complètement. Durant l'occupation napoléonienne, Tarente fut confiée au général Pierre Choderlos de Laclos, auteur des *Liaisons dangereuses*, qui y mourut du paludisme en 1803.

À voir

Tarente est divisée en trois parties. Au sud, le Borgo Nuovo (la ville moderne), au tracé en échiquier, avec ses boutiques, son musée archéologique et ses *passeggiate* (promenades) ; au nord, la gigantesque et quelque peu effrayante zone industrielle, avec l'aciérie ILVA et la raffinerie ENI, où se trouve la gare ferroviaire ; entre les deux,

Tarente

Les incontournables

Castello Aragonese B3
Museo Archeologico Nazionale.. C3
Parco Archeologico di Saturo.............................hors plan

À voir

1 Cattedrale di San Cataldo A2
2 Centro Culturale Filonide...................... A3
3 Chiesa di San Domenico Maggiore..A2
Concattedrale ....hors plan
4 Giardini Comunali Peripato C2
5 Palazzo Pantaleo A2
Tempio di Poseidone......(voir Castello Aragonese)

Où se loger

6 Albergo del Sole A2
7 Baja delle Sirene.................................. B3
8 Buonanotte Margherita B3
9 Hotel Akropolis A2
10 Hotel Europa.. B3
11 Hotel L'Arcangelo.................................. A2

Où se restaurer

12 Al Canale B3
13 Panificio Due Mari B3
14 Trattoria Al Gatto Rosso........................ C3
Trattoria Gesù Cristo.................. hors plan
Trattoria L'Orologio...................... hors plan

Où prendre un verre

15 Cibo per la Mente – Caffè Letterario.............................. B3

sur une presqu'île, la Città Vecchia (centre historique), dont le charme mélancolique parvient à séduire certains visiteurs malgré son architecture délabrée.

CITTÀ VECCHIA

Ces dernières années, une poignée d'habitants courageux se sont lancés dans la réhabilitation de quelques immeubles de la vieille ville. Cela n'a malheureusement pas suffi à changer le visage d'un centre historique qui, derrière les tôles ondulées des chantiers (en cours ou jamais achevés) et les panneaux "à vendre" des agences immobilières, n'en finit plus de tomber, littéralement, en ruine. Il suffit d'ailleurs d'une averse nourrie pour qu'un énième édifice ne s'effrite.

Castello Aragonese CHÂTEAU

(099 775 34 38 ; 9h30-1h30, visites guidées toutes les 2 heures environ). GRATUIT Un commandant et quelques jeunes membres de la marine italienne vous accueillent en uniforme dans cet imposant château, avant de vous faire découvrir les casemates inférieures et supérieures (les petites pour les arquebuses, les grandes pour les canons), les plateformes surplombant la mer, les vitrines renfermant des trouvailles plus ou moins anciennes et la cour. La visite se poursuit vers la carrière de carparo et les vénérables fondations de cette forteresse érigée en 1492 pour répondre aux attaques des Turcs, avant d'être agrandie et modifiée au cours des siècles suivants. Une fois signé le quitus, le visiteur visionne une vidéo consacrée à la restauration des lieux et enchaîne avec un circuit d'un peu plus d'une heure. Le château est quasi accessible 24 heures sur 24, puisque les visites sont programmées de 9h30 à 1h30 du matin. Les colonnes en face de l'édifice sont les ultimes vestiges d'un **temple de Poséidon**.

Cattedrale di San Cataldo CATHÉDRALE

(099 470 75 45 ; Piazza Duomo ; 9h-12h et 16h30-19h). Dédiée au saint irlandais Catalde, installé à Tarente après son pèlerinage en Terre sainte au VIIe siècle, cette cathédrale du XIe siècle a été brûlée et remaniée à plusieurs reprises. Elle mêle aujourd'hui divers styles architecturaux, de la façade baroque signée Mauro Manieri à l'intérieur byzantin et roman. Sa curiosité : l'extraordinaire Cappella di San Cataldo, une chapelle à la profusion de marqueteries en marbre polychrome et de statues du XVIIIe siècle, avec une fresque exubérante au plafond de Paolo de Matteis. Surmonté d'un buste massif en argent représentant saint Catalde, l'autel abrite ses reliques. Également, belle crypte byzantine dans un style plus dépouillé, où sont conservées les dépouilles de plusieurs évêques de la ville.

Palazzo Pantaleo PALAIS

(099 458 17 26/099 458 17 31 ; Corso Vittorio Emanuele II ; tarif plein/réduit 2/1,50 € ; 9h-13h lun, mer et ven, 9h-18h mar et jeu). GRATUIT Bâti en 1770 par le baron Francesco Maria Pantaleo (remarquez les armoiries de la famille

TARENTE, THON ET "TARANTELLO"

Dans les Pouilles, la tradition de la pêche au thon remonte à la domination espagnole, à 1327 très exactement, lorsque diverses licences furent accordées sur la portion de côte entre Gallipoli et Tarente. C'est d'ailleurs aux pêcheurs tarentins que l'on doit l'invention du "tarantello". Partie supérieure du ventre du thon, ce délice fit sa première apparition au XVIe siècle, lors d'un déjeuner offert par le cardinal Campeggi à l'empereur Charles Quint. Aujourd'hui, le **thon Colimena** peut à son tour se targuer d'une longue histoire. Son secret ? Il passe deux heures dans un bain à remous avant d'être cuit dans un mélange d'eau, de sel et d'aromates (et non à la vapeur, comme dans les productions industrielles), puis plongé dans l'eau froide en fin de cuisson pour conserver sa couleur. Enfin, on procède normalement au nettoyage du morceau, à la mise en boîte et à l'ajout d'huile. Idéal avec un plat de spaghettis.

figurant un lion), ce palais donnant sur le Mar Grande a fait l'objet d'une réhabilitation terminée en 2012. Il abrite aujourd'hui les services municipaux et le **Museo Etnografico Alfredo Majorano**.

Chiesa di San Domenico Maggiore ÉGLISE
(Via Duomo ; 9h-13h et 17h-20h). Un bel escalier baroque permet d'accéder à cette église et à son **cloître** (9h-18h lun-ven, 9h-12h30 sam) à colonnades.Au niveau de l'aile nord, les fondations d'un théâtre grec subsistent en sous-sol.

Centro Culturale Filonide CENTRE CULTUREL
(330 43 86 46, www.filonidetaranto.it ; Corso Vittorio Emanuele II 39 ; tarif plein/-18 ans 4 €/gratuit ; sur rdv). Avec son énorme panneau en céramique devant l'entrée (œuvre de l'artiste locale Silvana Galeone), ce centre culturel original à but non lucratif se remarque instantanément. Remplis d'un bric-à-brac de meubles anciens, les salons peints de ce palais du XVIIe siècle, propriété du marquis de Beaumont Bonelli, donnent une idée du charme et de la grandeur passés de la vieille ville. Le centre propose des visites guidées des salles souterraines du palais et de l'appartement de la marquise. Il dispose en outre d'une **chambre d'hôtes** avec 4 mini-appartements (333 157 24 96/373 812 08 84 ; 25-40 €/pers).

BORGO NUOVO

Avec un centre historique abandonné à l'incurie, la négligence et la ruine, c'est dans le secteur adjacent que la vie locale s'est développée. Le Borgo Nuovo de Tarente offre une agréable surprise. Son plan en damier, sa belle rue piétonne bordée de cafés et de boutiques (Corso Umberto I), ses palmiers et la grande Piazza Garibaldi offrent un visage bien différent de la ville. Mais les difficultés y sont visibles là aussi : en témoigne le Palazzo degli Uffici, ce palais rose du XVIIIe siècle à côté du musée archéologique, en cours de restauration depuis 2003.

Museo Archeologico Nazionale MUSÉE
(099 453 21 12 ; www.museotaranto.it ; Via Cavour 10 ; tarif plein/réduit 5/2,50 € ; 8h30-19h30, dernière entrée à 19h). Également appelé MARTA, le principal musée de Tarente raconte l'histoire de la ville, de l'époque hellénistique jusqu'à la période byzantine, au fil de ses 17 salles. Bientôt (lorsque les travaux du 2e étage seront terminés), 9 salles supplémentaires couvriront la période entre protohistoire et époque archaïque. La collection actuelle, qui part du Ve siècle av. J.-C., compte certains des vestiges de la Grande-Grèce parmi les plus précieux des Pouilles. On notera tout particulièrement les céramiques, déjà confectionnées à Tarente au IVe siècle et vendues dans le reste du monde grec. Outre les spécimens corinthiens et laconiens, les pièces les plus importantes restent les vases attiques à figures noires et rouges, souvent décorés de scènes mythologiques. La fin de l'exposition vous réserve le trésor du musée : une collection de délicats objets d'orfèvrerie (boucles d'oreille, couronne de feuilles de laurier, bagues, scarabées) créés par des artistes locaux au IVe siècle av. J.-C. Ne manquez pas l'étonnant casse-noix, formé de 2 mains serrées, avec leurs 2 bras de bronze décorés de bracelets aux spirales en or.

Giardini Comunali Peripato PARC
(Piazza Kennedy ; 7h-22h ;). Une courte promenade le long de la Via Cavour vous mènera à ce jardin du XVIIIe siècle, devenu un beau parc urbain, avec aire de jeux pour enfants et vue sur le Mar Piccolo.

Concattedrale Gran Madre di Dio CATHÉDRALE

(☎099 779 69 31 ; Viale Magna Grecia, Via Blandamura 7). Véritable curiosité, cette cathédrale fut conçue en 1970 par l'architecte et designer milanais Gio Ponti (1891-1979). Adepte d'une ligne fonctionnelle, Ponti a puisé son inspiration dans la tradition maritime de la ville. La façade de l'édifice évoque une voile se reflétant dans les bassins du parvis, et les deux colonnes de chaque côté du presbytère soutiennent deux ancres. À voir pour l'extérieur comme pour l'intérieur.

ENVIRONS DE TARENTE

Parco Archeologico di Saturo SITE ARCHÉOLOGIQUE

(www.parcosaturo.it ; 3,50 € ; ⏲visites guidées toute l'année sur réservation ; 👪). À 12 km au sud-est de Tarente, entre les baies de Porto Satura et de Porto Perone, ce site habité depuis l'âge du bronze comporte les vestiges d'un sanctuaire grec, d'une villa romaine mais aussi d'une tour aragonaise, preuve que l'homme s'est toujours plu sur ce promontoire côtier. Le parc a été conçu pour encourager une découverte ludique de l'archéologie. Nombreuses activités pour les enfants le matin.

Activités

Taranto Sotterranea

Depuis 2014, l'association **Taranto Sotterranea** (☎347 620 47 00/348 575 38 29 ; www.tarantosotterranea.it ; site/parcours 2/6 € ⏲sur réservation) propose de découvrir plusieurs sites archéologiques souterrains de la ville, "à l'unité" ou lors de parcours.

Observation des dauphins

L'association **Jonia Delphin Conservation** (☎349 133 82 21 ; www.joniandolphin.it ; adulte/3-12 ans 40/20 € ; excursion de 6 heures en matinée ; ⏲sur réservation ; 👪) organise des excursions à bord du catamaran *Taras* (pouvant accueillir jusqu'à 35 personnes) pour aller observer les dauphins. Idéal pour les enfants.

Pêche

Depuis quelques années, nombre d'associations locales proposent des sorties en mer aux touristes. **Turismo Taranto** (☎324 686 49 17/388 389 39 57/327 334 20 56 ; www.turismotaranto.it ; adulte/5-13 ans/0-5 ans 35/25/17 € ; ⏲10h30-16h30 avec déj à bord, 19h-0h avec dîner à bord) vous invite à pêcher à bord du *SS. Crocifisso*, ou simplement à vous détendre quelques heures sur le *Sciara*. Dans les deux cas, déjeuner et dîner sont prévus.

Plages

Au sud de Tarente, la côte se transforme en une longue suite de **plages** de sable et de petites criques. **Lido Bruno** est la plus proche de la ville, mais c'est en voiture que vous rejoindrez les plus belles, comme celles de **Marina di Pulsano** et de **Lido Torretta** (p. 190).

En été, l'**AMAT** (www.amat.ta.it) met en place un service de bateaux reliant la ville aux superbes plages des **îles Cheradi** (San Paolo et San Pietro del Mar Grande), propriétés de l'armée, situées à quelques kilomètres. Le billet revient à 8 € (il inclut l'accès à l'établissement balnéaire) et s'achète à l'**Agenzia Appia** (☎099 479 24 90 ; www.appiaviaggi.it ; Via Dante Alighieri 168 ; ⏲9h-13h et 15h30-19h30 lun-ven, 9h-13h sam).

Fêtes et festivals

Addolorata et Misteri PROCESSION

(Semaine sainte). Le Jeudi saint, des milliers de personnes assistent à la procession de l'*Addolorata* (Notre-Dame des Sept Douleurs) et, le lendemain, à celle des *Misteri* (mystères). Pieds nus et vêtus de longues robes blanches, les pénitents portent sur leurs épaules de lourdes statues du Christ et de la Vierge.

Festa di San Cataldo PROCESSION EN MER

(8-10 mai). La statue en argent du saint patron est transportée en mer à bord d'un navire militaire que suivent les bateaux de pêche. Le soir, un spectacle pyrotechnique est donné au Castello Aragonese. Assistez-y en grignotant une *copeta*, croquant aux amandes vendu lors des fêtes.

Où se loger

La vieille ville compte plusieurs adresses de qualité. Toutefois, pour y séjourner, il est indispensable d'avoir un certain penchant pour les ruines.

CITTÀ VECCHIA

Buonanotte Margherita B&B €

(☎349 295 89 59 ; www.buonanottemargherita.it ; Via Duomo 260 ; Piazzetta San Francesco ; s/d 45/65 € ; ❄📶). Vue imprenable sur le centre historique depuis les petits balcons des deux chambres de ce B&B. Dans les parties communes, un réfrigérateur et des brochures sont à disposition, mais la charmante Ilaria, amoureuse de sa ville,

VAUT LE DÉTOUR

METAPONTO

Si vous aimez les sites archéologiques, ne vous privez pas d'une incursion en Basilicate pour visiter les vestiges de l'antique Métaponte (ou Metapontum), aujourd'hui Metaponto, à seulement 10 km de Marina di Ginosa et 55 km de Tarente.

Fondée par les Grecs entre le VIIIe et le VIIe siècle av. J.-C., Metapontum eut pour résident Pythagore, qui s'y réfugia et y enseigna après avoir été banni de Crotone, en Calabre, au VIe siècle av. J.-C. C'est là qu'il serait mort, et c'est en référence au grand philosophe-mathématicien qu'on appelle parfois "école de Pythagore" les vestiges d'un temple dorique (15 colonnes et une partie de pavement) qui se dressent à 3 km au nord de la ville. Toutefois, ils sont mieux connus sous le nom de **Tavole palatine** (Tables palatines), car le temple, dédié à Héra, aurait été construit à l'emplacement d'un ancien palais. Pour y accéder, empruntez la bretelle de la SS106 en direction de Tarente.

En ville, le **Museo Archeologico Nazionale** (☎0835 74 53 27 ; Via Aristea 21 ; tarif plein/réduit 2,50/1,25 € ; ⏲9h-20h mar-dim, 14h-20h lun) possède des objets datant de la préhistoire à l'époque romaine, en passant par la colonisation grecque. À 2 km au nord-est de la gare, sur l'**Area Archeologica** (entrée libre), subsistent les vestiges d'un **théâtre grec** et de plusieurs temples de style dorique.

Metaponto se situe sur la ligne de train Tarente-Reggio.

se fera un plaisir de répondre elle-même en italien à toutes vos questions. Le petit-déjeuner se prend au bar.

Baja delle Sirene B&B €€
(☎099 987 17 81 ; www.bajadellesirene.it ; Via Paisiello 56 ; s/d/qua 60/80/130 € ; ❄📶). Cet immeuble restauré du XIXe siècle, composé de six chambres (14 places au total) propres et modernes, est percé de grandes baies vitrées donnant sur la mer. Il possède une salle souterraine, à voir, avant de remonter faire un tour sur la terrasse qui accueille des manifestations en tout genre, essentiellement des concerts.

Hotel L'Arcangelo HÔTEL €€
(☎099 471 59 40 ; www.hotelarcangelotaranto.com ; Piazza Fontana 33/Via Garibaldi 3 ; s/d 60-65/80-90 € ; ❄📶). Récemment, ce petit trois-étoiles a remporté de nombreuses distinctions : parfaitement restauré, il bénéficie d'un emplacement enviable et d'une ambiance très agréable. Très bonne adresse malgré l'exiguïté de certaines chambres.

Albergo del Sole HÔTEL €€
(☎099 470 76 12 ; www.albergodelsoletaranto.it ; Piazza Fontana 45 ; s/d 65/85 € ; ❄📶). Au cœur de Piazza Fontana, tout au bout de la vieille ville, voici l'hôtel idéal pour qui apprécie les couleurs et les odeurs des ports de commerce, mais aussi pour qui souhaite rejoindre l'A14 rapidement. Du haut du solarium, vue sur la ville.

♥ **Hotel Akropolis** HÔTEL €€
(☎099 470 41 10 ; www.hotelakropolis.it ; Vicolo Seminario 3 ; s/d 85-90 € ; ❄📶🅿). Dans un édifice dont les fondations remontent à l'an mille, ce quatre-étoiles a tout ce qu'il faut pour gâter ses hôtes, de la vue splendide en terrasse jusqu'aux chambres confortables, dont beaucoup possèdent encore leur pavement d'origine, en faïence.

BORGO NUOVO

Hotel Europa HÔTEL €€
(☎099 452 59 94 ; hoteleuropataranto.it ; Via Roma 2 ; s/d 80/135 € ; ❄📶). La vue sur le Mar Piccolo qu'offrent la plupart des chambres (simples équipées de lits "king size", doubles aux allures de petit appartement) est loin d'être le seul point fort de cet excellent hôtel.

Où se restaurer

À Tarente, la moule est reine ! En effet, les *citri*, des sources sous-marines, produisent ici un mélange d'eau douce et saumâtre parfait pour l'élevage de ces mollusques, comme en témoigne le nombre de pieux émergeant du Mar Piccolo. Les amateurs pourront accompagner les moules d'une pinte de Raffo, une bière née à Tarente en 1919 et qui fait l'objet d'un sympathique festival à la **Rotonda del Lungomare** (www.birraraffo.it), en septembre.

CITTÀ VECCHIA

Le plus vieux *pittaggio* ("quartier", dans le dialecte tarentin) de la ville n'ouvre pas vraiment l'appétit, sans compter que les bars y sont rares et peu reluisants. Cela dit, en face du Porto Mercantile, vous trouverez 2 ou 3 bonnes trattorias.

Trattoria L'Orologio TRATTORIA €
(099 460 87 36 ; Via Duca D'Aosta 27, Viale della Stazione ; repas sans/avec antipasto 10 /15 € ; 12h-14h30 et 20h-22h30, fermé sam soir et dim). Bien qu'elle soit aujourd'hui tenue par Piero, cette trattoria de 1938 est encore surnommée "da Ugo", du nom de l'établissement d'origine, installé sur le Largo San Nicola. Elle n'est donc plus derrière une horloge (*orologio*, en italien), mais près de la gare. Pour autant, la cuisine est toujours simple et authentique, et le rapport qualité/prix très intéressant. L'établissement fait salle comble. Le soir, mieux vaut réserver.

Al Canale RESTAURANT €€
(099 476 42 01 ; www.ristorantealcanaletaranto.it ; Discesa Vasto ; repas 50 €, menu dégustation 45 € ; fermé dim soir). Un bel établissement situé au bord d'un canal (d'où son nom), avec un petit jardin et une vue époustouflante sur les "deux mers". Outre ses plats de poisson d'une incroyable fraîcheur, l'endroit privilégie les produits crus : crevettes, langoustines, bar, thon, rouget et rascasse. De quoi justifier le titre mérité de meilleure table de Tarente.

BORGO NUOVO

Ici, l'ambiance dans les restaurants est bien différente. L'été, il y a foule sur le Corso Due Mari.

Panificio Due Mari BOULANGERIE €
(099 453 45 84 ; Via Matteotti 16 ; 7h-0h env lun-sam, également le dim pour les pizzas). Elle a beau ne pas compter la moindre table, cette boulangerie ne désemplit jamais. D'ailleurs, il ne s'agit pas tout à fait d'une boulangerie, puisqu'on y trouve, entre autres surprises, un four à bois pour les pizzas et un présentoir de fromages/charcuterie pour les *pucce* (sandwichs typiques).

Trattoria Gesù Cristo TRATTORIA €€
(099 477 72 53 ; Piazza Romellini 8 ; repas 30 € ; fermé dim soir et lun). Gesù Cristo (Jésus Christ) est le surnom donné au grand-père d'Alessandro et de Pasquale Caso, les petits-fils qui tiennent cette table née il y a 70 ans dans l'arrière-boutique d'une poissonnerie. Souvent fixe, le menu propose des moules diversement apprêtées, mais aussi des *linguine* aux palourdes et du poisson grillé ou en friture. Un établissement sans façons, doté d'une ambiance qui en fait l'une des meilleures *osterie* de Tarente.

Trattoria al Gatto Rosso RESTAURANT €€
(099 452 98 75 ; www.ristorantegattorosso.com ; Via Cavour 2 ; repas 40 € ; fermé dim midi en août, lun le reste de l'année). À deux pas du musée archéologique et de l'un des plus jolis points de vue sur le Mar Piccolo. Pour en profiter, nous vous conseillons de réserver une place à l'extérieur, les tables étant rares. L'intérieur est toutefois agréable lui aussi, tapissé des vieilles photos de famille. En cuisine, Agostino et ses parents, Elisa et Rino, savent s'y prendre : poulpe braisé avec purée de fèves, gambas frites, *ruote pazze* (pâtes en forme de roue) au grondin perlon, bar en croûte de pommes de terre, etc.

Où prendre un verre

Cibo per la Mente – Caffè Letterario CAFÉ/MANIFESTATIONS
(099 400 75 20 ; ciboperlamentetaranto.it ; Via Duomo 237-239 ; presque tlj, vérifier les horaires sur Facebook). Plus qu'un café, un lieu de rencontres. Faites un tour chez Claudia et Barbara, le temps de goûter à la tarte maison, de prendre un verre ou d'écouter un concert. En hiver, on se serre dans la petite salle, dès les beaux jours, on s'installe sur la jolie placette de la vieille ville.

Renseignements

OFFICE DU TOURISME

L'**IAT** (334 284 40 98 ; Piazza Castello ; 9h-21h lun-sam et 9h-14h dim l'été, horaires variables l'hiver mais ouvert tous les matins lun-ven) est installé dans le château.

SERVICES MÉDICAUX

Farmacia Schiavone (099 452 19 04 ; Via Regina Margherita 46/48 ; 9h-13h et 17h-20h30 lun-ven). Grande pharmacie située en centre-ville.

Guardia medica (Médecins de garde ; 099 80 96 66 ; 20h-8h lun-ven, 24h/24 sam-dim)

Ospedale di Sant'Antonio Abate (0923 80 91 11 ; Via Cosenza). Hôpital.

URGENCES

Ambulance (118)

Police (099 454 51 11 ; Via Palatucci 5)

Depuis/vers Tarente

Le bus est le moyen le plus facile de rejoindre et de quitter Tarente, en raison de sa situation géographique.

BUS

Les **bus des Ferrovie del Sud Est** (FSE ; www.fseonline.it) partent pour Bari (6,70 €, 2 heures 30 environ, départs fréquents) depuis le Porto Mercantile, et pour Lecce (6,30 € ; 2 heures environ) depuis le Porto Mercantile, la Piazza Castello ou le Viale Unicef.

TRAIN

Prendre le train pour rejoindre la province ne vaut la peine que pour se rendre à Bari (8,40 €, 1 heure 30) ou à Metaponto (3,10 €, 35-55 min, départs fréquents), en Basilicate. Les autres destinations principales sont desservies, mais avec des correspondances. Des **trains de Trenitalia** (www.trenitalia.com) quittent régulièrement Tarente pour Brindisi (4,90 € ; 1 heure-1 heure 40). Changement à Bari pour Naples ou Rome et à Brindisi pour Lecce.

VOITURE

Tarente est accessible depuis Bari (SS100) et Brindisi (SS7). Les routes nationales SS7 et SS100 relient aussi Tarente à Massafra et Mottola. Juste après Massafra, vous trouverez également la sortie pour Matera. Pour longer la côte en direction du sud-ouest, il faut emprunter la SS106, une route nationale à 2 voies presque toujours engorgée.

Comment circuler

DEPUIS/VERS L'AÉROPORT DE BRINDISI

Du lundi au samedi, la **CTP** (099 732 42 52) assure un service de navette entre Tarente et l'aéroport de Brindisi (5,50 € ; départ de Tarente : 5h, 10h25, 14h10, 17h40 et 20h30 ; départ de l'aéroport : 9h, 11h55, 16h10, 19h05 et 23h30). Le point de départ est à proximité de l'ancienne aire de camping-car de la Via Mascherpa, où l'on trouvera aussi un parking gratuit et surveillé. Achat des billets à bord.

TRANSPORTS PUBLICS

Les bus des lignes 1/2, 3 et 8 de la compagnie **AMAT** (www.amat.ta.it ; Via d'Aquino 21) relient la gare ferroviaire à la ville moderne. Les bus des lignes 14, 15 et 16 desservent les plages (0,90 €, 1,50 € à bord).

Pour appeler un **taxi**, adressez-vous à **Radio Taxi Drive** (099 453 48 28 ; 24h/24) ou **Radio Taxi Due Mari** (099 735 48 58).

Des parkings payants (parcmètre, 1 €/heure) se trouvent sur la Piazza Garibaldi et la Piazza Castello.

LA CÔTE IONIENNE DE MARINA DI GINOSA À TORRE COLIMENA

Ouest de Tarente

Pour une journée de soleil et de baignade, faites route sur la SS106 vers **Marina di Castellaneta**, à 37 km de Tarente, dont les hauts pins d'Alep luxuriants cachent les habitations. Cette station balnéaire dispose de services en tous genres (des pizzerias aux discothèques en passant par les supermarchés et les écoles de voile) et d'un front de mer bien aménagé.

À une quinzaine de kilomètres de Marina di Castellaneta, **Marina di Ginosa** est une localité de bord de mer à la circulation dense. Elle est connue non seulement pour sa grande plage (où alternent installations touristiques et portions de plage libre) et la propreté de ses eaux, mais aussi pour sa **Pineta Regina**, une pinède touffue de 530 hectares.

Est de Tarente

Les plages de **Marina di Pulsano**, qui se partagent entre rochers et sable foncé, sont belles et peu fréquentées, même en haute saison. Plus à l'est, de la Torre Sgarrata à Marina di Lizzano, la côte est façonnée par des dunes parmi les mieux préservées du littoral ionien. Pour un bon bain de mer, direction **Lido Torretta** (dont le nom provient de la Torre Zozzoli, tour de guet sarrasine).

Où se loger

Antica Masseria Jorche MASSERIA €€
(099 957 33 55 ; www.jorche.it ; Contrada Jorche, Torricella ; ch/app 36-71 €/pers, demi-pension 49-95 € ; toute l'année ;). Nul ne quitte cette belle *masseria* nichée entre les oliviers sans ressentir une formidable nostalgie de l'accueil, de l'ambiance, de la bonne cuisine, de la sieste dans le hamac, du retour de la mer (à tout juste 5 km), des cours de cuisine ou encore de la séance détente dans le Jacuzzi.

Où prendre un verre

La'nchianata BAR EN PLEIN AIR
(349 594 71 00/368 730 51 00 ; www.lanchianata.it ; Via Per Mare, SP131 Grottaglie Mare km 4, Torricella ; l'été). Si vous appréciez la musique

LA MASSERIA QUIS UT DEUS

Depuis quelques années, des projets de mise en valeur du territoire compris entre Crispiano et Marina di Pulsano ont vu le jour. Les deux principaux sont **Green Road** (www.greenroad.it), visant à promouvoir le tourisme par la mise en place d'itinéraires de découvertes, et le **Consorzio Cento Masserie** (www.centomasserie.it), qui a pour but de sauver des affres du temps l'immense patrimoine historique et culturel des *masserie* (dans la seule contrée de Crispiano, on en compte presque une centaine). L'un de ses défenseurs, Gino Tafuto, est le propriétaire de la **Masseria Quis ut Deus** (☎099 811 01 16 ; www.masseriaquisutdeus.com ; tarifs variables selon les formules et offres, consulter le site ; SP 49, Crispiano ; ⏲toute l'année ; ❄📶🅿🏊). Située à moins de 10 km de Crispiano, en direction de Martina Franca (p. 144), elle possède une dizaine de chambres doubles abritées dans de vieux *trulli*, ces fameuses maisonnettes circulaires en pierre. L'établissement, haut de gamme, est doté d'un spa, d'une paisible piscine au milieu d'un maquis luxuriant, et d'un jardin minéral construit autour d'un olivier. Le *trullo* dans lequel se trouvait autrefois le four sert aujourdhui pour des massages détoxifiants.

traditionnelle, ou aimez juste boire un verre sous un ciel étoilé non loin de la mer, pensez à ce bar niché dans la campagne de Torricella, au milieu des oliviers. Connu essentiellement pour le Popularia Festival, il propose aussi des DJ sets et de la bonne musique variée.

Campomarino

Des dunes, encore des dunes, toujours des dunes (interrompues à un endroit par la route côtière SP122) : largement couvertes de maquis méditerranéen, celles du **Parco delle Dune di Campomarino** sont parcourues de passerelles en bois pour rejoindre la mer facilement – un endroit particulièrement envoûtant, et peu fréquenté, qui appartient à la commune de **Maruggio**. En chemin, si vous veniez du nord, vous vous êtes peut-être arrêté à la **Spiaggia di Piri Piri**. Sa particularité : la présence de nombreuses sources d'eau douce, que l'on peut sentir sous ses pieds en creusant un peu dans le sable, à quelques mètres du rivage.

Torre Colimena

Une fois dépassée la Salina dei Monaci ("marais salant des Moines"), dont on sent surtout l'odeur (la végétation sur les côtés de la route est tellement dense qu'elle en obstrue la vue), on atteint la Torre Colimena. Remarquable par son impressionnant escalier hors œuvre, cette tour fut construite pendant la seconde moitié du XVIe siècle pour mieux protéger la zone du nombre croissant d'incursions de pirates. Elle se dresse au bout d'une longue portion de côte rocheuse gris foncé, déchiquetée et irrégulière, et donc peu accueillante pour les baigneurs. Voilà probablement pourquoi il n'y a jamais foule.

PARCO REGIONALE DELLE GRAVINE DELL'ARCO IONICO

Le nord de la province se caractérise par un paysage spectaculaire de gorges calcaires, appelées *gravine*, dessinant comme un amphithéâtre géant autour de Tarente et connu sous le nom d'"Arc ionien". Les cavités naturelles dispersées sur la roche calcaire ont été occupées par l'homme à partir de la préhistoire, où elles servaient d'abri naturel, jusqu'au Moyen Âge, et parfois jusqu'à des époques relativement récentes. D'où la physionomie de certains bourgs perchés comme Massafra ou Ginosa : en surplomb de la falaise, la ville moderne ; en contrebas, des galeries souterraines creusées dans les parois calcaires où se nichent habitations et églises troglodytiques.

ESCALADE DANS LA GORGE DE STATTE

Depuis 2007, Statte est le paradis des mordus d'escalade. Une centaine de voies ont été aménagées dans la gorge qui environne cette commune du Parco Regionale delle Gravine dell'Arco Ionico, située à 10 km de Massafra.

À NE PAS MANQUER

EXCURSION À MATERA

Si l'habitat rupestre est commun dans cette région des Pouilles, c'est Matera, en Basilicate, qui en offre la plus stupéfiante vision. D'où que l'on arrive, à l'approche de la ville, la découverte des célèbres *sassi* (habitations troglodytiques), étagés sur les flancs d'une gorge, vous laissera un souvenir inoubliable. Le soir, éclairée par une myriade de lumières jaunes, Matera prend des airs de crèche. Ce décor biblique n'a pas laissé indifférent le cinéma : Pier Paolo Pasolini y a tourné en 1964 l'*Évangile selon saint Matthieu* et Mel Gibson, sa version de la *Passion du Christ* (2004). Prévoyez une bonne journée d'excursion pour découvrir cette ville, classée au patrimoine mondial de l'Unesco.

Sur les 3 000 grottes que compte Matera, la plupart furent habitées jusque dans les années 1950. À la fin de la décennie, le gouvernement relogea plus de 15 000 familles, qui occupaient les *sassi* dans des conditions de vie misérables. Aujourd'hui, nombre d'édifices abandonnés tombent en ruine, mais d'autres ont été restaurés et aménagés en logements confortables, en restaurants et en hôtels chics.

L'accès à la vieille ville se fait facilement depuis la ville moderne en suivant les panneaux touristiques. Les *sassi* se sont développés dans deux amphithéâtres naturels aux abords de la ville, le **Sasso Barisano** et le **Sasso Caveoso**. Dans le premier, au nord-ouest, le mieux restauré, vous découvrirez la **Chiesa di Madonna delle Virtù** et la **Chiesa di San Nicola del Greci** (Via Madonna delle Virtù). Ces deux églises creusées à l'origine dans le calcaire par des moines sont ornées de nombreuses fresques. Dans le second site, le **Sasso Caveoso**, au nord-est, d'autres fresques décorent les églises rupestres de **Santa Maria de Idris** (Piazza San Pietro Caveoso ; tarif plein/réduit 3/2 €) et **Santa Lucia alle Malve** (Via La Vista ; tarif plein/réduit 3/2 €). N'hésitez pas à déambuler entre les *sassi* pour avoir une idée de la vie troglodytique et faites étape à **La Raccolta delle Acque** (www.laraccoltadelleacquematera.it, Via Bruno

Créé en 2005, le **Parco regionale delle Gravine dell'Arco ionico** (www.parcogravine.it) protège ce territoire éminemment fertile, ce qui lui a valu un autre surnom : la Conca d'oro ("Cuvette dorée"). Là triomphe la clémentine IGP (indication géographique protégée), qui a pour "capitale" Palagiano. Plus au sud, les *gravine* laissent place au littoral sablonneux de la mer Ionienne qui se déroule à l'ombre des pins d'Alep

Massafra

32 900 HABITANTS

Connue comme la *terra dei masciari*, la "terre des magiciens", sans doute en raison de son abondance en plantes médicinales, Massafra est la plus grande ville de l'Arc ionien. Elle surgit sur une terrasse donnant à la fois sur la côte et les montagnes. Traversée par 3 ponts d'une hauteur impressionnante, la Gravina di San Marco (gorge de San Marco) sépare la ville en deux : la ville moderne (Borgo Santa Caterina, sur le flanc est) et la vieille ville (la Terra, sur le flanc ouest). Une autre gorge, la Gravina della Madonna, donne son nom à un sanctuaire tout proche.

Principale curiosité de Massafra, ses grottes disséminées dans les gorges ont servi d'habitat troglodytique ou de lieux de culte.

À voir

À Massafra, près de 35 églises ou cryptes troglodytiques ont été amenagées dans le tuf, mais seul un petit nombre est ouvert au public. Pour les découvrir, il faut recourir à des visites guidées, en s'adressant par exemple à la Cooperativa Nuova Hellas (p. 194) qui propose 2 parcours différents. Pensez à vous munir de bonnes chaussures et de vêtements chauds.

Le premier circuit s'enfonce dans la **Gravina della Madonna della Scala**, aux abords de la ville. D'après la légende, on y trouva des biches en adoration devant une icône byzantine de la Vierge. Cet épisode aurait donné lieu à la construction en 1730 d'un **sanctuaire** dédié à la Madone (accessible par un imposant escalier de 125 marches) : une église à la façade baroque ayant pour chef-d'œuvre Une *Vierge à l'Enfant* du XIIIe siècle conservée dans une niche, au fond de l'abside.

Depuis le parvis de l'église, on descend à la **Chiesa Rupestre della Madonna della Buona Nuova** (VIe-VIIe siècles), ornée,

Buozzi 67 ; 2,50 € ; ⏲9h30-13h et 14h-19h avr-oct, 9h30-13h nov-mars) pour en savoir plus sur le système de citernes souterraines de Matera. Enfin, les collections du **Museo della Scultura contemporanea** (www.musma.it, Via San Giacomo ; ⏲10h-14h mar-dim et 16h-20h sam-dim ; tarif plein/réduit 5/3,50 €) sont exposées dans des grottes. Toutefois, le joyau de Matera, au sud de la ville et visible uniquement sur réservation, reste la **Cripta del Peccato originale** (www.criptadelpeccatooriginale.it). Ses fresques des VIIIe et IXe siècles figurant des scènes de l'Ancien Testament lui ont valu le surnom de chapelle Sixtine des églises rupestres.

Perchée en haut de la falaise, la ville moderne compte des églises et des palais élégants comme sur la Piazza Vittorio Veneto. Au **Museo nazionale d'Arte medievale e moderna della Basilicata** (Palazzo Lanfranchi ; tarif plein/réduit 2/1 € ; ⏲9h-20h jeu-mar), arrêtez vous devant *Lucania '61*, immense fresque représentant la vie rurale. Son auteur, Carlo Levi (1902-1975), est resté lié à la région bien après son exil dans un village de Basilicate au temps du fascisme, qu'il a raconté dans *Le Christ s'est arrêté à Eboli* (1945). Avant de partir, admirez le Duomo (Piazza del Duomo) : la sobre façade romane de la cathédrale contraste de façon étonnante avec son exubérant intérieur baroque.

Le Caffe Tripoli (Piazza Vittorio Veneto) est parfait pour un café le matin ou un apéritif le soir. Pour un repas complet, optez pour Il Cantuccio (☎0835 33 20 90 ; Via delle Becchiere 33 ; repas 25 € ; ⏲mar-dim), une accueillante trattoria à la délicieuse cuisine de saison près de la Piazza Vittorio Veneto.

On peut facilement rejoindre Matera depuis Tarente avec les bus SITA (5,50 €, 2 heures, 6/jour) ou depuis Bari avec les Ferrovie Appulo-Lucane, en train (4,50 €, 1 heure 30, 12/jour) ou en bus (4,50 €, 1 heure 30, 6 /jour). Si vous êtes en voiture, faites impérativement un arrêt photo sur le **belvedère** du plateau de la Murgia qui ménage une vue fantastique sur Matera. Il se situe sur la route Tarente-Laterza à 3 km de Matera en suivant les panneaux indiquant les *chiese rupestri*.

entre autres, d'une grande fresque de la Déisis (thème byzantin courant montrant le Christ Pantocrator entre la Vierge et saint Jean-Baptiste). Autour s'étend un village troglodytique, auquel on accède par un sentier quelque peu ardu le long de la gorge. En revanche, c'est un escalier plus pratique qui mène à l'intérieur de la **Farmacia del Mago Greguro**, Greguro ayant été un magicien-guérisseur. Cet ensemble est composé d'une douzaine de grottes creusées d'une centaine de niches qui servaient sans doute à la conservation des herbes médicinales. En effet, le microclimat particulier des gorges favorise la pousse de ces plantes dont on dénombre encore aujourd'hui environ 400 espèces (pour un détour par la pharmacie, demander à la Cooperativa Hellas). Toujours sur ce parcours, enfin, on peut visiter la Grotta del Ciclope, jadis place centrale du village.

Le second itinéraire descend dans la **Gravina San Marco**. Il part de **San Leonardo**, une église grecque orthodoxe à l'origine tapissée de fresques. Grâce à la ciculation ininterrompue de l'air qui les a protégées de l'humidité, il en reste beaucoup en bon état, datant de la fin du XIIIe-début du XIVe siècle. La principale représente le *Christ Pantocrator entouré de la Vierge et des saints*.

En serpentant en pente raide au milieu des figuiers de Barbarie et des câpriers sauvages, on descend jusqu'à la deuxième étape : la **Chiesa della Candelora**, ou "église de la Chandeleur". Elle tire son nom d'une fresque du XIIe siècle illustrant l'épisode à l'origine de cette fête : *La Présentation de Jésus au temple*.

Troisième étape, la **Chiesa di Sant'Antonio Abate**, transformée au XIXe siècle en un hôpital aujourd'hui désaffecté. À quelques mètres en dessous, deux églises — l'une de rite latin, l'autre de rite grec orthodoxe – ont été réunies en une seule crypte abondamment ornée de fresques. Vous pourrez ensuite achever votre parcours en visitant le **village de Santa Marina**, creusé autour de l'an mille, habité jusqu'au XVe siècle, puis repeuplé au XIXe siècle.

Avant de quitter Massafra, arrêtez-vous sur le Ponte Vecchio pour admirer le panorama sur le **village de Santa Marina** et la **Casa dell'Igumeno** (le "Paradis de Massafra", tout est dit) et, vers le nord, sur le

LE PAIN À LA CROIX

Laterza possède une vieille recette de pain à base de farine de remoulage, levé lentement (plus de 5 heures), et cuit dans des fours dont le bois est aromatisé. On reconnaît ce pain à sa croûte épaisse, de teinte sombre, à sa forme arrondie, mais surtout à la croix qui le marque.

Castello Normanno (338 565 96 01 ; contacter l'office du tourisme pour des visites guidées). Aujourd'hui propriété de la commune, ce château normand érigé aux alentours de l'an mille passa aux mains des Angevins puis des Aragonais et, à la fin du XVIIIe siècle, à celles de la famille Imperiali, qui lui donna son aspect actuel. Il héberge la bibliothèque municipale et le Museo Civico dell'Olio e del Vino.

Où se loger

Casa Camilla B&B €
(328 969 83 12 ; www.casacamilla.eu ; Via Messapia 84 ; d/tr 60/75 € ;). Quatre chambres confortables et trois petits-déjeuners parmi lesquels choisir en remplissant la veille la fiche qui vous aura été remise. Une bonne option dans le centre historique.

Masseria La Brunetta MASSERIA €€
(099 880 09 42 ; www.masserialabrunetta.it ; Via Chiatona ; s/d 80-120/150 € ;). Maison de maître classique avec murs blanchis à la chaux et chambres aux meubles faits sur mesure, idéalement située entre Massafra et ses plages. L'été, la pierre confère à l'intérieur une fraîcheur bienvenue, prodiguée à l'extérieur par la grande piscine. Un peu froid l'hiver.

Où se restaurer

Il Ritrovo degli Ostinati RESTAURANT €€
(392 047 66 22 ; Via de Carlo 10 ; repas 25-30 € ; soir uniquement, également dim midi l'hiver). Si vous avez trottiné toute la journée d'une église à l'autre, remettez-vous en dégustant les abondantes portions mitonnées par Gaetano, et servies sur une terrasse avec vue dans une ambiance intime.

Falsopepe RESTAURANT €€
(099 880 46 87/348 042 05 41 ; www.falsopepe.it ; Via II SS Medici 45 ; repas 40 € ; soirs jeu-dim l'été, + dim midi l'hiver). Cet établissement a ouvert ses portes en 1828 dans le plus vieux quartier de Massafra, Santi Medici. Repris en 1994 par une troupe de théâtre, Le Forche, il a depuis connu plusieurs gérants jusqu'à Vincenzo et Anna, lui sommelier et elle chef. Au menu : tagliatelles au ragoût de sanglier et champignons, morue et desserts faits maison. La plupart des ingrédients proviennent du potager. Mieux vaut réserver : le nombre de couverts est limité.

Renseignements

Pour visiter les églises troglodytiques, réservez auprès de l'**office du tourisme** (099 880 46 95 ; www.massafraturismo.it ; Piazza Garibaldi, à l'hôtel de ville ; 9h30-12h30 lun-sam) ou de la **Cooperativa Nuova Hellas** (horaires variables et arrangements possibles), située dans la vieille ville. Visites d'environ 1 heure 30, 10 €/pers.

Depuis/vers Massafra

Massafra se trouve à 17 km de Tarente par la SS7. Des **bus Ferrovie del Sud Est** (www.fseonline.it) partent de la Piazza Castello (1,40 €, 25-35 min, départs fréquents) à Tarente.

Mottola

16 350 HABITANTS / ALTITUDE 386 M

Surnommée *spia dello Ionio* ("espionne de la mer Ionienne") ou *balcone della Puglia meridionale* ("balcon des Pouilles méridionales"), Mottola jouit d'une situation exceptionnelle. Du haut de son belvédère, la Rotonda, perché dans la vieille ville, le regard embrasse tout ce qui se trouve entre le golfe de Tarente et les montagnes de l'Alta Sila (Haute Sila). On comprend pourquoi les Alliés l'occupèrent pendant la Seconde Guerre mondiale. Mais comme Massafra, Mottola offre un autre intérêt : les extraordinaires sanctuaires troglodytiques qui l'entourent.

À voir

Pour visiter les merveilleuses églises rupestres des environs, il faut réserver auprès de l'office du tourisme (voir ci-contre), qui propose 3 parcours différents.

Le premier (15 €/pers ; environ 3 heures) est consacré aux **Grotte di Dio**, des églises bâties entre le Ve et le XVe siècle, dont les plus impressionnantes sont Sant'Angelo, Santa Marghertita, San Gregorio, et San Nicola. Cette dernière, parfois appelée "chapelle Sixtine des églises rupestres", présente un cycle particulièrement complet de fresques des XIIe-XVe siècles mêlant influences byzantines et latines. La plus ancienne, une Déisis, se déploie sur l'abside, tandis que sur les murs s'alignent plusieurs saints et saintes, dont sainte Pélagie, presque jamais représentée en Occident mais vénérée dans les Balkans ; cela explique pourquoi cette église demeure un lieu de pèlerinage pour les chrétiens grecs orthodoxes.

Le deuxième (10 €) part à la découverte de la **Gravina di Petruscio**, la plus belle gorge des environs, percée de grottes naturelles recreusées à mains d'hommes pour communiquer entre elles jusqu'à former de véritables édifices dans la roche.

Le troisième circuit (3 €) comprend la visite du **centre historique**, des **murailles hellénistiques** et des **églises de la ville**.

Où se loger

Villaggio Vecchia Mottola APPARTEMENTS €
(☎099 886 64 24 ; www.vecchiamottola.it ; Corso Umberto I 78 ; d à usage individuel/d 40-50/55-69 € ; ❄). Cette enseigne regroupe plusieurs appartements équipés (TV, cuisine) à louer, dispersés dans les ruelles du centre historique. La réception sert également d'office du tourisme pour les clients, de point Internet et Wi-Fi et de boutique où acheter huile, vin et autres spécialités du terroir. Prix tout à fait raisonnables.

Hotel Villa Petruscio HÔTEL €/€€
(☎099 886 62 14 ; www.villapetruscio.it ; Via S. Allende 158 ; s/d 50-60/65-75 € ; ❄ P ᯤ). Installé au milieu d'un beau jardin à 800 m du bourg, ce trois-étoiles offre le confort d'un hôtel de catégorie supérieure et un emplacement stratégique pour rejoindre les sites touristiques.

Où se restaurer

Sale e Pepe PIZZERIA €
(☎099 886 77 45 ; Via Torretta 15 ; ⏲ fermé lun). Un établissement sans prétention pour manger une pizza correcte ("à la romaine", c'est-à-dire à la pâte fine), boire une bière locale (la Raffo) avec, en prime, café et dessert, le tout pour 10 €.

La Tavernetta PIZZERIA €
(☎347 58 69 983 ; Via Vanvitelli 1 ; ⏲ fermé mar). Excellentes pizzas cuites au feu de bois et assortiment honnête de savoureux antipasti. Tout près de la place centrale.

La Cremeria GLACIER €
(☎099 886 22 29 ; www.lacremeriagelati.com ; Via Palagianello 128 ; ⏲ 7h-13h et 15h-0h, parfois plus tard, journée continue en été). Fabriqués dans l'atelier attenant, les glaces et *semifreddi* (parfaits à l'italienne) artisanaux de ce pâtissier-glacier sont extraordinaires. Mention spéciale à la glace au lait de chèvre, servie avec un filet d'huile d'olive extra-vierge.

Renseignements

Office du tourisme (☎099 886 76 40 ; www.comune.mottola.ta.it ; Viale Jonio ; ⏲ 9h-13h et 15h-19h l'hiver, 9h-13h et 14h-18h l'été).

Depuis/vers Mottola

De Tarente, prendre le **bus** de la compagnie **Ferrovie del Sud Est** (www.fseonline.it), qui part de Piazza Castello (2,10 €, 30-45 min, départs fréquents). Mottola est à un peu plus de 10 km à l'ouest de Massafra, sur la SS100.

Palagianello

7 800 HABITANTS

Plus petite commune du Parco delle Gravine, Palagianello est facilement accessible après la visite des églises rupestres de Mottola, d'autant plus que la route offre une superbe vue sur une profonde gorge. Le bourg est dominé par l'imposant **Castello Stella Caracciolo** (⏲ 099 843 42 15 ; contribution pour la visite guidée ; ⏲ sur réservation), un château du XVIe siècle à plan quadrangulaire, flanqué de grosses tours d'angle. À quelques dizaines de mètres à l'ouest, on peut parcourir les sentiers qui sillonnent la gorge juste au-dessous de la ville : ils mènent à un village troglodytique et débouchent sur un parc aménagé à l'ombre de pins majestueux. Juste devant le château s'étend la grande place de Palagianello, d'où descend la rue principale.

Où se restaurer

Cette petite ville compte deux des chefs les plus inventifs des Pouilles, œuvrant respectivement à la Masseria Petrino et à La Strega.

♥ **Masseria Petrino** RESTAURANT €€
(☎099 843 40 65 ; www.masseriapetrino.it ; Petrino ; repas 40 € ; ⏲ fermé lun l'hiver, ouvert tlj l'été). Dans une maison de maître du XIXe siècle en pleine verdure, Michele Rotondo régale ses hôtes d'une cuisine entre mer et terre revisitant les recettes locales : *panzanella* de poisson, *spaghettini* froids à la sériole crue, merlu à la truffe noire d'été. Délectable, mais contre-indiqué aux amateurs de portions copieuses.

♥ **La Strega** RESTAURANT €€€
(☎099 844 46 78 ; Via Fratelli Bandiera 61 ; repas 45 € ; ⏲ fermé lun et mar midi). Ce qui étonne dans ce restaurant tenu par le chef Vito Netti,

L'ART DE LA CÉRAMIQUE

Deux facteurs ont fait de Grottaglie la capitale de la céramique de la Terra d'Otranto au Moyen Âge : la proximité avec le port de Tarente, qui en facilitait le commerce, et la possibilité d'extraire l'argile des carrières alentour. Tout commença par des objets d'usage domestique et quotidien, qui se diversifièrent au cours des siècles. Grottaglie atteignit son âge d'or aux XVIIe et XVIIIe siècles, lorsque se produisit une sorte de syncrétisme régional influencé par le baroque alors triomphant : les céramiques se distinguèrent d'abord par un blanc éclatant, puis par un bleu foncé uniforme. Au XIXe siècle, époque où le goût se fit un peu moins raffiné et la production plus populaire apparurent les céramiques d'un brun de manganèse intense et celles avec des motifs floraux. Dans les divers dépliants que vous trouverez à Grottaglie, vous apprendrez qu'il existe plusieurs types de céramiques, dont la *capasonara* (de "*capasoni*", récipients pour conserver des aliments), la *faenzara* (du nom de la ville de Faenza), la *maiolica* (majolique : objets blancs, souvent décorés de la petite fleur bleue et du coq de ferme, typiques), la *greca* (qui inclut les vases reprenant les motifs de la Grande-Grèce et les masques en terre cuite) et, pour finir, la moderne. Il est très probable que vous choisissiez cette dernière : c'est celle que la nouvelle génération de céramistes met fièrement en avant.

c'est la différence entre le cadre, loin d'être exceptionnel, et le délicieux contenu de l'assiette, incomparable, à l'image des gnocchis de pommes de terre au ragoût de palourdes et au pesto de tomates vertes.

Renseignements

L'**office du tourisme** (☎ 099 843 42 15 ; Via D'Azeglio ; 9h30-12h30 mar-mer et ven, 16h-18h jeu) est installé dans la mairie.

Depuis/vers Palagianello

Palagianello est accessible en voiture par la SS7 depuis Tarente (34 km), et en **bus** par la ligne no 293, gérée par **CTP Taranto** (www.ctptaranto.com ; 2,40 €, 45 min).

Castellaneta

17 000 HABITANTS

Dédale de ruelles toutes blanches surplombant une gorge spectaculaire (la seule de la région où l'eau coule encore), le centre historique de Castellaneta vous plongera hors du temps.

La ville a vu naître en 1895 Rodolfo Guglielmi, qui s'imposa à Hollywood sous le nom de Rudolph Valentino comme l'une des premières grandes stars du cinéma muet. Un petit **musée** (☎ 099 849 31 92 ; Via Vittorio Emanuele 119 ; 3 € ; 10h-12h30 mar-ven et 10h-12h30 et 17h-20h30 sam-dim l'hiver, 10h-12h30 et 17h-20h30 mar-sam et 17h-20h30 dim l'été) rend hommage à l'acteur disparu précocement en 1926.

Renseignements

Office du tourisme (Pro Loco, ☎ 328 285 80 86 ; Via Vittorio Emanuele 89 ; 10h30-12h30 et 16h30-18h30).

Depuis/vers Castellaneta

De Tarente (37,6 km), Castellaneta, accessible par la SS7 en voiture est aussi desservie par les **trains Trenitalia** (www.trenitalia.com; 2,80 €, 25 min, liaisons fréquentes) et les **bus SITA** (www.sitasudtrasporti.it).

Laterza

15 300 HABITANTS / ALTITUDE 362 M

Petite ville juchée au bord de l'une des plus imposantes gorges d'Europe (12 km de long), **Laterza** se prête à une promenade au cours de laquelle vous apercevrez peut-être faucons pèlerins et aigles impériaux.

La spécialité de la ville est la faïence, tradition mise à l'honneur au **Museo dei Padri e della Maiolica** (☎ 099 829 79 31 ; Via della Conciliazione ; entrée libre ; lun-ven 9h-13h, sam 9h-14h, fermé l'été). Cependant, Laterza est également connue pour son pain traditionnel, cuit dans de vieux fours à bois, et pour ses *fornelli* où rôtissent agneau à la broche, saucisses de porc ou de veau, entrecôtes et *involtini* (roulés) d'intestins d'agneau.

Où se restaurer

Panificio Di Fonzo BOULANGERIE €
(☎ 099 821 64 69 ; www.panificiodifonzo.it ; Via Col di Lana 46 angle Via Puccini ; 7h30-14h et

16h30-22h lun-sam, 16h30-22h dim). Le vieux four Di Fonzo possède une voûte en briques réfractaires et un sol en pierre de Corigliano. Quant au pain maison, fait au levain et avec une farine de choix, il est pétri deux fois en 24 heures. Faut-il préciser qu'il possède un goût d'antan ?

Macelleria-Rosticceria Rizzi BOUCHERIE/RÔTISSERIE €

(☎ 099 821 39 17 ; Via Giannone 45 ; repas 10-15 € ; 21h-0h, fermé jeu). À Laterza, tout le monde connaît Edoardo. Ses pièces de viande ne sont pas moins fameuses, sans oublier les olives, la focaccia, la ricotta et le fromage de chèvre qui les accompagnent.

Tamborrino BOUCHERIE, RÔTISSERIE €

(☎ 099 821 61 92 ; Via Roma 58 ; 15-20 € ; à partir de 20h30 lun-sam). Passez commande d'une brochette de brebis aux oignons, de *zambin* (fine saucisse de bœuf) ou de *gnummareddi* (fressure enveloppée dans des boyaux d'agneau) au comptoir de la boucherie avant de vous installer à côté dans la rôtisserie pour la dégustation. On y sert également antipasti et entrées.

Renseignements

Office du tourisme (☎ 099 829 79 31 ; 10h-12h et 16h-18h lun-ven l'hiver, 10h-12h l'été) **IAT** (Piazza Plebiscito ; 9h-12h et 17h-20h).

Depuis/vers Laterza

De Tarente (55 km), Laterza est accessible en voiture par la SS106 et la SS7, et par le bus n° 294 de **CTP Taranto** (www.ctptaranto.com ; 4,90 €, 1 heure 30).

Ginosa

22 800 HABITANTS / ALTITUDE 240 M

Cette autre ville troglodytique semble avoir été habitée à partir du Ve siècle, lorsque les grottes offraient un refuge contre les envahisseurs venus de la mer. Mais la présence humaine est bien plus ancienne puisque des archéologues ont découvert sur le site des traces de l'homme de Néandertal.

La plupart des habitations que vous pourrez voir ont été construites ou creusées à partir du XIVe siècle, et habitées jusqu'au XVIIIe siècle. Au cours de la première moitié du XIXe siècle, un tremblement de terre détruisit nombre d'entre elles, et la gorge fut en grande partie abandonnée. Utilisées comme bergeries, beaucoup d'églises rupestres ont été défigurées et seule une dizaine sur la trentaine qui existait au Moyen Âge sont reconnaissables. Aujourd'hui, la gorge de Ginosa est encore fréquentée par les bergers qui, pour que l'herbe pousse mieux, pratiquent le brûlis (d'où l'odeur qu'on y perçoit souvent).

Dans les années 1960, la gorge de Ginosa a servi de décor pour des scènes de l'*Évangile selon saint Matthieu* de Pier Paolo Pasolini.

À voir

La visite de la ville peut débuter dans le quartier de Casale par une promenade entre les vieilles maisons creusées dans la roche, face à la gorge et dos au **Castello Normanno** (fermé pour travaux lors de notre passage), château normand construit en bordure du ravin sur ordre de Robert Guiscard. Remontez ensuite vers la **Chiesa Madre** (XVIe siècle) et poursuivez dans la Via Matrice jusqu'à la

VAUT LE DÉTOUR

UNE MASSERIA CENTENAIRE

Que diriez-vous d'une immersion dans l'histoire rurale de la région ? La Masseria Lupoli est une ancienne exploitation agricole perdue au milieu d'une vaste oliveraie dont l'attachant propriétaire, Luigi Perrone, vous livrera tous les secrets. Son très personnel **Museo della Civiltà Contadina** (musée de la Civilisation paysanne ; ☎ 099 459 66 90 ; www.masserialupoli.eu ; Masseria Lupoli, Contrada Orimini) GRATUIT réunit des objets liés au monde agricole issus de sa collection privée. Luigi vous présentera ensuite la tour de la fin du Moyen Âge, la chapelle du XVIIIe siècle et bien des objets du passé. La **Masseria Lupoli** (qui a adhéré au projet Cento Masserie ; voir l'encadré p. 191) se trouve à quelque 7 km de Crispiano, en direction de Martina Franca, juste en face du carrefour avec Grottaglie (on aperçoit 2 colonnes blanches). Pour y accéder, il vous faudra suivre une pittoresque et longue route blanche, flanquée d'oliveraies silencieuses que protègent des murets en pierres sèches.

Piazza dell'Orologio, splendide place du XIXe siècle flanquée de 2 palais : le **Palazzo Strada**, aux médaillons en mosaïques Art nouveau, et le **Palazzo Pupino**, anciennement **Palazzo Tarantini**, qui, derrière ses grandes fenêtres et ses travées, abrite au 1er étage une école privée et, dans le hall au rez-de-chaussée, le **Caffè del Borgo Antico** (voir ci-dessous).

Après avoir admiré le **Teatro Alcanices**, sur le Corso Vittorio Emanuele, vous arriverez au Palazzo della Cultura (maison de la culture). Il s'agit d'un monastère bénédictin du XIIe siècle, siège aujourd'hui de la bibliothèque municipale et du **Museo Civico del Territorio Santa Parasceve** (099 829 25 14 ; Corso Vittorio Emanuele 95 ; réserver par téléphone 1 ou 2 jours à l'avance) GRATUIT, le musée municipal qui rassemble des pièces des périodes grecque et romaine.

Fêtes et festivals

Passio Christi FÊTE RELIGIEUSE
(www.passiochristiginosa.it ; Semaine sainte). Tableau vivant grandiose de la Passion du Christ.

Où se loger

Agriturismo Valle Rita MASSERIA €€
(099 827 18 24 ; www.vallerita.it ; Contrada Girifalco ; app pour 2/3 pers 75-120/95-165 € ;). Avec 7 appartements et 2 villas, cette *masseria* à 15 km au sud de Ginosa fonctionne comme une entreprise agricole. La famille Lunati met en outre à disposition de ses hôtes piscine, restaurant, court de tennis, salle de lecture et… tranquillité. Pour un séjour de détente absolue.

Où se restaurer

À Ginosa, il est impossible de ne pas s'arrêter dans une boucherie-rôtisserie, où l'on goûtera saucisses, côtelettes, *gnummareddi*, *njumiredd* (abats), et autres merveilles cuites au feu de bois, provenant majoritairement du bœuf ou du porc, voire du cheval. Notre établissement préféré est celui de Franco Dragone.

Quant à Marina di Ginosa, on ne peut en partir sans avoir goûté l'un des fameux *panzerotti* frits, farcis à la mozzarella et à la tomate, du **Bar Jonio** (099 827 79 92 ; Viale Jonio 173), et le croissant fourré à la glace de l'excellente **Gelateria Lucarelli** (099 221 88 58 ; Viale Jonio 31-33 ; le matin mer-lun l'hiver, 24 h/24 l'été).

Panificio Piccolo BOULANGERIE €
(099 829 18 07 ; Via Re di Puglia 22 ; 7h-15h et 16h-23h lun-sam). Les spécialités pâtissières de Ginosa sont incontournables, en particulier les *dormenti* : un gâteau moelleux parfumé au citron, aujourd'hui introuvable ailleurs.

Macelleria Franco Dragone BOUCHERIE, RÔTISSERIE €/€€
(099 824 5708 ; Via Roma 117 ; 20h-0h lun-sam). Toutes les viandes y étant d'excellente qualité, nous ne voulons pas influencer vos choix. Cela dit, impossible de passer à côté des *bombette* (roulés de bœuf fourrés au fromage et au jambon).

Antica Osteria Le Sete PIZZERIA, RESTAURANT €€
(333 98 900 20 ; www.osterialasete.com ; Via Noci 65 ; repas 20-25 €). Beau restaurant-pizzeria proposant des plats traditionnels que l'on déguste dans la salle aménagée dans le rocher ou sur la petite terrasse avec vue sur le ravin.

Où prendre un verre

Caffè del Borgo Antico CAFÉ
(340 100 39 84 ; Piazza dell'Orologio ; 6h-2h). Hormis au mois d'août, quand tout le monde migre vers la mer, la vie nocturne de Ginosa se concentre Piazza dell'Orologio, et plus exactement dans ce café, dont les tables d'extérieur occupent la superbe cour du Palazzo Tarantini.

LES BONNES TABLES DE CRISPIANO

La scène gastronomique de Crispiano possède au moins trois adresses de qualité. **La Cuccagna** (099 61 60 87 ; www.lacuccagnagirodivite.com ; Corso Umberto I 168 ; repas 25-30 € ; toute l'année) concocte une cuisine traditionnelle savamment revisitée (et récompensée à diverses reprises) qui ne manquera pas de vous enthousiasmer. Au **Borgo Antico** (099 61 14 60 ; www.alborgoantico.it ; Via Paisiello 93 ; repas 20-25 € ; mar-sam soir, dim midi), Simone propose une série de mets traditionnels rehaussés d'une touche d'inventivité. Enfin, **L'Antro** (099 61 19 62 ; www.ristorantelantro.it ; Via Mesole 6 ; repas 25 € env ; midi et soir l'hiver, uniquement soir l'été, fermé lun) compte une excellente gamme de plats typiques, de la viande servie sur pierre à griller jusqu'à la délicieuse tarte à base de ricotta, meringue et figues fraîches.

LES FLAMBOYANTS CHEVAUX NOIRS DES MURGE

La Masseria Francesca est le siège de l'académie italienne d'art équestre **Il Moro di Puglia** (☎338 428 38 99 ; Masseria Francesca, Contrada Cigliano ; 10/15/25 € 30 min/1 h/2 h ; ⏲tte l'année), dirigée par Michele Caroli. Son but est la revalorisation du Murgese, une race locale de chevaux de selle et de trait léger, à la robe noire caractéristique. De nombreuses activités en lien avec l'animal sont proposées à la *masseria* : cours, promenades, circuits à cheval ou en calèche dans la campagne ou à la découverte des lieux touristiques des environs.

Achats

Angelo Inglese Sartoria CHEMISERIE
(☎099 829 25 72 ; www.inglese-abbigliamento.com ; Via Costanza 16 ; ⏲ lun-sam, fermé jeu après-midi 9h15-13h et 17h-20h45). Avis aux hommes élégants : certains VIP italiens ne jurent que par cet atelier de couture historique qui utilise des tissus de valeur et soigne les détails pour confectionner des chemises cousues main en 25 points et des cravates 10 plis.

Renseignements

L'agence privée **Centro Turistico Rupestre - CTR Viaggi** (☎099 829 25 14 ; www.turismorupestre.com ; Via Roma 10) propose des randonnées d'environ 2 heures dans la gorge et des visites guidées de la ville (prix en fonction du type de parcours et du nombre de participants).

Depuis/vers Ginosa

De Tarente (56 km), Ginosa est accessible en voiture par la SS106 et la SS580, par le bus no 294 de **CTP Taranto** (www.ctptaranto.com ; 4,20 €, 1 heure 15) et par le rail grâce aux liaisons fréquentes de **Trenitalia** (www.trenitalia.com ; 2,40 €, 30-55 min).

MURGIA TARANTINA

À l'est de Tarente s'étend un plateau ensoleillé parsemé de villes jadis prospères bâties sous les Bourbons. Grottaglie, Francavilla Fontana, Manduria et la belle Oria sont relativement à l'écart des hauts lieux touristiques, mais si vous êtes à la recherche de bons vins et de précieuses céramiques, cette contrée mérite un détour.

Grottaglie

32 500 HABITANTS

Grottaglie tire son nom de ses grottes : celles-ci servirent de refuge dès la préhistoire et figurent sur les armes de la ville. Mais un autre élément en fait la renommée : la céramique. Grottaglie s'enorgueillit d'en être la capitale méridionale, et les connaisseurs sont unanimes.

À voir

Museo della Ceramica MUSÉE
(☎099 562 38 66 ; www.museogrottaglie.it ; Largo Maria Immacolata ; ⏲9h30-12h30 et 16h-19h l'hiver, 10h-13h et 17h-21h l'été). GRATUIT Dans le palais épiscopal, ce musée de la Céramique possède plus de 400 pièces, fabriquées entre les XIVe et XXe siècles. Elles sont présentées par ordre chronologique, ce qui permet de constater à quel point la technique s'est perfectionnée et combien les couleurs sont devenues plus brillantes avec le temps.

Li cammenère QUARTIER D'ARTISANS
En sortant du musée, tournez à droite et poursuivez dans la Via Crispi pour arriver dans ce quartier, également appelé *li cameni*. Jadis, on y travaillait et cuisait la céramique dans d'étroites grottes équipées de fours. Aujourd'hui, une soixantaine de petits ateliers y sont alignés, principalement creusés dans le tuf. Si vous êtes à l'affût de *pignate* (pots de cuisson en terre), d'assiettes et de vases, cet endroit est fait pour vous.

Quartiere ebraico QUARTIER JUIF
Ce quartier a comme particularité ses maisonnettes sans fenêtres habitées vers l'an mille par des juifs spécialisés dans le tannage : la gorge de Fullonese leur fournissait les végétaux d'où extraire leurs pigments, mais aussi la roche où creuser les cuves pour la macération des peaux.

Chiesa della Madonna del Carmine ÉGLISE
(☎099 561 04 25 ; Via Pignatelli). Avant de quitter la ville, faites un saut dans cette église qui tourne le dos à la Chiesa Matrice, pour jeter un œil à la crèche peinte par Stefano da Putignano.

Achats

Peut-être avez-vous déjà vu des objets en céramique de Grottaglie, car les femmes

À NE PAS MANQUER

LE PRIMITIVO DE MANDURIA, ENTRE MYTHE ET RÉALITÉ

Quand il s'agit d'identifier la véritable patrie du Primitivo de Manduria, chacun a son mot à dire. Pour certains, le nectar, originaire en fait de Sava, aurait été offert en dot lors de son mariage par une marquise du lieu. Il aurait dès lors été associé à Manduria, patrie de son époux. Pour d'autres, il devrait son nom au simple fait que les wagons servant à transporter le vin vers le nord portaient l'inscription "Manduria". En réalité, le Primitivo di Manduria porte son appellation actuelle depuis 1974, date à laquelle il reçut l'"appellation d'origine contrôlée" (DOC), avant d'accéder à l'"appellation d'origine contrôlée et garantie" (DOCG) en 2011. Cette distinction explique pourquoi ce vin aux nuances violacées et orangées, considéré par certains comme un parent éloigné du Zinfandel (un cépage très cultivé en Californie et en Australie), est désormais connu dans le monde entier. Cela dit, personne ne vous en parlera mieux que les "Maestri in Primitivo" (les 400 membres de la Cantina Produttori Vini Manduria, associés depuis 1932). Vous les trouverez à proximité de la cave qui abrite le **Museo della Civiltà del Vino Primitivo** (ci-dessous).

joyeuses et colorées à la poitrine plantureuse, les œufs et les cruches s'exportent bien. Ici, chez les fabricants, vous les obtiendrez à moitié prix (voir l'encadré p. 196). Attention à la casse quand vous aurez placé vases et autres objets à l'arrière de votre voiture : le centre historique est assez pentu !

Del Monaco CÉRAMIQUES
(☎099 566 10 23 ; Via SantaSofia 2/4 ; ⏲lun-ven 8h-13h et 15h30-20h, sam 8h-13h et 16h30-20h, dim 10h-13h et sur rdv). Cet atelier de céramistes spécialisé dans les objets décoratifs de thème rural est l'un des plus réputés.

Pietro Caretta CÉRAMIQUES
(☎340 230 28 25 ; Via Crispi 20 ; ⏲8h30-13h et 15h30-nocturne). Pietro a hérité du talent de son père Domenico, immortalisé sur une photo en noir et blanc visible dans l'atelier. Une autre bonne adresse pour vos achats.

Renseignements

L'**office de tourisme** (☎099 562 38 66 ; www.grottaglieturismo.it ; ⏲9h30-12h30 et 16h-19h l'hiver, 10h-13h et 17h-22h l'été) occupe une salle du palais épiscopal.

Depuis/vers Grottaglie

Pour rejoindre la ville, prendre la SS7 depuis Tarente, la SS106 Bari-Reggio de Calabre, ou encore la SS100 Bari-Tarente. Si vous n'avez pas de voiture, de Tarente le plus pratique est le **bus Ferrovie del Sud Est** (www.fseonline.it ; 1,70 €, 35 min, liaisons fréquentes), ou le train proposé par **Trenitalia** (www.trenitalia.com ; 1,40 €, 20 min environ). De Brindisi, liaisons ferroviaires également fréquentes (4,20 €, 40-75 min).

Manduria

31 800 HABITANTS

Manduria se situe au milieu du triangle Tarente-Lecce-Brindisi. La raison principale pour laquelle les visiteurs s'arrêtent souvent dans cette agréable petite ville, c'est le vin du cépage Primitivo dont ils viennent faire des réserves (voir l'encadré ci-dessus).

À voir

Nous vous conseillons d'entrer dans le centre historique par l'imposante **Porta Sant'Angelo**, ou **Arco Sant'Angelo** : cet édifice n'étant pas intégré aux murs d'enceinte, il tranche avec les autres portes de la ville. Autre site immanquable de la vieille ville : la monumentale **Piazza Vittorio Emanuele II**, dominée sur son flanc ouest par le **Palazzo Imperiali-Filotico** (aujourd'hui siège de la mairie), un palais massif du XVIIIe siècle.

Duomo CATHÉDRALE
(Via Marco Gatti ; ⏲horaires variables). La cathédrale, ou **Chiesa Matrice della Santissima Trinità**, a été bâtie sur un ancien édifice normand (probablement lui-même construit au-dessus d'un sanctuaire byzantin), puis restaurée et agrandie au XVIe siècle. Avec son développement sur 5 nefs et le plafond à caissons de son vaisseau central, il s'agit de l'un des plus somptueux exemples architecturaux de la Renaissance dans les Pouilles.

Museo della Civiltà del Vino Primitivo CAVE VINICOLE/MUSÉE
(☎099 973 53 32 ; www.museodelprimitivo.it et www.consorzioproduttorivini.com ; Via Fabio Massimo 19 ; visites accompagnées, à réserver de

préférence ; formule avec dégustation ; ⏲ 8h-20h lun-sam et 9h-13h dim l'été, 8h-13h et 15h30-19h lun-sam et 9h-13h dim l'hiver). GRATUIT Au siège de la **Cantina Produttori Vini Manduria**, vous aurez droit à la visite du musée de la Civilisation viticole du Primitivo hébergé sous les voûtes en berceau d'un édifice du XIXe siècle. Après les humbles *traìno* (charrettes utilisées pour transporter les paysans lors des vendanges) et les plus élégants *sciarabà* (calèches du propriétaire), les salles du bas rassemblent quantité de matériel et d'objets : des documents d'époque reconstituant les anciens métiers, des répliques de maisons paysannes, des outils agricoles… Place enfin à la dégustation de quelques verres.

Parco Archeologico SITE ARCHÉOLOGIQUE
(☎099 979 66 00 ; www.parcoarcheologicomanduria.it ; Piazza Scegnu ; tarif plein/réduit 5/1,50 € ; ⏲ 9h-12h30 et 14h-17h l'hiver, 9h-13h30 et 15h30-20h l'été). Non loin du Museo della Civiltà del Vino Primitivo se trouvent les vestiges des **murailles** d'époque messapienne : 3 cercles concentriques allant du mur intérieur (Ve siècle av. J.-C.) de 2 m d'épaisseur, au mur extérieur de 5 m d'épaisseur, et qui furent presque entièrement rasés par les divers envahisseurs. Le parc archéologique abrite aussi le Fonte Pliniano (une caverne cachant une source faisant sans doute office de lieu de culte dans l'Antiquité, nommée en référence à Pline l'Ancien qui la décrit dans son *Histoire naturelle*), une nécropole, un fossé et la Chiesa di San Pietro Mandurino, peinte à fresque. Le long de l'allée, on peut voir quelques-unes des 1 200 tombes creusées dans la roche, où ont été retrouvés des objets d'une valeur inestimable. Ils sont aujourd'hui conservés au Museo Archeologico Nazionale de Tarente (p. 186). Le parc se trouve en périphérie de la ville, sur la SS7 en direction de Lecce.

Achats

Le Cannaturie PRODUITS LOCAUX
(☎099 973 81 73 ; Piazza Commestibili 32 ; ⏲ 9h-13h et 17h-21h lun-sam). Parmi toutes les boutiques de produits locaux qui fleurissent dans le centre historique, nous sommes tombés sous le charme celle-ci. Peut-être parce que nous ne cessons d'être des *cannaruti*, c'est-à-dire des gourmands (dans le dialecte du Salento, *cannaturie* signifie "péché de gourmandise").

Renseignements

L'**office du tourisme** (☎099 979 66 00 ; www.prolocomanduria.it ; Via Maggi 7 ; ⏲9h-12h et 17h-20h lun-ven, 9h-12h sam) est juste en face de la petite église San Leonardo, à droite en venant de la Porta Sant'Angelo, avant d'entrer sur la place. Il organise des visites guidées du centre historique et du Parco Archeologico, les mardi et jeudi en été (possibilité de faire une demande pour un autre jour), et sans jour défini en hiver (10 €/pers pour un groupe de 1 à 4, 2,50 €/pers supplémentaire).

Depuis/vers Manduria

De Tarente, liaisons fréquentes en **bus Ferrovie del Sud Est** (FSE ; www.fseonline.it ; 2,80 €, 45-65 min). En voiture, suivre la SS7 Ter : cette route départementale est l'axe principal entre Tarente et Lecce.

Lecce et le Salento

Dans ce chapitre ➡

Le top des restaurants

- Le Zie (p. 215)
- La Piazza (p. 252)
- LaltroBaffo (p. 225)
- Lemì (p. 231)
- Acchiatura (p. 241)

Le top des hébergements

- Palazzo Rollo (p. 213)
- Masseria Agriturismo Sant'Angelo (p. 255)
- Macchia di Pele (p. 229)
- Palazzo de Mori (p. 223)
- Lo Scoglio (p. 243)

Pourquoi y aller

Péninsule baignée par deux mers, chauffée par les premiers rayons de soleil sur l'Italie, le Salento correspond au "talon" de la botte italienne. De cette région gâtée par la nature autant que par l'histoire, carrefour de civilisations, de cultures et de saveurs, beaucoup aimeraient garder le secret, pourtant éventé depuis belle lurette.

Très en vogue ces dernières années, la splendide côte du Salento égrène plages sablonneuses dominées par d'anciennes tours de guet, criques aux eaux cristallines et grottes marines. L'été, particulièrement en août, les stations balnéaires de ce littoral aux faux airs de Grèce sont envahies par les estivants, mais il reste toujours possible de trouver des lieux préservés de la cohue touristique en cherchant un peu.

À l'intérieur des terres, préparez-vous à écarquiller les yeux devant l'extravagance baroque de Lecce, surnommée à raison la "Florence du Sud". Un style architectural à part entière s'est épanoui à l'époque de la Contre-Réforme dans le chef-lieu de la province. Ce style a fleuri dans les villes voisines comme Galatina ou Spccchia, autres beaux exemples du *barocco leccese* que l'on peut citer parmi tant de petits bourgs aux centres historiques splendides.

Aux esprits imaginatifs, que séduisent les légendes, les bizarreries historiques et les superstitions inspirées de croyances populaires, le Salento livre enfin de précieux talismans. Il n'est pour cela qu'à arpenter hors saison la blanche Otrante, inspiratrice d'un des premiers romans gothiques de l'histoire (*Le Château d'Otrante*, d'Horace Walpole), ou qu'à se rendre dans les villages assoupis où l'on pratique encore la langue grecque, survivance de l'époque byzantine. La magie imprègne encore plus l'intérieur des terres où s'est épanouie la tarentelle, ce style musical dont la danse prend la forme d'une cérémonie d'exorcisme. Festivals endiablés ou fêtes patronales exubérantes, les occasions sont nombreuses de se plonger dans des traditions encore très vivaces.

Itinéraires

JOUR 1

Lecce et rien d'autre : **Piazza Sant'Oronzo**, **Piazza del Duomo**, églises, ruelles, balcons, colonnes et mascarons. Vous aurez l'impression de tenir le premier rôle dans un théâtre baroque. Pour reprendre des forces, offrez-vous un *pasticciotto* chez **Franchini**, une dose de caféine au **Caffè Avio**, un apéritif au **MammaElvira.com** et un dîner de cuisine familiale à la trattoria **Le Zie**. Passez la nuit au **Palazzo Rollo**.

JOUR 2

Commencez la journée sur la côte adriatique par un bain de mer à la **Baia dei Turchi** bleu azur. Puis direction **Otrante** pour un déjeuner en terrasse au restaurant **LaltroBaffo**. Mettez ensuite le cap sur la **Grecìa Salentina** en faisant halte à **Calimera** et **Soleto**, avant de gagner **Corigliano d'Otranto** et l'authenticité culturelle de la **Masseria Agriturismo Sant'Angelo**.

JOUR 3

Suivez la route côtière jusqu'à la pointe du talon avec un arrêt prolongé à **Tricase Porto** pour visiter le **Museo Attivo di Portus Veneris** et vous adonner à quelques activités. L'après-midi, continuez en direction de **Santa Maria di Leuca**, où vous pourrez profiter d'un établissement balnéaire au confluent des deux mers et arpenter le rivage. Vos valises déposées à l'**Hotel Minerva**, allez contempler le coucher du soleil à San Gregorio sur la terrasse du **Bar del Moro**.

JOUR 4

Après quelques photos matinales au **marché au poisson** de **Gallipoli**, les plages de **Porto Selvaggio** vous tendent les bras. Le délicieux déjeuner pris devant la mer à la modeste trattoria **Maruzzella** sera suivi d'une étape à **Galatina** pour admirer les fresques de la **Basilica di Santa Caterina**, et prendre un goûter gourmand à la **Pasticceria Ascalone**. Rendez-vous ensuite à **Porto Cesareo**, d'où vous pourrez nager jusqu'à l'**Isola Grande**. Le soir, vous ferez un dîner dégustation mémorable au **Le Dune Suite Hotel Restaurant** avant d'aller dormir dans le cadre un peu rétro de l'hôtel **Lo Scoglio**.

TRANSPORTS LOCAUX

De Lecce, les villes voisines sont facilement accessibles grâce aux trains de Trenitalia ou des Ferrovie del Sud Est. En revanche, pour des distances plus longues, il est plus commode de recourir aux bus de la STP, des Ferrovie del Sud Est ou encore, dans certains cas, de la compagnie Marozzi. Le mieux est toutefois de disposer de son propre moyen de transport pour circuler librement entre la plage et les villages de l'arrière-pays.

À NE PAS MANQUER

Les précieuses fresques de la **Basilica di Santa Caterina di Alessandria** (p. 248) de Galatina vous rappelleront peut-être la chapelle des Scrovegni de Padoue et la basilique Saint-François d'Assise. Contemplez ici l'un des plus grands chefs-d'œuvre de la Renaissance italienne.

Préparer son voyage

- Une visite guidée de Lecce, dégustation comprise (p. 211)
- Une balade en canoë sur les lacs Alimini (p. 220)
- Une journée à bord d'un caïque (bateau de pêche) ou un cours de cuisine au Museo Attivo di Portus Veneris (p. 230)
- Un accostage sur l'Isola di Sant'Andrea (p. 235)

Spécialités gastronomiques

- Le *pasticciotto* (pâtisserie salentine) de Franchini (p. 214) à Lecce, ou de la Pasticceria Ascalone (p. 248) à Galatina
- La *cotognata* (pâte de coing) de Lecce (p. 214).
- Les vins rouges du Salento, dont le Negroamaro (p. 246).
- Le chocolat et autres délices de Maglio (p. 250)
- Les 75 produits agroalimentaires traditionnels du Salento (p. 246)

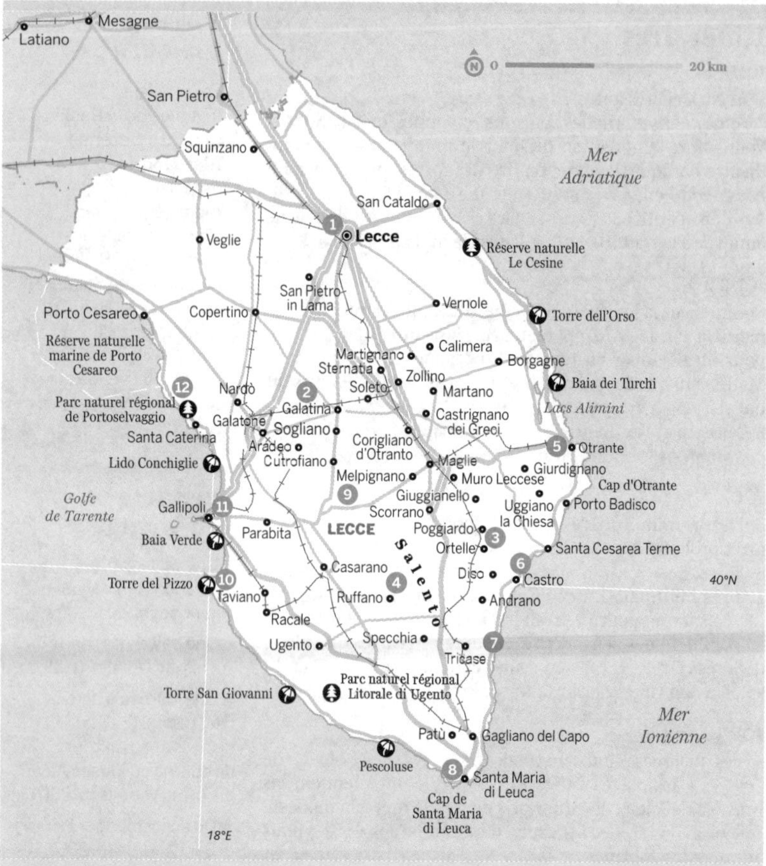

À ne pas manquer

❶ L'exubérance baroque de **Lecce** (voir l'encadré p. 210).

❷ Les épisodes bibliques illustrés sur les murs de la **Basilica di Santa Caterina di Alessandria** (p. 248), à Galatina.

❸ Les fresques byzantines des cryptes rupestres de **Poggiardo** (p. 251).

❹ Un séjour à la **Masseria Agriturismo Sant'Angelo** (p. 255) pour un concentré de Grèce salentine.

❺ Le pavement en mosaïque de la **cathédrale** (p. 221) et les plages d'**Otrante**.

❻ Un tour en bateau, la visite de la **Grotta Zinzulusa** (p. 228) et un bain en pleine mer avec **Nautica Red Coral** (p. 228) à **Castro**.

❼ Une journée à **Tricase Porto** (p. 229) incluant sortie en caïque et dîner à l'Ittiturismo Anime Sante.

❽ **Santa Maria di Leuca** (p. 231), pointe du talon de la botte italienne.

❾ Une étape à **Melpignano** (p. 256), et pas seulement pour la Notte della Taranta.

❿ La mer divine à **Torre del Pizzo** et **Punta della Suina** (p. 238).

⓫ Le charme de **Gallipoli** (p. 234), qui semble flotter sur la mer.

⓬ Les criques spectaculaires du **Parco Naturale Regionale di Porto Selvaggio** (p. 241).

LECCE

94 040 HABITANTS

Avec ses palais baroques, ses places aux allures de plateau de cinéma, et son architecture exubérante tempérée par un sens inné de la symétrie et de l'harmonie visuelle, Lecce est un véritable théâtre urbain. La ville compte plus de quarante églises et au moins autant de palais, construits ou rénovés pour la plupart entre le XVIe et la fin du XVIIIe siècle. L'ensemble donne vie à l'un des paysages urbains les plus harmonieux d'Italie.

La toute première chose à faire lorsqu'on arrive ici consiste à lever les yeux et à observer l'architecture baroque. Les sculptures sur pierre sont si joyeusement excentriques qu'elles en oscillent entre grotesque et splendeur. Le voyageur irlandais Thomas Ashe, qui visita Lecce au XVIIIe siècle, la définit comme "la plus belle ville d'Italie", tandis que le marquis Grimaldi, d'un tout autre avis, déclara que la façade de la Basilicata di Santa Croce lui évoquait le cauchemar d'un fou. Il est vrai que la pierre locale, appelée *pietra leccese* (pierre de Lecce), se prêtait volontiers aux extravagances. Le style né de l'utilisation de cette pierre spécifique, connu sous le nom de *barocco leccese* (style baroque de Lecce), fleurit entre le XVIe et le XVIIIe siècle. Il coïncida avec une période de prospérité et de dynamisme culturel remarquables.

Histoire

Sous la domination de Charles Quint (1500-1558), Lecce devint une ville clé du royaume de Naples. En raison de sa situation géographique, à proximité des ports commerciaux d'Otrante et de Gallipoli, la cité se retrouva en première ligne durant la guerre menée par le souverain contre les Turcs. Tandis que les autres villes de l'Italie méridionale traversaient une période de déclin, Lecce connut un véritable essor grâce à la construction de dizaines d'églises, de cathédrales, de palais et de places. Au début du XVIIe siècle, la cité abritait quelque dix-sept monastères et huit couvents, et sa population était majoritairement constituée de nobles et de nouveaux riches. Néanmoins, les habitants du Salento n'acceptaient pas de bon gré le régime autocratique des Habsbourg. En 1647-1648, Lecce fut le théâtre d'une révolte populaire qui coïncida avec l'insurrection menée par Masaniello à Naples contre les receveurs des impôts.

En 1734, qui vit un autre soulèvement populaire, Charles III d'Espagne conquit le royaume de Naples, inaugurant ainsi l'ère controversée des Bourbons. Si nombre d'historiens ont décrit ce règne comme une sombre période de stagnation et d'exploitation, le monarque prit néanmoins plusieurs décisions pertinentes dont les bénéfices pour Lecce ne se feront sentir que des décennies plus tard. Il réduisit l'immunité dont jouissait l'Église, limita sa juridiction et confisqua les vastes propriétés contrôlées par les jésuites. Pour autant, cela n'apaisa pas les inquiétudes de la population locale. Des révoltes éclatèrent dans la foulée de la Révolution française, suivies d'autres soulèvements en 1848, jusqu'à ce qu'en 1861, Giuseppe Garibaldi appelle le sud du pays à se rassembler et contribue à unifier et à libérer l'Italie des dominations étrangères.

Malgré cette liberté acquise au prix fort, les premières décennies qui suivirent l'Unité s'avérèrent très difficiles pour les Italiens du Sud, en raison du traitement économique injuste et des lourds préjugés dont ils faisaient l'objet. L'économie de Lecce parvint toutefois à se maintenir à flot au cours de la première partie du XXe siècle grâce à la culture du tabac. Aujourd'hui, Lecce est certainement l'une des villes les plus cosmopolites des Pouilles et assurément la cité la plus entreprenante et la plus dynamique du Salento.

Orientation

Les places principales du centre historique sont la Piazza Sant'Oronzo et la Piazza del Duomo, reliées par le Corso Vittorio Emanuele. Cette avenue piétonne fait partie de l'artère principale qui traverse le centre historique d'ouest en est - depuis Porta Rudiae, à l'ouest, jusqu'au château, à l'est. La Via Palmieri constitue l'axe principal nord-sud, prolongée par la Via Paladini puis la Via Cairoli. Elle quitte ensuite le centre historique en direction de la gare ferroviaire, au sud-ouest, à environ 1 km de la Piazza del Duomo.

À voir

Piazza Sant'Oronzo PLACE

Cette place hautement scénographique, fierté des habitants de Lecce, ne laissera aucun visiteur indifférent. Autrefois appelée Piazza dei Mercadanti (place des marchands), elle constituait l'épicentre

Lecce

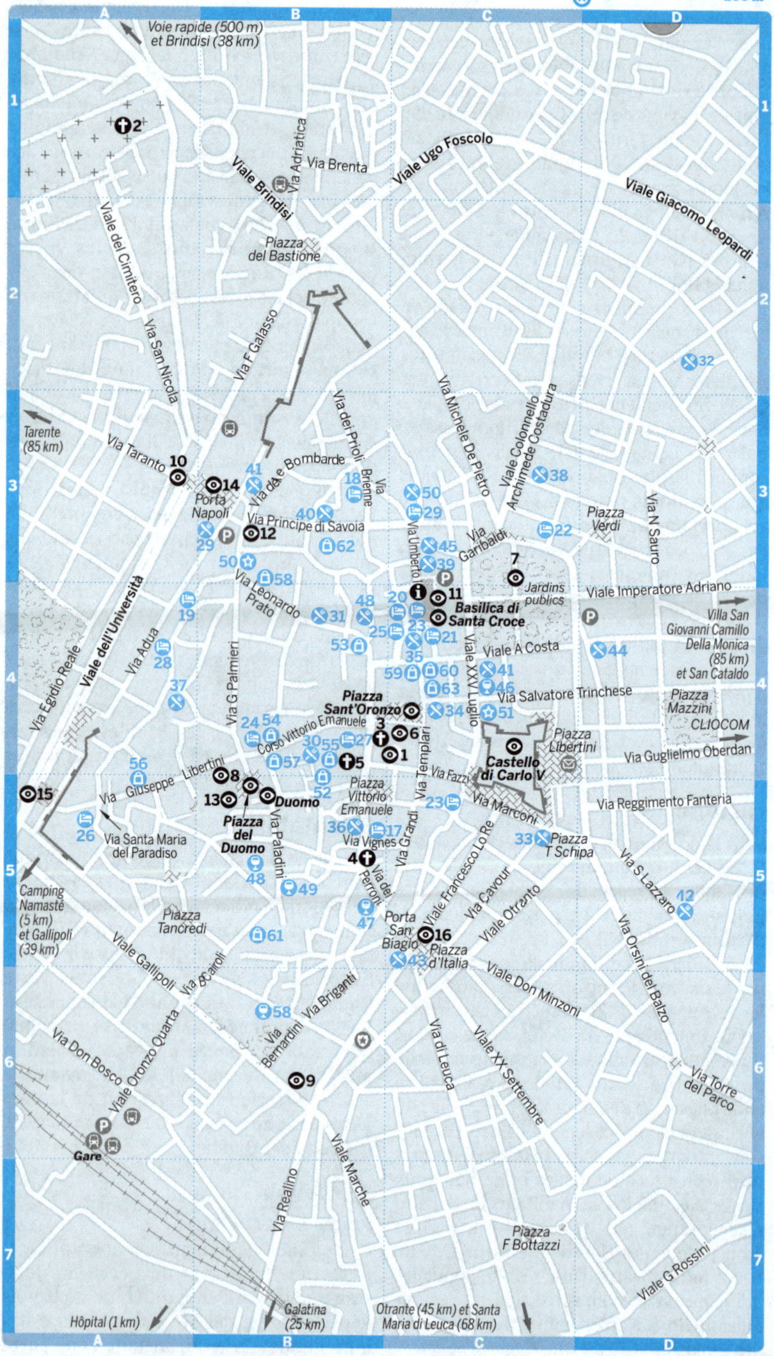
0 200 m
A
B
C
D
1
2
3
4
5
6
7
Voie rapide (500 m) et Brindisi (38 km)
Viale Brindisi
Via Adriatica
Via Brenta
Viale Ugo Foscolo
Viale Giacomo Leopardi
Piazza del Bastione
Viale del Cimitero
Via San Nicola
Via F Galasso
Via dei Prioli
Via Michele De Pietro
Viale Colonnello Archimede Costadura
Tarente (85 km)
Via Taranto
Porta Napoli
Via delle Bombarde
Via Brienne
Via Principe di Savoia
Via Umberto
Via Garibaldi
Piazza Verdi
Via N Sauro
Jardins publics
Viale Imperatore Adriano
Villa San Giovanni Camillo Della Monica (85 km) et San Cataldo
Via Leonardo Prato
Basilica di Santa Croce
Viale XXV Luglio
Viale A Costa
Viale dell'Università
Via Egidio Reale
Via Adua
Via G Palmieri
Piazza Sant'Oronzo
Via Salvatore Trinchese
Piazza Mazzini
CLIOCOM
Corso Vittorio Emanuele
Piazza Libertini
Castello di Carlo V
Via Guglielmo Oberdan
Via Giuseppe Libertini
Via Fazzi
Via Templari
Piazza Vittorio Emanuele
Via Marconi
Via Reggimento Fanteria
Piazza del Duomo
Duomo
Via Paladini
Via Santa Maria del Paradiso
Via Vignes
Via Grandi
Via dei Perroni
Piazza T Schipa
Via S Lazzaro
Camping Namasté (5 km) et Gallipoli (39 km)
Piazza Tancredi
Porta San Biagio
Viale Francesco Lo Re
Via Cavour
Viale Otranto
Piazza d'Italia
Viale Don Minzoni
Via Orsini del Balzo
Viale Gallipoli
Via G Caroli
Via Briganti
Via Bernardini
Via Don Bosco
Viale Oronzo Quarta
Via di Leuca
Viale XX Settembre
Via Torre del Parco
Gare
Viale Marche
Via Realino
Piazza F Bottazzi
Viale G Rossini
Hôpital (1 km)
Galatina (25 km)
Otrante (45 km) et Santa Maria di Leuca (68 km)

Lecce

Les incontournables

	Basilica di Santa Croce	C4
	Castello di Carlo V	C4
	Duomo	B5
	Piazza del Duomo	B5
	Piazza Sant'Oronzo	C4

À voir

1	Anfiteatro Romano	C4
2	Chiesa dei Santi Nicolò e Cataldo	A1
3	Chiesa di San Marco	B4
4	Chiesa di San Matteo	B5
5	Chiesa di Santa Chiara	B4
6	Colonna di Sant'Oronzo	C4
7	Jardins publics	C3
	Museo del Teatro Romano	(voir 1)
	Museo della Cartapesta	(voir Castello di Carlo V)
8	Museo Diocesano	B5
9	Museo Provinciale	B6
10	Obélisque	A3
11	Palazzo del Governo	C4
12	Palazzo Guarini	B3
13	Palazzo Vescovile	B5
14	Porta Napoli	B3
15	Porta Rudiae	A5
16	Porta San Biagio	C5
	Sedile	(voir 3)
	Seminario	(voir 13)
	Teatro Romano	(voir 1)

Où se loger

17	Azzurretta	B5
18	Bed Lecce	B3
19	Bella Lecce	A4
	Camping Namasté	hors plan
	Centro Storico	(voir 17)
20	Corte dei Taralli	C4
21	Dei Due Portoni	C4
22	La Terrazza	C3
23	Palazzo Personè	C5
24	Palazzo Rollo	B4
25	Patria Palace Hotel	C4
26	Prestige	A5
27	Santa Chiara Suite Hotel	B4
28	Volte a Sud	A4

Où se restaurer

29	Alex	B3
30	All'Ombra del Barocco – L'Ideario Liberrima	B4
31	Alle Due Corti	B4
32	Checco Pizza	D2
33	Della Cotognata Leccese	C5
34	Gelateria e Pasticceria Natale	C4
35	Joyce	C4
36	La Torre di Merlino	B5
37	La Vecchia Osteria	A4
38	Le Zie	C3
39	MammaElvira.com	C3
40	Osteria Angiulino – Cucina Casereccia	B3
41	Osteria degli Spiriti	C4
42	Pasticceria Franchini	D5
43	Pasticceria Gelateria Cadorna	C5
44	Osteria degli Spiriti	D4
45	Shui	C3

Où prendre un verre

46	Caffè Avio	C4
47	Caffè Letterario	B5
48	Original – From Coffee and Cigarettes	B5
49	Road 66	B5

Où sortir

50	Teatro Paisiello	B3
51	Teatro Politeama Greco	C4

Achats

52	Artefare	B4
53	Atika	B4
54	Divergo	C4
55	Gusto Liberrima	C4
56	La Bottega del Corso	B5
57	La Cartapesta di Claudio Riso	B3
58	Linciano	C4
59	Maglio	C4
60	Marcella Donno	C4
61	Merzbau	B5
62	Olio Claudio	B3
63	Teti – Artigianato d'Autore	C4

commercial d'une ville qui dominait l'Italie méridionale, après Naples. Derrière nombre de ces échanges commerciaux, on trouvait une influente communauté de Vénitiens. La petite **Chiesa di San Marco**, dont le portail est rehaussé d'un lion de saint Marc (emblème de Venise), fut même construite pour eux en 1543. Cette église se dresse près du **Sedile**, siège de l'hôtel de ville jusqu'en 1851. Ses grandes fenêtres vitrées illustrent la transparence du gouvernement de l'époque.

Au début du XXe siècle, une grande partie de la place, les galeries marchandes et l'imposant palais du gouverneur ont été démolis pour faire place à l'édifice voué à héberger le siège de la Banca d'Italia. Durant les travaux d'excavation, les ouvriers mirent au jour les vestiges d'un **amphithéâtre romain** du IIe siècle – cette enceinte, la plus grande des Pouilles, pouvait accueillir jusqu'à 15 000 spectateurs. Aujourd'hui, il ne reste plus que la moitié inférieure de la tribune couverte. Près de l'arène, sous le niveau de la rue, se dresse la **Colonna di Sant'Oronzo**, ancienne colonne romaine sur laquelle est érigée une statue en bois vénitien recouvert de cuivre, du XVIIe siècle, figurant le saint patron de la ville. Cette colonne aurait été offerte à la ville de Lecce pour remercier saint Oronce d'avoir sauvé Brindisi de la peste en 1656. Avec ses cafés, ses magasins, ses boutiques d'artisanat et ses bureaux disposés alentour, la Piazza Sant'Oronzo demeure le principal lieu de rencontre de Lecce.

Castello di Carlo V CHÂTEAU

(☎0832 24 65 17 ; Viale XXV Luglio ; adultes /6-12 ans/-6 ans 3/1 €/gratuit ; ⌚9h-13h et 16h30-20h l'hiver, 9h-23h lun-ven et 9h30-23h sam et dim l'été). Pour Charles Quint, le Salento constituait une région stratégique dans la guerre contre les Turcs, dont les incursions dévastatrices semaient le chaos le long de la côte adriatique. Voilà pourquoi, après le sac de Castro en 1534, il ordonna le remaniement et la fortification du château de Lecce par Gian Giacomo dell'Acaja, ingénieur en chef du royaume de Naples. Celui-ci réalisa deux constructions concentriques en forme de trapèze et une énorme fortification extérieure (d'un kilomètre de circonférence) bâties autour d'une fortification normande préexistante. C'est grâce à Acaja que le château est devenu un exemple de technologie militaire moderne, avec ses terre-pleins et ses murailles inclinées qui rendaient la forteresse imprenable. À l'intérieur, le **Museo della Cartapesta** est ouvert au public depuis 2010. Ses salles présentent des statues d'inspiration sacrée en papier mâché, technique qui a fait la réputation de la ville. La collection se compose de quelque 80 œuvres signées des grands maîtres de la *cartapesta* (papier mâché) de Lecce du XVIIIe siècle à nos jours. Depuis 2014, les visiteurs ont également accès à la **galerie souterraine** qui relie les deux bastions au château (adulte/6-12 ans/- de 6 ans 2,50/1 €/ gratuit ; visites guidées toutes les 45 min).

Basilica di Santa Croce BASILIQUE

(☎0832 24 19 57 ; Via Umberto I ; ⌚9h-12h et 17h-20h). Voici le plus fameux témoignage du *barocco leccese*. Devant ce triomphe d'exubérance architecturale, on comprend aisément pourquoi il a fallu plus de cent ans et une équipe d'artisans choisis parmi les meilleurs de Lecce pour le réaliser.

Chargée de symbolisme, la façade est divisée en trois parties distinctes – pour mieux en saisir l'iconographie, l'audioguide (3 €), disponible dans le petit kiosque face à la basilique, n'est pas superflu. La section inférieure, attribuée à Gabriele Riccardo, est de style typiquement Renaissance, articulée autour de six colonnes classiques qui flanquent le portail – œuvre de Francesco Antonio Zimbalo – et soutiennent un entablement richement sculpté arborant des lions et des femmes le sein nu. Au-dessus de cette frise, on observe une série d'étranges figures zoomorphes – griffons, harpies et sirènes. Encore au-dessus, on trouve la deuxième section de la façade ainsi que la **rosace**, l'exemple le plus grandiose de décoration sculptée de style *barocco leccese*, réalisée par Giuseppe Zimbalo et Cesare Penna en 1646. Les deux statues figurant saint Benoît (à droite) et saint Célestin (à gauche) rendent hommage à l'ordre religieux des Célestins qui commanda l'édifice au milieu du XVIe siècle. Enfin, tout en haut, admirez le tympan, au centre duquel est représenté le triomphe de la Croix.

L'intérieur, de style Renaissance, est tout aussi somptueux. La nef arbore un plafond à caissons doré, le maître-autel est richement décoré de marqueterie de marbre, et le long des nefs latérales, on dénombre quatorze chapelles, toutes plus ouvragées les unes que les autres. Toutefois, la partie la plus somptueusement décorée est l'autel à six colonnes de San Francesco da Paola, situé sur le flanc nord de la basilique et signé Francesco Antonio Zimbalo. Le neveu de ce dernier, Giuseppe, a également laissé sa signature dans le couvent des Célestins, juste à côté, devenu depuis le **Palazzo del Governo**, siège de la province de Lecce. De là, on peut traverser la cour à colonnades pour rejoindre les **jardins publics** (plus connus à Lecce sous le nom de La Villa), face au Palazzo del Governo.

Piazza del Duomo PLACE

Le centre géographique de Lecce paraît coupé du reste de la ville. Et pour cause, seul un étroit point d'accès, flanqué d'imposants piliers, permet de s'en échapper. Autrefois, ce passage pouvait être clos au moyen d'une lourde porte en chêne, dont l'ingénieux système suscitait l'étonnement.

Juste en face, remarquez la façade ouvragée de la Chiesa di S. Maria dell'Assunta, aussi appelée **Duomo** (☎0832 30 85 57 ; Piazza del Duomo ; crypte 1 € ; ⌚8h30-12h30 et 16h-18h30 l'hiver, 8h30-12h30 et 16h-20h l'été). Cette fois, le procédé architectural utilisé est différent ; une fausse façade vise à produire un effet quasi théâtral. La forme de la cathédrale rappelle celle d'un arc de triomphe, et ici encore, les ornements dominent. Admirez également le plus haut campanile d'Italie (68 m). Si l'intérieur du Duomo est de facture classique latine, son abondante décoration l'est beaucoup moins. Nefs couvertes de stucs, sols en marbre, et autels richement sculptés ou polychromes retiennent l'attention. On y admire aussi des œuvres d'art réalisées entre le XVIe et le XVIIIe siècle par des artistes tels que Giuseppe da Brindisi ou Giovanni Coppola.

Face à la cathédrale se dresse le **Palazzo Vescovile** (palais épiscopal), du XVe siècle, avec sa galerie d'angle à arcades. Juste à côté, on trouve le magnifique **Seminario** (⌚horaires variables), bâti entre 1694 et 1709 par Giuseppe Cino, l'un des disciples les plus talentueux de Giuseppe Zimbalo. Même le puits situé dans la cour constitue une véritable envolée de l'artiste. Enfin, à côté de la cathédrale, découvrez le **Museo Diocesano** (☎0832 24 33 35 ; ⌚9h30-12h30 et 16h-19h oct-mai, 9h30-12h30 et 17h-20h juin-sept), ses tableaux, ses sculptures, son argenterie et ses ornements liturgiques.

Corso et Porta Rudiae — AVENUE/PORTE

La Piazza del Duomo est située sur l'axe principal de la ville. La Via Vittorio Emanuele II continue ensuite vers l'est, jusqu'à la Piazza Sant'Oronzo, attenante au **Palazzo Carrelli Palombi** et à la **Chiesa di Sant'Irene**, du XVIIIe siècle. Cette dernière arbore deux splendides retables baroques ornés d'images en miroir, qui semblent s'observer de part et d'autre du transept. En allant vers l'ouest, on passe près de plusieurs autres églises. La plus intéressante est la **Chiesa del Rosario** (Via Libertini ; ⌚9h-23h30 et 16h-20h), aussi appelée église Saint-Jean-Baptiste. Il s'agit de l'ultime édifice réalisé par Giuseppe Zimbalo (elle fut achevée en 1728), qui repose ici. Puis, la Via Libertini quitte le centre historique par la **Porta Rudiae**, l'une des trois portes monumentales de Lecce. Son nom dérive de la colonie romaine de Rudiae (ou Lupiae), qui se trouvait à 3 km au sud-ouest de Lecce.

Via Palmieri — RUE

Au nord de la Piazza del Duomo, la Via Palmieri est bordée d'autres édifices majestueux qui datent des XVIIe et XVIIIe siècles. Le plus beau d'entre eux est le **Palazzo Marrese**, avec son portail encadré par quatre cariatides, sur la Piazzetta Ignazio Falconieri, à côté du **Palazzo Palmieri**. Admirez aussi le Teatro Paisiello, inauguré en 1758 et baptisé en l'honneur de l'illustre musicien de Tarente Giovanni Paisiello ; une véritable bonbonnière.

Porta Napoli — PORTE

(Piazzetta Arco di Trionfo). Érigée en 1548 en prévision d'une visite d'État de Charles Quint par l'architecte militaire Gian Giacomo dell'Acaja (qui construisit également le château), cette porte fut conçue sur le modèle d'un arc de triomphe romain assorti d'un fronton sculpté à pointe, arborant un énorme blason espagnol. Juste à l'extérieur de la porte, on trouve un **obélisque** commémoratif, érigé en mémoire d'un autre roi espagnol, Ferdinand Ier, roi des Deux-Siciles. L'ouvrage, exécuté par l'artiste local Vito Carluccio en 1822-1826, comporte des panneaux liés au symbolisme mythologique et historique de Lecce, Tarente, Brindisi et Gallipoli – les quatre districts qui formaient jadis la Terre d'Otrante. En face se dresse le **Palazzo Guarini**, l'une des résidences aristocratiques les mieux conservées de Lecce. De là, une brève promenade permet de rallier la Chiesa dei SS Nicolò e Cataldo.

Chiesa dei Santi Nicolò e Cataldo — ÉGLISE

(Via San Nicola). Cette église de style byzantino-romain, située dans le cimetière de la ville, est certainement l'une des plus étranges de Lecce, avec son étrange façade baroque. Le bâtiment d'origine, bâti en 1180 par Tancrède, comte de Lecce, trahit des origines siciliennes évidentes dans son portail à la décoration exotique, avec des éléments issus du monde végétal, et ses arcs intérieurs ornés d'arabesques. Giuseppe Cino, qui rénova l'édifice consacré en 1716, eut la judicieuse idée de laisser le portail quasi inchangé, ce qui ne l'empêcha pas de donner libre cours à sa fantaisie sur la façade, qui déborde de statues de saints bénédictins, d'une cohérence discutable avec le reste des ornements.

L'intérieur a néanmoins conservé toute son intégrité. La haute nef centrale et les étroites nefs latérales donnent la sensation d'une hauteur vertigineuse, compensant les fresques des XVIe et XVIIe siècles qui tapissent les murs et les voûtes. À droite en regardant la façade, un portail permet d'accéder au cloître du XVIe siècle, un espace sommaire et très vaste, au centre duquel se dresse un magnifique baldaquin baroque qui couvrait jadis le puits du monastère. Construit par Gabriele Riccardi (architecte de la basilique Santa Croce), il compte des colonnes à spirales richement sculptées, surmontées par une petite coupole.

AU SUD DE LA PIAZZA SANT'ORONZO

Au sud de cette place, en longeant la Via Augusto Imperatore, on s'éloigne de la partie la plus riche de Lecce pour se diriger vers le quartier d'habitations, plus populaire et parfois moins soigné.

Chiesa di Santa Chiara — ÉGLISE

(Piazza Vittorio Emanuele). La construction de cette église a été interrompue à mi-chemin. Au-dessus des autels, on aperçoit encore les grilles à travers lesquelles les sœurs de l'ordre des Clarisses écoutaient la messe.

Chiesa di San Matteo — ÉGLISE

(Via dei Perroni 29). La construction baroque la plus audacieuse de la ville. Contrairement à la majorité des autres églises, de style Renaissance et revêtues de décorations

LE BAROCCO LECCESE

Style architectural unique, le *barocco leccese* caractérise nombre de petites villes du Salento. Il s'est développé à Lecce entre la seconde moitié du XVIe siècle et le début du XVIIIe siècle, période durant laquelle les évêques firent de Lecce une ville-royaume sur le modèle de la Rome des papes.

Cette mutation du style baroque traditionnel se produisit pendant la Contre-Réforme, qui vit l'Église réaffirmer son autorité à travers la création d'ordres religieux, comme les Célestins et les Jésuites, et la démonstration ostentatoire de sa richesse. La pierre de Lecce, un calcaire très tendre et malléable lors de son extraction, mais qui durcit au fil du temps et prend une teinte dorée, en est le protagoniste majeur. La docilité de cette pierre était telle que l'historien de l'art Cesare Brandi affirmait qu'on pouvait la "graver avec un canif", encourageant ainsi les artisans locaux à exprimer au mieux leur créativité et leur habileté. Ainsi, la *pietra leccese* était taillée sans relâche pour orner les porches, les fenêtres, les balcons et les loges de quantité de motifs décoratifs aussi somptueux qu'imaginatifs – figures humaines et zoomorphes, motifs végétaux, gargouilles, chapiteaux, colonnes et corniches. La pierre était ensuite traitée avec un fluide contenant du lait entier afin d'en durcir la surface et d'en réduire la porosité.

Si les principaux représentants de ce style architectural furent Gabriele Riccardi, Mauro Manieri et Francesco Antonio Zimbalo, son interprète le plus créatif demeure Giuseppe Zimbalo (dit "Lo Zingarello", le "petit gitan"). On lui doit notamment la cathédrale de Lecce et certains éléments décoratifs de la façade de la basilique Santa Croce, ainsi que la diffusion du barocco leccese dans le Salento (au couvent de Melpignano, par exemple).

Entre la fin du XVIe siècle et le début du XVIIIe siècle, ce nouveau langage signa le renouveau urbain de Lecce. Au terme du XVe siècle, la ville était devenue l'un des épicentres commerciaux du royaume de Naples, attirant les marchands vénitiens, dalmates, grecs et lombards. À son arrivée au pouvoir en 1516, Charles Quint fit de Lecce le chef-lieu des Pouilles et lança une importante campagne de construction de bâtiments et d'édifices publics en vue de rénover le centre urbain. Les nobles contribuèrent également à l'essor immobilier en agrandissant et en rénovant leur palais dans le nouveau style architectural à la mode. L'art baroque ne tarda pas à gagner l'ensemble du Salento. Aujourd'hui, la moindre ruelle, rue ou place, non seulement à Lecce mais aussi à Nardò, à Gallipoli, à Martina Franca, à Ostuni, à Francavilla Fontana, ou encore à Galatina, témoigne de la beauté de ce style architectural si caractéristique du sud de l'Italie.

baroques, San Matteo présente une façade très particulière, avec une moitié inférieure convexe, et un deuxième niveau concave. Cette église est attribuée à Giovann'Andrea Larducci, qui se serait inspiré de la Chiesa di San Carlo alle Quattro Fontane, une église de Rome conçue par Borromini.

Porta San Biagio PORTE
(Piazza Italia). Une splendide porte du XVIIIe siècle, avec ses colonnes lisses, ses volutes et son inscription latine. Le blason est celui de Ferdinand Ier des Deux-Siciles, un Bourbon.

Museo Provinciale MUSÉE
(☎0832 68 35 03 ; Viale Gallipoli 28 ; ⌚8h30-19h30 lun-sam, 8h30-12h30 dim et jours fériés). GRATUIT Dédié au duc Sigismondo Castromediano (1811-1895), patriote local et amateur d'art, ce musée compte une riche collection archéologique composée de pièces provenant de toute la région. Gravissez la rampe en colimaçon pour contempler 10 000 ans d'histoire des Pouilles : objets du paléolithique et du néolithique, céramiques découvertes à Egnazia, ainsi qu'une belle section comportant des pièces grecques et romaines, des bijoux, des vases attiques, des armes et des ornements.

Les pièces vedettes de la collection sont l'œuvre des Messapiens, qui produisaient déjà des pichets et des bols bien avant les Grecs – jetez un œil aux élégantes *trozzelle* (vases caractérisés par deux petites "roues", ou *trozze,* à la base des fines poignées) aux décorations monochromes. À signaler encore les *tintinnabule,* des jouets en terre cuite représentant des animaux, qui contenaient jadis une clochette.

Le musée présente également des statues, des objets et des sculptures provenant du Teatro Romano et de l'Anfiteatro, ainsi qu'une petite section dédiée à l'art médiéval et baroque, avec un précieux polyptyque du gothique tardif venant de la basilique Santa Caterina d'Alessandria de Galatina, ainsi que des tableaux réalisés par des artistes de l'école napolitaine, comme Oronzo Tiso.

Teatro Romano et Anfiteatro THÉÂTRES
(le Museo del Teatro Romano est géré par la Cooperativa Ipersalento ; ☎0832 27 91 96 ; Via degli Ammirati 5 ; tarif plein/réduit 3/2 € ; ⌚visites guidées seulement 9h-13h30, après-midi sur réservation). Le Teatro Romano, probablement édifié entre le Ier et le IIe siècle, fut mis au jour en 1929 et restauré en 1935-1940. Il s'agit d'un petit théâtre de style classique, avec un auditorium semi-circulaire, une scène recouverte de marbre et les vestiges d'une *scaenae frons* (toile de fond), décorée de colonnes et de statues (aujourd'hui disparues). Il ne reste plus aucune trace de la scène, même si les fragments de feuilles de marbre polychromes témoignent de son opulence. À quelque 300 m du théâtre se dresse l'amphithéâtre (quoi qu'il ressemble plus à un théâtre puisque seule la moitié en est visible). Attenant au théâtre, le **Museo del Teatro Romano** présente des objets découverts au cours des fouilles, ainsi que des fresques et des mosaïques bien conservées, transférées depuis d'autres sites archéologiques de la région. L'exposition s'articule autour des thèmes du théâtre et de la reconstruction de la grande zone urbaine de Lecce à l'époque impériale.

Activités

Vélo et pousse-pousse

Fort de son succès à Bari (p. 56), **Velo Service** (☎320 931 62 85 ; www.veloservice.org ; Piazza San'Oronzo ; 👪) a ouvert une antenne à Lecce pour proposer des promenades urbaines à vélo ou en pousse-pousse, émaillées d'histoires, d'anecdotes et de curiosités locales.

Plages

Les principales plages de Lecce se situent à 8 km à l'est de la ville, à **San Cataldo**, une localité d'un intérêt relatif qui accueille néanmoins de nombreuses activités estivales. Si vous êtes motorisé, vous pourrez profiter des dizaines de bars – souvent de simples paillotes sur des sites splendides – qui jalonnent le littoral jusqu'à San Foca.

San Cataldo mérite cependant une halte pour la beauté de sa côte et la succulente friture de poisson de **Pesciolini** (☎327 895 56 93 ; Piazza Adriano 12 ; pâtes 20 € ; ⌚jeu-dim l'hiver, tlj l'été), qui sert aussi des spaghettis aux oursins (en saison), des boulettes de poulpe, des *pittule* (beignets) et autres plats à prix très modérés (paiement en espèces).

Fêtes et festivals

Lecce possède un riche calendrier de fêtes et de manifestations, surtout entre avril et septembre.

Sant'Antonio Abate TRADITION
(16 janvier). *'A focara*, en dialecte local, désigne le feu de joie allumé sur la place principale de Novoli (à 13 km au nord-ouest de Lecce) en l'honneur de saint Antoine le Grand. Jadis, les tisons réchauffaient

À NE PAS MANQUER

ABBAZIA DI SANTA MARIA DI CERRATE

À 15 km au nord de Lecce, par la S613 et la SP236, cette abbaye perdue en rase campagne est l'un des rares exemples de style roman dans cette partie des Pouilles. Construite autour du XIIe siècle sous l'égide de Tancrède, comte de Lecce, elle fut remaniée à diverses reprises au cours des siècles et présente aujourd'hui une décoration typique du Salento, une aile à arcades adossée au flanc gauche de l'église ainsi qu'un puits du XVIe siècle. Contigu à l'abbaye, le **Museo delle Tradizioni Popolari** (0832 36 11 76 ; contribution libre ; www.visitfai.it/abbaziadicerrate), réunit notamment des fresques provenant des nefs latérales. À l'heure où nous rédigeons, les horaires du musée dépendent des travaux de restauration en cours ; consultez le site Internet.

le sommeil des citoyens les plus démunis de la ville, avant que les cendres ne soient dispersées dans les campagnes pour servir d'engrais naturel et attirer la bonne fortune.

Festival del Cinema Europeo FESTIVAL
(avril ; festivaldelcinemaeuropeo.it). Festival du film très prisé qui voit la ville prise d'assaut par les amoureux du septième art.

Maggio Musicale Salentino FESTIVAL
(mai ; www.maggiomusicalesalentino.it). Ce festival de musique, de chant, de poésie et de danse investit le Teatro Paisiello (voir p. 216).

Cortili Aperti ARCHITECTURE
(fin mai ; www.dimorestoricheitaliane.it). Depuis une vingtaine d'années, quelque 30 demeures historiques de Lecce ouvrent leurs portes au public le dernier dimanche de mai, accueillant dans leur cours des concerts classiques, des lectures de poésie et des installations d'art contemporain. Des visites guidées racontent l'histoire de ces palais et des familles qui y vécurent.

Fiera di Sant'Oronzo FÊTE PATRONALE
(août). La fête du saint patron de Lecce débute par une procession austère et s'achève par un défilé costumé à cheval et une grande fête, durant laquelle la ville se pare de merveilleuses illuminations.

Fiera di Santa Lucia FÊTE RELIGIEUSE
(13-24 décembre). Une semaine de fête entre la sainte Lucie et la veille de Noël. Une crèche est installée dans l'amphithéâtre romain et l'on peut acheter des santons en papier mâché ou en terre cuite.

Où se loger

Lecce décline une gamme d'hébergements à la fois excellente et diversifiée, des hôtels historiques luxueux, mais abordables aux petits établissements soignés en passant par les appartements et les B&B raffinés d'un bon rapport qualité/prix. La plupart délivrent un pass gratuit permettant de se garer dans le centre historique ; renseignez-vous lors de la réservation. L'auberge de jeunesse la plus proche se situe à San Cataldo, sur la côte.

Camping Namasté CAMPING €
(0832 32 96 47 ; www.camping-lecce.it ; Via De Andrè 9 ; tente 9 € empl voiture inclus ; tte l'année). À 5 km de la ville, ce camping de 35 000 m² fait partie d'une exploitation agricole biologique et propose également des bungalows, des appartements et des lits en dortoir. Pour vous y rendre, prenez le bus n°26 à la gare ferroviaire.

Centro Storico B&B €
(0832 24 27 27 ; www.bedandbreakfast.lecce.it ; Via Vignes 2b ; s/d/suite 35-40/55-60/70-80 € ;). Mauro a choisi de souligner l'âge vénérable du bâtiment (fin XVIe siècle) en soignant les murs, les voûtes, les huisseries et le mobilier. Le service est lui aussi très attentif : kit de toilette dans la sdb, petit-déjeuner servi dans la chambre, possibilité d'être conduit au B&B depuis la Piazza Sant'Oronzo, ou encore de s'offrir un second petit-déjeuner au Capilungo, sur cette même place, grâce à un bon d'achat. Terrasse de 400 m² que Mauro partage avec l'Azzurretta (ci-contre) tenu par Tullio, son frère.

Bella Lecce B&B €/€€
(333 422 26 10 ; www.labellalecce.it ; Via Galateo 43 ; d 55-70 € ;). Le point de vue sur la rue pourrait décourager le voyageur de venir chercher ici le repos. En réalité, la rue est piétonne, mais silencieuse, les murs sont épais et la fraîcheur garantie en été (sans compter la clim.). De plus, l'endroit fait très méridional. Quatre chambres spacieuses (dont deux suites intérieures), avec sdb privative, entourent un hall d'entrée qui

sert de réception et de salle de petit-déjeuner (produits sucrés, salés et même pour allergiques). Bref, un B&B accueillant, où l'on apprécie la gentillesse de Roberto et Stéphanie.

Volte a Sud B&B €

(☎349 289 28 45 ; Via Scarambone 16 ; d 70 €, prix app à fixer ; ❄📶). Trois chambres autour d'un séjour avec kitchenette pour prendre le petit-déjeuner, et, juste à l'angle, deux appartements soignés dans les moindres détails, avec tapis persans, canapés en cuir ou tissu, sdb en mosaïque et marbre jaune de Turquie. Ne partez pas sans vous être fait montrer la statue de saint Antoine qui regarde à l'intérieur du Palazzo dei Martano, ni reçu des conseils avisés pour optimiser votre visite de Lecce. Inutile de chercher le site Internet, réservation par téléphone.

Azzurretta B&B €

(☎0832 24 22 11 ; www.bblecce.it et www.hostelecce.com ; Via Vignes 2b ; s/d 60-70 € ; ❄📶P). Cet établissement, dans le même bâtiment et au même étage que le Centro Storico, est plus spartiate. Tullio (le frère de Mauro), ancien éditeur, offre à chaque résident une carte sur laquelle figurent les bonnes adresses (bars, restaurants, musées). Si vous avez envie d'un petit massage shiatsu après avoir dégusté un verre de vin sur la grande terrasse, un masseur se tient à votre disposition.

La Terrazza B&B €

(☎0832 301741 ; www.laterrazzabeb.com ; Via di Casanello 39 ; s/d 40-50/60-75 € ; ❄📶). Cet endroit n'est pas exactement situé dans le centre historique, mais ce petit défaut est amplement compensé par la beauté de cette maison familiale où vous serez accueilli par la bavarde Anna Polito et sa fille Raffaella. Salon avec fauteuils, tableaux, terrasse splendide (d'où le nom) et quatre chambres soignées à l'extrême : vous serez ici parfaitement à votre aise.

Corte dei Taralli B&B €/€€

(☎335 879 04 84 ; www.bedandbreakfastsantacroce.it ; Corte dei Taralli 1, Via della Sinagoga ; d pour 1/2 pers 40-50/70-90 €, suite 85-150 € ; ❄📶). Le charmant Gabriele a aménagé deux mini-suites, une chambre double et une terrasse commune ensoleillée dans cet édifice du XVIIIe siècle à l'intérieur de l'ancien ghetto juif, tout près de la basilique Santa Croce. Une option chaleureuse et raffinée pour qui souhaite loger dans le centre.

Prestige B&B €€

(☎0832 24 33 53 ; www.bbprestige-lecce.it ; Via Santa Maria del Paradiso 4 ; s/d 60-70/70-90 € ; ❄📶). L'escalier est raide, mais vous pouvez compter sur de l'aide pour porter vos bagages. Le B&B idéal pour se sentir, non pas comme à la maison, mais vraiment comme chez quelqu'un d'autre. Quant à la terrasse où petit-déjeuner, elle donne sur la Chiesa di San Giovanni.

Bed Lecce B&B €€

(☎0832 24 61 19 ; www.bedlecce.com ; Via di Brienne 8a ; s/d 40-80/50-90 € ; ❄📶). Splendides appartements dans le centre historique, qui semblent sortis des pages d'un magazine de décoration. Murs blancs, tapis ethniques et mobilier élégant. Les éléments de style vintage, comme les réfrigérateurs Smeg, apportent une agréable touche colorée. Autre succursale au n°29 de la Via Vittorio dei Prioli.

♥ **Palazzo Rollo** B&B €€

(☎0832 30 71 52 ; www.palazzorollo.it ; Via Vittorio Emanuele II 14 ; basse/haute saison d à usage individuel à partir de 60/70 €, d à partir de 75/85 € ; ❄📶). Pavements en mosaïque, canapés en velours et chambres précédées d'un boudoir : cet édifice chargé d'histoire, face au campanile de la cathédrale, a tout d'un palais de contes de fées. Choisissez de préférence la suite Scirocco, dont le plafond signé Geremia Re représente un ciel étoilé. Sinon, les six chambres du premier étage ouvrent sur une cour intérieure tapissée de vigne vierge, les appartements avec coin-cuisine du rez-de-chaussée sur une autre. Location de voitures, scooters, motos et vélos. Réception à gauche après le porche d'entrée.

Dei Due Portoni B&B €€

(☎349 371 85 98 ; Via Umberto I 7 ; suite 2 pers 90-100 € ; ❄📶). En arrivant à Lecce, ruez-vous sur cette unique suite aménagée dans une demeure ancienne attenante à la basilique Santa Croce. Ce duplex spacieux, décoré de touches orientales, peut loger de 2 à 4 personnes. Vous y serez comme un prince !

Palazzo Personè DEMEURE HISTORIQUE €€

(☎0832 27 99 68 ; www.palazzopersone.it ; Via Umberto I 5 ; d à partir de 120 € ; ❄📶). Le compositeur Diego Personè vivait dans cette ancienne synagogue qui fait l'angle, face à la Basilica di Santa Croce. Le décor des six chambres et suites modernes marie harmonieusement la pierre, le verre et le fer forgé. Offres spéciales sur le site Internet.

Patria Palace Hotel HÔTEL €€/€€€
(☎0832 24 51 11 ; www.patriapalacelecce.com ; Piazzetta Riccardi ; s/d 125-175/120-150 € ; ❄📶). Enrichie de tableaux, de frises en pierre de Lecce, de fresques et d'éléments Art déco, cette demeure du XVIIIe siècle en plein centre historique, devant la basilique, a trouvé un second souffle en tant qu'hôtel. Les 67 chambres personnalisées s'agrémentent de peintures de John Duggan et le restaurant sélect compte parmi les meilleurs de la ville. Fréquentes réductions en ligne.

Santa Chiara Suite Hotel HÔTEL €€/€€€
(☎0832 30 49 98 ; www.santachiaralecce.it ; Via degli Ammirati 24 ; s/d 80-100/130-180 € ; ❄📶). Élégant jardin sur le toit avec vue sur la ville, belle terrasse, lustres en cristal noir, tissus en camaïeu de gris et baignoire balnéo : le Santa Chiara offre un raffinement quatre étoiles. Les chambres classiques affichent un excellent rapport qualité/prix. Parking gratuit s'il y a de la place (sinon 16 €/jour).

Où se restaurer

Malgré son caractère sophistiqué, Lecce possède peu de grandes tables, surtout en matière de cuisine de la mer. Elle abrite en revanche un bon choix de trattorias et d'*osterie* de catégorie moyenne où goûter des spécialités du cru, plus quelques adresses sortant de l'ordinaire.

Pasticceria Franchini PÂTISSERIE €
(☎0832 34 38 82 ; www.pasticceriafranchini.com ; Via San Lazzaro 36 ; ⊙7h30-14h et 16h-20h30, fermé jeu et dim après-midi). Maître pâtissier renommé au-delà de Lecce, Franco Franchini officie dans cette boutique ouverte en 1963, où tartes, *cotognate* (pâtes de coing), *fruttoni* et glaces côtoient le *pasticciotto* (gâteau de pâte sablée garni de crème ou de confiture) traditionnel, emblématique du Salento. Surtout ne vous avisez pas de critiquer ce dernier devant un autochtone !

Pasticceria Gelateria Cadorna PÂTISSERIE/GLACIER €
(☎0832 24 04 64/349 726 26 78 ; Via 95°Reggimento Fanteria 15 ; ⊙19h-0h mar-dim). Lors d'événements particuliers, le pâtissier roumain archiconnu (il a fait ses classes chez Natale, ci-contre) qui œuvre désormais ici, se distingue toujours par l'originalité de ses *pasticciotti*, fourrés aux mûres ou à la chantilly.

Della Cotognata Leccese CAFÉ/COCKTAILS/APÉRITIFS €
(☎0832 30 28 00 ; www.cotognataleccese.com ; Viale Marconi 51 ; ⊙6h-21h30). Une halte s'impose pour goûter la confiture de coing réputée de cette enseigne pionnière du genre.

Gelateria e Pasticceria Natale PÂTISSERIE/GLACIER /CHOCOLATIER €
(☎0832 25 60 60 ; www.natalepasticceria.com ; Via Trinchese 7/a ; ⊙8h30-1h). Glaces, petits gâteaux et chocolats exquis, tout est fabriqué sur place. Laissez-vous tenter puis faites une longue promenade pour brûler les calories.

Checco Pizza PIZZERIA €
(☎333 599 30 69 ; www.checcopizza.com ; Via Tasso 5 ; ⊙fermé lun l'hiver, dim l'été). Ne vous fiez pas au cadre spartiate – des tables en marbre et des nappes en papier – de cette adresse périphérique, car ses pizzas napolitaines atteignent des sommets. Il y en a même une en forme d'étoiles, dont chaque branche est fourrée de ricotta. Mention spéciale pour les *fagottini* farcis de pomme de terre et de menthe.

Joyce PUB IRLANDAIS/RESTAURANT €
(☎0832 27 94 43 ; Via Matteo da Lecce 5 ; ⊙12h-15h et 19h-0h, horaire continu en été). Il s'agit officiellement d'un pub irlandais, où les touristes allemands arrivent en bande tard le soir pour boire des bières et danser, même parfois dehors. En journée cependant, c'est surtout un petit restaurant très fréquenté qui propose au moins deux *primi* du jour et une ardoise pleine de choses délicieuses (*ricottine* au miel et aux noix, par exemple). En commandant une assiette dégustation et un verre de Negroamaro, on peut s'en tirer pour 12 €. Les tables en bord de rue sont prises d'assaut aux heures d'affluence.

Osteria Angiulino – Cucina Casereccia OSTERIA €
(☎0832 24 51 46 ; Via Principi di Savoia 24 ; repas 15-20 € ; ⊙fermé dim). Certes le cadre ne paie pas de mine, mais pour une bonne cuisine familiale, on peut bien se passer de décorum. Un repas comprenant aubergines à la parmesane, *sagne n'cannulate* (pâtes larges) et *pezzetti di cavallo* (ragoût de cheval) vous coûtera moins de 20 €. Alors, lâchez-vous et prenez aussi des *croquette di patate* (croquettes de pommes de terre).

La Vecchia Osteria TRATTORIA €
(☎0832 30 80 57 ; www.lavecchiaosteriatotu.it ; Via Dasumno 3 ; repas 15-20 € ; ⊙fermé lun). Certes, l'endroit ne brille pas par ses fioritures baroques, mais la cuisine maison de "Totu" est connue et appréciée des habitants ; mieux vaut d'ailleurs réserver. Optez pour l'une des deux petites salles toutes simples à l'intérieur ou pour la terrasse, nichée dans une petite cour entre deux grandes portes en bois. Au menu (choix entre viande et poisson), tout est délicieux, des *linguine* aux cèpes aux seiches rôties. Bon rapport qualité/prix.

♥ **Mamma Elvira.com** BAR À VINS/ÉPICERIE/TRAITEUR €/€€
(☎0832 169 20 11 ; www.mammaelvira.com ; Via Umberto I 19 ; repas 10-15 € ; ⊙11h-nocturne, à partir de 8h l'été). Après un long séjour à l'étranger, Andrea a décidé de regagner sa terre natale et de lui consacrer son temps, ce qu'il fait de belle manière et avec passion. Ouvert depuis 2011, son établissement propose exclusivement des produits des Pouilles, des vins (200 étiquettes, 5-10 € /verre) aux bières artisanales (une vingtaine) en passant par la charcuterie, les fromages, l'huile d'olive et les conserves. Côté cuisine, les *burrate*, *pucce* (petits pains) et plats chauds tels que lasagnes font un bon déjeuner sur le pouce. Sinon, la carte déploie un large choix de salades, ragoûts, *polpette* (boulettes), légumes au four et *caponate* (ratatouilles). Côté déco, les tables, tabourets et autres meubles sont fabriqués par des artisans locaux.

Shui BAR À VINS/RESTAURANT €/€€
(☎349 871 23 84 ; Via Umberto I 21/a ; ⊙ven-dim soir l'hiver, tlj l'été). Si les tables hautes de MammaElvira.com (ci-dessus) affichent complet, rabattez-vous sur les tables basses de Shui. La carte est très variée, et rien ne déçoit : planches de produits typiques, légumes cuisinés (en *caponata*, grillés, farcis, gratinés...), appétissants nachos à la mode de Lecce, etc. Une sélection de vins intéressante et des shots de vodka arrosent agréablement le tout.

♥ **Le Zie** TRATTORIA €€
(☎0832 24 51 78 ; www.lezietrattoria.com ; Viale Colonnello Archimede Costadura 19 ; repas 30 € ; ⊙fermé dim soir et lun). Réservez une table dans cette trattoria rustique et faites confiance à Carmela Perrone et à sa famille, qui suivent à la lettre les recettes traditionnelles. L'assortiment de plats du Salento, tenants de l'authentique *cucina povera* (cuisine "pauvre"), est à peine croyable : *orecchiette* aux boulettes de viande, fabuleuse *taieddhra* (nom local de la *tiella* de Bari), ou encore en dessert le *pasticciotto*. Francis Ford Coppola serait, paraît-il, un habitué.

Osteria degli Spiriti OSTERIA €€
(☎0832 24 62 74 ; www.osteriadeglispiriti.it ; Via Battisti 4 ; repas 30 € ; ⊙fermé dim soir et lun midi l'hiver, fermé lun midi l'été). Avec ses plats modestes aux riches saveurs du terroir, ce restaurant porte haut les couleurs de la cuisine populaire de Lecce : *ciceri e tria* (pâtes sautées croustillantes aux pois chiches), *fave e cicorie* (fèves et chicorée), *orecchiette con cacioricotta* (pâtes au fromage de brebis), *pezzetti di cavallo* (ragoût de cheval). Pendant que Tiziana officie derrière les fourneaux, Piero s'affaire sur fond de jazz dans les deux petites salles aux voûtes en étoile, au décor alliant terre cuite, bois et sièges en cuir.

Alle Due Corti RESTAURANT €€
(☎0832 24 22 23 ; www.alleduecorti.com ; Corte dei Giugni 1, angle Via Prato 42 ; repas 35 € ; ⊙fermé mer). Excellente cuisinière respectueuse des traditions, Rosalba De Carlo réinvente de façon magistrale les spécialités paysannes de la région. L'atmosphère est celle d'une maison du Salento, entre voûtes basses immaculées et vieilles photos de famille aux murs.

All'Ombra del Barocco CAFÉ/BAR À VINS/RESTAURANT €€
(☎0832 24 55 24 ; www.liberrima.it ; Corte dei Cicala 9 ; repas 35 € ; ⊙8h-0h jan-mars, fermé lun). La salle pavée de pierre de Lecce et la terrasse splendide sur la Corte dei Cicala se prêtent autant à une pause café et pâtisserie, qu'à un apéritif ou un repas de plats du terroir. Au menu : purée de fèves à la chicorée sauvage, filet de thon, antipasti des Pouilles, poulpe *in pignata*...

La Torre di Merlino PIZZERIA/RESTAURANT €€
(☎0832 24 20 91 ; www.torredimerlino.it ; Vico Giambattista del Tufo 16 ; repas 40 € ; ⊙soir). Les salles chaleureuses, garnies de fauteuils et canapés en cuir rouge, se doublent d'une belle terrasse sur une placette, à l'ombre de grands parasols. On s'y régale de moules, de morue en brandade ou au citron confit, de supions farcis et de *mezze maniche* (pâtes courtes tubulaires) à la crème de haricot, sans oublier les dégustations de fromages et de charcuterie.

Alex RESTAURANT €€/€€€

(☎0832 24 36 19 ; www.alexristorante.com ; Piazzetta Arco di Trionfo ; repas 40 €, menu terre/mer 35/50 € ; ⏲tlj). En déménageant dans le secteur moins central de Porta Napoli, au milieu de la verdure du club de tennis Mario Stasi, Alex s'est agrandi et pratique des prix plus abordables. La cuisine, elle, n'a pas changé : poissons crus mariés à des légumes qui en exaltent les saveurs, comme la rascasse au concombre des Pouilles ou le rouget à la poudre de tomate, et, quand le produit est à la hauteur de la situation, belle assiette de spaghettis aux oursins.

Où prendre un verre

Caffè Letterario CAFÉ LITTÉRAIRE

(☎0832 24 23 51 ; www.caffeletterario.org ; Via Paladini 46 ; ⏲19h-14h30 mar-sam, 17h-2h dim, tlj l'été). L'inscription au-dessus de la porte, "Que d'histoires pour un café !", retient l'attention. Quand on aperçoit les petites tables, les banquettes peintes et les panneaux colorés aux murs, on a vraiment envie de s'arrêter pour siroter un café, voire commander un en-cas appétissant. Agréable aussi en hiver, près du piano, ou à l'occasion d'une exposition.

Original – From Coffee and Cigarettes ESPACE POLYVALENT

(☎0832 24 48 77 ; Via Paladini 23 ; ⏲19h-2h jeu-mar l'hiver, 12h-15h et 19h-2h tlj l'été). Ce bar branché du centre historique s'est encore réinventé : il a changé de nom, s'est rempli de livres, s'est doté d'un espace pour des concerts, en plus de la salle où boire thé, café et vins du cru. Il se renouvelle toujours, et toujours avec succès.

Road 66 PUB/CONCERTS

(☎0832 24 65 68 ; Via dei Perroni 8 ; ⏲19h-2h30). Épicentre de la movida urbaine, ce pub historique se distingue des autres bars de la rue auxquels il a ouvert la voie, surtout pour la musique live. À la fois steakhouse, brasserie et restaurant tex-mex, il organise des soirées comme la fête de la bière du jeudi (demi 2,50 €, litre 6,50 €).

Où sortir

Teatro Paisiello THÉÂTRE

(☎0832 24 65 17 ; www.teatropubblicopugliese.it ; Via Palmieri 83). Ce théâtre d'inspiration néoclassique, inauguré en 1870 avec *Un bal masqué* de Verdi, porte le nom de Giovanni Paisiello, compositeur tarentais du XVIIIe siècle, dont le buste orne une niche du hall. Il compte 320 places réparties sur trois étages de loges et de galeries. Le festival Maggio Musicale Salentino s'y déroule en mai (voir p. 212). Le reste de la programmation va de la *Tosca* de Puccini à *La Raison des autres* de Pirandello.

Teatro Politeama Greco THÉÂTRE

(☎0832 24 14 68 ; www.politeamagreco.it ; Via XXV Luglio 30). Le seul véritable théâtre de Lecce, ainsi que le plus grand du Salento, peut accueillir près d'un millier de spectateurs. Il présente chaque année une affiche lyrique et théâtrale, parfois en lien avec la culture et les traditions régionales.

Achats

De jolies boutiques, des librairies bien approvisionnées et d'alléchantes épiceries fines jalonnent les rues de Lecce. Mais la ville est surtout renommée pour ses objets artisanaux en papier mâché et en *pietra leccese*. On peut en acheter dans des ateliers, surtout le long des axes menant à la cathédrale et autour du Corso Vittorio Emanuele II.

LE TEMPLE DU CAFÉ

Pour rien au monde les habitants de Lecce ne renonceraient au plaisir du café sous ses diverses formes : classique dans une tasse brûlante pour se réchauffer l'hiver, glacé avec ou sans *latte di mandorla* (lait d'amande) et *crema di caffè* (crème de café à la recette tenue secrète) pour se désaltérer à la belle saison. Le **Caffè Avio** (☎0832 30 41 50 ; Via Trinchese 16 ; ⏲7h-22h30 lun-jeu et 7h-0h ven-dim), une adresse historique du centre-ville, le prépare dans les règles de l'art. Il a été fondé dans les années 1950 par Antonio Quarta, un entrepreneur qui avait ouvert près du théâtre Politeama une brûlerie rebaptisée l'Avio Bar car fréquenté par les aviateurs de l'aéroport de Lecce-Galatina. Aujourd'hui, c'est le maître torréfacteur Luigi De Mitri, un "maniaque compulsif du café" selon les termes affectueux de son fils Mario, qui officie dans cet établissement renommé où seule la marque Quarta Caffè a droit de cité.

Linciano CAVISTE

(☎0832 33 19 68 ; www.lincianovini.it ; Via Duca degli Abruzzi 59 ; ⏲9h-13h et 16h-20h30 lun-sam). Le caviste le mieux fourni de Lecce, où les vins et spiritueux italiens côtoient leurs cousins du monde entier.

Merzbau ARTISANAT

(☎328 043 65 00 ; Via Cairoli 21 ; ⏲10h-21h lun-ven, 10h-23h sam, 17h-21h dim). Entre deux clients, les créatrices confectionnent à la main de sympathiques vêtements, sacs, bijoux, cadres et autres objets originaux. Le supplément d'âme compense les imperfections techniques.

Marcella Donno PAPIER MÂCHÉ ET TERRE CUITE

(☎320 015 66 60/392 373 82 00 ; Via Matteotti 14 ; ⏲8h-13h et 16h30-20h, sonnez si nécessaire, les propriétaires habitent au-dessus). L'un des magasins où dénicher des articles en papier mâché produits par des maîtres artisans fidèles aux méthodes ancestrales. Marcella Donno travaille elle aussi ce matériau ainsi que la terre cuite. Repérez l'éléphant qui monte la garde devant l'entrée.

Artefare ARTISANAT D'ART

(☎338 228 84 16/389 311 02 22 ; www.artefare.com ; Via Petronelli 14 ; ⏲10h-13h et 17h-20h). Les deux types d'artisanat d'art de la ville (la *cartapesta* et la *pietra leccese*) se conjuguent ici à merveille. Vous hésitez entre les boucles d'oreille en papier mâché, en forme de poisson, de losange ou de goutte d'eau, et leur équivalent en pierre de Lecce ? Avant de prendre votre décision, jetez donc un œil aussi aux porte-photos et aux calepins en papier, ou encore aux lampes en pierre.

Teti – Artigianato d'Autore ARTISANAT

(☎0832 24 55 68 ; Via Matteotti 23 ; ⏲9h30-13h et 16h-21h tlj juin-août, fermé dim sept-mai, sur rendez-vous jours fériés). Chez Teti, vous pourrez acheter un couple de *pupe leccesi*, ces poupées typiques de Lecce, ou si vous préférez des souvenirs en céramique comme une *pigna*, un *pumo* ou un *cavaliere* (bougeoir traditionnel). Tous les objets sont tournés à la main par des maîtres céramistes du Salento.

Maglio CHOCOLATERIE

(☎0832 24 38 16 ; www.cioccolatomaglio.it ; Via Templari 16 ; ⏲9h15-13h et 16h30-20h lun-sam l'hiver, 9h30-13h30 et 17h-20h30 lun-sam l'été, fermé jeu après-midi). Un petit magasin où l'on pourra goûter et choisir du chocolat concocté par un fameux artisan des Pouilles. Si Maglie figure sur votre itinéraire, vous y trouverez la maison-mère (p. 250).

La Bottega del Corso GASTRONOMIE

(☎0832 24 98 66/329 278 41 84 ; www.labottegadelcorso.it ; Via Libertini 52 ; ⏲9h-14h et 16h-22h, pause déjeuner d'une heure l'été). Pâtes, biscuits et *taralli* (biscuits salés) en tout genre, vins et nombreux autres produits régionaux.

Divergo LABORATOIRE DE CRÉATION

(☎338 349 42 74 ; www.animare.it ; Via Vittorio Emanuele II 36-38 ; ⏲9h-13h et 17h30-19h30 mar-sam, ouverture exceptionnelle jours fériés et jusqu'à 23h l'été). Porte-photos, verre peint, marque-pages, tasses et autres objets, nés de l'imagination de jeunes plus ou moins doués lors d'ateliers tenus par des bénévoles.

La Cartapesta di Claudio Riso PAPIER MÂCHÉ

(☎0832 24 34 10 ; www.cartapestariso.it ; Via Vittorio Emanuele II 27 ; ⏲9h30-19h30, horaires prolongés l'été). Pour 4 à 7 €, vous pourrez rapporter chez vous une délicate rose en papier mâché, à accrocher dans votre cuisine. En revanche, pour un santon d'environ 20 cm de haut, comptez un minimum de 40 €. Juste à côté se trouve le petit atelier où Claudio travaille sans relâche, s'accordant une pause de temps à autre pour photographier les visiteurs illustres.

Gusto Liberrima LIBRAIRE ET GASTRONOMIE

(☎0832 24 26 26 ; www.liberrima.it ; Corte dei Cicala ; ⏲10h-21h lun-ven, 10h-0h sam-dim, 10h-0h juil à mi sept). L'endroit où se procurer à la fois des livres de fiction ou de recettes régionales et des produits du terroir tels que *taralli* sucrés à l'orange, *torchietti* au Negroamaro et liqueur de fenouil sauvage ou de figues de Barbarie. Vente sur Internet également.

Olio Claudio HUILE

(☎327 186 06 77 ; www.olioclaudio.com ; Via Principi di Savoia 43 ; ⏲9h15-12h45 et 16h30-19h30, fermé dim et lun matin). Rien de mieux que ce petit magasin pour acheter votre première bouteille d'huile d'olive du Salento de première qualité. Par la suite, vous pourrez vous fournir en ligne.

Atika COUTURIER

(☎0832 30 84 28/339 766 10 23 ; www.atikasartoria.it ; Via Rubichi 13 ; ⏲10h-13h et 17h-20h30 mar-sam, 16h45-20h30 lun). Le tailleur Antonio Franco réalise de splendides vêtements des années folles, les plus élégants, et des années 1950-1960 à partir de précieux tissus vintage. Essayez l'un des innombrables modèles déjà confectionnés, puis choisissez la matière et les éventuelles modifications pour une création à votre taille. Jetez aussi un œil aux accessoires, tout aussi rétro.

Renseignements

OFFICES DU TOURISME

Lecce compte trois points d'information **IAT** : au Castello di Carlo V (☎0832 24 65 17 ; www.infolecce.it ; Viale XXV Luglio 32 ; ⏲9h-20h30 lun-ven l'hiver, 9h-23h lun-ven et 9h30-23h30 sam-dim l'été), au Sedile (☎0832 24 20 99 ; ⏲9h30-21h30 l'été, 9h30-13h30 et 15h30-19h30 l'hiver) et au 24 Corso Vittorio Emanuele (☎0832 68 29 85 ; ⏲10h-13h et 16h-18h l'hiver, 9h30-13h30 et 15h30-19h30 l'n été). Location d'audioguides pour 4 heures de promenade (5 €) et visites guidées du centre historique (10h30, 17h et 19h l'été, 10h et 16h30 l'hiver) pouvant inclure les souterrains du château (2 € ; p. 208) et une dégustation de vins du Salento (3 €).

URGENCES

Ambulance (☎0832 66 14 04)

Hôpital Vito Fazzi (☎0832 66 11 11 ; Via San Cesario). À environ 2 km au sud du centre, sur la route de Gallipoli.

Guardia medica (Médecins de garde ; ☎0832 34 34 60)

Police (☎0832 69 11 11 ; Viale Otranto 1)

Depuis/vers Lecce

Pour rallier les petites villes près de Lecce, il est plus commode de prendre le train. En revanche, pour les longues distances, privilégiez le bus, plus rapide et ne nécessitant aucune correspondance.

BUS

STP (www.stplecce.it). Relie Lecce à de nombreuses localités du Salento, dont Santa Maria di Leuca (6,20 €, 2 heures-2 heures 30) et Galatina (1,70 €, 30 min environ). Billets disponibles dans les kiosques situés devant la gare principale.

Les **Ferrovie del Sud Est** (FSE ; www.fseonline.it) effectuent des liaisons en bus vers plusieurs petites villes de la région, notamment Gallipoli (2,80 €, 1 heure 10, 4 trajets quotidiens), Otrante (2,80 €, 1 heure 25 à 2 heures 15, 2 trajets quotidiens) et Tarente (6,30 €, 2 heures environ, 3 trajets quotidiens lun-sam). Les bus partent du terminus, Largo Vittime del Terrorismo.

TRAIN

Deux compagnies ferroviaires relient Lecce au reste du Salento : **Trenitalia** (www.trenitalia.com) et le vieux réseau des **Ferrovie del Sud Est** (FSE ; www.fseonline.it), qui desservent les petites villes du bas Salento. La billetterie pour les trains des Ferrovie del Sud Est se trouve sur le quai n°1.

Des trains rallient fréquemment Brindisi (2,80-14 €, 30-20 min), Bari (10,50-18,50 €, 2 heures) et même Rome (33-82 €, 5 heures 30 à 12 heures).

Les trains des Ferrovie del Sud Est relient Lecce à Otrante (3,50 €, 45 min à 1 heure 30), Galatina (2,10 €, 25-40 min), Gallipoli (4,20 €, 50 min) et Martina Franca (7,70 €, 1 heure 45). Les trains ne circulent pas le dimanche, mais un service de bus prend la relève. Possibilité d'acheter les billets au guichet des Ferrovie del Sud Est la veille du départ, ou bien dans le kiosque devant la gare.

VOITURE ET MOTO

L'autoroute s'arrête à hauteur de Bari. La nationale SS16 mène ensuite à Lecce via Monopoli et Brindisi. Depuis Tarente, prenez la SS7.

De Lecce, la route la plus rapide pour rallier le bas Salento, jusqu'à Santa Maria di Leuca, est la SS16, même s'il existe aussi une route côtière au sud d'Otrante, très pittoresque et pas trop fréquentée.

Comment circuler

Il n'est pas nécessaire de posséder un moyen de transport pour passer quelques jours à Lecce car le centre historique se visite aisément à pied. Pour un séjour plus long, vous pouvez louer un vélo ou utiliser les minibus électriques gratuits.

Depuis/vers l'aéroport

L'aéroport le plus proche est celui de Brindisi, à 40 km au nord-ouest. Des bus fréquents le desservent au départ du Viale Porta d'Europa (6 €). Les navettes **Air Shuttle** (www.airshuttle.it ; ☎0832 30 55 22), à réserver obligatoirement en ligne ou par téléphone, relient également Lecce à l'aéroport de Brindisi (à partir de 20 €).

LE SALENTO EN BUS

Pour répondre aux besoins des visiteurs qui affluent l'été, la province de Lecce a mis en place le réseau **Salento in Bus** (☎345 010 10 95/349 124 21 31 ; www.salentointrenoebus.it, www.provincia.le.it/web/provinciallecce/trasporti ; ⏲25 juin-5 sept), dont les neuf lignes principales et les lignes secondaires desservent les principales destinations touristiques du Salento. Les horaires des bus coïncident avec ceux des moyens de transport longue distance au départ et à l'arrivée de Lecce. Pour connaître les lignes et les horaires, procurez-vous la brochure gratuite à l'office du tourisme.

BUS

Parmi les bus **SGM** (www.sgmlecce.it ; 1 €) qui circulent en ville, les bus n° 24, 25 et 27 relient la gare ferroviaire au Viale Felice Cavallotti. Le n°35 dessert Viale XXV Luglio.

VÉLO

L'office du tourisme installé dans le château loue des vélos (3 € la 1re heure, 2 €/heure ensuite ou 15 €/jour). Location également possible auprès de :

Arco di Prato (☎ 345 600 54 92 ; www.arcodiprato.it ; Via Prato 46 ; ⏲ 9h-13h et 17h-20h30, mais toujours à disposition de la clientèle) livre et vient rechercher (gratuitement dans Lecce) les vélos commandés dans les hôtels et autres lieux. Un vélo de ville à six vitesses coûte 12/20 € pour un/deux jours, 5 € par jour supplémentaire et 35 €/semaine.

Forcignanò (☎ 0832 30 60 62 ; Piazza d'Italia 2-3 ; ⏲ 8h30-13h et 16h30-20h). Près de la Porta San Biagio, loue des vélos pour 10 € par jour.

VOITURE ET MOTO

Le centre historique est en zone à circulation limitée (ZTL), ce qui signifie que l'on ne peut pas circuler en voiture ou se garer intra muros, à moins de disposer d'un permis ad hoc. La grande majorité des B&B pourront vous en procurer un si vous souhaitez vous garer à proximité de votre hébergement. Mieux vaut se renseigner avant.

Il existe en ville des compagnies de location de voiture comme Avis, Hertz, Maggiore Rent, etc.

TAXI

Salento Radio Taxi (☎ 0832 22 40 ; ⏲ 24h/24) offre le service le plus pratique ; comptez 55 € (jusqu'à 4 pers) pour rejoindre l'aéroport. Concernant les trajets en ville ou à l'extérieur, vous pouvez contacter **Leccetaxi & Salento** (renseignements et réservations ☎ 320 773 02 31 ; ⏲ 10h-12h et 18h-20h lun-ven)

LA CÔTE ADRIATIQUE DE SAN CATALDO À SANTA MARIA DI LEUCA

Cette partie du littoral baignée par l'Adriatique se caractérise par des falaises couvertes d'un maquis luxuriant, tombant à pic sur la mer, et de petites villes côtières qui semblent bâties en équilibre précaire. La côte, qu'il s'agisse des plages sablonneuses au nord d'Otrante ou rocheuses au sud, est splendide et fort heureusement intacte. Quasiment toutes en pierre, les maisons se fondent harmonieusement dans l'environnement méditerranéen, loin des horreurs que l'urbanisation sauvage des côtes a pu produire ailleurs. Ici, on trouve encore de charmants et paisibles paysages, plateaux et collines à perte de vue d'un côté, mer de l'autre. Un conseil, commencez par la darse de **San Cataldo**, où les pêcheurs sont autorisés à vendre leur poisson directement depuis leur bateau. Après le phare, siège de la garde côtière, les plages privées et publiques se succèdent, avec le chant des cigales et la végétation en toile de fond.

Riserva Naturale dello stato Le Cesine

En toute saison, il est agréable de se promener à l'ombre des pins d'Alep et des chênes verts, entre les buissons du maquis et les roselières des marais de cette **réserve naturelle** (☎ 329 831 57 14 ; www.riservalecesine.it ; ⏲ visites guidées 10h30 dim et jours fériés oct-avr, 16h30 mai-sept, sur réservation le reste de la semaine) affiliée au réseau des oasis de WWF. Si le printemps est enchanteur avec les orchidées colorées fleurissant spontanément, l'été est la période idéale pour profiter de la plage et de ses 8 km de sable quasi déserts, même au mois d'août.

En raison des normes de protection en vigueur, on y sera obligatoirement accompagné (il est impératif de suivre les sentiers qui longent la réserve ou mènent jusqu'à la mer). Le WWF, qui gère la zone depuis l'origine, propose une visite à pied (8 €, membres WWF 4 €, 2 heures) ou à vélo (12 €, membre 10 €, 2 heures 30) intitulée "Le secret de la réserve".

Torre dell'Orso et autres plages

Passé Melendugno, dont la plage (à éviter) se trouve très près du port, poursuivez sur la SP145 jusqu'à **Roca**. Cette localité balnéaire mérite une halte pour la "Poesia", un bassin d'eau cristalline où les jeunes plongent de plusieurs mètres dans des eaux assez profondes

Non loin au sud se déploie la splendide plage de **Torre dell'Orso** en forme de croissant, flanquée de hautes falaises. Au large, notez les fameuses "Due Sorelle" – selon la légende, au moment précis où deux sœurs se noyaient, ces écueils semblant s'enlacer auraient surgi de la mer. Souvent prise d'assaut en plein été, la plage redevient paradisiaque en dehors des heures d'affluence et de la haute saison. Toute l'année, surtout le dimanche, les locaux se retrouvent à la **Pasticceria Dentoni** (☎0832 84 14 85 ; Lungomare Matteotti ; ⏲6h-2h, fermé mar, ouvert tlj l'été), une institution incontournable, pour se régaler de *pasticciotti*, de glaces ou de pâte d'amande.

Vient ensuite le bourg maritime de **Sant'Andrea** et ses plages. La première, de taille modeste, regarde le rocher dit Tafarulu, qui évoque la silhouette d'un sphinx au milieu des flots. Jetez un œil à travers les grilles fermant les grottes utilisées jadis par les pêcheurs, puis installez-vous sur la terrasse panoramique du **Babilonia** (☎0832 84 10 99 ; Largo Porticciolo ; ⏲tlj Pâques-sept) pour prendre un café, une glace, voire une pizza le soir. En continuant encore vers le sud, vous atteindrez des petites criques de sable et de rochers (certaines interdites à la baignade) à l'abri de blanches falaises. Là, de nombreux cinq-étoiles avec piscine donnent sur la mer et les spectaculaires formations rocheuses **Lu Pepe**. En direction d'Otrante commence un paysage de pinèdes descendant vers la mer, dont les rivages et plages équipés pour le jour comme pour la nuit figurent parmi les plus à la mode de la région.

Lacs Alimini

Alimini Piccolo, dans l'arrière-pays, constitue le site parfait pour contempler le soleil couchant. Quant à **Alimini Grande**, relié à la mer du côté du Lido Sirena et du Bagno Lucia, il offre l'occasion d'une équipée sauvage dans la nature avec **Colori in Canoa** (☎331 931 66 31 ; www.colorincanoa.it ; SP151, Località Pagliarone, Laghi Alimini ; 7,50 €/heure ; ⏲mi-juin à sept) : à bord d'un canoë écologique respectueux de cette zone protégée, rejoignez les bouées blanches (par temps venteux, ne dépassez pas les jaunes) en longeant les rives du lac entre la côte et les bouées rouges. Des senteurs de myrte et de mauve flottent dans l'air, où résonnent des chants d'oiseaux et le sifflement du vent dans les roseaux. Pour compléter cette heure de détente absolue, rien de tel qu'une baignade solitaire sur une petite plage aux eaux propres et salées. Sinon, le **Maneggio di Lucio** (☎368 777 38 71 ; maneggiodilucio.wordpress.com ; 1 heure 25 € ; ⏲toute l'année) voisin organise des promenades à cheval auxquelles même les débutants peuvent participer.

Otrante (Otranto)

5 600 HABITANTS

Le charme de la cité des saints martyrs opère en toute saison. C'est le cas en hiver, quand le visiteur entend son pas résonner entre les murailles dans le silence ambiant et peut déchiffrer à loisir la mosaïque de la cathédrale sans être bousculé. L'été, alors que les adeptes du tourisme balnéaire arpentent en masse le centre historique, les pieds blancs de sable ou rouge de bauxite, que les conducteurs d'*Ape* (triporteurs) klaxonnent à qui mieux mieux et que les terrasses des restaurants affichent complet, la ville la plus orientale de la péninsule devient une destination ensoleillée incontournable.

Histoire

Hydruntum, telle qu'on l'appelait dans l'Antiquité, en référence au fleuve Idro qui la traversait, fut mille ans durant le principal port de la péninsule à desservir l'Orient. La ville est aussi le théâtre de légendes fantaisistes, comme celle du roi Minos, qui y aurait séjourné quelque temps, ou encore de saint Pierre, qui aurait célébré la première messe donnée en Occident au sommet d'une de ses collines. Sans oublier quelques pages de la littérature. *Le Château d'Otrante*, d'Horace Walpole, premier roman gothique de l'histoire (voir p. 281), relate en effet un chapitre de la difficile et sanglante histoire de la ville, convoitée par ses voisines et sujette aux incursions des Turcs au XVe siècle. Ces derniers, de mèche avec Venise contre le royaume de Naples, mirent la ville à sac en 1480. Huit cents Otrantais survivants qui refusèrent de se convertir à l'islam furent massacrés non loin de là, sur la colline de Minerve, un lieu paisible et mystérieux où s'élève l'église des Martyrs.

À voir

Torre Alfonsina et remparts TOUR ET REMPARTS

Pour accéder au centre historique d'Otrante, juché sur une petite colline donnant sur la baie, prenez la **Porta Terra** (aussi appelée **Porta Alfonsina**). Aussitôt après se dresse la **Torre Alfonsina**, à l'endroit où se trouvait jadis l'entrée historique de la cité des martyrs. Alphonse d'Aragon assura la construction de cette tour en 1481. Après avoir libéré la ville de l'occupation turque, il fit de son mieux pour rassurer les habitants, traumatisés par le sac subi. De cet endroit, on peut déjà admirer le système défensif des **remparts**, calqué sur la structure byzantine. Cette dernière fut remaniée successivement par Robert Guiscard en 1081, Frédéric II en 1228, les Angevins et enfin les vice-rois espagnols, lesquels firent des fortifications et du château un modèle d'architecture militaire.

Castello Aragonese CHÂTEAU

(☎billetterie 0836 80 14 36 ; www.castelloaragoneseotranto.it ; Piazza Castello ; tarif plein/réduit 5/4 €, gratuit moins de 12 ans ; ⏲10h-22h déc-juin, 10h-13h et 15h-19h oct, 10h-17h lun-sam, 10h-13h et 15h-19h dimanche et jours fériés nov, 10h-22h juil-sept). Alphonse d'Aragon fit bâtir le château d'Otrante (1485-1498) en étroite relation avec les remparts et selon un plan pentagonal, devenu de plus en plus irrégulier en raison des remaniements successifs survenus au XVIe siècle. Promenez-vous sur la terrasse et laissez votre regard planer au-dessus du centre-ville immaculé, avant de prendre le large vers la mer azurée.

Cattedrale CATHÉDRALE ET MOSAÏQUE

(☎0836 80 27 20 ; Piazza Duomo ; ⏲7h-12h et 15h-18h). Bâtie par les Normands au XIe siècle et remaniée à deux reprises, cette magnifique cathédrale renferme une véritable forêt de fines colonnes aux chapiteaux sculptés et une audacieuse **mosaïque** du XIIe siècle pavant la totalité de la nef. Les personnages de cette dernière sont figurés de façon naïve, avec de grands yeux blancs et des proportions fantaisistes. Conçue par un jeune moine prénommé Pantaleone, l'œuvre représente un arbre de vie, dont les branches sinueuses abritent des scènes bibliques, des monstres, des animaux, des figures mythologiques et des symboles de corporations. On peut s'amuser à repérer les éléments les plus connus, comme la tour de Babel, l'arche de Noé, Diane chasseresse, le roi Arthur ou encore Alexandre le Grand. Plus on progresse vers la cime de l'arbre, plus l'imagerie devient ésotérique. Le chœur arbore notamment une série de médaillons, certains portant des inscriptions latines et arabes, que des chercheurs tentent encore de décrypter, avançant l'hypothèse d'une cosmogonie médiévale.

Étonnamment, la cathédrale a très bien survécu aux outrages du temps. Les Turcs en firent pourtant de la cathédrale une écurie lors du sac d'Otrante. La pierre ayant servi de billot lors de la décapitation des malheureux est aujourd'hui conservée dans l'autel de la chapelle latérale, à droite du maître-autel. On aperçoit les crânes des martyrs, canonisés par le pape François en 2013, dans les vitrines disposées le long des murs. Enfin, ne manquez pas le spectaculaire plafond à caissons bleu et or.

Face à la cathédrale se dresse le petit **Museo Diocesano**.

Chiesa di San Pietro ÉGLISE

(Via San Pietro ; ⏲10h-13h et 16h-18h, s'adresser à la cathédrale si les portes sont fermées). Si vous souhaitez visiter une église complètement différente de la cathédrale, la Chiesa di San Pietro, minuscule et isolée, vaut le détour. Il pourrait s'agir de la cathédrale originelle d'Otrante. Elle possède un plan en croix grecque, avec une coupole cylindrique soutenue par quatre colonnes massives. Des fresques byzantines décolorées ornent l'intérieur, très loin de l'exubérance des personnages de Pantaleone.

Activités

Excursions en voilier

Pas un magazine de tourisme, un guide de voyage ou une chaîne de télévision spécialisée qui n'ait chanté les louanges de Silvia et Marco, le duo à la tête de **Capitani Coraggiosi** (Silvia : ☎329 234 24 88/Marco : ☎349 577 27 05 ; www.capitanicoraggiosi.it ; Viale Europa 19 ; excursions d'une journée dans le Salento 10h-18h30, croisières d'une semaine ou un week-end, sorties nocturnes ; jusqu'à 6 pers sur réservation, jusqu'à 8 pers pour les formules d'une journée et de nuit ; ⏲toute l'année). Ces experts de la voile ont eu le courage de braver le manque d'infrastructures de la côte salentine. Montez sans crainte à bord du Red Fox, un bateau de 12 m, pour naviguer jusqu'à Torre dell'Orso, au nord, ou Leuca, au sud. Outre des moments de baignade, l'escapade comprend un déjeuner léger locavore, accompagné de vins locaux et de bières artisanales. Les plus pressés opteront pour la sortie nocturne, qui donnera à coup sûr l'envie de récidiver.

Plongée

Les eaux limpides et la côte rocailleuse des environs d'Otrante se prêtent idéalement à la plongée. **Scuba Diving Otranto** (☎0836 80 27 40 ; www.scubadiving.it ; Via del Porto 1 ; ⏲toute l'année) assure des sorties de jour ou de nuit, des cours de tout niveau même débutant et, sur réservation, des excursions en Zodiac le long de la côte au nord et au sud d'Otrante.

Otrante

Plages

La fin des travaux du front de mer a encore rehaussé l'attrait d'Otrante. Il est désormais possible de rejoindre en maillot de bain le phare au nord de la baie en marchant sur du gravier et des passerelles en bois, puis de passer entre les rochers de la "plage du chef" (un restaurant réputé si tenait jusqu'à récemment) pour arriver tranquillement à la Spiaggia Atlantis (à ne pas confondre avec le bel établissement balnéaire éponyme juste à côté).

Plus au nord s'étendent les plages de Fuorirotta et de Castellana. Puis il suffit de sortir de la ville et de traverser une pinède pour découvrir la splendide **Baia dei Turchi**, longue bande sablonneuse à l'eau bleu azur, où quelques écueils font le bonheur des amateurs de snorkeling. Un peu plus loin, le **Lido dei Pini** (www.lidodeipini.it) et la **Balnearea** se transforment le soir en discothèques à ciel ouvert, avec musique et cocktails jusqu'à l'aube. Au sud d'Otrante, la côte se fait plus rocheuse. Après **Baia dell'Oste** vient **Orte**, accessible uniquement à pied ou par la mer, d'où la présence de nombreux bateaux. En longeant le littoral vers Santa Cesarea (voir aussi *Environs d'Otrante* p. 226), on arrive à **Torre Sant'Emiliano**, dont la crique très sauvage justifie une halte et une baignade. Dépassez la **Masseria Autigne** (p. 227) sur votre droite et prenez la petite route à gauche jusqu'à une esplanade où vous pourrez vous garer, puis parcourez à pied les 200 m restants.

Fêtes et festivals

Alba dei Popoli NOUVEL AN

(1er-6 janvier). Otrante est un lieu prisé pour dire adieu à l'année écoulée. Après le

Otrante

Les incontournables

À voir

Activités

Où se loger

Où se restaurer

Où prendre un verre

Où sortir

Nouvel An, quantité d'événements en tout genre se succèdent jusqu'à l'Épiphanie.

Festa dei Beati Martiri Idruntini FÊTE HISTORIQUE
(12-13 août). Cette fête, qui commémore l'exécution des 800 martyrs de la ville par les Turcs, est la plus importante d'Otrante. Le premier jour, une foule se rend à pied jusqu'à la **Chiesa dei Martiri** (sur la route côtière qui mène à Santa Cesarea Terme) pour assister à un discours commémoratif. Le lendemain, après une messe solennelle à l'église et une procession, la fête se conclut par un spectacle pyrotechnique.

Où se loger

Balcone su Otranto B&B €/€€
(☎0836 92 21 09 ; www.balconesuotranto.it ; Via Vittorio Emanuele 17 ; s/d 50-70/70-120 € ; ⊙toute l'année). Le nom de l'établissement n'a rien d'ostentatoire, car la vue sur la baie et les remparts de la vieille ville depuis les trois chambres est vraiment époustouflante. Pensez à réserver.

Balconcino d'Oriente B&B €/€€
(☎0836 80 15 29 ; www.balconcinodoriente.com ; Via San Francesco da Paola 71 ; d/tr 60-120/80-150 € ; ⊙toute l'année ; ❄📶). Le terme "Balconcino" s'explique par le fait que les chambres du deuxième étage d'une habitation typique du Salento, à proximité du château, disposent d'une agréable petite terrasse indépendante. Quant au qualificatif associé, il tient au style oriental choisi pour conférer à ce B&B une atmosphère particulièrement chaleureuse. Pour un séjour plus long, location d'appartements (seulement à la semaine en août) disséminés dans le centre historique.

♥ **Palazzo de Mori** B&B €€
(☎0836 80 10 88 ; www.palazzodemori.it ; Bastione dei Pelasgi ; s/d 80-100/80-150 € ; ⊙avr-oct ; ❄📶). Au rez-de-chaussée, on trouve un beau B&B (quatre chambres) donnant sur un hall avec fauteuils blancs et bougies ; à l'étage, une merveilleuse demeure de charme toute en teintes blanches et bleues. Le trait d'union de ces deux lieux est la splendide terrasse donnant sur le port d'Otrante. Vous y prendrez un petit-déjeuner digne de ce nom – tartes et biscuits faits maison, fromages et saucisson de la région. Le tout préparé par l'accueillante *signora* Pina. Superbe chambre "supérieure" regardant la mer au deuxième étage.

Masseria Panareo MASSERIA €€
(☎0836 81 29 99 ; www.masseriapanareo.com ; Litoranea Otranto-Santa Cesarea Terme ; 45-70 €/pers ; ❄📶P🏊). Une sorte de petit village idéalement situé à 1,5 km des plages, avec une vue allant des plaines côtières jusqu'à la mer. De style rustique, mais élégamment modernes, les 19 chambres aérées s'organisent autour de la grande salle à manger et se dotent d'une terrasse privative. Demi-pension moyennant 28 € de plus ou repas à la carte.

Hotel Miramare HÔTEL €€
(☎0836 80 10 23 ; www.miramareotranto.com ; Lungomare Terra d'Otranto 55 ; s/d/tr/qua 55-90/80-160/110-190/130-230 € ; ❄📶).

UN JARDIN MÉGALITHIQUE

Parmi tous les trésors de la péninsule salentine, on aurait tort d'oublier les monuments préhistoriques. Voici les principaux.

Le **dolmen Li Scusi**, se dresse en rase campagne sur la route entre Minervino di Lecce et Uggiano la Chiesa. Il s'agit du premier découvert dans les Pouilles et du mieux conservé des mégalithes disséminés alentour. Il se compose d'une plaque de calcaire brute de 3,80 m sur 2,50 m, soutenue à un mètre du sol par un monolithe et sept piliers de pierres empilées. Un orifice de 20 cm de diamètre traverse la plaque de part en part. La vocation de ce monument n'est pas clairement établie, bien que beaucoup lui attribuent une fonction de culte ou de rite funéraire. D'accès libre, ce dolmen peut aussi faire l'objet d'un parcours culturel dans la nature avec le Parco Culturale del Dolmen Li Scusi (⏲ toute l'année) pour découvrir le monde magique et mystérieux d'une civilisation très ancienne. L'association Pro Loco de Minervino (☎ 0836 81 87 64) ou même celle d'Uggiano La Chiesa (☎ 345 871 34 16 ; Vicolo Garibaldi ; ⏲ 9h-13h lun-sam), sauront vous renseigner.

Dans un cadre aujourd'hui urbanisé, le mince **menhir Teofilo** (dit aussi San Totaro), à Martano, est avec ses 5 mètres le menhir le plus haut d'Italie. Notez les croix gravées dans la pierre. Au Moyen Âge de nombreux mégalithes du Salento furent en effet christianisés. Dans le village de Giurdignano, à quelques kilomètres d'Otrante, le **menhir de San Paolo** comprend une fine colonne de pierre d'environ 2 m de haut reposant sur une base rocheuse, avec en dessous une cavité recouverte de fresques byzantines qui servait jadis d'abri nocturne aux moines. La valorisation du patrimoine préhistorique de la région incombe à **Gli Amici dei Menhir** (☎ 348 517 53 69 ; www.amicideimenhir.it ; ⏲ toute l'année), qui organise excursions et visites guidées.

Si vous privilégiez l'emplacement (en l'occurrence ici, sur le front de mer, devant la plage Miramare), l'animation, et appréciez le côté rassurant d'une chambre sans originalité dans un trois-étoiles lambda, le plus vieil hôtel d'Otrante vous comblera. Personnel aimablement décontracté. Parking 8 €/jour.

Hotel Albània HÔTEL €€

(☎ 0836 80 18 77 ; www.hotelalbania.com ; Via San Francesco di Paola 10 ; 40-80 €/pers ; ❄). Certes, ce trois-étoiles ne s'inscrit pas dans la partie la plus jolie du centre, mais la terrasse où l'on prend le petit-déjeuner en été jouit d'une belle vue sur le château et sa plage. Il comporte 28 chambres propres, sobres et modernes ; Wi-Fi dans le hall.

Corte di Nettuno HÔTEL €€/€€€

(☎ 0836 80 18 32 ; www.cortedinettuno.it ; Via Madonna del Passo ; s/d 70-130/110-230 € ; ⏲ fin mars à oct ; ❄ 📶 P). Ce superbe quatre-étoiles occupe un vieux corps de ferme décoré d'éléments en bois, de tableaux de voiliers et d'objets de marine d'autrefois, autour d'une cour où trône une statue de Poséidon.

Où se restaurer

Si les trattorias et les restaurants abondent, beaucoup se distinguent par leur médiocrité. Les tables de la vieille ville ont tendance à être plus touristiques et plus onéreuses.

BioVeganBar VÉGÉTALIEN €

(☎ 340 400 82 45 ; Via Scupoli 6 ; ⏲ Pâques-oct, 10h30-1h en haute saison, horaires réduits en basse saison). Smoothies, jus de fruits pressés, lait végétal au muesli et fruits secs, salades et friselle, aliments crus, sushis, sorbets, vins et bières bio composent la carte de ce restaurant végétalien. Vous pourrez déguster tout cela en terrasse face à la Piazza del Popolo, à l'écart du brouhaha de la foule, en bouquinant ou en écoutant de la bonne musique.

La Bella Idrusa PIZZERIA €

(☎ 0836 80 14 75 ; Via Lungomare Eroi 1 ; ⏲ fermé mer sauf l'été). À en juger par la queue qui se forme par tous les temps à l'extérieur de la Porta Terna, cette pizzeria sort du lot. Le secret de sa réussite ? Un large choix d'énormes pizzas, des prix bas et une terrasse bien placée.

♥ **Agriturismo da Marta** AGRITURISMO €€

(☎ 0836 80 12 33 ; Località Orte, sous la Torre del Serpe ; pâtes 23 € ; ⏲ ouvert dim midi l'hiver, tlj le soir l'été, réservation impérative). Marta et ses filles, Daniela et Sabina, tiennent l'un des rares agriturismi dont l'offre repose uniquement sur la production. De la ricotta de chèvre à la chicorée en passant par les oignons frits en beignet et la farine du pain et des pâtes, tout vient du domaine et ne régale qu'un nombre limité de convives. Seul le vin, pas terrible au dire même des patronnes, n'est pas produit sur place, mais l'on peut apporter sa bouteille.

Le Torri RESTAURANT €€
(☎0836 80 13 68 ; Via delle Torri 40 ; repas 30-40 € ; ⊙fermé jeu, ouvert tlj l'été). Un petit restaurant sympathique, loin de la foule et des boutiques de souvenirs. Dans cette ruelle face à l'Hotel Albània (p. 224), Sandro et sa famille proposent une cuisine franche et savoureuse – oignonade de thon, *orecchiette* à la ricotta forte, *antipasto* de la mer ou encore crevettes grillées. La cuisine y est meilleure et plus abordable que dans la majorité des établissements du centre historique.

Peccato di Vino RESTAURANT €€
(☎0836 80 14 88 ; www.peccatodivino.com ; Via Rondachi 7-9 ; pâtes 40 € ; ⊙fermé mer midi et mar mars-juin et sept-oct, fermé mer midi juillet-août, fermeture nov-fév). Scialatielli à la crème de fèves et aux calmars, tourte de courgette à la menthe, tartelette au citron fourré de chocolat chaud fondant : ici tout est un régal ! L'adresse cachée dans une ruelle et la lumière tamisée rendent l'expérience encore plus suave.

Vico Lopez RESTAURANT €€/€€€
(☎349 556 58 93 ; Via Laggetto 38 ; à partir de 40 € ; ⊙avr-sept, fermé lun midi sauf août). La preuve qu'on peut passer une charmante soirée loin de la mer même à Otrante. Nichée dans une petite rue proche de la cathédrale, cette orangeraie forme le cadre idéal pour se régaler à l'abri des agressions du monde extérieur. Au menu : gnocchis aux cinq crustacés, thon pané aux pistaches, crevettes marinées au citron vert et gingembre...

♥ **LaltroBaffo** RESTAURANT €€€
(☎0836 80 16 36 ; www.laltrobaffo.com ; Via Basiliano 23 ; repas 50 € ; ⊙fermé lun sauf l'été). Aux fourneaux, Cristina exprime sa créativité à travers des recettes aussi réussies qu'originales, à savourer de préférence sur la terrasse à deux pas du château. Outre des dégustations de poisson cru, la carte comprend des plats tels que la carbonara aux oursins ou les *orecchiette* à la crème de pousses de navets.

Où prendre un verre

Giro di Boa BAR
(☎0836 80 12 92 ; Bastioni ; ⊙11h-2h Pâques-sept). Parmi les bars qui animent les remparts, celui-ci fait partie des plus agréables pour siroter une bière ou un cocktail devant une vue imprenable.

Il Covo dei Mori PUB/BAR À COCKTAILS
(Via Leon Dori). Une petite adresse dotée de deux amples terrasses sur les remparts, à un jet de pierre du Palazzo de Mori (p. 223). Avec quelque 154 cocktails, c'est le lieu ad hoc pour un verre tardif.

Où sortir

Riva del Sole ÉTABLISSEMENT BALNÉAIRE
(☎0836 80 52 61/0836 58 90 70 ; www.spiaggia-rivadelsole.com ; SS Otranto-San Cataldo ; transat 4-6 €, parasol 4,50-6 €, chaise longue 3,50-4,50 € ; ⊙fin mai-sept ; parking avec service de navette à 200 m de la mer). Pour un coin de sable de taille décente, dans une atmosphère calme et détendue aux senteurs de pin, cap sur cette plage aménagée avec parasols en paille, services balnéaires et snack-bar.

Balnearea Beach ÉTABLISSEMENT BALNÉAIRE/DISCOTHÈQUE
(☎0836 80 10 77 ; www.balnearea.it ; ⊙avr-oct ; parking dans la pinède). Grâce à ses animations, son happy hour et ses soirées festives, cette plage de sable blanc poudreux près des lacs Alimini, à 7,3 km au nord d'Otrante, compte parmi les plus tendance de la région. Jeux gonflables pour les petits.

Giro di Boa Beach ÉTABLISSEMENT BALNÉAIRE/DISCOTHÈQUE
(☎339 113 24 26 ; www.girodiboabeach.com ; Località Frassanito ; ⊙juin à mi-sept). Cet établissement mélange soirées DJ (jusqu'à l'aube le samedi en juin-juillet, plus souvent en août), bois, palmiers et cocktails tropicaux dans une atmosphère exotique et glamour très séduisante. Sports nautiques, cours de planche à voile et de kitesurf en journée. Happy hour de 18h à 21h. Musique et DJ. Accès par un chemin de terre.

Renseignements

Il existe un **office du tourisme** au port (IAT ; ☎0836 80 14 36 ; Via del Porto ; ⊙9h-13h lun-ven et 10h-12h sam l'hiver, 9h-13h et 16h-20h lun-sam l'été), reconnaissable à ses grandes baies vitrées, et un autre près du château (☎0836 87 14 07 ; ⊙10h-13h et 16h-21h).

Depuis/vers Otrante

Un train des **Ferrovie del Sud Est** (FSE ; www.fseonline.it ; 3,80 €, 45 min, 7 trains lun-sam) circule entre Lecce et Otrante. La ligne rouge n°106 de **SalentoinBus** (www.provincia.le.it ; 2,80 €, 1 heure environ) assure le même trajet le dimanche. Pour d'autres destinations, il faut souvent changer à Maglie (1,40 €, 25 min, 11 liaisons lun-sam).

Des bus **Marozzi** (www.marozzivt.it) quotidiens relient le port d'Otrante à Rome via Lecce (6,50 €, 1 heure), Brindisi (9 €, 1 heure 30) et Bari (20,50 €, 4 heures 30).

Possibilité d'acheter les billets auprès d'**Ellade Viaggi** (☎ 0836 80 15 78 ; www.elladeviaggi.it ; Via Guglielmotto d'Otranto 9, ex-Via del Porto ; ⏲ 9h-20h lun-ven, 9h-13h et 16h-20h sam, horaires étendus l'été), sur le port. Cette agence de voyages effectue aussi des réservations pour les ferries et les trains.

La gare ferroviaire se situe dans la ville nouvelle, à 1 km au nord-ouest du centre historique.

BALADE EN TRIPORTEUR

Pour une fois, la petite Apecar vous amusera au lieu de vous agacer avec son bruit pétaradant. Car cette fois-ci, vous serez à bord du sympathique trois-roues caréné de Piaggio pour parcourir les ruelles historiques impraticables en voiture, ou rejoindre votre hôtel ou la plage. Adopté à Otrante comme nouveau mode de transport en 2009, l'Ape Calessino a depuis fait des émules ailleurs dans le Salento.

Environs d'Otrante

Au sud-est d'Otrante, n'hésitez pas à faire un petit détour vers la **carrière de bauxite**, un vaste gouffre de terre rouge qui évoque un Grand Canyon miniature. Cette ancienne carrière d'aluminium accueille aujourd'hui un lac aux eaux d'un vert profond. Située sur un terrain privé, elle est facilement accessible depuis le petit port d'Otrante. Prenez la Via Orte et tournez à gauche quelques mètres après le deuxième terre-plein, en direction d'Orte. Arrêtez-vous lorsque vous apercevez des voitures garées aux abords du lac. De là, vous pouvez également gagner à pied la splendide **Baia dell'Orte**. Après un bon bain rafraîchissant, reprenez l'exploration du littoral, au sud de la ville, au fil d'un paysage élevé et rocheux, couvert de figuiers de Barbarie et de maquis, ponctué de tours de guet en ruine et de genêts.

Une dizaine de kilomètres plus loin, on découvre le **cap d'Otrante** (aussi appelé **Punta Palascia**), la pointe orientale du talon constamment battue par les vents. Par temps clair, la vue porte jusqu'à l'Albanie, à 70 km de là. Ces 10 km peuvent se parcourir à pied depuis la carrière de bauxite sur un sentier longeant la mer qui rejoint une petite gorge, puis une route asphaltée conduisant à proximité du phare. Le cap d'Otrante marque le point de rencontre de l'Adriatique et de la mer Ionienne, même si certains rêveurs placent celui-ci à Santa Maria di Leuca (voir l'encadré p. 234). Suivez la piste de terre qui descend jusqu'au phare et traversez la plage rocheuse, toujours déserte, en sautant d'un rocher à l'autre pour plonger dans les eaux bleu sombre au fond rocailleux : la nature sauvage offre un cadre de baignade exceptionnel, mais gare aux forts courants par temps venteux. Sur cette portion de littoral se dresse la **Torre del Serpe**, près du gîte rural Da Marta à l'excellente cuisine du terroir (p. 224). Cette tour, un ancien phare romain restauré sous Frédéric II tour, figure sur le blason d'Otrante avec un serpent enroulé. Il n'en reste aujourd'hui que la base circulaire et un pan de mur vertical. Vous l'apercevrez avant de descendre vers **Porto Badisco**, un site idyllique où l'on vient surtout pour déguster des oursins en période de pêche ou pour plonger.

À proximité de Porto Badisco se trouve la **Grotta dei Cervi**, une grotte riche en peintures rupestres du néolithique représentant des scènes de chasse et des symboles magiques. Découvert en 1970, le site ne se visite pas, mais l'aménagement d'une petite exposition de photos est actuellement à l'étude.

Dans l'arrière-pays, au sud, ne manquez pas le **Monastero di San Nicola di Casole**, construit selon la légende en 1098 par Bohémond Ier d'Antioche (fils de Robert Guiscard, fondateur de l'État normand de Sicile) avant d'être légué aux moines basiliens. C'est ici qu'aurait été formé Pantaleone, concepteur de la mosaïque de la cathédrale ; p. 221). Ne restent aujourd'hui que des ruines, dignes d'intérêt néanmoins.

Dans les terres, à quelque 4 km à l'ouest d'Otrante, n'hésitez pas à faire une halte à Giurdignano pour admirer le **Dolmen Li Scusi** (voir l'encadré p. 224).

Santa Cesarea Terme

Devant la **Villa Sticchi** polychrome, qui ressemble à une petite mosquée enracinée au milieu des roches, vous aurez le sentiment de vous retrouver devant le Bosphore. À Santa Cesarea Terme, les architectes ont laissé libre cours à leur créativité, concevant entre la fin du XIXe et le début du XXe siècle de nombreuses et immenses demeures, comme le **Palazzo Tamborrino** (Miramare). De l'âge d'or des cures thermales restent de grands hôtels qui accueillent les curistes en été. Toutefois, ne vous attendez pas à trouver ici des spas luxueux. Les **thermes de Santa Cesarea** (www.termesantacesarea.it) occupent un vieil hôpital où flotte une odeur de soufre persistante. Accordez-vous plutôt une demi-journée de détente au joli **Bagno Piscina Sulfurea** (tarif plein/réduit 5-6/4-5 €, parasol 4-5 €, chaise longue 4-5 €, bonnet de bain 1,50 € ; 9h-19h), moins vieillot, alimenté en permanence par l'eau sulfureuse de la Grotta Fetida autour de 27°C.

Plages

À Santa Cesarea Terme, pour peu que vous ayez un maillot de bain et l'envie de vous jeter à l'eau, vous n'aurez que l'embarras du choix. En allant du nord au sud, voici les possibilités qui vous attendent : le **Bagno Piscina Sulfurea**, avec ses piscines d'eau sulfurée ; le **Bagno Urbano Caicco**, non loin de là et face au Piazzale delle Terme ; le **Bagno Marino Archi**, sur la plage *le* Fontanelle, qui compte aussi une plage publique, de même que le **petit port** juste après ; la **Piscina Carmen Longo**, avec une splendide piscine entre de hautes parois rocheuses sombres tombant à pic sur la mer ; et enfin, les criques rocheuses du **Porto Miggiano**, situées après le minuscule port touristique dominé par la tour du même nom. Vous pouvez également rallier la **Grotta Solfatara**, histoire de vous enduire le corps de boue. Elle est accessible depuis la Piscina Sulfurea, ou en bateau depuis Castro.

Où se loger

Masseria Autigne MASSERIA €€
(339 442 68 63 ; Litoranea Otranto-Porto Badisco ; app pour 4 pers 100-190 € ; toute l'année ;). En venant d'Otrante par la SP358, à environ 3 km de Santa Cesarea Terme, après la base militaire et quelques virages en descente, vous trouverez un panneau octogonal sur votre droite, portant l'inscription "*Torre Sant'Emiliano – Formaggi della Terra d'Otranto (produzione e vendita)*". Entrez et continuez jusqu'à la *masseria* blanche, où Davide produit et vend des fromages, de l'huile, du miel et de la gelée royale. Il élève aussi des sangliers ainsi que des chevaux qu'il met à disposition de ses hôtes pour une promenade. Davide loue quatre appartements (trois pour 4 personnes, un pour 6 personnes) très spacieux et raffinés, dans un élégant style rustique, avec une chambre à coucher et une grande pièce.

Renseignements

À l'**office du tourisme** (IAT ; 0836 94 40 43 ; mairie, sous le porche devant le Piazzale delle Terme ; 9h-13h lun-ven et mar-jeu après-midi l'hiver, 9h-13h et 17h-20h lun-ven, 9h-13h et 16h-21h sam-dim l'été) vous trouverez toutes les informations utiles, et même une carte des plages.

Depuis/vers Santa Cesarea

De Lecce (49 km), en voiture, prenez la SS16, la SS275 et la SP363. Les liaisons en autobus sont assurées par les **FSE** (www.fseonline.it ; depuis Lecce 3,20 €, 1 heure).

HUILES ET MOULINS

Sur cette terre dont les bois sont composés d'oliviers séculaires, on ne s'étonnera guère que l'huile (dont histoire remonterait à près de 8 000 ans) ait toujours constitué l'or local. En témoignent, le nombre de moulins à huile présents en zone rurale comme urbaine. Ces *trappìti*, comme on les appelle ici, sont de véritables pressoirs souterrains creusés à la main dans la pierre de *carparo*. Chaque pressoir employait trois *trappitari* et un chef appelé *u nachìiru* (maître de port) – ce terme maritime surprenant s'explique par le fait que les *ciurme* (équipes) étaient souvent composées de pêcheurs contraints de trouver un autre emploi durant l'hiver.Des ânes ou des bœufs étaient employés pour actionner les énormes meules.

Castro et ses environs

2 488 HABITANTS

Avec ses grappes de maisons blanches, **Castro** exerce une séduction certaine. Contemplez-la d'abord depuis le front de mer de **Castro Marina**, avec ses bars et ses kiosques, puis partez à la découverte de son petit centre historique.

À voir

Cattedrale CATHÉDRALE

Édifiée en 1171, sans doute sur les ruines d'un temple antique (Castro demeura un évêché jusqu'en 1818), la cathédrale renferme un bel autel baroque et une crypte byzantine du Xe siècle.

Chemins des remparts messapiens FORTIFICATIONS

Les voies qui longent l'enceinte du centre historique à travers parcelles potagères et oliveraies en terrasses viennent d'ouvrir au public. Elles dessinent une agréable promenade allant du château aux murailles aragonaises (suivez les panneaux).

Castello CHÂTEAU

(tarif plein/réduit 2,50/2 € ; 10h-12h30 et 16h-20h sept-juin, 10h-14h et 15h-23h juil, 10h-23h août). Ce château du XIe siècle combine défenses naturelles et architecture militaire comme peu d'autres constructions ; on peut y faire une belle promenade sur le toit, notamment à la nuit tombante. L'édifice propose par ailleurs une excellente vidéo consacrée à la **Grotta Romanelli** (fermée au public), qui renferme des peintures rupestres datant de 11 000 ans. Enfin, le château se signale auprès des amateurs de mythologie et de civilisation romaine grâce à une minuscule statuette de Minerve, et qui réglerait une épineuse question, celle du port italien où aurait accosté le héros mythologique Énée, apparenté à la fondation légendaire de Rome, après sa fuite de Troie. Cette trouvaille fait écho à l'*Énéide* du poète romain Virgile, qui évoque un port dominé par un temple dédié à Minerve.

Grotta Zinzulusa GROTTE

(0836 94 38 12 ; Castro Marina ; tarif plein/réduit/-3 ans 5/2 €/gratuit ; 10h-16h30 oct-mars, 10h-18h avr-mai, 9h30-18h juin-sept, 9h30-19h juil-août, sauf imprévus dus à l'état de la mer). Près de 150 000 touristes visitent cette célébrissime grotte chaque année, connue depuis la nuit des temps par les habitants. On a le choix entre la voie terrestre et la voie maritime. Dans ce dernier cas, après avoir longé les rochers escarpés, vous parviendrez à l'embouchure d'une vaste caverne, où le guide vous présentera les "sentinelles", la "tour de Pise", la dernière salle de la "cathédrale", et enfin les *zinzuli* (guenilles), ces formations karstiques aux faux airs de haillons auxquelles la grotte doit son nom. En été, l'endroit est pris d'assaut.

Activités

Castro Marina constitue un point de départ pratique vers de nombreuses localités de la côte. De juin à septembre, quantité de kiosques sur le Porto Vecchio proposent de visiter les grottes alentour, de faire de la plongée ou de louer des bateaux, des pédalos et des canoës.

Excursions aux grottes

Durlindana (338 897 99 96/360 74 06 48 ; www.noleggiobarchecastro.com ; Porto Vecchio ; excursions 1 heure/1 heure 30/2 heures 30 10/15/25 € ; juin-sept) organise des excursions guidées aux grottes avec une ou deux pauses baignade ainsi que des sorties en mer d'une journée à bord du ketch Cassiopea (15 m) incluant le déjeuner. La compagnie loue aussi des bateaux à moteur et des chaloupes en bois, avec ou sans équipage.

Plongée et snorkeling

DWD Diving (0836 92 12 76 ; www.divingdwddiso.it ; Via Pastorizza 20 ; siège à 2 km de Castro Marina ; toute l'année) facture 35 € la plongée, 25 € la location d'équipement. Pour les tarifs des cours en fonction du niveau, consultez le site Internet.

Location de bateaux

Nautica Red Coral (340 830 11 72/340 877 46 39 ; www.nauticaredcoral.it ; Porto Vecchio ; juin-sept). Location de bateaux (70-90/110-180 € demi-journée/journée) et sorties aux grottes sulfureuses (1 heure/2 heures 30 avec 2 pauses baignade 10/25 €). Ces prestations restent possibles hors saison, à condition de réserver suffisamment à l'avance.

Plages

Depuis la Grotta Zinzulusa (ci-contre), en continuant vers le sud, on parvient à la **Marina di Marittima**, où la minuscule cuvette rocheuse de la crique d'**Acquaviva** invite à la baignade – pas de sable ici, mais le ciment d'un ponton sur la mer, avec des terrasses en pierre sur la gauche. En raison de la présence de sources, la température de l'eau est plutôt fraîche.

Où se loger

Macchia di Pele B&B €/€€

(0836 97 91 01 ; www.macchiadipele.it ; Litoranea Castro-Santa Cesarea ; d avec sdb commune 50-70 €, d avec sdb 70-90 € ; mi mars à oct ;). Le B&B d'Amedeo et Nancy est l'endroit idéal pour s'accorder du temps, dans un espace agréable et accueillant. Un bâtiment traditionnel tout en pierre, une belle salle avec cuisine, regorgeant d'objets et de livres à disposition, et pas le moindre bruit de voiture ou de TV. Sur la terrasse, en prenant le petit-déjeuner, on évoquera une excursion, une balade en bateau ou une promenade dans la campagne entre une tarte sucrée et une tarte salée. En effet, tandis que Nancy œuvre aux fourneaux, Amedeo entretient ses relations avec des associations locales d'amateurs de randonnée et de vélo. Si vous n'avez pas de voiture, vous pouvez prendre le train jusqu'à Poggiardo, où l'on viendra vous accueillir. L'un des meilleurs rapports qualité/prix de la côte, sans compter les nombreuses offres spéciales (consulter le site Internet).

Porto Vecchio B&B €/€€

(0836 94 71 00 ; www.portovecchiocastro.it ; Via Panoramica 22, Castro Marina ; 30-45 €/pers, gratuit -3 ans, -30% pour les enfants de 3 à 12 ans ;). Ce B&B offre quatre chambres parfaitement équipées : frigo-bar, clim, sdb individuelle, sans oublier la cour pour le petit-déjeuner et le parking. Le détail qui fait la différence : une terrasse, avec tables et fauteuils en osier, où s'attarder tard le soir pour profiter d'un panorama enchanteur sur Castro et sur la mer. Vous trouverez Gabriella Greco, la gérante de l'établissement, dans sa boutique Il Grifone située juste en dessous et facilement accessible en remontant depuis le petit port.

Hotel Panoramico HÔTEL €€

(0836 94 30 07/0836 94 31 23/0836 94 32 92 ; www.hotelpanoramico.net ; Via Panoramica 100, Castro Marina ; d 90-160 € ; toute l'année ;). Avec ses tapis et ses bouquets de fleurs artificielles, la réception n'est certes pas des plus tendance. Cependant, les chambres sont accueillantes (beaucoup avec vue sur mer), les piscines d'eau salée (pour les grands, mais aussi pour les plus petits) sont très appréciables, la végétation luxuriante qui recouvre les marches tout autour de l'hôtel est rafraîchissante au plus fort de l'été, et surtout, l'endroit ménage de loin la plus belle vue sur Castro. L'hôtel affiche toujours complet en juillet-août. Réservez bien à l'avance.

Où se restaurer

Fonte dei Messapi BAR €

(0836 94 32 77 ; Piazza Perotti, Castro). Rien de plus charmant que cette terrasse sur la Piazza Perotti pour une pause café, cocktail ou apéritif. Il y a aussi des salades composées et toute une ribambelle d'en-cas.

Achats

Delizie in Contea PRODUITS RÉGIONAUX

(0836 190 17 28 ; www.delizieincontea.it ; Piazza della Vittoria 10, Castro ; 9h30-13h et 15h-20h l'hiver, 9h30-13h et 16h-23h30 l'été). Après avoir fait le plein de produits de boulangerie, vins, huiles d'olive, conserves, pâtes sèches et eau-de-vie, attablez-vous sur la place à l'heure de l'apéritif.

Où sortir

Les nombreux établissements nocturnes de Castro revêtent leurs plus beaux atours en été – au mois d'août, les soirées se succèdent telle une longue fête ininterrompue. La meilleure discothèque est le **Blu Bay** (338 486 22 97 ; www.blubaydiscoteca.it ; Via Sant'Antonio, Castro ; voir programmation sur le site Internet).

Renseignements

Castro Alta compte un **office du tourisme municipal** (0836 94 70 05 ; Via Di Mezzo, Castro Alta ; 9h-12h lun-ven) et une association **Pro Loco** (0836 94 33 17 ; www.prolococastro.it ; Via Fratelli Bandiera 59 ; 9h-13h et 15h-19h lun-ven et 9h-23h sam-dim l'été) ; à Castro Marina, on trouve un point d'information **IAT** (0836 94 33 40 ; Piazza Dante ; 9h-13h lun-sam l'hiver, 9h-23h l'été).

Depuis/vers Castro

De Lecce (48 km), en voiture, prenez la SS16, la SS275, la SP363 et la SP358. **STP Lecce** (www.stplecce.it ; depuis Lecce 4,20 €, entre 1 heure 20 et 2 heures) assure la liaison en bus.

Tricase

17 737 HABITANTS

À quelques kilomètres de la mer, **Tricase** compte parmi les pôles économiques de l'extrême sud du Salento, où l'on s'arrête surtout pour faire des courses et retirer de l'argent. En revanche, on s'attarde dans le vieux village de pêcheurs de **Tricase Porto**, son extension sur la mer, avec son vieux port et une petite plage à l'ombre de la Villa Torre.

À voir

Seul vestige historique de quelque importance, l'imposant **Palazzo dei Principi Gallone,** fut construit en 1661 pour Stefano II Gallone à partir d'un château du XIVe siècle. La tradition veut que le premier prince de Tricase ait demandé autant de pièces que de jours de l'année. Devenu le siège de la mairie, l'édifice accueille en septembre le **Salento International Film Festival (SIFF)** (www.salentofilmfestival.com).

On peut aussi admirer dans la **Chiesa Matrice** (☎0833 54 41 24 ; Via Carlo Alberto dalla Chiesa), bâtie à la fin du XVIIIe siècle, la *Déposition de Croix* de Palma le Jeune (vers 1558-1628), la *Vierge à l'Enfant* de Véronèse (1528-1588) et une magnifique chaire en marqueterie (1795).

À **Marina Serra**, un hameau dépendant de Tricase Porto, l'église **Santa Maria della Serra** (XVIe siècle) ferait entendre des bruits mystérieux, pour certains les hurlements de Satan emmuré vivant. Adressez-vous à l'office du tourisme pour la visite et contemplez le beau panorama sur la mer depuis le parvis.

Fêtes et festivals

San Nicola FÊTE RELIGIEUSE

(13 août). La statue de saint Nicolas fait l'objet d'une procession en mer. Un spectacle pyrotechnique illumine la baie et les pêcheurs préparent des plats typiques.

Plages

Pour aller à la mer depuis Tricase, il faut gagner les plages de **Marina Serra**, dans une anse naturelle d'environ 8 km de long. Difficiles d'accès et peu commodes (pas de sable, mais des rochers, des falaises et des criques), elles sont en revanche d'une beauté saisissante et préservées de la cohue touristique.

Juste au nord de Tricase, la côte basse et rocheuse de **Marina di Andrano** s'étend sur 3 km. Ses plages privées bien équipées en font depuis quelques années l'une des destinations balnéaires les plus fréquentées du secteur.

Où se restaurer

Porto Vecchio BAR/FRITERIE/CUISINE TYPIQUE €

(☎335 160 99 60 ; Tricase Porto ; repas 20 € ; 6h30-0h). Des pêcheurs et propriétaires d'un chantier naval ont décidé un jour de se consacrer à la restauration. Pour cela, ils ont investi l'ancienne capitainerie du port, peint des chaises en bleu et aménagé une terrasse de rêve face aux caïques et aux chalutiers. Outre des fritures de calmars et de petits poissons, la carte comprend des "*lasagne porto vecchio*" (lasagnes aux fruits de mer), des *tielle* et de la *pepata di cozze* (moules au poivre) ainsi que des plats plus élaborés sur commande.

À NE PAS MANQUER

LE PROJET PORTO VENERIS

Tout débuta par la récupération de barques de pêcheurs des années 1950. Puis vint le tour de l'Ammiraglia. Après avoir accosté sur le littoral des Pouilles, ce caïque transportant 98 réfugiés kurdes persécutés par le régime de Saddam Hussein avait été saisi et abandonné, avant qu'un groupe de jeunes passionnés de bateaux ne le soumette à des yeux experts. Une fois le verdict posé – il s'agissait bien d'un modèle rare et ancien d'embarcation typique de la mer Égée –, sa restauration fut confiée au chantier naval Cappelluti à Molfetta. Propriété des citoyens de Tricase, le caïque rebaptisé Portus Veneris (en l'honneur du port antique) s'exhibe désormais dans toute sa splendeur dans le petit port de Tricase et autour du monde. Il est géré par le **Museo Attivo di Portus Veneris** (☎347 781 06 05/333 894 61 39 ; www.magnagreciamare.it ; Tricase Porto ; toute l'année), qui l'utilise pour des visites pédagogiques et des cours. Installé dans l'ex-capitainerie, le musée abrite des cours de cuisine, des dîners et des dégustations, une bibliothèque/médiathèque et une salle de travail sur les techniques et équipements de pêche traditionnels respectueux de l'environnement. Les visiteurs peuvent manger à l'Ittiturismo (ci-contre), loger dans des maisons du bourg et participer à l'activité des pêcheurs. D'autres projets s'apprêtent à voir le jour : la coopération avec les ports de Giovinazzo et de Petrifi (à Corfou), la réhabilitation de la partie la plus ancienne de Tricase Porto (celle des grottes actuellement fermées où dormaient les pêcheurs), la naissance du premier observatoire de biologie marine d'Italie en collaboration avec l'université de Lecce et, surtout, la création d'une réserve marine.

Ittiturismo Anime Sante RESTAURANT €€
(☎0833 77 52 13 ; Lungomare Cristoforo Colombo 147, Tricase Porto ; repas 30 € environ ; ⏲midi et soir). Il faut réserver plusieurs semaines à l'avance pour avoir la chance de manger du poisson extra-frais dans cet établissement tenu par des pêcheurs. Adhérant au projet du Museo Attivo di Portus Veneris (voir l'encadré ci-contre), le patron a convaincu ses fils de rester à Tricase pour le seconder et sa femme de se mettre aux fourneaux. Le succès est amplement mérité. L'offre du jour dépend du produit de la pêche effectuée à l'aube.

♥ **Lemì** RESTAURANT €€€
(☎347 541 91 08 ; www.ristorantelemi.it ; Via Vittorio Emanuele II, Tricase ; repas 55 € ; ⏲fermé dim midi et mer sauf l'été). Ippazio Turco réserve d'agréables surprises, à commencer par les mini-sandwichs de bienvenue garnis de produits gastronomiques 100% locaux. Surtout, ce chef avisé a su marier avec talent les traditions paysannes et celles de la mer : petits calmars grillés à la ricotta chaude, rouget en manteau de courgettes et *nepitella* (herbe aromatique). Le feu de cheminée dans la salle lumineuse et la véranda immaculée ajoutent au charme du lieu.

☆ Où sortir

Pour ceux qui aiment faire rimer été avec nuit blanche, la discothèque **Guendalina** (☎340 859 17 77 ; www.guendalinaclub.com ; Litoranea Alta pour Castro ; ⏲mai-sept), sur la côte près de Santa Cesarea, reçoit des DJ internationaux.

Renseignements

Le centre historique de Tricase abrite un **office du tourisme** (IAT ; ☎0833 77 72 37, pour les visites guidées : ☎328 422 46 66 ; Piazza Piganelli ; ⏲horaires variables l'hiver, 9h30-13h et 15h30-22h l'été). À Tricase Porto, l'**Associazione Magna Grecia Mare** (☎0833 78 47 44 ; www.magnagreciamare.it ; quai sud du Porto Vecchio) pourra vous renseigner.

Depuis/vers Tricase

De Lecce (53 km), en voiture, prenez la SS16 et la SS275. Les liaisons en bus sont assurées par **STP Lecce** (www.stplecce.it ; depuis Lecce 4,20 €, entre 1 heure et 1 heure 30).

Santa Maria di Leuca

1 060 HABITANTS

Vous êtes ici au point le plus méridional du "talon" de la botte italienne, confluence de l'Adriatique et de la mer Ionienne. Les Romains désignaient la région sous le nom de *finis terrae* ("fin de la terre"), dont l'épicentre exact est la **Basilica Santuario di Santa Maria de Finibus Terrae**, un important lieu de pèlerinage construit sur les bases d'un temple romain dédié à Minerve, où les marins s'arrêtaient jadis avant de doubler le cap. Profitez donc de sa vaste terrasse donnant sur la mer et jetez un œil à la statue en bronze de Benoît XVI qui bénit les visiteurs. Le grand **phare** de l'ingénieur Achille Rossi fonctionna au pétrole jusqu'en 1937 ; sa lumière, désormais d'origine électrique, est visible à 40 km à la ronde.

Aussi blanche que le suggère son étymologie (*leukos* en grec veut dire "blanc"), Santa Maria di Leuca n'a cependant guère de style. Hormis une poignée de villas du XIXe siècle, souvent endommagées ou dénaturées, elle affiche une architecture moderne anonyme, dont quelques monstruosités récentes. À défaut d'un véritable centre-ville, les vacanciers arpentent le Lungomare Cristoforo Colombo qui longe la baie.

Activités

Excursions en bateau

Nombre de personnes viennent à Santa Maria di Leuca pour prendre part à l'une des excursions en bateau qui partent du petit port et rallient diverses grottes marines, comme la **Grotta del Diavolo**, la **Grotta della Stalla** ou la **Grotta Grande del Ciolo**. **Piccola Nautica** (☎0833 75 81 85 ; www.piccolanautica.it ; Porto Vecchio di Leuca ; ⏲Pâques-mi oct, sur rendez-vous le reste de l'année selon la météo) organise des excursions et loue des embarcations.

Plongée et snorkeling

Si vous êtes intéressé par la plongée dans les grottes et les épaves, contactez **Diving & Service** (☎0833 71 14 39 ; www.divingservice.it ; Via Trieste 5, Torre Vado ; snorkeling avec location matériel 25 €, plongée 35 € ; ⏲le week-end l'hiver, tlj l'été), qui recherche chaque année de nouveaux spots.

Voile

De splendides bateaux à voile sont disponibles pour des croisières. L'école de voile

Smaré (☎0833 75 81 10 ; www.smare.it ; Via Doppia Croce ; ⏲toute l'année ; 🚸) dispense des formations de cinq jours (environ 180 € pour les moins de 15 ans et 240 € pour les adultes).

Plages

Des cabines préservant l'intimité des baigneuses fortunées s'alignaient jadis le long des rochers de la baie. Elles ont cédé la place à des établissements balnéaires bien équipés comme **Samarinda Fine Beach** (☎392 195 04 65/393 338 84 55 ; www.samarinda-leuca.it ; Lungomare Cristoforo Colombo), qui dispose d'une vaste plate-forme avec transats et parasols dominant la mer et d'un accès facile à l'eau.

À 6 km au nord, tout près du Gibò (ci-contre), le **Ciolo** est une crique de galets fréquentée, inscrite entre les parois de la gorge qui s'évase jusqu'à la mer depuis Gagliano del Capo. Deux longs escaliers en pierre la desservent. La popularité de cette plage vient de la proximité de la Grotta del Ciolo (accessible uniquement par la mer) et du pont de 36 m de haut au-dessus de la gorge, qui sert de plongeoir à bon nombre d'inconscients (ne les imitez pas).

Où se loger

Camping Santa Maria di Leuca CAMPING €
(☎0833 54 81 57 ; www.campingsmleuca.com ; SS275 km 35,7, Gagliano del Capo ; empl 2 adultes avec électricité 21-48 € ; ⏲toute l'année ; P 🏊). Si vous êtes motorisé, ce camping trois-étoiles à 3 km de la mer constitue une option à la fois luxueuse (massages, cours de natation, de tennis et de plongée) et bon marché. Village attenant, constitué de mobil-homes pour ceux qui ne disposent pas de matériel pour dormir. Des panneaux dans toutes les rues de Santa Maria di Leuca indiquent la direction à suivre.

♥ **Hotel Minerva** HÔTEL €
(☎0833 75 85 64 ; albergominerva.blogspot.it ; Via Quinto Ennio 33 ; s/d 37-42/57-62 € ; ⏲avr-oct). Si ce charmant petit hôtel de la fin du XIXe siècle, tenu par la famille Pirelli depuis 1914, ne donne pas exactement sur la mer, à 400 m de là, il possède une atmosphère magique au parfum d'antan. Les décorations florales, les photos d'époque et le mobilier ancien confèrent à l'ensemble un air de musée qui compense le manque d'espace, les sdb exiguës et l'équipement réduit à l'essentiel. La porte au fond du couloir débouche sur une terrasse ensoleillée.

Masseria Alcorico AGRITURISMO €€
(☎0833 54 73 91 ; www.agriturismoalcorico.com ; Contrada Cucuruzzi, Gagliano del Capo ; d 90 € ; ⏲mars-nov ; ❄ P 🏊). Dominant la côte dans une zone rurale préservée, cette confortable métairie en pierre a un cachet fou. On y vient aussi pour déjeuner le dimanche (repas 25 € environ). Guettez les indications à 2 ou 3 km au nord de Santa Maria di Leuca, sur la SS173.

Hotel Terminal HÔTEL €€/€€€
(☎0833 75 82 42/réservations ☎0833 20 25 36 ; www.attiliocaroli.it ; Lungomare Cristoforo Colombo 59 ; s/d 130/170 € ; ❄ 📶 P). Parmi les innombrables hôtels du front de mer, ce trois-étoiles appartenant à une chaîne dispose de chambres accessibles aux handicapés, d'un grand restaurant et d'une crique privée. Mieux vaut contacter le centre de réservation pour bénéficier des meilleurs tarifs.

Où se restaurer

De Santa Maria di Leuca, il faut parcourir 5 km sur la route littorale en direction de Gallipoli pour rejoindre San Gregorio, où des restaurants bordent le petit port animé de jour comme de nuit. On peut aussi pousser jusqu'à Patù.

Rua de li Travaj RESTAURANT €
(☎349 058 45 31 ; Piazza Indipendenza, Patù ; repas 20 € ; ⏲fermé mer sauf l'été). Gino De Salvo connaît bien les spécialités de la région, auxquelles sa femme et sa belle-mère originaires d'Alba ajoutent une touche piémontaise. Le résultat est très réussi et l'on passe un excellent moment.

♥ **Bar del Moro** RESTAURANT €/€€
(☎0833 76 78 42 ; Via del Mare, San Gregorio ; repas 20-25 € ; ⏲une semaine avant le dim des Rameau-oct). Bien que très réduit, le menu illustré de Giovanni ne vous décevra pas : antipasti de mer ou de terre, *linguine* aux fruits de mer, friture mixte et poisson au gril. Formidable terrasse en bord de mer !

Sant'Elia TRATTORIA €€
(☎348 721 98 03 ; www.santeliatrattoria.com ; SS274 Strada Patù-San Gregorio, Patù ; repas 30 € ; ⏲soir tlj, midi dim et jours fériés). Pour les gastronomes, cette trattoria à l'atmosphère bucolique et à l'accueil souriant fait figure de nouveau phare culinaire sur le talon de la botte. Entre terre et mer, cru et cuit, tradition et créativité, Orient et Occident, les plats incarnent le triomphe des couleurs et des saveurs.

Où sortir

Gibó DISCOTHÈQUE/RESTAURANT
(☎0833 54 89 79 ; www.gibo.it ; Località Ciolo ; SS173, Litoranea Santa Maria di Leuca). L'une des discothèques les plus connues d'Italie, accrochée aux flancs de la baie dans un cadre splendide, sur la route côtière à 6 km de Santa Maria di Leuca.

Renseignements

Office du tourisme (Pro Loco ; ☎0833 75 81 61 ; Lungomare Colombo 53 ; horaires variables).

Depuis/vers Santa Maria di Leuca

De Lecce (70 km), en voiture, prenez la SS16 et la SS275. Les liaisons en bus sont assurées par **STP Lecce** (www.stplecce.it ; depuis Lecce environ 6,30 €, 2 heures 20).

LA CÔTE IONIENNE DE SANTA MARIA DI LEUCA À PORTO CESAREO

Outre le nombre de journées d'ensoleillement, la cuisine exquise et le rythme paisible de la vie méridionale, comment expliquer l'amour des Italiens pour le Salento ? Vous trouverez la réponse en parcourant en voiture la longue côte ionienne. Les plages de sable fin de cette partie du littoral en font l'une des plus belles zones balnéaires d'Italie. Pour l'essentiel, la route de Santa Maria di Leuca à Porto Cesareo consiste en effet un enchaînement ininterrompu de plages privées, tantôt de roche, tantôt de sable, avec des dizaines de tours de guet médiévales en contrepoint. Le parcours est panoramique et, de février à mai, cette route presque toujours ensoleillée est un véritable paradis pour les motards.

De Marina di Patù à Lido Marini

La plus belle plage du coin, la vaste **Marina di Pescoluse**, se trouve à la sortie de Santa Maria di Leuca. Elle est baignée d'une mer si bleue qu'on la surnomme les "Maldives". Ces dernières années, ce secteur a vu fleurir nombre de nouvelles constructions (plutôt excentriques, comme l'église nouvelle de Pescoluse, dédiée à Jean XXIII) et il faut espérer que la côte ne disparaîtra pas sous le béton. D'une beauté plus modeste, les plages qui la précèdent, comme **Marina di Patù** ou **Torre Vado**, ou qui la suivent, comme **Torre Pali** et **Lido Marini** – marquant le début du Parco Naturale Regionale Litorale di Ugento, voir ci-après –, sont néanmoins très pratiques. Faciles d'accès, ces plages de sable, tantôt publiques, tantôt privées, affichent un faible dénivelé. En outre, elles sont dotées de vastes parkings. Pour toutes ces raisons, elles constituent une destination idéale pour les familles.

De là, on peut faire un saut dans l'intérieur des terres jusqu'à **Patù**, où s'élève le **Centopietre**, monument funéraire édifié au IXe siècle à partir de 100 pierres provenant d'une muraille messapienne.

Parco Naturale Regionale Litorale di Ugento

Le **Parco Naturale Regionale Litorale di Ugento** (☎0833 55 50 91 ; location de vélos à l'Hotel Poseidone de Torre San Giovanni), zone marécageuse jusqu'aux années 1930, englobe les 10 km de littoral entre le Lido Marini, Torre San Giovanni (du nom de la tour blanche abritant l'office du tourisme), l'Isola Pazze et la brève portion côtière en regard. L'association qui gère le parc déploie un riche programme d'activités : visites guidées sur le parcours cyclable, sorties pêche au départ du port de Torre San Giovanni, circuits commentés sur l'Isola Pazze, exploration des fonds marins, dégustations de poisson et de produits locaux.

Cinq fissures transversales ("canaloni") ressemblant aux *gravine* situées plus au nord entaillent le littoral du parc. Quelques plages, notamment à **Torre Mozza**, méritent une halte pour la baignade. Plus agréable encore, **Torre San Giovanni** abrite le relaxant **Lido Cocoloco** (☎347 665 07 89 ; www.lidococoloco.it ; Marina di Ugento, Torre San Giovanni ; fin mai-sept) de sable blanc où siroter le meilleur mojito du Salento sur une chaise longue à l'ombre d'un parasol en paille.

Où se loger et se restaurer

Riva di Ugento CAMPING €
(☎0833 93 36 00 ; www.rivadiugento.it ; Litoranea Gallipoli ; prix variable selon période et durée du séjour ; mi mai-oct ; P). Restaurant-pizzeria, bazar, boutique, piscines, tennis, volley-ball, animations...

LE TALON DE L'ITALIE

À Punta Ristola, pas un panneau ni une plaque pour signaler au visiteur qu'il se trouve à la véritable pointe du talon de la botte. C'est pourtant ce site, et non Punta Mèliso, qui constitue la partie la plus méridionale de la péninsule, considérée par convention comme la limite entre la côte adriatique et la côte ionienne (sous certaines conditions climatiques, la ligne de partage des eaux, de couleurs différentes, y apparaît nettement). Officiellement et d'un point de vue historique, celle-ci se situe en revanche dans le canal d'Otrante, compris entre le point le plus oriental de l'Italie (Punta Palascia, p. 226) et Capo Linguetta en Albanie.

Voici quelques-uns des services proposés par ce camping/village de vacances situé derrière la Spiaggia di Fontanelle, à l'ombre d'une luxuriante pinède.

Lido Mania TRATTORIA **€€**
(✆347 284 78 02) ; www.lidomania.it ; Lungomare Tiepolo, Torre Mozza, Marina di Ugento ; repas 25 € environ ; ⏲en été). Dans l'établissement balnéaire du même nom, cette trattoria en terrasse animée propose un cadre rustique, une ambiance familiale et une cuisine maison typique du Salento. La chef, Maria Moscatello, soigne les détails et utilise des produits choisis comme la tomate *racalino* (petite, ronde et peu charnue), les olives *nociara* et les câpres de Marciano. La carte comprend toujours les classiques *pittule* (beignets), *sciotta di peperoni* (piperade) et poulpe *in pignata*. Guettez les soirées thématiques.

Gallipoli

20 067 HABITANTS

Oscillant entre l'élégant et le négligé, la station balnéaire à la mode et la bourgade de pêcheurs, la séduisante Gallipoli offre une image contrastée où la splendeur des *palazzi* baroques surprend au détour des ruelles tortueuses et désordonnées du centre historique.

Port messapien fondé vers 1000 av. J.-C., Gallipoli (Kallipolis, "belle ville" en grec) contrôlait un vaste territoire à l'époque de la Grande-Grèce, avant d'être vaincue par les Romains en 265 av. J.-C. et reléguée au rang de colonie de l'Empire. Durant le haut Moyen Âge, les Byzantins rebâtirent la cité mise à sac par les Vandales et les Goths. Occupée par les Normands au XIe siècle, celle-ci tomba aux mains des Angevins en 1268, mais résista à un assaut de la flotte vénitienne en 1484. Au XVIe siècle, elle fut assiégée tour à tour par les Espagnols et les Bourbons, passant finalement sous la férule du royaume de Naples. On doit à Ferdinand Ier, roi de Sicile, la construction du port, qui s'imposa au XVIIIe siècle comme la plaque tournante du commerce de l'huile d'éclairage en Méditerranée.

À voir

Dominée par une forteresse et riche d'une quinzaine d'églises, Gallipoli séduit par son architecture composite. À la ville angevine, évoquée par le château et les remparts, s'ajoutent la cité aragonaise aux constructions massives et austères, telles que le **Palazzo Balsamo**, et la cité baroque, avec ses édifices du XVIIIe siècle, comme le **Palazzo Romito** orné de frises sinueuses, de parapets et de somptueux balcons. Tous ces bâtiments bien conservés se concentrent au nord de la Via Antonietta de Pace, tandis qu'au sud se déroule le dédale du quartier des pêcheurs, nettement plus négligé, quoique tout aussi évocateur. Sans oublier le charme des **maisons à cour**. Pour pallier le manque d'espaces habitables, nombre d'ensembles immobiliers furent morcelés au XVIIe et au XVIIIe siècle, les porches des maisons devenant des espaces communs et semi-publics. Vous les reconnaîtrez grâce au baldaquin de style baroque qui correspondait à l'ancienne porte d'entrée et au *mignano* (balcon) au-dessus qui permettait de surveiller la rue.

Castello Angioino CHÂTEAU
(✆0833 26 27 75 ; entrée de la ville ; tarif plein/réduit 5/3 €, ou 2/1 € en l'absence d'exposition, visites guidées sur réservation ; ⏲10h-0h juil-août, 10h-21h sept, se renseigner pour le reste de l'année). Après des années d'abandon et d'incurie, le château angevin a enfin rouvert au public. Remontant à l'époque de la Grande-Grèce et des Romains, ce joyau d'architecture militaire fut agrandi et rénové une première fois par le célèbre

artiste et ingénieur siennois Francesco di Giorgio Martini en 1491-1492, puis à nouveau au XVIe siècle sous la domination espagnole. Les tours, les coursives, la place d'armes, les chemins de ronde panoramiques se visitent d'ores et déjà, mais les travaux de restauration continuent. L'accès à la forteresse se fait par le **Mercato**, ancien marché au poisson construit au XIXe siècle sur les douves d'origine. On y trouve aujourd'hui des bars et des boutiques d'artisanat ou de produits régionaux.

Port de pêche — SITE PITTORESQUE

Le port de pêche de Gallipoli fait partie de ces images que l'on n'oublie pas. Encadré par le Santuario della Madonna del Canneto, la Piazza Fontana Greca et le château, il fut construit au milieu du XIXe siècle, relativement tard par rapport à l'essor du commerce de l'huile d'olive (utilisée pour éclairer les rues de presque toutes les grandes capitales européennes). Les bateaux appareillaient alors en direction de Naples, Paris et Londres, faisant de Gallipoli l'une des villes les plus riches du Salento dès la fin du XVIe siècle. Aujourd'hui encore, on peut assister à l'antique rituel de la vente et de l'établissement des prix lors de la modeste criée. Ce **marché au poisson**, qui se tient sur la Piazza Dogana chaque matin du lundi au samedi (également le dimanche en été), sous le pont, est particulièrement intéressant entre 6h et 9h mais reste ouvert jusqu'à l'heure du déjeuner.

Frantoio Ipogeo di Palazzo Granafei — PRESSOIR À HUILE

(☎ 0833 26 42 42 ; www.gallipolinostra.it ; Palazzo Granafei, Via Antonietta de Pace 87 ; 1,50 € ; ⌚10h-0h juil-août, 10h-14h et 16h-0h sept, sur demande le reste de l'année). Gallipoli comptait officiellement 35 pressoirs souterrains, sans inclure les installations non déclarées. La consommation d'"huile d'éclairage", autrement dit le combustible des lampes obtenu par le pressurage des olives, était loin d'être négligeable jusqu'à l'avènement du pétrole vers le milieu du XIXe siècle.

Cattedrale di Sant'Agata — CATHÉDRALE

(www.cattedralegallipoli.it ; Via Antonietta de Pace ; ⌚19h-22h juil-sept avec guides à disposition, horaires variables le reste de l'année). Ce superbe édifice du XVIIe siècle présente une façade essentiellement en pierre de *carparo*, parée de niches, de statues et de frises, dont la partie supérieure est l'œuvre de l'architecte Giuseppe Zimbalo, porte-étendard du baroque de Lecce. Plus de 700 m² de peintures à l'huile (regardez derrière l'autel, puis levez la tête) tapissent l'intérieur, avec au fond à gauche les reliques de San Fausto. Un petit **musée diocésain** jouxte la cathédrale.

Chiesa della Purità — ÉGLISE

(Riviera Nazario Sauro ; ⌚19h-22h juil-sept avec guides à disposition, horaires variables le reste de l'année). Cette église construite en 1664 comme oratoire de la corporation des dockers constitue un exemple typique du style baroque de Gallipoli. Devant une pierre de Lecce trop malléable et un *carparo* difficile à travailler, les artistes de Gallipoli durent se tourner vers d'autres matériaux pour exprimer leur créativité baroque. Ainsi cette église, si sobre à l'extérieur, dissimule un somptueux festival de frises florales, marbres polychromes, reliefs dorés, voûtes tapissées de fresques, majoliques et peintures imposantes.

Chiesa di San Francesco — ÉGLISE

(Riviera Nazario Sauro ; ⌚19h-22h juil-sept avec guides à disposition, horaires variables le reste de l'année). La plus ancienne église du centre historique est surtout connue pour ses deux sculptures en bois de Vespasiano Genuino représentant les *Deux Voleurs* (Disma le gentil et Misma le méchant), à droite de l'entrée, dans la chapelle du Crucifix, plus

LE REPAIRE DU GOÉLAND D'AUDOUIN

Du vieux Gallipoli, on distingue, à un mille marin, la silhouette plate et le phare du XIXe siècle de l'ancienne Achotus des messapiens, rebaptisée en 1591 **Isola di Sant'Andrea**. Cette petite île sauvage et inhabitée de 48 ha fut, aux XVe et XVIe siècles, la réserve de sel des habitants de la ville, autorisés à le récolter pour un usage domestique mais non à en faire le commerce. Il s'agit à présent d'une réserve naturelle, interdite d'accès afin de ne pas perturber le goéland d'Audouin, une espèce menacée. Des excursions sont néanmoins possibles avec Legambiente (Maurizio Manna : ☎ 347 902 28 74 ; ⌚15 juil-15 fév ; sur réservation), qui gère l'île.

Gallipoli

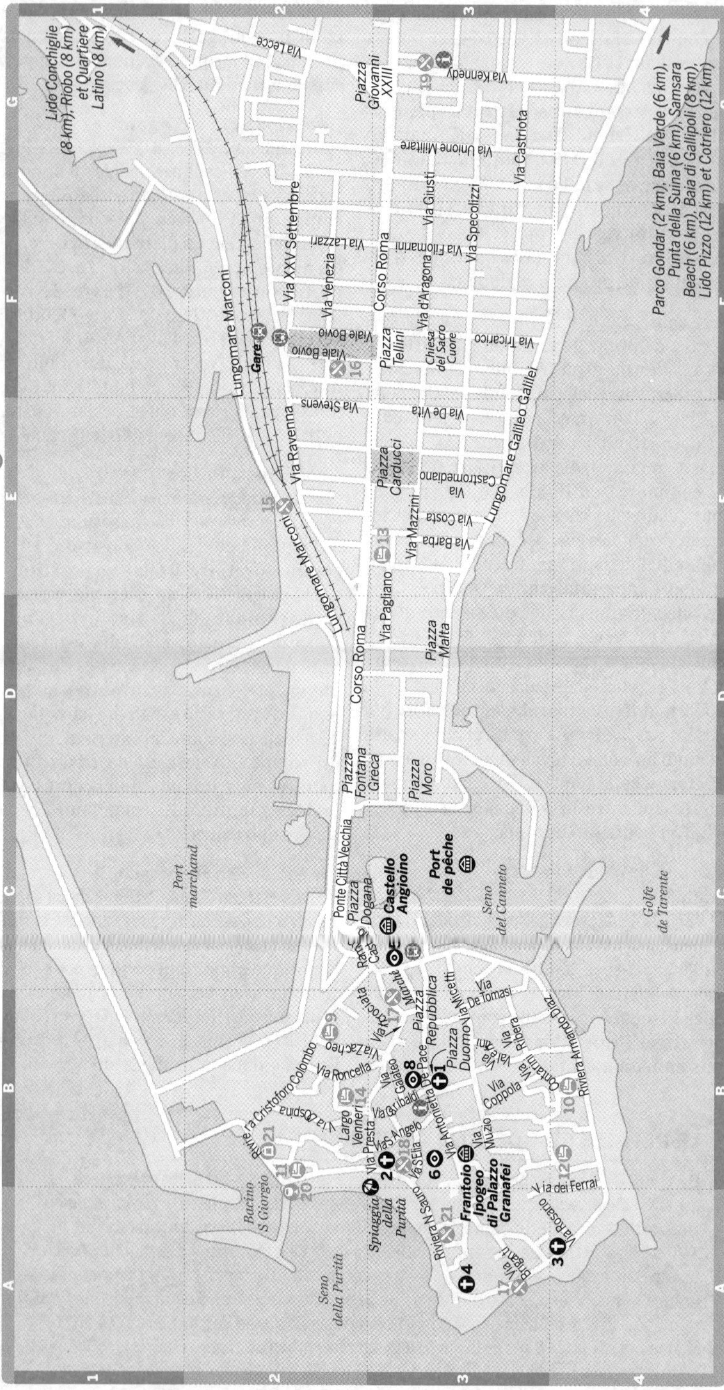
Lido Conchiglie (8 km), Riobo (8 km) et Quartiere Latino (8 km)
Parco Gondar (2 km), Baia Verde (6 km), Punta della Suina (6 km), Samsara Beach (6 km), Baia di Gallipoli (8 km), Lido Pizzo (12 km) et Cotriero (12 km)
0
500 m
Port marchand
Seno della Purità
Bacino S Giorgio
Seno del Canneto
Golfe de Tarente
Spiaggia della Purità
Castello Angioino
Port de pêche
Frantoio Ipogeo di Palazzo Granafei
Gare
Lungomare Marconi
Lungomare Galileo Galilei
Corso Roma
Via XXV Settembre
Via Ravenna
Via Lecce
Via Kennedy
Via Unione Militare
Via Castriota
Via Giusti
Via Specolizzi
Via Lazzari
Via Venezia
Via Filomarini
Via d'Aragona
Viale Bovio
Via Tricarico
Via Stevens
Via De Vita
Via Castromediano
Via Costa
Via Barba
Via Mazzini
Via Pagliano
Piazza Giovanni XXIII
Piazza Tellini
Chiesa del Sacro Cuore
Piazza Carducci
Piazza Malta
Piazza Fontana Greca
Piazza Moro
Ponte Città Vecchia
Piazza Dogana
Marché
Piazza Repubblica
Piazza Duomo
Via De Tomasi
Via Micetti
Via Ribera
Riviera Armando Diaz
Via Coppola
Via Muzio
Via Antonietta De Pace
Via Galateo
Via Garibaldi
Via S Angelo
Via S Elia
Via Presta
Largo Venneri
Via Roncella
Via Zacheo
Via Crocefisso
Riviera Cristoforo Colombo
Via d'Ospina
Riviera N Sauro
Via dei Ferrai
Via Rosario
Via Briganti
Via Contarini
Via Valentini
A
B
C
D
E
F
G
1
2
3
4
1
2
3
4
6
8
10
11
12
13
14
15
16
17
18
19
20
21

Gallipoli

Les incontournables

Castello Angioino C3
Frantoio Ipogeo
di Palazzo Granafei B3
Port de pêche C3

À voir

1 Cattedrale di Sant'Agata B3
2 Chiesa della Purità B3
3 Chiesa di San Domenico A4
4 Chiesa di San Francesco A3
5 Marché C3
6 Museo Civico B3
Museo Diocesano .... (voir 1)
8 Palazzo Balsamo B3

Où se loger

Baia di Gallipoli .... hors plan
9 Al Pescatore B2
10 La Finestra sul Mare B4
11 La Riviera B2
12 Palazzo del Capitolo B4
13 Palazzo del Corso E3
14 Relais Corte Palmieri B2

Où se restaurer

15 Blue Salento E2
16 Da Olga F2
17 Il Bastione A3
18 La Puritate B3
19 Pizzeria Don Vincenzo G3

Où prendre un verre

20 Caff è del Mar A2

Où sortir

Cotriero .... hors plan
Parco Gondar .... hors plan
Quartiere Latino .... hors plan
Samsara Beach .... hors plan

Achats

21 Tulsi B2

connue sous le nom de chapelle des Espagnols.

Chiesa di San Domenico ÉGLISE

(Riviera Nazario Sauro, près du croisement avec Via Rosario). Caractérisée par une façade convexe en *carparo*, cette église est aussi austère que mystérieuse. Pourtant, l'intérieur ne renferme guère de secrets, hormis quelques toiles de Catalano, un peintre du Salento du XVIIe siècle.

Museo Civico Emanuele Barba MUSÉE

(0833 26 42 24 ; www.museocivicogallipoli.it ; Associazione Culturale Amart ; Via Antonietta de Pace 108 ; 1 € ; 9h30-12h30 mar-ven, 9h30-12h30 et 15h30-18h30 sam-dim). Cet étrange petit musée, logé dans les locaux d'une ancienne bibliothèque (la collection de volumes, théologiques pour l'essentiel, se trouve au premier étage), conserve l'excentrique collection léguée à la ville par le philosophe et naturaliste du XIXe siècle Emanuele Barba : vêtements d'époque et accessoires, armes à feu et armes blanches, minéraux et fossiles. Le tout présenté à la façon d'un cabinet de curiosités. Pour un supplément de 2 €, vous pourrez visiter la modeste "Section de pathologie fœtale et animale" (ouverte en 2010) renfermant des fœtus humains atteints de difformités, un agneau à six pattes ou encore un oiseau à trois serres baignant dans le formol.

Activités

Excursions en bateau

Salento in Barca (347 571 05 72 ; www.salentoinbarcagallipoli.it ; avr-oct) organise des excursions dans le bras de mer Ionienne le long de la réserve marine Isola Sant'Andrea Punta Pizzo au départ de Gallipoli (yacht et voilier ; 10h-18h ou 11h-19h avec apéritif et déjeuner à bord) ainsi qu'entre Torre Vado et Santa Maria di Leuca (en catamaran et vedette en bois ; 4 heures avec apéritif à bord). Les prix s'échelonnent de 30 à 95 €. En septembre-octobre sont proposées des sorties de pêche, *a bolentino* (à la ligne sur un bateau fixe) pour taquiner le poisson bleu ou *a tentacoli* (avec des tentacules de céphalopode comme appâts). On peut même participer à des week-ends de pêche avec nuit à bord ou dans une maison du centre de Gallipoli. En 2015, l'enthousiaste Maria Teresa a mis en place la formule Bed & Boat permettant d'effectuer des itinéraires plus longs et plus variés sur des voiliers à moteur et des yachts, y compris de luxe. Service de navette et de transfert possible depuis Lecce et les aéroports de Brindisi et Bari.

Plages

À Gallipoli, la mer brille par sa propreté. Dans le Bacino di San Giorgio, l'eau est d'une telle transparence qu'on peut compter les petits cailloux du fond marin depuis la terrasse panoramique marquant la fin de la Riviera Cristoforo Colombo et le début de la Riviera Nazario Sauro. D'ailleurs, les baigneurs sont au rendez-vous, bien qu'en nombre restreint. La plupart se pressent le long de l'étroite **Spiaggia della Purità**, juste derrière la jetée. En face, un phare imposant se dresse sur l'**Isola di Sant'Andrea** (voir l'encadré p. 235).

Vers le sud, on débouche d'emblée sur la très longue **Baia Verde**, particulièrement plaisante en basse saison. De septembre à mai, en effet, l'absence d'équipements sur les plages permet d'en profiter librement. Ensuite, des établissements balnéaires, le plus souvent de luxe, envahissent le rivage. En pleine frénésie estivale, la route longeant la baie est encombrée de voitures qui roulent au pas. Plus loin au sud s'étendent deux des plus belles plages du Salento, voire d'Italie. **Torre del Pizzo** (www.lidopizzo.it), ou Punta Pizzo, tire son nom de sa tour blanche du XVIe siècle. Quant à **Punta della Suina**, son surnom de "Caraïbes de la mer Ionienne" en dit long sur son décor paradisiaque. Une passerelle en bois à travers une pinède odorante et ombragée permet d'accéder à son sable fin, ses petites criques naturelles et des paillotes vendant des boissons fraîches. Le lido éponyme (☎348 742 70 00 ; www.puntadellasuina.it) a installé ses chaises longues sur le promontoire léché par les eaux cristallines.

À quelque 6 km au nord de Gallipoli, l'étroit **Lido Conchiglie** noir de monde n'a rien d'exceptionnel, pas plus que le village voisin, assez laid. Au lieu de sortir les parasols, allez donc goûter les fruits de mer de **La Maruzzella** (☎0833 20 89 00 ; Lungomare Cristoforo Colombo, Lido Conchiglie ; repas 25 € ; ⏲avr-oct), tenue par la famille Montefusco. Les touristes connaissent peu cette trattoria rustique et sans fioritures, agrippée aux rochers, mais les locaux la fréquentent assidûment, surtout pour des orgies d'oursins et de moules. On y mange divinement devant une vue à couper le souffle. Si l'endroit affiche complet, rabattez-vous sur le **Scapricciatiello** (☎0833 20 86 01 ; Lungomare Cristoforo Colombo ; repas 20 € environ ; ⏲Pâques-sept) voisin, très informel, dont le poisson extra frais, servis dans des assiettes en plastique, justifie les longues files d'attente.

Fêtes et festivals

Semaine sainte FÊTE RELIGIEUSE

(Pâques). Les processions de la Semaine sainte de Gallipoli sont réputées. À cette occasion, des pénitents arborant les couleurs de leur confrérie et portant une couronne d'épines portent des statues de la Vierge et du Christ à travers les ruelles de la ville. Plus typiques encore, les *caremme*, ces marionnettes aux allures de vieilles femmes en noir coiffées d'un fichu, ornent balcons et parapets durant tout le carême, avant de finir sur le bûcher le dimanche de Pâques.

Festa di Santa Cristina FÊTE RELIGIEUSE ET TRADITION

(23-25 juillet). Il va sans dire que les habitants de Gallipoli réservent les plus grands honneurs à sainte Christine, patronne des pêcheurs. Sa statue est portée en procession dans les rues de la ville puis en mer, à bord d'un chalutier. À cette phase sacrée s'adjoint une partie plus laïque, la "cuccagna a mare". Sur le quai est érigé un mât (l'*albero della cuccagna* étant un mât de cocagne) que les jeunes escaladent pour atteindre le drapeau tricolore hissé au sommet.

Où se loger

Gallipoli offre une gamme complète d'hébergements (hôtels, B&B, appartements à louer, campings), qu'il importe de réserver à l'avance pour un séjour estival.

Baia di Gallipoli CAMPING €

(☎0833 27 32 10 ; www.baiadigallipoli.com ; Litoranea Gallipoli ; empl 1-2 pers dans un tente petite ou moyenne 20-46 € ; ⏲avr-mi sept ; P). Face à l'entrée de la Punta della Suina (ci-contre) – pour laquelle le service de navettes est d'ailleurs prévu –, de l'autre côté de la route, une allée de lauriers roses monte vers ce camping panoramique doté de tous les services.

La Riviera B&B €/€€

(☎0833 26 10 96 ; www.bedandbreakfastlariviera.com ; Riviera Nazario Sauro 7 ; d 60-130 €). Les chambres, décorées de fresques murales d'inspiration romantique et de meubles d'allure ancienne, offrent une vue magnifique sur la mer.

La Finestra sul Mare B&B €/€€

(☎320 157 78 33/340 758 30 05/327 345 55 19 ; www.finestrasulmare.it ; Via Stradiotti 8/10 ; d/tr/qua 65-150/90-175/130-240 €). Six chambres indépendantes avec murs immaculés, draps blancs, couvre-lit couleur crème et quelques touches de bois et de pierre. Juste ce qu'il faut pour ne pas distraire le regard de la fenêtre donnant sur la mer. Petit-déjeuner servi sur la terrasse avec solarium.

Palazzo del Capitolo B&B €/€€
(☎392 428 07 93 ; www.palazzodelcapitolo.it ; Via Bosco 9 ; d/tr 70-160/100-190 € ; ❄📶). Les six chambres aux tons clairs ont conservé en guise d'œuvre d'art une partie des vieux plâtres colorés d'origine. Elles ouvrent sur une ravissante courette intérieure, cachée dans les ruelles derrière la Riviera Nazario Sauro. Le petit-déjeuner copieux se prend chez Lucia, la propriétaire qui vit au 1er étage, dans un salon chargé. Le restaurant Il Bastione (ci-contre) permet aux hôtes d'utiliser les chaises longues de sa terrasse face la mer et assure à la demande la demi-pension ou la pension complète.

Al Pescatore HÔTEL €€/€€€
(☎0833 26 36 56 ; www.alpescatoregallipoli.com ; Riviera Cristoforo Colombo 39 ; d 120-250 € ; ❄📶). L'enseigne lumineuse bleue et jaune ne rend guère justice à cet édifice du XVIIe siècle orné de fresques, que la nouvelle direction a réaménagé avec l'ambition de passer de trois à cinq étoiles. En attendant, nous vous le conseillons pour son emplacement de choix, la vue sur la mer, et la très belle cour intérieure qui dessert les chambres.

Palazzo del Corso HÔTEL €€/€€€
(☎0833 26 40 40 ; www.hotelpalazzodelcorso.it ; Corso Roma 145 ; s/d 130-280/155-299 € ; ❄📶🅿). Paré de tentures, de coquillages blancs, de coraux rouges et de tout le décorum, ce cinq-étoiles hors les murs est l'hôtel le plus chic de Gallipoli. La chaîne gère aussi deux établissements de luxe en plein centre historique : le **Relais Corte Palmieri** (☎0833 26 53 18 ; www.relaiscortepalmieri.it ; Corte Palmieri 3 ; ⏲mai-sept ; ❄📶), une demeure du XVIIIe siècle dans le quartier des pêcheurs dont le toit-terrasse donne sur la vieille ville, et le **Palazzo Mosco Inn Hotel** (☎0833 26 53 18 ; www.palazzomoscoinn.it ;Via Micetti 26 ; ❄📶).

Où se restaurer

On vient à Gallipoli pour se régaler de poisson.

Pizzeria Don Vincenzo PIZZERIA €
(☎328 206 17 92/333 603 81 91 ; Piazza Giovanni XXIII 13, dite aussi Via Kennedy ; ⏲soir mar-dim, parfois fermé mar en août). Dans cette enclave napolitaine, Francesca et Domenico ont mis en commun leur passion de la cuisine de leur région et leur savoir-faire en matière de pizza authentique. Fabriquée dans les règles de l'art napolitain avec des farines de l'Antico Molino Caputo, la pâte lève longuement avant d'être garnie de tomates du Vésuve et de mozzarella de Battipaglia.

Da Olga RESTAURANT €
(☎0833 26 19 82 ; Viale Bovio 3 ; repas 35 € ; ⏲fermé lun l'hiver, ouvert tlj l'été). Envie d'une soirée décontractée, d'une salle toute simple ou d'une terrasse avec chaises et tables en plastique, et d'un *fritto misto* (friture de poisson) bien consistant, le tout en dépensant moins qu'à l'ordinaire ? Rendez-vous chez Olga.

Il Bastione RESTAURANT €€€
(☎0833 26 38 36 ; www.ilbastionegallipoli.it ; Riviera Nazario Sauro 28 ; repas 50 € ; ⏲tlj). Cette table jouit depuis des années d'une grande renommée, comme en témoignent les photos de clients illustres aux murs. Elle la doit à sa situation privilégiée, sa vue exceptionnelle et, bien sûr, sa cuisine. Une terrasse devant la mer, où l'on peut manger, boire un verre et lézarder sur des chaises longues, a été récemment ajoutée.

LA SCAPECE GALLIPOLINA

Les origines de la *scapece* à la mode de Gallipoli, plat typique de la région, font l'objet de discussions sans fin – fut-il inventé par les Arabes ou par le grand gastronome et auteur romain Apicius ? On peut affirmer une chose néanmoins : ce plat est né pour conjurer la faim durant les longs assauts des envahisseurs étrangers. Vous apercevrez probablement lors de quelque foire ou fête du Salento des baquets en châtaignier (*calette*) d'où s'échappe le parfum du safran et autour desquels s'activent des *scapeciari* professionnels. Les poissons qui se prêtent le mieux à sa préparation sont le picarel et le gerle. Roulés dans la farine et frits, ils sont ensuite disposés dans les *calette* entre des couches alternées de chapelure et de morceaux de pain. On noie ensuite l'ensemble de vinaigre de vin mélangé avec de la farine et du safran, avant de laisser mariner le tout pendant quelques jours.

La Puritate RESTAURANT €€€
(☎0833 26 42 05 ; Via S. Elia 18 ; repas 45 € ; ⏲fermé mer sauf l'été). Si l'enseigne en néon bleu rappelle son passé de trattoria, il s'agit aujourd'hui d'un des meilleurs restaurants de la ville. Jouxtant, l'église du même nom, il dispose d'une salle à baie vitrée fort élégante, avec chaises à haut dossier et nappes en lin.

Blue Salento RESTAURANT €€€
(☎338 442 52 08/347 910 96 09 ; Lungomare Marconi 34 ; repas 45 € ; ⏲ven-dim et jour férié oct-mars, tlj avr-sept). À Gallipoli, le poisson est roi. Cela se vérifie encore plus depuis que Francesco a quitté Lecce pour s'installer entre les môles et les bateaux du port touristique. Choisissez votre poisson et attendez qu'il cuise en savourant une assiette de raviolis à la *burrata* garnis de crevettes et de palourdes.

Où prendre un verre

Cafè del Mar BAR
(☎340 898 45 91 ; Riviera Nazario Sauro ; ⏲24h/24). Ce bar agréable bénéficie d'un emplacement de rêve, au niveau de la petite tour devant le Bacino di San Giorgio, que ce soit pour commander un café ou un milk-shake le jour comme un cocktail en soirée.

Où sortir

En été, les rendez-vous musicaux et festifs se succèdent dans les grandes salles de concert, les discothèques et les bars pour noctambules irréductibles. Le tapage nocturne lié à l'afflux d'un trop grand nombre de touristes ne fait ceci dit pas que des heureux.

Parco Gondar CONCERTS
(www.parcogondar.com). Nombre d'artistes connus de la scène italienne et internationale se produisent ici l'été.

Quartiere Latino DISCOTHÈQUE
(☎327 286 35 67 ; www.quartierelatino.com ; Lido Conchiglie-Sannicola, SS101 Lecce/Gallipoli/Leuca). Les fans de la movida se retrouvent dans la plus ancienne discothèque de Gallipoli, ouverte de 23 h jusqu'à l'aube.

Samsara Beach ÉTABLISSEMENT BALNÉAIRE/DISCOTHÈQUE
(☎328 115 44 55 ; www.samsarabeach.it ; Località Baia Verde ; ⏲avr-oct). Dans cette crique entre sable et rochers, les DJ les plus réputés des Pouilles arrivent à l'heure de l'apéritif. Patientez sur un petit lit massant ou dans une baignoire balnéo.

Cotriero ÉTABLISSEMENT BALNÉAIRE/BAR
(☎340 666 28 33 ; www.cotriero.it ; Località Lido Pizzo ; ⏲juin-mi sept). Nettement plus agréable que ses concurrents, cet établissement balnéaire se transforme en bar en soirée, avec apéritif de 18h30 à 20h, suivi de musique live. Entrée gratuite.

Achats

Tulsi VÊTEMENTS ET ACCESSOIRES
(☎333 319 32 76 ; www.tulsishop.com ; Riviera Cristoforo Colombo 77 ; ⏲10h30-22h avr-oct). La marque de ces jolis vêtements amples – jupes à nouer comme des paréos, shorts colorés et foulards imprimés en lin et soie – est salentine, mais la fabrication indienne. On peut aussi acheter des lampes inspirées des illuminations traditionnelles.

Renseignements

L'**office du tourisme** (IAT ; ☎0833 26 25 29 ; Via De Pace ; ⏲ 8h-14h lun-ven et 15h-18h mar et jeu l'hiver ; 9h-14h et 17h-22h lun et jeu, jusqu'à 23h les autres jours l'été) se trouve en face de la vieille pharmacie Provenzano. Si vous trouvez porte close, tentez l'association **Pro Loco** (☎0833 26 30 07 ; www.prolocogallipoli.it ; Via Kennedy ; ⏲8h-13h et 15h-20h l'hiver, 8h-13h et 16h-21h l'été).

Depuis/vers Gallipoli

Les trains des **Ferrovie del Sud Est** (FSE ; www.fseonline.it) relient Gallipoli à Lecce (3,50 €, 1 heure) et Galatina (1,90 €, 30 min). Pour Otrante, vous devrez prendre un train pour Zollino ou Maglie, puis effectuer un changement. Les trains circulent du lundi au samedi, un service de bus prenant la relève le dimanche. Pour rejoindre Porto Cesareo, il faut changer de train à Nardò. De juin à septembre, le **Salento in Bus** (voir l'encadré p. 218) assure des liaisons en bus supplémentaires.

Comment circuler

Les bus qui desservent la plage font le tour de l'île et mettent environ 15 minutes pour parvenir à destination. De juin à septembre, en face de la plage, on trouve un parking payant (avec parcmètre).

Vous pouvez louer des vélos et des scooters auprès de **Cicli & Motocicli** (☎347 685 67 26 ; Via Trento 18 ; vélo/scooter 5/25 €/jour ; ⏲8h-20h).

De Gallipoli au Parco Naturale Regionale di Porto Selvaggio

Peu après les plages au nord de Gallipoli et le Lido Conchiglie, la SP286 conduit aux petites stations balnéaires de **Santa Maria al Bagno** et de **Santa Caterina**. D'un calme appréciable, la seconde abrite l'agréable et pratique **Beija Flor** (☎328 177 29 84 ; www.lidobeijaflor.it ; transat 5-10 €, gros coussin 5-10 €, parasol 7 €) au bord d'une crique, établissement équipé d'estrades en bois et de parasols où déjeuner également sur le pouce. Pour un lieu en accès libre, direction les rochers adossés à la pinède qui s'étendent du nord du bourg jusqu'au bout de la route côtière. Sinon, 10 minutes de route supplémentaires mènent au rivage rocheux peu élevé de **Torre Uluzzo**, quasi désert même le 15 août, qui fait partie des plus beaux du Salento. Santa Caterina compte deux B&B : **Li Quattro Fumari** (☎0833 57 43 78 ; www.li4fumari.it ; Via Cantù, Lungomare ; d 80-130 € ; ❄ 📶 P), une villa un peu excentrée à l'entrée nord du bourg, dans une pinède donnant sur la mer, et le **Santa Caterina** (☎0833 57 30 41 ; www.bbsantacaterina.com ; Via Cantù 30) juste devant la crique centrale. De nombreuses grottes criblent le littoral alentour. **Costa del Sud Diving Centre** (☎335 527 38 23/333 483 48 30 ; www.costadelsud.it ; Via Lungomare 6, Santa Caterina di Nardò ; ⏲ toute l'année) propose des sorties et des cours de plongée ainsi que la location de matériel.

Plus au nord, au-delà de la Torre dell'Alto, la **Torre Sant'Isidoro** marque le début du **Parco Naturale Regionale di Porto Selvaggio** (www.portoselvaggio.com) couvrant 300 ha de pinède et quelque 7 km de côte vierge. La première entrée du parc s'ouvre face à la Villa Tafuri. À une demi-heure de là, en empruntant un chemin de terre à travers une épaisse pinède, on atteint la sauvage **Baia di Porto Selvaggio**. Pour rallier les criques de la **Baia di Uluzzo**, il faut parcourir encore 1,5 km, gagner le parking du parc, suivre un sentier jusqu'à Piana della Lea et poursuivre encore sur quelques centaines de mètres. Émaillé de rochers et de sources, le site aux eaux cristallines offre un panorama de carte postale et invite à la baignade. Des sentiers offrent encore des possibilités d'excursion à pied, jusqu'à la **Grotta del Cavallo** (plan à imprimer sur le site Internet du parc) par exemple.

Porto Cesareo

5 817 HABITANTS

Jusqu'aux années 1970, Porto Cesareo se résumait à une minuscule plage venteuse, bordée par quelques maisons de pêcheurs colorées. Aujourd'hui, le centre urbain a pris beaucoup d'ampleur et les résidences secondaires ont poussé comme des champignons. Il reste néanmoins quelques traces du charme d'antan. Même s'il n'y a pas grand-chose à voir ni à faire dans cette petite ville, il fait bon se promener sur le front de mer en fin de journée, parmi les pêcheurs

À NE PAS MANQUER

LA CASA TU MARTINU

"Camere, vino e cucina" ("Chambres, vin et cuisine") : l'enseigne d'**A Casa Tu Martinu** (☎0833 91 36 52 ; www.acasatumartinu.com ; Via Corsica 95, Taviano ; d/tr 80-105/120-150 €, repas 30 € ; ⏲ hôtel ouvert toute l'année, restaurant fermé dim soir et lun sauf l'été), une auberge typique du XVIIIe siècle, annonce d'emblée la couleur. C'est l'endroit idéal où se réfugier à l'écart du tourbillon de la côte. Calmes et silencieuses, les chambres meublées d'armoires et de lits anciens en bois sombre donnent sur une grande cour intérieure verdoyante. Côté menu, *ciceri e trie*, agneau, ragoûts de bœuf et de cheval se dégustent sur des nappes à carreaux, dans une salle aux tons reposants et à l'éclairage tamisé, au milieu des bouteilles.

Si vous souhaitez dîner dehors, l'**Acchiatura** (☎0833 55 88 39 ; www.acchiatura.it ; Via Marzani 12, Racale ; repas 25-30 € ; ⏲ 20h-0h l'été, 20h-23h l'hiver, 13h-15h dim et jours fériés) se situe à quelques kilomètres de là. Cette trattoria rustique au service chaleureux et à l'addition raisonnable décline un large éventail d'antipasti, à faire suivre d'*orecchiette* agrémentées de tomate, d'aubergines et de *scamorza* (fromage) et de *pezzetti di cavallo al sugo* (ragoût de cheval). Des *sporcamusi* (gâteaux à la crème pâtissière) tièdes aux fruits des bois ou au caramel concluront le repas en beauté.

à la ligne, les vacanciers qui rejoignent leurs camping-cars en bord de route et les enfants cherchant leurs jouets égarés dans le sable. Sans oublier les restaurants, les centres de plongée, les établissements balnéaires à la mode, une escapade en bateau-taxi ou en pédalo dans la baie ou jusqu'à l'Isola Grande et même quelques coins romantiques : la baie de Porto Cesareo s'embrase le matin et prend un ton nacré au coucher du soleil.

À voir

Museo di Biologia Marina Pietro Parenzan MUSÉE

(☎ 0833 56 95 02/0832 29 88 54 ; museobiologiamarina.unisalento.it ; Via Vespucci 13/17 ; ⏲ 9h-13h et 16h-18h l'hiver, 10h-12h et 17h30-21h30 l'été, fermé lun ; 👪). Le musée de biologie marine créé en 1966 par le naturaliste Pietro Pietro regroupe près de 900 pièces. La salle consacrée à la pêche retient particulièrement l'attention, surtout celle des enfants. Elle a été aménagée avec l'aide de pêcheurs locaux, qui ont fourni divers outils et continuent d'apporter leur collaboration.

Activités

Promenades en mer

Pour découvrir le littoral de Porto Cesareo (mar, jeu et sam, 6 participants minimum ; départs 10h et 15h30 ; 2 heures ; adulte/6-12 ans/moins de 6 ans 20/10 €/gratuit) et du Parco Naturale di Porto Selvaggio (lun, mer et ven, 6 participants minimum ; départ 9 h ; 2 heures 30 ; adulte/6-12 ans/- de 6 ans 25/12,50 €/gratuit), adressez-vous au **CEA** (Centro di Educazione Ambientale ; ☎ 334 300 89 41 ; www.ceaportocesareo.it), géré par un groupe d'associations écologiques. Le centre se trouve au niveau de la Torre Lapillo (ci-contre). Parmi les autres activités figurent des sorties snorkeling en compagnie d'un biologiste et des balades à pied dans la Palude del Conte et les dunes côtières formant la partie terrestre du parc.

Plongée

Réserve naturelle marine (www.ampportocesareo.it) depuis 1997, la large baie est parfaitement adaptée aux familles et aux plongeurs. Parmi les divers centres de plongée, le **Centro Subacqueo Sasà Sub** (☎ 338 822 80 56 ; www.sasasub.it ; Piazza Nazario Sauro ; ⏲ toute l'année) organise des plongées dans des grottes, de nuit ou sur des épaves (un bateau et un avion allemand). Bureau dans un chalet en bois sur l'Isola dello Scoglio.

Isola Grande

De la plage de Porto Cesareo, rallier à la nage l'**Isola Grande** (dite aussi l'Isola dei Conigli, l'"île aux lapins", car elle abritait un élevage de rongeurs dans les années 1950) constitue un passage obligé. Si vous préférez y aller en bateau, adressez-vous aux baraques sur le môle. **Calipso Escursioni** (☎ 392 621 81 59/393 414 95 63 ; www.locazionebarche.it ; Riviera di Ponente), très ponctuel, vous emmène et vient vous rechercher à l'heure de votre choix (jusqu'à 19h30) pour 5 €.

Plages

Porto Cesareo abrite une modeste bande de sable toute en longueur, pratique pour les familles qui viennent en voiture avec leurs chaises longues et leurs parasols. Les petites plages et les rochers de l'Isola dei Conigli ont cependant davantage d'attrait.

À un peu d'1 km au nord de Porto Cesareo, la jolie baie de **Torre Chianca** se déploie jusqu'à l'imposante tour de guet du XVIe siècle dont elle tire son nom.

Plus loin, la plage de **Torre Lapillo** conserve un environnement vierge, au point qu'une tortue marine a pondu sur le rivage en 2011. La tour éponyme a été restaurée et ouverte au public (☎ 334 300 89 41 ; www.ceaportocesareo.it ; 1 € ; ⏲ 10h30-12h30 et 18h-23h environ juil-août, 10h30-21h juin et sept, ouvert jours fériés et veilles de jours fériés le reste de l'année), une exception le long de la côte. Elle renferme le siège du CEA (ci-contre) et accueille souvent des évènements sur sa terrasse panoramique.

À quelques kilomètres, la silencieuse **Punta Prosciutto** possède un sable d'une extrême finesse et un dénivelé si faible qu'on pourrait presque planter son transat dans l'eau limpide.

Sur toutes ces plages, les eaux peu profondes permettent aux enfants de se baigner sans danger.

Où se loger

Torre Castiglione CAMPING €

(l'hiver : ☎ 0832 60 19 30, l'été : ☎ 0833 56 54 62 ; www.torrecastiglione.it ; Torre Lapillo ; tarif plein/-5 ans 6-13,20/3-6,70 €, tente 7-12,50 € ; ⏲ juin-sept). Un camping idéal pour ceux qui aiment pouvoir se baigner au sortir de la tente. Mieux encore, la plage de sable blanc est splendide et au calme. À 5 km au nord de Porto Cesareo.

♥ Lo Scoglio COMPLEXE HÔTELIER €€

(☎0833 56 90 79/0833 56 91 57 ; www.isolaloscoglio.it ; Piazza Nazario Sauro ; s/d 50-90/90-150 € ; établissement balnéaire en accès libre ; ⏲toute l'année ; ❄📶🅿). M. Quarta est connu de tous les Salentins pour avoir réhabilité sur l'Isola dello Scoglio ce monument du patrimoine local, qui fut la demeure des princes Granito di Belmonte dans les années 1940, une auberge dotée d'une élégante salle de bal, puis un repaire mondain dans les années 1960 et 1970. L'hôtel aurait certes besoin d'être rafraîchi, mais l'architecture, l'emplacement de rêve et la vue demeurent.

Hotel Falli HÔTEL €€

(☎0833 56 90 82 ; www.hotelfalli.com ; Via Cosimo Albano, Riviera di Ponente 16 ; s/d 60-90/90-160 € ; ⏲toute l'année ; ❄📶🅿). Fort d'un emplacement enviable face à la baie, voici l'un des meilleurs hôtels de Porto Cesareo, reconnaissable à sa couleur jaune citron. Restaurant réputé, le **Cosimino** (ci-dessous), au rez-de-chaussée.

Où se restaurer

Dolci Tramonti PÂTISSERIE/GLACIER €

(☎348 413 03 70 ; www.dolcitramonti.com ; Via Muratori 12 ; ⏲6h-nocturne). *Cassate*, *pasticciotti* (pâte feuilletée farcie de crème pâtissière), *spumoni* (mousses glacées), glaces et parfaits attendent les gourmands à toute heure du jour et de la nuit.

Isola Beach Club BAR AMÉRICAIN €/€€

(☎338 673 55 93 ; www.isolabeachclub.it ; ⏲à partir de 8h pour la plage, jusqu'à 2h pour le bar américain). De la Piazza Nazario Sauro, franchissez le petit pont et dépassez le complexe hôtelier Lo Scoglio pour rallier cette "île dans l'île" très tendance à l'atmosphère élégante et tamisée, qui jouit d'un emplacement d'exception et d'un coucher de soleil magique. Vous y passerez une soirée estivale idéale, complétée d'un bon buffet (happy hour : ⏲19h-21h30) ou d'une assiette de crudités et carpaccio (sur réservation). Avec ses chaises longues, ses parasols et ses pontons qui s'avancent dans la mer, la plage a aussi beaucoup d'attrait en journée.

Cosimino RESTAURANT €€

(☎0833 56 90 76 ; www.cosimino.com ; Via Cosimo Albano 16 ; repas 35-40 € ; ⏲tlj). En 40 ans d'existence, le sobre restaurant de l'hôtel Falli (ci-dessus) s'est forgé une solide réputation. Accueillis à l'entrée par un chariot exposant la glorieuse pêche du jour, les convives ont vue sur le port et l'Isola dei Conigli à travers les baies vitrées de la salle classique. Le personnel saura vous guider dans le choix du poisson et du reste. Si la carte comprend des pâtes au filet de rouget, à la lotte ou, mieux encore, à la rascasse, n'hésitez pas. Un dernier conseil : gardez une place pour le thon pêché et mis en boîte par la maison.

♥ Le Dune Suite Hotel Restaurant RESTAURANT €€

(☎0833 56 53 55 ; www.ledunesuitehotel.it ; au Le Dune Beach ; dîner dégustation 30 € ; ⏲sur réservation et seulement certains jours de la semaine, se renseigner par téléphone). Comme la centaine de clients du nouveau complexe hôtelier Le Dune, vous pourrez savourer vous aussi les délicieux tartares et raviolis du merveilleux chef Nabil Bèllari. Il suffit de réserver (bien à l'avance) par téléphone l'un des dîners dégustation Vini & Vini organisés au bord de la piscine (mer et dim à l'heure où nous rédigeons).

Achats

Sapori d'Arneo PRODUITS RÉGIONAUX

(☎333 426 68 52 ; Via Petrarca 9 ; ⏲horaires variables l'hiver, 9h-13h et 16h30-0h l'été). Ilaria et son père vous feront découvrir les authentiques pâtes des Pouilles au blé, le top des produits séchés au soleil et des conserves à l'huile, la bière artisanale B94 entièrement produite dans la province de Lecce, les meilleurs *taralli* (biscuits secs salés), la pâte de coings de Maglio, l'huile d'olive de leur exploitation (Scupola) et les vins incontournables. Peut-être même aurez-vous la chance de participer à une dégustation de spécialités du terroir.

Renseignements

Le petit **office du tourisme** (☎0833 56 90 86/333 610 71 61 ; Piazzale De Gasperi 36 ; ⏲10h-12h et 18h-20h l'été), géré par des bénévoles, se situe sur le front de mer. Les horaires sont variables, mais le numéro de portable est toujours accessible.

Depuis/vers Porto Cesareo

De Lecce (30 km), en voiture, prenez la SP119. Les liaisons en bus sont assurées par **STP Lecce** (www.stplecce.it ; 2,40 €, 1 heure 10).

LA TARENTELLE

Le tarentisme constitue l'un des plus singuliers aspects de la culture du Salento. Jadis, selon une croyance fort répandue, les travailleurs des champs qui se faisaient mordre par une tarentule (*Lycosa tarentula*) étaient réduits en esclavage par le *cantum tempore*, le chant de l'araignée. Parmi les divers symptômes des victimes de la tarentule : nausée, maux de tête, pâleur, accès incontrôlables de rire ou de larmes, paranoïa ou apathie totale. Pour extirper le mal, il n'existait qu'un seul remède, la tarentelle. Cette danse répétitive et progressivement accélérée était exécutée lors de cérémonies débridées au son de la mandoline, du violon et du tambourin.

Les réfutations scientifiques sur cette danse thérapeutique restèrent sans effet sur les croyances populaires qui traversèrent le temps. En 1959, Ernesto De Martino (1908-1965), le "Lévi-Strauss italien", s'intéressa aux tarentulés de la **Cappella della Chiesa dei Santi Pietro e Paolo** de Galatina, dont les eaux étaient réputées avoir été bénites par saint Paul (immunisé contre les morsures vénéneuses). S'élevant contre la position des scientifiques qui faisaient du tarentisme une maladie hystérique, l'anthropologue prouva que le mal trouvait son origine dans des drames refoulés, dont les symptômes exprimaient les désirs inassouvis et les souffrances intimes. Dans son ouvrage *Italie du Sud et magie*, il fait ainsi état du cas de la jeune Maria, de Nardó, élevée par ses oncles et tantes après avoir perdu son père à l'âge de 13 ans. À 18 ans, la famille de son fiancé s'opposa à leur union en raison de ses origines modestes. Maria subit alors une première "morsure". Condamnée à fuir et à mener une vie d'errance, la jeune fille devint l'"épouse de *san Paolo*", trouvant un salut mystique à l'occasion de la **Festa dei Santi Pietro e Paolo** (p. 248), à Galatina.

L'INTÉRIEUR DU SALENTO

Vous avez eu votre content de bains de mer ou désirez vous éloigner des foules des stations balnéaires ? N'hésitez pas à découvrir ce versant du Salento bien moins fréquenté que la côte mais non moins attachant. Ici, le paysage est marqué par des *pagghiare* (constructions campagnardes en pierre), nichées entre oliviers et *tratturi* (sentiers herbeux qui servaient autrefois à la transhumance). S'ils semblent assoupis sous le chaud soleil d'août, les 99 villages du Salento sont riches en trésors historiques. À commencer par les nombreuses cryptes byzantines, creusées par des moines orthodoxes, et qui ont conservé de précieux témoignages rupestres. Plusieurs villes aux splendides centres baroques, Galatina au premier chef, méritent bien une excursion de plusieurs heures. Cela peut être l'occasion d'en apprendre plus sur des traditions populaires telles que la célèbre tarentelle, à moins que vous ne préfériez participer à une fête patronale débridée, lors de laquelle les villes revêtent leurs plus beaux atours.

Copertino

24 500 HABITANTS

À 15 km au nord-ouest de Galatina, voici Copertino, quatrième agglomération de la province en nombre d'habitants. Cette ville très ancienne – ses origines remonteraient à l'an 560 ou 615 selon les sources, d'abord sous le nom de Cittadella, puis de Conventino, de Cupertino, et enfin de Copertino – s'est développée sous le règne des Normands, des Souabes et des Angevins, et conserve encore aujourd'hui quelques attraits notables.

À voir

Castello FORTERESSE

(☎ 0832 93 16 12 ; Piazza Castello ; tarif plein/réduit 3/1,80 € ; 8h30-13h30, fermé dim). On doit le noyau originel de ce château, l'une des plus grandes forteresses d'Italie méridionale, à la restructuration du royaume projetée par Charles Ier d'Anjou. Modernisé en 1535 par l'architecte militaire Evangelista Menga, pour le compte d'Alfonso Granai Castriota, il fut doté de quatre bastions d'angle imposants et d'une belle porte d'entrée décorée de calcarénite locale et de stucs. En 1557, il abandonna sa vocation défensive et fut vendu aux Squarciafico, une famille génoise à laquelle on doit la belle **chapelle** intérieure, possédant des fresques de Gianserio Strafella. Les galeries qui permettent de rallier les bastions accueillent aujourd'hui des expositions temporaires.

Chiesa Matrice ÉGLISE

(angle Via M. di Savoia-Via Strafella). Cette église, commandée en 1088 par Godefroi de Conversano, puis consacrée à Notre-Dame-des-Neiges (on la connaît aussi sous le nom de Collegiata di Santa Maria delle Nevi) par le comte Manfred en 1235, possède des nefs latérales ajoutées en 1563 et une abside pentagonale datant de 1580. À l'intérieur, dans le transept gauche, l'autel de Notre-Dame-des-Neiges (1630), construit par Donato Chiarello, arbore une représentation de la Vierge du XIIIe siècle. Le campanile baroque date lui du XVIIIe siècle.

Santuario di San Giuseppe da Copertino SANCTUAIRE

(☎0832 94 70 11 ; Via Piave 7 ; ⌚7h-12h et 17h-20h). Ce sanctuaire est consacré à saint Joseph de Copertino, protecteur des étudiants et des aviateurs. Des manifestations ont lieu du 16 au 19 septembre à l'occasion de la Saint-Joseph (18 septembre) avec grand concert le dernier soir. La dépouille du saint a été transférée en 2013 dans le Santuario Santa Maria della Grottella.

Renseignements

Office du tourisme (Pro loco ; ☎0832 94 90 10 ; www.prolococopertino.it ; Via Margherita di Savoia 65 ; ⌚9h30-13h et 16h30-20h30 lun-sam).

Depuis/vers Copertino

De Lecce (20 km), en voiture, prenez la SS101 et la SP20. Les liaisons en bus sont assurées par **STP Lecce** (www.stplecce.it ; depuis Lecce 1,70 €, 40 min).

Nardò

31 957 HABITANTS

Au nombre des villes les plus peuplées du Salento, cette ancienne rivale de Lecce possède un des plus beaux centres historiques du coin, parsemé d'édifices raffinés des XVIIe et XVIIIe siècles, comme sur la splendide Piazza Salandra.

La légende attribue la fondation de la cité à un taureau, qui figure aujourd'hui sur le blason de Nardò. Les Messapiens, puis les Romains au IIIe siècle av. J.-C., suivis par les Lombards, les Byzantins, les Normands, les Souabes, les Angevins, les Turcs et les Vénitiens se sont succédé à Nardò, avant que la ville ne devienne en 1497, sous la férule des Acquaviva de Conversano, la capitale d'un duché florissant.

À voir

Nardò se caractérise notamment par ses **maisons à cour**, typiques de l'architecture du Salento. Ces cours, auxquelles on accède en passant sous une belle arcade, comportent un four, un entrepôt, des étables ainsi qu'un emplacement pour les charrettes.

Fontana del Toro FONTAINE

(Piazza Salandra). On retrouve le taureau du blason de Nardò au-dessus de la vasque et sur deux médaillons de cette jolie fontaine (1939). Le symbole, assorti de la devise *taurus non bovi* ("un taureau, pas un bœuf"), remonte probablement à l'époque aragonaise (XVe siècle), influencée par la culture espagnole. À côté, la **Chiesa di San Domenico** arbore une splendide façade en pierre de carparo finement sculptée, dont la partie inférieure s'orne de figures humaines.

Piazza Salandra PLACE

On dit qu'elle est la plus belle place baroque du Mezzogiorno. Jugez-en par vous-même en vous asseyant sur un banc pour admirer balcons, portes et loggias richement ouvragés. Au centre se dresse la **Guglia dell'Immacolata Concezione**, une colonne de la Vierge commune à de nombreuses places du Salento et de la région de Naples. Inaugurée en 1769, elle culmine à 19 m de haut et comprend cinq niveaux séparés par des corniches. Notez les quatre statues en pierre de Lecce dont la blancheur contraste avec l'intense couleur jaune du *carparo* dans le reste de l'édifice. Enfin, levez les yeux pour admirer le globe de marbre veiné de gris sur lequel repose la statue de la mère de Dieu. L'importance de cette place s'explique aussi par la présence du **Sedile**, de style Renaissance, ancien siège du gouvernement local, tout en arcades et arrondis. Autre monument majeur, le **Palazzo di Città** à la façade rythmée de colonnes fut érigé en 1588, mais doit son aspect rococo aux remaniements intervenus après le séisme de 1743. Son horloge Caccialupi (1882) de fabrication napolitaine comporte un double mécanisme pour sonner les quarts et les heures.

Cattedrale CATHÉDRALE

(Piazza Pio XI ; ⌚7h-22h, jusqu'à 23h sam). Cet édifice du XIe siècle, revisité aux époques baroque et rococo, compte des plafonds à chevrons, des piliers assortis de deux

LE SALENTO DES GOURMETS

Le *spumone* (parfait aux fruits confits et au chocolat fondant), l'abricot de Galatone, les câpres en saumure, les fleurs de fenouil sauvage au vinaigre, la carotte violette de Tiggiano, les légumineuses de Zollino et le concombre des Pouilles ne sont quelques exemples des 75 produits agroalimentaires traditionnels (PAT) du Salento. S'ajoutent à la liste les *focacce*, les *taralli* et maintes variétés de pâtes (*orecchiette*, *sagne torte*, *cavatelli*, *maccheroncini*...). Citons également la *taieddhra*, plat d'origine orientale à base de moules, riz et pommes de terre, les *turcinieddhri* (paupiettes d'abats d'agneau grillés sur la braise), les *moniceddhri* (escargots) et les *straccetti di cavallo al sugo* (ragoût de cheval en sauce tomate). Parmi les spécialités de la mer figurent la fameuse soupe de poisson de Gallipoli, le *polpo alla pignata* (poulpe mijoté dans une cocotte en terre), les moules gratinées, la *scapece* (voir l'encadré p. 239) et, bien sûr les mollusques et crustacés, sans oublier le poisson cru très tendance. Côté desserts, la région offre aux gourmets un véritable festival de saveurs : *pasticciotto* (pâte brisée et crème pâtissière), *mustazzoli* (biscuits à base de cannelle et d'amande, entre autres), *cotognata* (pâte de coing), pâte d'amande, *purceddhruzzi* et *carteddhate* (boulettes et lamelles de pâtes frites à la cannelle et au miel) de Noël ou encore la *cupeta* (nougat aux amandes et au miel).

La Salento est aussi une région vinicole. Encore récemment, son raisin partait en camion vers l'Italie du Nord et d'autres parties du monde pour aller renforcer des crus plus prestigieux. Désormais, les vignerons élaborent et mettent en bouteille leur propre vin. Le cépage **Negroamaro** détient à lui seul huit DOC (appellation d'origine contrôlée), et une grande partie de ses producteurs se sont associés pour faire sa promotion au cours d'événements, d'ateliers et de dégustations. Les amateurs peuvent se renseigner auprès de **deGustoSalento** (☎ 333 433 63 32 ; www.degustosalento.it). Il existe ceci dit d'autres cépages autochtones intéressants, dont le **Primitivo** et la **Malvasia nera**, reconnaissables à la première gorgée.

semi-colonnes séparant les trois nefs, des vestiges de fresques des XIVe et XVe siècles, ainsi qu'une abside entièrement peinte. En regardant vers l'autel, notez la particularité de cette cathédrale : les arcs séparant la nef centrale de la nef de droite sont en plein cintre, tandis que ceux qui la séparent de la nef de gauche sont en ogive.

Castello CHÂTEAU
(Piazza Cesare Battisti). Ce château, construit par Giovanni Antonio Acquaviva au XVe siècle vaut moins pour ses créneaux et tourelles en amande que pour son innovation architecturale datant du XIXe siècle : les fossés et terre-pleins reliés par des rampes et des escaliers prévus à cet effet, donnèrent naissance à un petit jardin. L'édifice abrite l'administration municipale.

Activités

Vélo

Les amateurs de **vélo** (VTT et vélos de ville 2,50 €/heure, 7 €/journée) ont le choix entre la piste cyclable menant à la Contrada Pagani, les routes reliant Nardò aux marinas (à 6-7 km) ou le centre historique à découvrir avec un guide (12 €/pers ; 2/12 participants mini/max ; ⌚avr-déc) en s'arrêtant pour visiter les monuments-phares et prendre l'apéritif. Renseignements à l'office du tourisme (ci-contre).

Bus touristique

Cet autobus panoramique de 19 places permet d'admirer le paysage sans effort. Il existe deux circuits, l'un parmi les *masserie* et les oliviers séculaires incluant une dégustation (adulte/3-12 ans/moins de 3 ans 20/10 €/gratuit ; 3 heures 30, généralement 16h-19h30 ; ⌚avr-sep), l'autre qui couvre diverses villas et le Parco Naturale di Porto Selvaggio, avec une halte à la Palude del Capitano (adulte/3-12 ans/moins de 3 ans 15/7,50 €/gratuit, 3 heures ; ⌚avr-sep). Renseignements auprès de l'office du tourisme (ci-contre).

Où se loger

Relais Il Mignano AUBERGE €
(☎ 0833 57 25 06 ; www.hmdomus.com ; Via Lata 29 ; ch standard 57-77 € ; ❄). Ce vieil édifice du centre-ville présente au-dessus de son porche principal un balcon baroque appelé

mignano, d'où les femmes pouvaient observer la rue sans être vues. On ressent dans les chambres la même sensation agréable d'être à l'abri. Sur place, le chef Francesco Calabrese du **Ristorante del Relais** (repas 30 €) concocte une cuisine du terroir ou plus élaborée, comme les *orecchiette* à la sauce au poulpe et le risotto à la saucisse ou aux fruits de mer.

B&B Al Duomo B&B €

(☎0833 57 26 85/340 694 00 57 ; www.bebnardo.it ; Via De Michele ; d 45-70 € ; ❄). Trois appartements situés derrière la Piazza Salandra – le *green* (pour quatre), le *red* (pour cinq) et l'*orange* (pour deux) –, simples mais équipés de kitchenette, clim., ventilateur au plafond et réfrigérateur. Vélos à disposition des hôtes.

Où se restaurer

Modo' RESTAURANT €€

(☎392 787 69 46 ; www.ristorantemodo.it ; Via Duomo 20 ; repas 40 € ; ⏲fermé dim soir et lun-mar sauf l'été). Dans la cuisine ouverte de cet établissement moderne, sobre et stylé, Leonardo mitonne de véritables délices, dont l'agneau aux herbes accommodé avec des *lampascioni* (oignons sauvages) et du vin rouge. Il a surtout un faible pour l'aubergine, qu'il associe notamment au *cacioricotta* (fromage) pour agrémenter les tagliatelles.

Achats

Terrarossa – Artigianato Salentino di Qualità CÉRAMIQUES

(☎0833 57 26 857 ; www.terrarossasalento.it ; Piazza Salandra 28 ; ⏲9h-13h et 16h-20h mar-sam et 16h-20h lun l'hiver, horaires prolongés et ouverture le dim l'été). Nardò ne figure pas parmi les producteurs de céramiques les plus réputés du Salento. Pourtant, ce magasin vend les meilleures de toute la région.

Environs de Nardò

À quelques kilomètres de Nardò, dans l'agréable station balnéaire de **Santa Maria al Bagno** se dresse la **Torre del Fiume di Galatena**, du XVIe siècle, l'une des nombreuses tours de guet du Salento, dont il reste aujourd'hui quatre bastions. Ce district de Nardò est connu car les Alliés y ont accueilli, entre 1943 et 1947, des milliers de juifs de différentes nationalités en instance de départ pour Israël.

Renseignements

L'**office du tourisme** (IAT ; ☎0833 83 69 28 ; infoturismonardo.wordpress.com ; Piazza Salandra, Sedile ; ⏲9h-13h30 et 15h30-21h30 mars-oct, jusqu'à 1h juin-août) dispose de trois postes Internet.

Depuis/vers Nardò

De Lecce (32 km), en voiture, prenez la SS101 et la SS174. Les liaisons en bus sont assurées par **STP Lecce** (www.stplecce.it ; depuis Lecce 2,80 €, 40 min).

Galatina

27 000 HABITANTS

Située à quelque 20 km de la mer Ionienne et de la mer Adriatique, Galatina est souvent définie comme "le nombril du Salento". Toutefois, cette expression ne rend pas vraiment justice à l'atmosphère royale, raffinée et surannée de cette ville, dont le nom signifie en grec "Belle Athènes". Jadis fief de Raimondello Orsini del Balzo (1361-1406), le plus puissant seigneur de la péninsule salentine, Galatina abrite aujourd'hui l'un des plus beaux trésors artistiques du Salento : la basilique de Sainte-Catherine.

PASSION BOTANIQUE

Sous le ciel bleu dégagé du Salento se détache un paradis vert. Il s'agit de **La Cutura** (☎0836 35 41 64 ; www.lacutura.it ; Contrada Cutura, Giuggianello ; tarif plein/réduit 6/4 € ; ⏲9h-12h30 et 17h-20h30 l'été, horaires variables l'hiver), un jardin botanique né de la passion pour les voyages d'un homme courtois et cordial, Salvatore Cezzi, qui ramène un spécimen végétal de chacun de ses périples. Ainsi, son vieux domaine rural comprend aujourd'hui un jardin à l'italienne, une serre de plantes grasses, un jardin de rocaille, un étang naturel, un carré de simples (jardin médicinal), un bois de chênes verts et une roseraie comptant plus de 100 variétés. L'été, la *masseria*, en partie du XVIIIe siècle, accueille dégustations, dîners romantiques et soirées dansantes (consultez le site Internet).

À voir

L'entrée dans le centre historique de Galatina se fait par l'ancienne Porta Maggiore. Aujourd'hui, c'est la **Chiesa dei Santi Pietro e Paolo Apostoli**, église jaune orientée vers le sud, qui accueille le visiteur. Entrez et observez les piliers dotés de quatre demi-colonnes aux chapiteaux de style corinthien. Sur le parvis, tous les 29 juin (fête de la Saint-Pierre et de la Saint-Paul), on danse la *pizzica* jusqu'à l'épuisement, la tradition voulant que les *tarantolati* (voir l'encadré p. 244) ne puissent guérir que pendant la fête consacrée aux deux saints.

Basilica di Santa Caterina d'Alessandria BASILIQUE
(Piazza Orsini ; ⌚8h30-12h30 et 16h30-20h30). Chef-d'œuvre de la Renaissance italienne, cette basilique recouverte de fresques remarquables fut érigée entre 1384 et 1391 sous l'impulsion du prince Raimondello Orsini del Balzo. Lors d'un voyage au mont Sinaï, cet homme pieux aurait arraché à la dépouille de sainte Catherine d'Alexandrie un doigt aujourd'hui conservé dans un reliquaire en argent. D'après des sources plus sûres, le pape Boniface IX envoya des franciscains latiniser le Salento, où avaient cours des rites orthodoxes : la basilique et le couvent furent bâtis pour accueillir les frères.

Les **fresques** sont à mettre au crédit de l'épouse française d'Orsini, Marie d'Enghien de Brienne. Elles pourraient avoir été réalisées par des peintres de l'école de Giotto, sans doute influencés par l'école napolitaine, durant la première moitié du XVe siècle. Parfaitement conservées, elles illustrent l'Ancien et le Nouveau Testament, essentiellement sur fond bleu. La basilique comporte trois échappées distinctes dotées de puissants arcs en plein cintre, chaque travée évoquant divers épisodes bibliques. Sur la façade interne et sur la première échappée, des scènes de l'Apocalypse ; sur la deuxième, la Genèse, avec un Adam et une Ève ventripotents ; sur la troisième, des scènes de la vie du Christ, culminant dans une voûte à croisillons peuplée d'anges dorés. À noter encore, dans la nef latérale sud, des représentations détaillées de la vie de Marie et, au fond à gauche ou accessible depuis la rue, le chœur arborant un cycle de 17 fresques consacrées à sainte Catherine et à saint François.

Le sobre monument funéraire de Raimondello Orsini del Balzo reposant sur deux colonnes tranche avec celui plus fastueux de son fils, Giovanni Antonio, qui comporte quatre hautes colonnes élancées et un édicule. Avant de quitter la basilique, admirez la rosace centrale évoquant une fleur à douze pétales.

Museo Civico d'Arte Pietro Cavoti MUSÉE
(☎0836 56 15 68 ; www.museocavoti.it ; Piazza Alighieri 51 ; ⌚16h-20h30 lun, 9h-13h et 16h-19h mar et jeu, 16h-19h mar et jeu, 9h30-13h et 16h-20h30 mer et ven, sam et dim sur réservation, 3e sam et dim du mois). GRATUIT Fondé en l'honneur de l'historien de l'art Pietro Cavoti (1819-1890), ce musée expose une collection d'œuvres lui ayant appartenu, de même que les œuvres d'autres artistes de Galatina.

Fêtes et festivals

Festa dei Santi Pietro e Paolo FÊTE RELIGIEUSE
(28-30 juin). Le premier jour, une procession à la chorégraphie haute en couleur remplace l'exorcisme musical des "tarentulés" (voir l'encadré p. 244), qui se déroulait jadis dans la chapelle saint Paul. Des groupes locaux se produisent le lendemain et un concert de musique légère conclut les festivités le 30 juin.

Où se loger

Hotel Palazzo Baldi HÔTEL €€
(☎0836 56 83 45 ; www.hotelpalazzobaldi.it ; Via Corte Baldi 2 ; s/d/tr à partir de 60/75/110 € ; ❄📶). Ce vénérable hôtel du centre historique compte 10 chambres et 7 appartements avec cuisine pour les séjours plus longs, répartis dans 4 bâtiments anciens autour d'une cour. Au XVIIe siècle, Gabriele Adarzo de Santander, évêque d'Otrante, s'amouracha des lieux ; demandez à voir la fresque sur la voûte de la *Suite del Vescovo*, jadis sa chapelle privée. Mention spéciale pour les sdb décorées de carrelage en mosaïque. Également, restaurant et terrasse, et tout le confort moderne. Parking surveillé pour 6 €/jour ou pass gratuit pour se garer dans le centre historique.

Où se restaurer

Pasticceria Ascalone PÂTISSERIE
(☎0836 56 60 09 ; Via Vittorio Emanuele II 17, Soleto ; pasticciotto 1,40 € ; ⌚9h-13h et 17h-20h30, fermé lun l'hiver et le dim en juil-août). Le *pasticciotto* n'est pas né à Lecce mais bien ici, en 1745, comme l'atteste un diplôme encadré au mur. Voilà une bonne raison de déguster cette petite gourmandise de pâte sablée fourrée à la crème ou aux amandes et confiture.

La Corte del Fuoco BAR À VINS/RESTAURANT/BOUTIQUE €€
(☎0836 56 56 58 ; www.ristorantecortedelfuoco.it ; Piazza San Lorenzo 5 ; repas à partir de 35 € ; ⏲fermé lun). Les chaises et tables en fer forgé de la terrasse se déploient sur une splendide petite place tandis que le bâtiment ancien offre une salle raffinée sous des voûtes en pierre. Les pâtes *sagne n'cannulate* à base d'orge accommodées de pousses de navet et de crème de fève s'imposent comme *primi*, le mariage de ces trois ingrédients pauvres donnant un plat gastronomique. En plat de résistance, commandez un filet de cochon de lait pané aux légumes champêtres.

Achats

Valle dell'Asso CAVE VINICOLE
(☎0836 56 14 70 ; www.valleasso.it ; Via Guidano 18 ; ⏲8h-13h et 15h-18h lun-ven et 8h-13h sam l'hiver, 8h-13h et 16h-19h lun-ven et 8h-13h l'été). Vieille de plus de deux siècles, la Valle dell'Asso se range parmi les meilleurs producteurs de vin (certifié biologique) de la région. L'entreprise compte quelque 75 ha de vignes et produit essentiellement du Negroamaro et du Primitivo. Vous pourrez acheter dans la boutique de bons vins de table comme le Galatina, qui se décline dans les trois couleurs, le vin de paille Il Macàro, ou, une bouteille plus haut de gamme, comme le Piromafo. Téléphonez au moins un jour avant pour organiser une brève visite conduite par le propriétaire Luigi Vallone ou l'œnologue, éventuellement suivie d'une dégustation accompagnée de charcuteries et de fromages régionaux

Santi Dimitri VIN ET HUILE
(☎0836 56 58 66 ; www.santidimitri.it ; Via Guidano, Contrada Santi Dimitri ; ⏲8h30-13h et 15h30-18h30 lun-ven l'hiver, 8h30-13h et 16h-19h lun-ven, 8h-13h sam l'été). Un des plus gros producteurs de vin de Galatina. Ne partez pas sans avoir fait l'acquisition d'une bouteille et d'un bocal de gelée à base de moût de raisin.

Renseignements

L'**office du tourisme** (IAT ; ☎0836 56 99 84 ; Via Vittorio Emanuele II 35 ; ⏲9h30-12h30 et 16h30-20h l'été, horaires variables l'hiver) occupe la Sala dell'Orologio, dans la rue à droite de la Chiesa dei Santi Pietro e Paolo.

Depuis/vers Galatina

Les liaisons en bus sont assurées par **STP Lecce** (www.stplecce.it ; depuis Lecce 40 min -1 heure , 1,70 €).

Des **trains Ferrovie del Sud Est** (FSE ; www.fseonline.it) circulent fréquemment entre Galatina et Lecce (1,70 €, 35-45 min) du lundi au samedi. Le dimanche, un service de bus prend la relève. Enfin, pour rallier Galatina en voiture depuis Lecce (28 km), prenez la SS16.

Maglie

16 854 HABITANTS

Cette petite ville a vu naître en 1916 Aldo Moro, président du Conseil italien et promoteur du “compromis historique” entre la démocratie chrétienne et les communistes, enlevé en mars 1978 par les Brigades rouges et assassiné 55 jours plus tard. La maison natale de l'homme d'État, ornée de nombreuses statues, se situe entre la Via San Giuseppe et la Via Caduti di Via Fani. Maglie est autrement une ville commerçante, traditionnellement tournée ver la dentelle et jalonnée d'édifices en pierre de Lecce du XIXe siècle.

À voir

Maglie mérite le détour pour ses églises : le **Duomo** (ou Chiesa della Collegiata), la **Chiesa di Santa Maria della Scala**, et la **Chiesa della Madonna delle Grazie** dont la porte baroque date de 1648.

À voir également, la **Villa Tamborino** (XIXe siècle), dont le jardin de 5 ha possède tous les attributs du style “romantique” : ponts, belvédères et petites grottes. Dans le **Complesso Culturale l'Alca** (Palazzo Sticchi ; Via Vittorio Emanuele), le **Museo Civico di Paleontologia e Paletnologia** (☎0836 48 58 20 ; tarif plein/réduit 3/2 € ; ⏲9h-13h lun-ven et 17h-21h lun-sam l'été, 9h-13h lun-ven et 16h-19h lun-sam l'hiver, ouvert 3e dim du mois) présente dans une muséographie moderne quelques pièces provenant de la Grotta Romanelli (p. 228) proche de Castro.

Fêtes et festivals

Mercatino del Gusto GASTRONOMIE
(août ; www.mercatinodelgusto.it). Cette manifestation programmée en août par Slow Food Puglia connaît un succès fou. Fête gastronomique en plein air, elle constitue l'occasion rêvée de découvrir les produits phares de la région, du pain d'Altamura au *capocollo* (coppa) de Martina Franca.

LE CHARME DES CRYPTES CACHÉES

L'influence du monde hellénique sur la péninsule du Salento a laissé son empreinte dans une soixantaine de cryptes disséminées aux quatre coins de la province de Lecce. En effet, jusqu'à la conquête normande (fin du Xe siècle), le Salento était une province byzantine florissante dont les lieux de culte étaient creusés dans la roche calcaire. Plus simples à bâtir que les églises, il semblerait aussi que ces grottes aient accueilli des moines fuyant les persécutions iconoclastes de Byzance. Parmi les cryptes les plus importantes, citons celles de Poggiardo (p. 251) et d'Ugento (p. 253).

Achats

Les grands noms de la bonne gastronomie salentine ont leurs laboratoires à Maglie. La ville est également réputée pour sa dentelle, qui lui vaut le surnom de "Burano del Salento".

Maglio CHOCOLATIER
(☎0836 42 46 09 ; www.cioccolatomaglio.it ; Via San Giuseppe 48 ; ⌚9h15-13h et 16h30-20h l'hiver, 9h15-13h et 17h30-21h l'été, fermé lun matin et dim). Fondée en 1875, cette belle enseigne vous invite à choisir entre un grand classique à base de chocolat et de fruits et la *galantina* (crème d'amande, génoise et confiture de poire, le tout enrobé de chocolat extra-amer).

Antico Pastificio Benedetto Cavalieri PÂTES
(☎0836 48 41 44 ; Via Garibaldi 64 ; ⌚8h-13h et 16h-19h30 lun-ven et 8h-13h sam). Certains gourmets considèrent les spaghettis de cette fabrique de pâtes, fondée en 1872, comme les meilleurs d'Italie.

Azienda Agricola Tamborino Frisari HUILE
(☎0836 48 44 36 ; www.cortededroso.it ; Via Verdi 4 ; visites guidées sur réservation ; ⌚8h30-13h et 16h-19h). Cette entreprise compte près de trois siècles d'expérience dans la production d'huile d'olive extra-vierge. Tapenade et condiment au citron également excellents.

Renseignements

Office du tourisme (IAT ; ☎0836 48 92 03 ; Piazza Aldo Moro ; ⌚8h30-13h30 lun-ven et 16h-18h lun et jeu l'hiver, 8h30-13h30 lun-ven et 18h-20h30 lun-sam l'été).

Depuis/vers Maglie

De Lecce (30 km), en voiture, prenez la SS16. Les liaisons en bus sont assurées par **STP Lecce** (www.stplecce.it ; depuis Lecce 2,40 €, 50 min).

Muro Leccese

5 100 HABITANTS

À 4 km au sud-est de Maglie, le délicieux centre historique de Muro Leccese mérite bien une halte. La cité doit son nom aux remparts dont les Messapiens ceignirent la ville vers le VIe siècle av. J.-C. Détruite une première fois par les Romains au IIIe siècle av. J.-C., puis par les sarrasins en 924, Muro Leccese présente aujourd'hui un beau visage baroque, dû à la communauté dominicaine et aux familles nobles de l'époque, au premier rang desquelles les Orsini del Balzo qui régnèrent sur ce territoire du XIVe siècle au XVIIIe siècle.

À voir

Pour avoir un aperçu du faste baroque, traversez la **Piazza del Popolo**, la place centrale ornée d'une colonne votive, pour visiter la **Chiesa Madre** (1680-1693), consacrée à la Vierge de l'Annonciation, qui abonde en tableaux intéressants (tel le *Ciclo di Sant'Oronzo*), puis la **Chiesa dell'Immacolata** (1778-1787), bâtie dans le plus pur style baroque de Lecce.

Également sur la place, le **Palazzo del Principe** assuma une fonction défensive dès le XVe siècle, avant d'être transformé en élégante demeure seigneuriale deux siècles plus tard, comme le montrent les fenêtres ouvragées et les décorations architecturales encore visibles sur la façade. Pour visiter l'intérieur, avec sa cour, son escalier monumental conduisant à l'étage noble, ainsi que les pièces réservées aux domestiques, les étables et les magasins de l'étage inférieur, rendez-vous au **Museo di Borgo Terra** (☎0836 34 38 24/339 773 80 48 ; www.museomuro.it ; Palazzo del Principe ; billet simple/famille 3/5 € avec visite guidée 1 heure ; ⌚9h-13h et 16h-20h l'hiver, 9h-13h et 17h-20h l'été), installé dans les salles du XVIIe siècle du palais.

La **Festa dei Santissimi Medici**, les 26, 27 et 28 septembre, fournit une occasion idéale pour visiter Muro Leccese. Musique et gastronomie investissent alors le centre historique.

Renseignements

Le Museo di Borgo Terra sert de **point Info**.

Depuis/vers Muro Leccese

De Lecce (35 km), en voiture, prenez la SS16. Les liaisons en bus sont assurées par **STP Lecce** (www.stplecce.it ; depuis Lecce 2,80 €, 50 min).

Scorrano

7 000 HABITANTS

Deux excellentes raisons de se rendre dans cette petite ville du Salento Leccese : une étonnante fête patronale et une immense cave vinicole.

À voir

Cantina Duca Carlo Guarini CAVE VINICOLE
(☎0836 46 02 57 ; www.ducacarloguarini.it ; Largo Frisari 1 ; dégustation sur rdv 10 € ; ⏲8h30-12h30 et 15h30-18h30 l'hiver, 8h30-12h30 et 16h30-19h30 l'été). Cette cave permet de faire provision de Negroamaro (voir l'encadré p. 246), produit en terre d'Otrante. Parmi les meilleurs nectars provenant des vignes de Torchierolo (en bord de mer entre Lecce et Brindisi), citons le Nativo (rouge bio), le Campodimare (rosé), la Malìa (malvoisie noire), et le Murà (blanc). Des dégustations comprenant la visite du pressoir souterrain du XVIe siècle converti en cave se tiennent sous les treilles de vigne d'un superbe jardin du XVIIIe siècle à la belle saison, à l'intérieur par temps froid.

Fêtes et festivals

Festa di Santa Domenica ILLUMINATIONS
(début juillet ; www.santadomenicascorrano.it). La fête patronale de Scorrano est la plus grandiose de tout le Salento. Durant cinq jours, une foule de visiteurs se joignent aux habitants pour admirer ses illuminations, ses spectacles son et lumière et ses feux d'artifice dans une débauche de lumières et de couleurs.

Poggiardo

6 175 HABITANTS

Rares sont les petites villes où la culture et l'histoire s'expriment autant qu'à Poggiardo. Une petite cité qui compte aujourd'hui 6 175 âmes, mais qui en a tant vu passer au cours des siècles qu'elle donne encore le sentiment d'un carrefour de peuples et de cultures. En témoignent les précieux vestiges archéologiques et historiques des environs.

À voir

Fresques de la crypte de Santa Maria degli Angeli FRESQUES
(Piazza Episcopio ; ⏲tarif plein/réduit pour l'ensemble des sites de Poggiardo 8/4 € ; ⏲visites guidées uniquement, s'adresser à l'office du tourisme). En 1929, des travaux de canalisations ont révélé l'existence d'une crypte tapissée de **fresques** allant du XIe au XVe siècle. Déposées pour les sauver de l'humidité ambiante (une opération controversée) et restaurées, les peintures sont dorénavant exposées dans un petit musée reproduisant fidèlement leur disposition d'origine. Un guide vous mènera à la **crypte de Santa Maria degli Angeli**, sous la Chiesa Matrice à une centaine de mètres de là.

Museo della Civiltà Messapica MUSÉE
(☎0836 90 58 50 ; Piazza Dante ; ⏲tarif plein/réduit pour l'ensemble des sites de Poggiardo 8/4 €). Sur une très belle place, au sein du Palazzo Baronale (XVIe siècle), ce musée rassemble des objets, essentiellement funéraires, allant du VIe siècle av. J.-C. au Moyen Âge. Le *strigile*, racloir en fer recourbé dont les athlètes se servaient pour débarrasser leur peau de l'huile et de la sueur, et la *trozzella*, un vase typique dont la forme sinueuse et les anses ouvragées laissent à penser qu'il était utilisé par les femmes retiennent particulièrement l'attention. La reconstitution de deux sépultures messapiennes (un chevalier et un athlète) constitue toutefois les pièces maîtresses. Lors de notre passage, seul le rez-de-chaussée se visitait.

LA DANSE DES ÉPÉES

Variante de la *pizzica*, la **danse des épées** mime un combat entre deux hommes, les mains nues symbolisant les lames. Des "rondes" délimitent le terrain de combat et des tambourins rythment les mouvements. À Torrepaduli, un hameau de la commune de Ruffano, la **Festa di San Rocco** (16 août) met cette tradition à l'honneur. Après la procession en soirée, des duels spectaculaires se succèdent jusqu'à l'aube. Pour l'occasion, Torrepaduli se pare d'impressionnantes illuminations comme à Scorrano (p. 251).

Crypte des Santi Stefani ÉGLISE
(hameau de Vaste, tarif plein/réduit pour l'ensemble des sites de Poggiardo 8/4 € ; visites guidées uniquement, s'adresser à l'office du tourisme). Cette église rupestre, l'une des plus grandes du Salento, est enchanteresse, avec ses trois nefs semblables en forme de double croix grecque et ses nombreuses fresques (XIe-XIVe siècle) en attente de restauration. Notez dans l'abside centrale la fresque palimpseste (réalisée sur une peinture préexistante) mariant le jaune, le rouge et le bleu (devenu blanc avec le temps) : elle représente le rêve de saint Jean voyant la Vierge enceinte, une scène de l'Apocalypse. Dans l'abside droite, la fresque du Christ Pantocrator au milieu des anges (1032) révèlera toute sa splendeur une fois débarrassée de la couche de sel qui la recouvre en raison de l'humidité. La partie inférieure des murs non décorée résulte de l'abaissement du sol, creusé autrefois par des paysans pour entreposer des outils agricoles dans la crypte.

Remparts messapiens RUINES
(hameau de Vaste). Dans le **Parco dei Guerrieri**, un très court segment de remparts messapiens d'une hauteur d'environ 1,50 m a été découvert, tandis que le tracé était mis en évidence sur toute sa longueur. Les chercheurs affirment que l'enceinte aurait couru sur quelque 3 380 m de long, chaque bloc mesurant environ 60/70 cm de largeur pour 5 m de haut.

Où se restaurer

La Piazza RESTAURANT €€
(0836 90 19 25 ; Piazza Umberto I 13 ; repas 35 € ; soir, fermé lun, ouvert tlj l'été). Quand Stefano Nuzzo et son épouse Kleyda mitonnent les ingrédients apportés le matin même par les producteurs locaux, des effluves alléchants envahissent la place principale. Une bonne odeur d'agneau annonce le ragoût à blanc accompagnant les *cavatelli* (pâtes typiques des Pouilles), un parfum d'écrevisses, la purée de fèves et de chicorée. Gardez une petite place au dessert pour le *fazzoletto* (gâteau à la pâte d'amande fourrée de ricotta et d'orange confite) ou le *semifreddo alla cupeta* (parfait aux amandes). Nombreux vins des Pouilles et du reste de l'Italie ; jolie terrasse.

Renseignements

L'**office du tourisme** (0836 90 98 11/800 55 11 55 ; horaires variables, mais personnel toujours joignable au numéro vert), dans le Parco dei Guerrieri, enregistre les réservations pour les visites guidées (tarif plein/réduit pour l'ensemble des sites de Poggiardo 8/4 €). Mieux vaut s'y prendre à l'avance, même s'il s'efforce de satisfaire les demandes de dernière minute.

Depuis/vers Poggiardo

De Lecce (40 km), en voiture, prenez la SS16. Les liaisons en bus sont assurées par **STP Lecce** (www.stplecce.it ; depuis Lecce 3,50 €, 45 min).

Specchia

4 915 HABITANTS

Élu parmi les "plus beaux villages d'Italie", Specchia enchantera les visiteurs avec son centre historique restauré et peu fréquenté, ses passages couverts, ses cours et ses petits escaliers reliant les ruelles biscornues.

À voir

Après avoir contemplé le panorama offert par ce village perché, intéressez-vous à sa charmante place centrale sur laquelle donne le **Castello Risolo** (visite guidée uniquement, s'adresser à l'office du tourisme) GRATUIT, transformé entre le XVe et le XVIIIe siècle. Difficile de manquer l'élégante balustrade barrant la façade et le blason de la famille Protonobilissimo-Trani surmontant la porte *a bugnato* (bossage). On peut également voir un **pressoir souterrain** restauré, l'un des plus vastes de la région qui en compte beaucoup. Enfin, l'église Santa Caterina du couvent des Francescani Neri comprend une crypte rupestre ornée de **fresques byzantines**. Ces trois sites constituent l'essentiel de la visite guidée de l'office du tourisme.

Où se restaurer

Corte degli Aranci RESTAURANT €€
(0833 53 53 81 ; www.cortedegliaranci.altervista.org ; Via Matteotti 54 ; repas 25-30 € ; fermé mar sauf l'été). L'enchantement commence dès qu'on franchit le porche pour déboucher sur la terrasse flanquée d'orangers (en été) ou sur la salle aménagée dans un ancien pressoir aux voûtes en étoile et aux murs peints de fresques. La carte terre/mer met l'accent sur les spécialités du terroir : poulpe *in pignata*, *sagne n'cannulate* (pâtes larges) garnies de saucisse et de *scamorza*, tagliatelles au vin rouge et à l'effiloché d'agneau...

Renseignements

L'association **Pro Loco** (☎0833 53 70 93/328 818 96 97/346 374 06 48 ; Via Umberto I 23 ; ⏲10h-12h30 et 17h-19h30 l'hiver, jusqu'à 20h l'été), devant la Chiesa Madre, organise de nombreuses visites guidées gratuites (dons appréciés). Les guides, sur place de juin à septembre, viennent uniquement sur réservation d'octobre à mai.

Depuis/vers Specchia

De Lecce (54 km), en voiture, prenez la SS16. Les liaisons en bus sont assurées par **STP Lecce** (www.stplecce.it ; depuis Lecce 4,90 €, 1 heure 20).

Ugento

12 300 HABITANTS

Immergée au milieu des oliviers, Ugento est une petite ville tranquille aux origines immémoriales.

À voir

On peut admirer des témoignages importants du passé messapien et romain d'Ugento au **Museo Adolfo Colosso** (2,50 €), un musée riche de 800 objets mis au jour à Ugento et dans les environs au XIXe siècle (vases, céramiques, lampes à huile, statuettes et autres pièces de diverses époques), ou au **Nuovo Museo Archeologico** (3 €), qui relate l'histoire de la ville. Les amateurs d'églises rupestres se rendront à la **Cripta del Crocifisso**, dont la cavité tournée vers l'est arbore une fresque de l'Enfant Jésus à la boucle d'oreille (symbole du pouvoir des empereurs orientaux). Cette crypte se situe dans la **Chiesa della Madonna di Costantinopoli** (2,50 €), aux murs et au plafond également tapissés de fresques.

Où se loger

La Terra di Moro CAMPING €

(☎340 535 12 70 ; www.agricampeggiosalento.it ; Via Cesi 31/b, Presicce ; haute saison : 9 €/pers, empl tente/camping-car 7/35 €, services et parking gratuits ; basse saison : 6 €/pers, empl tente/camping-car 5/25 € ; ⏲toute l'année). Respectueux de l'environnement et de la topographie, ce camping rural loue des emplacements à l'ombre d'oliviers séculaires. On peut y goûter les produits bio de l'exploitation, participer à la cueillette des olives mi-octobre et effectuer diverses excursions axées sur la nature. Les plages de Torre Mozza, Torre Vado, Torre San Giovanni et les "Maldives du Salento" sont à quelques minutes.

Renseignements

Il existe une antenne **Pro Loco** à Ugento (☎0833 55 56 44 ; Corso Umberto I ; ⏲10h-13h et 16h-19h lun-sam l'hiver ; 10h-13h30 et 17h30-0h l'été), près de la Torre dell'Orologio, et un bureau **IAT** (☎0833 93 70 11; Corso Garibaldi 72 ; ⏲9h-13h et 17h-21h l' été) à Torre San Giovanni.

Grèce salentine

La Grèce salentine est une bizarrerie de l'histoire, héritage de l'époque où l'Empire byzantin contrôlait l'Italie du Sud et la culture grecque avait une grande influence. Le Salento fut colonisé par les 8 basiliens fuyant le règne de l'empereur byzantin Léon III. À leur arrivée, ils fondèrent des églises et des monastères orthodoxes, dont le plus grand était celui de San Nicola di Casole, à Otrante. Le grec devint alors la langue de l'enseignement et le rite grec orthodoxe se répandit dans l'ensemble du Salento. Même si Bari (l'ultime bastion byzantin) tomba aux mains des Normands en 1071, les vainqueurs ne s'empressèrent pas de "latiniser" les Pouilles. Au lendemain de la chute de Constantinople, en 1453, une nouvelle colonie grecque et albanaise rejoignit les Pouilles, ce qui permit d'accroître la population locale et de redynamiser la communauté grecque. En conséquence, le rite orthodoxe ne fut abandonné qu'au XVIIe siècle tandis que le *grecanico* (ou *griko*) survécut (voir l'encadré p. 254).

Aujourd'hui, dans un îlot linguistique de 12 communes – Calimera, Carpignano Salentino, Castrignano dei Greci, Corigliano d'Otranto, Cutrofiano, Martano, Martignano, Melpignano, Sogliano Cavour, Soleto, Sternatia et Zollino –, on parle encore le dialecte *griko*. On ignore pourquoi cette portion des Pouilles a conservé un héritage grec aussi marqué.

Calimera

Calimera ("bonjour" en grec) vous salue depuis la lumineuse enclave linguistique de la Grecìa Salentina. Dans ce petit bourg, point de départ pour explorer la Grèce salentine, la **Casa Museo della Civiltà Contadina e della Cultura Grika** (☎0832 87 35 57 ; Via Costantini 52 ; s'adresser au Circolo Ghetonìa pour les visites ; www.ghetonia.it ; ⏲10h-13h et 17h-21h mai-sept, 10h-13h et 16h-19h avr-oct, en semaine) initie le visiteur aux us et coutumes et aux noms des grands spécialistes du *griko* (voir

LA CULTURE GRECQUE DANS LE SALENTO

On ne sait pas très bien pourquoi cette partie des Pouilles a conservé un héritage grec aussi marqué, au point que les noms des rues et des commerces figurent en deux langues, que neuf bars sur dix s'appellent Calos et que les dîners des gîtes ruraux se terminent parfois par un chant en *griko* au son de l'accordéon et du tambourin. Cela n'a pourtant rien de si étrange quand on considère que le Salento, à l'instar d'une grande partie de l'Italie méridionale, fut colonisé par les Grecs à l'époque antique, avant d'accueillir les moines basiliens fuyant la politique de l'empereur byzantin Léon III l'Isaurien (717-741). Les moines fondèrent dans le Salento des églises et des monastères, dont le plus important était alors San Nicola di Casole, à Otrante. Le rite orthodoxe se répandit et le grec devint la langue de l'enseignement. Même lorsque Bari, dernier bastion byzantin, tomba aux mains des Normands en 1071, le nouveau pouvoir ne montra guère d'empressement à "latiniser" les Pouilles. La chute de Constantinople face aux Ottomans, en 1453, provoqua derechef un afflux de Grecs et d'Albanais qui vinrent grossir et redynamiser les communautés implantées précédemment. C'est ainsi que le culte orthodoxe resta pratiqué jusqu'au XVIIe siècle. Quant au *grecanico* (ou *griko*), il n'entama son déclin qu'au début du XXe siècle au profit de l'italien obligatoire à l'école. Des linguistes et de nombreux Salentins de bonne volonté ont heureusement réussi à le sauver de la disparition.

l'encadré ci-dessus). Outre une intéressante collection illustrant la culture locale, ce musée comprend de précieuses pièces archéologiques d'époques diverses qui témoignent du soin avec lequel la région sauvegarde et valorise son patrimoine. Un **bureau d'accueil** fournit des informations utiles sur la zone gricanophone.

ℹ Depuis/vers Calimera

La SS16 relie Lecce à Calimera (20 km). Les bus **Ferrovie del Sud Est** (FSE ; www.fseonline.it ; 1 €, 40 min) couvrent le trajet.

Carpignano Salentino

Certains pensent que la bourgade doit son nom au centurion romain Carpinius, qui pourrait être son fondateur. Selon d'autres, le toponyme dériverait de la racine messapienne *karp* ("pierre" ou "roche") et signifierait alors "lieu sur une hauteur". De taille modeste mais ayant appartenu à un grand fief, Karpignàna (en *griko*) peut se targuer d'une longue histoire, comme l'atteste la présence des **menhirs** dont le Grassi et le Croce Grande. Elle fut certainement sous le joug romain avant de passer aux mains des Byzantins, qui l'habitèrent du IXe au XIe siècle. De cette époque date la **Cripta di Santa Marina e Cristina** (☎339 440 25 79 ; pour la visite, s'adresser à l'Associazione Carpiniana), irrégulièrement creusée dans la roche, qui demeura un lieu de culte orthodoxe jusqu'au XVIIIe siècle, avant de devenir une église latine. Ses fresques du Xe siècle s'accompagnent d'une dizaine d'inscriptions indiquant leurs dates ainsi que les noms des donateurs et des artistes. À noter surtout, le sarcophage de 1050 portant une longue épitaphe dans laquelle un père appelle son fils Stradiculis ("petit général").

ℹ Depuis/vers Carpignano Salentino

De Lecce (31 km), on rejoint Carpignano en voiture par la SS16, puis la SP48 ou en bus avec les **Ferrovie del Sud Est** (FSE ; www.fseonline.it ; 1,70 €, 1 heure environ).

Soleto

Sulìto (en *griko*) séduit autant les amateurs d'architecture, d'art et d'archéologie que les chercheurs de curiosités ethnographiques ou folkloriques. Cette petite ville, dont l'existence remonte au néolithique, connut sa période florissante au XIe siècle, du temps du comté de Soleto. Elle recèle deux joyaux qui justifient une halte. La **Chiesa di Santo Stefano** (☎333 845 12 18 ; pour les visites, s'adresser à l'Associazione Nuova Messapia ; ⏲toute l'année ; tarif variable selon circuit et nombre de participants) de style romano-gothique, voulue par la puissante famille Orsini del Balzo, représente un parfait exemple de fusion entre les deux traditions catholiques du Salento, la byzantine et la romaine. Ainsi, saint Nicolas de Bari et saint Antoine le Grand figurent-ils côte à côte à droite de l'entrée, bénissant les fidèles chacun selon son rite. Déclarée monument national en 1880, cette église unique incarne le message politique des Orsini, désireux d'affirmer leur allégeance à Rome plutôt qu'à Constantinople. L'attrait du lieu réside aussi dans ses fresques splendides quasi intactes qui, sous une forme occidentale, parlent en réalité un langage oriental. Elles sont l'œuvre de deux écoles distinctes, celles d'inspiration byzantine de la seconde moitié du XIVe siècle, très expressive, et celle des peintres néo-giottesques du courant gothique international.

La **Guglia di Raimondello** (1397), tour à base carrée symbolisant le pouvoir des Orsini, domine Soleto du haut de ses 45 m. Elle adopte un style gothique fleuri dont les ornements sculptés s'enrichissent d'un niveau à l'autre jusqu'au sommet octogonal. La légende raconte qu'elle aurait été construite en une nuit par le mage Matteo Tafuri assisté d'une cohorte de démons.

Activités

Excursions à vélo (☎333 845 12 18 ; www.greciasalentina.info ; Via Regina Elena 12). Ce réseau touristique de la Grèce salentine propose cinq circuits à vélo couvrant les aspects caractéristiques du territoire : carrières de pierre de Lecce, *masserie* fortifiées, oliveraies séculaires, villages byzantins abandonnés, *pozzelle* (citernes), menhirs, etc.

Depuis/vers Soleto

De Lecce (25,5 km), on rejoint Soleto en voiture par la SS16. Les **Ferrovie del Sud Est** (FSE; www.fseonline.it ; 2,10 €, 55 min) desservent la ville en train.

Corigliano d'Otranto

Si vous tombez amoureux de Corigliano (Choriàna ou Koriàna en *griko*), ce ne sera pas à cause du cœur rouge figurant sur son blason, mais parce que la ville a vraiment du charme. Des fouilles dévoilent peu à peu ce qui se cache derrière l'élégante façade du **château** (☎339 773 70 01 ; Corigliano d'Otranto ; pour la visite, s'adresser à la Cooperativa Sociale Korianì ; 3 € ; ⏲visites guidées toutes les heures 11h-21h dim-ven et 11h-13h et 17h-22h30 sam l'été, 10h-15h sam et dim l'hiver), érigée au XVIIe siècle par la famille Trane pour transformer la forteresse d'origine en palais ducal.

Autour du château rayonnent les ruelles du bourg, fleuron de la Grecìa Salentina. Une promenade sera l'occasion de découvrir l'**Arco Lucchetti** (Vico Freddo), la Piazza San Nicola et les jardins publics. À ce stade, vous franchirez sans doute la **Caporta**, seule survivante des deux portes percées dans les remparts du XVIe siècle.

Où se loger

♥ **Masseria Agriturismo Sant'Angelo** MASSERIA/GÎTE RURAL €
(☎0836 32 05 75 ; www.masseriasantogelo.it ; Corigliano d'Otranto ; B&B d/tr/qua 65-90/85-110/100-125 € ; ⏲toute l'année ; 📶🅿). Dans ce lieu magique, on entre en contact avec l'essence même de la Grèce salentine, à travers les pierres (le petit musée "Parco della Pietra"), la nourriture (potager en accès libre), la musique (le propriétaire est musicothérapeute), les animaux de la ferme (et les chevaux des balades équestres d'Ursula), la langue (Rocco parle le *griko* avec son père et ses enfants) et la chaleur de l'accueil. S'y ajoutent des petits-déjeuners aussi bons que copieux – pain, biscuits, confitures d'arbouse et d'orange, ricotta de chèvre et tomates du jardin – et plus rarement des dîners en semaine.

LA NOTTE DELLA TARANTA

Ce festival musical (www.lanottedellataranta.it) constitue la manifestation la plus importante du Salento. Créé pour célébrer une musique traditionnelle, la *pizzica*, ce festival est devenu un lieu de rencontres et d'échanges entre artistes du monde entier. La manifestation se divise en un festival itinérant, avec des concerts de groupes les plus représentatifs de la *pizzica* locale, donnés en août dans une quinzaine de villages de la Grèce salentine, et un grand concert final, avec en toile de fond le couvent des augustins de **Melpignano** (p. 256). Cet événement peut attirer jusqu'à 400 000 spectateurs.

Melpignano sert de carrefour pour les diverses manifestations en lien avec la Notte della Taranta.

Achats

Ceramiche Colì CÉRAMIQUES

(☎0836 54 43 83 ; www.colisrl.it ; zone industrielle entre Cutrofiano et Corigliano d'Otranto, Viale della Ceramica ; ⏲9h-13h lun-sam). Cette fabrique de céramiques existe depuis 1650 et le savoir-faire des potiers s'y transmet de génération en génération. C'est ici que Giuseppe Colì, sacré champion mondial des tourneurs en 2013 avec un vase de 1,60 m de haut, exerce son art. Venez le matin pour pouvoir visiter l'atelier et avoir un aperçu des procédés utilisés pour chaque objet. Le four, qui dégage une chaleur dantesque, ne s'éteint jamais, les artisans dormant sur place à tour de rôle pour l'alimenter. La grande boutique attenante vend de la vaisselle et des bibelots. Prix généralement bas, voire cassés pour les articles aux imperfections vraiment minimes.

Renseignements

Corigliano possède en théorie un **office du tourisme** (Pro Loco ; ☎328 715 71 78 ; www.prolococoriglianodotranto.it ; Piazza Castello), mais il est plus facile d'obtenir des informations auprès de la **Cooperativa Sociale Korianì**, à la librairie du château.

Depuis/vers Corigliano d'Otranto

La SS16 relie Lecce (25 km) à Corigliano. Des trains **Ferrovie del Sud Est** (FSE ; www.fseonline.it ; 1,70 €, 35 min) couvrent aussi le trajet entre les deux villes, mais la gare n'a ni personnel ni guichet automatique ; achetez vos billets à la papeterie.

Melpignano

Plus connue pour le grand concert final de la Notte della Taranta que pour ses vestiges de l'âge du bronze et son patrimoine architectural, Melpignano (Lipignana en *griko*) a la douceur du miel qu'elle produisait jadis et dont elle tire peut-être son nom. Le blason du bourg représente d'ailleurs un rayon de ruche surmonté d'un pin sur fond bleu.

Le centre, autrefois ceint de remparts du XVIe siècle, possède la plus belle place de la Grecìa Salentina, la **Piazza San Giorgio**, dont les portiques Renaissance accueillaient le grand marché hebdomadaire. Celle-ci a la particularité de reposer sur une cavité, son sous-sol ayant abrité deux pressoirs détruits lors de la construction de l'aqueduc. Sur un côté se détache la jolie façade rococo (XVIIIe siècle) de la **cathédrale** et, non loin, le **Palazzo Marchesale De Luca** (en restauration à l'heure où nous écrivons). Quant au superbe **Convento degli Agostiniani**, il présente une façade du XVIIIe siècle en pierre de Lecce qui atteste du talent de l'architecte local Francesco Manuli malgré son tympan manquant et sa couleur grisâtre due aux lichens. Le cloître du couvent mérite également le coup d'œil.

Concluez votre visite par un café à l'ombre au **Parco della Pace**.

Depuis/vers Melpignano

De Lecce (27,5 km), on rejoint Melpignano en voiture par la SS16. **SalentoinBus** (voir l'encadré p. 218) assure le trajet en bus pendant la saison estivale.

Des trains **Ferrovie del Sud Est** (FSE ; www.fseonline.it ; 2,10 €, 35-50 min) effectuent aussi la liaison.

Comprendre les Pouilles

Les Pouilles aujourd'hui

Les joyaux des Pouilles

- Le baroque de Lecce (voir l'encadré p. 210)
- Le style romano-normand local (voir l'encadré p. 280)
- La transparence de la mer
- Les îles Tremiti (p. 118)
- Les *gravine* (gorges) de l'arc Ionien (p. 191)
- Les *masserie*, d'anciennes exploitations agricoles souvent reconverties en gîtes ruraux (p. 197)
- Le cyclotourisme (voir l'encadré p. 296)
- Le Salento (p. 202)
- Le cépage Negroamaro (voir l'encadré p. 246)
- Castel del Monte (voir l'encadré p. 80)
- La *pizzica*, une danse populaire apparentée à la tarentelle (p. 274)
- Les plages du Gargano

Le boom du tourisme

Sur le plan économique, la position dominante des Pouilles dans le Mezzogiorno ne date pas d'hier. Il faut dire que la région possède une situation privilégiée au cœur de la Méditerranée et 800 km de côtes, avantage de poids pour le commerce maritime. Déjà à l'époque des céramiques italo-mycéniennes, Bari avait établi un réseau commercial en Méditerranée orientale. Au XVIe siècle, des navires chargés de barils d'huile d'éclairage levaient l'ancre du port de Gallipoli, à destination de Naples, de Paris et de Londres. Mais si le commerce a jadis fait la richesse de la région, aujourd'hui, c'est l'industrie touristique qui a pris le relais. Un nombre croissant de visiteurs étrangers (venant pour certains d'aussi loin que le Brésil et l'Inde) vient grossir le flot des vacanciers italiens. Si les atouts naturels des Pouilles, notamment le soleil et les plages, exercent leur pouvoir de séduction, le patrimoine historique et culinaire, les manifestations culturelles et les activités de plein air ne sont pas en reste. L'amélioration des infrastructures a aussi joué un rôle – de la gestion du trafic aéroportuaire de Bari et Brindisi à la diversification des formes d'hébergement. Dans le sillage des *masserie* (fermes typiques) et du *slow tourism* à vélo, chaque année réserve son lot de nouveautés.

Des entrepreneurs dynamiques

Loin de miser sur le seul tourisme, la région fait preuve d'un grand dynamisme général. Les statistiques confirment en effet que, malgré la baisse de croissance due à la crise mondiale, elle comptait en 2013 deux fois plus d'entreprises que la Ligurie et les Abruzzes, trois fois plus que le Trentin et l'Ombrie. Quelque 31% d'entre elles appartiennent au secteur commercial, qui joue un rôle moteur, 23% à l'agriculture. Si leur taux de faillite demeure élevé – 20 à 25% disparaissent dans les 3 ans –, les nouvelles venues sont souvent fondées et dirigées par des jeunes (13%, un chiffre supérieur à la moyenne nationale), et se consacrent au tourisme pour 20% d'entre elles.

Le domaine des énergies alternatives a également le vent en poupe. En 2011, la région a été l'une des premières d'Italie à développer le photovoltaïque et l'éolien. Elle s'est notamment adjugé une place d'honneur dans la production d'électricité propre et Lecce est arrivée en tête du classement des 109 municipalités "100% renouvelables", établi par l'association environnementale Legambiente.

Enfin, l'artisanat traditionnel a su se renouveler sans perdre son âme. La céramique en est un exemple, qui occupe les premières places dans les salons de design.

CHIFFRES CLÉS

POPULATION :
4 085 803 HABITANTS (2014)

SUPERFICIE :
19 358 KM²

PIB PAR HABITANT :
15 162 € (2012)

TAUX DE CHÔMAGE :
19,8% (2013)

VISITEURS :
13 300 000 (2012)

Le port de Tricase, province de Lecce (p. 229)

Histoire

Le Mezzogiorno (sud de l'Italie) peut se targuer d'une histoire très ancienne puisque ses origines remontent à quelque 8 000 ans. Terre magique, mais aussi terre marquée par une longue histoire de fléaux et de souffrances : invasions et conquêtes, joug féodal et anarchie, sans oublier le terrible paludisme qui sévit des siècles durant, entravant un peu plus son développement économique et culturel.

L'homme d'Altamura

Pour en savoir plus sur l'homme d'Altamura et les dinosaures de Pontrelli, consultez en italien le site Internet www.altamuraweb.it/turismo.asp.

En dépit de leur apparence tranquille, les Pouilles ont connu un passé très mouvementé, à en juger par les milliers d'empreintes de dinosaures datant d'il y a quelque 70 millions d'années et découvertes à 5 km d'Altamura, dans la carrière de Pontrelli.

Le premier être humain identifié dans la région est l'homme d'Altamura, un Néandertalien vieux de 150 000 ans, dont on a découvert en 1993 les restes osseux fossilisés dans les concrétions calcaires de la grotte de Lamalunga.

À part quelques fragments de céramiques et des pierres mises au jour dans la grotte Romanelli, près de Castro, on dispose de peu d'éléments pour combler le trou temporel jusqu'au néolithique, époque à laquelle des populations originaires d'Orient et d'Anatolie prirent le chemin de l'Occident pour rallier la péninsule italienne. Quelques grottes des Pouilles témoignent de la riche civilisation pastorale qui y élut domicile. Sur les parois de la Grotta dei Cervi (p. 226), près d'Otrante, on peut admirer quelque 3 000 pictogrammes peints à l'ocre rouge et au guano de chauve-souris. Au vu des silhouettes humaines et animales, des symboles magiques et des centaines d'empreintes de main, les archéologues ont défini cette grotte comme "un sanctuaire de la préhistoire". En effet, le Salento plaisait énormément à nos ancêtres préhistoriques, si l'on en juge par les dolmens, les menhirs et autres

CHRONOLOGIE

Env. 250 000-9 000 av. J.-C.

Dès 700 000 av J.-C., les hommes du paléolithique, comme l'homme d'Altamura, vivent dans les grottes de l'Italie méridionale. Les peintures rupestres des grottes des Cerfs et Romanelli datent de cette époque.

3 000-1 000 av. J.-C.

L'âge du bronze atteint les côtes de la péninsule. Grâce au cuivre et au bronze les techniques gagnent en complexité et en raffinement. Dolmens, menhirs et constructions mégalithiques apparaissent dans le Salento.

800-700 av. J.-C.

Les Messapiens, un peuple de langue illyrienne originaire des Balkans, s'établissent dans le Salento et autour de Foggia.

constructions mégalithiques disséminés dans la région, à l'évidence liés à quelque rite ou signification magico-religieuse.

Parmi les peuples préromains les plus anciens, les Dauniens s'implantèrent dans la région peut-être dès l'âge du bronze et y bâtirent, entre le VIIIe et le VIIe siècle av. J.-C., de petites habitations reposant sur des fondations. De cette époque datent également les premières traces des Messapiens, peuple de langue illyrienne ayant migré des Balkans vers le Salento et le secteur de Foggia, et des Peucétiens, établis à Tarente, qui eurent de nombreux contacts culturels et commerciaux avec les Grecs

Magna Grecia. Les colonies grecques dans l'Italie antique, de Pier Giovanni Guzzo (Découvertes Gallimard, 1997) raconte le développement et les caractéristiques de cette grande et prospère civilisation, du VIIIe siècle av. J.-C jusqu'à la conquête romaine, au IIIe siècle av. J.-C.

La Grande-Grèce

Tandis que les Messapiens, les Peucètiens ou les Dauniens développaient leurs cités sur les hauts plateaux du centre, les Grecs prenaient possession de la côte ionienne où ils fondèrent au VIIIe siècle une série de colonies.

À partir de 750 av. J.-C., celles-ci se multiplièrent dans l'ensemble de l'Italie méridionale. L'épicentre de ces colonies grecques était alors Taras (l'actuelle Tarente), fondée par les Spartiates, qui affirma sa suprématie sur une région désormais connue sous le nom de Grande-Grèce. Exploitant la position stratégique de son port, les habitants de Taras entamèrent un commerce florissant avec la Grèce, le Moyen-Orient et les riches colonies siciliennes, développant ainsi un important réseau d'échanges. Bientôt, le fructueux commerce de produits de luxe signa la fortune et la puissance de Taras. Carrefour sophistiqué et élégant, la cité atteignait les 300 000 habitants au IVe siècle av. J.-C.

Si peu de monuments de cette époque ont survécu à l'épreuve du temps, cette ère constitua néanmoins le véritable âge d'or du Mezzogiorno italien. Peinture, sculpture, poésie, théâtre, philosophie, mathématiques et sciences étaient alors partie intégrante de la vie culturelle de Tarente. Exilé à Crotone (en Calabre), Pythagore passa plusieurs années à Metaponto et à Taras, tandis qu'Empédocle, Zénon et Stésichore virent le jour dans la région.

Bien qu'unis par la même mère-patrie hellène, ces villes-États ne se reconnaissaient, semble-t-il, aucune espèce d'identité commune. Les interminables rivalités et les visions politiques étroites n'en finissaient pas de miner les avancées réalisées dans le domaine social, entraînant des conflits dramatiques comme la guerre du Péloponnèse (431-404 av. J.-C.), entre Athènes et Sparte. Cette guerre aura des conséquences désastreuses, bouleversant la Grèce antique au gré d'alliances et de conflits entre factions qui laisseront la Grande-Grèce affaiblie et vulnérable.

Durant le IVe siècle, les colonies furent soumises à la pression de plus en plus forte de puissances aux ambitions expansionnistes. Les Étrusques entamèrent leur avancée vers le sud, en direction de Cumes, avant que les Sannites et les Sabins ne partent à la conquête des hauts plateaux

De l'avis de plusieurs historiens, le site de la bataille de Cannes, qui vit en 216 av. J.-C., les Carthaginois écraser l'armée romaine, ne se trouve pas dans les environs de Barletta mais dans le village de Castelluccio Valmaggiore, situé dans les Monti Dauni au nord des Pouilles.

750-600 av. J.-C.

Les Grecs commencent à fonder des colonies dans toute l'Italie méridionale. En 600 av. J.-C, pas moins de 18 cités, constituant la Grande-Grèce, sont apparues.

280-264 av. J.-C.

Les Romains bâtissent la Via Appia (voie Appienne), qui relie Rome à Brindisi.

270 av. J.-C.

Après divers pactes et alliances, la totalité de l'Italie méridionale (y compris l'ensemble de la Grande-Grèce) passe sous contrôle romain.

216-201 av. J.-C.

Les guerres puniques opposent Rome à Carthage. En 216 av. J.-C., Hannibal met l'armée romaine en déroute à Cannes en Apulie. En 201 av. J.-C, Rome finit pourtant par triompher de Carthage.

Les Empires normands d'Orient (Perrin, 2006), de Pierre Bouet, raconte l'étonnante saga de Roger de Hauteville et de ses successeurs.

apennins de Basilicate. Parallèlement, la frontière méridionale se retrouva sous la menace de Carthagène, une nouvelle superpuissance en quête de territoires à conquérir depuis son bastion d'Afrique du Nord. Incapables de s'unir pour contrecarrer la menace grandissante, les Grecs en furent réduits à signer un pacte faustien avec les Romains, admirateurs au long cours de la civilisation grecque et alliés rêvés potentiels. En définitive, les Grecs payèrent le prix fort pour avoir concédé cette union ; en 270 av. J.-C., la totalité de l'Italie méridionale (y compris l'ensemble de la Grande-Grèce) était désormais contrôlée par les Romains.

Rome et Constantinople

Le contrôle exercé par Rome sur l'Italie méridionale allait marquer les siècles suivants de son empreinte. Si l'on doit aux Romains la construction de la voie Appienne (280-264 av. J.-C.) puis de la Via Traiana (109 apr. J.-C.), les tout premiers grands axes vers le sud, ils œuvrèrent aussi à la déforestation du territoire, favorisant ainsi la diffusion du paludisme qui frappera la région des siècles durant. Ces mêmes Romains se chargèrent également de distribuer les terres à un petit nombre de citoyens aisés, sous forme de grandes propriétés foncières. Optant pour un système néfaste de monoculture, ces propriétaires transformèrent la région en un vaste grenier à blé destiné à nourrir l'armée romaine. Dans le même temps, les paysans locaux se retrouvèrent privés de leurs droits civiques. On ne s'étonnera donc guère que des hommes valeureux tels que Spartacus aient conduit des soulèvements populaires comme la Troisième Guerre servile (73-71 av. J.-C.), ou que le Ier siècle av. J.-C. ait été synonyme d'oppression et de violents conflits sociaux.

Une histoire moderne des croisades, de Jonathan Phillips (Flammarion, 2010), relate les conflits et les péripéties de personnages fameux ou anonymes, ainsi que les innombrables raisons qu'ils avaient de partir à la guerre : Dieu, le sens du devoir, l'appétit de terres et d'argent, le désir de porter haut l'honneur familial, ou encore la quête d'aventure.

En revanche, à compter de la réforme augustéenne, époque à laquelle les Pouilles furent baptisées "Apulie" et "Calabre" (la péninsule salentine s'appelait alors la Calabre), la région connut un grand essor culturel, artisanal, artistique et commercial. En outre, les Romains, toujours grands admirateurs de la culture grecque, se félicitaient du fait que la population locale continue à parler le grec, et que le territoire serve de voie d'accès à l'Orient. En effet, caractéristique notable de l'époque, la domination de Rome se traduisit par le renforcement des influences orientales dans le sud de la péninsule – l'armée romaine étant occupée à étendre les frontière de l'Empire dans d'autres directions, les communautés locales pouvaient quasiment mener leur vie à leur guise comme si les Romains n'étaient jamais arrivés, à condition d'éviter les troubles. Parvenu au pouvoir en 301, Dioclétien reconnut que les colonies de Rome avaient atteint des dimensions ingouvernables, d'où sa décision radicale de scinder l'Empire en deux parties. Lorsque Constantin lui succéda en 306, les conditions étaient déjà réunies pour distinguer l'Empire romain d'Orient (ou byzantin) et l'Empire romain d'Occident. En 330, Constantinople

109 av. J.-C.
Les Romains construisent la Via Traiana voulue par l'empereur Trajan. Elle relie Bénévent à Brindisi.

300-337
Après plusieurs tentatives échouées, l'Empire romain est divisé en deux, l'Empire romain d'Occident et l'Empire romain d'Orient. En 330, Constantin transfère la capitale impériale à Byzance, rebaptisée Constantinople.

476
Après l'abdication du dernier empereur d'Occident, Goths, Ostrogoths et Byzantins se disputent les restes de l'Empire. Cette lutte aboutit à la création de principautés, de duchés et de territoires byzantins indépendants.

827-846
En 827, l'armée sarrasine débarque à Mazara del Vallo en Sicile. Après avoir conquis l'île, elle s'attaque au continent et occupe Brindisi, Tarente et Bari.

fut proclamée capitale officielle de l'Empire sous le nom de Nova Roma (Nouvelle Rome). On doit également à Constantin la fin des persécutions contre les chrétiens. Aujourd'hui encore, il continue d'être vénéré par l'Église chrétienne orthodoxe. Compte tenu de la proximité de l'Italie méridionale avec les Balkans et le Proche-Orient, les Pouilles furent exposées à une nouvelle vague d'influences orientales, apportant avec elles un renouveau de la foi chrétienne.

L'Empereur Frédéric II (Gallimard, 1987), d'Ernst Kantorowicz, est un chef-d'œuvre de la littérature historique. Paru initialement en 1927, il éclaire de nombreux aspects du plus remarquable monarque du Saint-Empire romain germanique.

L'épopée normande

Après la chute de l'Empire romain, les Pouilles virent diverses populations asseoir leur emprise : les Byzantins, les Lombards, les Arabes à partir du IXe siècle, et enfin le gouvernement de Byzance qui contrôla la région par le biais d'un gouverneur de la fin du IXe siècle jusqu'au XIe siècle. C'est à cette époque florissante, marquée par une intensification des rapports commerciaux avec l'Orient, une croissance démographique et un essor de l'agriculture, que Bari devint le chef-lieu d'une région baptisée Terra di Bari, qui s'étendait jusqu'à l'actuelle Basilicate.

La fin du Xe siècle vit l'arrivée d'un nouvel envahisseur avec les soldats normands, dont la réputation de mercenaires tenaces et impitoyables était connue dans toute l'Europe. Leur système de succession, qui excluait les fils cadets des droits héréditaires, poussait ces derniers à s'en aller chercher fortune loin de chez eux (ce qu'ils firent d'ailleurs avec un succès notable). C'est avec leur arrivée que Tarente devint la capitale de la principauté éponyme (1088-1465), qui couvrait l'ensemble de la Terra d'Otranto (laquelle comprenait les territoires des actuelles provinces de Lecce, de Tarente et de Brindisi, ainsi que celle de Matera jusqu'en 1663). Selon la légende, l'implication normande en Italie méridionale naquit à proximité du sanctuaire de San Michele sur le promontoire du Gargano en 1013, lorsqu'un rebelle latin du nom de Melo s'assura les services de mercenaires normands pour renverser le pouvoir byzantin. En 1030, l'aventure débutée sous la forme d'un service offert en échange d'un butin de guerre se transforma en une série d'actions militaires, couronnées par des victoires extraordinaires, en vue d'arracher le pouvoir aux seigneurs locaux. Parmi les protagonistes majeurs de ces conquêtes se trouvaient les frères de Hauteville : Guillaume, l'aîné, dit Guillaume "Bras-de-Fer" (v. 1009-1046) prit le contrôle des Pouilles, tandis que Robert, dit Robert Guiscard ou "l'Avisé" (v. 1015-1085), s'emparait de la Calabre et de la Campanie du Sud. En 1053, après six années d'affrontements ininterrompus, Guiscard parvint à défaire l'armée byzantine de Calabre, les Lombards ainsi que les armées du pape lors de la bataille de Civitate.

Les habitants de Celle di San Vito, le plus petit village des Pouilles près de Troia (p. 132), ont conservé leur dialecte franco-provençal hérité de l'occupation angevine au XIIIe siècle

Jusqu'alors, les Normands (dans le rôle de mercenaires) avaient combattu ou soutenu la papauté selon les circonstances. Toutefois, les relations entre Guiscard et le pape allaient se modifier radicalement

1054
Le Grand Schisme marque la rupture définitive entre les Églises byzantine et romaine.

1059
Le pape Nicolas II et Robert Guiscard signent un concordat à Melfi, garantissant à ce dernier le titre de duc d'Apulie et de Calabre. Guiscard s'emploie à chasser les sarrasins et les Byzantins d'Italie méridionale.

1189
Guillaume II de Sicile meurt sans héritier. Sa tante Constance, fille de Robert Guiscard et épouse d'Henri Hohenstaufen, futur souverain du Saint Empire romain germanique, est couronnée.

1204
Les croisés assiègent les Byzantins et conquièrent Constantinople, capitale de l'Empire byzantin.

au lendemain du Grand Schisme de 1054, qui entraîna la séparation définitive entre les églises byzantine et romaine. Percevant les Normands comme de formidables alliés potentiels, le pape Nicolas II fit de Robert de Hauteville le nouveau duc d'Apulie et de Calabre, à l'occasion du concile de Melfi en 1059. En échange, Guiscard s'engagea à chasser Byzantins et sarrasins de Sicile et d'Italie méridionale, ainsi qu'à ramener la région sous le contrôle de la papauté. Toutefois, le pape n'avait pas prévu que Roger de Hauteville, le frère cadet, comte de Calabre, irait jusqu'à instaurer une monarchie territoriale, devenant ainsi un souverain indépendant des juridictions des empereurs d'Occident et d'Orient, mais aussi de l'autorité ecclésiastique.

En ces temps de stabilité économique (consolidation du trafic maritime et intensification de l'agriculture dans les terres, construction de châteaux, de remparts et de grandes cathédrales), un événement majeur attira l'attention de l'Europe entière sur les Pouilles : le transfert clandestin depuis la Lycie (actuelle Turquie) à Bari des ossements de saint Nicolas, l'un des saints les plus vénérés du christianisme médiéval. Ils furent déposés en 1089 dans la crypte aujourd'hui surmontée par la basilique San Nicola. Conséquence immédiate : la ville allait devenir non seulement un lieu de pèlerinage et de dévotion populaire mais aussi une étape obligée sur le chemin de l'Orient. Jamais auparavant la région n'avait connu pareille circulation d'hommes et de richesses.

Pèlerins et croisés

Depuis la première colonisation grecque des Pouilles, nombre de légendes s'étaient répandues dans la région, dont beaucoup invoquent la présence d'eaux aux vertus thérapeutiques et un rite antique dit d'incubation, sorte de pratique divinatoire – celui qui dort près d'un lieu saint recevrait en songe des révélations prophétiques et des conseils afin de parvenir à la guérison.

Le culte de l'archange Michel à ses débuts se fondait également en grande partie sur des pouvoirs thérapeutiques issus des révélations du saint. Né à l'orée du Ve siècle, ce phénomène devint d'une importance notable à l'arrivée des Lombards, au VIIe siècle.

Venus du Nord, les Lombards voyaient en saint Michel une figure rappelant une de leurs divinités païennes, Wodan (Odin), ainsi qu'un guerrier médiéval, un *condottiere* à la tête d'armées célestes. À n'en pas douter, cette dévotion joua un rôle déterminant dans leur rapide conversion au christianisme. Ils restaurèrent et agrandirent le sanctuaire du Gargano à plusieurs reprises, faisant de celui-ci le principal lieu du culte à saint Michel du monde occidental.

Bientôt, le cortège des pèlerins sur la Via Traiana atteignit des proportions telles qu'elle était surnommée la *Via Sacra Langobardorum*

1215

Frédéric II est couronné souverain du Saint Empire romain germanique à Aix-La-Chapelle. En 1220, une seconde cérémonie de couronnement est célébrée à Rome.

1228

Frédéric II tient sa promesse de mener une sixième croisade. Il est le premier souverain du Saint Empire à pénétrer dans l'église du Saint-Sépulcre de Jérusalem.

1270-1500

Les maisons d'Anjou et d'Aragon luttent près de deux siècles pour le contrôle de l'Italie du Sud. L'instabilité politique, les guerres, la peste noire et la pression fiscale étouffent le développement économique de la région.

1480

Sac d'Otrante par les Ottomans : 800 habitants de cette ville du Salento sont exécutés en raison de leur refus de se convertir à l'islam. Ils seront canonisés en 2013 par le pape François.

(voie sacrée des Lombards), tandis que des dizaines d'églises, d'auberges et de monastères furent construits pour accueillir les fidèles tout au long du chemin. La visite du Santuario di San Michele (voir p. 101), à Monte Sant'Angelo, donne une idée de l'importance acquise par le culte de l'archange. Des graffitis médiévaux en grec, en latin, en hébreu, en saxon et en allemand témoignent de la dévotion dont le site était l'objet. Les tout premiers messages datent du VIe siècle, tandis que les plus insolites et intéressants, rédigés en caractères runiques, sont l'œuvre de pèlerins anglo-saxons.

Au IXe siècle, la grotte du Gargano devint le sanctuaire le plus important des Lombards. Dans le même temps, un autre peuple, les Normands, entreprit la conquête de larges pans de l'Italie méridionale. Également dévoués au culte de saint Michel, ils nouèrent une relation étroite avec le sanctuaire éponyme. Les Pouilles, lieu de transit le long du principal axe de communication entre l'Empire byzantin et Rome, connurent une explosion du nombre de pèlerins en transit, de plus en plus nombreux à se rendre en Terre sainte ainsi qu'aux sanctuaires de San Michele du Gargano et de San Nicola à Bari. C'est d'ailleurs à cette époque que s'établit le premier dialogue entre les mondes occidental et oriental.

La politique "iconoclaste" de l'empereur byzantin Léon III (v. 685-741), qui obligea des dizaines de moines basiliens à fuir vers les Pouilles, fut clairement influencée par les liens de plus en plus forts entre les univers byzantin et islamique. L'iconoclasme, qui interdit la vénération rendue aux images saintes (une caractéristique de l'islam), comptait alors de nombreux défenseurs dans l'Empire d'Orient, surtout dans les provinces ayant connu une influence musulmane à un moment de leur histoire. Toutefois, de nombreux théologiens byzantins, appuyés par la majorité des moines, s'opposèrent fortement à l'interdiction proclamée par l'empereur Léon. Nombre d'entre eux migrèrent vers l'Italie du Sud pour fuir les persécutions dans les grottes reculées des Pouilles, où ils purent s'adonner à leur culte en toute quiétude, entre les murs aux couleurs vives des églises rupestres.

Au XIe siècle, les armées des Turcs seldjoukides menaçaient les frontières de Byzance. L'empereur Alexis Ier Comnène demanda secours au pape Urbain II, posant ainsi les bases de la première croisade. Bien que le schisme entre les Églises catholique et orthodoxe ait déjà divisé la chrétienté, le pape réclama la création d'une imposante armée de soldats chrétiens, prêts à défendre Byzance mais aussi à reconquérir Jérusalem. Au cours des deux siècles suivants, au moins neuf croisades sont lancées et les ports des Pouilles devinrent le théâtre d'une activité intense. Croisés, templiers et hospitaliers comptaient tous un camp de base dans les cités portuaires du Gargano, à Bari, Brindisi et Otrante. L'immense majorité

1516

Charles Quint, souverain du Saint Empire romain germanique, reçoit en héritage l'Italie méridionale.

1647

La mauvaise administration de l'Italie du Sud entraîne une crise économique. Une insurrection éclate à Naples. et se propage à d'autres provinces. Des milices paysannes prennent le contrôle des campagnes..

1713

L'Italie du Sud est cédée à la maison de Habsbourg. Moins de vingt ans plus tard, la région est de nouveau envahie par les Espagnols.

1798-1799

Napoléon occupe Rome. Ferdinand Ier dépêche une armée mais cette dernière bat en retraite sans avoir ouvert le feu. Les Français contre-attaquent et s'emparent de Naples, proclamant la République parthénopéenne.

des grandes églises des Pouilles furent construites à cette période, dans un climat de ferveur religieuse.

Cependant, les empereurs byzantins paieront un lourd tribut au soutien de Rome : au fur et à mesure que se précisèrent l'ambition et la soif de pouvoir de la papauté, outre les musulmans, les chrétiens "schismatiques" (c'est-à-dire orthodoxes) devinrent des ennemis des croisés. En 1204, les armées du pape finirent par attaquer Constantinople, pour ce qui reste l'un des plus violents épisodes de pillage et de saccage de l'Histoire.

En 1543, une razzia turque sur le port de Vieste, dans le Gargano, aboutit au massacre de milliers d'habitants, passés par le fil de l'épée sur une pierre aujourd'hui appelée la Chianca amara (la Roche amère ; voir p. 104).

Stupor Mundi, l'Étonnement du monde

Tel est le surnom de Frédéric II (1194-1250), roi de Sicile et souverain du Saint Empire romain germanique, qui fut le protagoniste de l'une des périodes les plus glorieuses de l'histoire de l'Italie du Sud. Les circonstances qui le conduisirent sur le trône de Charlemagne et à la tête d'un royaume formidable constituent l'un de ces bizarres caprices dont l'histoire est féconde.

Frédéric hérita de la couronne de Sicile et de l'Italie méridionale des mains de sa mère Constance (fille posthume de Roger II de Sicile) en 1208, après le décès de Guillaume II, disparu sans laisser de descendance légitime ; par ailleurs, la couronne du Saint Empire lui fut léguée par son père Henri VI, fils de Frédéric Barberousse. Résultat de l'union des deux couronnes : en 1220, Frédéric II se retrouva maître d'un territoire comprenant l'équivalent actuel de l'Allemagne, de l'Autriche, des Pays-Bas, de la Pologne, de la République tchèque, de la Slovaquie, du sud de la France, de l'Italie du Sud ainsi que du florissant royaume de Sicile et des vestiges du monde byzantin. Il s'efforça aussitôt de réorganiser son royaume par le biais des assises de Capoue de 1220, grâce auxquelles il renforça le contrôle des élans autonomistes internes et le centralisme, s'arrogeant le pouvoir sur les privilèges nobiliaires (et parfois même la nomination des évêques), et accordant pléthore de concessions, privilèges et autres dons.

Une telle concentration de pouvoirs n'était pas vue d'un bon œil par la papauté. Certes, le pape avait besoin d'un empereur qui puisse jouer le rôle de bras armé, mais l'immense royaume de Frédéric II encerclait presque intégralement l'État pontifical. La conviction chez l'empereur du caractère absolu du pouvoir monarchique constituait un autre grand motif d'inquiétude pour l'autorité ecclésiastique. Comme Charlemagne avant lui, Frédéric II disposait alors d'un royaume si vaste qu'il pouvait se prendre à rêver de reconstituer l'Empire romain. D'ailleurs, le souverain ne se contenta pas de ramener la paix en Sicile et de conquérir la majorité des villes-États de l'Italie du Nord. Grâce à son union avec Yolande de Brienne (également appelée Isabelle II de Jérusalem) en 1225, Frédéric II devint le premier empereur romain germanique à se parer du titre de roi

1805

En mars, Napoléon est proclamé souverain du tout nouveau royaume d'Italie, qui comprend une grande partie de la moitié septentrionale du pays. Aussi Napoléon s'adjuge-t-il le contrôle du royaume de Naples.

1814-1815

Le congrès de Vienne, qui suit la chute de Napoléon, entend rétablir l'équilibre des pouvoirs en Europe. En 1815, le royaume des Deux-Siciles est de nouveau confié aux Bourbons.

1848

Dans la foulée des mouvements révolutionnaires en Europe, les Bourbons sont chassés de Sicile. Ils reconquièrent l'île au prix de bombardements intenses qui valent à Ferdinand II le surnom de "Re bomba" (roi bombe).

1861

Au terme de la guerre franco-autrichienne, Victor-Emmanuel II obtient la Lombardie, la Sardaigne, la Sicile, l'Italie du Sud et d'une partie de l'Italie du Centre. Il est proclamé souverain d'une Italie nouvellement unie.

de Jérusalem. Non seulement la croisade qu'il mena en 1228 se déroula quasiment sans effusion de sang, mais elle se conclut par le retour de Jérusalem, de Nazareth et de Bethléem dans le giron de la chrétienté.

De 1228 à 1230, le souverain continua à concéder des privilèges aux institutions monastiques de Basilicate, très probablement en échange du soutien obtenu par son conseiller Richiero, évêque de Melfi. C'est à cette époque que l'empereur et sa cour séjournèrent dans la Vulture (sous-région historique et géographique de la Basilicate du Nord, dominée par le mont Vultur), Frédéric II ayant choisi le château de Melfi comme lieu de villégiature estivale. Les "Constitutions de Melfi", code législatif du royaume de Sicile, y furent promulguées en 1231.

Habile stratège politique, Frédéric II était aussi un homme remarquablement cultivé et raffiné. Nombre d'historiens voient d'ailleurs en lui le précurseur du prince de la Renaissance. Rares étaient les monarques du Moyen Âge qui, comme lui, entretenaient une correspondance épistolaire avec les sages du monde hébraïque et musulman. Parlant six langues, il était aussi féru de sciences, de nature et d'architecture. Durant l'un des longs et fastidieux sièges de Faenza, il rédigea aussi un manuel sur l'art de la fauconnerie. Dante alla même jusqu'à le considérer comme le père de la poésie italienne pour avoir favorisé l'essor de l'école sicilienne à la cour, épicentre de la production poétique de la péninsule entre 1220 et 1250.

Toutefois, en dépit de sa formidable intelligence, son rêve d'empire international se révéla fondamentalement incompatible avec les ambitions papales. Frédéric II peinait désormais à maintenir des relations cordiales avec une autorité ecclésiastique de plus en plus arrogante. Au cours de l'année 1243, l'empereur fut officiellement déchu par le pape Innocent IV, lequel le décrivit comme un "ami du sultan de Babylone" et un hérétique. Dans le même temps, les provinces d'Italie du Nord se rebellaient chaque jour davantage contre le pouvoir centralisateur de l'Empire, les années de guerre et de manœuvres stratégiques commençaient à produire les effets escomptés. Il n'y avait guère que dans les Pouilles, depuis toujours sa terre d'élection, que Frédéric II demeurait incontesté. C'est d'ailleurs sur les plateaux des Murge, dans les environs d'Andria, qu'il fit construire pour y installer sa cour l'impressionnant château de Castel del Monte (p. 80), qui fusionne des styles issus de l'Antiquité classique, de l'Orient musulman et du nord de l'Europe.

En décembre 1250, le monarque succomba brutalement à une dysenterie à Castel Fiorentino, près de Lucera. Conrad et Manfred, ses héritiers, ne lui survécurent pas longtemps. Le premier succomba au paludisme quatre ans plus tard, à Lavello, en Basilicate. Quant au second, il consolida dans un premier temps son pouvoir dans les Pouilles et en Basilicate (dont les villes étaient restées fidèles à la cause souabe), avant

Affecté au commandement de l'armée d'Italie lors de l'occupation napoléonienne, le général Choderlos de Laclos, célèbre auteur des *Liaisons dangereuses*, mourut à Tarente en 1803.

1880-1915
Des millions de paysans méridionaux partent chercher fortune dans le Nouveau Monde, laissant derrière eux un pays privé de sa main-d'œuvre la plus jeune et la plus solide.

1913
L'émigration atteint son niveau record : 872 000 personnes quittent l'Italie du Sud pour cette seule année.

1915
Durant la 1ère Guerre mondiale, l'Italie se range du côté des Alliés pour récupérer les territoires transalpins aux mains des Autrichiens.

1922
En octobre, Mussolini marche sur Rome. Le roi Victor-Emmanuel III, effrayé par la popularité du mouvement fasciste et doutant de la loyauté de l'armée, confie à Mussolini la tâche de constituer un gouvernement.

GAETANO SALVEMINI, HISTORIEN ET HOMME POLITIQUE

L'histoire des Pouilles, après la formation de l'Unité italienne, compte quelques hommes de grande envergure, parmi lesquels Gaetano Salvemini (né à Molfetta, dans la province de Bari ; 1873-1957). Par ses activités politiques, il contribua de façon notable au développement du Mezzogiorno.

Gaetano Salvemini fut très tôt reconnu comme l'un des grands historiens de son pays. Membre du Parti socialiste, adepte du courant "méridionaliste" et prônant le lien entre ouvriers du Nord et paysans du Sud, il se révéla un farouche défenseur du suffrage universel, de l'abolition des taxes douanières pro-industrielles, ainsi que des petites exploitations agricoles au lieu des grandes propriétés foncières. Toutefois, l'ensemble de ces idées, définies sous le terme de "salveminismo" par le quotidien *L'Avanti!*, ne trouva pas l'écho escompté au sein du Parti socialiste italien (PSI). En 1911, de plus en plus attiré par le socialisme réformiste et plus proche de sa synthèse socio-libérale, il quitta le PSI pour fonder le périodique *L'Unità* qu'il dirigea jusqu'en 1920 et œuvrer en faveur d'une opinion publique laïque et progressiste. Arrêté par la police fasciste en 1925, il se réfugia d'abord clandestinement en France, avant de s'exiler en Angleterre puis aux États-Unis, où il poursuivit sa lutte contre le fascisme, le communisme et tous les types de monarchie. De retour en Italie en 1947, il continua de défendre une vision laïque de la société et de la politique, de promouvoir le réformisme démocratique et de mettre en garde sur la nécessité de lutter contre les dogmatismes.

de reléguer la région aux confins de sa politique une fois la couronne de Sicile obtenue. Il tomba finalement lors de la bataille de Bénévent en 1266 (vaincu par les troupes de Charles d'Anjou, le prétendant au trône soutenu par le pape). Au final, cette guerre ouverte entre l'empereur et la papauté renforça la désastreuse division entre les gibelins (défenseurs du pouvoir impérial) et les guelfes (partisans de l'autorité ecclésiastique). Au cours des siècles suivants, ces dissensions devaient entraîner de brûlantes luttes civiles qui marqueront durablement la vie politique italienne.

En 1270, l'éclatante épopée de la dynastie Hohenstaufen avait définitivement vécu. En dépit de ses nombreux succès, Frédéric II ne parvint pas à laisser derrière lui un héritage tangible.

Anjou, Aragon et Turcs

Pour lutter contre les dangers d'une politique d'encerclement de l'Église telle que celle menée par Frédéric II, la papauté fit tout son possible pour favoriser l'établissement d'une dynastie qui n'avait pas d'intérêts dans la péninsule. C'est ainsi que Charles Ier d'Anjou (frère du roi de France Louis IX, dit Saint-Louis) commença le règne des Anjou qui ne devait améliorer en rien les conditions de vie de la population. Cette

1940	1946	1950	1950-1969
L'Italie entre en guerre aux côtés de l'Allemagne nazie et envahit la Grèce. Les Grecs répliquent en pénétrant dans le sud de l'Albanie. L'Allemagne vient au secours de son allié transalpin en envahissant la Yougoslavie et la Grèce.	À l'issue d'un référendum, l'abolition de la monarchie et la naissance de la République sont proclamées. Dans le Sud, la monarchie récolte près de 65% des suffrages.	La "*Cassa per il Mezzogiorno*" (Caisse pour le Sud) voit le jour. Environ un tiers du budget alloué est englouti sous l'effet d'une mauvaise administration et de la corruption. Elle est supprimée en 1992.	Le chômage entraîne une nouvelle émigration massive. Environ deux millions de personnes quittent le Mezzogiorno pour trouver un emploi dans les usines de l'Italie et de l'Europe du Nord.

dernière manifesta rapidement son mécontentement lors de la révolte anti-angevine de 1282, qui contestait la forte pression fiscale, les brimades des fonctionnaires royaux, l'installation à la cour de nombreux chevaliers français au détriment des barons locaux, ainsi que le transfert de la capitale du royaume de Palerme à Naples.

Hélas, la belle époque de Frédéric II était bien révolue. La noblesse féodale, qui avait refait surface, n'avait que faire des problèmes du royaume et s'appliquait soigneusement à brimer les propriétaires individuels. Ajoutons à cela les rivalités entre les fiefs et le déplacement du commerce de la côte adriatique vers la mer Tyrrhénienne, et l'on comprend aisément pourquoi, à compter de la moitié du XIIIe siècle, les Pouilles sombrèrent dans un état de laisser-aller dont même la maison d'Aragon, après la victoire d'Alphonse d'Aragon sur René d'Anjou en 1442, n'aurait su les tirer.

À tout cela se rajouta, à partir de 1480, la nécessité de repousser les invasions des Turcs qui avaient des visées sur l'Italie depuis quelque temps déjà (et quel meilleur point d'accostage que les côtes des Pouilles avant de lancer leurs chevaux vers Rome ?). Ainsi, le 28 juillet 1480, les vigies virent s'avancer dans la baie d'Otrante (depuis renommée baie des Turcs) une flotte de 150 galères et 18 000 hommes emmenée par Gedik Ahmed Pacha. Débuta alors une défense héroïque des habitants de la ville qui dura deux semaines, avant que l'on finisse par laisser les Turcs entrer dans la ville. Si l'on en croit les chroniqueurs de l'époque, Otrante devint alors le théâtre de razzias et d'actes de cruauté innommables. Ahmed Pacha gagna la cathédrale à travers les rues inondées de sang et fit trancher la tête de l'archevêque. Puis il ordonna que 800 citoyens soient conduits sur le col de la Minerve où ils furent décapités.

Du XVIIe au XIXe siècle

Du XVIe au XVIIe siècle, l'économie des Pouilles fut repliée sur elle-même. Seuls les Bourbons, qui fondèrent le royaume indépendant des Deux-Siciles en 1714, parvinrent à améliorer le sort de la région. En effet, les réformes de Charles III permirent la relance des ports de l'Adriatique, la réorganisation d'un appareil d'État, la construction de nouvelles routes (essentiellement l'axe Naples-Bari) et, de manière générale, l'instauration d'un climat de renouveau culturel et artistique dans les Pouilles. Et si le féodalisme s'efforçait encore de résister, il vivait là ses dernières heures. À l'aube du XIXe siècle, il ne faudra que quelques années à Joachim Murat, compagnon d'armes de Napoléon bombardé roi de Naples en 1808, pour abolir ce féodalisme de manière définitive et réaliser des mutations économiques, sociales et politiques qui auraient nécessité des siècles en d'autres temps. Les villes et les territoires changèrent d'aspect. Les grandes propriétés foncières furent remodelées et morcelées, plusieurs

2005

Nichi Vendola, représentant du parti de gauche *Rifondazione Comunista*, est élu à la tête de la région des Pouilles. Il est réélu en 2010.

2012

Le scandale des aciéries ILVA, responsable du taux de pollution alarmant de Tarente, éclate au grand jour.

2015

La *Xylella fastidiosa*, une bactérie tueuse, ravage des milliers d'oliviers séculaires du Salento. Une vraie catastrophe naturelle

FLÉAU DU SUD

La prévalence de la malaria (de l'italien *mal' aria*, mauvais air) dans le Mezzogiorno dans les décennies suivant l'Unité italienne représente l'une des plus principales causes de l'inégalité territoriale entre le Nord et le Sud. Même si elle concerne toute la péninsule, la malaria sévissait de façon endémique dans les campagnes des provinces méridionales. Avant que le biologiste Giovanni Battista Grassi (1854-1925) ne donne la preuve de la transmission par les moustiques, une croyance répandue voulait que la maladie soit liée à l'air vicié par l'assèchement estival des terres humides.

Les conditions de travail déplorables, l'insalubrité des logements, la malnutrition, l'illettrisme et la dégradation de l'environnement propres à l'Italie du Sud au début du XXe siècle favorisent le développement du paludisme. Entre 1900 et 1907, le gouvernement italien légifère pour mettre en place une campagne nationale, la première du genre au monde, vouée à éradiquer, ou à tout le moins circonscrire, la maladie. En 1918, le ministre de l'Agriculture déclare que le paludisme était la source de tous les problèmes économiques du Sud. Mais il faut près d'un demi-siècle pour que le paludisme soit sous contrôle, les deux conflits mondiaux et la parenthèse fasciste mettant à plusieurs reprises un frein au programme.

La victoire sur la maladie n'est obtenue qu'après la Seconde Guerre mondiale avec le rétablissement d'infrastructures de santé publique et l'instauration d'un programme quinquennal comprenant l'utilisation d'un nouveau pesticide, le DDT, pour éradiquer la maladie. La dénomination de "zone de paludisme" n'est officiellement levée pour toute la péninsule qu'en 1969.

faubourgs furent étendus par-delà les exigus remparts médiévaux (comme le quartier Murattiano de Bari ou de Tarente), des routes furent construites ou mises en chantier (les axes Bari-Lecce et Bari-Tarente), et plusieurs canaux furent assainis. Pour la première fois, l'agriculture devint de subsistance – l'huile et la soie, dont les phases de production immuables ne pouvaient échapper au contrôle de l'aristocratie foncière, étaient les seuls produits destinés à l'exportation. Entre la Terra di Bari et la Terra d'Otranto, la production d'huile garantissait un bien-être relatif, comme en témoignent le minutieux réseau de *masserie* rurales mais aussi le regain de l'urbanisme et de l'architecture dans les villes. Sous l'influence des classes les plus aisées, une forme particulière d'humanisme conservateur se développa, marquée par le culte de la tradition classique latine, de la rhétorique et du droit.

De l'Unité italienne à nos jours

L'Unité italienne entraîna des changements soudains pour tout le sud du pays. Le sentiment diffus de désillusion après l'unification du pays, en 1861, eut pour conséquence l'explosion du *brigantaggio* (brigandage) et des troubles sociaux durant les dernières décennies du XIXe siècle.

Les Italiens du Sud ont alors du mal à voir les avantages de l'appartenance à cette nouvelle nation. Les impôts augmentent et des usines ferment, en raison de l'effondrement de l'économie méridionale consécutif à de nouvelles politiques tarifaires servant les intérêts du Nord. Tenus pour arriérés et vulgaires, les méridionaux sont victimes d'un préjugé tenace et voient leur région reléguée à un rôle politique secondaire. Pour fuir l'absence de perspectives, nombre d'entre eux émigrent notamment en Amérique du Nord, en Europe du Nord et en Australie.

Malgré tout, au début du XXe siècle, l'État italien finit par s'intéresser aux provinces méridionales : les Pouilles connaissent une lente amélioration en termes d'infrastructures avec notamment la construction d'un immense aqueduc ainsi que le développement du rail et de centres administratifs comme Bari et Tarente. C'est également à cette époque que des avancées concrètes sont réalisées dans la lutte contre le fléau du paludisme qui ravage le Sud. Durant la période fasciste, les opérations d'assainissement se poursuivent et de nombreux ouvrages publics sont érigés. Mais la "bataille du blé" lancée par Mussolini pour assurer l'autosuffisance alimentaire de l'Italie aggrave nombre des problèmes. De précieux pâturages se retrouvent sacrifiés à la monoculture du blé.

Après la Seconde Guerre mondiale, lors du référendum de 1946 sur la nature du régime politique à adopter, seul le Sud s'oppose à l'instauration de la république. Les habitants des Pouilles votent à plus de 65% en faveur de la monarchie. Une fois les dégâts de la Seconde Guerre mondiale effacés est créée la Cassa per il Mezzogiorno, vouée à ancrer le Sud dans la modernité au moyen de la construction en masse de logements bon marché et du financement de gros projets industriels (aciérie à Tarente). Mais le détournement de sommes importantes conduit le gouvernement à abandonner cette "caisse pour le Sud" en 1992.

La même année, l'immense scandale de Tangentopoli (la ville des pots-de-vin) mettant au jour un système institutionnalisé de corruption en vigueur dans le pays depuis la fin du second conflit mondial fait la une des journaux. Même si elle concerne essentiellement le nord industriel de l'Italie, la vaste enquête appelée opération *Mani Pulite* (mains propres) sur ce système a inévitablement des répercussions au sud.

Malgré le poids local du chômage et de la corruption, un vent de changement souffle sur toute l'Italie du Sud. L'élection en 2005 de Nichi Vendola, un écologiste ouvertement gay à la tête du conseil régional des Pouilles ébranle la réputation conservatrice de la région. Premier membre d'un parti communiste (Partito della Rifondazione Comunista) élu président d'une région italienne, il avait été réélu de 2010 à 2015, cette fois-ci en tant que dirigeant du tout jeune parti Sinistra Ecologia Libertà. L'ancien maire de Bari et ex-magistrat Michele Emiliano lui a succédé en juin 2015 à la présidence de la région.

Culture et société

Les chauds étés des Pouilles sont riches en festivals et manifestations culturelles, et la région s'ouvre de plus en plus au tourisme, notamment balnéaire. Toutefois, hors saison, nombreuses sont les bourgades où règne une certaine mélancolie. Derrière les fenêtres des centres historiques (souvent bien restaurés), ne demeurent que les personnes âgées. Au mois d'août, celles-ci se réjouissent du retour des enfants et petits-enfants émigrés dans d'autres régions de la péninsule, en Europe et dans le reste du monde, qui reviennent "à la maison" pour passer les vacances dans la lumière et au soleil de cette terre où il fait toujours bon.

Aujourd'hui, un certain nombre de jeunes décident de rentrer au pays même si ce phénomène concerne moins les localités les plus reculées et les plus touchées par le dépeuplement que les grandes villes où le tissu culturel est évidemment plus fertile et où les ambitions professionnelles et personnelles peuvent s'épanouir.

Émigration et immigration

Les graves crises économiques qui touchèrent le Sud après la formation de l'Unité italienne et à la suite des deux guerres mondiales provoquèrent d'importantes vagues migratoires. L'émigration la plus importante fut enregistrée entre 1900 et le début de la Première Guerre mondiale, quand les journaliers du Sud partirent pour l'Amérique.

Conséquence du Risorgimento, la fin du système de la grande propriété latifundiaire déstabilisa l'économie méridionale. Les parcelles réparties entre les paysans n'étaient pas toujours productives ou bien étaient attribuées à des gens sans aucune expérience du travail de la terre. En outre, les questions d'héritage compliquaient encore un peu plus les choses – aujourd'hui encore, après plusieurs générations, les familles sont souvent divisées par des problèmes de succession et de répartition des propriétés. L'absence de véritables entrepreneurs et le désintérêt des propriétaires pour ces questions entraînèrent l'échec de toute stratégie de gestion agraire. Enfin, bien qu'il fût la principale source de revenu pour l'économie locale, le métier d'agriculteur était peu considéré dans la société méridionale.

L'émigration a atteint son apogée en 1913, avec 872 598 départs d'Italie.

En 1920, environ 400 000 Italiens vivaient à New York. Une étude menée par le gouvernement en 1927 démontra qu'un cinquième de la population italienne s'était installé à l'étranger. De 1951 à 1967, 1 200 000 personnes quittèrent les Pouilles pour le Piémont et la Lombardie, attirées par le développement industriel de ces régions septentrionales. Ce phénomène connaît une forte reprise depuis quelques années (même si beaucoup estiment qu'il ne s'est jamais arrêté). En 2008, par exemple, le Sud a perdu plus de 122 000 résidents en faveur des régions du Centre-Nord (87% de ces départs provenaient des Pouilles, de Campanie et de Sicile).

Les déséquilibres territoriaux entre nord et sud de la péninsule se traduisent aussi par une importante augmentation du nombre de personnes travaillant dans le Centre-Nord ou à l'étranger qui, pour des raisons affectives et/ou économiques, ne quittent pas définitivement les Pouilles, mais ne rentrent qu'en fin de semaine, voire deux fois par mois.

Pourtant, aujourd'hui, selon l'ISTAT (Institut italien de statistiques), malgré leur nombre élevé et leur diversité, les émigrations sont inférieures aux immigrations. Depuis les années 1980, ces dernières ont inversé la tendance et de pays d'émigrants, l'Italie a commencé à se transformer en pays d'immigrants. Des immigrants dont la présence (environ 95 700 officiellement en 2011 dans les Pouilles) fait baisser l'âge moyen de la population, compense la chute démographique et, à terme, stoppera le dépeuplement progressif de la région. L'immigration est un thème d'actualité car les 800 km de côtes de la région attirent un important flux de population en provenance d'Europe de l'Est et d'Afrique qui prend essentiellement les routes de Bari et de Foggia.

En dépit du long passé d'invasions et de vagues migratoires, le processus d'intégration sociale des migrants n'en est encore aujourd'hui qu'à ses débuts. La presse dénonce régulièrement le phénomène du "*reclutamento schiavi*" (recrutement d'esclaves), c'est-à-dire d'immigrés travaillant dans les secteurs de l'agriculture et de l'élevage pour une poignée d'euros par jour et dans des conditions d'extrême indigence. Une situation qui s'est accentuée ces dernières années du fait de la crise économique.

Religion, folklore et festivités

Dans les Pouilles, la tradition de la *taranta* et de la *pizzica* - danses effrénées et hypnotiques grâce auxquelles on tente d'annuler les effets d'une morsure imaginaire de tarentule - semble remonter à la Grèce antique (voir l'encadré p. 244).

Nombreuses sont les traditions chrétiennes qui puisent leurs racines dans d'anciens rites païens. C'est le cas notamment du carnaval, tradition archaïque liée aux cycles saisonniers et agricoles qui, dans le calendrier de l'Église, marque le début du carême. Une exception : le carnaval de Putignano qui semble, au contraire, être né d'un rite chrétien et avoir pris des accents païens par la suite.

De toutes les fêtes chrétiennes, Pâques est celle qui est célébrée avec le plus de fastes. De nombreuses villes accueillent alors des manifestations qui se déroulent durant toute la Semaine sainte. Certains paient cher pour avoir l'honneur et le privilège de traverser la ville en portant sur leurs épaules les lourdes statues figurant les personnages de la Passion, au cours de processions solennelles et généralement interminables. Par exemple, à Tarente, siège de l'un des rites les plus célèbres de la Semaine sainte, la Processione dei Misteri parcourt 2 km en 14 heures.

Chaque ville honore également son saint patron avec des concerts, des spectacles, de grands festins, accompagnés de feux d'artifice. Parmi les plus impressionnantes, la Festa di San Nicola de Bari (p. 48), la Festa di Santa Domenica à Scorrano (p. 251), la Festa di San Trifone à Adelfia (p. 53).

Enfin, la piété populaire est toujours vive chez les anciens comme chez les jeunes. Le film du réalisateur Edoardo Winspeare, *Il miracolo* (2003), traite de ce besoin profond de croire en un monde magique et pourtant ancré dans le christianisme. En témoigne le sanctuaire de Padre Pio, saint du Gargano auquel sont attribuées de nombreuses guérisons miraculeuses, qui accueille près de huit millions de fidèles chaque année, ou les milliers de pèlerins qui se pressent chaque 9 mai au soir dans la crypte de San Nicola à Bari pour demander la "manne" miraculeuse.

Arts

Musique et danse

Le Sud est une terre de musique et de danse, lesquelles reflètent avec fidélité l'exubérance et la passion de cette région, surtout lors des fêtes populaires. Les divers événements qui rythment le calendrier des Pouilles peuvent être accompagnés par les cadences hypnotiques et obsessionnelles de la *taranta* (tarentelle), les marches solennelles et chargées de mélancolie des orchestres municipaux, ou bien les rythmes explosifs du reggae local. La musique pop, également caractérisée par de forts liens avec la région, est aussi importante que la musique traditionnelle, et souvent, les deux genres créent d'intéressants mélanges.

Tarantelle, pizzica et musique traditionnelle

Les photos en noir et blanc prises lors de rituels censés vaincre le tarentisme (maladie que l'on croyait causée par la morsure d'une tarentule) montrent des femmes allongées sur le sol, jupe voletante et corps comme en proie à des convulsions.

La musique et la danse effrénée de la tarentelle étaient un remède traditionnel au tarentisme – en dansant, on pensait annuler l'effet de la morsure venimeuse de l'araignée – et avaient une fonction cathartique ; elles accompagnaient en outre les célébrations religieuses. Le rite fut ensuite relié au christianisme et saint Paul (qui avait lui-même survécu à une morsure d'araignée) fut choisi comme saint patron ayant le pouvoir de guérir les femmes. On ne voit presque plus de spectacles de ce genre, mais la tarentelle et la *pizzica* (de *pizzico*, morsure) animent encore de nombreuses fêtes populaires : un rythme énergique et hypnotique qui donne envie de se lever pour aller danser. Pour plus de renseignements sur le tarentisme et ses origines, voir p. 244.

> Dans certains endroits au sud de Lecce, vers Otrante, les gens parlent encore une forme de grec ancien appelé "*griko*" (voir l'encadré p. 254)

Après la Seconde Guerre mondiale, la *pizzica* était devenue une pratique totalement obsolète, associée à l'ignorance et à la superstition. Remise au goût du jour dans les années 1970, cette tradition est aujourd'hui très populaire, surtout chez les jeunes des milieux alternatif et rasta. La tarentelle est la musique typique du Salento, mais d'autres formes de *tarantella* existent aussi dans d'autres parties du Sud (Murge, Gargano, Naples et Calabre).

Parmi les groupes ayant redécouvert ce patrimoine culturel, citons **Officina Zoè** (www.officinazoe.com), **Mascarimirì** (www.mascarimiri.com), **Arakne Mediterranea** (www.araknemediterranea.com), **Aramirè** (www.aramire.it), **Uaragniaun**, les **Cantori di Carpino** et le **Canzoniere Grecanico Salentino** (www.canzonieregrecanicosalentino.net).

La **Daunia Orchestra** du pianiste de Foggia Umberto Sangiovanni se situe elle à la frontière du jazz et de la musique traditionnelle de l'arrière-pays des Pouilles.

L'été, des dizaines de spectacles de tarentelle ont lieu. Le plus important, la Notte della Taranta, se déroule à Melpignano à la fin du mois d'août et accueille à chaque édition des musiciens de renom. Pour connaître le calendrier des spectacles de *taranta,* consultez la revue *quiSalento* (www.quisalento.it), en vente dans les kiosques, ou adressez-vous aux offices du tourisme.

Orchestres et musique populaire

Depuis le XIXe siècle, voire le XVIIIe siècle, beaucoup d'ouvriers agricoles et de maçons des Pouilles pratiquent un instrument de musique (trombone, tambour, etc.) par amour de la musique, pour le plaisir de jouer avec les habitants de leur village et pour divertir la communauté. Loin d'être des amateurs, ils ont de nombreuses années de pratique derrière eux et, s'ils exercent un autre métier, c'est seulement pour gagner leur vie. Contrairement aux orchestres d'autres régions, qui ne jouent que des marches, des hymnes, de la musique cérémoniale et religieuse, ceux des Pouilles jouent également de la musique symphonique et lyrique de haut niveau.

Ces orchestres demeurent une tradition bien vivante dans de nombreux villages, où résonnent, surtout lors des fêtes religieuses, des arrangements instrumentaux de célèbres airs lyriques ou des thèmes populaires, dont les cuivres et les percussions sont les vedettes. Et la scène illuminée, généralement montée sur la place principale du village, évoque une gigantesque couronne, que l'on appelle *cassa armonica* (kiosque à musique).

À l'instar d'autres formes de musique populaire, la musique d'orchestre a été réhabilitée ces dernières années, notamment par la **Banda di Ruvo Di Puglia** avec son CD *La Banda: Traditional Italian Banda & Jazz*. En l'écoutant, vous vous sentirez immédiatement transporté sur la place d'un village par une chaude nuit d'été. Le double CD *Giro di banda*, réalisé par le trompettiste **Cesare Dell'Anna** qui a dirigé pour l'occasion une fanfare de plus de 30 instruments est un autre petit chef-d'œuvre.

Le site Web www.viaggidiarchitettura.it propose quelques itinéraires de deux ou trois jours à la découverte des sites d'intérêt architectural des Pouilles.

LES FESTIVALS DES POUILLES

La région offre quantité de rencontres musicales. La plus importante d'entre elles est la **Notte della Taranta** (p. 255), qui attire des dizaines de milliers de personnes dans le Salento. Elle propose durant une semaine de superbes concerts dans des lieux pittoresques, la clôture se faisant à Melpignano, où se retrouvent de nombreuses stars de la *pizzica*.

Vous pouvez vous initier à la *pizzica* et à la *taranta* grâce aux cours donnés dans la région et ailleurs par l'association Taranta (www.taranta.it), mais les occasions d'apprendre à tournoyer frénétiquement dans les règles de l'art ne manquent pas l'été.

La tradition musicale des Pouilles ne se limite évidemment pas aux danses du Salento : la *tarantella* du Gargano, par exemple, est une variante de la province de Foggia. Elle est célébrée en août, durant le **Carpino Folk Festival**, à ne pas rater si vous vous trouvez sur place.

Si cette musique folklorique vous lasse, n'ayez crainte, vous pourrez goûter à d'autres sons. **Time Zones**, en novembre à Bari, est le doyen des festivals. Toujours aussi jeune malgré ses presque 30 ans, il accueille des artistes de l'avant-garde, du rock et du jazz. Itinérant, le festival s'installe chaque année dans des villages différents des cinq provinces des Pouilles. **La Ghironda** débute fin août et reçoit des artistes étrangers, ainsi que des stars nationales. En hiver, **Le Voci dell'Anima** font entendre des concerts de musique classique, de jazz et de pop dans de splendides églises de Bari. Le **Fòcara Festival** (focarafestival.org), à Novoli, qui coïncide en janvier avec le célèbre feu de joie de la ville, reçoit de grosses pointures de la *world music* internationale.

Les amateurs de jazz de qualité peuvent se réjouir : le **Barletta Jazz Festival** (juillet), l'**Orsara Musica Jazz Festival** (août), le **Multiculturita Summer Jazz Festival** de Capurso (juillet), ou le **Foggia Jazz Festival** d'octobre, accueillent des artistes du monde entier, et proposent aussi bien du swing que de l'ethno jazz. Pour les fondus de musique classique, notamment du XXe siècle, le **Festival della Valle d'Itria**, à Martina Franca, offre l'été un calendrier dense et de qualité.

Si vous recherchez aussi de bonnes vibrations, comme celles des Sud Sound System, vous trouverez un bout de Jamaïque au **Puglia Reggae Festival**, qui se tient à Gallipoli en août. Sa recette : des prix abordables et de grands noms. Enfin, si vous ne jurez que par le bon vieux rock, il suffit de demander : à Gallipoli, vous pourrez vous adonner au pogo au **Cube Festival** du mois d'août, tandis qu'en juillet et août, Giovinazzo vous réserve un **Rock Festival** de trois jours ; l'entrée est gratuite.

Daniele Bergesio

Jazz et musiques actuelles

Si par le passé les Pouilles ont vu naître des auteurs-interprètes à succès, parmi lesquels **Domenico Modugno** (*Nel blu dipinto di blu*), **Albano** et **Nicola di Bari**, ce sont désormais les femmes qui dominent la scène : de l'inoxydable **Anna Oxa** aux jeunes comme **Dolcenera**, **Alessandra Amoroso**, **Emma Marrone** ou **Erica Mou**.

Aujourd'hui, la scène musicale ne se cantonne plus à la musique classique, au jazz, au folk, au blues et au rock. Les Pouilles dévoilent un panorama d'une étonnante vitalité où se font entendre notamment des sonorités reggae. Le très populaire **Sud Sound System** (www.sudsoundsystem.eu), un groupe du Salento fortement lié à sa terre d'origine, qui se produit dans toute l'Italie et à l'étranger, en est un bon exemple. Beaucoup de ses textes racontent, avec intelligence et humour, les joies et les douleurs du Sud et sont servis par une musique mélangeant ragamuffin, reggae et musique populaire.

L'étoile du reggae féminin italien, **Maria Germinario**, plus connue sous le nom de Mama Marjas, vient aussi des Pouilles.

Musicien très apprécié (et controversé) au-delà de l'Italie, Michele Salvemini est un rappeur de Molfetta, connu sous le pseudonyme de **Caparezza**. Ses textes politisés et dépouillés de caractère sacré, associés à des arrangements souvent géniaux, en ont fait une référence de la contre-culture nationale. L'un de ses derniers succès est consacré à sa région et à l'important attrait touristique qui en ternit les traditions : *Vieni a ballare in Puglia (Viens danser dans les Pouilles)*.

Enfin, côté rock, les **Negramaro** (www.negramaro.com) font un tabac depuis quelques années. Ce groupe au son énergique a pris le nom du vin caractéristique du Salento. Sa force réside surtout dans la voix virtuose du chanteur, Giuliano Sangiorgi, et dans l'attrait des mélodies faciles à retenir. L'album *Una storia semplice* (2012) est une compilation des plus grands tubes des Negramaro depuis dix ans.

Architecture

Deux styles incarnent le patrimoine architectural des Pouilles : le roman et le baroque.

Le premier provient directement d'une période culturelle brillante et intense qui murit dans les Pouilles dès le milieu du XIe siècle, mais qui ne s'affirma pleinement qu'au XIIIe siècle. En effet, à cette époque, non seulement les espaces urbains furent agrandis, mais de grands lieux de culte furent construits (surtout par les Bénédictins). Classés, par convention, dans le courant du *romanico pugliese* (roman des Pouilles), ils révèlent une série de caractéristiques très variées et structurées. Ce style est appelé précisément "*romanico normanno-pugliese*" (roman normand des Pouilles), puisqu'il dérive de l'architecture normande. La cathédrale de Bari en est le parfait exemple, avec ses structures très massives, plus proche d'une forteresse que d'un édifice religieux, et avec ses doubles campaniles en forme de tour qui, tout comme les sculptures décoratives, rappellent la Bourgogne. Sa construction débuta en 1087, année de la translation du corps de saint Nicolas dans la ville, et période durant laquelle Bari devint le point de départ pour la Terre sainte lors de la première croisade. Les cathédrales de Trani, Bitonto, Bisceglie, Ruvo di Puglia, Giovinazzo affichent le même style, tout comme celles de Tarente, Canosa di Puglia, Lucera, Foggia, Santa Maria Maggiore di Siponto, qui prouvent que le style roman s'étendit même au-delà du territoire de Bari.

Le style baroque se développa de la fin du XVIe siècle à la seconde moitié du XVIIIe siècle, mais il s'affirma surtout dans la seconde moitié du XVIIe siècle, au terme de trois siècles assez pauvres sur le plan artistique. Vers 1650, sur tout le territoire d'Otrante, à Martina Franca, Francavilla

PUGLIA SOUNDS

Grâce à des politiques culturelles innovantes, les Pouilles ont remporté depuis longtemps le titre de région la plus musicale d'Italie. Et cela n'est pas dû uniquement à la désormais célèbre *taranta*. Les musiciens, nombreux et souvent talentueux, y sont certainement pour quelque chose. Mais c'est surtout la région, sous la présidence de Nichi Vendola, qui a pris des initiatives courageuses. Elle s'est d'abord consacrée au théâtre et au cinéma (avec l'Apulia Film Commission), puis a entrepris de relancer le secteur musical. Grâce au FEDER – Fonds européen de développement régional – elle a créé un système vertueux d'industrie culturelle, en soutenant la production de spectacles, en employant une main-d'œuvre locale et en exportant les musiciens de la région grâce au financement de tournées à l'étranger, de disques, de promotion...

Né en 2011, le salon **Medimex** consacré aux musiques de la Méditerranée accueille, entre octobre et novembre, des professionnels venant d'Italie et du monde entier dans les vastes locaux de la Fiera del Levante à Bari.

Évidemment, ici aussi, la crise économique est passée. Si l'été les concerts abondent, l'hiver les salles sont souvent vides. Si la péninsule du Salento s'en sort bien, certains secteurs (comme la ville de Tarente) restent plus isolés. À l'extérieur des frontières, en revanche, les Pouilles s'exportent bien. Plusieurs festivals internationaux invitent des artistes de la région : c'est le cas du **Sziget Festival** de Budapest, où les Pouilles ont une scène ; ou du **Womex** – le plus prestigieux salon international consacré à la *world music*.

Jacopo Tomatis, journaliste musical

Fontana, Nardò, mais aussi à Lecce (p. 210), commença, surtout grâce aux évêques, la construction d'églises, de couvents, de résidences et de palais monumentaux, dont l'exubérance allait influencer l'architecture privée. La récurrence des motifs floraux, des personnages, des animaux mythologiques, des frises et des blasons ne s'apparente pas tant aux motifs du XVIIe siècle romain ou napolitain, qu'au style plateresque espagnol et au baroque sicilien. Ce qui permet de différencier le *barocco pugliese* du style baroque présent dans d'autres régions italiennes.

Quant à l'architecture civile, la région compte tout un réseau de châteaux (également de style roman), presque entièrement dû à la dynastie normande qui en débuta la construction au XIe siècle. D'autres furent érigés par Frédéric II qui, après la mort de Guillaume II et face aux barons qui défiaient l'autorité royale, décida de s'imposer. Il entreprit en peu de temps la création de quelque 200 châteaux (le plus important étant Castel del Monte et ses huit tours octogonales) qu'il règlementa en promulguant en 1239 le statut sur la réparation des châteaux, dans le but de renforcer leur efficacité. Ces châteaux sont encore aujourd'hui en grande partie debout. Même si beaucoup ont été remaniés au fil du temps, ils conservent en général les caractéristiques de la maison souabe (voir l'encadré p. 280).

Sculpture

À partir du XIe siècle la sculpture romane connut un développement exceptionnel. Si tous les sculpteurs de l'époque, parmi lesquels Barisano da Trani, imitaient l'ancien (comme en témoignent les chapiteaux du Duomo de Tarente ou ceux de la crypte d'Otrante, les motifs paléochrétiens comme ceux du sarcophage ou les grandes colonnes de marbre précieux de la cathédrale de Canosa), ils réalisèrent aussi des œuvres originales dont on trouve la trace dans les arts mineurs ou au travers de petits objets précieux pour lesquels encore peu de temps auparavant on utilisait le bois, l'ivoire, l'or et le tissu. Il semble donc qu'à l'origine du roman, dans les Pouilles et ailleurs, on retrouve la même volonté de rendre les œuvres plus accessibles, tout en leur assurant une durée de vie plus longue, ce qui explique la redécouverte de la pierre, qui avait été dégradée durant le haut Moyen Âge et qui allait désormais s'imposer avec la renaissance des villes et avec l'avènement d'une classe marchande. Sans oublier naturellement la nécessité de produire des objets sacerdotaux, dont les pupitres, les trônes épiscopaux et les chaires, pour asseoir le pouvoir de l'Église.

Stefano da Putignano (v. 1470-v. 1539), fut un sculpteur renommé de la Première Renaissance méridionale. Il signait STHEPHANUS APULIAE POTINIAN, un nom révélé récemment à la suite de la restauration de deux œuvres à Miglionico. Vous pourrez admirer ses nombreuses crèches (*presepi*) en parcourant les Pouilles, en commençant par celle de la cathédrale d'Altamura (p. 85), pour finir par celle de sa ville natale, Putignano, conservée dans la Chiesa Madre (p. 153).

Peinture

Les fresques byzantines et médiévales qui ornent les murs de chapelles dans des coins reculés de la région sont très courantes dans les Pouilles. Datant souvent des Xe et XIe siècles, ces peintures inspirèrent et définirent le culte chrétien dans ces lieux solitaires creusés dans la roche. La province de Tarente recèle de nombreuses grottes monacales comme à Massafra et à Mottola, où l'on peut admirer la Cripta di San Nicola (p. 194), surnommée la "chapelle Sixtine du Sud". Vous pourrez également découvrir les charmantes fresques de cryptes cachées dans le Salento, en particulier à Poggiardo (p. 251).

La fabuleuse basilique du XIVe siècle Santa Caterina d'Alessandria (p. 248), à Galatina, renferme de superbes fresques de la Renaissance. On ne sait avec certitude si les auteurs étaient des artisans itinérants venus du Nord ou s'il s'agissait d'artistes locaux ayant beaucoup voyagé, mais leur style évoque celui de Giotto. Les personnages, soignés jusque dans les moindres détails, arborent des couleurs éclatantes et frappent par leurs proportions spectaculaires.

Conversano abrite les splendides toiles du cycle inspiré de *La Jérusalem délivrée* du poète Torquato Tasso (1544-1595), dit le Tasse. Le style de leur auteur, le peintre Paolo Finoglio (1590-1645), reflète clairement l'influence du Caravage.

Si la ville de Barletta est célèbre pour son colosse, elle l'est aussi pour avoir vu naître Giuseppe De Nittis (1846-1884), l'unique peintre impressionniste italien ayant acquis une certaine notoriété (voir l'encadré p. 59). Après avoir étudié à Barletta et à Naples, en 1867, De Nittis emménagea à Paris, où il fut invité plus tard par Degas à participer à la première exposition consacrée à l'impressionnisme. Parmi ses œuvres

PINACLES ET SYMBOLES DES TRULLI D'ALBEROBELLO

Au sommet des toits coniques en pierre des *trulli* se dressent des pinacles composés de quatre éléments : les dernières rangées de lauses, généralement recouvertes de chaux ; le *cannarile*, un cylindre ou un cône tronqué ; la *carrozzola* (ou *scodella* selon la forme) ; et la *cocla*, souvent une sphère, mais aussi parfois une étoile, une croix, etc. Avant que les symboles du christianisme ne s'imposent aux maîtres *trullari*, les pinacles se terminaient par des motifs liés aux croyances archaïques des premiers peuples autochtones. Les dessins tracés à la chaux et à main levée sur les toitures des *trulli* pour conjurer le mauvais sort ont subi une évolution similaire : le symbole de Jupiter, celui du Taureau ou les croix arborescentes qui unissent les trois mondes, le ciel, la terre et l'enfer ; les croix rayonnées, le Soleil et les chandeliers hébraïques à sept branches ne sont que quelques exemples parmi près de 200 dessins du passé ou ceux encore en usage identifiés par les chercheurs.

LES CATHÉDRALES ROMANES DES POUILLES

À la suite du schisme orthodoxe de 1054, les évêques latins des Pouilles n'eurent de cesse de lutter contre l'influence dominante de l'Église grecque dans la région, alors placée sous la tutelle de Constantinople. C'est ainsi que l'on peut expliquer la construction de nombreuses églises romanes à partir du XIe siècle, dans un contexte plus large d'essor économique.

À travers l'édification de cathédrales, la classe dirigeante locale (représentée au premier chef par l'évêque) affirmait ses velléités d'autonomie, non seulement sur le plan religieux, mais également politique. Très en pointe contre le gouvernement central de Constantinople, l'archevêque Bisanzio, par exemple, édifia la cathédrale de Bari dans cet esprit. Dans des centres moins peuplés comme Canosa, Siponto et Otrante, les cathédrales étaient volontairement érigées pour être des "cathédrales dans le désert".

La construction de cathédrales nécessitait quantité de matériaux et une main-d'œuvre considérable, heureusement disponibles sur place. Le calcaire compact se trouvait dans la Terre de Bari et la Capitanate (nord des Pouilles), et le tuf dans le Salento et dans une partie de la Capitanate. Sur les chantiers, deux techniques étaient généralement privilégiées : l'utilisation d'éclats de pierre, tels qu'ils étaient extraits du terrain, et la taille de blocs de pierre réguliers disposés en assises.

Sur le plan architectural, les cathédrales révèlent des styles très variés. Il n'était pas rare en effet de retrouver ensemble des composantes orientales et occidentales dans les motifs décoratifs répétés un peu partout (comme les masques de lions et les feuilles des chapiteaux), tout comme il n'était pas rare de reconnaître, associées aux évidentes influences de l'architecture normande (comme les doubles tours de la cathédrale de Bari), des influences de l'architecture bourguignonne (comme dans la Chiesa dei Santi Niccolò e Cataldo à Lecce et dans la Basilica del Santo Sepolcro à Barletta) ou byzantine (comme dans la Chiesa Rurale di Santa Caterina à Conversano). Toutefois, toutes ces influences s'intégraient toujours dans l'œuvre finale des ouvriers locaux.

de la maturité figurent des portraits de Zola et de Manet. Sa ville natale conserve sa principale collection de toiles, exposée dans le magnifique cadre baroque de la Pinacoteca Giuseppe De Nittis (p. 59). L'artiste repose au cimetière du Père-Lachaise à Paris.

Art contemporain

La Fondazione Museo Pino Pascali, à Polignano a Mare (voir p. 73 et encadré p. 68), expose les œuvres de Pino Pascali (1935-1968), décédé prématurément à 33 ans. Originaire de Bari, cet artiste de renommée internationale aimait s'essayer aux expérimentations ludiques à partir de matériaux tels que la fausse fourrure, la paille, le bois, la terre, expression directe de ses racines méridionales. Il était lié au mouvement de l'Arte povera.

Aujourd'hui, de nombreux artistes contemporains de la région revisitent des sujets et savoir-faire ancrés dans le territoire local. Ainsi, Italo Rucci et Lucia Torelli réinterprètent les paysages des Pouilles dans un style naïf aux couleurs vibrantes, tandis que Michele Circiello (www.michelecirciello.it) s'inspire du paléolithique et de l'art rupestre pour représenter antiques guerriers, cavaliers et animaux à l'aide de matériaux et de techniques mixtes (sable, huile, tesselles de mosaïque, colles, argile et bronze, boulons et dalles de pierre du cru). En 2009, ses trois stèles intitulées Dal passato al futuro (Du passé au futur) ont été mises en scène au Castello di Monte Sant'Angelo (p. 101). D'autres de ses œuvres décorent moult restaurants et bars du secteur. Peintre et portraitiste de

LES CHÂTEAUX NORMANDS

Hormis quelques-uns construits sous Charles Quint, les Angevins et les Aragonais, les nombreux châteaux des Pouilles sont l'œuvre des Normands, qui consolidèrent des structures existantes ou, le plus souvent, les bâtirent de toutes pièces. Poursuivant son rêve de *renovatio imperii*, Frédéric II multiplia ces ouvrages fortifiés en faisant appel aux grands architectes de l'époque. Bien que remaniées par les maîtres successifs de la région, les forteresses normandes ont généralement conservé leurs caractéristiques d'origine. Les plus authentiques peuvent faire l'objet d'un circuit dont notamment les châteaux de Barletta (p. 58), Trani (p. 64) ; Castel del Monte (voir l'encadré p. 80), Conversano (p. 90) ; Sant'Agata di Puglia (p. 140) ; Deliceto (p. 140) ; Lucera (p. 129) ; Peschici (p. 111) ; Vieste (p. 105) ; Vico del Gargano (p. 115) ; Monte Sant'Angelo (p. 101) ; Manfredonia (p. 95) ; Ceglie Messapica (p. 167) ; Carovigno (p. 169) ; Massafra (p. 195) ; Ginosa (p. 197) ; Mesagne (p. 178) ; Oria (p. 179) et Castro (p. 228).

Bari au goût plus international, Michele Volpicella a fait l'objet, en 2014, d'une exposition personnelle au MAM de Cosenza.

Le street art a également ses adeptes, comme Millo (Francesco Camillo Giorgino), dont les enfants géants grimpent et jouent sur les murs de plusieurs villes italiennes. De son côté, Agostino Iacurci crée des dessins stylisés aux teintes vives, désormais connues jusqu'en Orient et en Amérique du Sud.

Artisanat

Il est d'usage de dire que ce sont les Grecs anciens qui diffusèrent leurs techniques de fabrication de vases et d'amphores il y a environ 2 800 ans, du temps de la Grande-Grèce. Or, le Museo Provinciale de Lecce présente des céramiques messapiennes qui témoignent de la maîtrise de cette pratique bien avant leur arrivée. En effet, avant l'introduction d'autres matériaux, la céramique était utilisée pour tout : pot de chambre, jarre pour le vin, marmite, bassine pour la lessive.

Les motifs sobres et rustiques des céramiques des Pouilles sont immédiatement reconnaissables. La décoration la plus caractéristique se compose d'un fond de couleur crème avec un motif très simple formé de lignes bleu foncé et d'un élément récurrent constitué par six points de même couleur. S'y ajoute souvent l'image traditionnelle du coq, symbole de fertilité, présenté les ailes déployées.

L'antique tradition des potiers est liée au *cucco*, le petit broc à une seule anse que les femmes remplissaient aux fontaines, puis qu'elles vidaient dans l'*orcio*, un récipient en terre cuite doté de deux anses, plus grand et plus facile à soulever et à porter sur la tête.

Grottaglie est célèbre pour ses céramiques très colorées et décorées, notamment les *capasoni* (très grandes jarres typiques, utilisées pour la conservation de l'huile ou du vin). Au XVIIIe siècle, avec l'introduction de la technique de l'émaillage, la ville s'est spécialisée dans la réalisation de céramiques décoratives (voir l'encadré p. 196). Autre centre important de cette industrie, Cutrofiano abrite les entreprises Colì et Nuova Colì. La seconde, qui a mieux su exploiter le marché touristique, possède des points de vente dans tout le Salento. Les céramiques Colì sont commercialisées dans des magasins çà et là, mais nous vous conseillons plutôt d'acheter directement à la fabrique (p. 256). Vous pourrez ainsi assister au processus de fabrication et demander un autographe à Giuseppe Colì, le maître potier qui a reçu en 2013 le titre de “champion du monde des tourneurs”. San Pietro in Lama, Laterza, Martina Franca, Canosa, Lucera et Lucugnano font également partie des lieux de production de céramique. San Marco in Lamis, près de Foggia, se distingue par une céramique plus simple, essentiellement en terre cuite.

Lecce est connue pour le travail de la *cartapesta* (papier mâché) et de la *pietra leccese* (pierre de Lecce). Le premier est une pratique populaire qui remonte au XVIIe siècle, et qui est demeurée intacte. Dans toute la ville, on peut acheter des figurines sacrées faites de papier, de colle d'amidon, de plâtre, de paille et de fil de fer pour la structure interne, puis peintes. Il en existe de tous types et de toutes tailles (il est même possible de repartir avec un modèle grandeur nature du Christ). L'utilisation de la pierre de Lecce est encore plus ancienne (p. 204). Les artisans d'aujourd'hui ont remplacé les sculpteurs d'autrefois. Néanmoins, les lampes, les boucles d'oreille et les divers objets que l'on trouve dans les ateliers du chef-lieu du Salento sont toujours exécutés avec art.

Le haut lieu régional de la fabrication de la dentelle employée pour les couvre-lits, rideaux ou draps est Locorotondo (où l'on produit également du fer forgé). On en trouve néanmoins aussi à Alberobello, dans la vallée d'Itria, Maglie, Galatina et Nardò dans le Salento, Triggiano et Capurso dans la province de Bari et Tiggiano dans celle de Lecce.

N'oublions pas le travail du jonc et des branches d'olivier pour la réalisation de paniers, de mannequins ou de véritables œuvres d'art, principalement à San Severo, dans la province de Foggia, et à Cassano, Alberobello et Trani, dans la province de Bari.

Les célèbres locutions *Carpe diem* (cueille le jour) et *Dulce et decorum est pro patria mori* (il est doux, il est beau de mourir pour la patrie) sont l'œuvre du poète latin Horace, né à Venose, à la limite des Pouilles et de la Basilicate, en 65 av. J.-C

Littérature

Les Pouilles ont inspiré de célèbres œuvres littéraires. *Le Château d'Otrante* (1764 ; José Corti, 1989) de l'écrivain anglais Horace Walpole (1717-1797) se déroule au XIIIe siècle dans la ville du Salento. Considéré comme le premier roman de genre gothique, il a suscité un grand nombre d'imitations (la description qui est faite d'Otrante n'est évidemment que pure fantaisie).

Parmi les auteurs français intéressés par les Pouilles, citons Laurent Gaudé qui a reçu en 2004 le prix Goncourt avec *Le Soleil des Scorta* (Actes Sud, 2004). Trois générations d'une famille peu recommandable transportent le lecteur à Montepuccio, village fictif du Gargano et l'y enchaînent jusqu'au point final d'une saga dépaysante et dangereuse.

Dans *Io non ho paura* (*Je n'ai pas peur* ; Livre de poche, 2004), l'écrivain à succès Niccolò Ammaniti, né à Rome en 1966, évoque un village perdu des Pouilles durant l'été 1978. La vie de son jeune héros, Michele, est bouleversée par la découverte d'un enfant retenu captif au fond d'un trou, qu'il va s'attacher à connaître. Ce best-seller a été adapté au cinéma par Gabriele Salvatores en 2003.

Parmi les auteurs du cru, le plus lu est sans doute Raffaele Nigro. Né à Melfi (Basilicate) en 1947, il vit aujourd'hui à Bari. Journaliste, scénariste, et spécialiste de la culture du Sud italien, son œuvre a été traduite en une dizaine de langues, dont deux romans en français. *I fuochi del Basento* (*Les Feux du Basento* ; Verdier, 1989) est un roman historique qui se situe dans les Pouilles, en Basilicate et en Calabre entre 1784 et 1861. Roman contant l'amour d'un frère et d'une sœur, *La baronnessa dell'Olivento* (*La Baronne de l'Olivento* ; Verdier, 1996), se déroule, quant à lui, entre 1440 et 1494, en Albanie et dans les trois régions du sud de la péninsule dont l'auteur s'est fait le chantre.

Autre romancier largement traduit, Giancarlo De Cataldo (Tarente, 1956), a publié de nombreux romans policiers. Le plus célèbre livre de cet écrivain par ailleurs magistrat, dramaturge et scénariste est *Romanzo criminale* (Métailié, 2006), adapté au cinéma par Michele Placido, sous le même titre. Il a connu une suite avec *Nelle mani giuste* (*La Saison des massacres*; Métailié, 2008). Ont été traduits chez le même éditeur, *La forma della paura* (*Forme de la peur*) et *I traditori* (*Les Traîtres*).

Le magistrat Gianrico Carofiglio (Bari, 1961) a acquis une renommée internationale en tant qu'auteur de "legal thriller". Parmi ses nombreux romans traduits en français, citons *Il silenzio dell'onda* (*En attendant la vague* ; Le Seuil, 2013), *Le perfezioni provvisorie* (*Le Silence pour *preuve*, Le Seuil, 2011), *Ragionevoli dubbi* (*Les Raisons du doute* ; Le Seuil, 2010), *Il passato è una terra straniera* (*Le passé est une terre étrangère* ; Rivages, 2009).

Dans la nouvelle génération, dont les œuvres n'ont bien souvent pas encore été traduites en français, mentionnons Nicola Lagioia (Bari, 1973) qui a remporté le prestigieux prix Viareggio avec *Riportando tutto a casa* (Case départ, Arléa Editions, 2014), un roman d'initiation et de corruption suivant les aventures de trois enfants à Bari dans les années 1980. Autre écrivain de Bari à suivre, Andrea Piva, qui a débuté avec *Apocalisse da camera* (Einaudi, 2006) : à travers la vie d'Ugo, un jeune homme de bonne famille de Bari, le roman décrit une génération pervertie, peureuse, inconsciente et totalement dépourvue d'idéaux. Poète, romancier et journaliste prolifique, Mario Desiati (Locorotondo, 1977) s'inscrit dans un nouveau réalisme italien qui ne renonce pas à la fable, à la magie et au mystère. Le plus connu de ses livres, *Il paese delle spose infelici* (Mondadori, 2008), a reçu plusieurs prix et fait l'objet d'une adaptation cinématographique. Enfin, Antonella Lattanzi (Bari, 1979) a connu le succès avec son premier roman, *Devozione* (Einaudi, 2010), un livre bouleversant sur la drogue, et a publié plus récemment *Prima che tu mi tradisca* (Einaudi, 2013).

Otrante a inspiré deux célèbres romans italiens : *L'Ora di tutti* (*L'Heure du destin*, Mercure de France, 1964) de la philologue et critique littéraire, Maria Corti, publié pour la première fois en 1962, et *Otranto* (Mondadori, 1997) du journaliste et écrivain Roberto Cotroneo.

Cinéma

Les Pouilles ne se sont révélées comme terre de cinéma que sur le tard. Durant l'âge d'or du cinéma italien (1945-1975), peu de films marquants sont associés à la région, hormis l'*Évangile selon saint Matthieu* (1964) de Pier Paolo Pasolini, principalement tourné à Matera en Basilicate, mais aussi à Mottola ou à Massafra dans la province de Tarente. En 1968, le metteur en scène d'avant-garde Carmelo Bene signe un film baroque et délirant inspiré d'un de ses écrits, Notre-Dame-des-Turcs, dont il interprète à peu près tous les rôles ; l'un des fils conducteurs de cette œuvre expérimentale, fascinante à plus d'un titre, est le martyre de la population d'Otrante massacrée par les Turcs.

À partir des années 1990, le regain d'intérêt porté aux traditions locales a favorisé la création de productions tournées en dialecte dévoilant le quotidien et l'atmosphère typique du Sud. À cet égard, le meilleur ambassadeur des Pouilles pourrait être Edoardo Winspeare, dont les films sont une déclaration d'amour à sa région d'adoption, le Salento. *Pizzicata* (1996) raconte une idylle dans le Salento durant la Seconde Guerre mondiale ; *Sangue vivo* (2000) s'intéresse à la tradition de la *pizzica* (danse traditionnelle) à travers différend entre deux frères ; *Il Miracolo* (2003) raconte l'histoire d'un garçon de 12 ans censé détenir des pouvoirs de guérisseur ; enfin *Galantuomini* (2008) narre les péripéties d'un groupe de jeunes des années 1970 à la fin des années 1990 ainsi que l'histoire d'amour d'un magistrat de Lecce avec une femme devenue chef de la Sacra corona unita (organisation mafieuse des Pouilles) ; In grazia di Dio (2014) présente les vicissitudes de quatre femmes qui s'installent à la campagne et tentent de se débrouiller après la fermeture de l'atelier de confection familial. Les deux premiers films du réalisateur sont sortis dans l'Hexagone et existent en DVD en version française.

En Italie, il n'y a que de vrais hommes (Dargaud, 2010) est un roman graphique de Luca De Santis et Sara Colaone sur le confinement des homosexuels aux îles Tremiti durant le fascisme

Originaire de la province de Bari, Sergio Rubini a tourné 12 longs-métrages, dont le dernier *Dobbiamo parlare* (2015). La plupart n'ont pas connu de sorties françaises. Ce réalisateur, qui décrit avec lucidité un provincialisme morne, est parvenu à faire de sa terre natale une sorte de lieu de la mémoire où les personnages dévoilent émotions, passions, ambitions, ressentiments et difficultés. Parmi ses films précédents, rappelons *Le Chef de gare* (1989), *Tutto l'amore che c'è* (2000), *La terra* (2005 ; tourné entre Mesagne et Francavilla Fontana, dans la province de Brindisi, et à Nardò, dans la province de Lecce) et *L'amore ritorna* (2004).

Trois villes des Pouilles ont servi de décor à des films qui ont connu un certain succès. À Lecce, Ferzan Ozpetek a tourné son dernier film, *Le premier qui l'a dit* (2009) ; Bari a accueilli *Il passato è una terra straniera* (2008), un film de Daniele Vicari, tiré du roman éponyme de Gianrico Carofiglio ; et enfin, le tournage du film *Les Acrobates* (1997) de Silvio Soldini s'est déroulé à Tarente. Quant à la campagne, elle a inspiré *La seconda notte di nozze* (2005) de Pupi Avati et *L'Été où j'ai grandi* (2003) de Gabriele Salvatores, tourné aussi en partie en Basilicate.

Né en 1980, Pippo Mezzapesa a réalisé son premier long métrage, *Il paese delle spose infelici*, tiré du roman éponyme de Mario Desiati (ci-contre), en 2011. Le film est sorti en France en 2012 sous le titre *Annalisa*.

Enfin, les Pouilles accueillent des tournages de films dont l'histoire se déroule ailleurs. Ainsi, *Mon frère est fils unique* (2007) de Daniele Luchetti, bien que situé dans une ville du Latium, a été tourné dans les rues de Foggia, de même le quartier de la Kalsa, à Palerme, que l'on voit dans *Mon père va me tuer* (Daniele Cipri ; 2012) n'est autre qu'un quartier populaire de Brindisi.

Romanzo criminale (Métailié, 2006) de Giancarlo De Cataldo a été adapté au cinéma par Michele Placido, et a inspiré une série télévisée de Stefano Sollima.

Bollywood est tombé sous le charme de la région : les *trulli* d'Alberobello apparaissent dans *Bacha ae haseeno* (2008) de Siddharth Anand et le Gargano dans *Housefull* (2010) de Sajid Khan.

La cuisine des Pouilles

Passez derrière les fourneaux avec *Ricette di osterie della Puglia. Mare, erbe e fornelli* d'Antonio Attorre et Michele Bruno (en italien, Slow Food Editore, 2009).

Aujourd'hui, on ne va plus dans les Pouilles uniquement pour les beaux paysages et les monuments, mais aussi pour la cuisine, les vins, les huiles, les produits de la terre et de la mer. Et donc pour les restaurants et les trattorias, pour les bars à vins et pour les *fornelli* (boucheries avec gril).

La région fut une terre de conquêtes si bien que la richesse de sa cuisine reflète le passage de différents peuples : les Souabes ont apporté les radis, les Arabes les agrumes, le genévrier, les raisins secs et les amandes ; les Espagnols ont introduit la culture des tomates et des pommes de terre ; et le poulpe en sauce rappelle les arômes typiques de la gastronomie grecque. La cuisine des Pouilles témoigne aussi d'une histoire faite de difficultés, voire de pauvreté : de nombreux plats traditionnels emploient des produits de base auxquels même le plus modeste des paysans avait accès.

Cette culture gastronomique fait partie aujourd'hui des grandes ressources du territoire, mises en valeur par un regain d'intérêt pour les produits typiques (sous l'impulsion surtout du mouvement Slow Food). Vous ne pourrez passer à côté de l'huile – les oliviers étant partout à perte de vue – et des vins – du Primitivo de Manduria au Negroamaro –, mais bien d'autres produits méritent votre attention : le *caciocavallo podolico* (fromage au lait de vache) du Gargano, le *capocollo* (charcuterie) de Martina Franca, les *cardoncelli* (pleurotes du panicaut), toutes les variantes de morue, les tomates et les aubergines, le *tartufo uncinato* (truffe grise) ou les viandes d'agneau, de chevreau, de cheval (goûtez les *pezzetti*, en ragoût). Sans oublier les produits de la mer que l'on a toujours mangés "crus", bien avant la mode des sushis : moules, moules barbues, oursins, huîtres, crevettes du golfe de Tarente, de Gallipoli ou de Forcatella réjouissent les sens. Tout comme le fait de savourer un bon loup dans un restaurant de Bari, ou des poissons tout juste attrapés dans les filets d'un *trabucco* (dispositif de pêche proche du carrelet, voir l'encadré p. 113) du Gargano.

Le site www.cuisine-italienne.eu propose de nombreuses recettes régionales italiennes.

Tout cela se déguste dans les restaurants traditionnels mais aussi dans les cuisines ouvertes sur la rue qui, heureusement, existent toujours dans le Sud : les *fornelli* – boucheries avec gril – de Cisternino, les boulangeries d'Altamura et de Laterza, les stands qui ouvrent les moules sur la côte, les poissonneries avec plaque chauffante en bord de mer, les boutiques de *pucce* (petits pains farcis), de *calzoni* frits, de *rustici* (feuilletés) dans le Salento. Il y a tant à goûter avant d'arriver aux desserts.

Bien qu'ils ne figurent pas parmi les traditions les plus anciennes, les desserts ne manquent pas : des *spumoni* (mousses glacées) en été dans le Salento à la *pizza sette sfoglie* (gâteau typique de Noël) de Cerignola, en passant par les douceurs à base de miel et d'amandes au *cioccolato Maglio* (chocolat fabriqué à Maglie), les *pasticciotti* (pâte feuilletée farcie de crème pâtissière) de Lecce, les *sospiri* de Bisceglie, et bien d'autres encore.

Spécialités de la gastronomie méridionale

Pain et produits de biscuiterie

Le plus célèbre pain d'Italie vient d'Altamura : la pâte que l'on fait lever trois fois devient meilleure au fil des heures (voir l'encadré p. 289). Celui de Laterza (voir l'encadré p. 194) est également fabriqué à partir de semoule de blé dur remoulue et de levain, mais dans des formes beaucoup plus grandes, qui atteignent jusqu'à 20 kg.

Nées d'un besoin pratique, les *friselle* – sorte de pains ronds secs – sont une autre spécialité des Pouilles, idéales à emporter pour les ouvriers agricoles travaillant dans les champs. Trempez-les dans l'eau, une fois ramollies, elles se dégustent agrémentées de tomates, d'huile d'olive et d'origan.

Tout aussi délicieux, les *taralli,* des anneaux durs et salés, se composent de farine, de sel, d'huile et parfois de vin blanc. On les mange nature à Bari, parsemés de graines de fenouil à Tarente ou légèrement piquants à Lecce. Les versions plus modernes se déclinent aux champignons, aux oignons et raisins secs, aux olives, au jambon fumé, au poivre, au fromage, etc. Il en existe même une variante glacée.

Dans le Salento, les *pucce*, des miches à la belle croûte fine et croustillante, tiennent le haut de l'affiche. Les *uliate* de la Grèce salentine leur ressemblent beaucoup mais sont truffées d'olives noires. Des olives entrent aussi, avec d'autres ingrédients (câpres, oignons, courge, courgettes et piments), dans la composition de la *scéblasti*, un pain typique de Zollino qu'on retrouve sous d'autres appellations dans tout le Salento. La tradition veut qu'il soit le premier à être enfourné à l'aube par les boulangers afin d'augurer une bonne journée aux paysans.

Enfin, ne manquez pas non plus la *focaccia barese*, les *rustici* et les *calzoni* frits.

La chapelure de pain rassis sert à de nombreuses recettes. C'est un moyen ingénieux de ne rien jeter. Le pain rassis est également utilisé dans certains plats typiques, comme le *pan cotto*.

Alternative savoureuse au fast-food pour une pause gourmande, les en-cas typiques des Pouilles : *pucce* (pains du Salento), *calzoni*, *rustici* (sortes de feuilletés) et *friselle* (sortes de pains ronds secs).

Pâtes

Dans les Pouilles, on fabrique traditionnellement les pâtes avec de la farine et de l'eau, les œufs ayant toujours été l'apanage des populations plus aisées.

La reine incontestée de toutes les pâtes fraîches est l'*orecchietta* (petite oreille), particulièrement savoureuses accompagnées de pousses de navet ou de champignons et de saucisse. Sa capacité à retenir les condiments est extraordinaire. Vous assisterez certainement à la fabrication de ces pâtes dans les restaurants ou par des femmes dans la rue : la pâte de farine de blé dur, d'eau et de sel est roulée en petits boudins que l'on coupe en morceaux, puis une pression du pouce leur donne leur célèbre forme concave. La même pâte enroulée autour d'une tige en fer donne les *strascinati* (ou *cavatelli*). Citons aussi les *tapparelle* (grandes oreilles), les *troccoli* (gros spaghettis), les *minchiareddi* (petits macaronis), et la liste est longue.

Autre spécialité régionale, les pâtes à la farine de blé brûlé se caractérisent par leur couleur foncée et leur parfum intense. La même farine s'utilise pour des produits de boulangerie tels que *taralli* et *focacce*.

Fromages

Les Pouilles, comme l'Italie du Sud en général, excellent dans les fromages frais : mozzarella, *bufala* (dans la province de Foggia), ricotta – de chèvre, de brebis, dans sa version "*scanta*" (ricotta forte à double fermentation) ou *cacioricotta* – *scamorza, caprino*. Le plus apprécié reste toutefois la *burrata*, l'une des inventions les plus populaires des Pouilles avec la ville

LE MOUVEMENT SLOW FOOD

En 1986, McDonald's était sur le point d'ouvrir un fast-food près des escaliers de la Piazza di Spagna, à Rome. Consterné, le journaliste spécialiste du vin Carlo Petrini décida de créer le mouvement Slow Food (www.fondazioneslowfood.com) qui prône une cuisine traditionnelle, faisant usage d'ingrédients locaux et de saison, ainsi qu'une agriculture respectueuse de l'environnement. De plus en plus de restaurateurs des Pouilles se réclament ouvertement de ces principes. Fort aujourd'hui de quelque 100 000 membres répartis dans 132 pays – dont la moitié en Italie –, le mouvement compte de plus en plus d'adhérents.

Le mouvement Slow Food s'inquiète du fait que la mondialisation gomme traditions et cultures, aboutissant à une uniformisation bien fade. Le programme des Sentinelles Slow Food vise ainsi à défendre et promouvoir des produits traditionnels menacés de disparition. Les Pouilles en comptent 17, dont l'olive cuite au four de Ferrandina, l'abricot de Galàtone, la fève de Carpino. La liste complète se trouve sur le site www.presidislowfood.it.

d'Andria (p. 78) pour patrie : le plaisir de rompre le petit sac de pâte filée pour laisser déborder le cœur tendre de crème et de mozzarella effilochée (que l'on appelle *stracciatella*) est incomparable.

En revanche, en matière de fromages affinés, la production est plus réduite que dans les régions du Nord, mais les délices ne manquent pas. Le *canestrino* de Foggia est un type de *pecorino* (fromage à base de lait de brebis et de chèvre affiné de quelques semaines à 18 mois) à pâte semi-dure, parsemée de grains de poivre.

Autre célèbre fromage du Sud, le *caciocavallo* (au lait de vache) possède une forme caractéristique et une croûte jaune pâle. Son nom provient probablement du fait qu'autrefois on le préparait avec du lait de jument (*cavallo* signifie cheval), à moins qu'il ne fasse référence à la tradition qui consiste à le transporter à dos de cheval. Doux lorsqu'il a peu vieilli, il prend un goût piquant après deux mois d'affinage et il existe aussi dans une version fumée. Le *caciocavallo podolico* compte parmi les variétés les plus appréciées. Prisé et recherché, il est produit en petites quantités avec le lait des quelques vaches grises, qui paissent en liberté dans les prés du Gargano et de Basilicate. Citons aussi le *caciocavallo silano*, qui bénéficie de l'appellation d'origine protégée (DOP).

Originaire du Tavoliere, le *canestrato pugliese* est fabriqué pendant la période de transhumance des troupeaux des Abruzzes vers les plaines du Tavoliere, soit entre décembre et mai. Son nom vient des corbeilles (*canestri*) de jonc dans lesquelles ce fromage typique de la cuisine régionale traditionnelle subit sa première phase de vieillissement.

Autre spécialité fromagère des Pouilles, la ricotta forte s'obtient par la fermentation de la ricotta commune de chèvre qui est méticuleusement retournée et pétrie tous les 2 ou 3 jours pendant environ deux mois. Ce fromage se caractérise par un goût piquant et un parfum intense. L'unique règle est de ne jamais la servir avec du poisson.

Viande

La nécessité de ne rien gâcher des animaux a toujours été ancrée dans les Pouilles où l'on accommode depuis longtemps les parties les moins nobles telles que la tête, la queue et les pieds des bovins, des porcs et des moutons ainsi que les abats rouges (foie, cœur, poumons, reins ou rognons, rate, langue), blancs (cervelle, moelle épinière, glandes salivaires, thymus et pancréas, tripes) et les viscères. Parmi les plats locaux composés d'abats, citons les *gnummareddi*, des paupiettes de foie, poumon et rognon enveloppées d'un boyau d'agneau ou de chevreau. Plus grandes, ces paupiettes s'appellent *marretti*, et elles sont typiques d'Ostuni. Le porc est un autre animal dont, naturellement, rien ne se perd et que l'on décline à l'envi en charcuterie. Les carnivores n'auront donc aucun mal à assouvir leur appétit, notamment dans la région de Tarente et dans la vallée d'Itria, où les effluves de la viande cuisant sur le gril des nombreux *fornelli* (voir l'encadré p. 146) les inciteront continuellement à passer à table. Dans la province de Bari, le fumet le plus appétissant émane de la *zampina*, une grosse saucisse de viandes mixtes assaisonnées de tomate, persil, basilic, poivre et piment, que l'on fait cuire à la braise.

Poisson et fruits de mer

Dans les Pouilles, Gallipoli est la capitale incontestée de la cuisine de la mer, dont elle tire deux plats typiques : la *scapece*, une spécialité à base de poisson frit mariné avec de la mie de pain, du vinaigre et du safran (voir l'encadré p. 239), et la soupe de poisson, à base de seiches, moules et crevettes rouges de Gallipoli, cuisinées avec de l'ail, des oignons, du vin blanc, des tomates pelées, du persil et du poivre. Quant à Tarente, elle est réputée pour ses moules. Certaines spécialités se retrouvent un peu partout, surtout en bord de mer : le poulpe *in pignata*, la *tiella* (gratin de pommes de terre, riz et moules), les fruits de mer crus comme les huîtres et les oursins, et tout une gamme de poissons que les clients peuvent souvent choisir *de visu* au restaurant, voire décider de la façon de les accommoder (la mode culinaire du moment tend plutôt vers les filets). Parmi les espèces fréquentes au menu, la *palamita* (bonite) possède une chair tendre et savoureuse, riche en oméga 3, qui se cuisine particulièrement bien.

Enfin, n'oublions pas, même si cela ne concerne qu'un territoire restreint, les poissons lacustres : dans la région du lac de Lesina, l'anguille règne sur les tables, surtout l'anguille femelle (*capitone*), à déguster au four ou en soupe (voir l'encadré p. 121).

Giuseppe Lolli est connu des gastronomes du Salento pour avoir découvert la présence de truffes dans les forêts de chênes verts entre Lecce et Otrante. Pour plus d'informations sur le divin champignon, consultez le site www.salentotartufi.com

Légumes

Les Pouilles et le Salento ont toujours connu la tradition conviviale du *sopratavola* : une manière de reporter la fin du repas, pour prolonger un agréable moment de discussion à table. Pour cela, quoi de mieux que de grignoter par ci par là, un radis, du fenouil, une châtaigne, une amande, une figue séchée, une tige de chou, puis de la chicorée, des fèves, des pois chiches et des herbes sauvages qu'il suffisait de ramasser par terre sans devoir dépenser un sou (alors que tout le monde ne pouvait pas s'offrir de fruits) ? Aujourd'hui, c'est la tomate qui domine le *sopratavola*. Il en existe de nombreuses variétés, dont la tomate Fiaschetto de Torre Guaceto et la Regina de Torre Canne. Pour mûrir, on attache ces variétés en grappes avec un fil de coton puis on les suspend au plafond des *masserie*. Particulièrement savoureuses également, les tomates de Serracapriola (Foggia) sont pulpeuses et dotées d'une peau fine. Leur production a toujours été limitée mais leur qualité est excellente ; on les appelle aussi *pomodorini appesi* (petites tomates suspendues), car on les faisait aussi mûrir en les accrochant en grappes à des arbustes épineux. Dans le Salento, les artichauts constituaient jusqu'il y a peu un légume rare et prisé car récolté uniquement au printemps. Aujourd'hui, ils garnissent les étals des marchés dès l'automne.

Encore plus répandues, la chicorée et la chicorée sauvage poussent en abondance dans l'ensemble du Salento. On les mange en accompagnement, en soupe ou simplement bouillies ou sautées à la poêle car, comme le dit l'adage, "cu ueiu e sale ogni erba ale" (avec de l'huile et du sel, tout légume a du goût). Mentionnons enfin les incontournables *cime di rape* (pousses de navet) proposées dans les *orecchiette alle cime di rape*.

La tradition veut que l'on mange des huîtres uniquement pendant les mois comportant un "r", c'est-à-dire de septembre à avril. Mais si vous êtes en bord de mer, ne vous privez sous aucun prétexte (à moins bien sûr que vous n'aimiez pas les huîtres).

Légumineuses

En italien, aubergine se dit *melanzana*, qui vient de *mela insana* (pomme folle). Son nom latin était *Solanum insanum*, car on pensait qu'elle rendait fou.

Zollino se distingue par les trois excellentes légumineuses cultivées sur son sol. La première, une fève de forme écrasée dont la cosse ne contient pas plus de cinq graines, reste entière durant la cuisson. Comme elle, le petit pois nain s'utilise dans les soupes et quelques recettes du cru. Enfin, le pois chiche nain, cueilli l'été, fait une excellente mousse veloutée qui se marie très bien avec les crustacés.

Desserts

On a souvent tendance à sous-estimer les desserts des Pouilles, jusqu'au moment où l'on découvre une pâtisserie digne de ce nom (comme Ciangularie à Mattinata p. 100) et que, confronté à l'évidence, on change d'avis. Les nougats, les *cartellate* (biscuits imbibés de *vincotto* et de miel), la *pasta reale* (pâte d'amandes), les *ostie ripiene* (hosties larges garnies d'amandes au miel), les *mostaccioli* (savoureux biscuits au moût parfumés aux amandes, à la cannelle, aux clous de girofle, au cacao et au citron), les *poperate* (gros biscuits ronds et épais d'origine albanaise), les *sfogliatelle del Gargano* (version locale de la *sfogliatella* napolitaine plus connue, que l'on garnit ici de raisins secs, de chocolat et de zestes de citron) n'en sont que quelques exemples. Pour pouvoir les apprécier, il faut évidemment aimer le miel, le moût cuit et les fruits secs, mais en tout cas, le choix ne manque pas. À Bisceglie, la pâtisserie Bar Cattedrale prépare le meilleur *sospiro* de la région (voir l'encadré p. 67). Plus au sud encore, les *bettole* ou *pastelle* sont les spécialités de Monopoli. Les deux gâteaux de Lecce par excellence sont la *cotognata* (pâte de coing), à goûter à Della Cotognata Leccese (p. 214) et le *pasticciotto* (un gâteau de pâte sablée garni de crème ou de confiture) dont Galatina s'attribue aussi l'origine, c'est pourquoi il vous faudra goûter celui du Caffè Avio (p. 216) à Lecce, comme celui de la Pasticceria Ascalone (p. 248) à Galatina. Quant au Salento, on y déguste l'été le *spumone* à base de glace et de génoise. Enfin, n'oublions pas les *sporcamusi* (signifiant "qui salit la figure"), de petits gâteaux fourrés de crème pâtissière et saupoudrés de sucre glace. On comprend rapidement le pourquoi de leur nom.

En 2013, la revue internationale "Wine Enthusiastic" a classé les Pouilles parmi les dix destinations dans le monde méritant une visite œnotouristique.

Jusqu'à une période récente, les figues constituaient le dessert des grandes occasions. La terre du Salento en produit plus de 80 variétés, certaines hélas en voie de disparition. Elles entrent couramment dans la composition de pâtisseries, en particulier de *crostate* (tartes à la pâte brisée).

Au petit-déjeuner, nous vous conseillons le *bocconotto* (ou *pasticciotto*), un petit gâteau très énergétique, fourré de miel, de crème pâtissière, de chocolat, etc. Les croissants à la confiture, à la crème et au Nutella, voire à deux parfums comme ceux de Gallipoli, ont également beaucoup d'adeptes.

L'OR JAUNE DU SALENTO

Figurant au XIVe siècle dans les plats préférés de Frédéric II et des livres de recettes, le safran a toujours été un produit typique du Salento. Il est ainsi cultivé au XVe siècle autour de Lecce, Galatina, Porto Cesareo, Grottaglie, Oria et Nardò (où se tient un marché annuel), prescrit au XVIIe siècle pour ses vertus digestives par un médecin de Mesagne, utilisé au XVIIIe siècle comme substance abortive par une sorcière de Francavilla et très présent au XIXe siècle dans la littérature agraire. Aujourd'hui encore, il relève et colore liquides, pâtes, risottos et poissons, à commencer par la fameuse *scapece* de Gallipoli (voir l'encadré p. 239).

LE PAIN D'ALTAMURA

Ce pain au parfum unique et au goût très savoureux se prépare avec de la farine de blé dur remoulue, ne pèse jamais moins de 500 g et reste moelleux jusqu'à 10 jours. Il a été le premier produit européen de boulangerie à se voir attribuer, en 2003, l'appellation d'origine protégée (DOP en italien). On le trouve sous deux formes : *u skuanète* (bombé) et *u cappidde de premete* (plat, littéralement "en chapeau de curé"). Le processus de fabrication se déroule comme suit : la pâte à base de farine, eau, levain et sel marin est pétrie pendant 20 minutes, puis laissées reposer environ 90 minutes. Après le premier façonnage et la pesée, on fait encore reposer les pâtons une trentaine de minutes pour les remodeler ensuite à la main. À ce stade, la miche est placée à l'envers dans un four à 250°C pour cuire au moins 45 minutes. Les 5 dernières minutes de cuisson se déroulent avec la porte du four ouverte afin de rendre la croûte croquante et dorée par évaporation. Depuis 1979, le **Consorzio per la Tutela del Pane di Altamura** (☎080 314 20 84 ; www.consorziopanedialtamura.it ; Corso Umberto I ; ⏲9h-15h30 et 16h-18h lun-sam) s'occupe de la valorisation et de la promotion de ce produit du terroir. Voir aussi l'encadré p. 87.

Boissons

Café

Inutile de séjourner longtemps dans le Salento pour comprendre que le café se boit de multiples manières. Parmi ses déclinaisons insolites on retiendra le *caffè in ghiaccio*, inventé à Lecce dans les années 1950 par Antonio Quarta qui, pour étancher la soif estivale de ces concitoyens, remplaça le café refroidi au réfrigérateur par du café fraîchement préparé et additionné de glaçons. Ce procédé a pour mérite de conserver l'arôme intact, sans acidité ni aquosité. En ajoutant au breuvage du lait d'amande, on obtient une délicieuse gourmandise qui, dans certains bars, est améliorée de quelques cuillérées de *crema di caffè* douce et veloutée (voir l'encadré p. 216). Aussi appelée "espressino freddo", cette crème de café se consomme très bien seule et a beaucoup de succès l'été.

Vin

La fabrication du vin dans la région remonte à l'époque des Phéniciens. La production était si importante que les Grecs avaient baptisé les Pouilles Enotria (terre du vin). Jusque dans les années 1980 environ, le vin fort des Pouilles, résultat des longs étés chauds du Sud, était principalement utilisé pour donner corps et consistance aux vins d'Italie du Nord et d'autres pays européens. Mais aujourd'hui, les producteurs ont compris que les Pouilles rassemblent des conditions idéales pour obtenir des vins d'excellente qualité. Des sociétés vinicoles italiennes, comme Antinori et Avignonesi, et des producteurs de vins australiens et américains ont beaucoup investi dans la région. Des entreprises vinicoles des Pouilles, telles que Candido, Garofano, Daraprì et Vallone, ont augmenté leur niveau de production en adoptant des techniques de fabrication plus rigoureuses et plus modernes.

Les vins des Pouilles les plus appréciés sont les rouges. Parmi les cépages les plus répandus, le Primitivo (clone du Zinfandel), le Negroamaro (voir l'encadré p. 246), le Nero di Troia et la Malvasia. Les meilleurs Primitivo se trouvent près de Manduria, tandis que le Negroamaro est particulièrement bon dans le Salento, notamment dans les campagnes autour de Salice, Guagnano et Copertino. Les deux cépages sont souvent mélangés pour associer la douceur du Primitivo et le côté légèrement amer et rustique du Negroamaro. Par rapport aux rouges, les blancs ont moins la cote ; cependant, ceux obtenus à partir des raisins cultivés dans les Murge, en particulier autour de Locorotondo et de Martina Franca, font d'excellents

À défaut de livres culinaires en français entièrement consacrés aux Pouilles, vous en trouverez pléthore sur l'Italie détaillant les spécialités de la région.

vins, limpides et frais, tandis que ceux de Gravina sont un peu plus corsés. Enfin, le Verdeca, aux origines mystérieuses, a trouvé dans la zone des *trulli* un territoire idéal pour exprimer au mieux ses agréables caractéristiques aux accents exotiques. Ces vins se marient idéalement avec le poisson.

Voici quelques-uns de nos producteurs de vins favoris.

L'Aglianico, le Negroamaro et le Primitivo sont des vins à ne pas manquer si vous venez dans la région. La visite d'une cave est une expérience chaudement conseillée.

D'Arapri (☎088 222 76 43 ; www.darapri.it ; Via Zannotti 30, San Severo). Trois cerveaux (ceux de Girolamo, Louis et Ulrico) concentrés sur une unique méthode de production du *spumante* : la méthode classique. Et les résultats sont excellents. Visitez la superbe cave, puis achetez un mousseux ou le luxueux La Dama Forestiera 2003 (p. 131).

Cantina Produttori Vini Manduria (☎099 973 53 32 ; www.consorzioproduttorivini.com ; Via Fabio Massimo 19, Manduria). C'est l'endroit idéal pour faire ses réserves de Primitivo (les producteurs en sont les spécialistes depuis 1932). On y trouve beaucoup de poésie, non seulement dans les noms donnés aux divers vins (Sonetto, Memoria, Lirica, Elegia et Madrigale), mais aussi dans la manière dont est racontée l'histoire vinicole dans le musée (p. 201).

Cantina Duca Carlo Guarini (☎0836 46 02 88 ; www.ducacarloguarini.it ; Largo Frisari 1, Scorrano). Tout en admirant le jardin du XVIIIe siècle et le pressoir souterrain du XVIe siècle, choisissez une bouteille de Nativo (Negroamaro bio), une de Murà (sauvignon blanc) et une de Malì (Malvasia Nera). Voir p. 251.

Valle dell'Asso (☎0836 56 14 70 ; www.valleasso.it ; Via Guidano 18, Galatina). D'excellents vins à prix raisonnables. Le *passito* Macarò 2003 (Aleatico, Malvasia Nera) est très bon. Voir p. 249.

Cefalicchio (☎0883 61 76 01 ; www.cefalicchio.it ; Contrada Cefalicchio, SP143, Km 3, Canosa di Puglia). La seule entreprise des Pouilles à produire des vins certifiés biodynamiques. Réservez une visite des caves et faites-vous expliquer en détail ces méthodes écologiques. Voir p. 81

12 CONSEILS POUR AFFRONTER LA CUISINE LOCALE

- 1. Ne vous présentez pas avant 22h au dîner. En plus de trouver le restaurant désert, à 20h, vous risquez d'être pris, au choix, pour un inspecteur d'hygiène et de sécurité, une personne malade ou victime du décalage horaire.
- 2. Ne refusez JAMAIS ce que vos hôtes vous offrent à manger, même si vous êtes largement rassasié. L'offense serait terrible.
- 3. Dans les Pouilles, au café et au cappuccino, préférez l'*espressino*, un format intermédiaire entre les deux premiers.
- 4. Ne vous mettez pas à hurler quand vous découvrez que vous êtes en train de manger des abats.
- 5. Faites semblant de comprendre le dialecte parlé par les femmes proposant des *orecchiette* dans Bari Vecchia. Acquiescez, achetez et saluez.
- 6. Ne vous piquez pas avec les oursins. Si vous vous piquez, désinfectez-vous discrètement.
- 7. Abstenez-vous d'ouvrir les huîtres vous-même. Si vous souhaitez le faire, ne vous coupez pas. Si vous vous coupez, désinfectez-vous discrètement.
- 8. Les crustacées se mangent avec les mains.
- 9. Les moules se mangent avec les mains.
- 10. L'agneau se mange avec les mains.
- 11. Si les *sporcamusi* (signifiant "qui salit la figure") s'appellent ainsi, c'est parce qu'il ne faut pas avoir honte de se barbouiller avec.
- 12. Ne marchandez pas avec les pêcheurs, à moins de savoir exactement ce que vous faites.

VÉGÉTARIENS ET VÉGÉTALIENS

La cuisine des Pouilles fait la part belle aux recettes à base de légumes, pâtes et légumineuses, la viande étant autrefois réservée aux grandes occasions. Les végétariens doivent cependant se méfier de certaines appellations trompeuses et savoir que pour beaucoup de gens ici, un petit morceau de jambon ne suffit pas à rendre un plat carné. Sur la carte, repérez la mention "*magro*", qui désigne généralement un mets sans viande. Les végétaliens auront beaucoup plus de mal à s'alimenter et devront préciser à chaque fois "*senza formaggio*" (sans fromage). Par ailleurs, n'oubliez pas que les pâtes fraîches, qui entrent aussi dans la composition de certains potages, contiennent parfois des œufs (ce n'est pas le cas des *orecchiette*, spécialité des Pouilles par excellence).

Fêtes gastronomiques

Célébrées avec une ferveur presque religieuse, les nombreuses *sagre* régionales rythment les saisons et marquent les récoltes. Ces manifestations gastronomiques sont consacrées à divers produits locaux, de l'escargot à la saucisse. Ces événements sont joyeux et vivants avec stands alimentaires, vin et autres boissons, et des concerts. Le mensuel *quiSalento* (2,50 € ; www.quisalento.it) dédié aux événements, à la culture, aux traditions et à l'actualité vous renseignera sur les fêtes du Salento ; vous pouvez aussi vous adresser aux offices du tourisme.

Environnement

En 2015, la FEE (Fondation pour l'éducation à l'environnement) a décerné le Pavillon bleu pour certaines de leurs plages à Monopoli et à Polignano (province de Bari), à Margherita di Savoia (province de Barletta-Andria-Trani), à Ostuni et à Fasano (province de Brindisi), à Rodi Garganico (province de Foggia), à Otrante, Castro, Melendugno et Salve (province de Lecce) ainsi qu'à Ginosa et Castellaneta (province de Tarente). Pour en savoir plus, reportez-vous au site www.bandierablu.org.

Talon et éperon de la botte italienne, les Pouilles s'enfoncent entre la mer Adriatique et la mer Ionienne. D'une superficie de 19 348 km², cette région située dans le sud-est de l'Italie compte 800 km de côtes, soit 10% de la totalité du littoral italien. La configuration de cette région du Mezzogiorno (le sud de l'Italie) présente des caractéristiques très variées. La queue de l'épine dorsale du pays – le massif accidenté des Apennins qui le traverse sur 1 350 km – y rencontre des forêts denses, de douces collines couvertes de champs de blé, des prés soignés et des plaines arides isolées s'étirant jusqu'à des criques de sable et des falaises escarpées.

Géographie

Le relief des Pouilles est principalement plat. Le point culminant, le Monte Cornacchia (1 161 m), fait partie de l'étroite bande des Monti Dauni, dans la chaîne des Apennins, à la frontière nord-occidentale avec la Campanie. Hormis le promontoire du Gargano, les provinces des Pouilles se succèdent avec une certaine continuité. Les plateaux du Salento sont intensément cultivés tout comme ceux du Tavoliere (grande plaine de champs de blé doré formant un échiquier plat autour de Foggia), jadis composé de marécages où sévissait le paludisme. Éperon haut perché et boisé avançant son profil arrondi dans la mer Adriatique, le promontoire du Gargano réunit l'essentiel des forêts des Pouilles sur à peine 5% de toute la superficie de la région. Des falaises blanches calcaires, des plages de sable et de petits villages côtiers bordent un arrière-pays riche en pins d'Alep, en chênes et en hêtres. La totalité du promontoire est classée parc national (l'un des plus beaux du pays).

La côte Adriatique ensoleillée et découpée est une succession de criques cachées, de longues plages de sable et de falaises escarpées, particulièrement saisissantes sur le promontoire du Gargano.

LES ÉTANGS TEMPORAIRES

Du fait d'un relief principalement plat, d'un climat typiquement méditerranéen et de la faiblesse des précipitations, les Pouilles sont l'une des régions les plus arides d'Italie. Par ailleurs, le sous-sol karstique draine rapidement les eaux de pluie. La plus grande partie de l'eau se cache ainsi en sous-sol, ce qui concourt à la formation de nombreuses grottes.

L'hiver, en revanche, saison pendant laquelle se concentrent les pluies, des environnements aquatiques naturels atypiques se forment dans toute la région. Ces étangs temporaires durent quelques semaines avant de disparaître au printemps avec la hausse des températures. L'été, il n'y en a plus aucune trace. C'est ici que vivent des espèces animales et végétales, bien spécifiques, introuvables ailleurs et qui se sont adaptées pour vivre dans cet environnement éphémère.

LES TRATTURI

Ces pistes reliaient les Pouilles à deux autres régions, les Abruzzes et la Molise. Les principales mesuraient 60 *passi* ou *trapassi napoletani* de large (soit 111 m). Les plus petites, appelées *traturelli*, mesuraient elles de 10 à 20 *passi* (de 18 à 37 m) de large. On distinguait les *tratturi* fixes, les occasionnels et changeants, reliés entre eux par des *bracci* (bras). Simples chemins en terre battue utilisés par les bergers pour la transhumance des troupeaux à l'époque, leur utilisation fut réglementée après l'apparition pour la première fois du terme en 1480 dans plusieurs missives adressées à Ferdinand Ier d'Aragon. Ainsi, il était interdit d'entretenir des vignes, des potagers, des arbustes, des jardins et de planter des graines le long de ces sentiers. Les délits commis sur ces voies étaient punis par un juge spécifique, nommé, tout comme les *cavallari* préposés à la protection et à la surveillance, par la Dogana delle Pecore (Douane des moutons). Cette institution chargée de la gestion des terres pastorales, dont le siège se situait à Foggia (p. 122) avait également pour mission de collecter la *fida*, un impôt annuel obligatoire applicable à toute personne possédant un troupeau de plus de 20 bêtes. Après la formation de l'Unité italienne, la législation mit un terme aux fonctions administratives de la Dogana par un transfert de compétences à chaque province. Lieux de rencontres et d'échanges scellant des liens sociaux, économiques et culturels, ces sentiers de transhumance font aujourd'hui partie du patrimoine culturel du Mezzogiorno et font l'objet d'une protection de la part des régions et des communautés locales.

Les Pouilles bénéficient d'un climat méditerranéen, avec des hivers doux et humides et des étés chauds et secs.

Nature

Pratiquée dès l'Antiquité romaine, la déforestation à visée agricole et pour la production de bois a laissé des traces en Italie du Sud. Une nouvelle sensibilité envers la protection de l'environnement, des programmes de reboisement et une gestion appropriée du territoire ont néanmoins partiellement réparé les dommages causés au fil des siècles. Par ailleurs, l'intervention de l'homme n'a pas toujours des effets négatifs sur l'environnement. Par exemple, les salines de Margherita di Savoia accueillent chaque année jusqu'à 50 000 oiseaux migrateurs.

Faune

Les montagnes arrondies et boisées du promontoire du Gargano, bien arrosé par les pluies, comptent plus d'espèces d'animaux et d'oiseaux que tout le reste des Pouilles. Le Gargano accueille ainsi 170 des 237 variétés d'oiseaux venant nidifier en Italie. Perchoirs verdoyants pratiques pour faire étape lors de leur longue migration de l'Europe à l'Afrique, les deux grands lacs du Parco Nazionale del Gargano (lac de Varano et lac de Lesina), le lac Salso et les salines de Margherita di Savoia attirent une profusion d'oiseaux dont des balbuzards pêcheurs, des hérons, des flamants, des canards, des échassiers, des cormorans et des grues. C'est aussi de là que proviennent les derniers signalements du courlis à bec grêle (*Numenius tenuirostris*), une espèce très rare, quasiment en voie d'extinction au niveau mondial. Enfin, le Parco Nazionale dell'Alta Murgia abrite la plus importante colonie italienne de faucons crécerellettes (*Falco naumanni*), autre espèce menacée.

Flore

Des pins d'Alep séculaires couvrent la Foresta Umbra, forêt du Parco Nazionale del Gargano. On trouve couramment des chênes chevelus, des hêtres, des érables et des sapins à altitude élevée, tandis que des charmes, des chênes pubescents, des noyers et des frênes tapissent les

La vache Podolica est une race robuste capable de vivre dans des conditions difficiles. C'est avec son lait que l'on produit le *caciocavallo*, symbole de la tradition fromagère méridionale. Ce fromage se prête à de longues périodes d'affinage (jusqu'à quatre à cinq ans pour les gros morceaux).

Les oliviers sont devenus des plantes ornementales de jardin très demandées en Italie du Nord (le prix d'un spécimen ancien tourne autour de 12 000 €), à tel point que les Pouilles ont promulgué une loi régionale portant sur la protection et la mise en valeur de ces arbres.

ACTIVITÉS DE PLEIN AIR

Les Pouilles bénéficient d'un climat méditerranéen caractérisé par des étés chauds et secs et des hivers doux et humides. Pensez-y au moment de planifier votre voyage.

ACTIVITÉ	LIEU	CARACTÉRISTIQUES	MEILLEURE PÉRIODE	PAGE
randonnées et excursions	côte Adriatique	paysages côtiers, Porto Badisco, grottes marines, dolmens et menhirs, tours de garde, collines tapissées de maquis méditerranéen, cabanes de berger), eau cristalline	printemps, automne, hiver	p. 219
	Alta Murgia	chemins de bergers, amandiers, *trulli*, oliviers tricentenaires, marchés agricoles, pique-nique	toute l'année (l'été, il peut faire chaud)	p. 77
	Parco Nazionale del Gargano	pins d'alep, chevreuils, flore et faune typiques, Monte Calvo, plages, sites de pèlerinage, randonnée	toute l'année (printemps pour orchidées)	p. 95
	Parco Regionale delle Gravine dell'Arco Ionico	églises rupestres, randonnée dans les gorges, ornithologie, cabanes de bergers, restaurants ruraux	toute l'année	p. 191
	vallée d'Itria	bois des Pianelle, orchidées	toute l'année	p. 142
sports aquatiques	Castro	excursions en bateau jusqu'aux grottes, plongée, location de bateau	été	p. 228
	îles Tremiti	plongée (y compris pour les non-voyants), croisières, excursions en bateau jusqu'aux grottes	printemps et été	p. 119
	Parco Nazionale del Gargano	planche à voile, kayak, grottes marines, excursions en bateau jusqu'aux îles Tremiti	printemps et été	p. 95
	Parco Naturale Regionale di Porto Selvaggio	côte rocheuse abritée, plongée, grottes marines, kitesurf	février à octobre	p. 241
	Porto Cesareo	excursions en bateau, plongée, pêche	printemps et été	p. 241
	Santa Maria di Leuca	excursions en bateau jusqu'aux grottes, plongée, voile, snorkeling	mai à septembres	p. 231
	Rodi Garganico	voile	été	p. 117
vélo	côte Adriatique	côte spectaculaire, importants dénivelés entre Santa Maria di Leuca et Castro, villages du Salento, routes de l'arrière-pays à travers des champs de fleurs sauvages, ruines d'Egnazia	printemps, automne	p. 219
	Monti Dauni	petites villes médiévales, châteaux et sites néolithiques	toute l'année	p. 132
	Salento	entre mer et oliviers, la dernière tendance ici est de voyager lentement	toute l'année (l'été, il peut faire chaud)	p. 202

ACTIVITÉ	LIEU	CARACTÉRISTIQUES	MEILLEURE PÉRIODE	PAGE
	Ostuni	les "chemins verts" de la province de Brindisi, le Parco Naturale Regionale delle Dune Costiere	toute l'année	p. 161
	îles Tremiti	sentier faisant le tour de l'île San Domino	toute l'année	p. 118
	Parco Nazionale del Gargano	pins d'Alep, agriturismo, plages de sable, oliveraies, *trabucchi*, excursions culturelles	toute l'année	p. 95
	réserve naturelle nationale Le Cesine	sentiers jouxtant la réserve ou conduisant à la mer	printemps	p. 219
	vallée d'Itria	bois des Pianelle, Canale Principale	toute l'année	p. 142
	Parco Regionale delle Gravine dell'Arco Ionico	églises rupestres, excursions hors piste dans la gorge de Laterza, ornithologie	toute l'année	p. 191
	Riserva Naturale di Torre Guaceto	pistes cyclables dans les marécages, refuge pour les oiseaux migrateurs et les tortues, dunes	toute l'année	p. 170
ornithologie	îles Tremiti	nombreuses espèces d'oiseaux migrateurs	toute l'année	p. 118
	lac de Lesina et lac de Varano	très riche avifaune	toute l'année	p. 122
	réserve du lac Salso	très riche avifaune	toute l'année	p. 98
	salines de Margherita di Savoia	très riche avifaune	toute l'année	p. 57
	Parco Naturale Regionale di Porto Selvaggio	fauvettes à tête noire, crécerelles, aigrettes, hérons crabiers, poules d'eau, huppes	toute l'année	p. 241
promenades à dos d'âne	vallée d'Itria	*tratturi*, *masserie*	toute l'année	p. 142
équitation	Murgia Tarantina	promenades équestres au milieu des oliviers et des vignes, balades sur la plage	toute l'année	p. 199
	Parco Nazionale del Gargano	plages de sable, promenades dans la forêt, paysages lacustres de Lesina et de Varano	toute l'année	p. 95
	Terra d'Otranto	cap d'Otrante, baignade à Porto Badisco, carrière de bauxite, paysages côtiers, vallée d'Idro	fin du printemps, été, automne	p. 220
	vallée d'Itria	excursions dans la campagne et sur les plages autour d'Ostuni	toute l'année	p. 142

CYCLOTOURISME RESPONSABLE

Envie de communier avec la nature, d'admirer de sublimes paysages champêtres, de découvrir le patrimoine culturel et rural et d'entrer en contact avec les habitants tout en soutenant l'économie locale et en vous offrant de temps en temps une pause gourmande inédite ? Enfourchez votre vélo pour explorer les Pouilles en conquérant chaque mètre de votre voyage.

Les cyclistes ayant déjà une certaine expérience peuvent emprunter la BI 10, dite Ciclovia dei Borboni de Bici Italia (www.bicitalia.org), un parcours moyennement difficile de 330 km reliant Bari à Naples par des routes secondaires. D'est en ouest, d'une côte à l'autre, ce parcours traverse les villes de Bari, Bitetto, Ruvo, Castel del Monte et Minervino dans les Pouilles puis Venosa, Melfi, Rapolla, Atella, Ruvo del Monte et Pescopagano en Basilicate, avant d'entrer en Campanie et de prendre la direction de Naples.

Les moins expérimentés pourront se perdre dans le dédale de propositions du site www.cicloamici.it. Il y en a véritablement pour tous les goûts. Entre les "chemins verts" et les itinéraires classés par thème, chacun pourra trouver de quoi tracer sa route à vélo, à la découverte des *trulli*, des *tratturi* (chemins de transhumance), des routes de Lecce, d'anciennes *masserie* abandonnées ou de sites archéologiques. Les créateurs de ce site ont pour rêve/projet de pouvoir développer un réseau de routes vertes à l'échelle régionale. Ce site traite donc d'un peu toute la région des Pouilles (possibilité d'imprimer des cartes).

versants. Au printemps, les amateurs d'orchidées affluent au Gargano et dans les Murge, qui rassemblent 70% des variétés d'orchidées d'Europe.

Les plaines côtières font la part belle au maquis méditerranéen avec des buissons de genièvre, de lavande, de myrte, d'arbousier et d'herbes aromatiques comme le thym, la menthe, la sauge et l'origan. Dans le sud des Pouilles, d'immenses figuiers de Barbarie (*Opuntia ficus-indica*) aux feuilles charnues et des caroubiers viennent s'ajouter aux vignes et oliviers qui dominent le paysage du Mezzogiorno. Il n'est pas étonnant que les Pouilles produisent certaines des meilleures huiles d'Italie. Au cœur des Murge, les oliviers séculaires entre Ostuni et Lecce sont les plus anciens des 50 millions d'oliviers de la région.

Parcs nationaux

Les Pouilles possèdent deux parcs nationaux. Le Parco Nazionale del Gargano (voir p. 95) présente une géographie particulière. Englobant tout le promontoire du Gargano et la réserve naturelle marine des îles Tremiti, sa biodiversité reflète ses paysages variés : plages de sable, terrains bas marécageux, côtes rocheuses spectaculaires et un arrière-pays montagneux et boisé. Au cœur du promontoire, la Foresta Umbra correspond à ce qu'il reste de l'ancienne forêt qui couvrait jadis tout le Gargano. Ce parc national comprend aussi les zones humides fragiles de Frattarolo et de Daunia Risi ainsi que les lagunes de Lesina et de Varano.

Créé en 2004, le Parco Nazionale dell'Alta Murgia s'étend sur une étendue plus ou moins rectangulaire d'environ 68 000 hectares dans les Murge, à l'ouest de Bari. Plus de la moitié de sa superficie se compose d'un sol dur rocailleux. Des champs cultivés et des forêts occupent le reste. Des dolines et des phénomènes karstiques superficiels (*puli*, aven) émaillent le paysage légèrement vallonné au sous-sol calcaire. Le parc présente un intérêt tant du point de vue naturel qu'architectural. On y trouve en effet des ouvrages typiques remarquables qui diffèrent selon leur destination : les *poste*, des constructions entourées de murets de pierre sèche pour protéger les troupeaux des intempéries ; les *jazzi*, des espaces dédiés à l'élevage souvent situés dans des emplacements inaccessibles exposés au sud et ponctués de rochers escarpés ; les *masserie*, des fermes d'où l'on organisait à partir du XVe siècle les travaux agricoles et, enfin, les *tratturi,* des sentiers herbeux empruntés par les bergers pour la transhumance des troupeaux (voir l'encadré p. 293). Pas moins de 12 itinéraires vous feront découvrir ce beau parc intéressant.

Les Pouilles comptent par ailleurs une dizaine de parcs régionaux et une vingtaine de réserves.

Le Gargano est un véritable paradis pour les orchidées sauvages avec 88 variétés et de nombreux hybrides. Les fleurs de certaines d'entre elles font penser à des insectes comme le frelon, l'abeille, l'araignée et le bourdon. Pour en savoir plus, voir le site www.orchideedelgargano.it.

Réserves naturelles marines

Même si les longues plages de sable et les criques des Pouilles restent peu fréquentées, hormis en haute saison, il n'en demeure pas moins que leur popularité grandissante accroît les risques de défigurer ce magnifique patrimoine naturel. Pour faire face à ce danger, trois petites réserves naturelles marines ont pour l'instant été créées le long des 800 km de littoral de la région. Il reste certes beaucoup à faire, mais c'est un bon début.

Intégrée au Parco Nazionale del Gargano, la réserve naturelle marine des îles Tremiti (p. 118) comprend un petit archipel situé à 22 km du promontoire du Gargano. Les trois îles principales s'avèrent très différentes les unes des autres. La plus grande, San Domino, est la mieux équipée en infrastructures touristiques, San Nicola est la seule à posséder une plage de sable et Capraia se résume à un affleurement rocheux.

La réserve naturelle marine de Torre Guaceto (p. 170) couvre une superficie rectangulaire de 12 km^2 le long de la côte du Salento, au sud de Brindisi. Elle tire son nom de l'arabe *gaw-sit* (eau douce). La réserve comporte en effet des zones humides et des étangs d'eau saumâtre, ponctués çà et là de maquis méditerranéen et séparés du littoral essentiellement sablonneux par un cordon de dunes côtières parfois à peine dessiné, parfois plus étendu (comme sur la superbe plage de Punta Penna Grossa).

La plus petite des trois, la réserve naturelle marine de Porto Cesareo, jouxte la ville du même nom (p. 242). La zone qu'elle protège est considérée comme l'une des plus belles de la côte occidentale du Salento. Ses eaux accueillent la *mitra zonata*, un mollusque gastéropode rare et protégé, apprécié par les collectionneurs de coquillages du monde entier. Également sur la côte ionienne, le Parco Naturale Regionale di Porto Selvaggio (p. 241) date de 1980. Cette réserve de 516 hectares se compose de forêts touffues de pins d'Alep plantés dans les années 1950, d'eucalyptus et de maquis méditerranéen et, sur le littoral, de hautes falaises panoramiques percées de grottes marines.

LE WWF ET LA PROTECTION DE LA NATURE

Fondée en 1975, la section régionale du WWF (www.wwf.it) des Pouilles a mis en place dans la région de nombreuses associations et coopératives souvent chargées de la gestion de zones protégées : une demi-douzaine de réserves (Le Cesine, Monte Sant'Elia, Torre Guaceto, Lago Salso, Oasi Acquaviva delle Fonti et Boschi Romanazzi), le centre de protection des tortues caouannes (*Caretta caretta*) de Molfetta, un centre de sensibilisation à l'environnement, un jardin botanique, un groupe d'éco-gardes bénévoles et plusieurs "gîtes Panda" (www.wwfnature.it). Il s'agit pour ces derniers de gîtes ruraux ou de fermes situés dans des zones protégées, dont les propriétaires passionnés accueillent les hôtes pour leur faire découvrir la nature, l'histoire, la gastronomie et les traditions locales.

En octobre 2010, dans le cadre du prix Panda d'Oro durant l'année internationale de la biodiversité des Nations unies, le WWF a attribué le prix spécial du public à un groupe d'agriculteurs bio des Pouilles qui se sont mobilisés pour la défense des oliviers monumentaux (surnommés "les géants de la Méditerranée"), vieux pour certains de 2 500 ans.

MENACE SUR LES OLIVIERS

C'est en 2015 que la *Xylella fastidiosa*, une bactérie tueuse transmise par la mouche pisseuse provenant des États-Unis, a commencé à faire des ravages dans la végétation du Salento. Des milliers d'oliviers, mais aussi des chênes verts, des amandiers, des cerisiers, des abricotiers et quelque 150 espèces de plantes ont ainsi été touchés. Si l'épicentre de l'épidémie se situe à Gallipoli, la région entière a été déclarée "zone infectée". Pour protéger les pays voisins de la contagion, la Commission européenne et le Conseil national de la recherche italien (CNR) ont décrété l'abattage "chirurgical" des spécimens malades. Cette mesure drastique a déclenché un mouvement de résistance passive auquel participent 60 associations, environnementales ou non. Des milliers de personnes (agriculteurs, simples citoyens, entreprises, artistes…) manifestent à Lecce et au-delà pour dire non à une méthode qui n'a pas fait ses preuves ailleurs, demander que soient étudiées les autres causes possibles du dessèchement des arbres et pousser les autorités à trouver un traitement alternatif. Car seule la science pourra mettre un terme à cette calamité naturelle.

Protection de l'environnement

La prédisposition de l'Italie du Sud aux catastrophes naturelles comme les séismes et les éboulements n'est pas le seul motif d'inquiétude. Depuis de nombreuses années, la centrale thermoélectrique Federico II de l'ENEL à Cerano (Brindisi), considérée en 2013 par le WWF comme le 9e plus gros producteur européen de gaz carbonique et comme la centrale la plus polluante d'Italie, se trouve au cœur des débats. Dans les faits, les Pouilles détiennent le triste privilège de posséder non seulement certaines des installations émettant le plus de CO_2 en Italie, mais aussi le complexe sidérurgique ILVA de Tarente, dont les émissions de dioxines suscitent depuis de nombreuses années (voir p. 269) de vives inquiétudes. Mais le tableau n'est pas partout aussi sombre. Signataire du protocole de Kyoto, l'Italie s'était engagée à réduire ses émissions polluantes au minimum de 5% entre 2008 et 2012. À l'occasion du G8 de 2009, elle a confirmé son objectif de parvenir d'ici à 2050 à une réduction d'au moins 50% des émissions globales et de 80% des gaz à effet de serre. En 2012, l'Italie (comme les autres États membre de l'Union européenne) s'était donné pour objectif de réduire de 40% ses émissions de gaz à effet de serre d'ici 2030.

Depuis plusieurs années, la région, les provinces et les communes d'un côté (dans le but de protéger la santé des citoyens et l'environnement) et l'ENEL de l'autre (dans le but de pouvoir continuer son activité) tentent de parvenir à un accord portant sur la réduction des émissions de la centrale thermoélectrique près de Brindisi.

Les Pouilles produisent plus d'électricité qu'elles n'en consomment, aussi l'installation d'éoliennes sur les collines des Monti Dauni et autour de la petite ville d'Alberona (province de Foggia) à la fin des années 1990, a suscité des réactions mitigées. Si elles dénaturent quelque peu le paysage, elles constituent néanmoins une source efficace d'énergie propre.

Sur la côte, si l'Italie du Sud est parvenue à éviter la dégradation environnementale, la pollution et le bétonnage – fléaux des plages du nord du pays – la prise de conscience en matière d'environnement s'impose. Les spectaculaires grottes marines du promontoire du Gargano figurent parmi les principales curiosités de la région, mais les trop nombreuses embarcations endommagent petit à petit les cavités calcaires fragiles. Par ailleurs, jusqu'ici, l'eau du littoral d'Italie du Sud demeure relativement propre, mais avec la forte augmentation de la fréquentation touristique, la pollution de l'environnement et l'urbanisation à outrance deviennent des menaces sérieuses.

Pouilles pratique

Carnet pratique

Alimentation

Dans ce guide, nous avons utilisé trois catégories de prix pour les repas (voir l'encadré p. 304). À l'intérieur de chaque rubrique, les restaurants sont classés par ordre croissant de prix. Pour en savoir plus sur la cuisine des Pouilles voir p. 284.

Ambassades et consulats

Au sud de la capitale, on trouve des consulats dans plusieurs grandes villes. Pour les ambassades et les consulats qui ne sont pas indiqués ici, nous vous conseillons de consulter l'annuaire à la rubrique "Ambasciate" ou "Consolati".

Ambassades et consulats d'Italie

Belgique
(☎02 643 38 50 ; www.ambbruxelles.esteri.it ; 28 rue Émile-Claus, 1050 Bruxelles)

Canada
(☎613 232 24 01 ; www.ambottawa.esteri.it ; 275 rue Slater 21e ét., Ottawa, Ontario)

France
(☎01 49 54 03 00 ; www.ambparigi.esteri.it/ambasciata_parigi ; 51 rue de Varenne, 75007 Paris) ; consulat (☎01 44 30 47 00 ; fax 01 45 25 87 50 ; www.consparigi.esteri.it ; 5 bd Émile-Augier, 75016 Paris).

Suisse
(☎031 390 10 11 ; www.ambberna.esteri.it ; Willadingweg 23, 3006 Berne) ; consulat (☎022 839 67 44 ; 14 rue Charles-Galland, 1206 Genève).

Ambassades et consulats étrangers en Italie

Belgique
Rome (☎06 360 95 11 ; via dei Monti Parioli 49) ; Bari (☎080 558 34 77 ; Via G. Gentile 53/c)

Canada
Rome (☎06 85 444 29 11 ; www.canadainternational.gc.ca/italy-italie ; Via Zara 30)

France
(www.ambafrance-it.org)
Rome (☎06 68 60 11 ; Piazza Farnese 67) ; Bari (☎080 24 60 154 ; Via G. Bozzi 35)

Suisse
Rome (☎06 809 571 ; www.eda.admin.ch/roma ; Via Barnarba Oriani 61) ; Bari (☎080 524 96 97 ; Piazza Luigi di Savoia 41a)

Argent

La monnaie est l'euro. Pour connaître les derniers taux de change, consultez le site Internet www.xe.com.

Cartes bancaires

On trouve un peu partout des *bancomat* (distributeurs automatiques de billets, DAB) qui constituent le meilleur moyen de se procurer de l'argent liquide. Les cartes bancaires internationales peuvent être utilisées dans les distributeurs affichant leur logo – Visa, MasterCard, Cirrus et Maestro. Seules quelques banques donnent des avances en liquide, mieux vaut donc passer par les DAB.

Presque tous les hôtels de catégories moyenne et supérieure acceptent les cartes bancaires, de même que la majorité des restaurants et des commerces. Par contre, de nombreuses pensions, trattorias et pizzerias n'acceptent que les espèces ; renseignez-vous au préalable.

Interrogez votre banque sur les éventuelles commissions pour le paiement et les retraits.

Si vous perdez votre carte, si on vous la vole ou si un DAB l'avale, vous pouvez appeler gratuitement les numéros suivants pour faire opposition :

AmEx (☎06 722 82)

Diners Club
(☎800 39 39 39)

MasterCard
(☎800 87 08 66)

Visa (☎800 81 90 14)

Change

Vous pouvez changer de l'argent dans les banques, à la poste ou dans un *cambio* (bureau de change). Les postes et les banques offrent généralement les taux les plus intéressants. Les bureaux de change pratiquent des horaires étendus, mais gare aux commissions élevées et aux taux peu avantageux.

Pourboire

Le pourboire est habituel dans les restaurants, optionnel ailleurs.

Taxis Optionnel, mais beaucoup de gens arrondissent à l'euro supérieur.

Restaurants La plupart des restaurants font payer le *coperto* (couvert, généralement 1-2 €) et le *servizio* (service, 10-15%). Si le service n'est pas compris, laissez un petit pourboire.

Bars Optionnel, mais la plupart des Italiens laissent entre 0,10 et 0,20 € ; si on vous apporte les boissons à votre table, faites comme au restaurant.

Taxes et remboursements

En Italie, tous les produits sont soumis à la TVA (*Imposta sul valore aggiunto, IVA*) d'environ 22%. Si vous résidez hors de l'UE et dépensez plus de 155 € (ou, plus exactement 154,94 €) pour un achat dans un magasin agréé, vous pouvez obtenir le remboursement de cette taxe à votre départ. Pour plus d'information, voyez **Tax Refund for Tourists** (www.taxrefund.it).

Assurance

Il est conseillé de souscrire à une police d'assurance qui vous couvrira en cas d'annulation de votre voyage, de vol, de perte de vos affaires, de maladie ou encore d'accident. Vérifiez notamment que les "sports à risques", comme la plongée, la moto ou même la randonnée ne sont pas exclus de votre contrat, ou encore que le rapatriement médical d'urgence, en ambulance ou en avion, est couvert.

Avant de souscrire une police d'assurance, vérifiez bien que vous ne bénéficiez pas déjà d'une assistance par votre carte bancaire, votre mutuelle ou votre assurance automobile.

N'oubliez pas de prendre avec vous les documents relatifs à l'assurance ainsi que les numéros à appeler en cas d'urgence.

Reportez-vous également à la rubrique *Santé*.

Cartes et plans

Plusieurs cartes des Pouilles sont commercialisées en librairie. Michelin propose ainsi une carte routière de la région au 1/200 000 ainsi qu'une carte de l'Italie du Sud au 1/400 000, utile si vous comptez visiter d'autres régions du Mezzogiorno.

En Italie, vous vous procurerez sans difficultés les cartes *Puglia* publiées par Belletti (1/300 000), EDT-Marco Polo (1/200 000), Globalmap (1/250 000), et IGM (1/50 000 et 1/25 000). Le *Gargano* est couvert par Belletti (1/125 000) et Globalmap (1/80 000).

Globalmap édite des cartes des provinces de *Bari* (1/150 000), *Brindisi* (1/100 000), *Foggia* (1/150 000), *Lecce* (1/150 000) et *Taranto* (1/100 000).

Cartes de réduction

L'entrée des musées, monuments et sites archéologiques nationaux est gratuite pour tous les ressortissants de l'Union européenne de moins de 18 ans. Archives et bibliothèques publiques sont en accès libre pour tous. Les ressortissants de l'UE entre 18 et 25 ans bénéficient d'une réduction de 50%. Les mêmes réductions s'appliquent aux citoyens d'autres pays sous réserve de réciprocité. Le premier dimanche du mois, l'entrée est gratuite pour tous. Deux fois par an, les musées font une nocturne au tarif unique de 1 €. Pour identifier les musées nationaux (et les distinguer des musées municipaux ou des galeries privées), connectez-vous au site www.beniculturali.it, cliquez sur "Luoghi della Cultura" dans le menu à gauche, puis sur "Ricerca".

➡ **Camping Card International** (CCI ; www.campingcardinternational.com). Utilisée dans les campings à la place d'une pièce d'identité standard, cette carte assure son détenteur et les personnes voyageant avec lui contre les risques de responsabilité civile au camping et donne souvent droit à une petite ristourne. Elle est délivrée par les associations automobiles, les fédérations de campings et, parfois, les campings eux-mêmes. En Italie, renseignez-vous auprès de la **Confederazione Italiana Campeggiatori** (☎055 88 23 91 ; segreteria@federcampeggio.it ; www.federcampeggio.it ; Via Vittorio Emanuele 11, 50041 Calenzano). L'inscription à cette dernière coûte 40 € et inclut la CCI, qui couvre l'ensemble du foyer. La durée de validité de la carte correspond à une année civile, avec expiration le 31 décembre de l'année d'émission.

➡ **Hostelling International** (www.hihostels.com). Délivrée par les établissements affiliés et de nombreux organismes et agences de tourisme pour la jeunesse, elle coûte 11 € (carte valable à l'étranger) pour une validité d'un an à partir de la date d'émission. Renseignements auprès de la **FUAJ – Fédération Unie des Auberges de Jeunesse** (www.hifrance.org) en France ou l'**AIG – Associazione Italiana Alberghi per la Gioventù** (www.aighostels.com) en Italie.

→ **International Student Identity Card** (ISIC ; www.isic.org). Cette carte d'étudiant internationale accorde des réductions sur de nombreux moyens de transport ainsi que sur le droit d'entrée de musées et de sites touristiques. Valable jusqu'au 31 décembre de l'année d'émission, elle s'achète sur le site de l'ISIC pour 13 €.

Climat

Les Pouilles bénéficient d'un climat méditerranéen, avec des étés chauds et secs suivis d'hivers doux peu pluvieux. La zone côtière jouit habituellement des conditions météorologiques les plus agréables.

Désagréments et dangers

La petite délinquance peut représenter une nuisance dans les principaux centres urbains. Pour éviter les risques, il suffit d'adopter des précautions de bon sens.

Circulation

En juillet-août, surtout sur la côte, la circulation automobile peut être intense même sur les routes secondaires. Il devient également difficile de se garer.

Le reste de l'année, le réseau routier est presque désert et conduire ne pose pas de problème.

Vols

Ce genre de délit n'est pas très fréquent dans les Pouilles, mais il importe comme toujours de se montrer prudent. Ne laissez rien d'important dans votre véhicule, surtout la nuit, et n'emportez sur la plage aucun objet de valeur.

En cas de vol ou de perte, faites une déclaration à la préfecture de police dans les 24 heures. N'oubliez pas que votre compagnie d'assurance ne vous dédommagera pas sans une attestation écrite. Les numéros d'urgence figurent p. 17.

Douane

La vente de produits hors taxes n'existe plus au sein de l'UE. Les touristes en provenance de pays hors UE ont le droit d'importer hors taxes les articles suivants: 1 litre d'alcool (ou 4 litres de vin, 200 cigarettes et d'autres biens pour une valeur n'excédant pas 300 €: Au-delà, il est nécessaire de faire une déclaration en douane et de payer des droits.

Électricité

Le courant électrique est en 220-240 V/50 Hz, mais certains bâtiments anciens utilisent toujours du 125 V. Les prises électriques ont deux ou trois trous (ces dernières sont reliées à la terre).

Fêtes et manifestations

En Italie du Sud, le passage des saisons et les fêtes religieuses sont célébrés avec enthousiasme. Depuis les années 1970, on assiste même à un véritable regain d'intérêt pour les coutumes locales, certaines plus vivantes que jamais. Le site www.pugliaevents.it présente l'agenda culturel des Pouilles. Voir aussi p. 21.

Formalités et visas

Les ressortissants de pays européens membres de l'espace Schengen doivent simplement être munis d'une carte d'identité ou d'un passeport en cours de validité. Les résidents de 28 pays hors UE, notamment le Canada et la Suisse, n'ont pas besoin de visa pour les séjours touristiques de moins de 90 jours.

Les ressortissants de pays non membres de l'UE et de l'espace Schengen séjournant en Italie pour plus de 90 jours ou pour une raison autre que touristique doivent demander un visa. Pour en savoir plus, consultez le site www.esteri.it/visti ou contactez un consulat italien. Vous devez faire tamponner votre passeport en entrant en Italie, sous peine de rencontrer des problèmes pour obtenir un permis de séjour *(permesso di soggiorno)*. Si vous pénétrez en Italie via un autre État membre, faites tamponner votre passeport dans ce pays.

Les citoyens de l'UE peuvent vivre et travailler en Italie sans autorisation mais, au bout de 90 jours, ils sont invités à se faire enregistrer au bureau d'état civil de leur lieu de résidence, en apportant la preuve qu'ils travaillent ou disposent de fonds suffisants pour assurer leur subsistance.

Les ressortissants de pays hors UE qui justifient d'au moins 5 ans de présence légale continue en Italie peuvent demander un statut de résident permanent.

Avant le départ, il est impératif de vérifier auprès des autorités consulaires que les modalités d'entrée sur le territoire n'ont pas changé. Nous vous conseillons de scanner ou de photocopier tous vos documents importants (pages d'introduction de votre passeport, cartes de crédit, police d'assurance, billets de train/d'avion/de bus, permis de conduire, etc.). Conservez ces copies à part des originaux. Vous remplacerez ainsi plus aisément ces documents en cas de perte ou de vol.

Handicapés

Les Pouilles comportent peu d'infrastructures adaptées. Il n'existe que quelques musées équipés de rampes accessibles en fauteuil roulant et seulement une poignée d'hôtels de catégorie supérieure accessibles. Par ailleurs, les rues sont souvent pavées.

La société des chemins de fer, **Trenitalia** (www.trenitalia.com), offre un service d'assistance téléphonique au ☎199 303060 (tlj de 7h à 21h).

Voici quelques organismes utiles :

Turisti in Gioco–Itinerari Senza Confini (☎0832 45 31 99, www.turistingioco.it ; Viale della Libertà 203, Lecce). Cette association s'emploie à faire découvrir toutes les richesses du Salento. Des parcours tactiles, avec cartes et commentaires, sont notamment mis en place pour les non-voyants.

Ruota Libera (☎0831 33 81 65 ; www.ostuniaruotalibera.it ; Corso Mazzini 6, Ostuni). Cette association installée à Ostuni propose des véhicules adaptés à différents handicaps moteurs pour découvrir la ville ou parcourir les 6 ou 7 km qui la séparent des plages du Parco Naturale Regionale Dune Costiere.

Accessible Italy (www.accessibleitaly.com). Société basée à San Marin, spécialisée dans les services pour handicapés : circuits touristiques, location de moyens de transport adaptés, ou encore organisation de mariages romantiques en Italie.

L'**APF** (Association des paralysés de France ; ☎01 40 78 69 00 ; www.apf.asso.fr ; 17 bd Auguste-Blanqui, 75013 Paris) et l'association **Handi Voyages** (handivoyages.free.fr) peuvent fournir des informations utiles sur les voyages accessibles. L'association **Ailleurs & Autrement** (www.ailleursetautrement.fr) organise des voyages adaptés aux **personnes à mobilité réduite. Yanous** (www.yanous.com) et **handicap.fr** (www.handicap.fr) constituent également de bonnes sources d'information.

Hébergement

La qualité et la variété des hébergements dans les Pouilles ne cessent de s'améliorer, qu'il s'agisse des B&B, des *agriturismi* ou des complexes de luxe (les plus prisés et à la mode se concentrant autour d'Ostuni et à Fasano). On trouvera également une kyrielle de campings bien équipés sur la côte du Gargano. Le Salento, entre Otrante et Santa Maria di Leuca, en recense aussi de fort agréables. Dans les rubriques Où se loger de ce guide, les hébergements sont classés par ordre croissant de prix. Pour chaque établissement sont mentionnés les tarifs en basse et en haute saisons. Sauf indication contraire, les prix incluent le petit-déjeuner. La haute saison, pour laquelle il est conseillé de réserver longtemps à l'avance, comprend les périodes de juillet-août, Pâques et Noël. Les prix augmentent alors d'environ 5% à 10% et baissent de 30 à 50% en basse saison. En hiver (entre novembre et Pâques), nombre d'établissements ferment leurs portes, surtout dans les stations balnéaires. Dans les villes plus grandes, en revanche, les hébergements restent généralement ouverts toute l'année. En basse saison, il n'est guère difficile de trouver à se loger car le nombre de visiteurs est limité.

INDICE DES PRIX DE L'HÉBERGEMENT

- **€ Petits budgets** moins de 70 €
- **€€ Catégorie moyenne** 70-160 €
- **€€€ Catégorie supérieure** plus de 160 €

Agriturismo et B&B

Loger dans un *agriturismo* (exploitation agricole ou viticoles avec chambres d'hôtes) permet habituellement de déguster les produits cultivés sur place. Autrefois, les familles se contentaient de louer des chambres de leur maison ; aujourd'hui, cette formule est plus rare et les prestations sont montées en gamme. Pour trouver un hébergement à votre convenance, procurez-vous l'une des publications consacrées aux *agriturismi*, ou connectez-vous aux sites www.agriturismo.it et www.agriturismo.net (utiles également quand on cherche un appartement ou une villa avec cuisine). Par ailleurs, les B&B (voir www.bed-and-breakfast.it) constituent une solution de plus en plus privilégiée par les voyageurs (surtout à Lecce). *Agriturismi* et B&B coûtent en moyenne de 25 à 50 € par personne et par nuit.

Hôtel et pension

Souvent, la différence entre pension et hôtel est minime. En règle générale, le standing des pensions oscille entre une et trois étoiles, tandis que celui des hôtels peut atteindre les cinq étoiles. Les pensions 1 étoile sont généralement toutes simples, avec salle de bains à partager. La version 2 étoiles offre souvent un cadre et des prestations à peine supérieurs, mais avec une salle de bains privative. Les hôtels proposent plus d'équipements, avec, pour les quatre et cinq-étoiles, room service, blanchisserie, TV, minibar et Wi-Fi. Les offices du tourisme disposent de listes d'établissements avec leurs tarifs.

Camping

Dans les Pouilles, la plupart des campings sont de grands complexes avec piscine, restaurants et supermarché, souvent assortis de bungalows et/ou d'appartements.

Lorsque les tarifs des hôtels grimpent en flèche en juillet-août, ils peuvent constituer d'excellentes alternatives, d'autant que beaucoup bénéficient d'un emplacement enviable en bord de mer. En haute saison, il convient de réserver de bonne heure. La quasi-totalité des campings ouvre d'avril à octobre (voire de juin à septembre). Normalement, il est interdit de camper en dehors des zones autorisées. Toutefois, en dehors de la saison estivale, les campeurs indépendants ne devraient pas rencontrer de problèmes, à condition de rester discrets et de ne pas faire de feu. Avant de vous installer sur une propriété privée, n'oubliez pas de demander la permission au propriétaire.

Vous trouverez la liste des campings dans les offices du tourisme sur place, ou bien sur www.camping.it. Par ailleurs, le Touring Club Italiano publie chaque année un guide des campings italiens. Sinon, d'autres guides spécialisés sont disponibles en librairie ou en ligne. Pensez éventuellement à vous procurer la Camping Card International (p. 301).

Masseria

Typiques de l'Italie du Sud, ces vastes fermes ou domaines agricoles, généralement construits autour d'une tour de guet, se composent de divers bâtiments destinés à loger le bétail et les ouvriers agricoles. De nombreuses *masserie* on été transformées en hôtels de luxe, en *agriturismi* ou en appartements de vacances. À noter que la *masseria* n'est pas nécessairement très ancienne – une construction récente, qui respecte les caractéristiques spécifiées précédemment, peut prendre ce nom.

Ostello

Les auberges de jeunesse d'Altamura (à 6 km de la ville), de Santeramo in Colle (Bari) et de Lecce font partie de l'**AIG – Associazione Italiana Alberghi per la Gioventù** (☎06 487 1152 ; www.aighostels.it ; Via Nicotera 1, entrée Via Settembrini 4, 00195 Rome). Pour y séjourner, il faut détenir la carte Hostelling International (ou la carte AIG italienne ; p. 301). Le tarif varie entre 20 et 30 € par nuit.

Trullo

Dans la vallée d'Itria, vous aurez l'occasion d'expérimenter les *trulli* (habitations en pierre sèche au toit conique) une option aussi charmante que rafraîchissante. Ne soyez pas troublé par l'absence éventuelle de climatisation, cette fonction étant assurée (de manière plus saine) par les murs.

Homosexualité

Dans les Pouilles, l'homosexualité reste le plus souvent cachée. Les marques d'affection ostensibles entre personnes du même sexe ne passent pas inaperçues et peuvent susciter l'hostilité. Toutefois, l'élection d'un gay déclaré, Nichi Vendola, à la présidence de région en 2005, semble avoir marqué un tournant. Quoi qu'il en soit, la région s'avère très prisée des touristes homosexuels.

Avant de partir, jetez un œil au site italien **GuidaGay** (www.guidagay.it), qui comporte une rubrique Voyage et des liens vers les principales agences spécialisées avec services de réservation hôtelière, billetterie aérienne, etc.

Sur les sites des associations **Arcigay** (☎051 649 30 55 ; www.arcigay.it) et **Arcilesbica** (☎051 649 26 84 ; www.arcilesbica.it), vous trouverez les adresses de leurs antennes dans le pays ainsi que des informations utiles et l'actualité du moment.

Parti Friendly (www.partifriendly.com) est un portail gratuit né de l'amour de cinq femmes pour les Pouilles, qui cherche à promouvoir un tourisme respectueux des différences (l'homosexualité en fait partie), de la nature et des communautés locales. Cela passe par la sélection de structures d'hébergement et autres, dont les propriétaires s'engagent à suivre une charte éthique garantissant la cordialité de l'accueil.

Internet (accès)

Il existe des cybercafés dans bon nombre de villes des Pouilles. En outre, presque tous les hôtels, B&B et gîtes ruraux disposent du Wi-Fi gratuit dans les chambres.

Dans ce guide, l'icône @ indique les lieux qui mettent un ordinateur à la disposition des clients, et l'icône (Wi-Fi) ceux qui disposent du Wi-Fi.

Jours fériés

Dans les Pouilles, juillet-août est la période la plus animée, mais aussi la plus coûteuse. Malgré l'affluence, beaucoup d'entreprises et de commerces ferment en plein été, surtout durant la semaine de Ferragosto (15 août). La grande masse des vacanciers quitte la

INDICES DES PRIX DE LA RESTAURATION

- **€ Petits budgets** moins de 20 €
- **€€ Catégorie moyenne** 20-40 €
- **€€€ Catégorie supérieure** plus de 40 €

région après la mi-août. La Settimana Santa (Semaine sainte) correspond aussi à des vacances scolaires. Attention, un jour férié en italien se dit *giorno feriale*, à ne pas confondre avec un *giorno festivo*, un jour ouvrable.

Jour de l'An (Capodanno ou Anno Nuovo) 1er janvier

Épiphanie (Epifania ou Befana) 6 janvier

Lundi de Pâques (Pasquetta ou Lunedì dell'Angelo) mars/avril

Jour de la Libération (Giorno della Liberazione) 25 avril – commémore la victoire des Alliés en Italie, la fin de la présence allemande et la chute de Mussolini, en 1945.

Fête du Travail (Festa del Lavoro) 1er mai

Fête de la République (Festa della Repubblica) 2 juin

Assomption (Assunzione ou Ferragosto) 15 août

Toussaint (Ognissanti) 1er novembre

Immaculée Conception (Immaculata Concezione) 8 décembre

Noël (Natale) 25 décembre

Saint-Étienne (Festa di Santo Stefano) 26 décembre

CONSEILS AUX VOYAGEURS

La plupart des gouvernements possèdent des sites Internet qui recensent les dangers possibles et les régions à éviter. Consultez notamment les sites suivants :

Ministère des Affaires étrangères français (www.diplomatie.gouv.fr)

Ministère des Affaires étrangères de Belgique (diplomatie.belgium.be)

Département fédéral des Affaires étrangères suisse (www.eda.admin.ch/eda/fr)

Ministère des Affaires étrangères du Canada (www.voyage.gc.ca)

Offices du tourisme

Plusieurs organismes territoriaux assurent la promotion du tourisme en Italie comme l'Azienda di Promozione Turistica (APT) et Informazioni e Accoglienza Turistica (IAT). Les Pro Loco, des associations de bénévoles, sont aussi très présentes dans les Pouilles. Elles s'occupent de l'offre touristique, culturelle, sportive et de loisirs, surtout dans les communes sans organismes territoriaux dédiés.

Dans les villes et villages dépourvus d'office du tourisme, adressez-vous à la mairie.

Le **Portale Turistico della Regione Puglia** (www.viaggiareinpuglia.it) constitue une excellente source de renseignements en tout genre. Vous y trouverez des vidéos/audioguides à télécharger gratuitement ou encore la liste des antennes IAT et des Pro Loco.

L'été, une initiative baptisée **Open Days** (☎080 582 1420, 080 582 1426 ; info@pugliaopendays.com ; www.viaggiare inpuglia.it) propose des activités gratuites (excursions en pleine nature, observation des oiseaux, vélo, équitation, balades en bateau ou en canoë, ateliers didactiques et dégustations) à la découverte de zones protégées chaque dimanche de mai et de juin. En juillet-août, des visites guidées gratuites du patrimoine culturel (châteaux, musées, églises et centres historiques) ont lieu tous les samedis de 20h à 23h.

Poste

La **poste italienne** (www.poste.it) est relativement fiable. Les *francobolli* (timbres) s'achètent dans les bureaux de poste et les tabacs agréés (reconnaissables à leur T blanc sur fond noir).

Poste restante

Les lettres portant la mention *fermo posta* sont mises à disposition au guichet du même nom, à la poste principale de la ville concernée. Se présenter avec une pièce d'identité pour les récupérer.

Problèmes juridiques

Les Pouilles sont une région relativement sûre et vous n'aurez affaire à la police que si vous êtes victime d'un voleur à la tire ou d'un pickpocket.

Drogue et alcool

La législation italienne sur les stupéfiants est sévère et la possession de toute substance illicite, y compris le cannabis, peut entraîner de graves ennuis. La possession de 5 g de cannabis suffit pour être considéré comme un trafiquant et être poursuivi comme tel. Il en va de même pour les petites quantités de tout autre drogue.

Le taux maximal d'alcool autorisé dans le sang est de 0,05% et des contrôles sont régulièrement organisés.

Police

Les coordonnées des postes de police sont indiquées tout au long de ce guide. En cas d'ennuis, vous aurez affaire à la *polizia statale* (police nationale) ou aux *carabinieri* (gendarmes). Les agents de la première portent un pantalon bleu pastel orné d'une bande fuchsia et une veste bleu marine, les seconds arborent un uniforme noir rayé d'une bande rouge et conduisent des voitures bleu foncé avec une bande rouge.

Santé

Assurance et services médicaux

Si vous êtes citoyen européen, la carte européenne d'assurance maladie (CEAM), nominative et individuelle, couvre la plupart des soins de santé dans les hôpitaux publics (mais pas le rapatriement sanitaire ou les soins non urgents). Vous devez en faire la demande auprès de votre caisse d'assurance maladie ou en ligne sur www.ameli.fr. Comptez un délai de 2 semaines pour la réception. Si vous êtes ressortissant d'un autre pays, renseignez-vous sur les éventuels accords réciproques de soins gratuits avec l'Italie.

Sinon, vous pouvez contracter une assurance qui réglera directement les hôpitaux et les médecins, vous évitant ainsi d'avancer des sommes qui ne vous seront remboursées qu'à votre retour. Dans ce cas, conservez avec vous tous les documents nécessaires.

Sur place

Si vous avez besoin d'une ambulance, appelez le ☎118. En cas d'urgence, rendez-vous au *Pronto soccorso* d'un hôpital public.

Des médecins de garde (*guardia medica*) assurent l'assistance médicale (sauf urgence). Ils travaillent la nuit de 20h à 8h durant la semaine et en continu le week-end du vendredi 20h au lundi 8h (visites à domicile possibles le week-end).

Le Portale Regionale della Salute della regione Puglia (www.sanita.puglia.it) dresse la liste des services des urgences, des pharmacies de garde et des médecins de garde (service renforcé l'été par la *guardia medica turistica*).

Trousse médicale de voyage

Veillez à emporter avec vous une petite trousse à pharmacie contenant quelques produits indispensables. Certains ne sont délivrés que sur ordonnance médicale. Attention, les liquides et les objets contondants sont interdits en cabine dans les avions.

Nous vous conseillons :

- des antibiotiques, à utiliser uniquement aux doses et périodes prescrites. Il n'est pas absurde de demander à votre médecin traitant de vous en prescrire pour le voyage
- un antidiarrhéique, en cas de forte diarrhée, surtout si vous voyagez avec des enfants
- un antihistaminique en cas de rhume, allergie, piqûre d'insecte, mal des transports – évitez de boire de l'alcool
- un antiseptique ou un désinfectant pour les coupures, les égratignures superficielles et les brûlures, ainsi que des pansements gras pour les brûlures
- de l'aspirine ou du paracétamol (douleurs, fièvre)
- un produit contre les moustiques, un écran total, une pommade pour soigner les piqûres et des comprimés pour stériliser l'eau
- une bande Velpeau et des pansements pour les petites blessures
- une paire de lunettes de secours (si vous portez des lunettes ou des lentilles de contact) et la copie de votre ordonnance
- une paire de ciseaux à bouts ronds, une pince à épiler et un thermomètre à alcool
- une petite trousse de matériel stérile comprenant une seringue, des aiguilles, du fil à suture, une lame de scalpel et des compresses
- des préservatifs

Téléphone

Appels nationaux

Les indicatifs régionaux commencent par 0 et comportent jusqu'à quatre chiffres. Ils sont suivis du numéro de téléphone de votre correspondant, possédant de quatre à huit chiffres. Les indicatifs régionaux font partie intégrante du numéro de téléphone et doivent toujours être composés, même pour appeler la maison voisine. Les numéros de portables débutent par un préfixe à trois chiffres, comme 330. Les numéros gratuits, ou *numeri verdi*, commencent généralement par 800. Les numéros sans indicatif géographique commencent par 840, 841, 848, 892, 899, 163, 166 ou 199.

Appels internationaux

Pour appeler l'étranger, le moins cher est de passer par des logiciels informatiques gratuits ou bon marché tels que Skype, d'aller dans un centre d'appels ou d'utiliser une carte téléphonique internationale, vendue dans les kiosques à journaux et les bureaux de tabac. Les centres d'appel, présents dans les grandes villes, pratiquent des tarifs parfois très inférieurs à ceux des cabines téléphoniques. On peut aussi facilement

MÉDIAS RÉGIONAUX

- Parmi les quotidiens régionaux, signalons le *Corriere del Giorno* (www.corrieredelgiorno.net) de Tarente, *Il Grecale* (www.ilgrecale.it), qui couvre en particulier Foggia, le Gargano, le nord des Pouilles et la Murgia, le *Nuovo Quotidiano di Puglia* (www.quotidianodipuglia.it) et *La Gazzetta del Mezzogiorno* (www.lagazzettadelmezzogiorno.it). Les deux grands journaux nationaux, *Il Corriere della Sera* et *La Repubblica*, sont également en vente partout. Très documenté, le mensuel *Qui Salento* (www.quisalento.it) répertorie les manifestations (spectacles, concerts, foires, fêtes, expositions, cours...) du Salento et de Brindisi. Il s'achète en kiosque et paraît exceptionnellement tous les 15 jours en juillet-août. *Salento in tasca* (www.salentointasca.it), un hebdomadaire gratuit petit format, présente les principaux événements programmés à Lecce et dans sa province.
- Parmi les radios musicales, écoutez par exemple Canale 100 (94.9) à Bari et CiccioRiccio (fréquences variables) à Brindisi. Sinon, les stations de la RAI – Radio1 (1332 AM ou 89.7 FM), Radio2 (846 AM ou 91.7 FM) et Radio3 (93.7 FM) – diffusent en plus des flashs d'actualité et des émissions.
- Il existe également des télévisions locales, comme Telenorba, Tele Radio Città Bianca (à Ostuni) et Antenna Sud.

appeler l'étranger depuis une cabine publique avec une carte.

Pour appeler l'Italie depuis l'étranger, composez l'indicatif international (☎00) suivi de celui de l'Italie (☎39), puis l'indicatif régional du numéro appelé, y compris le 0 qui le précède.

Pour appeler l'étranger depuis l'Italie, faites le (☎00), puis composez le code du pays (☎33 pour la France, ☎32 pour la Belgique, ☎41 pour la Suisse et ☎1 pour le Canada), le code régional et le numéro désiré.

Cabines et cartes téléphoniques

On trouve des cabines téléphoniques partout, dans les rues, les gares et les agences de Telecom Italia. La plupart n'acceptent que des *carte/schede telefoniche* (cartes téléphoniques), certaines les cartes bancaires. Telecom Italia vend toute une gamme de cartes prépayées pour les appels nationaux ou internationaux. Les cartes téléphoniques (à 3, 5 et 10 € pour les plus courantes) sont en vente dans les postes, les bureaux de tabac et les kiosques à journaux.

Renseignements téléphoniques

Pour demander un numéro en Italie ou à l'étranger, appelez le ☎1254 (ou connectez-vous sur 1254.virgilio.it).

Téléphones portables

L'Italie utilise le système GSM 900/1800, compatible avec le reste le l'Europe mais pas avec le GSM 1900 nord-américain (quoique certains téléphones GSM 1900/900 fonctionnent). Vérifiez auprès de votre opérateur que l'Italie fait partie de la couverture du réseau et méfiez-vous des communications acheminées internationalement, qui majorent sérieusement le prix de l'appel "local".

En nombre d'abonnés, l'Italie représente l'un des plus gros marché de téléphonie mobile en Europe. Plusieurs compagnies permettent de prendre un abonnement temporaire ou d'acheter une carte prépayée si vous possédez déjà un GSM, bi ou tri-bandes. Avant de partir, vérifiez auprès de votre opérateur que votre appareil tolère l'emploi d'une autre carte SIM. Si c'est le cas, il peut suffire de 10 € pour activer une carte SIM prépayée.

TIM (Telecom Italia Mobile), Wind et Vodafone sont les opérateurs ayant le plus de boutiques.

Tourisme responsable

Libera Terra (☎0831 77 59 81 ; www.liberaterra.it ; Vico dei Cantelmo 1, Mesagne). Les produits bio des coopératives participant au projet sont en vente à Mesagne.

Il Vagabondo (www.ilvagabondo.org). Souci de l'environnement, attention aux autres et consommation raisonnée, tel est le credo de cette association culturelle. Vous pouvez la contacter pour choisir un hébergement, organiser un itinéraire (de préférence à pied et effectuer un voyage authentique à la rencontre des habitants et du mode de vie local.

Transports

DEPUIS/VERS LES POUILLES

Entrer en Italie

Pour les ressortissants suisses ou de l'Union européenne, une carte d'identité nationale suffit. Les citoyens des autres pays devront présenter un passeport en cours de validité et parfois remplir une carte de débarquement à l'aéroport.

La loi italienne oblige à avoir toujours sur soi une pièce d'identité (passeport ou carte d'identité). On vous la réclamera systématiquement au moment de votre arrivée à l'hôtel pour remplir les registres de police.

Voie aérienne

Se rendre dans les Pouilles n'a jamais été aussi simple avec de nombreux vols directs reliant les Pouilles à plusieurs pays européens.

Aéroports

Aeroporti di Puglia (☎080 58 00 202 ; www.aeroportidipuglia.it) gère les 4 aérogares de la région : soit, par ordre d'importance, l'**aéroport de Bari Palese-Karol Wojtyla** (BRI ; ☎080 58 00 200) ; l'**aéroport du Salento de Brindisi** (BDS ; ☎080 58 00 202) ; l'**aéroport Gino Lisa de Foggia** (FOG ; ☎080 58 00 200), qui au moment de nos recherches ne desservait que les îles Tremiti et l'**aéroport Grottaglie de Tarente** (TAR ; ☎080 58 00 200), réservé aux vols privés.

En dehors des Pouilles, il peut être intéressant d'atterrir à Naples ou à Pescara (Abruzzes), deux villes desservies par des compagnies low-cost.

Si vous n'arrivez pas d'Europe, vous devrez peut-être changer à Rome ou à Milan.

Depuis la France

Air France et Alitalia assurent des liaisons vers Bari ou Brindisi avec une correspondance à Rome ou Milan. Easyjet propose des vols directs (uniquement en juillet-août) entre Paris et Brindisi. De Paris-Beauvais, Ryanair dessert Bari toute l'année et Brindisi en vols saisonniers.

Air France (☎3654, 0,12 €/min ; www.airfrance.fr)

Alitalia (☎0 820 315 315, 0,12 €/min ; www.alitalia.com)

EasyJet (☎0820 420 315, 0,12 €/min ; www.easyjet.com)

Ryanair (☎0892 562 150, 0,34 €/min ; www.ryanair.com)

Voici quelques adresses d'agences et de transporteurs :

Nouvelles Frontières (☎0825 000 747, 0,15 €/min ; www.nouvelles-frontieres.fr)

Voyages SNCF (☎36 35, 0,64 €/min ; www.voyages-sncf.com)

Thomas Cook (☎0826 826 777, 0,15 €/min ; www.thomascook.fr) Depuis la Belgique

Brussel Airlines propose des vols Bruxelles-Naples uniquement en haute saison, tandis qu'Alitalia assure des vols pour les Pouilles avec escale à Rome. Ryanair relie Bruxelles-Charleroi à Brindisi ou à Bari plusieurs fois par semaine.

> **AVERTISSEMENT**
>
> Les informations contenues dans ce chapitre sont particulièrement susceptibles de changements. Vérifiez directement auprès de la compagnie aérienne ou de l'agence de voyages les modalités d'utilisation de votre billet d'avion. N'hésitez pas à comparer les prestations. Les détails fournis ici doivent être considérés à titre indicatif et ne remplacent en rien une recherche personnelle attentive.

VOYAGES ET CHANGEMENTS CLIMATIQUES

Tous les moyens de transport fonctionnant à l'énergie fossile génèrent du CO_2 – la principale cause du changement climatique induit par l'homme. L'industrie du voyage est aujourd'hui dépendante des avions. Si ceux-ci ne consomment pas nécessairement plus de carburant par kilomètre et par personne que la plupart des voitures, ils parcourent en revanche des distances bien plus grandes et relâchent quantité de particules et de gaz à effet de serre dans les couches supérieures de l'atmosphère. De nombreux sites Internet utilisent des "compteurs de carbone" permettant aux voyageurs de compenser le niveau des gaz à effet de serre dont ils sont responsables par une contribution financière à des projets respectueux de l'environnement. Lonely Planet "compense" les émissions de tout son personnel et de ses auteurs.

Brussels Airlines (☎0902 51 600 ; www.brusselsairlines.com)

Quelques adresses utiles :

Airstop (☎070 233 188 ; www.airstop.be)

Connections (☎070 233 313 ; www.connections.be)

Gigatour/Éole (☎02 672 35 03 ; www.voyageseole.be)

Depuis la Suisse

La compagnie Swiss assure une liaison Zurich-Bari. Easyjet dessert Brindisi au départ des aéroports de Genève et de Bâle-Mulhouse-Fribourg. Par ailleurs, Alitalia propose des vols avec escale.

Swiss (☎848 700 700 ; www.swiss.com)

Vous pouvez aussi vous renseigner auprès de l'agence de voyages

STA Travel (☎058 450 49 49 ; fr.statravel.ch)

Depuis le Canada

À défaut de vols directs, vous devrez transiter par Rome ou par Milan.

Air Canada (☎1 888 247 2262 ; www.aircanada.com)

Air Transat (www.airtransat.com)

Expedia (☎1 888 397 3342 ou 1 613 780 1386 ; www.expedia.ca)

Orbitz (☎1 888 656 4546 ; www.orbitz.com)

Travelcuts (☎1 800 667 2887 ; www.travelcuts.com)

Travelocity (☎1 855 222 6739 ou 1 417 520 5277 ; www.travelocity.ca)

Voie terrestre

Pour rejoindre le sud de l'Italie, il vous faudra traverser toute la Botte, ce qui peut représenter, soit une énorme perte de temps, soit, pour qui n'est pas pressé, un formidable moyen de voir du pays. Le bus est généralement la solution la moins onéreuse, mais les liaisons sont moins fréquentes et beaucoup moins confortables qu'en train.

Passage de frontières

De France, les principaux points d'accès à la frontière italienne sont le tunnel du Mont-Blanc près de Chamonix, le tunnel du Fréjus près de Modane et l'autoroute A8 sur la Côte d'Azur. De Suisse, il faut passer par le tunnel du Grand-Saint-Bernard, le tunnel du Saint-Gothard ou le tunnel de base de Lötschberg. Le col du Brenner relie l'Autriche à l'Italie. Tous sont ouverts toute l'année. Les cols de montagne sont, eux, souvent fermés l'hiver, voire à l'automne et au printemps, si bien qu'il est plus fiable d'opter pour les tunnels. N'oubliez pas vos chaînes si vous voyagez en hiver.

Bus

Eurolines (www.eurolines.com). Cette compagnie de bus ayant des antennes dans toute l'Europe dessert Milan, Venise, Florence, Sienne et Rome d'où l'on peut emprunter des trains ou des bus italiens pour le Sud.

Les lignes de bus indiquées ci-après relient les Pouilles à d'autres régions de la péninsule.

Marino Autolinee (www.marinobus.it). Dessert un réseau ramifié de très nombreuses destinations des Pouilles, mais aussi de nombreuses villes du centre et du nord de l'Italie.

Marozzi (www.marozzivt.it). Liaisons quotidiennes de Rome à Bari, Manfredonia, Brindisi, Otrante et Matera.

Miccolis (www.miccolis-spa.it). Plusieurs bus quotidiens de Naples à destination de Tarente, Brindisi et Lecce.

Marino (www.marinobus.it). Liaisons journalières de Naples à Bari et à Matera.

Train

Se rendre dans les Pouilles en train depuis la France, la Belgique ou la Suisse est une solution longue, peu commode et relativement onéreuse. Si l'expérience vous tente néanmoins, vous devrez rallier l'Italie du Nord (Turin, Milan ou Venise), puis monter dans un train à grande vitesse de **Trenitalia** (☎892021 ; www.trenitalia.com). Sachez à titre indicatif qu'un train direct met de 7 heures à 9 heures pour gagner Bari selon que l'on parte de Milan ou de

Turin. Plusieurs trains par jour circulent entre Rome et Lecce en passant par Foggia, Barletta, Bari et Brindisi.

De France, la compagnie **Thello** (☎01 83 82 00 00 ; www.thello.com ; point de vente à Paris Gare de Lyon) propose chaque jour, et dans les deux sens, un train de nuit entre Paris Gare de Lyon et Venezia Santa Lucia, avec un arrêt à Milan d'où il est possible de prendre un train vers les Pouilles. De même, elle commercialise une liaison de jour entre Marseille et Milan. La **SNCF** (☎36 35 ; www.voyages-sncf.com) propose des liaisons quotidiennes entre Paris Gare de Lyon et Milan ou Turin.

De Suisse, il n'est guère difficile de rallier Milan au départ de Genève, Zurich ou Bâle. Renseignements et achat de billets sur le site des Chemins de fers suisse : **CFF** (☎0900 300 300 ; www.cff.ch)

Il n'existe pas de train direct entre la Belgique et l'Italie. Il vous faudra passer par Paris (voir ci-dessus).

Les chemins de fer italiens proposent une assistance aux voyageurs handicapés ou à mobilité réduite, aux personnes âgées et aux femmes enceintes dans de nombreuses villes d'Italie. Si vous lisez l'italien, sur le site www.trenitalia.com vous obtiendrez de plus amples informations en vous rendant successivement sur "Trenitalia"/"Informazioni e assistenza"/"Per le persone a mobilità ridotta".

Voiture et moto

Bari se situe à 1 730 km de Paris, à environ 1 100 km de Nice, à 1 764 km de Bruxelles et à 1 200 km de Genève.

L'Italie dispose d'un excellent réseau autoroutier. Les *autostrade* (autoroutes) sont signalées par un A blanc suivi d'un numéro sur fond vert (en France, ce sont les routes nationales qui sont signalées en vert, ne vous trompez pas !). L'axe principal nord-sud, l'Autostrada del Sole (l'autoroute du Soleil), relie Milan à Reggio di Calabria (appelée A1 de Milan à Rome, A2 de Rome à Naples et A3 de Naples à Reggio di Calabria). L'A16 traverse le Sud d'ouest en est, de Naples à Canosa di Puglia. L'A14 part de Bologne et longe la côte sud-est jusqu'à Bari puis Tarente.

La plupart des autoroutes sont payantes. Le paiement s'effectue à la sortie, en espèces ou par carte bancaire. Pour éviter les files d'attente, vous pouvez acheter une carte prépayée (Telepass ou Viacard) d'un montant de 25 €, 50 € ou 75 € dans les bureaux ACI, les principales stations-service d'autoroute, les commerces Autogrill et quelques banques. Ces cartes sont valables sur tout le territoire. **Autostrade per Italia** (www.autostrade.it) vous renseignera sur les péages et les cartes prépayées.

Les routes panoramiques italiennes semblent taillées sur mesure pour les motards, nombreux chaque été.

Voie maritime

Nombre de compagnies de ferries relient les Pouilles à des pays du bassin méditerranéen. Au départ de Bari et de Brindisi, des ferries acheminent voitures et passagers vers la Grèce, l'Albanie, la Croatie et le Monténégro. La plupart des lignes ne fonctionnent que l'été, quand les tarifs sont aussi plus élevés. Pour cette période, très demandée, il faut réserver plusieurs semaines à l'avance. Il vous en coûtera généralement plus cher depuis Bari que de Brindisi, mais à moins de vouloir visiter le Salento, Bari est le port le plus pratique, mieux desservi par bus et par train. Le prix pour un véhicule dépend de sa taille.

Très utile, le site Internet www.traghettionline.com (en italien) répertorie toutes les compagnies de ferries opérant en Méditerranée. Le site www.ferries.gr est aussi une bonne source d'informations pour les liaisons Italie-Grèce.

Ci-après sont répertoriées les compagnies maritimes reliant les Pouilles à l'autre rive de l'Adriatique.

Adria Ferries (☎071 5021 1621 ; www.adriaferries.com). De Bari à Durrës (Albanie).

Endeavour Lines (☎0831 57 38 00 ; www.endeavor-lines.com/it). De Brindisi à Céphalonie, Corfou, Igoumenitsa et Patras.

Grimaldi Lines (☎081 496 444 ; www.grimaldi-lines.com). De Brindisi

LES CONTRE-ALLÉES

Les *complanari* (ou *viabilità di servizio*) sont des voies de désenclavement permettant de rejoindre des sites industriels, des champs cultivés ou, plus intéressant pour un touriste, des zones côtières et des hébergements (*agriturismi* et campings, principalement), inaccessibles autrement. Nombreuses dans les Pouilles, ces routes à 2 voies souvent parallèles aux voies rapides (*superstrade*) sont l'idéal pour ceux qui souhaitent rouler plus lentement.

à Patras, Igoumenitsa et Corfou.

Jadrolinija (080 5217 643 ; www.jadrolinija.hr, agenzialorusso.com). De Bari à Dubrovnik (Croatie).

Montenegro Lines (080 578 98 12 ; www.montenegrolines.com). La seule compagnie effectuant la traversée Bari-Bar (Monténégro).

Superfast Ferries (080 528 28 28 ; www.superfast.com). L'une des meilleures et des plus grandes compagnies, avec des départs quotidiens depuis Bari vers Corfou, Igoumenitsa et Patras. C'est aussi la seule compagnie qui accepte les pass InterRail.

Traghettiamo.it (0831 52 14 08 ; www.traghettiamo.it). Liaisons au départ de Bari et Brindisi pour l'Albanie et la Grèce, et de Bari pour la Croatie (Dubrovnik).

Ventouris Ferries (080 521 76 99 liaisons vers la Grèce ; 080 521 27 56 liaisons vers l'Albanie ; www.ventouris.gr). De Bari, traversées en saison vers Corfou, Céphalonie et Igoumenitsa, mais aussi vers Durrës (Albanie).

VOYAGES ORGANISÉS

Les Pouilles font l'objet de nombreux séjours et circuits organisés, qu'ils soient plutôt classiques ou à thème (culture, nature, aventure, cyclotourisme, randonnée, etc.).

L'**Office national italien du tourisme** (www.enit.it) peut vous fournir une liste des tour-opérateurs, avec leurs spécialités.

Arts et Vie (01 40 43 20 21 ; www.artsetvie.com)

Allibert (04 76 45 50 50 ; www.allibert-trekking.com)

Chamina voyages (04 66 69 00 44 ; www.chamina-voyages.com)

Clio (01 53 68 82 82 ; www.clio.fr)

Comptoir des voyages (01 53 10 34 43 ; www.comptoir.fr).

Intermèdes (01 45 61 90 90 ; www.intermedes.com)

Terres d'aventure (0825 700 825, 0,15 €/min ; www.terdav.com)

Voyageurs du Monde (01 42 86 16 00 ; www.voyageursdumonde.fr)

COMMENT CIRCULER

Mieux vaut éviter de conduire dans le centre des grandes villes comme Bari ou Lecce, où la circulation anarchique et les restrictions de stationnement auront tôt fait de gâcher vos vacances. Ceci dit, en dehors de ces métropoles, la voiture est le moyen de transport le plus facile pour se déplacer dans la région. Si les principales destinations sont desservies par le bus ou le train, il peut parfois se révéler compliqué d'acheter son billet ou de trouver le bon arrêt au vu de la myriade de compagnies privées qui les gèrent. De plus, dans le Salento, le réseau ferré est resté assez archaïque et les trains circulent à une allure d'escargot.

En voiture, vous aurez toute latitude pour vous écarter des grands axes et découvrir des villes, des villages et des plages isolés.

Circuler en voiture comporte toutefois son lot d'inconvénients. Outre l'impact négatif de l'automobile sur l'environnement, l'essence coûte cher en Italie. Les routes secondaires sont souvent mal entretenues, tandis que les plus fréquentées comme la SS16 entre Bari et le Salento dans les Pouilles peuvent être très chargées pendant les vacances et tout l'été.

Bateau

En été ainsi qu'à Pâques, plusieurs compagnies de ferries, dont **Tirrenia** (892 123 ; www.tirrenia.it), assurent la traversée entre le port de Termoli, en Molise, et les îles Tremiti, également accessibles au départ de Vieste ou de Peschici. Les billets peuvent s'acheter dans les agences de voyages locales. Le reste de l'année, il faudra vous débrouiller avec les pêcheurs de Vieste ou de Peschici.

Bus

De nombreuses compagnies de bus desservent les Pouilles qu'il s'agisse de trajets locaux sur des routes sinueuses ou de liaisons interurbaines rapides et fiables. Les tarifs de bus et de train se valent souvent, mais le bus constitue parfois le seul moyen d'accéder à des petites villes. Si votre destination ne se trouve pas sur un grand axe ferroviaire (le train a tendance à être moins cher sur les lignes principales), vous irez souvent plus vite en bus, en particulier dans le Salento.

Si les bus peuvent être fréquents en semaine, il y en a beaucoup moins le dimanche et les jours fériés (parfois un par jour ou aucun entre les petites villes). Tenez-en compte si vous dépendez des bus pour ne pas vous retrouver coincé dans une bourgade, notamment le week-end.

Les horaires (*orari*) des bus sont généralement disponibles dans les offices du tourisme et sur les sites Internet des compagnies. Dans les grandes villes, la plupart des compagnies de bus interurbains disposent de guichets ou mandatent des agences de voyages pour la vente. Dans les villages et certaines villes moyennes, les billets s'achètent au bar (demandez s'ils vendent des *biglietti per il pullman*) ou à bord.

Bien que la réservation ne soit d'ordinaire pas obligatoire, elle est recommandée en haute saison pour les trajets de nuit ou longue distance.

Pour connaître les compagnies, les horaires et les tarifs précis, reportez-vous à la section *Depuis/vers* de chaque chapitre.

Voici les compagnies qui gèrent les transports et les principales liaisons. Horaires et destinations sont indiqués sur les sites Web de chacune :

CTP (☎800 230083 ; www.ctptaranto.com) assure la liaison entre Tarente et l'aéroport de Brindisi Casale.

Ferrotramviaria – Ferrovie del Nord Barese (☎080 529 93 48 ; www.ferrovienordbarese .it). Ses bus et trains assurent les principales liaisons entre Bari et les villes du nord de la province. La ligne principale Bari-Barletta relie le centre de Bari à l'aéroport.

Ferrovie del Gargano (☎0881 72 51 88 ; www.ferroviedelgargano.com), qui assure des liaisons ferroviaires et routières, dessert toutes les localités de moindre envergure du Gargano.

STP (☎800 232042 ; www.stpbrindisi.it) couvre la province de Brindisi. La ligne A relie l'aéroport au centre-ville.

Ferrovie Appulo Lucane (☎199 811 811 ; www.ferrovieappulolucane.it). La compagnie fonctionne entre les Pouilles et la Basilicate. Ses bus et trains relient Bari à Matera ainsi que diverses autres destinations.

Ferrovie del Sud Est e Servizi Automobilistici (FSE ; ☎800 079 090 ; www.fseonline.it). Relie Bari et une grande partie de sa province aux provinces de Brindisi, Lecce et Tarente ; les horaires d'été diffèrent de ceux de la période scolaire. Au sud de Lecce, c'est la seule compagnie ferroviaire disponible.

Mentionnons également :

Salento in Treno e Bus (www.salentointrenoebus.it) : opérationnel de fin juin à début septembre, ce service permet de rejoindre les principales localités touristiques et balnéaires du Salento, mais aussi les zones côtières à forte densité de population estivale : de quoi se passer de son propre moyen de transport. Les horaires sont compatibles avec ceux des trains et bus depuis/vers Lecce, et avec ceux des bus-navettes depuis/vers les aéroports de Bari et de Brindisi.

Sita Sud (☎080 579 01 11 ; www.sitasudtrasporti.it). Bonne desserte des Pouilles, de la Basilicate et de la Campanie.

Tempesta Autoservizi (☎080 521 9172 ; www.autoservizitempesta.it) relie l'aéroport de Bari au centre-ville.

Train

Les trains italiens sont souvent meilleur marché que dans d'autres pays européens. **Trenitalia** (☎892021 ; www.trenitalia.com), la compagnie partiellement privatisée qui gère le réseau ferré public, assure la plupart des liaisons ferroviaires.

Il existe plusieurs catégories de trains. Un *regionale* ou un *interregionale* s'arrête à presque toutes les gares.
Les trains Intercity (IC) et leurs équivalents internationaux appelés Eurocity (EC) assurent des liaisons rapides entre les principales villes italiennes.

À l'instar du réseau de bus, plusieurs compagnies ferroviaires privées fonctionnent en Italie du Sud, dont les suivantes :

Ferrotramviaria (www.ferrovienordbarese.it). Dessert des communes de la Terra di Bari, dans les Pouilles, parmi lesquelles Bitonto, Ruvo di Puglia, Andria et Barletta. Bus de substitution le dimanche.

Ferrovie Appulo Lucane (FAL ; www.fal-srl.it). Trains reliant la province de Bari à la Basilicate, via notamment Altamura, Matera, Gravina in Puglia et Potenza. Bus de remplacement le dimanche.

Ferrovie del Gargano (☎0881 72 51 88 ; www.ferroviedelgargano.com). Liaisons en train et en bus dans le Gargano.

Ferrovie del Sud-Est (www.fseonline.it). Principale compagnie desservant les communes du plateau des Murge et du Salento, dans les Pouilles, dont les très touristiques Castellana Grotte, Alberobello, Martina Franca, Lecce, Gallipoli et Otrante. Bus de substitution le dimanche.

Vélo

Dans les Pouilles, le cyclotourisme est très pratiqué sur le plateau des Murge, sur le promontoire du Gargano ainsi qu'à Lecce, Galatina, Gallipoli et Otrante, dans la péninsule salentine.

Si vous voulez découvrir les Pouilles à vélo, rappelez-vous qu'il est toujours préférable de s'équiper d'un casque et d'éviter les routes très fréquentées (et donc dangereuses).

Ceux qui souhaitent voyager avec la formule "train + vélo" peuvent transporter leur vélo à bord des trains régionaux affichant le logo d'une bicyclette. Il suffit d'acheter un billet séparé pour son vélo, valable 24 heures (3,50 €). Autre possibilité : acheter un autre billet de 2e classe pour le même trajet. Les vélos démontés et placés dans leur housse

AGENCES EN LIGNE

Vous pouvez réserver votre vol via une agence en ligne ou vous renseigner auprès d'un comparateur de vols :

- www.bourse-des-vols.com
- www.ebookers.fr
- www.expedia.fr
- www.govoyages.com
- www.illicotravel.com
- www.kayak.fr
- www.opodo.fr
- www.skyscanner.fr
- voyages.kelkoo.fr
- www.voyages-sncf.com

ainsi que les vélos pliables peuvent en revanche être transportés gratuitement à bord des trains.

Tous les ferries transportent les vélos gratuitement. Un supplément est parfois requis, sauf si le vélo est emballé dans une housse et transporté comme un bagage. Dans tous les cas, mieux vaut se renseigner auprès de la compagnie avant de partir.

La **Federazione Italiana Amici della Bicicletta** (en italien ; www.fiab-onlus.it) est une mine d'informations.

Location

Il est possible de louer des vélos dans de nombreuses localités des Pouilles, à partir de 18 €/jour. Pour de plus amples informations, reportez-vous dans ce guide aux rubriques "Activités" des sections consacrées à chaque localité.

Puglia in Bici – Southern Visions Travel (338 1318 026 ; www.pugliainbici.com; Via Gandhi 5, 70044 Polignano a Mare, Bari) loue des vélos et organise des parcours cyclotouristiques à travers la région. Son siège est à Polignano a Mare, mais le vélo peut vous être livré sur demande dans toutes les localités de la région. Ce prestataire possède des vélos hybrides et haut de gamme, des vélos pour femme et pour enfant, ainsi que deux tandems en aluminium.

Voiture et moto

L'Italie possède un vaste réseau autoroutier privatisé. L'A16 traverse le Sud d'ouest en est de Naples à Canosa di Puglia, où elle rejoint l'A14 qui continue au sud-est jusqu'à Bari puis Tarente. De Bari, la SS16, une nationale à une voie, est la principale route pour descendre dans le Salento, d'où une circulation parfois très dense l'été.

En dehors des autoroutes, voici les autres types de route, par ordre d'importance décroissant :

Strade statali (routes nationales). Abrégées en "S" ou "SS" sur les cartes, elles varient de la deux-voies à la quatre-voies gratuites. On circule parfois très lentement sur les deux-voies, surtout dans les régions montagneuses. Les routes nationales sont généralement en bon état. Sur les portions Bari-Tarente, Bari-Brindisi, Brindisi-Lecce, la circulation peut être très dense surtout en été, ces routes étant celles qui mènent à la mer. La SS89 Garganica (qui traverse le promontoire du Gargano) et la SS172, dite des *trulli*, figurent parmi les plus belles routes panoramiques.

Strade regionali (routes régionales). Abrégées en "SR" ou "R", elles permettent de gagner certaines villes plus pittoresques et de nombreux bourgs et villages plus petits. C'est par exemple le cas de la SP358 delle Terme Salentine, qui relie Otrante à Santa Maria di Leuca.

Strade provinciali (routes départementales). Marquées "SP" ou "P".

Strade locali (routes cantonales). Souvent, elles ne sont même pas goudronnées ou mentionnées sur les cartes.

Assurance

Gardez toujours sur vous les papiers de votre véhicule et de l'assurance. L'assurance au tiers est obligatoire en Italie et dans toute l'Europe. Demandez à votre assureur un formulaire de constat européen qui vous simplifiera la tâche en cas d'accident.

Il peut être judicieux de souscrire un service d'assistance européenne en cas de panne, auprès, par exemple, de l'Automobile-club italien (ci-dessous). Tous les véhicules passant une frontière internationale doivent porter une plaque d'immatriculation identifiant leur pays d'origine.

Automobile-club

L'Automobile Club d'Italia (ACI ; www.aci.it) est la meilleure source de renseignements pour les conducteurs en Italie. En cas d'urgence, vous pouvez le contacter 24h/24 au 803116 depuis un poste fixe ou au 800 116800 depuis un mobile. L'adhésion n'est pas obligatoire pour les étrangers, mais ils devront s'acquitter des frais en cas d'accident.

Carburant et pièces détachées

Le prix du carburant en Italie est l'un des plus chers

d'Europe et varie d'une station-service (*benzinaio, stazione di servizio*) à l'autre. Dans la plupart des stations-service, c'est le pompiste qui fait le plein. Pour payer moins cher votre sans-plomb (*senza piombo*) ou votre diesel (*gasolio*), il faut chercher les stations en self-service "Fai da te". Vous trouverez des pièces détachées dans de nombreux garages ou en appelant l'assistance 24h/24 de l'ACI au ☎803116.

Location

Faire une pré-réservation sur Internet revient souvent moins cher que de louer une voiture en agence en Italie. Le conducteur doit généralement être âgé d'au moins 25 ans, détenir une carte bancaire et présenter son permis de conduire national ou un permis de conduire international. Vérifiez bien si votre carte bancaire vous permet de bénéficier d'une assurance-collision sans franchise si vous réglez votre location avec celle-ci. Dans nombre d'agences de location, vous devrez remettre la voiture avec le plein : à défaut, un supplément vous sera prélevé pour le carburant manquant. Concernant les conditions requises pour les jeunes conducteurs (âge et date d'obtention du permis), mieux vaut se renseigner au préalable.

Quelle que soit la société de location choisie, assurez-vous d'avoir bien compris ce qui est inclus dans le prix. Il est en outre judicieux de souscrire une assurance tous risques couvrant tout dommage, vol compris.

Voici quelques agences de location internationales qui pour la plupart ont des comptoirs dans les aéroports de Bari et Brindisi :

Avis
(www.avis.fr)
Budget
(www.budget.fr)
Europcar
(www.europcar.fr)
Hertz
(www.hertz.fr)
Maggiore
(www.maggiore.it)
Sixt
(www.sixt.fr)

Permis de conduire

Les permis de conduire des pays membres de l'Union européenne sont valables partout en Europe. En pratique, les loueurs de voitures italiens acceptent également les permis canadiens. Si vous avez passé votre permis dans un autre pays, vous devrez demander un permis de conduire international auprès de l'automobile-club national. Renseignez-vous avant votre départ.

Moto

Partout en Italie, des agences de location proposent des deux-roues allant de petites Vespa à de grosses cylindrées. Comptez au minimum 25/150 € par jour/semaine pour un scooter de 50 cm³ et jusqu'à 80/400 € par jour/semaine pour une moto de 650 cm³.

La plupart des agences ne louent pas de scooters aux moins de 18 ans. Attention : nombre d'entre elles exigent une caution plutôt conséquente, et demandez à ce que l'on vous spécifie quelle sera votre part de responsabilité en cas de vol.

Code de la route

Avant de prendre la route, il est bon de connaître les règles du pays dans lequel on se rend. En voici un résumé :

- Les ceintures de sécurité sont obligatoires à l'avant comme à l'arrière.
- À une intersection, priorité est donnée aux véhicules venant de droite, sauf indication contraire.
- Toute voiture doit être équipée d'un triangle d'avertissement à utiliser en cas de panne et d'un gilet de sécurité jaune ou orange homologué, à porter pour sortir du véhicule immobilisé. Il est recommandé d'être en possession d'une trousse de premiers secours, d'ampoules de rechange et d'un extincteur.
- Le taux d'alcool maximum autorisé dans le sang est de 0,05%. En cas de contrôle positif, les sanctions peuvent être lourdes.
- Dans certaines villes, comme à Lecce, la circulation dans le *centro storico* (centre historique) est réservée aux riverains. Le périmètre est signalé par des panneaux ZTL (zone à circulation limitée). Les contrevenants risquent de fortes amendes.
- La vitesse est limitée à 130 km/h sur autoroute, 110 km/h sur les autres routes à deux voies, 90 km/h sur les routes secondaires hors agglomération et à 50 km/h en ville.
- La vitesse est limitée à 40 km/h pour les mobylettes.
- Conformément aux standards européens, en cas de non-respect des limitations de vitesse, l'amende est proportionnelle à l'excès de vitesse. Elle peut atteindre 2 000 € avec suspension du permis.
- Le port du casque est obligatoire sur tous les deux-roues.

Les motos ont accès à la plupart des zones urbaines à circulation limitée (appelées ZTL) des villes et la police ne sanctionne généralement pas les motos ou les scooters garés sur le trottoir. En revanche, les automobilistes autres que les riverains et les véhicules autorisés se garderont bien d'entrer dans ces périmètres sous peine d'amende.

- Les phares sont obligatoires jour et nuit pour tous les véhicules sur autoroute et recommandés pour les motos, même sur les routes secondaires.

Langue

L'italien est une langue romane apparentée au français, à l'espagnol, au portugais et au roumain. Elle fait partie des langues indo-européennes. Le français et l'italien partageant des racines latines, vous reconnaîtrez de nombreux mots.

L'italien littéraire moderne a commencé à se développer aux XIIIe et XIVe siècles, essentiellement grâce aux écrits de Dante, de Pétrarque et de Boccace, qui écrivaient surtout en dialecte florentin. La langue s'est nourrie de son héritage latin et de divers dialectes pour devenir l'italien d'aujourd'hui. Bien que les dialectes soient encore utilisés dans les conversations courantes, l'italien est la langue nationale, utilisée dans les écoles, les médias et la littérature, et parlée partout dans le pays.

L'italien oral ne présente pas de grosses difficultés car, à l'exception du r roulé, tous ses sons existent en français et toutes les lettres écrites se prononcent, y compris les doubles consonnes. Le seul problème que peuvent rencontrer les francophones concerne l'accent tonique, dont la position varie. Dans ce chapitre, nous indiquons en italique la syllabe accentuée.

VOCABULAIRE DE BASE

L'italien utilise le tutoiement, plus fréquent qu'en français, et le vouvoiement (indiqués inf/pol). On dit généralement *tu* (tou) à une personne plus jeune ou que l'on connaît, *lei* (leï) dans un contexte plus formel.

Il existe des noms masculins et des noms féminins (m/f), avec lesquels les articles définis/indéfinis et les adjectifs s'accordent en genre et en nombre.

POUR ALLER PLUS LOIN

Indispensable pour mieux communiquer sur place : le *Guide de conversation français/italien de Lonely Planet*. Pour réserver une chambre, lire un menu ou simplement faire connaissance, ce manuel permet d'acquérir des rudiments d'italien. Inclus : un minidictionnaire bilingue.

Bonjour.	*Buongiorno.*	bwon·*djor*·no
Au revoir.	*Arrivederci.*	ar·ri·vé·*der*·tchi
Oui.	*Sì.*	si
Non.	*No.*	no
Excusez-moi.	*Mi scusi.* (pol) *Scusami.* (inf)	mi *skou*·zi *skou*·za·mi
Désolé.	*Mi dispiace.*	mi dis·*pia*·tché
S'il vous plaît.	*Per favore.*	per fa·*vo*·ré
Merci.	*Grazie.*	*gra*·tsié
Je vous en prie.	*Prego.*	*pré*·go

Comment allez-vous/vas-tu ?
Come sta/stai? (pol/inf) ko·mé sta/staï

Bien. Et vous/toi ?
Bene. E lei/tu? (pol/inf) *be*·né é leï/tou

Comment vous appelez-vous/t'appelles-tu ?
Come si chiama? pol — ko·mé si *kia*·ma
Come ti chiami? inf — ko·mé ti *kia*·mi

Je m'appelle...
Mi chiamo ... — mi *kia*·mo ...

Parlez-vous/parles-tu français/anglais ?
Parla/Parli francese/inglese? (pol/inf) — *par*·la/*par*·li fran·tché·zé/in·*glé*·zé

Je ne comprends pas.
Non capisco. — none ka·*pi*·sko

HÉBERGEMENT

Avez-vous une... chambre ?	*Avete una camera...?*	a·*vé*·té *ou*·na... *ka*·mé·ra
double avec un grand lit	*doppia con letto matrimoniale*	*dop*·pia kon *let*·to ma·tri·mo·*nia*·lé
simple	*singola*	*sin*·go·la
Combien ça coûte pour/par...?	*Quanto costa per...?*	*kwan*·to *kos*·ta pèr...
une nuit	*una notte*	*ou*·na *not*·té
personne	*persona*	pèr·*so*·na

Le petit-déjeuner est-il compris ?
La colazione è compresa? — la ko·la·*tsio*·né è kom·*pré*·sa

climatisation	*aria condizionata*	a·ria kone·di·tsio·na·ta
salle de bains	*bagno*	ba·nio
camping	*campeggio*	kam·pé·djo
pension	*pensione*	pèn·tsio·né
hôtel	*albergo*	al·ber·go
auberge de jeunesse	*ostello della gioventù*	os·tel·lo del·la djo·ven·tou
fenêtre	*finestra*	fi·nès·tra

DIRECTIONS

Où est...?
Dov'è...? — do·vè ...

Quelle est l'adresse ?
Qual'è l'indirizzo? — kwa·lé lin·di·rit·tso

Pouvez-vous me l'écrire, s'il vous plaît ?
Può scriverlo, per favore? — pwo ski·ver·lo per fa·vo·ré

Pouvez-vous me montrer (sur le plan) ?
Può mostrarmi (sulla pianta)? — pwo mos·trar·mi (sou·la pian·ta)

au coin	*all'angolo*	a·lan·go·lo
au feu rouge	*al semaforo*	al sé·ma·foro
derrière	*dietro*	dié·tro
loin	*lontano*	lon·ta·no
devant	*davanti a*	da·van·ti a
à gauche	*a sinistra*	a si·ni·stra
près	*vicino*	vi·tchi·no
à côté de	*accanto a*	a·kan·to a
en face de	*di fronte a*	di fron·té a
à droite	*a destra*	a de·stra
tout droit	*sempre diritto*	sèm·pré di·rit·to

COMMANDER À MANGER/À BOIRE

Que me conseillez-vous ?
Cosa mi consiglia? — ko·za mi kon·si·lia

Quels ingrédients y a-t-il dans ce plat ?
Quali ingredienti ci sono in questo piatto? — kwa·li in·gré·dièn·ti tchi so·no in kwè·sto piat·to

Quelle est la spécialité locale ?
Qual'è la specialità locale ? — kwa·lé la spé·tcha·li·ta lo·ca·lé

C'était délicieux !
Era squisito! — é·ra skwi·zi·to

Santé !
Salute! — sa·lou·té

L'addition, s'il vous plaît.
Il conto, per favore? — Il kon·to per fa·vo·ré

Je voudrais réserver une table pour...	*Vorrei prenotare un tavolo per...*	vor·reï pré·no·ta·ré oun ta·vo·lo per...
(deux) personnes	*(due) persone*	(dou·é) per·so·né
(huit) heure	*le (otto)*	lé (ot·to)

Je ne mange pas...	*Non mangio...*	non man·djo...
œufs	*uova*	ouo·va
poissons	*pesce*	pè·shé
fruits à coque	*noci*	no·tchi
viande (rouge)	*carne (rossa)*	car·né (ros·sa)

Mots utiles

assiette	*piatto*	piat·to
avec	*con*	kon
bar	*locale*	lo·ka·lé
bouteille	*bottiglia*	bot·ti·lia
café	*caffè*	caf·fè
carte des boissons	*lista delle bevande*	li·sta dél·lé bé·van·dé
chaud	*caldo*	kal·do
couteau	*coltello*	kol·tél·lo
cuillère	*cucchiaio*	kou·kia·yo
déjeuner	*pranzo*	pran·dzo
dîner	*cena*	tché·na
épicé	*piccante*	pi·kan·té
épicerie	*alimentari*	a·li·mèn·ta·ri
fourchette	*forchetta*	for·két·ta
froid	*freddo*	fred·do
marché	*mercato*	mer·ka·to
menu	*menù*	mé·nou
petit-déjeuner	*prima colazione*	pri·ma ko·la·tsio·né
restaurant	*ristorante*	ri·sto·ran·té
sans	*senza*	sen·tsa
végétarien	*vegetariano*	vé·djé·ta·ria·no
verre	*bicchiere*	bik·kié·ré

Viandes et poissons

agneau	*agnello*	a·niél·lo
bœuf	*manzo*	man·dzo
calmars	*calamari*	ka·la·ma·ri
canard	*anatra*	a·na·tra
crevettes	*gamberi*	gam·bé·ri
dinde	*tacchino*	tak·ki·no

fruits de mer	*frutti di mare*	*frout*·ti di *ma*·ré
hareng	*aringa*	a·*rine*·ga
huîtres	*ostriche*	*o*·stri·ké
langouste	*aragosta*	a·ra·*gos*·ta
moules	*cozze*	*kot*·tsé
poisson	*pesce*	*pè*·shé
porc	*maiale*	ma·*ya*·lé
poulet	*pollo*	*pol*·lo
Saint-Jacques	*capesante*	ka·pé·*sane*·té
saumon	*salmone*	sal·*mo*·né
thon	*tonno*	*ton*·no
truite	*trota*	*tro*·ta
veau	*vitello*	vi·*tél*·lo
viande	*carne*	*kar*·né

Fruits et légumes

ananas	*ananas*	*a*·na·nas
carotte	*carota*	ka·*ro*·ta
champignons	*funghi*	*foun*·gui
chou	*cavolo*	*ka*·vo·lo
chou-fleur	*cavolfiore*	ka·vol·*fio*·ré
citron	*limone*	li·*mo*·né
concombre	*cetriolo*	tché·tri·*o*·lo
épinards	*spinaci*	spi·*na*·tchi
fruits	*frutta*	*frout*·ta
haricots	*fagioli*	fa·*djo*·li
légumes	*verdura*	ver·*dou*·ra
lentilles	*lenticchie*	len·*tik*·kié
noix	*noci*	*no*·tchi
oignons	*cipolle*	tchi·*pol*·lé
orange	*arancia*	a·*rane*·tcha
pêche	*pesca*	*pè*·ska
petits pois	*piselli*	pi·*zél*·li
poivron	*peperone*	pé·pé·*ro*·né
pomme	*mela*	*mé*·la
pommes de terre	*patate*	pa·*ta*·té
prune	*prugna*	*prou*·nia
raisin	*uva*	*ou*·va
tomates	*pomodori*	po·mo·*do*·ri

Autres

beurre	*burro*	*bou*·ro
confiture	*marmellata*	mar·mél·*la*·ta
fromage	*formaggio*	for·*ma*·djo
glace (glaçons)	*ghiaccio*	*guia*·tcho
huile	*olio*	*o*·lio
miel	*miele*	*mié*·lé
œuf	*uova*	*ouo*·va
pain	*pane*	*pa*·né
pâtes	*pasta*	*pas*·ta
poivre	*pepe*	*pé*·pé
riz	*riso*	*ri*·zo
sauce soja	*salsa di soia*	*sal*·sa di *so*·ya
sel	*sale*	*sa*·lé
soupe	*minestra*	mi·*nès*·tra
sucre	*zucchero*	*dzouk*·ké·ro
vinaigre	*aceto*	a·*tché*·to

Boissons

bière	*birra*	*bir*·ra
boisson	*bibita*	*bi*·bi·ta
café	*caffè*	caf·*fè*
eau (minérale)	*acqua (minerale)*	*ak*·kwa (mi·né·*ra*·lé)
jus (d'orange)	*succo (d'arancia)*	*souk*·ko (da·*rane*·tcha)
lait	*latte*	*lat*·té
thé	*tè*	tè
vin rouge	*vino rosso*	*vi*·no *ros*·so
vin blanc	*vino bianco*	*vi*·no *bian*·ko

URGENCES

Au secours !
Aiuto! a·*you*·to

Laissez-moi tranquille!
Lasciami in pace! *la*·cha·mi in *pa*·tché

Je suis perdu(e).
Mi sono perso/a. (m/f) mi so·no *per*·so/a

Il y a eu un accident.
C'è stato un incidente. tché *sta*·to oun in·tchi·*dèn*·té

Appelez la police !
Chiami la polizia! *kia*·mi la po·li·*tsi*·ya

Appelez un médecin !
Chiami un medico! *kia*·mi oun *mè*·di·ko

Où sont les toilettes ?
Dov'è il bagno? *do*·vè il *ba*·gno

Je suis malade.
Mi sento male. mi *sen*·to *ma*·lé

J'ai mal ici.
Mi fa male qui. mi fa *ma*·lé kwi

Je suis allergique à...
Sono allergico/a a... (m/f) *so*·no a·*ler*·dji·ko/a a ...

COMMERCES ET SERVICES

Je voudrais acheter...
Vorrei comprare... vor·reï kome·pra·ré...

Je regarde juste.
Sto solo guardando. sto so·lo gwar·dan·do

Puis-je voir ?
Posso dare un'occhiata? pos·so da·ré oun·ok·kia·ta

Combien ça coûte ?
Quanto costa? kwan·to kos·ta

C'est trop cher(e).
È troppo caro/a. (m/f) è trop·po ka·ro/a

Pouvez-vous réduire le prix ?
Può farmi lo sconto? pwo far·mi lo skon·to

Il y a une erreur dans l'addition.
C'è un errore nel conto. tchè oun ér·ro·ré nel kon·to

DAB	*Bancomat*	ban·ko·mat
bureau de poste	*ufficio postale*	ou·fi·tcho pos·ta·lé
office du tourisme	*ufficio del turismo*	ou·fi·tcho del tou·riz·mo

HEURE ET DATES

Quelle heure est-il ?	*Che ora è?*	ké o·ra è
Il est 1h.	*È l'una.*	è lou·na
Il est (2h) (1h) et demie.	*Sono le (due). (l'una) e mezza.*	so·no lé (dou·é) (lou·na) è me·dza

du matin	*di mattina*	di mat·ti·na
de l'après-midi	*di pomeriggio*	di po·mé·ri·djo
du soir	*di sera*	di sé·ra

hier	*ieri*	yé·ri
aujourd'hui	*oggi*	o·dji
demain	*domani*	do·ma·ni

lundi	*lunedì*	lou·né·di
mardi	*martedì*	mar·té·di
mercredi	*mercoledì*	mer·ko·lé·di
jeudi	*giovedì*	djo·vé·di
vendredi	*venerdì*	vé·ner·di
samedi	*sabato*	sa·ba·to
dimanche	*domenica*	do·mé·ni·ca
janvier	*gennaio*	djén·na·yo
février	*febbraio*	féb·bra·yo
mars	*marzo*	mar·tso
avril	*aprile*	a·pri·lé
mai	*maggio*	mad·djo

NOMBRES

1	*uno*	ou·no
2	*due*	dou·é
3	*tre*	tré
4	*quattro*	kwa·tro
5	*cinque*	tchin·kwé
6	*sei*	seï
7	*sette*	sét·té
8	*otto*	ot·to
9	*nove*	no·vé
10	*dieci*	dié·tchi
20	*venti*	ven·ti
30	*trenta*	trèn·ta
40	*quaranta*	kwa·ran·ta
50	*cinquanta*	tchin·kwan·ta
60	*sessanta*	sés·san·ta
70	*settanta*	sét·tan·ta
80	*ottanta*	ot·tan·ta
90	*novanta*	no·van·ta
100	*cento*	tchèn·to
1000	*mille*	mil·lé

juin	*giugno*	djou·nio
juillet	*luglio*	lou·lio
août	*agosto*	a·gos·to
septembre	*settembre*	sét·tèm·bré
octobre	*ottobre*	ot·to·bré
novembre	*novembre*	no·vem·bré
décembre	*dicembre*	di·tchem·bré

TRANSPORTS

À quelle heure part/arrive le... ?
A che ora parte/arriva...? a ké o·ra par·té/ar·ri·va...

le bateau	*la nave*	la na·vé
le bus	*l'autobus*	laou·to·bous
le ferry	*il traghetto*	il tra·guét·to
le métro	*la metropolitana*	la mé·tro·po·li·ta·na
l'avion	*l'aereo*	la·é·ré·o
le train	*il treno*	il tré·no

... un billet...	*un biglietto...*	oun bi·liét·to
aller simple	*di sola andata*	di so·la ane·da·ta
aller-retour	*di andata e ritorno*	di ane·da·ta é ri·tor·no
arrêt de bus	*fermata dell'autobus*	fèr·ma·ta dell aou·to·bous

quai	*binario*	bi·*na*·rio
guichet	*biglietteria*	bi·liét·té·*ri*·ya
horaire	*orario*	o·*ra*·rio
gare ferroviaire	*stazione ferroviaria*	sta·*tsio*·né fé·ro·*viar*·ya

S'arrête-t-il à... ?
Si ferma a...? si *fèr*·ma a ...

Dites-moi s'il vous plaît quand nous arrivons à...
Mi dica per favore quando arriviamo a ... mi *di*·ca per fa·*vo*·ré *kwan*·do ar ri·*via*·mo a...

Je veux descendre ici.
Voglio scendere qui. vo·lio *chèn*·dé·ré kwi

Je voudrais louer un vélo.
Vorrei noleggiare una bicicletta. vor·*reï* no·lé·*dja*·ré *ou*·na bi·tchi·*klét*·ta

J'ai un pneu crevé.
Ho una gomma bucata. o *ou*·na *gom*·ma bou·*ka*·ta

Je voudrais faire réparer mon vélo.
Vorrei fare riparare la mia bicicletta. vor·*reï* fa·ré ri·pa·*ra*·ré la *mi*·ya bi·tchi·*klét*·ta

Phrases clés

Associées aux mots de votre choix, les phrases qui suivent vous aideront à vous faire comprendre en italien :

À quelle heure est (le prochain vol) ?
A che ora è (il prossimo volo)? a ké o·ra è (il *pros*·si·mo *vo*·lo)

Où est (la gare) ?
Dov'è (la stazione)? do·vé (la sta·*tsyo*·né)

Je cherche (un hôtel).
Sto cercando (un albergo). sto tcher·*kan*·do (oun al·*ber*·go)

Avez-vous (un plan) ?
Ha (una pianta)? a (*ou*·na *pian*·ta)

Y a-t-il (des toilettes) ?
C'è (un gabinetto)? tché (oun ga·bi·*nét*·to)

Je voudrais (un café).
Vorrei (un caffè). vor·*reï* (oun ca·fè)

Je voudrais (louer une voiture).
Vorrei (noleggiare una macchina). vor·*reï* (no·le·*dja*·ré *ou*·na *ma*·ki·na)

Puis-je (entrer) ?
Posso (entrare)? *pos*·so (èn·*tra*·ré)

Pouvez-vous (m'aider) s'il vous plaît ?
Può (aiutarmi), per favore? pwo (a·you·*tar*·mi) per fa·*vo*·ré

Dois-je (réserver une place) ?
Devo (prenotare un posto)? *de*·vo (pré·no·*ta*·ré oun *po*·sto)

Signalisation

Entrata/Ingresso	Entrée
Uscita	Sortie
Aperto	Ouvert
Chiuso	Fermé
Informazioni	Informations
Proibito/Vietato	Interdit
Gabinetti/Servizi	Toilettes
Uomini	Hommes
Donne	Femmes

Questions

Comment ?	*Come?*	*ko*·mé
Quoi ?	*Che cosa?*	ké *ko*·za
Quand ?	*Quando?*	*kwan* do
Où ?	*Dove?*	*do*·vé
Qui ?	*Chi?*	ki
Pourquoi?	*Perché?*	per·*ké*

GLOSSAIRE

affitacamere – chambres à louer

agriturismo – fermes en activité et maisons de campagne qui proposent des chambres aux vacanciers

albergo (alberghi) – hôtel(s)

alimentari – épicerie

APT – Azienda di Promozione Turistica (offices du tourisme régionaux)

autostazione – gare routière ; terminus des bus

autostrada (autostrade) – autoroute(s)

bagno – salle de bains, toilettes

bancomat – distributeur automatique de billets

benzina – essence

biglietto – billet

binario – quai de gare ; voie

busta – enveloppe

camera doppia – chambre avec lits jumeaux

camera matrimoniale – chambre double

camera singola – chambre simple

cambio – bureau de change

campeggio – camping

carabinieri – gendarmes

carta d'identità – carte d'identité

carta telefonica – carte téléphonique (appelée aussi **scheda telefonica**)

cartolina – carte postale

commissariato – commissariat

comune – commune, municipalité

convalida – machine à composter

deposito bagagli – consigne à bagages

distributore di benzina – pompe à essence

documenti – papiers d'identité

(un) etto – 100 g

farmacia (di turno) – pharmacie (de garde)

Ferrovie dello Stato – Chemins de fer de l'État

francobollo (francobolli) – timbre(s)

gasolio – diesel

gelateria – glacier

lavanderia – laverie

lavasecco – pressing, nettoyage à sec

lettera (raccomandata) – lettre (recommandée)

locale – bar, café, restaurant

locanda – petit hôtel (moins cher qu'une pension)

lungomare – promenade en bord de mer

medicina (medicine) – médicament(s)

motorino – deux-roues

municipio – mairie, hôtel de ville

oggetti smarriti – objets trouvés

orto botanico – jardin botanique

ospedale – hôpital

ostello per la gioventù – auberge de jeunesse

osteria – restaurant bon marché ou bar à vins servant quelques plats chauds

pacco – colis

palazzo (palazzi) – palais, grand édifice en général (y compris d'habitation)

panetteria – boulangerie

panino (panini) – sandwich(s)

parcheggio – parking

pasta – pâtes

pasticceria – pâtisserie

pastificio – fabrique de pâtes

pensione – petit hôtel ou pension

pescheria – poissonnerie

polizia – police

posta – bureau de poste

pronto soccorso – premiers secours ; urgences

pullman – autocar

questura – commissariat de police

sagra – foire gastronomique

salumeria – charcuterie

scheda telefonica – carte téléphonique

spiaggia libera – plage publique

stazione di servizio – station-service

stazione marittima – gare maritime

superstrada – autoroute (sans péage)

tabaccheria, tabacchi – bureau de tabac

telefonino – téléphone portable

traghetto – ferry

tramezzino – sandwich

trattoria (trattorie) – restaurant populaire

treno – train

vigili urbani – agents de police municipaux

zona rimozione – zone d'enlèvement de véhicules

ZTL (Zona a Traffico Limitato) – zone à circulation limitée

En coulisses

VOS RÉACTIONS ?

Vos commentaires nous sont très précieux et nous permettent d'améliorer constamment nos guides. Notre équipe lit toutes vos lettres avec la plus grande attention. Nous ne pouvons pas répondre individuellement à tous ceux qui nous écrivent, mais vos commentaires sont transmis aux auteurs concernés. Tous les lecteurs qui prennent la peine de nous communiquer des informations sont remerciés dans l'édition suivante, et ceux qui nous fournissent les renseignements les plus utiles se voient offrir un guide.

Pour nous faire part de vos réactions, prendre connaissance de notre catalogue et vous abonner à notre newsletter, consultez notre site Internet : **www.lonelyplanet.fr**

Nous reprenons parfois des extraits de notre courrier pour les publier dans nos produits, guides ou sites web. Si vous ne souhaitez pas que vos commentaires soient repris ou que votre nom apparaisse, merci de nous le préciser. Notre politique en matière de confidentialité, est disponible sur notre site Internet.

À NOS LECTEURS

Merci à tous les voyageurs qui ont utilisé la dernière édition de ce guide et qui nous ont écrit pour nous faire part de leurs conseils, de leurs suggestions et de leurs anecdotes : Massimo Succu, Patrick Marchal, Antoine Masurel et David Marie-Joseph.

UN MOT DES AUTEURS

Francesca Filippi

Voyager dans les Pouilles m'a remplie d'énergie positive, cela grâce à tous les gens qui m'ont transmis leurs connaissances, leurs traditions et leur passion pour cette terre. Avec certains, je n'ai échangé que quelques mots. Avec d'autres personnes, j'ai parlé longuement et je les remercie de m'avoir accordé du temps : Alfredo De Liguori, de la Regione Puglia ; Matteo Caldarella, guide excursionniste, pour la visite de l'Oasi Lago Salso et ses précieux conseils sur Foggia et ses environs ; Margherita Guadagno, responsable du tourisme de Troia, pour son accueil exceptionnel ; Conny Blasi, guide irremplaçable à Alberobello et dans la vallée d'Itria ; Giuseppe Donvito, archéologue du Parco Lama d'Antico ; Maria Franca de la coopérative Gaia, passionnée par la biologie marine du Parco delle Dune Costiere ; Francesco, de Madera Bike, qui ne se lasse jamais de pédaler avec les touristes sur la voie Trajane ; Corrado Rodio, de la Masseria Brancati, amoureux gardien d'une oliveraie millénaire à couper le souffle ; Gabriele Rosato, de l'association Trulli Tutela e Turismo ; Arianna Piepoli, qui a partagé avec moi les lieux de son cœur ; et tous les amis qui vivent loin, mais se sentent chez eux dans les Pouilles, comme Francesca, qui connaît Manfredonia comme sa poche, ou Raimondo et Michela, qui restent bien ancrés dans le terreau fertile d'Orsara di Puglia tout en habitant Turin.

Sara Fiorillo

En voyage, les personnes priment sur les chaussures : cette découverte se vérifie à chaque fois. Merci donc à : Alfredo De Liguori pour ses suggestions sur Bari et sa province ; Veloservice pour le circuit à bicyclette dans les ruelles du vieux Bari ; Gianfranco Ciola, du Parco Naturale Regionale delle Dune Costiere ; Sergio Fai, du Parco Naturale Regionale di Portoselvaggio, qui a transporté des kilos de dépliants et de brochures sur sa mobylette ; Giambattista Sassi, directeur des musées et guide touristique de Ginosa, qui m'a fait aimer sa *gravina* ; Cristina De Vita pour les îles Tremiti, mais surtout Rachele di Palma (Kelly), qui a partagé les contes et légendes du cru, les biscuits de sa mère et des chansons sous les étoiles ; Fabio Delli Santi et Ilaria De Rosa pour la piscine de Casamatta et la leur à Brindisi ; les courageux capitaines Silvia et Marco, qui m'ont bercée à bord de leur voilier ; Rocco pour les légumes du potager, la "pierre trouée", les joyeux dîners et les chansons en *griko* jusque tard dans la nuit. Enfin, toute mon affection va à Viviana Leo, l'énergie la plus bouillante du Salento, à Antonella pour les rencontres dans son B&B et l'après-midi méditatif à Melpignano et, surtout, à Angelo Pellegrino pour les descentes en mobylette au milieu des pierres, les baignades sous les phares, les *schiaccine*, et ses projets à Borgagne prouvant qu'il ne faut jamais cesser de rêver. Enfin, j'adresse un salut particulier à Cesare Dapino, directeur de la collection.

REMERCIEMENTS

Merci à Paola Galasso, Massimo Rizzo et Lazzaro Vecera pour les informations concernant le Gargano ainsi qu'à Jacopo Tomatis pour son aide sur la rubrique consacrée à la musique. Eloisa Bianco a rédigé le chapitre *Carnet pratique*, et Elena Arneodo a effectué les vérifications téléphoniques.

Photo de couverture Polignano a Mare © Stocknshares/Stock Photo.

À PROPOS DE CET OUVRAGE

Cette 2e édition en français du guide Pouilles est une traduction-adaptation de la 4e édition italienne du guide *Puglia* de Lonely Planet – EDT rédigée par Sara Fiorillo et Francesca Filippi.

Traduction
Stéphanie Girardot, Frédérique Hélion-Guerrini et Pierre-Yves Raoult.

Direction éditoriale
Didier Férat

Adaptation française
Karine Thuillier-Rodrigues

Responsable prépresse
Jean-Noël Doan

Maquette
Valérie Police

Cartographie
Cartes originales d'Ivo Villa, adaptées en français par Caroline Sahanouk

Couverture
Adaptée en français par Sébastienne Ocampo

Remerciements à
Angélique Adagio, Claire Gourié et Claire Rouyer pour leur sérieux travail sur le texte et leurs nombreuses recherches, à Nicolas Guérin pour sa contribution au texte, à Christiane Mouttet pour sa relecture rigoureuse et à Camille Marie pour son travail de référencement.
Un *sentito grazie* à toute l'équipe du bureau de Paris, en particulier à Dominique Spaety, Dominique Bovet et Juliette Stephens, ainsi qu'à Carole et à Marie.
Enfin merci à Cristina Enrico et Grazia Arcadi du bureau italien.

Index

Références des **cartes**
Références des **images**

Références des **cartes**
Réferences des images

D

E

F

G

T

U

V

W

Z

INDEX S-Z

INDEX DES ENCADRÉS

Légende des cartes

À voir

- Château
- Monument
- Musée/galerie/édifice historique
- Ruines
- Église
- Mosquée
- Synagogue
- Temple bouddhiste
- Temple confucéen
- Temple hindou
- Temple jaïn
- Temple shintoïste
- Temple sikh
- Temple taoïste
- Sentō (bain public)
- Cave/vignoble
- Plage
- Réserve ornithologique
- Zoo
- Autre site

Activités, cours et circuits organisés

- Bodysurfing
- Plongée/snorkeling
- Canoë/kayak
- Cours/circuits organisés
- Ski
- Snorkeling
- Surf
- Piscine/baignade
- Randonnée
- Planche à voile
- Autres activités

Où se loger

- Hébergement
- Camping

Où se restaurer

- Restauration

Où prendre un verre

- Bar
- Café

Où sortir

- Salle de spectacle

Achats

- Magasin

Renseignements

- Banque
- Ambassade/consulat
- Hôpital/centre médical
- Accès Internet
- Police
- Bureau de poste
- Centre téléphonique
- Toilettes
- Office du tourisme
- Autre adresse pratique

Géographie

- Plage
- Refuge/gîte
- Phare
- Point de vue
- Montagne/volcan
- Oasis
- Parc
- Col
- Aire de pique-nique
- Cascade

Agglomérations

- Capitale (pays)
- Capitale (région/État/province)
- Grande ville
- Petite ville/village

Transports

- Aéroport
- Poste frontière
- Bus
- Téléphérique/funiculaire
- Piste cyclable
- Ferry
- Métro
- Monorail
- Parking
- Station-service
- Station de métro
- Taxi
- Gare/chemin de fer
- Tramway
- U-Bahn
- Autre moyen de transport

Les symboles recensés ci-dessus ne sont pas tous utilisés dans ce guide

Routes

- Autoroute à péage
- Voie rapide
- Nationale
- Route secondaire
- Petite route
- Chemin
- Route non goudronnée
- Route en construction
- Place/rue piétonne
- Escalier
- Tunnel
- Passerelle
- Promenade à pied
- Promenade à pied (variar
- Sentier

Limites et frontières

- Pays
- État/province
- Frontière contestée
- Région/banlieue
- Parc maritime
- Falaise
- Rempart

Hydrographie

- Fleuve/rivière
- Rivière intermittente
- Canal
- Étendue d'eau
- Lac asséché/salé/intermittent
- Récif

Topographie

- Aéroport/aérodrome
- Plage/désert
- Cimetière (chrétien)
- Cimetière (autre)
- Glacier
- Marais/mangrove
- Parc/forêt
- Site (édifice)
- Terrain de sport

LES GUIDES LONELY PLANET

Une vieille voiture déglinguée, quelques dollars en poche et le goût de l'aventure, c'est tout ce dont Tony et Maureen Wheeler eurent besoin pour réaliser, en 1972, le voyage d'une vie : rallier l'Australie par voie terrestre via l'Europe et l'Asie. De retour après un périple harassant de plusieurs mois, et forts de cette expérience formatrice, ils rédigèrent sur un coin de table leur premier guide, *Across Asia on the Cheap*, qui se vendit à 1 500 exemplaires en l'espace d'une semaine. Ainsi naquit Lonely Planet, dont les guides sont aujourd'hui traduits en 12 langues.

LES AUTEURS

Sara Fiorillo

Auteur-coordinateur ; Préparer son voyage ; Bari et la Terra di Bari ; îles Tremiti ; Tarente et sa province ; Brindisi et environs ; Lecce et le Salento ; Comprendre les Pouilles

Des champs de blé, des plages, des falaises, des gorges, des cathédrales, des églises rupestres, des *trulli* et des verres de Primitivo. Mais surtout des rencontres. De cette région immense et kaléidoscopique, Sara espère avoir partagé l'essence avec tous les lecteurs, en attendant d'y retourner. Sara vit habituellement à Turin, travaille pour les éditions italiennes des guides Lonely Planet, photographie, griffonne et prend des notes partout où elle va, et s'échappe de temps en temps pour piquer une tête dans sa Sardaigne natale.

Francesca Filippi

Préparer son voyage ; Promontoire du Gargano et nord des Pouilles ; Vallée d'Itria ; Comprendre les Pouilles

Chercher, écrire, observer, écouter, voyager : toutes ces choses sont indissociables pour Francesca. Pigiste et historienne de l'architecture, elle adore étudier le bâti, mais aussi se réfugier dans la nature sauvage. Par monts et par vaux le plus souvent possible, elle revient pourtant toujours à Turin, où elle enseigne et fait de la recherche, consacrant son temps libre à la cuisine, la lecture, la famille et les amis avant de repartir pour de nouvelles aventures.

Pouilles
2e édition
Traduit et adapté de l'ouvrage *Puglia, 4a edizione, Maggio 2015*

Dépôt légal Avril 2016
ISBN 978-2-81615-425-2
Imprimé par Pollina, Luçon, France - L75816

En Voyage Éditions | un département place des éditeurs